ACCÉLÉRER
LA RÉDUCTION
DE LA PAUVRETÉ
EN AFRIQUE

ACCÉLÉRER
LA RÉDUCTION
DE LA PAUVRETÉ
EN AFRIQUE

Kathleen Beegle
Luc Christiaensen
Éditeurs

GROUPE DE LA BANQUE MONDIALE

Table des matières

Avant-propos . . . . *xi*

Remerciements . . . . *xiii*

À propos des éditeurs et contributeurs . . . . *xv*

Abréviations . . . . *xix*

Principaux messages 1

Vue d'ensemble 3
    Réduction de la pauvreté en Afrique : un agenda mondial 3
    Pauvreté en Afrique : faits stylisés. 5
    La réduction plus lente de la pauvreté de l'Afrique 6
    Fondamentaux de la croissance économique et financement de la pauvreté 9
    Gagner plus dans les exploitations agricoles. 10
    Sortir de l'exploitation agricole : les entreprises non agricoles familiales 14
    Gestion des risques et des conflits. 16
    Mobilisation de ressources pour les pauvres. 19
    Marche à suivre : quatre principaux domaines stratégiques 21
    Notes 23
    Références. 24

Introduction. 29
    Notes 31
    Références. 31

1. La pauvreté en Afrique 33
La pauvreté en Afrique aujourd'hui et demain 34
Principales caractéristiques de la pauvreté en Afrique. 38
Leçons tirées des expériences récentes 42
Notes 45
Références. 48

2. Démographie et structure socioéconomique de l'Afrique 51
Une fécondité élevée freine la réduction de la pauvreté 52
De médiocres conditions initiales 56
Des possibilités génératrices de revenus plus nombreuses et de meilleure
qualité pour les pauvres 63
Marche à suivre 72
Notes 72
Références. 74

Fondamentaux 1   Piège du développement humain en Afrique 83
Le piège de la pauvreté lié à la santé 85
Le piège de la pauvreté lié à l'éducation 87
Échapper au piège de la pauvreté lié au développement humain 89
Notes 89
Références. 90

3. Gagner davantage dans les exploitations agricoles 95
Des conditions largement favorables au développement agricole 96
Toutes les formes de croissance agricole ne réduisent pas la pauvreté de la même façon . . . 101
Nécessité d'une approche intégrée. 110
Développement de chaînes de valeur inclusives en tant que réponse 120
La nécessité de biens publics complémentaires, en particulier pour les denrées de base. . . . 123
Notes 126
Références. 131

Fondamentaux 2   Lien entre l'inégalité hommes-femmes et la pauvreté 145
Écarts de potentiel humain entre les sexes 145
Différences criantes dans l'utilisation du temps par les hommes et les femmes. 147
Différences dans la possession et le contrôle d'actifs entre les hommes et les femmes. . . . 147
Écarts entre les sexes creusés par les normes et institutions officielles ou non 148
Mobilité et problèmes de sécurité rencontrés par les femmes 149
Leviers politiques permettant de combler les écarts entre les sexes et de réduire la pauvreté . . 150
Notes 151
Références. 152

4. Aller vers des emplois extérieurs aux exploitations agricoles 155
Profil du travail non agricole en Afrique. 156
Les perspectives d'emplois salariés formels 158
Principales caractéristiques des entreprises familiales. 162
De meilleures entreprises familiales pour les pauvres 170
Encourager la demande : rôle des petites agglomérations et du commerce régional 174
Notes 178
Références. 180

Fondamentaux 3   Réaliser des avancées grâce à la technologie (et au commerce). . . 187
Tendances, défis et possibilités de réaliser des avancées 187
Comment les pauvres peuvent-ils bénéficier de ces avancées technologiques ? 190

Notes 193
Références 194

5. Gérer les risques et les conflits **197**

Urgence de la gestion des risques 198
Les risques et les conflits accroissent la pauvreté et y maintiennent les gens 199
Prévalence des chocs et des conflits en Afrique 203
Réduire l'exposition aux chocs en Afrique 212
Comment les ménages gèrent-ils les chocs ? 217
Une meilleure assurance pour les pauvres 220
S'attaquer aux contraintes s'opposant à l'investissement dans la prévention
et la gestion des risques 227
Notes 234
Références 234

Fondamentaux 4   Politique et mesures favorables aux pauvres **243**

Une politique et des incitations variables produisent des résultats variables 243
Voies de changement 244
Références 245

6. Mobiliser des ressources en faveur des pauvres **247**

L'important déficit de financement de la pauvreté en Afrique 248
Systèmes fiscaux en Afrique 248
Mobiliser davantage de revenus (avec moins de dommages) 259
Mieux dépenser en faveur des pauvres 267
Notes 277
Références 278

Encadrés

O.1   Les investissements dans le capital humain sont essentiels pour atténuer la pauvreté 8
O.2   L'inégalité des sexes est un obstacle à la réduction de la pauvreté en Afrique 9
O.3   Une technologie avancée promet de réduire la pauvreté en Afrique 11
1.1   Les efforts entrepris pour améliorer les données sur la pauvreté en
Afrique commencent à porter leurs fruits. 37
1.2   Pour mesurer les écarts de pauvreté liés au sexe et à l'âge, il faut entrer
dans les ménages 38
1.3   L'élasticité de la pauvreté par rapport à la croissance est faible en Afrique
parce que le continent est pauvre 43
1.4   Le taux de fécondité élevé et la pauvreté initiale réduisent l'élasticité
de la pauvreté par rapport à la croissance de l'Afrique. 44
2.1   La transition de la fécondité n'a pas commencé dans une grande partie
de l'Afrique, et là où elle l'a fait, elle ne touche pas réellement les plus pauvres 54
2.2   Les nouvelles perspectives ouvertes par la psychologie de la pauvreté
peuvent éclairer la conception des projets 58
2.3   Les filets de sécurité officiels et les mécanismes d'engagement d'épargne
peuvent aider les ménages à éviter le piège de l'investissement 63
2.4   Les pays à revenu faible ou intermédiaire devraient-ils se tourner vers le RBG ? 64
F1.1   Les mariages d'enfants et les grossesses précoces piègent les filles dans la pauvreté. 84
3.1   Les denrées de base non transformées constituent la majeure partie de
la demande alimentaire africaine en croissance rapide. 97
3.2   L'offre africaine de cultures de base réagit aux incitations de prix
et aux réductions des coûts de transaction 99

viii TABLE DES MATIÈRES

3.3   Des changements dans l'agriculture amènent une nouvelle terminologie 101
4.1   La politique industrielle peut-elle mener la réduction de la pauvreté ? 160
4.2   Les entreprises familiales sont-elles créées par nécessité ou par opportunité ? 161
4.3   La création d'emplois par les entreprises non agricoles du Rwanda reflète un taux
       de roulement élevé ainsi que l'importance de la localisation pour l'accès au marché . . . 163
4.4   L'économie agricole et l'emploi non agricole sont étroitement liés 166
4.5   Comment ne pas le faire : le comportement des pouvoirs publics
       à l'égard des entreprises familiales va du désir de s'en débarrasser
       jusqu'au harcèlement pur et simple 176
F3.1   La réglementation est importante pour l'adoption de l'argent mobile 192
5.1   Les Maliens déplacés ont beaucoup souffert, mais moins que ceux qui sont restés 200
5.2   Le déplacement forcé est un piège de la pauvreté en Afrique 201
5.3   En Afrique, les crises touchent plus souvent le revenu que les actifs 204
5.4   La régénération naturelle gérée par les agriculteurs des arbres et des terres est
       prometteuse pour réduire le risque de sécheresse 216
5.5   Des filets sociaux et une assurance subventionnée aident à protéger
       les pasteurs au Kenya 225
5.6   Un nouveau paradigme de développement humanitaire commence
       à apparaître pour la gestion des crises entraînant un déplacement à long terme 228
6.1   L'analyse de l'incidence fiscale donne un moyen d'estimer les effets
       de répartition des impôts et transferts 257
6.2   Les taxes sur le tabac peuvent constituer une opération où tout le monde gagne,
       y compris les pauvres 262
6.3   Trois récits illustrent les pertes d'impôt sur les sociétés encourues par les pays africains . . . 264
6.4   Les subventions aux intrants agricoles sont moins efficaces que
       d'autres politiques de réduction de la pauvreté 269
6.5   Les marchés des engrais ne sont souvent pas concurrentiels 272

Figures

O.1   La dépendance vis-à-vis des ressources naturelles a fortement augmenté
       dans la plupart des pays africains 4
O.2   En Afrique, la fécondité réagit moins aux paramètres classiques
       du développement que dans d'autres PMA 7
O.3   La facture africaine des importations de produits alimentaires
       a triplé depuis le milieu des années 2000 12
O.4   L'APD représente une part importante du RNB dans les pays à faible revenu 21
I.1   Plus de la moitié des personnes en situation d'extrême pauvreté vivent en Afrique 30
1.1   En Afrique, le taux de pauvreté a diminué, mais le nombre de pauvres a augmenté 34
1.2   L'Afrique ne peut éradiquer la pauvreté d'ici 2030, mais peut en accélérer la réduction . . . 35
B1.1.1 L'état de pauvreté des pays africains peut maintenant être estimé
       à partir d'enquêtes récentes auprès des ménages 37
2.1   La fécondité a diminué beaucoup plus lentement en Afrique qu'ailleurs 54
2.2   En Afrique, la fécondité est moins sensible aux paramètres conventionnels du
       développement que dans les autres PMA 56
2.3   La dépendance vis-à-vis des ressources naturelles a fortement augmenté
       dans la plupart des pays africains 59
2.4   Les comptes budgétaires et la dette publique se sont détériorés en Afrique
       depuis la crise mondiale de 2008-2009 et ne se sont pas encore rétablis 66
2.5   L'avantage relatif de la croissance agricole dans la réduction de
       la pauvreté diminue à mesure que le pays se développe 68

F1.1   En Afrique, les enfants pauvres sont nettement plus susceptibles
        de souffrir d'un retard de croissance 86
F1.2   En Afrique, les enfants pauvres apprennent moins. 88
3.1   Depuis le milieu des années 2000, la facture des importations de
        denrées alimentaires a triplé en Afrique. 97
3.2   Les taux de pauvreté en Afrique sont les plus élevés dans les zones
        plus isolées dotées d'un plus fort potentiel agroécologique. 109
3.3   Au Malawi, les habitants des campagnes travaillent moins et de façon
        plus saisonnière que les habitants des villes 112
3.4   La productivité des terres en Afrique augmente plus rapidement dans
        les pays dotés de moins de ressources agricoles 115
3.5   Les dépenses agricoles en Afrique accusent un retard considérable
        par rapport à celles de l'Asie de l'Est et du Pacifique 124
F2.1   L'écart d'alphabétisation entre les hommes et les femmes se resserre en Afrique,
        mais demeure important 146
F2.2   Dans l'ensemble des pays africains, les femmes assument la majeure
        partie du travail domestique et de soin non rémunéré 147
F2.3   Les femmes africaines possédant de la terre ou un bien immobilier
        sont nettement moins nombreuses que les hommes 148
F2.4   Les normes restreignent la mobilité des femmes, en particulier
        en Afrique de l'Ouest et centrale 150
4.1   Le travail dans des entreprises familiales est nettement plus répandu
        que l'emploi salarié pour les pauvres d'Afrique 157
4.2   Les entreprises des ménages pauvres ont tendance à être plus petites
        que celles des ménages non pauvres 163
4.3   Les entreprises familiales urbaines et celles dont le propriétaire est
        plus instruit ont tendance à se développer au fil du temps 165
B4.4.1 En Éthiopie, l'activité rurale non agricole culmine peu après la récolte principale . . . 166
4.4   Les bénéfices des entreprises augmentent avec la richesse des ménages
        et grimpent brutalement dans le quintile supérieur 168
4.5   La contribution des entreprises familiales au revenu est plus élevée chez
        les ménages plus riches. 169
F3.1   L'Internet mobile est en pleine expansion en Afrique. 188
5.1   En Afrique, la part des non-pauvres tombant dans la pauvreté
        est à peu près équivalente à celle des pauvres qui en sortent. 198
5.2   La vie dans les pays africains est plus risquée que dans d'autres régions 203
B5.3.1 En Afrique, les pertes de revenu sont deux fois plus fréquentes que les pertes d'actifs. . . . 205
5.3   En Afrique, la nature du risque varie selon les pays, le type de choc
        et le niveau de pauvreté 206
5.4   Les pertes de revenu inattendues sont signalées par les riches comme les pauvres 208
5.5   La vie rurale est particulièrement risquée en Afrique. 208
5.6   Les ménages dirigés par une femme sont souvent confrontés à plus de risques 209
5.7   Le risque de conflit s'accroît. 211
5.8   Les épisodes de conflit se sont récemment multipliés au Kenya et au Nigéria. 212
5.9   L'épargne, la famille et les amis aident les ménages à faire face aux chocs. 218
5.10   Les paiements directs des soins de santé augmentent et aggravent
        la pauvreté en Afrique 220
5.11   La gestion des chocs liés à la santé et climatiques requiert une combinaison d'outils 221
5.12   La couverture d'assurance maladie est faible en Afrique et concentrée
        entre les mains des mieux nantis 222

5.13   Le nombre des programmes de filet de sécurité augmente en Afrique,
        mais leur couverture reste faible. 224

5.14   Chute brutale de l'adoption de produits de soins de santé préventifs due
        à des frais minimes. 229

6.1   Des niveaux de pauvreté élevés impliquent d'imposer lourdement
        les non-pauvres pour couvrir les besoins 249

6.2   Les recettes tirées des ressources naturelles ne sont pas suffisantes pour
        éliminer l'écart de pauvreté 249

6.3   La plupart des pays africains souffrent d'un déficit de recettes intérieures. 250

6.4   L'APD représente une part importante du RNB dans les pays à faible revenu 252

6.5   Les dépenses des pays africains varient selon les secteurs, mais l'éducation domine . . . 254

6.6   Tous les pays africains n'atteignent pas les objectifs de dépense dans l'éducation . . . 255

6.7   La politique fiscale accroît fréquemment la pauvreté en Afrique 258

6.8   Les systèmes fiscaux africains créent des pertes nettes pour les pauvres
        même lorsque l'incidence de la pauvreté est réduite 259

6.9   Les impôts indirects sont supérieurs aux subventions et aux avantages
        des transferts, pour les 40 % les plus pauvres de la plupart des pays d'Afrique 260

6.10   Baisse des taux d'imposition des sociétés en Afrique 266

B6.4.1 L'impact sur la pauvreté des transferts directs est supérieur à celui des subventions . . . 269

6.11   Une plus grande concentration de l'influence politique peut entraîner
        davantage de subventions. 270

B6.5.1 L'écart est important entre les prix de l'urée en Afrique et dans le monde 272

6.12   L'inefficacité dans les premières années de l'enseignement reste un défi
        pour de nombreux pays africains. 275

Cartes

O.1   Certaines parties de l'Afrique sont nettement plus à risque 18

1.1   En Afrique, la pauvreté et les pauvres sont concentrés dans un nombre
        limité de pays (souvent enclavés) et de régions de ces pays 40

3.1   Les zones éloignées à fort potentiel sont concentrées en Afrique centrale,
        à l'est de l'Éthiopie, et à Madagascar. 111

4.1   Les entreprises agroalimentaires sont concentrées le long des frontières en Zambie . . . 177

BF3.1.1 En Afrique subsaharienne, la pénétration des comptes d'argent mobile varie
        considérablement d'un pays à l'autre 192

5.1   Certaines parties de l'Afrique sont nettement plus à risque 207

5.2   De nombreuses stratégies rentables de réduction des risques ne sont pas bien utilisées. . . 215

Tableaux

B1.3.1 L'élasticité et la semi-élasticité de la pauvreté par rapport à la croissance
        du revenu par habitant de l'Afrique ne diffèrent pas de celles du reste
        du monde lorsque la pauvreté initiale est prise en compte 43

B1.4.1 Une réduction substantielle de la pauvreté pourrait être obtenue si les indicateurs de
        capital humain et physique de l'Afrique atteignaient les niveaux médians mondiaux . . . 44

3.1   En Tanzanie, les fruits et légumes offrent des gains de revenus
        par producteur plus élevés, mais les produits de base, le riz en particulier,
        fournissent des gains d'emploi nettement plus importants 104

3.2   L'accroissement de la productivité des cultures de base réduit davantage
        la pauvreté que celui des cultures d'exportation. 105

6.1   Les prestataires de services sont souvent absents dans les écoles
        et les dispensaires africains 275

Avant-propos

Notre objectif est un monde sans pauvreté, et pour y parvenir, nous devons accélérer la réduction de la pauvreté en Afrique. Bien que la part de la population africaine vivant dans l'extrême pauvreté ait considérablement diminué, chutant de 54 % en 1990 à 41 % en 2015, les Africains sont plus nombreux à vivre dans la pauvreté aujourd'hui qu'en 1990, en partie à cause de la croissance démographique. En fait, les pauvres du monde sont de plus en plus concentrés en Afrique.

Pour relever ce défi, il faut commencer par en prendre correctement la mesure. D'après *Évolution de la pauvreté dans une Afrique en plein essor* (le précurseur de ce rapport, qui a cartographié le paysage des données), les efforts fournis pour améliorer les données sur la pauvreté en Afrique commencent à porter leurs fruits. Des enquêtes auprès des ménages, plus nombreuses et de meilleure qualité, sont maintenant disponibles pour suivre et analyser la pauvreté. L'indicateur de capacité statistique de l'Afrique, qui évalue les systèmes statistiques des pays sur la base de la qualité, de la fréquence et de la disponibilité en temps voulu des données économiques et sociales essentielles, s'est également amélioré.

Les principales caractéristiques de la pauvreté en Afrique, ainsi que ses causes, ont été largement documentées. Mais certains des problèmes, tels que le changement climatique, la fragilité et la pression de la dette, gagnent en importance. Et même si la stabilité macroéconomique et la croissance sont essentielles pour la réduction de la pauvreté et l'amélioration du bien-être, elles ne sont pas suffisantes. Malgré la croissance économique en Afrique, la croissance démographique rapide et persistante de la région, ses entraves structurelles (faible capital humain, inégalité persistante entre les sexes, et graves déficits d'infrastructure) et sa dépendance croissante vis-à-vis des ressources naturelles continuent de freiner la réduction de la pauvreté.

Le présent rapport passe en revue les défis et opportunités de la lutte contre la pauvreté en Afrique, en s'appuyant sur les données les plus récentes. Il met l'accent sur les opportunités de revenus des pauvres, les politiques nécessaires pour soutenir ces opportunités, et les ressources requises pour financer des investissements favorables aux pauvres. Un agenda favorable aux pauvres implique de créer davantage d'emplois formels, tout en œuvrant à accroître les revenus des petits exploitants agricoles et des travailleurs informels dans les villes secondaires et en renforçant leur capacité à gérer les risques. Cette approche est probablement celle dont les pauvres bénéficieront le plus.

Le rapport propose un agenda de réduction de la pauvreté en Afrique reposant sur quatre piliers : accélérer la transition de la fécondité en Afrique ; tirer parti du système alimentaire, à la fois au sein et en dehors des exploitations ; atténuer la fragilité ; et combler le déficit de financement de la réduction de la pauvreté. Le rapport prône en outre des approches intégrées dans ces domaines — s'attaquant simultanément aux contraintes du côté de l'offre et du côté de la demande — et met en exergue les promesses des avancées technologiques pour la réduction de la pauvreté en Afrique.

La Banque mondiale s'est engagée à aider l'Afrique à bâtir un avenir meilleur pour ses citoyens et à réduire la pauvreté sous toutes ses formes. Grâce à des données et à des analyses exhaustives, nous sommes en mesure de brosser un tableau plus précis à la fois de la complexité du problème et de la meilleure façon de le résoudre. Ce rapport est un pas en avant dans la réalisation de notre double objectif d'éradication de l'extrême pauvreté et de dynamisation d'une prospérité partagée.

Hafez Ghanem
Vice-président, Région Afrique
Banque mondiale

Remerciements

Le présent rapport a été élaboré par une équipe dirigée par Kathleen Beegle et Luc Christiaensen. L'équipe de base comprenait Tom Bundervoet, Alejandro de la Fuente, Lionel Demery, Patrick Eozenou, Isis Gaddis, Ruth Hill, Siddhartha Raja, Joachim Vandercasteelen, Philip Verwimp, et Eleni Yitbarek. Georgina Maku Cobla, Moctar N'Diaye et Kwame Twumasi-Ankrah ont assumé le rôle d'assistants de recherche. Thomas Sohnesen a également apporté une contribution.

L'équipe est reconnaissante à Albert Zeufack de l'orientation apportée tout au long du processus. Elle a aussi grandement bénéficié de consultations approfondies, de discussions et de suggestions impliquant de nombreux collègues tout au long de la préparation du rapport. Cela inclut les contributions et conseils sur des chapitres précis fournis par Javier Baez, Umberto Cattaneo, Nabil Chaherli, Daniel Clarke, David Coady, Aline Coudouel, Julie Dana, Chris Delgado, Sunita Dubey, Patrick Eozenou, Louise Fox, Ugo Gentilini, Stephane Hallegatte, Bernard Haven, Ruth Hill, Gabriela Inchauste, Jon Jellema, Nora Lustig, Rose Mungai, Nga Thi Viet Nguyen, Nadia Piffaretti, Marco Ranzani, Emmanuel Skoufias, Andre Marie Taptue, et Dominique van de Walle. Nous remercions également Nga Thi Viet Nguyen pour son analyse des paiements directs de dividendes. L'équipe a bénéficié des précieux conseils et apports transversaux d'Andrew Dabalen, Markus Goldstein et Johannes Hoogeveen.

L'équipe a pu s'appuyer sur les commentaires des participants aux ateliers et les présentations effectuées au Centre africain pour la transformation économique (ACET) à Accra (Ghana) ; au forum ACET sur la transformation de l'Afrique en 2018 ; à la deuxième conférence internationale du Centre d'études sur les politiques sociales (CSPS — *Centre for Social Policy Studies*) organisée à l'Université du Ghana en 2018 ; au 13e atelier annuel du *Households in Conflict Network* (HiCN) en 2017 ; à la Conférence internationale sur la population de l'Union internationale pour l'étude scientifique de la population (UIESP) tenue au Cap en 2017 ; à la conférence *Think Development* organisée en 2018 par Institut de l'Université des Nations Unies pour la recherche sur l'économie du développement (UNU-WIDER) ; et à l'Université de Guelph (Ontario).

Les judicieux commentaires des pairs examinateurs — Stephan Klasen, Peter Lanjouw, Jacques Morisset et un réviseur anonyme — ont été grandement appréciés.

Ce projet a bénéficié de l'appui financier du Bureau de l'Économiste en chef de la région Afrique du Groupe de la Banque mondiale.

Les constatations, interprétations et conclusions exprimées dans cet ouvrage sont celles des auteurs et ne reflètent pas nécessairement les vues de la direction, des réviseurs, et des autres collègues consultés ou impliqués dans l'élaboration du rapport.

À propos des éditeurs et contributeurs

Kathleen Beegle est économiste principale au sein du Pôle Genre de la Banque mondiale. Elle était précédemment responsable d'un programme de développement humain basé à Accra (Ghana) et couvrant le Ghana, le Libéria et la Sierra Leone. Elle a codirigé les études régionales de la Banque mondiale *Les filets sociaux en Afrique : Comment réaliser pleinement leur potentiel ?* (2018) et *Évolution de la pauvreté dans une Afrique en plein essor* (2016), et a été directrice adjointe du *Rapport sur le développement dans le monde 2013 : L'emploi*. En tant que membre du groupe de recherche de la Banque mondiale depuis plus de dix ans, ses travaux se sont concentrés sur la pauvreté, le travail et les chocs économiques. Elle a également été membre principal de l'équipe de la Banque mondiale pour l'étude de la mesure du niveau de vie, où elle a dirigé la conception et la réalisation d'enquêtes nationales auprès des ménages, ainsi que d'études méthodologiques sur la conception d'enquêtes. Avant de rejoindre la Banque mondiale, elle a travaillé chez *RAND Corporation*. Kathleen Beegle est titulaire d'un doctorat en économie de la *Michigan State University*.

Tom Bundervoet est économiste senior au sein de la Pratique mondiale Pauvreté et équité de la Banque mondiale. Il est basé à Addis-Abeba (Éthiopie) et l'a été précédemment au Rwanda.

Ses travaux portent principalement sur l'analyse des politiques relatives à la pauvreté, à l'emploi et au développement humain. Il dirige ou codirige également plusieurs opérations de prêt dans les domaines du renforcement des capacités statistiques et de la protection sociale urbaine. Avant de rejoindre la Banque mondiale en 2012, il a travaillé dans des environnements humanitaires au Burundi et en République démocratique du Congo. Avant cela, il était universitaire en Belgique. Tom Bundervoet est titulaire d'un doctorat en économie de l'Université de Bruxelles et a publié ses recherches dans plusieurs publications universitaires soumises à l'évaluation par les pairs.

Luc Christiaensen est économiste agricole principal au sein du Pôle Emploi de la Banque mondiale. Il a beaucoup écrit sur la pauvreté, la transformation structurelle, et les villes secondaires en Afrique et Asie de l'Est. Il a dirigé l'équipe de rédaction de l'ouvrage *Agriculture en Afrique : Mythes ou réalité ?* et a été un membre central de l'équipe de rédaction du *Rapport sur le développement dans le monde 2008 : L'agriculture pour le développement*. Il a également codirigé l'étude régionale de la Banque mondiale *Évolution de la pauvreté dans une Afrique en plein essor*, le précurseur de ce rapport. Il a été chercheur senior à l'UNU-WIDER à Helsinki (Finlande), en 2009-2010. Il est chargé de recherche honorifique à la *Maastricht School of Management* et à l'Université catholique de Louvain. Luc Christiaensen est titulaire d'un doctorat en économie agricole de l'Université Cornell.

Alejandro de la Fuente est économiste senior au sein de la Pratique mondiale Pauvreté et équité de la Banque mondiale. Son travail actuel implique de fournir des conseils en matière de politiques et un appui opérationnel et technique pour l'analyse de la pauvreté, la sécurité alimentaire et nutritionnelle, et l'évaluation de programme au Libéria et en Sierra Leone. Auparavant, il a travaillé sur des questions similaires au Malawi, en Zambie et au Zimbabwe. Il a également travaillé sur des projets, qu'il dirigeait également, sur la pauvreté, les catastrophes naturelles et l'assurance contre les intempéries dans des pays d'Asie de l'Est, d'Amérique latine et des Caraïbes. Avant de rejoindre la Banque mondiale, il a travaillé pour le Bureau du Rapport sur le développement humain du Programme des Nations Unies pour le développement ; le Secrétariat de la Stratégie internationale de réduction des risques du Bureau des Nations Unies pour la réduction des risques de catastrophe ; la Banque interaméricaine de développement ; et il a occupé divers postes au ministère du Développement social et au cabinet du Président au Mexique. Il est titulaire d'un doctorat en études et économie du développement de l'Université d'Oxford.

Lionel Demery est un consultant indépendant spécialisé dans l'économie du développement. Il a auparavant été économiste en chef au sein de la Région Afrique de la Banque mondiale. Il a enseigné dans les départements d'économie de l'Université de Warwick et de l'*University College Cardiff*. Il a également travaillé pour l'Organisation internationale du travail à Bangkok et pour l'*Overseas Development Institute* à Londres. Il a publié de nombreux travaux, et s'est récemment concentré sur la pauvreté en Afrique. Lionel Demery est titulaire d'une maîtrise de la *London School of Economics*.

Patrick Eozenou est économiste senior à la Banque mondiale au sein du Pôle Santé, nutrition et population. Il a plus de 10 ans d'expérience

dans l'économie du développement, la microéconomie et l'économie de la santé, principalement en Afrique subsaharienne. Avant de rejoindre la Banque mondiale, il était titulaire d'une bourse de recherche postdoctorale à l'Institut international de recherche sur les politiques alimentaires (IFPRI) à Washington, DC. Ses travaux actuels portent sur l'équité dans la santé et le financement de la santé. Il a publié dans le *British Journal of Nutrition, Health Affairs, le Journal of Development Economics*, le *Journal of Development Studies*, le *Lancet Global Health*, l'*Oxford Review of Economic Policy*, et *PLoS Medicine*. Patrick Eozenou est titulaire d'un doctorat en économie de *European University Institute de Florence*.

Isis Gaddis est économiste senior au sein du Pôle Genre de la Banque mondiale. Elle était auparavant basée à Dar es-Salaam en tant qu'économiste de la pauvreté pour la Tanzanie. Elle a été membre de l'équipe de base du rapport *Pauvreté et prospérité partagée* (Banque mondiale, 2018) et a corédigé l'étude régionale *Évolution de la pauvreté dans une Afrique en plein essor* (Banque mondiale, 2016). Ses recherches portent principalement sur la microéconomie empirique, avec une attention particulière à la mesure et à l'analyse de la pauvreté et des inégalités, au genre, au travail, et à la prestation des services publics. Isis Gaddis est titulaire d'un doctorat en économie de l'Université de Göttingen, où elle a été membre du groupe de recherche sur l'économie du développement entre 2006 à 2012.

Ruth Hill est économiste principale et responsable mondiale du Groupe solutions globales pour la transformation spatiale et structurelle au sein du Pôle Pauvreté et équité de la Banque mondiale. Auparavant, elle était économiste senior au sein de la région Asie du Sud et travaillait sur le Bangladesh et le Népal et, avant cela, sur l'Éthiopie, la Somalie et l'Ouganda. En plus de mener des travaux d'analyse de la pauvreté et des marchés du travail, elle a codirigé les diagnostics pays systématiques de la Banque mondiale pour le Népal et l'Éthiopie, ainsi que le Programme éthiopien de filets de sécurité productifs. Avant de rejoindre la Banque mondiale en 2013, elle était chargée de recherche senior à l'IFPRI. Elle a publié dans l'*American Journal of Agricultural Economics*, *Economic Development and Cultural Change, Experimental Economics,* le *Journal of Development Economics*, la Revue économique de la Banque mondiale, et *World Development*. Ruth Hill a obtenu un doctorat en économie de l'Université d'Oxford.

Siddhartha Raja est spécialiste senior du développement numérique au sein du Groupe de la Banque mondiale. Il collabore avec des pouvoirs publics en Asie et en Europe pour connecter davantage de personnes à l'information, aux marchés et aux services publics. Son travail a conduit à l'expansion de la connectivité à large bande, a permis à de nombreuses personnes de développer leurs compétences numériques et de travailler en ligne et à des organismes publics de fournir des services en ligne à davantage de gens, et a apporté des améliorations exponentielles de la connectivité internationale dans des pays d'Europe et d'Asie. Il a régulièrement publié des travaux avec la Banque mondiale sur les politiques de télécommunication et l'avenir du travail. Siddhartha Raja est titulaire d'une licence en ingénierie des télécommunications de l'Université de Bombay et d'une maîtrise en études des politiques d'infrastructure de l'Université de Stanford. Il a étudié le droit et la politique des médias à l'Université d'Oxford et obtenu un doctorat en politique des télécommunications à l'Université de l'Illinois.

Joachim Vandercasteelen est consultant indépendant et chargé de recherches postdoctorales au *LICOS Centre for Institutions and Economic Performance* de l'Université de Louvain (KU Leuven), en Belgique. Il travaille actuellement à l'évaluation de l'impact de différentes interventions sur les chaînes de valeur dans les sous-secteurs agricoles de la Côte d'Ivoire, de l'Éthiopie et de la Tanzanie. Il collabore en tant que consultant avec la Banque mondiale, le Programme alimentaire mondial, l'IFPRI et le projet WINnERS (*Weather Index-Based Risk Services*), basé à l'Imperial College de Londres. Ses recherches portent sur des thèmes liés au développement rural et à l'économie agricole. Joachim Vandercasteelen est titulaire d'un doctorat en économie de la KU Leuven.

Philip Verwimp est professeur en économie du développement à l'Université Libre de Bruxelles, où il enseigne à la *Solvay Brussels School of Economics and Management*. Il est également membre du Centre européen pour les recherches avancées en économie et statistique (ECARES). Il est cofondateur et codirecteur du *Households in Conflict Network* (HiCN), qui mène des recherches collaboratives sur les causes et les effets des conflits violents au niveau des ménages. Entre 1999 et 2017, il a passé 30 mois sur le terrain au Burundi, en Éthiopie, au Maroc, au Rwanda et en Tanzanie. Il a offert ses conseils en matière de politique et travaillé à des rapports pour la Banque mondiale et le Fonds des Nations Unies pour l'enfance (UNICEF), ainsi que pour divers ministères des affaires étrangères. Il a publié dans des revues de premier plan telles que *American Economic Review, Economic Development and Cultural Change, Journal of Conflict Resolution, Journal of Development Economics, Journal of Human Resources*, et la *Revue économique de la Banque mondiale*, 30 articles évalués par les pairs sur l'économie des conflits, la pauvreté et la dénutrition, la santé et l'éducation des enfants, l'économie politique et la migration. Ses études universitaires ont porté sur l'économie, la sociologie et les sciences politiques à l'université d'Anvers (licence), à la KU Leuven (licence et maîtrise), à l'Université de Göttingen (maîtrise) et à l'Université de Yale (travail prédoctoral). Il a été chargé de recherches postdoctoral à Yale avec une bourse Fulbright et chercheur invité à l'Université de Californie à Berkeley. Philip Verwimp a obtenu son doctorat en économie du développement à la KU Leuven, avec une thèse sur l'économie politique du développement et le génocide au Rwanda.

Eleni Yitbarek est chargée de recherche postdoctorale à l'Université de Pretoria et boursière en financement du développement appliqué à la Banque européenne d'investissement et au *Global Development Network*. Ses activités se concentrent sur la recherche appliquée dans les domaines de la dynamique de la pauvreté, des effets socioéconomiques des chocs idiosyncrasiques et transitoires, et de la mobilité sociale basée sur le genre en Afrique. Elle a été boursière de la Banque mondiale pour l'Afrique pendant ses études supérieures. Avant d'entreprendre son doctorat, elle a travaillé pour la Banque Nationale d'Éthiopie et l'Organisation néerlandaise de développement (SNV). Titulaire d'une maîtrise en politiques publiques et développement humain de l'Université de Maastricht, Eleni Yitbarek est spécialisée dans le financement des politiques sociales et a obtenu un doctorat en économie à l'Université de Maastricht.

Abréviations

AB	Appauvrissement fiscal
AFSA	Autorité fiscale semi-autonome
AGI	Initiative pour les adolescentes (*Adolescent Girls Initiative*)
AIF	Analyse de l'incidence fiscale
AM	Accès au marché
APD	Aide publique au développement
ARC	Africa Risk Capacity (mutuelle panafricaine de gestion de risques)
ATAF	Forum africain sur l'administration fiscale (African Tax Administration Forum)
CAD	Comité d'aide au développement (au sein de l'OCDE)
Cat-DDO	Option de tirage différé pour les risques liés aux catastrophes (*Catastrophe Deferred Drawdown Option*)
CC	Courant continu
CEDEAO	Communauté économique des États de l'Afrique de l'Ouest
CIF	Coupon d'intrant flexible
CNUCED	Conférence des Nations Unies sur le commerce et le développement
CO$_2$	Dioxyde de carbone
DCV	Développement de la chaîne de valeur
DDR	Démobilisation, désarmement et réintégration
EBTB	Érosion de la base d'imposition et transfert de bénéfices
EDS	Enquête démographique et de santé
EEQ	Engagement à l'équité
ENA	Entreprise non agricole
EPA	Écart de pauvreté agrégé
EPCV-EAI	Enquête permanente sur les conditions de vie – enquête agricole intégrée
EPT	Éducation pour tous
FCFA	Franc de la Communauté financière africaine
FISP	Programme de subvention des intrants agricoles (*Farm Input Subsidy Programme*)
FMI	Fonds monétaire international
GIEC	Groupe d'experts intergouvernemental sur l'évolution du climat
GRB	Garantie d'un revenu de base
GSMA	Global System for Mobile Association (association mondiale des opérateurs mobiles)
HSNP	Programme de filet de sécurité contre la faim (*Hunger Safety Net Program*)

ICS	Indicateur de capacité statistique
ICTD	Centre international pour la fiscalité et le développement (*International Centre for Tax and Development*)
IDA	Association internationale de développement (*International Development Association*)
IDE	Investissement direct étranger
IPS	Indicateur de prestation de service
IRS	Pulvérisation d'insecticides à effet rémanent à l'intérieur des habitations (*Indoor residual spraying*)
ITIE	Initiative pour la transparence dans les industries extractives
LED	Diode électroluminescente (*Light-emitting diode*)
MII	Moustiquaire imprégnée d'insecticide
MNT	Maladie non transmissible
MPME	Micro, petite et moyenne entreprises
OCDE	Organisation de coopération et de développement économiques
ODD	Objectif de développement durable
OIT	Organisation internationale du travail
OMD	Objectif du Millénaire pour le développement
ONG	Organisation non gouvernementale
ONU	Organisation des Nations Unies
P4P	Achats au service du progrès (*Purchase for Progress*)
PAE	Potentiel agroécologique
PAM	Programme alimentaire mondial
PDD	Paiement direct des dividendes
PDDAA	Programme détaillé de développement de l'agriculture africaine
PDI	Personne déplacée à l'intérieur de son propre pays
PEEF	Pas dans l'emploi, l'éducation ou la formation
PEF	Mécanisme de financement d'urgence en cas de pandémie (*Pandemic Emergency Financing Facility*)
PFR	Pays à faible revenu
PIB	Produit intérieur brut
PMA	Pays les moins avancés
PME	Petites et moyennes entreprises
PPA	Parité des pouvoirs d'achat
PRI	Pays à revenu intermédiaire
PTF	Productivité totale des facteurs
PV	Photovoltaïque
PVM	Projet Villages du Millénaire
R&D	Recherche et développement
RE	Recensement des établissements
RFID	Identification par radiofréquences (*Radio frequency identification*)
RNB	Revenu national brut
RNGA	Régénération naturelle gérée par l'agriculteur
RWF	Franc rwandais
SIG	Système d'information géographique
SIGI	Indice Institutions sociales et égalité hommes-femmes (*Social Institutions and Gender Index*)
SMS	Service de messages courts
SNDS	Stratégie nationale de développement de la statistique
SPEED	Statistiques sur les dépenses publiques en faveur du développement économique (*Statistics For Public Expenditure For Economic Development*)
SPS	Sanitaires et phytosanitaires
STIM	Science, technologie, ingénierie et mathématiques
TBS	Taux brut de scolarisation
TFT	Taux de fécondité total

TIC	Technologies de l'information et de la communication
TNA	Taux nominal d'aide
TNP	Taux nominal de protection
TRA	Taux relatif d'aide
TVA	Taxe sur la valeur ajoutée
UE	Union européenne
UGX	Shilling ougandais
UNU-WIDER	Institut de l'Université des Nations Unies pour la recherche sur l'économie du développement
VIH/SIDA	Virus de l'immunodéficience humaine/Syndrome d'immunodéficience acquise
WASH	Eau, assainissement et hygiène (*Water, Sanitation and Hygiene*)
ZAR	Rand de l'Afrique du Sud
ZES	Zone économique spéciale

Devises

FCFA	Franc CFA
R	Rand sud-africain
RF	Franc rwandais
U Sh	Shilling ougandais

Principaux messages

La pauvreté en Afrique aujourd'hui et demain

- La pauvreté en Afrique a sensiblement diminué (passant de 54 % en 1990 à 41 % en 2015), mais le nombre de pauvres a augmenté, grimpant de 278 millions en 1990 à 413 millions en 2015.
- En cas de *statu quo*, le taux de pauvreté de la région devrait descendre à 23 % d'ici 2030, faisant ainsi de la pauvreté mondiale un phénomène essentiellement africain.

Principales caractéristiques de la pauvreté en Afrique

- La plupart des pauvres (82 %) vivent dans les zones rurales et tirent principalement leurs moyens de subsistance de l'exploitation agricole. Les microentreprises non salariées sont la principale source d'emploi et de revenu non agricole pour les pauvres et quasi pauvres. Contrairement aux attentes, la pauvreté en milieu rural est plus élevée dans les zones dotées d'un meilleur potentiel agroécologique.
- La pauvreté est une combinaison de pauvreté chronique et transitoire. Les États fragiles et touchés par des conflits ont des taux de pauvreté nettement plus élevés.
- Un médiocre capital humain et une forte inégalité entre les sexes entravent les efforts de réduction de la pauvreté.

Quatre grands domaines d'action stratégique

- *Accélérer la transition de la fécondité.* De nombreux pays du continent sont caractérisés par une croissance démographique rapide et une fécondité élevée. Celles-ci freinent la réduction de la pauvreté de nombreuses manières. Les programmes de planning familial joueront un rôle important et rentable dans l'accélération de la transition de la fécondité, qui viendra compléter l'effet d'une amélioration de l'éducation des femmes et de leur autonomisation (notamment en offrant des compétences de vie, en s'attaquant aux normes sociales relatives au genre, et en réduisant le mariage des enfants).
- *Tirer parti du système alimentaire.* Un accroissement de la productivité agricole des petits exploitants, en particulier dans les cultures de base, augmente directement le revenu des pauvres et répond à la demande urbaine croissante de produits agricoles de plus grande valeur. Des investissements publics complémentaires (dans la recherche et la vulgarisation agricoles, l'irrigation et les infrastructures rurales) restent essentiels. Le développement inclusif des chaînes de valeur et les avancées technologiques peuvent mettre à la portée des pauvres des marchés et des techniques de production (telles que l'irrigation et la mécanisation) jusqu'alors inaccessibles.
- *Atténuer la fragilité.* Les risques non assurés et les conflits piègent les individus dans la pauvreté ou les y repoussent. Il existe de nombreuses solutions de gestion des risques, dans lesquelles les secteurs tant privé que public ont chacun un rôle à jouer, mais la principale difficulté reste d'inciter les acteurs publics et privés à agir sans attendre, avant que les chocs et conflits ne se produisent.
- *Combler le déficit de financement de la pauvreté.* Un financement public plus abondant, plus efficace et axé sur les pauvres est nécessaire pour financer cet agenda des politiques de réduction de la pauvreté. Confrontés à un besoin persistant d'aide publique au développement (APD), les pays africains doivent veiller au respect des obligations fiscales nationales et lutter contre l'évasion fiscale internationale, tout en rendant les dépenses publiques plus favorables aux pauvres et plus efficaces. Ceci est particulièrement important dans les pays riches en ressources, où les indicateurs de réduction de la pauvreté et de développement humain sont souvent relativement moins bons.

Vue d'ensemble

Réduction de la pauvreté en Afrique : un agenda mondial

Le redressement de l'Afrique[1] a été spectaculaire au cours des deux dernières décennies. Après de nombreuses années de déclin, l'économie du continent s'est redressée au milieu des années 1990, enregistrant une forte croissance annuelle moyenne de 4,5 % au début des années 2010. La santé et l'alimentation des gens se sont améliorées, le taux de scolarisation des jeunes a nettement augmenté, et le taux de pauvreté a chuté de 54 % en 1990 à 41 % en 2015 (Banque mondiale 2018c). La région a également bénéficié de la diminution des conflits (même s'il en subsiste dans certains pays et malgré le nombre élevé de personnes déplacées), d'une expansion des libertés politiques et sociales, et de progrès dans le statut juridique des femmes (Hallward-Driemeier, Hasan et Rusu 2013 ; Banque mondiale 2019). Une amélioration a également été constatée au niveau de la disponibilité et de la qualité des données relatives à la pauvreté permettant de documenter ces progrès.

En dépit de ces avancées, décrites en détail dans le prédécesseur de ce rapport *Évolution de la pauvreté dans une Afrique en plein essor* (Beegle et al. 2016), les défis de la pauvreté et de la prospérité partagée demeurent énormes : dans de nombreux pays africains, les taux de pauvreté sont les plus élevés du monde et devraient rester à deux chiffres. Le ralentissement de la croissance économique au cours des dernières années a également freiné la réduction de la pauvreté. En particulier, le nombre des pauvres augmente en Afrique (de 278 millions en 1990 à 413 millions en 2015), en partie à cause de la forte croissance démographique (Banque mondiale 2018c). L'Afrique n'atteindra pas l'objectif de développement durable (ODD) des Nations Unies d'éradiquer la pauvreté d'ici 2030[2].

À l'échelle mondiale, la concentration de la pauvreté se déplace de l'Asie du Sud vers l'Afrique. Les prévisions suggèrent que la pauvreté deviendra bientôt un phénomène essentiellement africain. Bien qu'en amélioration, les dimensions non monétaires de la pauvreté (santé et état nutritionnel, alphabétisation, sécurité personnelle, autonomisation) demeurent les plus faibles du monde dans de nombreux pays du continent (Beegle et al. 2016). La croissance démographique mondiale à deux vitesses, les inégalités et le changement climatique, ainsi que les pressions migratoires qui en résultent, renforcent l'intérêt mondial pour la lutte contre la pauvreté en Afrique. La rapide diffusion des technologies numériques et de l'énergie solaire et le développement du commerce Sud-Sud offrent également de nouvelles opportunités de relever ce défi pressant (Dixit, Gill et Kumar 2018 ; Gill et Karakülah 2018 ; Banque mondiale 2019a). La façon dont l'Afrique pourrait accélérer la réduction de sa pauvreté est devenue aujourd'hui une préoccupation mondiale, et l'objet de ce rapport.

Bien évidemment, les différents pays africains présentent des taux de pauvreté assez variables et des conditions socioéconomiques et agroécologiques divergentes : la moitié des pauvres de l'Afrique vivent dans 5 pays, et 10 pays abritent 75 % des pauvres de l'Afrique[3]. Toutefois, les pays et régions des pays qui sont les plus pauvres (où le taux de pauvreté est le plus élevé) ne sont pas nécessairement les pays ou régions accueillant le plus grand nombre de pauvres. La question est donc de déterminer où cibler les efforts de réduction de la pauvreté, au moins sur le plan mondial.

La fragilité et l'abondance de ressources sont des caractéristiques clés des pays, à prendre en compte dans la conception des politiques de réduction de la pauvreté. Dans le passé, le fait de négliger les régions et pays affichant un taux de pauvreté élevé a souvent engendré des conflits, qui se sont facilement propagés aux zones voisines, même lorsque ces pays et régions n'étaient pas densément peuplés. Les États fragiles touchés par des conflits ont des taux de pauvreté nettement plus élevés ainsi que la plus lente réduction

de la pauvreté, souvent encore longtemps après la fin des conflits. Cette tendance met en évidence l'effet débilitant des conflits sur l'amélioration du bien-être ainsi que l'impérieuse nécessité de combattre la pauvreté dans les États fragiles pour faire progresser l'agenda de lutte contre la pauvreté en Afrique.

De nombreux pays africains dépendent fortement de leurs ressources naturelles. Cette dépendance n'a fait que croître depuis le boom des produits de base des années 1990 et 2000 (figure O.1) et fait de plus en plus partie de l'environnement dans lequel intervient la lutte contre la pauvreté en Afrique. La dépendance vis-à-vis des ressources naturelles compromet souvent la qualité institutionnelle et érode le potentiel de croissance à long terme ainsi que la réduction de la pauvreté. La dépense de ces pays dans leur capital humain, ainsi que son efficacité, est systématiquement inférieure à celle des pays non tributaires de leurs ressources naturelles (de la Brière et al. 2017). Dans des cas extrêmes, l'abondance des ressources peut même conduire à des conflits (Collier et Hoffler 2004).

FIGURE O.1   **La dépendance vis-à-vis des ressources naturelles a fortement augmenté dans la plupart des pays africains**

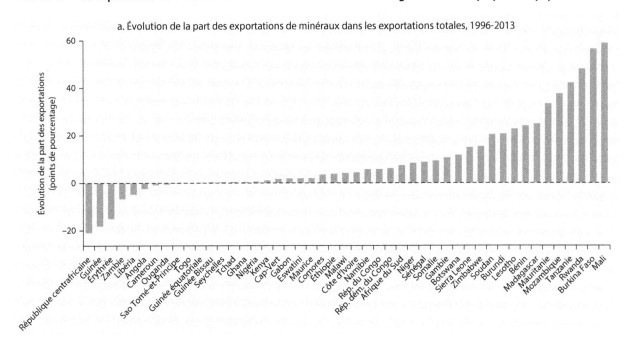

a. Évolution de la part des exportations de minéraux dans les exportations totales, 1996-2013

(suite à la page suivante)

FIGURE O.1 **La dépendance vis-à-vis des ressources naturelles a fortement augmenté dans la plupart des pays africains** *(suite)*

b. Évolution de la part des exportations de pétrole et de gaz dans les exportations totales, 1996-2013

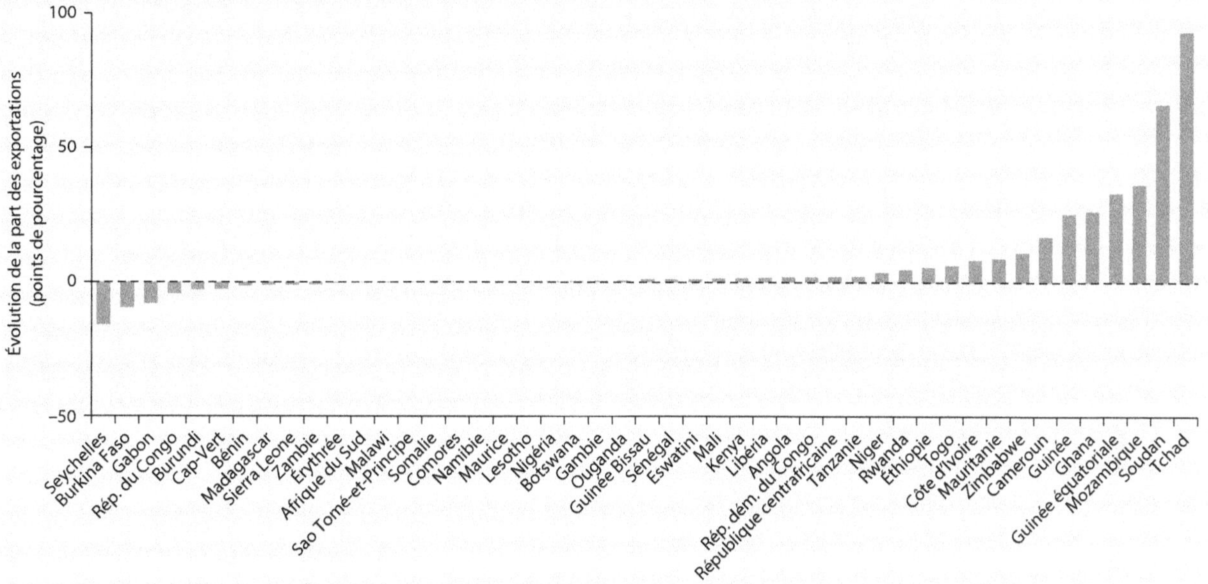

Source : Calculs basés sur les données de la Conférence des Nations Unies sur le commerce et le développement (CNUCED).
Note : Il existe une étroite corrélation entre les exportations et les parts des ressources naturelles dans les recettes de l'État. Les données relatives à ces dernières sont lacunaires, même si elles constituent sans doute le meilleur indicateur de la dépendance vis-à-vis des ressources.

Pauvreté en Afrique : faits stylisés

Dans l'ensemble des pays, la pauvreté se manifeste aussi de nombreuses manières similaires. Premièrement, elle demeure majoritairement rurale — 82 % des pauvres de l'Afrique vivent en milieu rural, où ils gagnent principalement leur vie dans l'agriculture ou, lorsqu'ils travaillent en dehors des fermes, dans des activités liées à l'agriculture (Allen, Heinrigs et Heo 2018 ; Beegle et al. 2016 ; Castañeda et al. 2018). Bien que cette situation ne signifie pas que la solution réside automatiquement dans le développement agricole ou rural, elle n'en constitue pas moins un point de départ pour les politiques visant soit à renforcer les possibilités de revenus des pauvres là où ils se trouvent, soit à les aider à trouver ailleurs d'autres opportunités de revenus.

Deuxièmement, la pauvreté est une combinaison de chronique et de transitoire : environ 60 % des pauvres de l'Afrique sont chroniquement pauvres et 40 % le sont de manière transitoire. Par

conséquent, la création d'actifs et la génération d'opportunités de revenus, ainsi que des stratégies efficaces de gestion des risques, sont toutes importantes pour la réduction de la pauvreté et interagissent souvent les unes avec les autres.

Troisièmement, environ la moitié des pauvres de l'Afrique ont moins de 15 ans, ce qui souligne la nécessité d'accorder une plus grande attention aux enfants. Les écarts de pauvreté monétaire mesurés entre les hommes et les femmes sont minces, mais les données sous-tendant cette constatation supposent un partage égal au sein des ménages. De nombreux autres indicateurs non monétaires mettent en évidence de fortes inégalités structurelles entre les sexes.

Quatrièmement, les pauvres ont de faibles liens avec l'État. Ils ont un accès limité aux biens publics (infrastructures) et aux services de qualité, et leur voix compte peu dans l'élaboration des politiques publiques.

En outre, le taux de pauvreté de l'Afrique est non seulement supérieur à celui de la plupart des autres pays à revenu faible ou intermédiaire, mais sa réduction est également plus lente.

La réduction plus lente de la pauvreté de l'Afrique

Trois facteurs ont notablement contribué à la réduction plus lente de la pauvreté en Afrique :

- *La persistance d'une forte fécondité et d'une croissance démographique élevée.* Bien que la *croissance du produit intérieur brut* (PIB) de l'Afrique ait été vigoureuse au cours des deux dernières décennies (sauf ces dernières années), la production économique exprimée en revenu par habitant a progressé plus lentement que dans d'autres pays à revenu faible ou intermédiaire. Dans les pays africains, la fécondité plus élevée et la croissance démographique plus rapide réduisent le revenu par habitant.
- *De mauvaises conditions initiales.* En Afrique, la part de la croissance par habitant (plutôt modeste) du revenu des ménages contribuant à la réduction de la pauvreté est plus faible que dans d'autres pays, tout simplement à cause du niveau initial élevé de la pauvreté dans la région. Le manque d'actifs et d'accès aux biens et services publics, ainsi que la disponibilité limitée de bonnes possibilités de générer des revenus, dont souffre une grande partie de la population, limitent l'aptitude de nombreuses personnes à contribuer et à participer à la croissance économique. C'est la pauvreté, ou l'aspect pauvreté de l'inégalité, plutôt que l'inégalité elle-même, qui freine la réduction de la pauvreté dans de nombreux pays africains. Comparés à des pays également pauvres des autres régions, les pays africains n'ont pas été moins efficaces dans la conversion de la croissance du revenu par habitant des ménages en réduction de la pauvreté.
- *La composition de la croissance en Afrique.* La réduction de la pauvreté a été plus lente en Afrique, à cause de la composition de la croissance en Afrique — en particulier la dépendance croissante vis-à-vis des ressources naturelles et les modestes performances des secteurs de l'agriculture et de la fabrication en Afrique.

L'accélération de la transition de la fécondité, l'amélioration des principaux aspects des mauvaises conditions initiales de l'Afrique, et l'adoption d'un agenda de croissance et des politiques favorable aux pauvres contribueront largement à accélérer la réduction de la pauvreté.

Une forte fécondité et une lente réduction de la pauvreté

Avec une moyenne de 2,7 % par an, la croissance démographique rapide demeure une caractéristique déterminante de nombreux pays du continent. Elle découle d'une forte fécondité persistante (5,1 enfants par femme en 2010-2015 contre 6,7 en 1950-1955) combinée à une baisse rapide de la mortalité des moins de cinq ans (de 307 décès pour mille en 1950-1955 à 91 en 2010-2015) (Banque mondiale 2019c). La forte croissance démographique constitue, de différentes manières, un lourd fardeau pour les pouvoirs publics, les familles et les femmes en particulier. Elle accroît les besoins budgétaires des services sociaux, dont les avantages ne se manifestent que nettement plus tard. Le taux élevé de fécondité a également largement contribué à la croissance urbaine explosive de l'Afrique, qui n'est pas simplement due à l'exode rural (Jedwab, Christiaensen et Gindelsky 2017) et a rendu très difficile la mise en place des infrastructures de base dont les centres urbains ont besoin pour rester productifs, créer des emplois et constituer une force efficace de réduction de la pauvreté (Lall, Henderson et Venables 2017).

La population rurale se retrouvant souvent concentrée sur une petite partie des terres arables, une forte croissance démographique accroît encore la pression sur les terres dans plusieurs pays africains, sans qu'une intensification agricole intervienne pour la compenser (Jayne, Chamberlin et Headey 2014). Et, très important, la charge pour les femmes des soins et des travaux ménagers s'accroît avec le nombre d'enfants et réduit leurs possibilités de générer un revenu. Elle pèse en particulier durement sur les femmes pauvres, qui commencent souvent à avoir des enfants à un âge plus tendre et en ont un plus grand nombre (en moyenne deux fois autant — 5 à 7 — que les femmes des ménages aisés).

D'un autre côté, la réduction de la fécondité est associée à une croissance économique plus rapide (le dividende démographique) et à une réduction plus rapide de la pauvreté. Une baisse de 1 % du taux de dépendance est associée à une diminution de 0,75 point de pourcentage du nombre des pauvres (Cruz et Ahmed 2016). L'accélération de la réduction de la fécondité est donc un point de départ important pour l'accélération de la réduction de la pauvreté en Afrique. En tenant compte des facteurs démographiques et socioéconomiques classiques, le taux de fécondité par femme en âge de procréer est, en moyenne, supérieur d'une naissance en Afrique à celui des pays non africains les moins avancés (PMA) (figure O.2) (Bongaarts 2017).

En plus de l'éducation des femmes, une attention beaucoup plus grande doit être accordée aux programmes de planning familial. En dehors de l'Afrique, le nombre moyen de naissances non désirées par femme en âge de procréer est passé d'un à zéro au cours des vingt dernières années. Il est, par contre, resté à deux en Afrique (Günther et Harttgen 2016), suggérant une forte

demande latente de contraception. L'offre limitée et la médiocre mise en œuvre des programmes de planning familial expliquent en grande partie le fait que le taux de fécondité tarde à baisser en Afrique (de Silva et Tenreyro 2017). Les autres points de départ pour l'accélération de la transition démographique comprennent l'autonomisation des femmes, en particulier l'acquisition de compétences de base par les femmes et les filles, l'évolution des normes sociales liées au genre, et la lutte contre les mariages d'enfants.

FIGURE O.2 **En Afrique, la fécondité réagit moins aux paramètres classiques du développement que dans d'autres PMA**

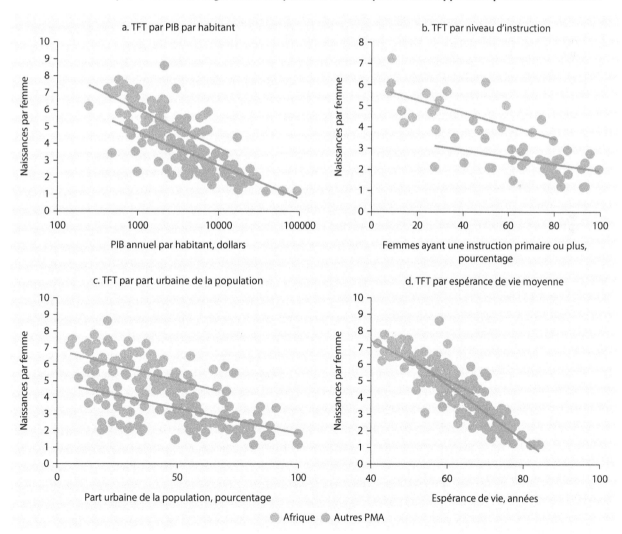

Source : Calculs de la Banque mondiale, adaptés de Bongaarts (2017), à l'aide des dernières données de la base de données des Indicateurs du développement dans le monde 2019.
Note : PMA = pays les moins avancés (définis par le Comité des politiques de développement des Nations Unies). Les données utilisées sont celles des années 1990 et 2018.
TFT = Taux de fertilité total (nombre total d'enfants nés d'une même femme). La dernière année ayant des données disponibles a été choisie lorsque les données manquaient.

Mauvaises conditions initiales

Les mauvaises conditions initiales freinent également la lutte contre la pauvreté en Afrique. Cela inclut non seulement les faibles niveaux de capital humain et d'accès aux infrastructures, mais aussi les obstacles structurels plus profonds tels que la dépendance vis-à-vis des ressources naturelles (évoquée plus haut), l'inégalité des sexes, et les pressions sociales redistributives.

Au niveau individuel, un faible niveau d'instruction réduit les chances de sortir de la pauvreté[4]. Là où l'écart entre les niveaux d'instruction est important, comme c'est le cas dans une grande partie de l'Afrique, une grande partie de la croissance et de la réduction de la pauvreté peut être attendue d'une éducation de base généralisée et de qualité (encadré O.1). Le grave déficit d'infrastructure aggrave la situation. Le faible rendement des terres, du travail et des compétences des pauvres découle également, en partie, de leur incapacité à accéder aux technologies de l'information et de la communication, à l'énergie et aux services de transport (Christiaensen, Demery et Paternostro 2003 ; Grimm et al. 2017 ; James 2016). Des informations plus récentes sur la psychologie de la pauvreté montrent en outre comment le manque de capital humain, d'actifs matériels et d'accès aux infrastructures de base non seulement réduisent la capacité des pauvres à gagner de l'argent, mais sapent également leur « bande passante » mentale, et compromettent leur aptitude à planifier, se maitriser, et avoir des aspirations — des comportements associés à la sortie de pauvreté (Haushofer et Fehr 2014 ; Banque mondiale 2015).

En réduisant la productivité totale des facteurs, l'inégalité liée au sexe engendre également de plus faibles résultats de la croissance économique, en plus de son effet sur les écarts entre les sexes en matière d'éducation, d'emploi et de gouvernance (Ferrant et Kolev 2016). Tel est particulièrement le cas dans les pays à faible revenu. La suppression de la discrimination basée sur le genre dans les institutions sociales pourrait augmenter la croissance mondiale de jusqu'à 0,6 % par an au cours des 15 prochaines années (Branisa, Klasen et Ziegler 2009, 2013, 2014 ; Yoon et Klasen 2018). Une réduction des disparités entre les sexes augmenterait également les perspectives de croissance des économies africaines et réduirait donc également la pauvreté (encadré O.2).

Enfin, confrontés à une pauvreté généralisée, à de fréquentes crises et à une absence d'assurance, les gens hésitent souvent à investir par peur des effets redistributifs (Platteau 2014)

Des emplois plus nombreux et meilleurs pour les pauvres

Enfin, la possibilité et le besoin de politiques de croissance favorable aux pauvres pour accélérer

---

ENCADRÉ O.1   **Les investissements dans le capital humain sont essentiels pour atténuer la pauvreté**

Les investissements dans le capital humain génèrent de substantiels avantages à long terme et sont essentiels pour l'agenda de réduction de la pauvreté en Afrique. Une série de données probantes montre que les enfants dont le départ dans la vie est désavantagé présentent tout au long de leur existence un risque plus élevé d'être piégés dans la pauvreté. Un tel piège engendré par le développement humain ouvre un cycle de pauvreté qui s'étend de génération en génération et maintient les familles dans la pauvreté (par exemple, un faible niveau d'éducation et une mauvaise santé se traduisent par un faible revenu des adultes, un développement humain médiocre des enfants, etc.) (Bhalotra et Rawlings 2013 ; Bhutta et al. 2013 ; Victora et al. 2008). Parce que les avantages économiques des investissements publics dans le développement humain ne se concrétisent que dans un futur lointain (au moins une décennie), ces derniers peuvent ne pas séduire les pouvoirs publics, compte tenu des nombreuses demandes immédiates de finances publiques.

En Afrique, l'amélioration du capital humain est une question pressante, surtout pour les plus pauvres. Les résultats obtenus par les enfants des ménages pauvres sont beaucoup moins satisfaisants dans plusieurs dimensions du bien-être. L'ampleur de la dénutrition en Afrique est stupéfiante, avec des taux nettement plus hauts chez les enfants des ménages pauvres (Banque mondiale 2018b). De plus, en Afrique, les enfants pauvres (et leurs parents) ont un accès gravement plus limité aux services essentiels influençant la santé des enfants. Même si l'accès universel à l'éducation a considérablement réduit l'écart de scolarisation entre les enfants pauvres et non pauvres (du moins à l'école primaire), les enfants pauvres apprennent beaucoup moins que leurs condisciples issus de ménages non pauvres (Banque mondiale 2018d).

ENCADRÉ O.2   **L'inégalité des sexes est un obstacle à la réduction de la pauvreté en Afrique**

Les femmes africaines continuent d'être désavantagées dans l'éducation, la santé, l'autonomisation, et les activités génératrices de revenus. Elles ont tendance à disposer d'un capital humain nettement inférieur à celui des hommes (même si cet écart s'est resserré au sein de la cohorte la plus jeune, où les filles ont rattrapé les garçons dans certains pays) ; d'un accès plus difficile aux marchés du travail ; de salaires plus bas ; d'un accès ou de droits ou titres plus limités aux actifs productifs (tels que la terre, le crédit et d'autres intrants) ; et de moins de droits politiques et légaux. Elles sont également soumises à des contraintes plus strictes en matière de mobilité et d'activités socialement acceptables. En conséquence, les inégalités entre les sexes peuvent piéger les femmes dans la pauvreté et engendrer un cercle vicieux pour leurs enfants.

Au-delà de la valeur intrinsèque de l'égalité des chances, l'égalité des sexes entraînera une croissance économique et une réduction accrue de la pauvreté

pour les pays. Quatre points de départ pour bénéficier des retombées économiques de la réduction des écarts entre les sexes sont les suivants (Klasen 2006) :

- Une stratégie de croissance augmentant la demande de main-d'œuvre féminine (telle que les stratégies de croissance menée par les exportations de l'Asie de l'Est) ;
- Des actions s'attaquant aux écarts entre les sexes dans l'éducation, en particulier dans les ménages les plus pauvres dont les taux de scolarisation ont tendance à être beaucoup plus faibles que ceux du reste de la population ;
- Des actions visant à améliorer l'accès des femmes aux actifs productifs — des droits de propriété et un accès à la terre plus sûrs, ainsi qu'un meilleur accès au crédit, aux intrants modernes et à d'autres moyens de production (y compris la terre) ;
- Des politiques aidant les couples plus pauvres à réduire leur fertilité.

la réduction de la pauvreté sont vastes en Afrique. Même si le continent n'arrivera pas à éradiquer la pauvreté d'ici 2030, les projections montrent que 50 millions de personnes supplémentaires pourraient être sorties de la pauvreté à ce moment, si les revenus des pauvres augmentaient plus rapidement de 2 points de pourcentage par an (tout en maintenant constant le taux historique de croissance annuelle par habitant de chaque pays au cours des 15 dernières années) (Cattaneo 2017). Conjuguée à une croissance démographique plus faible et à de meilleures conditions initiales, la croissance favorable aux pauvres — une croissance grâce à laquelle les revenus des pauvres augmentent eux aussi sensiblement à mesure que l'économie se développe — contribuera grandement à accélérer la réduction de la pauvreté, aujourd'hui et dans le futur.

Un agenda des politiques favorable aux pauvres requiert des fondamentaux de la croissance équitables et d'améliorer la croissance là où les pauvres travaillent et vivent (afin qu'ils puissent y contribuer et en bénéficier directement), tout en abordant les nombreux risques auxquels les ménages sont exposés. Les possibilités de redistribution en vue d'une résolution de la question de la pauvreté en Afrique étant limitées dans la plupart des pays, l'accent est directement mis sur la productivité et les moyens de subsistance des pauvres et des personnes vulnérables, c'est-à-dire sur ce qu'il faudra pour augmenter leurs revenus. C'est pourquoi le

présent rapport a adopté l'« emploi » comme angle de vision. Il se concentre donc naturellement sur les transformations structurelles, spatiales et institutionnelles nécessaires pour augmenter les revenus des pauvres et des personnes vulnérables, en particulier, sur les politiques et les investissements sectoriels et sous-sectoriels — dans l'agriculture, l'emploi non agricole et la gestion des risques et conflits — visant à faciliter ces transformations. La forme que ceux-ci doivent prendre est loin d'être évidente, car de même que toutes les politiques de croissance ne sont pas également efficaces pour la réduction de la pauvreté, les modèles de croissance agricole ou d'urbanisation ne sont pas non plus tous aussi favorables aux pauvres (Christiaensen et Kanbur 2017 ; Diao et al. 2012 ; Dorosh et Thurlow 2018 ; Pauw et Thurlow 2011).

Fondamentaux de la croissance et financement de la pauvreté

La stabilité macroéconomique, l'intégration régionale et la facilitation des échanges ainsi qu'un environnement propice aux affaires sont essentiels pour la croissance économique (Bah et Fang 2015 ; Sakyi et coll. 2017). Ils ont également un effet sur la pauvreté (Antoine, Singh et Wacker 2017 ; Dollar et Kraay 2002 ; Le Goff et Singh 2014 ; Rodrik 1998). Trois indicateurs macroéconomiques sont, en particulier, apparus comme statistiquement importants dans les régressions de la croissance entre pays :

- *Le taux d'inflation des prix,* reflétant la politique monétaire ;
- *Le taux de change,* reflétant l'ouverture au commerce et d'autres politiques commerciales ;
- *Le niveau de la dépense publique de consommation,* ou taille du déficit budgétaire, reflétant la politique budgétaire.

Lorsque ces indicateurs se détériorent, la pauvreté est susceptible d'augmenter (Antoine, Singh, et Wacker 2017 ; Christiaensen, Demery et Paternostro 2003 ; Dollar et Kraay 2002 ; Rodrik 2016).

L'évolution de l'inflation et des taux de change a été principalement favorable en Afrique. La croissance rapide des déficits budgétaires est par contre préoccupante dans de nombreux pays. La dette publique brute de l'Afrique est passée d'environ 32 % du PIB en 2012 à 56 % du PIB en 2016. À la fin de 2017, 14 pays étaient considérés à haut risque de surendettement contre 7 en 2012 (Banque mondiale 2018a). L'analyse de la dynamique de la dette — la différence croissante entre les taux d'intérêt réel et de croissance ainsi que l'élargissement des déficits primaires — renforce encore l'urgence de maîtriser la dette publique (Gill et Karakülah 2018).

En plus de la mise en œuvre des cadres des politiques nécessaires pour garantir une croissance favorable aux pauvres, le financement des investissements accompagnant la réduction de la pauvreté — dont beaucoup, tels que ceux dans le capital humain, ne portent leurs fruits qu'avec le temps — au sein d'un espace budgétaire restreint constitue l'autre défi majeur à relever. Une plus forte mobilisation des ressources est nécessaire de même qu'une dépense plus importante et plus efficace dans des domaines essentiels pour les pauvres tels que la santé, l'éducation, l'agriculture (par exemple, la vulgarisation et l'irrigation), ainsi que les infrastructures rurales. Il existe à ce niveau une considérable marge de manœuvre pour tirer le meilleur parti des technologies avancées afin de permettre aux pauvres de profiter des services de communication, énergétiques et de transport, jusqu'ici inaccessibles et traditionnellement coûteux (encadré O.3).

Gagner plus dans les exploitations agricoles

Tirer parti du système alimentaire africain au sein ou en dehors des exploitations agricoles est essentiel pour faire chuter la pauvreté et élever les conditions de vie. Historiquement, l'agriculture s'est avérée particulièrement efficace dans la réduction de la pauvreté, en particulier au niveau des faibles revenus (Christiaensen et Martin 2018). L'urbanisation rapide et la croissance des revenus créent des opportunités supplémentaires de développement du secteur agroalimentaire et de création d'emplois dans les chaînes de valeur agricoles, en dehors des exploitations. Toute la croissance agricole ne réduit cependant pas la pauvreté de la même façon : la productivité des cultures de base des petits exploitants et le développement de l'élevage continuent de nécessiter une attention particulière dans le cadre de la réduction de la pauvreté. Des approches plus intégrées sont nécessaires. Cela peut se passer par le développement des chaînes de valeur impliquant le secteur privé. Les investissements publics axés sur la fourniture de biens publics (par exemple, l'irrigation) et de services (par exemple, la vulgarisation) n'en restent pas moins essentiels, en particulier pour stimuler la productivité des cultures de base et de l'élevage des petits exploitants agricoles.

Conditions favorables pour l'exploitation du système alimentaire

Les conditions pour l'exploitation du système alimentaire en vue de réduire la pauvreté en Afrique sont aujourd'hui particulièrement favorables :

- La demande alimentaire est robuste, bien que principalement menée par la croissance démographique ;
- Les prix mondiaux des produits alimentaires restent environ 70 % plus élevés qu'avant la crise alimentaire mondiale de 2008 (40 % en termes réels) ;
- L'urbanisation et la croissance des revenus créent des opportunités de différenciation des produits et d'ajout de valeur, et donc d'emplois non agricoles dans l'agroalimentaire ;
- La politique agricole et la politique agricole commerciale se sont améliorées au niveau national (ainsi qu'intrarégional) ;
- La volonté politique reste largement favorable.

ENCADRÉ O.3 **Des technologies avancées promettent d'accélérer la réduction de la pauvreté en Afrique**

La plupart des pauvres des zones rurales (et dans une moindre mesure des zones urbaines) n'ont toujours pas accès à des infrastructures et services d'information et de communication, énergétiques, et de transport abordables et fiables. Sans eux, il est difficile d'accéder aux marchés et aux services publics, d'accroître la productivité, et d'augmenter les revenus dans les activités agricoles ou autres. En réduisant les coûts fixes, et en réalisant ainsi les traditionnelles économies d'échelle sur la fourniture des services d'infrastructure, la technologie aide l'Afrique à combler ce déficit. Les modèles commerciaux fondés sur le prépaiement et le paiement à l'unité, soutenus par la téléphonie mobile, mettent désormais les services à la portée des pauvres, ce qui est très prometteur pour la réduction de la pauvreté.

L'évolution technologique peut-être la plus spectaculaire a eu lieu dans les services de télécommunication, où 73 % de la population africaine dispose désormais d'un abonnement de téléphonie mobile (Banque mondiale 2018a). Et la tendance ne concerne pas uniquement les appels téléphoniques. Au Kenya, le développement de l'application de transferts monétaires et de paiements mobiles M-Pesa (« M » pour mobile et « pesa » pour « argent » en swahili) a permis à chacun de disposer d'un « compte bancaire » rudimentaire. Au Nigéria, Hello Tractor, une application de location de tracteurs, réduit la recherche et les coûts associés et permet ainsi aux petits exploitants agricoles de réaliser des économies d'échelle sur l'équipement à haute productivité qu'ils utilisent de manière occasionnelle

(Jones 2018). L'étape suivante est la pénétration généralisée de l'Internet à haut débit.

Dans les zones rurales africaines, les petites agglomérations et les ménages pourraient également passer directement à l'électricité renouvelable bon marché fournie par des panneaux solaires et des mini-réseaux alimentés par des systèmes photovoltaïques (PV) partagés et des lignes de distribution de courant continu (CC). La Tanzanie a été un pionnier dans le déploiement des programmes d'électrification à l'aide de microréseaux, suivie par d'autres pays, notamment le Kenya, le Nigéria, l'Ouganda et le Rwanda.

En tant qu'utilisateurs, les pauvres peuvent bénéficier directement de ces technologies avancées grâce à un meilleur accès à des biens d'équipement accroissant la productivité (tels que l'énergie solaire) ainsi qu'au marché pour y acheter et vendre leurs biens et services. Mais, le plus souvent, ils peuvent profiter de ces biens d'équipement seulement une fois qu'ils sont devenus plus largement accessibles et moins coûteux, à la suite de leur adoption par d'autres.

Il convient toutefois de noter que ces technologies ne pourront tenir la promesse d'accélérer la réduction de la pauvreté que si des politiques publiques complémentaires volontaristes sont adoptées dans trois domaines : a) l'élimination des obstacles à l'adaptation des technologies et leur diffusion dans les zones rurales où vivent et travaillent les pauvres ; b) l'investissement dans la formation aux compétences (tant de base que numériques) ; et c) la création d'un écosystème favorable à l'exploitation et à l'entretien des technologies.

Dans ce contexte, l'offre a également réagi, mais pas suffisamment, et la facture africaine des importations alimentaires a encore fortement augmenté, de 30 milliards de dollars au cours des 20 dernières années (figure O.3). Bon nombre de ces importations pourraient être produites de manière compétitive au sein des pays. La croissance de la production du manioc, du maïs et en partie du riz, due notamment à l'augmentation des rendements, confirme l'existence d'un potentiel de réaction plus robuste de l'offre. La facture africaine croissante des importations de produits alimentaires pèse sur les balances extérieures et implique la perte d'une importante opportunité. La chose est encore plus vraie dans les pays africains riches en pétrole, où les investissements

publics dans l'agriculture sont plus faibles et les importations de volaille plus élevées.

Les changements climatiques et la résurgence des conflits compliquent l'exploitation de ces opportunités. Les changements climatiques prévus ne sont toutefois pas nécessairement néfastes. Les rendements de maïs, par exemple, devraient augmenter au Sahel et dans de nombreuses parties de l'Afrique centrale et orientale (Jalloh et al. 2013 ; Waithaka et al. 2013). L'agriculture joue également un rôle important dans la prévention des conflits — qui trouvent souvent leur origine dans les crises agricoles liées au climat — ainsi que dans le rétablissement des États fragiles (Martin-Shields et Stojetz 2019). Une agriculture résiliente au climat et rémunératrice offre une alternative

FIGURE O.3   **La facture africaine des importations de produits alimentaires a triplé depuis le milieu des années 2000**

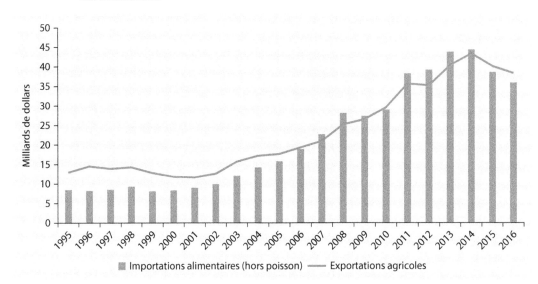

Source : Base de données FAOSTAT, 2018, Organisation des Nations unies pour l'alimentation et l'agriculture (FAO), http://www.fao.org/faostat/.

viable aux activités illicites et mercenaires des individus qui considèrent que le coût d'opportunité de leur participation à un conflit est faible.

Plus important encore, l'obtention de la réaction de l'offre nécessitera une attention politique soutenue. La baisse récente de la part agricole de la dépense totale par rapport aux niveaux d'avant 2008, malgré l'engagement politique déclaré, est une tendance qui devra être inversée.

Toute la croissance agricole ne réduit pas la pauvreté de la même façon

L'amélioration de la productivité des cultures de base des petits exploitants agricoles (la « révolution verte ») requiert une attention particulière[5]. Jusqu'à aujourd'hui, la faible productivité du travail dans les cultures de base enferme trop d'individus dans ce type d'agriculture. Pour cette raison, mais aussi grâce à une augmentation des revenus plus généralisée (y compris à travers le canal des prix) et à des effets d'entraînement, les multiplicateurs de la croissance et les élasticités de la pauvreté par rapport à la croissance sont plus importants pour l'augmentation de la productivité des cultures de base que des cultures de rente (Diao et al. 2012).

Malheureusement, les cultures de base attirent moins l'attention des secteurs privé ainsi que public que les cultures de rente, de même que l'élevage des petits exploitants, qui constitue la

deuxième source de revenus de beaucoup d'entre eux (Otte et al. 2012). Le développement des exportations agricoles africaines (anciennes et nouvelles) complète l'agenda du développement des cultures de base. Il n'entre pas non plus en concurrence avec les investissements publics dans les denrées de base, parce qu'il peut tirer parti des intérêts du secteur privé. Le défi consiste à équilibrer l'attention des politiques.

Les effets les plus notables sur la réduction de la pauvreté résultent davantage du soutien apporté aux petits exploitants agricoles un peu plus larges et un peu plus orientés vers le commerce, tandis que les agriculteurs les plus pauvres et les moins productifs du village (disposant souvent de moins de terres) en bénéficient principalement à travers la baisse des prix alimentaires et les marchés locaux du travail (agricole ou autre) (Hazell et al. 2010 ; Mellor 2017).

Les agriculteurs plus pauvres pourraient en outre profiter d'un meilleur accès à la technologie, aux intrants et aux marchés. Ces retombées positives sont toutefois moins probables lorsque les exploitations deviennent plus vastes (plus de 100 hectares) ou même de taille moyenne (plus de 10 hectares). Ces entités ont tendance à avoir moins recours au travail salarié agricole et à produire de plus faibles liaisons de consommation locale pour les pauvres (c'est-à-dire que davantage de revenus sont dépensés en biens et services urbains, le plus souvent importé) (Chamberlin et Jayne 2017 ; Deininger et Xia 2016, 2018 ; Pauw et Thurlow 2011).

De plus grandes exploitations agricoles (« domaines ») peuvent toutefois être nécessaires dans certains cas pour assurer des volumes réguliers de cultures de grande qualité, conformes aux normes des marchés d'exportation les plus exigeants. Il s'agit par exemple des exportations à forte intensité de main-d'œuvre de fruits et légumes, de fleurs et de poissons de grande qualité. La nécessité d'une telle structure agraire pour approvisionner les marchés urbains nationaux est moins évidente.

Une approche intégrée est nécessaire

Quels sont les points de départ pour un accroissement de la productivité du travail agricole en Afrique ? Une multitude de contraintes liées aux marchés d'intrants, de facteurs de production et de produits freine l'intensification de l'agriculture ; des poches de pénurie des terres apparaissent. Le besoin saisonnier du travail agricole est aussi oublié trop souvent. Ce dernier point conduit souvent à une sous-utilisation de la main-d'œuvre agricole et à la perception de l'agriculture comme une activité intrinsèquement moins productive. Ceci ne vaut toutefois pas: La productivité du travail agricole n'est pas inférieure quand elle est exprimée en production par heure de travail au lieu de par travailleur (McCullough 2017).

La mécanisation et une meilleure gestion de l'eau peuvent aider. Dans six pays africains (couvrant ensemble 40 % de la population africaine), moins de 2 % de la superficie cultivée et moins de 5 % des ménages utilisent l'une ou l'autre forme de gestion de l'eau (Sheahan et Barrett 2014). De petits systèmes d'irrigation simples, abordables et autogérés, déployés à grande échelle peuvent offrir de belles perspectives, si l'accès à des intrants et à des marchés complémentaires est développé en parallèle.

Les interventions se focalisent pourtant, trop souvent, sur une seule contrainte ou sont mal coordonnées. Les efforts de la révolution verte, de la mécanisation et de l'irrigation en Afrique nécessitent chacun une approche intégrée abordant simultanément les contraintes du côté de l'offre et du côté de la demande pour lutter efficacement contre la pauvreté.

L'expérience de l'Éthiopie en est une illustration. Les pouvoirs publics s'y sont concentrés simultanément et pendant une période soutenue sur :

- *L'augmentation de la productivité des cultures de base des petits exploitants* grâce au déploiement de 45 000 agents de vulgarisation (trois par district), à la facilitation de l'accès au crédit, et à l'amélioration de la gestion de l'eau et des terres ;
- *L'amélioration de la connectivité des marchés* à l'aide d'investissements dans les routes rurales ; et
- *La fourniture d'une forme d'assurance* à travers le programme de filet de sécurité productif (*Productive Safety Net Program*), l'un des plus vastes programmes de protection sociale de l'Afrique.

Depuis le milieu des années 1990, les rendements céréaliers des petits exploitants agricoles ont plus que doublé en Éthiopie ; l'extrême pauvreté a diminué de plus de moitié.

Les données tirées d'études microéconomiques détaillées confirment l'existence d'importantes synergies résultant d'interventions agricoles intégrées (Ambler, de Brauw et Godlonton 2018 ; Daidone et al. 2017 ; Pace et al. 2018). La réussite d'une approche intégrée n'est toutefois pas garantie. L'intégration s'accompagne d'une complexité, qui complique la mise en œuvre, en particulier dans les environnements marqués par une faible capacité et une gouvernance médiocre.

Développement d'une chaîne de valeur inclusive, mais aussi de biens publics

Le développement de chaînes de valeur, souvent facilité par des agents externes tels que les pouvoirs publics ou des organisations non gouvernementales et internationales, apparaît de plus en plus comme une solution institutionnelle basée sur le marché pour aborder simultanément les multiples contraintes de celui-ci (Swinnen et Kuijpers 2017). Les petits exploitants agricoles peuvent être liés à des marchés intérieurs et d'exportation de produits de plus grande valeur : a) par la fourniture de produits agricoles bruts (gains découlant d'une réduction du risque lié à la production et aux prix, d'une majoration des prix, et d'un accès à des marchés d'intrants et extrants et à des connaissances agronomiques autrefois inaccessibles) ; ou b) indirectement à travers des opportunités d'emploi. Les acheteurs y gagnent en obtenant un volume régulier de récoltes de grande qualité respectant les normes permettant d'accéder à ces marchés. Les plus pauvres bénéficient souvent de retombées locales. La coordination horizontale des petits exploitants agricoles est souvent importante pour rendre les chaînes de valeur plus inclusives. Elle réduit les coûts de transaction liés à la participation des petits agriculteurs et permet d'augmenter leur pouvoir de négociation et, par conséquent, leur part de la valeur ajoutée.

Même si le développement de chaînes de valeur tient ses promesses pour les cultures de rente traditionnelles et nouvelles, ainsi que pour l'élevage et les produits d'élevage, le respect des contrats est intrinsèquement plus difficile dans la commercialisation des denrées de base à cause du risque de vente parallèle ou *side-selling* (opportuniste) par les petits exploitants agricoles ou de violation stratégique des contrats par les acheteurs (Swinnen, Vandeplas et Maertens 2010)[6]. L'expérimentation du développement de chaînes de valeur pour les denrées de base a commencé avec l'augmentation de la demande de volumes réguliers de produits de qualité et l'apparition d'opportunités d'ajout de valeur sur les marchés des denrées de base de l'Afrique (riz et teff pour les marchés urbains, maïs pour l'alimentation du bétail, orge pour la bière) — une dynamique à surveiller.

Néanmoins, la nécessité de fournir des biens publics pour accroître la productivité des cultures de base des petits exploitants agricoles n'a pas diminué. Elle requiert une augmentation des dépenses publiques dans l'agriculture, qui ont commencé à faiblir, ainsi qu'une réorientation des avantages privés (subventions des intrants) vers les biens publics, notamment a) la recherche et le développement (R&D) agricoles et la vulgarisation pour les denrées de base et l'élevage, et b) des investissements dans l'irrigation et c) les infrastructures rurales. Ces derniers profitent également à l'ensemble de l'économie rurale.

Sortir de l'exploitation agricole : les entreprises familiales

En plus d'accroître les revenus des exploitations agricoles, les opportunités d'emplois non agricoles deviendront de plus en plus importantes à mesure que la productivité et les revenus agricoles augmenteront, que les pays s'urbaniseront, et que la demande de biens et services non alimentaires augmentera. Environ un tiers de ces emplois resteront liés à l'agriculture, en amont et en aval de la chaîne de valeur, pour la production et la fourniture d'intrants agricoles et la transformation des aliments, leur commercialisation et les services associés (Allen, Heinrigs et Heo 2018 ; Tschirley et al. 2015).

À court et moyen termes, pour de nombreux pauvres de l'Afrique, s'engager dans une activité professionnelle en dehors de l'exploitation agricole impliquera largement de se diriger vers des entreprises familiales informelles (généralement sans travailleurs engagés), mais peu vraisemblablement vers des emplois salariés (formels ou non). Même dans les pays où l'emploi salarié croît rapidement (par exemple, grâce à des exportations de plus en plus compliquées, à haute intensité de main-d'œuvre), la faible base d'emploi salarié et le rythme auquel les jeunes entrent sur le marché du travail impliquent que ce type d'emploi n'arrivera qu'à absorber une petite partie des demandeurs d'emploi au cours des 10 à 15 prochaines années.

Seules quelques entreprises familiales appartiennent à la catégorie de l'entrepreneuriat « d'opportunité », des « gazelles contraintes » ou des entrepreneurs « transformationnels ». Les entreprises familiales n'en constituent pas moins un élément notable de la transition économique dans son ensemble et un facteur particulièrement important de réduction de la pauvreté. Elles affichent généralement une faible productivité, restent petites et informelles tout au long de leur cycle de vie, sont gérées et exploitées par des membres du ménage, et seules quelques-unes d'entre elles créent des emplois rémunérés pour des travailleurs n'appartenant pas au ménage (Nagler et Naudé 2017).

Ces entreprises sont souvent engendrées par la nécessité. L'absence d'emplois rémunérés et d'une assurance-chômage officielle pousse les individus à se lancer dans un travail indépendant, en tant que stratégie de survie. Ce qui fait la force de celui-ci pour les pauvres. Il est facilement disponible et nécessite peu de compétences et de capitaux. Il est facile d'y entrer et d'en sortir, et il est souvent essentiel pour compléter le revenu et aider les ménages à faire face à leurs problèmes de consommation. Il constitue souvent aussi une importante source de liquidités permettant de financer l'achat d'intrants modernes et, donc, de développer d'autres activités (Adjognon, Liverpool-Tasie et Reardon 2017).

L'importance du secteur non agricole informel ou semi-formel en tant que fournisseur d'emplois et de moyens de subsistance pour la main-d'œuvre africaine en plein essor implique que les politiques ne peuvent le négliger. Le choix de se focaliser sur le secteur formel ou informel, ou bien sur les petites et moyennes entreprises (PME) et les grandes entreprises ou sur les entreprises familiales n'est pas un simple choix binaire. Les investissements dans le capital humain, les infrastructures et un cadre réglementaire transparent profiteront à l'ensemble des entreprises. Tous les investissements ne sont toutefois pas transversaux, et certains peuvent également être réalisés pour bénéficier plus directement aux entreprises non agricoles gérées par des ménages pauvres.

Des entreprises familiales plus profitables pour les pauvres

Parce que la plupart des entreprises familiales ne se développent pas, elles créent essentiellement des emplois en se constituant. Les données disponibles indiquent que la création d'emploi au moyen de la constitution d'entreprises peut être réalisée avec un relativement modeste financement, éventuellement associé à une formation professionnelle, même si l'ajout d'une formation a tendance à rendre les interventions moins rentables. Comme dans le secteur agricole, les interventions indépendantes visant une unique contrainte (telle que les compétences ou le financement) ont tendance à être moins réussies que celles ayant plusieurs cibles en même temps — ce qui souligne qu'il est important de regrouper plusieurs interventions différentes en une seule.

Dans de nombreux pays africains, l'accès au financement est difficile, en particulier pour les jeunes issus de familles moins aisées ne pouvant faire état d'aucune garantie. Bien que plusieurs pays aient tenté d'améliorer l'accès au financement, en particulier pour le segment démographique politiquement sensible des jeunes chômeurs, les modalités de financement ne sont pas toujours suffisamment souples pour avoir un impact important (avec des délais de remboursement courts sans période de grâce, des taux d'intérêt élevés, des exigences d'emprunts groupés, etc.). La création d'emplois grâce à la facilitation de la constitution d'entreprise nécessitera de concevoir des mécanismes de financement souples et abordables dans un environnement général plus favorable.

Pour atteindre les plus pauvres et les plus vulnérables, une approche émergente prometteuse consiste à combiner des interventions de filet de sécurité avec un train de mesures d'appui (compétences, financement, services de conseil, espace de travail, etc.) afin de faciliter la constitution d'une activité indépendante et d'augmenter les revenus du travail des bénéficiaires de la protection sociale (Banerjee et al. 2015). Ces interventions combinées de « protection et promotion » sont actuellement mises en œuvre à grande échelle dans plusieurs pays africains, et des évaluations d'impact sont en cours pour examiner leurs effets.

Il reste beaucoup à apprendre, notamment en matière de chaînes de valeur agricoles reliant les PME aux microentreprises. Peu d'études se sont spécifiquement concentrées sur les ménages pauvres ou quasi pauvres qui peuvent être confrontés à des contraintes différentes de celles des entrepreneurs professionnels ou transformationnels, ou qui n'ont peut-être pas l'ambition de développer leur entreprise. En outre, la plupart des études se sont concentrées sur les environnements urbains, alors qu'en Afrique, la plupart des pauvres vivent en milieu rural.

Encourager la demande : les rôles des petites agglomérations, du commerce régional et de la technologie numérique

La plupart des interventions visant la constitution ou la croissance des entreprises familiales se focalisent sur l'allégement des contraintes liées à l'offre (telles que le financement ou les compétences). Même si ces interventions agissant du côté de l'offre peuvent aider à s'engager dans un travail indépendant et dans une certaine mesure, à accroître les revenus, la survie et la croissance de ces petites entreprises est finalement déterminée par la demande des biens et services qu'elles fournissent. Les entreprises familiales sont rarement une source d'emplois pour les personnes extérieures au ménage, mais les données indiquent que lorsqu'elles sont mieux connectées aux marchés (dans les zones urbaines et les petites agglomérations) et détenues par une personne plus instruite, elles peuvent avoir la capacité de se développer et d'engager des travailleurs (Nagler 2017 ; Nagler et Naudé 2017).

De ce point de vue, l'urbanisation en cours en Afrique et le niveau croissant d'instruction de sa jeunesse pourraient accroître le potentiel de création d'emplois dans les futures entreprises familiales. Dans les zones rurales, l'amélioration de la connectivité avec les marchés et les petites agglomérations proches peut améliorer les gains et encourager une diversification améliorant le bien-être. Une telle amélioration implique non seulement des investissements dans les infrastructures rurales, mais également des politiques en faveur de meilleurs services de transport[7].

La façon dont les pouvoirs publics gèrent leurs espaces urbains est au cœur de cet agenda. Tous les développements urbains n'affichent pas un même potentiel de réduction de la pauvreté. Des recherches transnationales et des études de cas réalisées en Inde, au Mexique et en Tanzanie indiquent que, pour réduire la pauvreté, le développement des petites agglomérations compte plus que celui des villes (Berdegué et Soloaga 2018 ; Christiaensen, De Weerdt et Kanbur 2019 ; Christiaensen et Todo 2014 ; Gibson et al. 2017)[8]. Les petites agglomérations secondaires des zones rurales constituent des centres locaux d'activité et de demande économiques et sont plus accessibles aux pauvres en raison de leur proximité et de leur seuil plus bas de migration (Rondinelli et Ruddle 1983). Cette accessibilité facilite en particulier le premier mouvement, qui est souvent le plus difficile (Ingelaere et al. 2018), et leur proximité rend plus aisé le retour à la maison en cas d'échec, ce qui est particulièrement important en absence d'un filet de sécurité officiel. Le type d'emploi disponible dans les petites agglomérations (non qualifié et semi-qualifié) a également tendance à être plus compatible avec les compétences des pauvres.

Les investissements publics destinés à aider les petites agglomérations rurales à se développer peuvent accroître la demande de produits agricoles issus des zones rurales environnantes et y augmenter ainsi les revenus, ce qui, en retour, peut accroître la demande de biens et services non agricoles fournis par les entreprises familiales. Malheureusement, les pouvoirs publics considèrent, le plus souvent, les entreprises familiales, principalement informelles, comme un désavantage pour l'espace urbain plutôt que comme une source essentielle de revenus pour les pauvres et de nombreux non pauvres, en particulier dans les grands centres urbains. Par exemple, les efforts visant à « assainir » les centres-villes pourraient bien aboutir à un appauvrissement des travailleurs vulnérables dont les moyens de subsistance dépendent de la densité du trafic piétonnier (Resnick 2017).

L'intégration des entreprises familiales, ou de l'économie informelle en général, dans les plans de développement urbains ou nationaux serait un bon début pour exploiter leur potentiel. Elle fournirait un cadre aux pouvoirs publics et au secteur informel pour commencer à débattre de la conception de politiques d'appui facilitant le fonctionnement des entreprises familiales tout en protégeant l'intérêt public.

La demande des biens et services fournis par les pauvres se situe souvent à proximité des frontières. Le phénomène est clairement illustré par la concentration des entreprises (de transformation agroalimentaire) le long des frontières orientale et septentrionale de la Zambie, donnant respectivement accès à Lilongwe au Malawi et à Lubumbashi en République démocratique du Congo. Le commerce transfrontalier est également souvent un moteur important de développement des petites agglomérations (« frontalières ») (Eberhard-Ruiz et Moradi 2018).

Enfin, la technologie numérique ouvre des possibilités de connecter les entreprises détenues par les pauvres à la demande urbaine et étrangère croissante de biens et services. Des données récentes issues de la Chine mettent en évidence ce potentiel : la pénétration du commerce électronique (généralement regroupé dans le site de vente en ligne *Taobao*) est associée à une croissance plus forte de la consommation, avec des effets plus élevés pour l'échantillon rural, les régions intérieures et les ménages plus pauvres (Luo, Wang et Zhang 2019). Exploiter cette tendance nécessitera de fournir aux jeunes issus des ménages pauvres au minimum un enseignement de base et des compétences numériques, tout en rendant la connectivité à Internet abordable, fiable et largement disponible (voir plus haut l'encadré O.3).

Gestion des risques et des conflits

Les risques et les conflits sont plus importants en Afrique que dans d'autres régions et exacerbent les problèmes de pauvreté. La guerre civile y sévit ; le moyen de subsistance dominant, l'agriculture pluviale, est risqué ; les marchés sont mal intégrés, rendant les prix volatils ; et les systèmes de santé, d'eau et d'assainissement sont médiocres. Les crises liées aux prix, aux conditions météorologiques et à la santé ont de graves répercussions sur le bien-être social, en particulier à cause de l'inadéquation des marchés financiers, de la protection sociale et des systèmes humanitaires, ainsi que du recours permanent à des mécanismes d'adaptation coûteux. Les conflits ont des conséquences profondes, notamment le déplacement forcé et la migration des personnes capables de l'entreprendre.

L'impact direct d'une catastrophe sur le bien-être est la façon visible et largement reprise à la une des journaux dont les conflits ou les catastrophes mal gérées retardent le progrès. L'impact persistant d'année en année du risque non assuré sur le comportement des ménages — que l'événement redouté se produise ou non — est sans doute le principal obstacle à l'accélération de la réduction de la pauvreté en Afrique. Les ménages pauvres choisissent des activités plus sûres, mais moins rémunératrices, qui limitent la croissance des revenus et la réduction de la pauvreté.

S'attaquer aux risques et aux conflits à l'aide de la prévention

Beaucoup de choses peuvent être entreprises pour réduire les risques et aider les ménages à les gérer *a posteriori*. Les crises les plus fréquentes en Afrique — liées aux prix, aux conditions météorologiques, à la santé et aux conflits — commencent lentement, affectent davantage les revenus que les actifs, et ont tendance à impliquer de multiples variables, affectant de nombreux ménages en même temps dans la même région. Le risque est plus élevé dans les zones plus pauvres et en milieu rural. La prévalence des différentes crises varie d'un continent à l'autre (carte O.1).

Dans de nombreux cas, le coût de la prévention est inférieur à celui de la gestion de l'événement. Le développement des marchés est le meilleur moyen de réduire le risque lié aux prix en Afrique, mais il exige de s'attaquer aux politiques tarifaires et d'investir dans les infrastructures et les services de transport. Pour réduire les risques liés à la santé et rendre meilleure celle des enfants, il est essentiel d'améliorer l'eau, l'assainissement et l'hygiène (WASH — *water, sanitation, and hygiene*) ; de lutter contre le paludisme ; et de réaliser des vaccinations de masse. Des investissements ciblés dans l'irrigation, la gestion des ressources naturelles et l'amélioration des semences peuvent également réduire l'exposition aux risques climatiques. Ces interventions rentables de réduction des risques souffrent en général d'un sous-investissement.

En ce qui concerne les conflits, un débat sur le ciblage des sources de fragilité sous-tendant des conflits spécifiques en Afrique dépasse la portée du présent rapport, mais certaines données émergentes ont mis en évidence qu'une aide bien ciblée axée sur la création d'emplois et le soutien aux jeunes mécontents et aux anciens combattants pourrait contribuer à réduire le risque de conflit (Blattman et Annan 2016). D'autres données probantes sont nécessaires.

Une meilleure assurance pour les pauvres

Lorsque la prévention n'est pas possible, une combinaison de filets de sécurité et d'instruments financiers peut aider les ménages à gérer les conséquences d'un choc. Les deux sont nécessaires pour gérer les chocs. Leurs économies et les transferts normaux des filets de sécurité aident les ménages à gérer les petites crises, tandis que les chocs plus importants sont mieux pris en charge par des assurances ou une extension de l'appui des filets de sécurité. Lorsqu'ils sont mieux nantis, les ménages sont plus susceptibles de s'appuyer sur les marchés financiers pour gérer les risques, alors que les ménages pauvres n'y ont toujours pas accès pour obtenir une aide à la gestion des chocs plus faibles et une « assurance » supérieure à celle fournie par les seuls filets de sécurité publics.

Les financements publics consacrés aux subventions d'assurance et aux filets de sécurité mis en place pour répondre aux crises peuvent cibler différents types de ménages ou de risques, et se substituer les uns aux autres en fonction de la force relative de l'offre publique et des marchés privés dans le contexte local. En période de conflit, le développement des marchés financiers, qui réduit le coût de l'expédition et de la réception des envois de fonds peut également être utile, étant donné que les transferts privés et la migration sont les principales stratégies d'adaptation.

Les marchés financiers sont toutefois souvent faibles, et les investissements dans les filets de sécurité trop souvent effectués après que les chocs se sont manifestés. En outre, les pays continuent de dépendre de l'aide humanitaire *a posteriori* pour fournir aux ménages une aide qui, par nature, n'est ni prévisible et ni en temps voulu. Le financement humanitaire doit impérativement être réformé : cela va de la réduction du recours aux appels a posteriori jusqu'à l'utilisation d'instruments de financement *a priori* dotés de mécanismes de paiement prévisible et en temps voulu (tels que la Facilité de financement

CARTE O.1   **Certaines parties de l'Afrique sont nettement plus à risque**

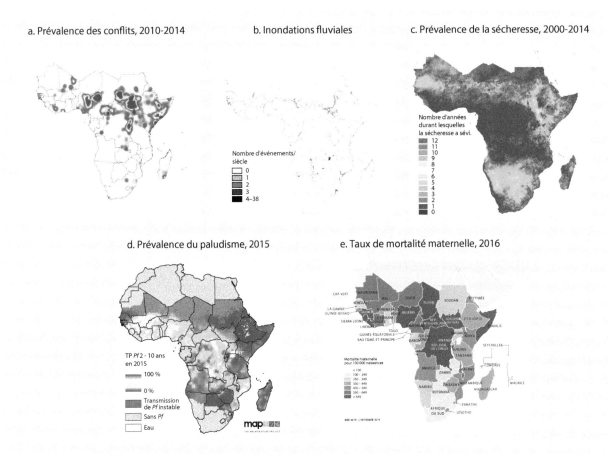

a. Prévalence des conflits, 2010-2014

b. Inondations fluviales

c. Prévalence de la sécheresse, 2000-2014

d. Prévalence du paludisme, 2015

e. Taux de mortalité maternelle, 2016

Sources : Volets a-c : Fisker et Hill (2018) ; volet d : Projet d'atlas du paludisme (https://map.ox.ac.uk/) ; volet e : Base de données des Indicateurs du développement dans le monde, ratio de mortalité maternelle.
Note : Volet c : Une année sèche est une année durant laquelle au moins la moitié de la période de culture enregistre une valeur prédite d'anomalie de verdure inférieure au 10e percentile de verdure prédite. Volet d : Chaque pixel de 5 km^2 de la carte montre le taux prédit de prévalence du *Plasmodium falciparum (Pf)* en pourcentage de l'ensemble des enfants de 2 à 10 ans.

d'urgence en cas de pandémie de la Banque mondiale). Mais cela n'améliorera pas le soutien aux ménages sur le terrain si cela n'est pas combiné avec des investissements dans la planification d'urgence de la prestation des services d'appui.

Il est temps d'agir

Faire face aux risques et aux conflits — que ce soit en réduisant ou en gérant les risques — requiert d'agir avant l'apparition des crises. Davantage d'innovation technologique et de meilleurs systèmes d'information sont certes possibles, mais fondamentalement, l'adoption de mesures avant que les chocs se produisent nécessitera de s'attaquer aux incitations amenant encore actuellement à repousser l'action jusqu'après la survenue des crises.

Pour les pouvoirs publics, cela requerra de s'attaquer aux incitations politiques perverses qui les récompensent pour les grands gestes posés après une catastrophe plutôt que pour la planification d'une journée pluvieuse. Faire face aux catastrophes au moyen de l'aide humanitaire est nettement moins coûteux (en fait, gratuit) qu'investir dans la prévention et la préparation aux catastrophes avant leur déclenchement. La capacité des pouvoirs publics en matière d'investissement dans la réduction et la gestion des risques doit être renforcée.

Au niveau des individus, cela nécessitera d'inciter les ménages à faire évoluer le comportement limitant leur investissement dans la réduction et la gestion des risques : une focalisation induite par la pénurie sur le présent, la résignation et l'aversion pour l'ambiguïté. Cela peut se faire en réduisant le coût pour les ménages de l'investissement effectué dans la réduction et la gestion des risques à mesure que les ménages sont avertis de nouvelles stratégies de réduction et gestion des risques. En outre, il est nécessaire d'élargir les mandats et les réglementations pour éviter les mauvais choix en matière d'assurance maladie, pour accroître la confiance dans les institutions financières, et pour réduire les marchés de l'assurance à coût fixe.

Enfin, comme pour de nombreux aspects de l'amélioration des politiques et des programmes, il existe un volet lié aux données. De meilleures données sur les catastrophes à mesure qu'elles se produisent et sur l'exposition aux risques devraient permettre d'améliorer le développement des marchés financiers et la conception de filets de sécurité destinés aux crises.

Mobilisation de ressources pour les pauvres

L'agenda de la lutte contre la pauvreté en Afrique va au-delà de la modification des programmes et des politiques. Il nécessitera également un réexamen soigneux de toute une série de modèles applicables aux recettes et aux dépenses intérieures. Au sein de la région, certains pays ont les moyens de s'attaquer à l'écart de pauvreté (le revenu nécessaire pour qu'un ménage démuni échappe à la pauvreté), que ce soit à l'aide de taux d'imposition théoriques des non-pauvres ou de transferts de revenus des ressources naturelles directement aux citoyens, tels que les « paiements directs de dividendes ».

Pour la plupart des pays africains, la réduction de l'écart de pauvreté (en tant qu'exercice théorique) impliquerait des taux d'imposition des riches invraisemblablement élevés ou des revenus irréalistes des ressources naturelles. Les recettes intérieures actuelles ne sont pas suffisantes pour lutter contre la pauvreté à court terme, et encore moins pour améliorer les mauvaises conditions initiales du capital humain en Afrique — des investissements qui ne portent leurs fruits qu'après une génération. Quelle voie suivre pour relever ces défis ?

L'impératif du revenu national

Plusieurs pays africains à faible revenu ont des recettes fiscales de moins de 13 % par rapport au PIB (c'est-à-dire les recettes nettes de subventions), ce qui est souvent considéré comme le « seuil critique » permettant d'assurer les fonctions publiques de base et de soutenir le progrès du développement (Gaspar, Jaramillo et Wingender 2016). À titre de comparaison, la moyenne était de 34,3 % en 2015 dans l'Organisation de coopération et de développement économiques (OCDE, 2017).

Bien qu'encore faible en moyenne, le niveau de recouvrement des recettes s'est amélioré en Afrique. La région a pu afficher la plus forte augmentation des recettes fiscales dans le monde depuis le début du siècle, même si le point de départ était très bas (FMI 2015). Mais les projections du FMI indiquent que les taux de croissance devraient également être plus bas dans les pays présentant les plus faibles niveaux de mobilisation des ressources intérieures, et par conséquent encore creuser l'écart. Pour remédier à la situation, les pays doivent continuer à améliorer leur conformité fiscale ; commencer à se concentrer davantage sur les gros contribuables locaux, l'impôt des sociétés et la tarification (incorrecte) des transferts (inscrite dans un agenda mondial) ; et accroître la perception des droits d'accise et des impôts fonciers.

Certains pays d'Afrique tirent également de substantielles recettes des ressources naturelles. Sur les 37 pays pour lesquels des données sont disponibles, 22 sont considérés comme riches en ressources — dotés de pétrole comme le Tchad et la République démocratique du Congo ou bénéficiant de lucratives activités minières comme le Botswana (diamants) et la Mauritanie ou le Niger (minéraux). Dans ces pays, les recettes représentent 10 à 20 % du PIB. Les pays à revenu faible ou intermédiaire disposant d'importantes ressources naturelles ont également tendance à avoir des recettes fiscales plus élevées que ceux ayant le même niveau de revenu, mais ne possédant pas de telles ressources.

Les recettes tirées des ressources devraient donc, en principe, permettre d'accroître les dépenses dans l'agriculture, l'infrastructure rurale et les secteurs sociaux (par exemple, la santé et l'éducation ainsi que les programmes de protection sociale), et contribuer ainsi à l'éradication de la pauvreté. Malgré ces recettes, la réduction de la pauvreté est plus lente, et de multiples indicateurs du développement humain sont pires dans les pays africains riches en ressources que dans d'autres pays africains affichant le même niveau de revenu, de sorte que ces recettes n'aboutissent pas à une plus forte dépense en faveur des pauvres (Beegle et al. 2016 ; de la Brière et al. 2017).

Amener la dépense publique à aller plus loin en faveur des pauvres

Quand on passe de la mobilisation de davantage de fonds à une dépense plus efficace et orientée vers les pauvres, on est confronté à un vaste agenda non défini. Un moyen clé pour rendre la dépense publique plus favorable aux pauvres consiste à s'attaquer aux fortes dépenses consacrées aux subventions (en particulier des carburants, de l'énergie et des engrais), qui sont souvent régressives avec peu d'impact sur la pauvreté. L'absence d'impact de la subvention des intrants agricoles est accentuée lorsque celle-ci se substitue à d'autres investissements dans le secteur qui pourraient accroître la productivité. Les transferts monétaires semblent plus efficaces et efficients que les subventions, lorsque des données existent (Dabalen et al. 2017). D'autres études sont néanmoins nécessaires pour les comparer à d'autres besoins concurrents tels que les dépenses dans l'éducation, la santé, WASH (eau, assainissement et hygiène), les biens publics agricoles (tels que la recherche et l'irrigation), les infrastructures rurales et la sécurité.

Du point de vue « propauvres », les modèles de dépense ont des bilans mitigés dans de nombreux pays : certains secteurs (tels que l'éducation) atteignent généralement les objectifs internationaux de dépense, tandis que d'autres (santé, WASH et agriculture) n'y parviennent pas. Même si de nombreux pays sont sur le point d'atteindre ou dépasser les objectifs mondiaux de dépense en pourcentage du PIB ou des dépenses publiques, les niveaux absolus de dépense restent encore très bas.

Les dépenses intrasectorielles sont souvent inefficaces et parfois régressives (par exemple, la dépense accrue dans des services utilisés, de manière disproportionnée, par les non-pauvres plutôt que par les pauvres). L'inefficacité de la dépense dans les services se manifeste de diverses manières : par exemple, par des taux élevés d'absentéisme chez les enseignants et des fournitures n'atteignant jamais les prestataires de première ligne. En raison de la dépense à la fois limitée et inefficace dans les secteurs propauvres, de nombreux pauvres continuent de payer pour avoir accès aux services de base essentiels pour le développement humain ; les dépenses à la charge des personnes sont élevées. En particulier, les pays riches en ressources naturelles dépensent moins dans l'éducation et la santé que d'autres pays africains ayant un niveau de revenu similaire (Cockx et Francken 2014, 2016).

Enfin, en combinant les informations sur les pratiques en matière de fiscalité et de dépense, il apparaît qu'une bonne partie des participants à la tranche des 40 % ayant les revenus les plus faibles sont plus souvent des contribuables nets que des bénéficiaires nets. Autrement dit, dans l'ensemble, l'avantage total en espèces transféré aux 40 % les plus pauvres de la population au moyen de subventions et de transferts directs est inférieur en valeur absolue au fardeau généré par les instruments d'imposition directs et indirects (de la Fuente, Jellema et Lustig 2018). Bien que ces calculs ne concernent que le pouvoir d'achat en trésorerie des individus — à l'exclusion de la valeur des avantages en nature tels que l'éducation, la santé ou les services d'infrastructure —, ils invitent à la réflexion.

Pour accélérer la réduction de la pauvreté en Afrique, les systèmes fiscaux du continent doivent être soigneusement réexaminés dans une perspective propauvres. Cela requiert également une meilleure compréhension de la dynamique politique de l'élaboration des politiques en faveur des pauvres.

L'aide publique au développement joue encore un rôle important

Dans l'ensemble, la faible assiette fiscale, la médiocre capacité à lever davantage d'impôts, et l'inaptitude politique (ou l'absence de volonté politique) à faire passer des revenus des ressources naturelles vers des dépenses sociales favorables aux pauvres entraînent un important déficit de financement pour les dépenses critiques. Il est important d'améliorer les performances des recettes et des dépenses, mais même avec de telles améliorations, l'aide publique au développement (APD) restera essentielle pour les pays les plus pauvres.

L'aide représente plus de 8 % du produit intérieur brut (PIB) de la moitié des pays à faible revenu d'Afrique (figure O.4). L'APD soutient des secteurs clés pour la réduction de la pauvreté, notamment la santé, l'agriculture et l'éducation. Mais bien que l'APD mondiale ait augmenté et atteint le niveau record de 140 milliards de dollars en 2016 (en prix courants), l'APD aux pays africains a augmenté entre 2013 et 2017 (passant de 45,8 milliards à 46,3 milliards de dollars), après un creux de 42,5 milliards en 2016. Toutefois par habitant, l'APD a diminué en passant de 48,3 dollars à 42,6 dollars, en raison de la croissance démographique.

FIGURE O.4   **L'APD représente une part importante du RNB dans les pays à faible revenu**

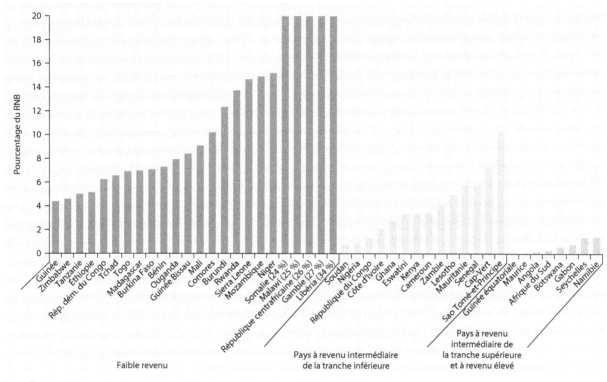

Source : Données de l'Organisation de coopération et de développement économiques (OCDE) pour 2017, https://data.oecd.org/.
Note : RNB = Revenu national brut ; APD = aide publique au développement. Les données de l'APD ne comprennent pas les aides fournies par les organisations caritatives internationales, les organisations non gouvernementales internationales et les donations privées.

La part de l'aide destinée aux États africains fragiles et touchés par des conflits a également continué à diminuer. Un total de 13 bailleurs de fonds faisant partie du Comité d'aide au développement (CAD) de l'OCDE, notamment les institutions de l'Union européenne (UE), ont réduit leurs contributions aux États africains fragiles et touchés par des conflits entre 2014 et 2015 (ONE, 2017). Ce déclin général est, au moins en partie, dû au fait que les pays donateurs dépensent davantage dans leur propre pays pour les réfugiés et les demandeurs d'asile.

Au cours de la dernière décennie, l'émission de dette dans le cadre du ralentissement macroéconomique des dernières années, combinée à des recettes insuffisantes et à des engagements d'APD en retard, a remis au premier plan les préoccupations relatives à la dette des pays. Même si les niveaux d'endettement restent inférieurs à ceux de la fin des années 1990 — où plusieurs initiatives internationales d'allégement de la

dette avaient été mises en œuvre –, la dette a augmenté plus rapidement en Afrique que dans les autres régions depuis 2009. Ainsi, même si les États peuvent emprunter au niveau national et international pour financer plus de dépense dans les secteurs sociaux et le domaine de l'eau, de l'assainissement et de l'hygiène (WASH), bon nombre d'entre eux le trouveront difficile.

Marche à suivre : quatre principaux domaines stratégiques

En conclusion, parmi le large éventail des thèmes et questions abordés dans les chapitres du présent rapport, axé sur l'augmentation des revenus des personnes pauvres en Afrique et sur l'accélération de la réduction de la pauvreté, quatre domaines stratégiques sont principalement proposés à l'attention.

Accélérer la transition de la fécondité

La rapide croissance de la population africaine (de 2,7 % par an en moyenne) reste un facteur déterminant freinant la réduction de la pauvreté dans de nombreux pays et ménages du continent. Elle accroît les besoins budgétaires des services sociaux, dont les avantages ne se manifestent que nettement plus tard. Le taux élevé de fécondité a également largement contribué à la croissance urbaine explosive de l'Afrique et rendu très difficile la mise en place des infrastructures de base dont les centres urbains ont besoin pour rester productifs et créer des emplois. Il restreint également les possibilités des femmes de générer des revenus.

Une diminution rapide du taux de fécondité est donc un bon point de départ pour accélérer la réduction de la pauvreté en Afrique. Une baisse de 1 % du taux de dépendance correspond à une baisse de 0,75 point de pourcentage du nombre de pauvres (Cruz et Ahmed 2016). Des investissements dans les programmes de planning familial peuvent jouer un rôle complémentaire important et rentable, aux côtés de l'éducation des femmes et des programmes offrant aux femmes et aux filles des compétences de vie, abordant les normes sociales relatives au genre à travers une communication visant à modifier les comportements, et à réduire les mariages d'enfants.

Tirer parti du système alimentaire

Il est encore possible de considérablement réduire la pauvreté en tirant parti du système alimentaire africain, au sein et en dehors des exploitations agricoles. L'amélioration de la productivité du travail agricole des petits exploitants augmente directement le revenu des démunis et réduit le prix de la nourriture pour la population pauvre des villes. L'urbanisation et la croissance économique stimulent la demande intérieure de produits agricoles de plus grande valeur, créant ainsi des opportunités d'emploi à l'extérieur des exploitations tout au long des chaînes de valeur, souvent pour les femmes. Une amélioration de la productivité agricole augmenterait également la demande de biens et services non agricoles, facilitant ainsi une réallocation intersectorielle et rurale-urbaine de la main-d'œuvre.

Tous les modèles de développement agricole et d'urbanisation ne se valent pas pour réduire la pauvreté. Ceux accroissant la productivité des cultures de base des petits exploitants et le développement des villes secondaires sont particulièrement efficaces. Des approches plus intégrées, s'attaquant à la fois aux contraintes liées à l'offre et à la demande, sont nécessaires tant pour augmenter la productivité agricole que pour accroître la rentabilité des entreprises familiales non agricoles informelles, qui constituent la principale source d'emploi non agricole pour les pauvres.

Le développement inclusif de chaînes de valeur constitue une autre solution basée sur le marché, en particulier pour les aliments autres que de base. Toutefois, les investissements publics complémentaires (dans la recherche et la vulgarisation agricoles, l'irrigation et les infrastructures rurales) restent essentiels, en particulier pour la productivité des cultures de base.

Enfin, les avancées technologiques et les nouveaux modèles d'affaires mettent à la portée des pauvres des marchés et des techniques de production jusqu'alors inaccessibles (telles que le solaire, l'irrigation par pompes, et la mécanisation dans l'agriculture, et les entreprises familiales d'e-commerce). Cela nécessite également des investissements publics complémentaires dans les infrastructures et les compétences TIC.

Atténuer la fragilité

Les risques et les conflits ont longtemps compromis les moyens de subsistance africains et considérablement compliqué les efforts de l'Afrique pour réduire la pauvreté. Les chocs sont fréquents, les conflits ont souvent une incidence durable, la capacité d'adaptation est généralement insuffisante (en particulier pour les pauvres et presque pauvres), et les risques non assurés maintiennent les personnes dans la pauvreté ou les y replongent. Le changement climatique rend les conditions météorologiques encore plus irrégulières et extrêmes, et la recrudescence des conflits liés au terrorisme ajoute encore à l'incertitude.

En Afrique, 39 % des pauvres vivent dans des États fragiles, une proportion qui devrait grimper à 50 à 80 % d'ici 2030. Cette tendance place les États fragiles et touchés par des conflits au centre de la lutte de l'Afrique contre la pauvreté. Le changement climatique et les conflits peuvent en outre mutuellement accroître leur fréquence et leurs effets néfastes (Hsiang, Burke et Miguel 2013).

Le troisième angle d'attaque de la réduction de la pauvreté en Afrique est une amélioration de la gestion des risques et conflits pour diminuer la fragilité. De nombreuses solutions existent, dans lesquelles les secteurs tant privé que public ont chacun un rôle à jouer, mais la principale difficulté reste d'inciter les acteurs publics et privés à agir sans attendre, avant que les chocs et conflits n'aient lieu. Une agriculture plus productive aide également.

Combler le déficit de financement de la pauvreté

Des progrès dans ces trois domaines stratégiques requièrent des financements publics axés sur les pauvres, notamment pour remédier aux médiocres conditions initiales de développement humain de l'Afrique. Dans les quelques pays africains à revenu intermédiaire ou élevé, le défi ne réside pas tant dans le montant des ressources nécessaires pour lutter contre la pauvreté, que dans les décisions et efforts visant à réorienter les ressources vers des politiques et programmes bénéficiant aux pauvres. Pour la plupart des pays d'Afrique, qui abritent la plupart des pauvres, les ressources nationales actuelles sont loin d'être suffisantes pour lutter contre la pauvreté, et une mobilisation insuffisante des recettes intérieures, des retards dans les engagements de l'APD et l'accroissement de la dette consécutif au ralentissement macroéconomique réduisent encore leur marge de manœuvre budgétaire.

En principe, la découverte de ressources naturelles en Afrique au cours des deux dernières décennies devrait aider. Pourtant, la réduction de la pauvreté et de nombreux indicateurs de développement humain sont souvent pires dans les pays africains riches en ressources que dans d'autres pays du même niveau de revenu.

En plus du besoin persistant d'APD pour combler leur déficit fiscal, les systèmes budgétaires africains doivent devenir plus efficaces dans la collecte des recettes (notamment en veillant au respect des obligations fiscales nationales et en luttant contre l'évasion fiscale internationale), et rendre les dépenses publiques plus favorables aux pauvres et plus efficaces.

Ces quatre principaux points de départ stratégiques sont pertinents dans les différents pays, quoiqu'à des degrés différents. Par exemple, la fécondité est déjà plus faible en Afrique australe qu'en Afrique occidentale et orientale. Les risques sont présents partout, mais sous des formes différentes. Enfin, tous les pays ne sont pas confrontés à des déficits budgétaires, mais la plupart peuvent améliorer leurs dépenses en faveur des pauvres et l'efficacité de leurs dépenses, en particulier les pays riches en ressources.

Notes

1. Dans le présent rapport, le terme « Afrique » désigne l'Afrique subsaharienne.
2. Cette ambition est exprimée dans l'ODD 1, cible 1.1 (http://www.un.org/sustainabledevelopment/poverty/). Il est suivi en mesurant l'évolution de la proportion des personnes vivant au-dessous du seuil international de pauvreté de 1,90 dollar par jour (en parité de pouvoir d'achat de 2011).
3. Dans le classement des pays en fonction du nombre de pauvres, le Nigéria vient en tête avec environ un quart des pauvres de l'Afrique (85,2 millions) ; les quatre pays suivants (République démocratique du Congo, Tanzanie, Éthiopie et Madagascar) en abritent un quart ; et les cinq suivants (Mozambique, Ouganda, Malawi, Kenya et Zambie) 25 % de plus.
4. En Afrique, la probabilité d'être pauvre est en moyenne inférieure de 3 points de pourcentage lorsqu'un individu dispose d'une certaine instruction primaire ; de 7 points de pourcentage lorsqu'il a achevé l'école primaire ou fait quelques années d'études secondaires ; de 10 points de pourcentage lorsqu'il a terminé l'école secondaire ; et de 12 points de pourcentage quand il a un diplôme d'études supérieures (en tenant compte de la zone de résidence, de la structure du ménage et des caractéristiques démographiques) (Castañeda et al. 2018).
5. L'accroissement de la productivité des cultures de base des petits exploitants agricoles est souvent désigné sous le vocable de « révolution verte », en référence au rapide accroissement intervenu en Asie dans les années 1960 et 1970 grâce à un ensemble d'intrants modernes (semences, engrais et pesticides), à la maîtrise de l'eau et à la réduction de la volatilité des prix.
6. La vente parallèle (*side-selling*) est une pratique de certains exploitants agricoles qui détournent tout ou partie de leur production régie par contrat vers d'autres acheteurs. Elle est plus importante lorsque la limitation de la valeur ajoutée ne permet pas que des majorations de prix rendent les contrats plus attrayants. De l'autre côté, la grande disponibilité de cultures de base non différenciées et la faible chance d'ajouter de la valeur augmentent également le risque que les acheteurs rompent les contrats et réduisent, pour commencer, leur incitation à s'engager dans des contrats.

7. La disponibilité accrue de services de taxi en motocyclettes et tricycles motorisés capables de parcourir les routes rurales accidentées de l'Afrique, résultant de l'importation de modèles meilleur marché fabriqués en Chine et en Inde, est un bon exemple de l'importance des services de transport pour la connectivité. Cette tendance a amené la Banque mondiale à relever de 2 km à minimum 5 km la distance estimée jusqu'à une route permettant une connectivité rurale en toute saison, lors de la construction de son Indice de l'accessibilité rurale 2016 (https://datacatalog.worldbank.org/dataset/rural-access-index-rai).

8. De même, bien que dans les pays à revenu élevé, la taille des villes et la concentration urbaine aient un effet positif sur la croissance, aucun effet de ce type n'a encore été constaté dans les pays à revenu faible ou intermédiaire. Lorsqu'il en existe un, il a des chances d'être négatif (Frick et Rodríguez-Pose 2016, 2018).

References

Adjognon, S. G., L. S. O. Liverpool-Tasie, and T. A. Reardon. 2017. "Agricultural Input Credit in Sub-Saharan Africa: Telling Myth from Facts." *Food Policy* 67 (C): 93–105.

Allen, Thomas, Philipp Heinrigs, and Inhoi Heo. 2018. "Agriculture, Food and Jobs in West Africa." West African Papers No. 14, Organisation for Economic Co-operation and Development, Paris.

Ambler, Kate, Alan de Brauw, and Susan Godlonton. 2018. "Agriculture Support Services in Malawi: Direct Effects, Complementarities, and Time Dynamics." IFPRI Discussion Paper No. 01725, International Food Policy Research Institute, Washington, DC.

Antoine, Kassia, Raju Jan Singh, and Konstantin M. Wacker. 2017. "Poverty and Shared Prosperity: Let's Move the Discussion beyond Growth." *Forum for Social Economics* 46 (20): 192–205.

Bah, El-hadj, and Lei Fang. 2015. "Impact of the Business Environment on Output and Productivity in Africa." *Journal of Development Economics* 114: 159–71.

Banerjee, Abhijit, Esther Duflo, Nathanael Goldberg, Dean Karlan, Robert Osei, William Parienté, Jeremy Shapiro, Bram Thuysbaert, and Christopher Udry. 2015. "A Multifaceted Program Causes Lasting Progress for the Very Poor: Evidence from Six Countries." *Science* 348 (6236): 773–89.

Beegle, Kathleen, Luc Christiaensen, Andrew Dabalen, and Isis Gaddis. 2016. *Poverty in a Rising Africa.* Washington, DC: World Bank.

Berdegué, Julio, and Isidro Soloaga. 2018. "Small and Medium Cities and Development of Mexican Rural Areas." *World Development* 107: 277–88.

Bhalotra, Sonia, and Samantha Rawlings. 2013. "Gradients of the Intergenerational Transmission of Health in Developing Countries." *Review of Economics and Statistics* 95 (2): 660–72.

Bhutta, Zulfiqar A., Jai K. Das, Ajumand Rizvi, Michelle F. Gaffey, Neff Walker, Susan Horton, Patrick Webb, Anna Lartey, and Robert E. Black. 2013. "Evidence-Based Interventions for Improvement of Maternal and Child Nutrition: What Can Be Done and at What Cost?" *The Lancet* 382 (9890): 452–77.

Blattman, Christopher, and Jeannie Annan. 2016. "Can Employment Reduce Lawlessness and Rebellion? A Field Experiment with High-Risk Men in a Fragile State." *American Political Science Review* 110: 1–17.

Bongaarts, John. 2017. "Africa's Unique Fertility Transition." *Population and Development Review* 43 (Issue Supplement Fertility Transition in Sub-Saharan Africa): 39–58.

Branisa, Boris, Stephan Klasen, and Maria Ziegler. 2009. "Why We Should All Care about Social Institutions Related to Gender Inequality." Proceedings of the German Development Economics Conference, Hannover, No. 15, Verein für Socialpolitik, Ausschuss für Entwicklungsländer, Göttingen.

———. 2013. "Gender Inequality in Social Institutions and Gendered Development Outcomes." *World Development* 45: 252–68.

———. 2014. "The Institutional Basis of Gender Inequality: The Social Institutions and Gender Index (SIGI)." *Feminist Economics* 20 (2): 29–64.

Castañeda, Andrés, Dung Doan, David Newhouse, Minh Cong Nguyen, Hiroki Uematsu, and João Pedro Azevedo. 2018. "A New Profile of the Global Poor." *World Development* 101: 250–67.

Cattaneo, Umberto. 2017. "Poverty Headcount Projections in Sub-Saharan Africa."

Background note prepared for *Accelerating Poverty Reduction in Africa*, World Bank, Washington, DC.

Chamberlin, Jordan, and Thomas S. Jayne. 2017. "Does Farm Structure Matter? The Effects of Farmland Distribution Patterns on Rural Household Income in Tanzania." MSU International Development Working Paper 157, Michigan State University, East Lansing.

Christiaensen, Luc, Lionel Demery, and Stefano Paternostro. 2003. "Macro and Micro Perspectives of Growth and Poverty in Africa." *World Bank Economic Review* 17 (3): 317–47.

Christiaensen, Luc, Joachim De Weerdt, and Ravi Kanbur. 2019. "Decomposing the Contribution of Migration to Poverty Reduction: Methodology and Application to Tanzania." *Applied Economics Letters* 26 (12): 978–82.

Christiaensen, Luc, and Ravi Kanbur. 2017. "Secondary Towns and Poverty Reduction: Refocusing the Urbanization Agenda." *Annual Review of Resource Economics* 9: 405–19.

Christiaensen, Luc, and Will Martin. 2018. "Agriculture, Structural Transformation and Poverty Reduction: Eight New Insights." *World Development* 109 (September): 413–16.

Christiaensen, Luc, and Yasuyuki Todo. 2014. "Poverty Reduction during the Rural–Urban Transformation: The Role of the Missing Middle." *World Development* 63 (C): 43–58.

Cockx, Lara, and Nathalie Francken. 2014. "Extending the Concept of the Resource Curse: Natural Resources and Public Spending on Health." *Ecological Economics* 108: 136–49.

———. 2016. "Natural Resources: A Curse on Education Spending." *Energy Policy* 92: 394–408.

Collier, Paul, and Anke Hoffler. 2004. "Greed and Grievance in African Civil Wars." *Oxford Economic Papers* 56: 563–95.

Cruz, Marcio, and S. Amer Ahmed. 2016. "On the Impact of Demographic Change on Growth, Savings and Poverty." Policy Research Working Paper 7805, World Bank, Washington, DC.

Dabalen, Andrew, Alejandro de la Fuente, Aparajita Goyal, Wendy Karamba, Nga Thi Viet Nguyen, and Tomomi Tanaka.

2017. *Pathways to Prosperity in Rural Malawi*. Directions in Development Series. Washington, DC: World Bank.

Daidone, Silvio, Benjamin Davis, Joshua Dewbre, Borja Miguelez, Ousmane Niang, and Luca Pellerano. 2017. "Linking Agriculture and Social Protection for Food Security: The Case of Lesotho." *Global Food Security* 12 (March): 146–54.

de la Brière, Bénédicte, Deon Filmer, Dena Ringold, Dominic Rohner, Karelle Samuda, and Anastasiya Denisova. 2017. *From Mines and Wells to Well-Built Minds: Turning Sub-Saharan Africa's Natural Resource Wealth into Human Capital*. Directions in Development Series. Washington, DC: World Bank.

de la Fuente, Alejandro, Jon Jellema, and Nora Lustig. 2018. "Fiscal Policy in Africa: Welfare Impacts and Policy Effectiveness." Background paper prepared for *Accelerating Poverty Reduction in Africa*, World Bank, Washington, DC.

de Silva, Tiloka, and Silvana Tenreyro. 2017. "Population Control Policies and Fertility Convergence." *Journal of Economic Perspectives* 31 (4): 205–28.

Deininger, Klaus, and Fang Xia. 2016. "Quantifying Spillover Effects from Large Land-based Investment: The Case of Mozambique." *World Development* 87: 227–41.

———. 2018. "Assessing the Long-Term Performance of Large-Scale Land Transfers: Challenges and Opportunities in Malawi's Estate Sector." *World Development* 104: 281–96.

Diao, Xinshen, James Thurlow, Samuel Benin, and Shenggen Fan. 2012. *Strategies and Priorities for African Agriculture: Economywide Perspectives from Country Studies*. Washington, DC: International Food Policy Research Institute (IFPRI).

Dixit, Siddharth, Indermit Gill, and Chinmoy Kumar. 2018. "Are Economic Relations with India Helping Africa? Trade, Investment and Development in the Middle-Income South." Research paper, Duke Center for International Development, Duke University, Durham, NC.

Dollar, David, and Aart Kraay. 2002. "Growth Is Good for the Poor." *Journal of Economic Growth* 7 (3): 195–225.

Dorosh, Paul, and James Thurlow. 2018. "Beyond Agriculture versus Non-Agriculture: Decomposing Sectoral Growth-Poverty Linkages in Five African Countries." *World Development* 109: 440–51.

Eberhard-Ruiz, Andreas, and Alexander Moradi. 2018. "Regional Market Integration and City Growth in East Africa: Local but No Regional Effects?" CSAE Working Paper Series 2018–09, Centre for the Study of African Economies, University of Oxford.

Ferrant, Gaëlle, and Alexandre Kolev. 2016. "Does Gender Discrimination in Social Institutions Matter for Long-Term Growth? Cross-Country Evidence." OECD Development Centre Working Paper No. 330, Organisation for Economic Co-operation and Development (OECD), Paris.

Fisker, Peter, and Ruth Hill. 2018. "Mapping the Nature of Risk in Sub-Saharan Africa." Background paper prepared for *Accelerating Poverty Reduction in Africa*, World Bank, Washington, DC.

Frick, Susanne, and Andrés Rodríguez-Pose. 2016. "Average City Size and Economic Growth." *Cambridge Journal of Regions, Economy and Society* 9 (2): 301–18.

———. 2018. "Change in Urban Concentration and Economic Growth." *World Development* 105: 156–70.

Gaspar, Vitor, Laura Jaramillo, and Philippe Wingender. 2016. "Tax Capacity and Growth: Is There a Tipping Point?" IMF Working Paper WP/16/234, International Monetary Fund, Washington, DC.

Gibson, John, Gaurav Datt, Rinku Murgai, and Martin Ravallion. 2017. "For India's Rural Poor, Growing Towns Matter More Than Growing Cities." *World Development* 87: 413–29.

Gill, Indermit, and Kenan Karakülah. 2018. "Is China Helping Africa? Growth and Public Debt Effects of the Subcontinent's Biggest Investor." Global Working Paper No. 3, Center for International and Global Studies, Duke University, Durham, NC.

Grimm, Michael, Anicet Munyehirwe, Jörg Peters, and Maximiliane Sievert. 2017. "A First Step Up the Energy Ladder? Low Cost Solar Kits and Household's Welfare in Rural Rwanda." *World Bank Economic Review* 31 (3): 631–49.

Günther, Isabel, and Kenneth Harttgen. 2016. "Desired Fertility and Number of Children Born across Time and Space." *Demography* 53: 55–83.

Hallward-Driemeier, Mary, Tazeen Hasan, and Anca Bogdana Rusu. 2013. "Women's Legal Rights over 50 Years: What Is the Impact of Reform?" Policy Research Working Paper 6617, World Bank, Washington, DC.

Haushofer, Johannes, and Ernst Fehr. 2014. "On the Psychology of Poverty." *Science* 344 (6186): 862–67.

Hazell, Peter, Colin Poulton, Steve Wiggins, and Andrew Dorward. 2010. "The Future of Small Farms: Trajectories and Policy Priorities." *World Development* 38: 1349–61.

Hsiang, Solomon, Marshall Burke, and Edward Miguel. 2013. "Quantifying the Influence of Climate on Human Conflict." *Science* 341 (6151): 1235367.

IMF (International Monetary Fund). 2015. *Regional Economic Outlook: Sub-Saharan Africa. Dealing with the Gathering Clouds.* Washington, DC: IMF.

Ingelaere, Bert, Luc Christiaensen, Joachim De Weerdt, and Ravi Kanbur. 2018. "Why Secondary Towns Can Be Important for Poverty Reduction: A Migrant Perspective." *World Development* 105: 273–82.

Jalloh, Abdulai, Gerald C. Nelson, Timothy S. Thomas, Robert Zougmoré, and Harold Roy-Macauley, eds. 2013. *West African Agriculture and Climate Change: A Comprehensive Analysis.* Washington, DC: International Food Policy Research Institute (IFPRI).

James, Jeffrey. 2016. *The Impact of Mobile Phones on Poverty and Inequality in Developing Countries.* Cham, Switzerland: Springer.

Jayne, Thomas S., Jordan Chamberlin, and Derek Headey. 2014. "Land Pressures, the Evolution of Farming Systems and Development Strategies in Africa: A Synthesis." *Food Policy* 48: 1–17.

Jedwab, Remi, Luc Christiaensen, and Marina Gindelsky. 2017. "Demography, Urbanization and Development: Rural Push, Urban Pull and...Urban Push?" *Journal of Urban Economics* 98 (C): 6–16.

Jones, Van. 2018. "How Hello Tractor's Digital Platform Is Enabling the Mechanization of African Farming." *AgFunder News*, July 4.

Klasen, Stephan. 2006. "Pro-Poor Growth and Gender Inequality." In *Pro-Poor Growth: Policy and Evidence*, edited by Lukas Menkhoff. Berlin: Duncker and Humblot.

Lall, Somik, J. Vernon Henderson, and Anthony J. Venables. 2017. *Africa's Cities: Opening Doors to the World*. Washington, DC: World Bank.

Le Goff, Maëlan, and Raju Jan Singh. 2014. "Does Trade Reduce Poverty? A View from Africa." *Journal of African Trade* 1: 5–14.

Luo, X., Y. Wang, and X. Zhang. 2019. "E-Commerce Development and Household Consumption Growth in China." Policy Research Working Paper 8810, World Bank, Washington, DC.

Martin-Shields, Charles P., and Wolfgang Stojetz. 2019. "Food Security and Conflict: Empirical Challenges and Future Opportunities for Research and Policy Making on Food Security and Conflict." *World Development* 119: 150–64.

McCullough, Ellen B. 2017. "Labor Productivity and Employment Gaps in Sub-Saharan Africa." *Food Policy* 67: 133–52.

Mellor, John Williams. 2017. *Agricultural Development and Economic Transformation*. Cham, Switzerland: Springer International Publishing.

Nagler, Paula. 2017. "A Profile of Non-Farm Household Enterprises in Sub-Saharan Africa." Background note prepared for *Accelerating Poverty Reduction in Africa*, World Bank, Washington, DC.

Nagler, Paula, and Wim Naudé. 2017. "Non-Farm Entrepreneurship in Rural Sub-Saharan Africa: New Empirical Evidence." *Food Policy* 67: 175–91.

OECD (Organisation for Economic Co-operation and Development). 2017. *Revenue Statistics in Africa 1990–2015*. Paris: OECD Publishing.

ONE. 2017. *The 2017 DATA Report: Financing for the African Century*. Annual statistical report, The ONE Campaign, Washington, DC.

Otte, J., A. Costales, J. Dijkman, U. Pica-Ciamarra, T. Robinson, V. Ahuja, C. Ly, and D. Roland-Holst, eds. 2012. *Livestock Sector Development for Poverty Reduction: An Economic and Policy Perspective— Livestock's Many Virtues*. Rome: Food and Agriculture Organization of the United Nations (FAO).

Pace, Noemi, Silvio Daidone, Benjamin Davis, Sudhanshu Handa, Marco Knowles, and Robert Pickmans. 2018. "One Plus One Can Be Greater than Two: Evaluating Synergies of Development Programmes in Malawi." *Journal of Development Studies* 54 (11): 2023–60.

Pauw, Karl, and James Thurlow. 2011. "Agricultural Growth, Poverty, and Nutrition in Tanzania." *Food Policy* 36: 795–804.

Platteau, Jean-Philippe. 2014. "Redistributive Pressures in Sub-Saharan Africa: Causes, Consequences, and Coping Strategies." In *African Development in Historical Perspective*, edited by E. Akyeampong, R. Bates, N. Nunn, and J. Robinson, 153–207. Cambridge, U.K.: Cambridge University Press.

Resnick, Danielle. 2017. "Governance: Informal Food Markets in Africa's Cities." In *IFPRI Global Food Policy Report*, 50–57. Washington, DC: International Food Policy Research Institute.

Rodrik, Dani. 1998. "Trade Policy and Economic Performance in Sub-Saharan Africa." NBER Working Paper 6562, National Bureau of Economic Research, Cambridge, MA.

———. 2016. "An African Growth Miracle?" *Journal of African Economies* 27 (1): 1–18.

Rondinelli, Dennis, and Kenneth Ruddle. 1983. *Urbanization and Rural Development: A Spatial Policy for Equitable Growth*. New York: Praeger.

Sakyi, Daniel, José Villaverde, Adolfo Maza, and Isaac Bonuedi. 2017. "The Effects of Trade and Trade Facilitation on Economic Growth in Africa." *African Development Review* 29 (2): 350–61.

Sheahan, Megan, and Christopher B. Barrett. 2014. "Understanding the Agricultural Input Landscape in Sub-Saharan Africa: Recent Plot, Household, and Community-Level Evidence." Policy Research Working Paper 7014, World Bank, Washington, DC.

Swinnen, Johan, and Rob Kuijpers. 2017. "Inclusive Value Chains to Accelerate Poverty Reduction in Africa." Background note prepared for *Accelerating Poverty Reduction in Africa*, World Bank, Washington, DC.

Swinnen, Johan F. M., Anneleen Vandeplas, and Miet Maertens. 2010. "Liberalization, Endogenous Institutions, and Growth: A Comparative Analysis of Agricultural Reforms in Africa, Asia, and Europe." *World Bank Economic Review* 24 (3): 412–45.

Tschirley, David, Thomas Reardon, Michael Dolislager, and Jason Snyder. 2015. "The Rise of a Middle Class in East and Southern Africa: Implications for Food System Transformation: The Middle Class and Food System Transformation in ESA." *Journal of International Development* 27 (5): 628–46.

Victora, Cesar G., Linda Adair, Caroline Fall, Pedro C. Hallal, Reynaldo Martorell, Linda Richter, Harshpal Singh Sachdev, and Maternal and Child Undernutrition Study Group. 2008. "Maternal and Child Undernutrition: Consequences for Adult Health and Human Capital." *The Lancet* 371 (9609): 340–57.

Waithaka, M., G. C. Nelson, T. S. Thomas, and M. Kyotalimye, eds. 2013. *East African Agriculture and Climate Change: A Comprehensive Analysis*. Washington, DC: International Food Policy Research Institute (IFPRI).

World Bank. 2015. *World Development Report 2015: Mind, Society, and Behavior*. Washington, DC: World Bank.

———. 2018a. *Africa's Pulse: An Analysis of Issues Shaping Africa's Economic Future*, vol. 17 (April). Washington, DC: World Bank.

———. 2018b. "All Hands on Deck: Reducing Stunting through Multisectoral Efforts in Sub-Saharan Africa." Report, World Bank, Washington, DC.

———. 2018c. *Poverty and Shared Prosperity 2018: Piecing Together the Poverty Puzzle*. Washington, DC: World Bank.

———. 2018d. *World Development Report 2018: Learning to Realize Education's Promise*. Washington, DC: World Bank.

———. 2019a. *Africa's Pulse: An Analysis of Issues Shaping Africa's Economic Future*, vol. 19 (April). Washington, DC: World Bank.

———. 2019b. *Women, Business, and the Law 2019: A Decade of Reform*. Washington, DC: World Bank.

———. 2019c. World Development Indicators (database). World Bank, Washington, DC.

Yoon, Jisu, and Stephan Klasen. 2018. "An Application of Partial Least Squares to the Construction of the Social Institutions and Gender Index (SIGI) and the Corruption Perception Index (CPI)." *Social Indicators Research* 138 (1): 61–88.

Introduction

Le redressement de l'Afrique a été spectaculaire au cours des deux dernières décennies[1]. Après de nombreuses années de déclin, l'économie du continent s'est redressée au milieu des années 1990, enregistrant une forte croissance annuelle moyenne de 4,5 % au début des années 2010. La santé et l'alimentation des gens se sont améliorées, le taux de scolarisation des jeunes a nettement augmenté, et tant les hommes que les femmes ont acquis un meilleur contrôle de leurs propres vies. La pauvreté a également substantiellement diminué, avec la part des Africains vivant dans l'extrême pauvreté (c'est-à-dire avec moins de 1,90 dollar par personne et par jour) s'est considérablement réduite, passant de 54 % en 1990 à 41 % en 2015 (Banque mondiale, 2018).

Malgré ces améliorations, les progrès réalisés sur les aspects non monétaires du bien-être sont partis d'un niveau très bas. De nombreux Africains restent mal nourris, illettrés et démunis, avec des écarts prononcés entre les femmes et les hommes dans ces trois dimensions (Beegle et al., 2016). L'exposition à la violence domestique reste élevée et celle à la violence politique a même augmenté depuis 2010. Alors que la population de l'Afrique continue à croître rapidement (de 2,7 % par an), le nombre des Africains extrêmement pauvres a également augmenté, passant d'environ 278 millions de personnes en 1990 à 413 millions en 2015 (Banque mondiale, 2018).

Après l'effondrement des prix mondiaux des produits de base, la progression économique a ralenti avec la forte chute de la croissance économique en Afrique. Par habitant, la croissance du produit intérieur brut (PIB) est même devenue légèrement négative entre 2016 et 2018. Sauf au Nigéria, en Afrique du Sud et en Angola — les trois premières économies d'Afrique, toutes trois fortement tributaires des produits de base —, la baisse de la croissance a été moins grave, descendant à un peu moins de 2 % par an entre 2016 et 2018. Plus récemment, en phase avec la reprise générale de l'économie mondiale, les perspectives de croissance de l'Afrique se sont de nouveau améliorées (Banque mondiale, 2019).

Le rétablissement de l'Afrique est intervenu dans un contexte de réduction rapide de la pauvreté dans le monde, en particulier en Asie de l'Est et du Sud, où, au début des années 1990, le niveau de pauvreté était similaire à celui de l'Afrique. La part des personnes vivant dans l'extrême pauvreté dans le monde se rapproche maintenant de 10 % (Banque mondiale, 2018), et la perspective d'un monde sans pauvreté extrême commence à apparaître (Ravallion, 2013).

Avec les taux élevés de pauvreté en Afrique et des progrès en panne au cours des dernières années, les pauvres du monde sont de plus en plus nombreux à être africains. L'Afrique comptait 56 % des pauvres du monde en 2015 contre 15 % en 1990 (figure I.1). L'ambition d'éradiquer

FIGURE I.1   Plus de la moitié des personnes en situation d'extrême pauvreté vivent en Afrique

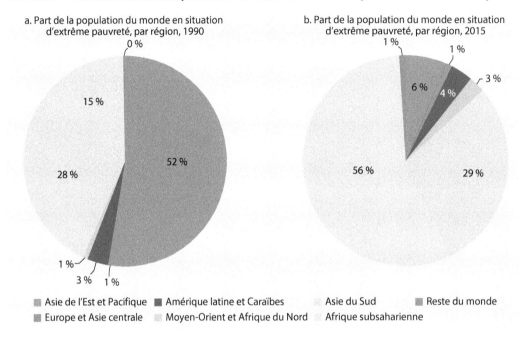

a. Part de la population du monde en situation
d'extrême pauvreté, par région, 1990

b. Part de la population du monde en situation
d'extrême pauvreté, par région, 2015

Asie de l'Est et Pacifique   Amérique latine et Caraïbes   Asie du Sud   Reste du monde
Europe et Asie centrale   Moyen-Orient et Afrique du Nord   Afrique subsaharienne

Source : Banque mondiale (2018).
Note : « Personnes en situation d'extrême pauvreté » correspond au pourcentage de la population vivant avec moins de 1,90 dollar par personne et par jour.

la pauvreté sur la terre entière a maintenant été formellement adoptée en tant qu'objectif mondial, et le monde accorde une attention croissante à l'accélération de la réduction de la pauvreté en Afrique. La crise migratoire de 2015-2016 en Europe vient y ajouter une motivation politique supplémentaire.

Ce rapport étudie les points de départ pour les politiques visant à accélérer la réduction de la pauvreté dans la région. Il est le second volume d'un ouvrage en deux parties sur la pauvreté en Afrique. Le premier rapport, *Évolution de la pauvreté dans une Afrique en plein essor* (Beegle et al., 2016), examinait les dimensions monétaires et non monétaires de la pauvreté en Afrique, et l'évolution de celle-ci depuis le début des années 1990. Il se penchait plus particulièrement sur des questions de données.

Ce deuxième rapport se concentre sur la manière d'accélérer la réduction de la pauvreté, en gardant à l'esprit l'objectif de développement durable des Nations Unies (ODD) d'éradication de la pauvreté à l'horizon 2030[2]. Il s'appuie sur l'expérience mondiale passée de la réduction de la pauvreté, ainsi que sur les récentes réussites en Afrique, et prend en compte les conditions

particulières de l'Afrique et les tendances mondiales globales pour déterminer les perspectives de réduction de la pauvreté de l'Afrique. Le principal point de départ est l'augmentation des revenus des pauvres, et il met donc l'accent sur leurs stratégies de subsistance et sur l'accroissement de la productivité de leurs actifs (travail et terres).

Le rapport est structuré comme suit. Les chapitres 1 et 2 examinent les principales caractéristiques de la pauvreté en Afrique et les obstacles de haut niveau à l'accélération de la réduction de la pauvreté : a) la persistance d'une forte fécondité ; b) de piètres conditions initiales ; et c) des schémas de croissance ne profitant pas suffisamment (ou pas durablement) aux pauvres. La richesse en ressources naturelles ainsi que la fragilité et les conflits apparaissent comme deux caractéristiques supplémentaires s'opposant aux efforts de réduction de la pauvreté. Les chapitres 3 et 4 étudient les moyens d'accroître les revenus des pauvres et quasi pauvres, respectivement au sein et en dehors des exploitations agricoles, et dans et hors du secteur agricole et des zones rurales. Le chapitre 5 se penche sur les effets des risques et des conflits sur un agenda d'atténuation de la pauvreté. Le chapitre 6 conclut en analysant le potentiel et la performance de réduction de la pauvreté des systèmes budgétaires africains actuels, et identifie des possibilités d'accroître la réduction de la pauvreté en mobilisant davantage de ressources, en les allouant mieux, et en améliorant l'efficacité des dépenses des pays.

Les chapitres 1 et 2 soulignent l'importance de quatre inégalités structurelles freinant la réduction de la pauvreté en Afrique : le piège du développement humain ; une inégalité entre les sexes profondément ancrée ; le manque d'infrastructures ; et les réalités politiques. Il s'agit là de problèmes de longue date, fortement enracinés, qui requièrent souvent des efforts soutenus pour y remédier. Ils font donc l'objet de quatre sections « Principes fondamentaux », avec des analyses concernant ces thèmes insérées entre les chapitres.

Quatre domaines critiques émergent de l'éventail de thèmes et questions ressortant des chapitres du présent rapport : la fragilité, la fécondité, les systèmes alimentaires et la marge de manœuvre budgétaire, comme indiqué plus en détail dans la vue d'ensemble.

En tant que rapport couvrant l'ensemble de l'Afrique, le présent volume ne vise pas à fournir des stratégies spécifiques à chaque pays, mais plutôt à identifier de grands points de départ communs pour accélérer la réduction de la pauvreté en Afrique. Les trains de mesures devront être adaptés à chaque contexte. Par exemple, les conflits et un taux de fécondité élevé sont d'importants défis au Sahel, mais sont moins problématiques en Afrique australe. Les deux sous-régions présentent toutefois de vastes possibilités d'accroître la productivité agricole et de tirer parti du système alimentaire, de mieux gérer les risques, et de mener une politique budgétaire plus favorable aux pauvres et plus efficace. Certains pays d'Afrique de l'Est ont progressé dans chacune des quatre voies identifiées, avec un certain succès dans l'accélération de la réduction de la pauvreté (comme l'Éthiopie et le Rwanda), mais pas toujours dans la réduction de la fécondité (par exemple l'Ouganda).

Notes

1. Dans le présent rapport, le terme « Afrique » désigne l'Afrique subsaharienne
2. Cette ambition est exprimée dans l'ODD 1, cible 1.1 (http://www.un.org/sustainabledevelopment/poverty/). Il est suivi en mesurant l'évolution de la proportion des personnes vivant au-dessous du seuil international de pauvreté de 1,90 dollar par jour (en parité de pouvoir d'achat de 2011).

Références

Beegle, Kathleen, Luc Christiaensen, Andrew Dabalen, and Isis Gaddis. 2016. *Poverty in a Rising Africa*. Washington, DC: World Bank.

Ravallion, Martin. 2013. "How Long Will It Take to Lift One Billion People Out of Poverty?" *World Bank Research Observer* 28 (2): 139–58.

World Bank. 2018. *Poverty and Shared Prosperity 2018: Piecing Together the Poverty Puzzle*. Washington, DC: World Bank.

———. 2019. *Africa's Pulse: An Analysis of Issues Shaping Africa's Economic Future*, vol. 19 (April). Washington, DC: World Bank.

La pauvreté en Afrique

Luc Christiaensen et Ruth Hill

1

*E*n 2015, le monde s'était fixé pour objectif d'éradiquer la pauvreté à l'horizon 2030. Un bilan de la situation actuelle de la pauvreté en Afrique et de ses perspectives d'avenir montre que, même si la région a réalisé des progrès considérables depuis le début des années 1990, le nombre des pauvres a continué d'augmenter. D'ici 2030, le taux de pauvreté de l'Afrique demeurera autour de 20 %, dans la plupart des scénarios, et la pauvreté mondiale sera de plus en plus concentrée en Afrique. La façon dont l'Afrique pourrait accélérer la réduction de sa pauvreté est devenue aujourd'hui un défi mondial.

En Afrique, la plupart des pauvres sont concentrés dans un nombre limité de pays : 5 pays abritent plus de 50 % des pauvres du continent, et 10 pays en hébergent 75 %. Les taux de pauvreté sont particulièrement élevés dans les États fragiles, où la baisse de la pauvreté est également particulièrement lente. Quatre pauvres sur cinq vivent en milieu rural et tirent principalement leur subsistance de l'agriculture. Les états de pauvreté tant chronique que transitoire persistent, soulignant l'importance de la constitution d'actifs ainsi que de la gestion des risques. Les mesures effectuées montrent que les écarts de pauvreté sont faibles entre les sexes, mais sous-estiment probablement l'effet pernicieux des inégalités structurelles entre les hommes et les femmes. Les pauvres ont également de faibles liaisons avec l'État, c'est-à-dire un médiocre accès à des biens (infrastructures) et services publics de bonne qualité, ainsi qu'une capacité limitée à se faire entendre lors de l'élaboration des politiques publiques. Ces faits stylisés fournissent d'importants points d'entrée pour la conception des politiques de réduction de la pauvreté, même si la prudence reste de mise, dans la mesure où ils mettent en évidence des symptômes de la pauvreté, mais pas nécessairement des causes.

L'expérience récente de l'Afrique montre en outre que son taux de pauvreté n'a pas seulement été supérieur à celui de la plupart des autres pays à revenu faible ou intermédiaire, mais qu'il a également diminué plus lentement. Trois facteurs contribuent à cet état de fait :

- Une forte croissance démographique. *Les revenus par habitant ont augmenté plus lentement parce qu'une part beaucoup plus importante de la croissance du produit intérieur brut (PIB) est érodée par une croissance démographique plus rapide.*
- De médiocres conditions initiales. *Bien que l'élasticité de la pauvreté par rapport à la croissance soit plus faible en Afrique que dans les autres pays à revenu faible ou intermédiaire, tel n'est pas le cas dans d'autres pays tout aussi pauvres. La pauvreté elle-même entrave la conversion de la croissance du revenu des ménages (à ne pas confondre avec la croissance du PIB) en réduction de la pauvreté, exactement comme dans d'autres pays pauvres.*

• La composition de la croissance de l'Afrique. *L'Afrique s'est montrée moins efficace dans la conversion de la croissance du PIB (par habitant) en croissance du revenu des ménages. La raison en est probablement la composition de son processus de croissance au cours des deux dernières décennies (tiré plus par l'exploitation des ressources naturelles à forte intensité de capital que par l'agriculture et le secteur manufacturier à forte intensité de main-d'œuvre).*

L'Afrique a grandement besoin de politiques de croissance plus favorables aux pauvres. Quelque 50 millions de personnes supplémentaires pourraient sortir de la pauvreté d'ici 2030 si les revenus des pauvres augmentaient plus rapidement de 2 points de pourcentage par an. Combinés à une croissance démographique plus faible et à de meilleures conditions initiales, des processus de croissance favorisant la croissance dans les endroits et les secteurs où vivent et travaillent les pauvres offriraient à ceux-ci une meilleure chance d'accroître directement leurs revenus, et contribueraient ainsi largement à accélérer la réduction de la pauvreté (aujourd'hui et dans le futur). Ces réflexions constituent la toile de fond générale de ce rapport.

La pauvreté aujourd'hui et dans le futur

Au cours des dernières décennies, l'Afrique a réalisé de substantiels progrès dans la réduction de l'extrême pauvreté : la part des Africains vivant avec moins de 1,90 dollar par jour en parité de pouvoir d'achat (PPA) de 2011 a diminué de 13 points de pourcentage, passant de 54 % en 1990 à 41 % en 2015 (figure 1.1)[1]. Malheureusement, compte tenu de la forte croissance démographique (2,7 % par an), le nombre d'Africains vivant dans la pauvreté a néanmoins augmenté, passant d'environ 278 millions en 1990 à 413 millions en 2015.

Dans les autres pays du monde à revenu faible et intermédiaire, la réduction de la pauvreté a été plus rapide entre 1990 et 2015 — surtout en Asie de l'Est, mais également en Asie du Sud — avec une plus faible croissance démographique. Il en résulte que la pauvreté est de plus en plus concentrée en Afrique. Environ trois pauvres du monde sur cinq vivent maintenant en Afrique, soit 57 % en 2015 contre 15 % en 1990[2]. L'accélération de la réduction de la pauvreté en Afrique est au centre de l'ambition mondiale d'éradiquer la pauvreté d'ici 2030, comme exprimé dans la cible 1.1 de l'objectif de développement durable n° 1 (ODD1) des Nations Unies, adopté en 2015[3].

FIGURE 1.1   **En Afrique, le taux de pauvreté a diminué, mais le nombre de pauvres a augmenté**

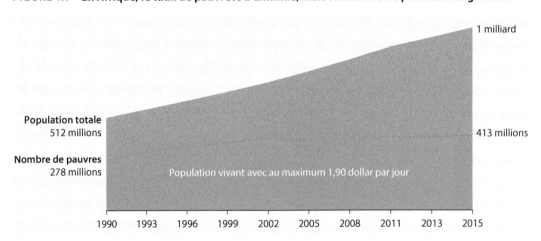

Source : Base de données PovcalNet de la Banque mondiale, http://iresearch.worldbank.org/PovcalNet.

Scénarios de réduction de la pauvreté en Afrique

Quelles sont donc les perspectives de réduction de la pauvreté en Afrique à l'avenir ? Dans le cadre de l'ODD 1, il a été calculé que le monde pourrait éliminer la pauvreté d'ici 2030 si, dans tous les pays à revenu faible ou intermédiaire, le revenu personnel de chacun continuait d'augmenter d'environ 4,9 % par an entre 2008 et 2030 (Ravallion, 2013)[4]. Dans un tel scénario, le taux de pauvreté tomberait à 19,2 % en Afrique. D'autres simulations, utilisant des hypothèses différentes, ont toutes situé le taux de pauvreté de l'Afrique en 2030 nettement au-dessus de l'objectif d'éradication de 3 % (Cattaneo, 2017)[5].

Ainsi, lors de l'adoption de l'ODD1, il était déjà clair que l'éradication de la pauvreté en Afrique ne serait pas réalisable à l'horizon 2030, et que la pauvreté dans le monde se concentrerait de plus en plus en Afrique.

Quels sont les scénarios qui pourraient réduire plus rapidement la pauvreté en Afrique ? Pour répondre à cette question, un nouveau scénario de base est exécuté en premier (figure 1.2). Le taux de croissance annuel moyen du PIB par habitant de chaque pays pour la période 1998-2013 est appliqué à la distribution des revenus du pays en 2013 jusqu'en 2030. Cela suppose une croissance moyenne des revenus à distribution neutre de 2,8 % par an[6], qui ferait

FIGURE 1.2 **L'Afrique ne peut éradiquer la pauvreté d'ici 2030, mais peut en accélérer la réduction**

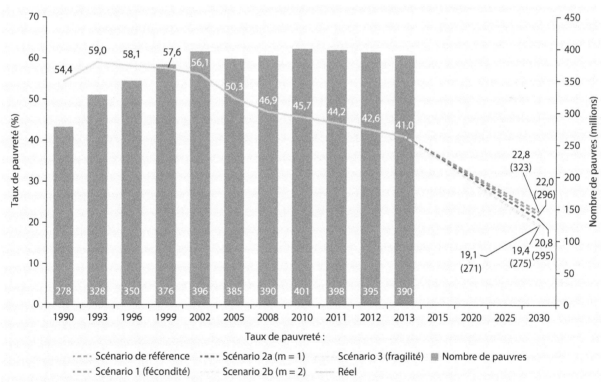

Source : calculs de la Banque mondiale.
Note : Le taux de pauvreté est le pourcentage de la population vivant avec au maximum 1,90 dollar par jour. Le scénario de référence suppose une croissance moyenne à distribution neutre de 2,8 % par an. Le *scénario 1* suppose qu'une croissance démographique à faible taux de fécondité remplace les taux de croissance historiques de la population. Le *scénario 2a* suppose une croissance plus favorable aux pauvres, avec une croissance moyenne du PIB identique à celle du scénario de référence, mais avec une croissance des revenus des pauvres plus rapide d'un point de pourcentage que la moyenne historique. Le *scénario 2b* maintient une croissance moyenne du PIB identique à celle du scénario de référence, mais suppose une croissance annuelle du revenu des pauvres de 2 points de pourcentage plus rapide que la moyenne historique. Le *scénario 3* suppose qu'une attention accrue des politiques permettrait une croissance des États fragiles d'Afrique de 3 points de pourcentage plus rapide que leur moyenne historique.

baisser le taux de pauvreté de l'Afrique à 22,8 % en 2030 et le nombre de pauvres à 323 millions (figure 1.2, scénario de référence). La pauvreté ne serait ramenée à 3 % (non montré) que si la croissance du revenu par habitant était environ trois fois plus rapide (8 % par an). Cette situation est hautement improbable.

Dans un premier scénario alternatif (scénario 1), la lente tendance à la baisse de la croissance démographique s'accélère lorsqu'on applique le scénario de croissance démographique à faible taux de fécondité des Nations Unies pour 2013-2030 au lieu des taux de croissance démographique historiques. Cela ferait chuter le taux de pauvreté à 22 % et le nombre des pauvres à 296 millions (figure 1.2, scénario 1). Étant donné les multiples canaux à travers lesquels la fécondité affecte la croissance et la pauvreté, les effets d'un déclin accéléré de la fécondité sur la réduction de la pauvreté sont probablement sous-estimés dans ce scénario. Le chapitre 2 (« Démographie et structure socioéconomique de l'Afrique ») approfondit cette question.

Dans un deuxième ensemble de scénarios (scénarios 2a et 2b), la croissance moyenne du revenu reste la même, mais dans chaque pays, les revenus des pauvres augmentent plus rapidement que la croissance historique du revenu du pays[7]. Si les revenus des pauvres de chaque pays devaient croître d'un point de pourcentage plus rapidement que leur moyenne historique, une telle redistribution de la croissance des non-pauvres aux pauvres ramènerait le taux de pauvreté à 20,8 % en 2030 et ferait chuter le nombre des pauvres à 295 millions (figure 1.2, scénario 2a : m = 1). Si les revenus des pauvres augmentaient de 2 points de pourcentage plus rapidement, le taux de pauvreté chuterait à 19,4 % et le nombre des pauvres à 275 millions. Près de 50 millions de personnes supplémentaires sortiraient ainsi de la pauvreté (figure 1.2, scénario 2b : m = 2).

Dans le scénario 3, une attention accrue des politiques aux défis des États fragiles africains devrait payer en amenant une croissance plus rapide des revenus (à distribution neutre) dans ces États. Une augmentation du revenu de 1, 2 ou 3 points de pourcentage par rapport aux taux de croissance historiques ferait descendre le taux de pauvreté en Afrique à 22 %, 20 % et 19,1 %, respectivement, contre 22,8 % dans le scénario de référence (scénario 3, figure 1.2).

Perspectives résultant des tendances récentes de la pauvreté

Quelle a été la performance de l'Afrique dans un passé plus récent, c'est-à-dire depuis l'adoption de l'ODD 1 ? Tout d'abord, il convient de noter qu'il est devenu de plus en plus possible de suivre les performances de l'Afrique en matière de réalisation de l'ODD 1 grâce à la disponibilité croissante d'enquêtes représentatives au niveau national permettant de suivre l'évolution du bien-être et de la pauvreté (encadré 1.1). Les estimations de la pauvreté pour les dernières années comprennent toutefois encore, pour certains pays, des estimations de la pauvreté basées sur la croissance du PIB, effectuées entre les années d'enquête. Compte tenu des hypothèses utilisées pour les estimations de la pauvreté basées sur la croissance du PIB, celles-ci ne peuvent servir qu'à titre indicatif (Ferreira, Azevedo et Lakner, 2017).

Malheureusement, la baisse de performance des économies africaines intervenue après 2013 n'a pas été favorable à la réduction de la pauvreté. Les derniers chiffres sur la pauvreté, enregistrés en 2015, reflètent cette diminution de la performance économique, accompagnée d'un ralentissement de la baisse du taux de pauvreté en Afrique de 0,72 point de pourcentage par an. Cette situation contraste avec la baisse de 1 point de pourcentage projetée dans le scénario de référence décrit précédemment. Ainsi, sur la base des derniers chiffres disponibles sur la pauvreté, la lutte contre la pauvreté en Afrique était déjà sur une mauvaise voie en 2015, même par rapport au scénario de référence.

Depuis lors, la situation ne s'est pas améliorée, avec même un taux de croissance du PIB par habitant chaque année légèrement négatif (−0,3 % en 2018) pour l'ensemble de l'Afrique. Les dernières prévisions agrégées de croissance du PIB suggèrent une certaine reprise, de 2,8 % en 2019 à 3,3 % en 2020 (Banque mondiale, 2019), mais elle compense à peine la baisse du PIB de l'Afrique enregistrée entre 2016 et 2018. Elle reste aussi nettement en deçà des 2,8 % de la moyenne annuelle par habitant supposée pour 1998 à 2013 dans le scénario de référence. Au cours des cinq dernières années, les progrès dans la réduction de la pauvreté en Afrique ont, selon toute vraisemblance, été très en retard par rapport au scénario de référence.

En plus d'une accélération de la croissance dans tous les pays, les simulations suggèrent également que des efforts seront nécessaires sur

ENCADRÉ 1.1 **Les efforts entrepris pour améliorer les données sur la pauvreté en Afrique commencent à porter leurs fruits**

Pendant longtemps, la connaissance de la transformation économique et sociale de l'Afrique a été compromise par la faiblesse des données sur le sujet. Les principaux obstacles à l'amélioration des systèmes et données statistiques comprennent la fréquence réduite des enquêtes, le faible accès aux données produites, le manque de coordination et intégration des systèmes statistiques, l'utilisation minimale des données statistiques dans la prise de décision, et l'insuffisance de la capacité institutionnelle et des incitations politiques, aboutissant à un financement inadéquat et peu fiable.

Ces faiblesses ont été documentées dans *Évolution de la pauvreté dans une Afrique en plein essor* (Beegle et al., 2016), le précurseur du présent rapport. En 2015, et en partie à la suite des conclusions accablantes de ce rapport, la Banque mondiale s'est engagée à intensifier ses efforts pour renforcer la capacité des systèmes statistiques nationaux dans les pays à faible revenu, en offrant notamment son soutien à la réalisation d'au moins une enquête nationale auprès des ménages visant à mesurer le bien-être et la pauvreté tous les trois ans.

Des efforts substantiels ont été consentis depuis ce rapport (figure B1.1.1,). Plus de la moitié des pays africains (26) avaient effectué au moins une enquête de ce type à la fin du deuxième trimestre de 2018. Pour la période 2018-2020, 34 pays (soit 76,4 % de la population de l'Afrique) ont une enquête en cours ou prévue. Les efforts pour accroître la fréquence et la qualité des enquêtes auprès des ménages visant à mesurer la pauvreté

ont été accompagnés d'une expansion d'autres enquêtes, telles que les enquêtes sur la production agricole, les registres du commerce, et les recensements de population.

Au-delà de l'amélioration de la collecte de données, le soutien à la capacité statistique a aidé à réformer les incitations institutionnelles, transformant les organismes statistiques en organisations professionnelles et fonctionnellement productives. L'indicateur de capacité statistique (ICS) de l'Afrique, qui évalue les systèmes statistiques des pays sur la base de la qualité, de la fréquence et de la ponctualité des données économiques et sociales de base, a non seulement rattrapé ceux des autres pays à faible revenu, mais semble même sur le point de les dépasser. Le maintien de cet engagement sera essentiel pour assurer un suivi fiable de la pauvreté.

Prenant appui sur cette expérience, la Banque mondiale travaille actuellement sur un modèle étendant le soutien à la capacité pour la mise en place d'un ensemble de statistiques économiques et sociales de base (un « ensemble minimal de données ») dans tous les pays africains. Cette approche régionale vise à harmoniser et comparer les statistiques nationales, à faciliter l'apprentissage entre pairs et à intensifier les innovations. Ces efforts en cours et planifiés complètent et renforcent les stratégies nationales de développement de la statistique (SNDS) élaborées par les pays. Ceux-ci travaillent également avec des partenaires régionaux et mondiaux sur l'agenda statistique.

FIGURE B1.1.1 **L'état de pauvreté des pays africains peut maintenant être estimé à partir d'enquêtes récentes auprès des ménages**

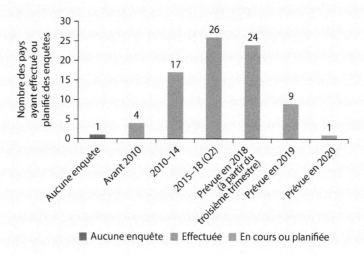

Source : Banque mondiale.

différents fronts pour accélérer la réduction de la pauvreté en Afrique : accélérer la transition de la fécondité (scénario 1) ; rendre la croissance plus inclusive (scénario 2) ; et améliorer les conditions de la croissance dans les États fragiles (scénario 3).

Profil de la pauvreté en Afrique

Quels sont les groupes les plus touchés par la pauvreté ? Où vivent les pauvres, et que font-ils pour gagner leur vie ? Comment leur statut évolue-t-il au fil du temps ? Et à quel point sont-ils équipés pour améliorer leur sort ? Les réponses à ces questions peuvent constituer des points d'entrée utiles pour l'élaboration des politiques de réduction de la pauvreté. Il faut toutefois soigneusement éviter de surestimer les constatations, dans la mesure où elles mettent en évidence des symptômes de la pauvreté, mais pas nécessairement des causes.

Quelles sont les personnes les plus susceptibles d'être pauvres ?

Telle qu'elle est actuellement évaluée, la pauvreté est mesurée au niveau des ménages, parce que c'est ainsi que les données sur la consommation sont recueillies. On suppose que les membres d'un même ménage partagent tout à parts égales.

Ce qui n'est évidemment pas toujours le cas (encadré 1.2).

Avec cette importante réserve à l'esprit, les données disponibles suggèrent que la pauvreté enfantine est particulièrement répandue en Afrique. Presque la moitié des pauvres d'Afrique ont moins de 15 ans. Cela n'a rien d'étonnant. Avec un taux de 2,7 % par an, la croissance démographique de l'Afrique reste élevée et sa population est principalement jeune (43 % ont moins de 15 ans). La plupart des enfants vivent dans de grands ménages, qui ont tendance à être plus pauvres (Castañeda et al., 2018 ; Newhouse, Suarez-Becerra et Evans, 2016)[8]. La pauvreté enfantine favorise la malnutrition et affecte négativement les résultats scolaires et, par conséquent, le potentiel de revenus à long terme des pauvres ainsi que les chances de sortir de la pauvreté à l'âge adulte (voir Fondamentaux 1, « Piège du développement humain en Afrique »). Dans la lutte contre la pauvreté, il est donc nécessaire de mettre davantage l'accent sur les grands ménages, à la fois pour réduire la pauvreté aujourd'hui et pour renforcer la capacité des enfants pauvres à sortir de la pauvreté à l'âge adulte (Watkins et Quattri, 2016).

Contrairement aux attentes, les données sur la consommation des ménages indiquent en outre que les écarts de pauvreté entre les sexes

---

ENCADRÉ 1.2   Pour mesurer les écarts de pauvreté liés au sexe et à l'âge, il faut entrer dans les ménages

Notre approche actuellement utilisée pour mesurer la pauvreté ne suffit pas lorsqu'il s'agit de déterminer les écarts de pauvreté liés au sexe et à l'âge. Plusieurs articles récents utilisent des données plus détaillées sur la consommation en Afrique pour abandonner l'hypothèse d'un partage égal au sein des ménages et pour mieux informer sur la pauvreté en fonction du sexe et de l'âge.

Par exemple, le taux numérique de pauvreté a augmenté de 6 à 7 points de pourcentage au Burundi lorsqu'on a utilisé les parts d'aliments déclarées pour chaque membre des ménages en vue de corriger les schémas de répartition au sein des ménages (Mercier Verwimp, 2017). La raison principale en est qu'un grand nombre d'enfants supplémentaires a été considéré comme pauvre alors que selon les calculs standard, ces enfants avaient été classés comme non pauvres parce que les ménages où ils vivaient étaient non pauvre. L'existence non négligeable d'enfants pauvres dans des ménages africains non pauvres est éga-

lement signalée dans Brown, Ravallion, et van de Walle (2017), qui utilisent cette fois l'état nutritionnel en tant que variable de remplacement pour la pauvreté individuelle.

Lorsqu'on tient compte des différences de consommation au sein des ménages, la pauvreté des femmes augmente considérablement au Malawi (Dunbar, Lewbel et Pendakur, 2013), mais pas en Côte d'Ivoire (Bargain, Donni et Kwenda, 2014). Au Sénégal, des inégalités ont été détectées entre les hommes et les femmes dans la consommation non alimentaire, mais pas autant dans la consommation alimentaire (Lambert, Ravallion et van de Walle, 2014). De même, en Éthiopie, aucune différence notable n'a été constatée entre les sexes dans l'inadéquation de l'apport nutritionnel lorsque l'on compare les estimations par équivalent-adulte mâle fondées sur les ménages à celles obtenues à partir de mesures *individuelles* de rappel sur 24 heures (Coates et al., 2017). Lorsque des différences étaient observées, elles concernaient principalement les enfants de moins de trois ans.

sont modestes : en Afrique, le pourcentage de femmes pauvres est à peu près le même que celui des hommes pauvres (50,2 % et 49,8 % respectivement) (Munoz Boudet et al., 2018). En ce qui concerne la dimension liée au genre de la pauvreté par type de ménage, les ménages dirigés par des femmes ne sont pas non plus systématiquement plus pauvres, et beaucoup d'entre eux ont même vu leur pauvreté diminuer plus rapidement que celle des ménages dirigés par des hommes. (Castañeda et al., 2018 ; Milazzo et van de Walle, 2017)[9].

Toutefois, les données montrent également que, contrairement aux hommes, les femmes sont confrontées à de multiples inégalités structurelles (telles que des niveaux d'instruction plus bas, une propriété et un contrôle des actifs plus faibles, un moindre engagement sur le marché du travail — lié à des schémas d'utilisation du temps différenciés selon le sexe — et des indicateurs sociaux plus faibles, comme expliqué plus en détail dans Fondamentaux 2, « Lien entre l'inégalité hommes-femmes et la pauvreté »). Une perspective sexospécifique est également nécessaire dans la conception des politiques de réduction de la pauvreté. Plus généralement, une plus grande attention doit être apportée aux processus de répartition au sein des ménages et à la collecte de données individuelles différenciées selon l'âge et le sexe (Doss, 2013) (encadré 1.2).

En plus de l'âge et du sexe, une troisième caractéristique démographique de la pauvreté est le niveau d'instruction : les pauvres sont considérablement moins éduqués. Deux adultes africains pauvres sur cinq n'ont aucune éducation formelle, perpétuant ainsi un héritage de médiocres résultats scolaires (Castañeda et al., 2018). Les taux bruts de scolarisation à l'école primaire ont considérablement augmenté en Afrique au cours des vingt dernières années (passant de 73,4 % en 1996 à 98,4 % en 2014). Malheureusement, l'apprentissage reste faible (Banque mondiale, 2018) et le taux de scolarisation dans le secondaire est limité (taux brut de 42,7 % en 2014). L'éducation et, de manière plus générale, le développement humain sont des facteurs cruciaux pour l'agenda de réduction de la pauvreté en Afrique (comme discuté plus loin dans Fondamentaux 1).

Enfin, parmi les autres caractéristiques démographiques et socioculturelles souvent associées à une incidence plus élevée de la pauvreté, on note le statut d'orphelin, le handicap, le déplacement (à l'intérieur du pays ou international), et l'origine ethnique. Les données disponibles

suggèrent, toutefois, que le statut d'orphelin, par exemple, ne constitue pas toujours un désavantage, parce qu'il peut être corrélé à la richesse et au statut urbain — par exemple, lorsqu'il découle du virus de l'immunodéficience humaine et du syndrome d'immunodéficience acquise (VIH/SIDA). De même, les personnes déplacées à l'intérieur du pays ne sont pas nécessairement les plus pauvres (Beegle et al., 2016). Malgré ces réserves, il n'est pas aisé d'obtenir des données systématiques à l'échelle de l'Afrique sur la taille et l'état de pauvreté de ces groupes. De plus, ils vivent souvent concentrés géographiquement dans certaines régions (par exemple, des groupes ethniques ou pastoraux) ou à la périphérie des agglomérations, comme en Éthiopie (Banque mondiale, à paraître). Des études plus spécifiques sont nécessaires.

Où vivent les pauvres et que font-ils pour subsister ?

La plupart des pauvres d'Afrique vivent dans un nombre limité de pays : 10 des 48 pays africains regroupent les trois quarts des pauvres[10]. Il s'agit de grands pays en termes de population globale, mais pas toujours des pays les plus pauvres en termes de taux de pauvreté.

Les taux de pauvreté sont les plus élevés dans les pays du Sahel et les régions nord des pays côtiers de l'Afrique de l'Ouest, à l'est jusqu'en Éthiopie et au sud-est jusqu'au bassin du Congo et ses régions orientales environnantes du Burundi, du Rwanda, de la Tanzanie et de l'Ouganda (carte 1.1, a). Il s'agit également en majorité de régions enclavées. Les chiffres concernant la pauvreté sont également élevés dans certains de ces pays et régions (carte 1.1, b). De même, les taux de pauvreté et les nombres de pauvres sont élevés à Madagascar et au Mozambique. Ils sont nettement plus bas dans les pays à haut revenu de l'Afrique australe, à l'exception du Lesotho, de l'Eswatini et de la Zambie où les taux de pauvreté sont élevés. Les faibles taux de pauvreté des régions nord des pays du Sahel sont probablement liés à la forte urbanisation et à la faible représentation des éleveurs dans les enquêtes auprès des ménages[11].

Au-delà de ce tableau sommaire, la correspondance entre les taux de pauvreté et les nombres de pauvres est limitée, et cette situation constitue un défi politique. La République centrafricaine, par exemple, a un taux de pauvreté de 79 %, tandis qu'en Ouganda environ 34,5 % de la

CARTE 1.1 **En Afrique, la pauvreté et les pauvres sont concentrés dans un nombre limité de pays (souvent enclavés) et de régions de ces pays**

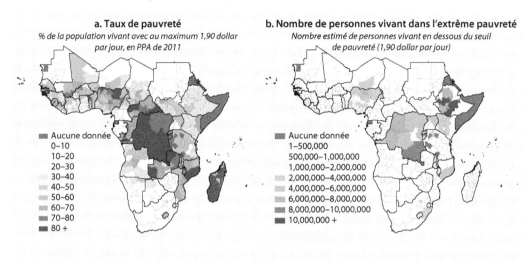

a. Taux de pauvreté
% de la population vivant avec au maximum 1,90 dollar par jour, en PPA de 2011

Aucune donnée
0–10
10–20
20–30
30–40
40–50
50–60
60–70
70–80
80 +

b. Nombre de personnes vivant dans l'extrême pauvreté
Nombre estimé de personnes vivant en dessous du seuil de pauvreté (1,90 dollar par jour)

Aucune donnée
1–500,000
500,000–1,000,000
1,000,000–2,000,000
2,000,000–4,000,000
4,000,000–6,000,000
6,000,000–8,000,000
8,000,000–10,000,000
10,000,000 +

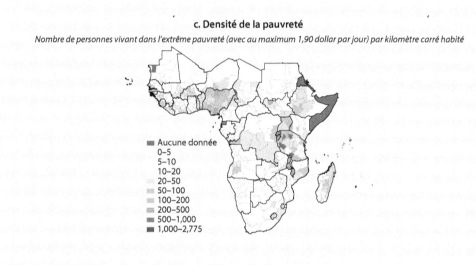

c. Densité de la pauvreté
Nombre de personnes vivant dans l'extrême pauvreté (avec au maximum 1,90 dollar par jour) par kilomètre carré habité

Aucune donnée
0–5
5–10
10–20
20–50
50–100
100–200
200–500
500–1,000
1,000–2,775

Source : Base de données mondiale de suivi de la Banque mondiale.
Note : PPA = parité de pouvoir d'achat. Les estimations de la pauvreté sont basées sur les dernières enquêtes auprès des ménages disponibles.

population doit vivre avec moins de 1,90 dollar par jour. Et pourtant, les pauvres sont environ 3,5 fois plus nombreux en Ouganda qu'en République centrafricaine (respectivement 13 millions et 3,6 millions).

Dans l'ensemble des pays, la corrélation entre le taux de pauvreté et le nombre de pauvres est de 33 % et est un peu plus élevée (57 % en moyenne)

dans l'ensemble des régions infranationales des pays. Les pays où la correspondance entre les taux de pauvreté infranationaux et le nombre des pauvres est très faible sont la Côte d'Ivoire, l'Eswatini, Madagascar et le Malawi. Dans de nombreux pays, les régions plus pauvres (affichant des taux de pauvreté plus élevés) ont également tendance à avoir une plus faible densité de la pauvreté (moins de pauvres par kilomètre carré habité), ce qui rend les pauvres plus difficiles (ou plus coûteux) à atteindre (carte 1.1, volet c).

D'un point de vue utilitaire, où le principe directeur est d'apporter le plus de bonheur possible au plus grand nombre, le but serait de réduire la pauvreté dans les pays et régions où vivent la plupart des pauvres. Toutefois, quand la plupart des habitants d'une région sont pauvres (taux de pauvreté élevé), il peut leur être particulièrement difficile d'échapper à la pauvreté, même lorsqu'ils sont peu nombreux (faible densité de pauvreté). Les preuves les plus évidentes des pièges de la pauvreté proviennent des pièges géographiques de la pauvreté, qu'il s'agisse d'une région infranationale ou d'un pays à faible productivité (Kraay et McKenzie, 2014 ; voir également chapitre 2, « Structure démographique et socioéconomique de l'Afrique »). Les pièges géographiques de la pauvreté peuvent constituer un terreau fertile pour les conflits, en particulier lorsqu'ils coïncident avec des divisions ethniques, religieuses ou linguistiques[12], de la répression, ou des chocs économiques (Marks, 2016). L'ombre persistante que les conflits jettent souvent sur le développement incite à se concentrer sur les pays ou régions affichant de plus forts taux de pauvreté. Le fait de cibler des pays et des régions infranationales hébergeant le plus de pauvres peut entraîner une réduction plus rapide de la pauvreté, même si les gains peuvent être moins durables.

Comme dans le reste du monde, la pauvreté est essentiellement rurale au sein des pays et régions de l'Afrique, et l'agriculture y constitue le principal moyen de subsistance des pauvres. Environ quatre Africains pauvres sur cinq (82 %) vivent dans des zones rurales[13], et plus ou moins trois adultes africains pauvres actifs sur quatre (76 %) travaillent dans l'agriculture (Beegle et al., 2016 ; Castañeda et al., 2018)[14].

Les personnes employées dans l'agriculture (culture et élevage) travaillent principalement pour leur propre compte (sont de petits exploitants plutôt que des salariés travaillant dans d'autres exploitations) et ont tendance à tirer l'essentiel de leurs revenus de l'agriculture (Davis, Di Giuseppe, et Zezza, 2017). L'emploi agricole salarié est jusqu'à présent limité et nettement moins important que dans le reste du monde (sauf au Malawi)[15]. Ne possédant que peu ou pas

de terres, les salariés agricoles du monde entier font généralement partie des plus pauvres.

Pauvre un jour, pauvre toujours ?

La pauvreté en Afrique est une situation à la fois chronique et transitoire[16]. Trois Africains pauvres sur cinq sont chroniquement pauvres, c'est-à-dire pauvres pendant plusieurs années d'affilée (Dang et Dabalen, 2018). Cela suggère que la pauvreté en Afrique reste fondamentalement structurelle et résulte d'un manque d'actifs, d'un faible accès aux biens publics (infrastructures), et de médiocres occasions de générer des revenus. Cette situation endémique est en partie liée à la localisation des pauvres (dite « piège géographique de la pauvreté ») (Kraay et McKenzie, 2014). Mais elle peut aussi refléter les coûts consentis pour empêcher les chocs de revenu de se produire, connus sous le nom de « piège de la pauvreté induit par le risque » (Dercon et Christiaensen, 2011 ; Elbers, Gunning et Kinsey, 2007).

Les Africains pauvres restant sur cinq vivent dans une pauvreté transitoire. Cela confirme l'idée que les ménages (et les entreprises) opèrent dans des environnements à haut risque, souvent avec une capacité limitée à y faire face, comme expliqué au chapitre 5 (« Gérer les risques et les conflits »). Les ménages africains sont davantage exposés aux pertes que ceux des autres régions pour la quasi-totalité des facteurs de risque. La sortie de la pauvreté reste fragile, avec beaucoup de rechutes.

Un type de risque particulièrement pernicieux auquel de nombreux Africains sont confrontés est l'insécurité physique et les conflits. Il fait chuter les gens dans la pauvreté, y compris ceux qui s'en tiraient nettement mieux auparavant, et une fois les personnes tombées dans la pauvreté, il a tendance à les y maintenir pour un bon moment. La pauvreté est particulièrement élevée dans les États fragiles, et la réduction de la pauvreté y est considérablement plus lente (Beegle et al., 2016). En 2013, 29 % des Africains pauvres vivaient dans des États fragiles et touchés par un conflit, un nombre qui devrait passer à 43,6 % dans le scénario du statu quo décrit dans la figure 1.2 (scénario de référence). L'accélération de la réduction de la pauvreté dans les États fragiles et touchés par un conflit sera au cœur de tout agenda de réduction de la pauvreté en Afrique.

Qui est responsable ?

Les pauvres entretiennent généralement une faible relation avec l'État et sont souvent sans pouvoir. Ils ont un accès plus limité aux biens et services publics (souvent de mauvaise qualité) et n'ont qu'une capacité limitée à se faire entendre lors de l'élaboration des politiques publiques (Beegle et al., 2016). Tout cela se manifeste de diverses manières, notamment dans les résultats éducatifs et de santé. Les différences entre les quintiles les plus pauvres et les plus riches sont souvent importantes et encore plus flagrantes dans les pays africains riches en pétrole (de la Brière et al., 2017). La section Fondamentaux 1 fournit plus de détails.

Pour influencer les politiques publiques et formuler des exigences à l'égard de l'État, les pauvres d'Afrique dépendent fortement des institutions électorales[17]. Une minorité non négligeable estime toutefois que les élections sont achetées ou trafiquées (Banque mondiale, 2016). En outre, près de 40 % des Africains n'écoutent pas la radio, ne regardent pas la télévision ou ne lisent pas de journal de façon régulière au moins une fois par semaine. Ce déficit d'exposition à l'information est encore plus prononcé chez les pauvres (17 points de pourcentage séparent les femmes pauvres et non pauvres) (Beegle et al., 2016), et ceux-ci sont particulièrement vulnérables au clientélisme politique[18].

Des programmes de développement communautaire ont souvent été utilisés pour contrecarrer l'appropriation par une élite nationale et augmenter la dépense publique en faveur des pauvres. L'examen approfondi de ces programmes participatifs suggère que les pauvres ont souvent tendance à en bénéficier moins que les plus aisés, car les participants aux activités civiques sont souvent des hommes, mieux lotis, plus instruits, d'un statut social plus élevé, et plus politisés que les non-participants (Mansuri et Rao, 2013). Cette situation laisse les pauvres sans pouvoir, à l'extrémité bénéficiaire du processus d'élaboration des politiques, avec comme résultat un accès réduit aux biens et services publics ou alors à des biens et services publics de mauvaise qualité.

Leçons tirées des expériences récentes

Au cours des deux dernières décennies, le taux de pauvreté de l'Afrique n'a pas seulement été plus élevé que celui de la plupart des autres pays à revenu faible ou intermédiaire, il a également diminué plus lentement. Trois facteurs contribuent à cette situation (Christiaensen et Hill, 2018).

Une croissance démographique en permanence élevée. Premièrement, le revenu par habitant a augmenté plus lentement en Afrique que dans les pays à revenu faible ou intermédiaire des autres régions, parce qu'une part beaucoup plus importante de la croissance économique est érodée par une croissance démographique plus rapide. Lorsque la *croissance économique globale* (PIB) des pays africains est comparée à celle des pays non africains dans la base de données mondiale sur la pauvreté, les performances de la croissance ne présentent pas de différence systématique, surtout après 1995[19]. Toutefois, la différence estimée dans la croissance annuelle du *PIB par habitant* après 1995 des pays africains et non africains tout aussi pauvres est en moyenne de 1,2 point de pourcentage. Même si la *croissance économique globale* de l'Afrique a été solide, en particulier entre 1995 et 2013, une part non négligeable de cette croissance est érodée par l'augmentation rapide de la population du continent.

Mauvaises conditions initiales. Deuxièmement, la part de l'augmentation (plutôt modeste) du *revenu par habitant des ménages africains* entraînant une réduction de la pauvreté est moins importante que dans d'autres pays, tout simplement parce que la région *est* pauvre[20]. Pendant la période de 1981 à 2013, les pays africains ont réussi, en moyenne, à réduire le taux de pauvreté de 1,9 % par point de pourcentage de croissance du revenu des ménages. En d'autres termes, l'élasticité de la pauvreté par rapport à la croissance du revenu des ménages était de -1,9. Les pays non africains sont parvenus à une réduction de 3,3 %, soit 1,7 fois plus. Mais ces différences sont en grande partie mécaniques et disparaissent lorsque les différences de pauvreté initiale sont prises en compte (encadré 1.3). Les pays africains ne sont ni pires ni meilleurs que d'autres pays aussi pauvres dans la conversion de la croissance du revenu des ménages en réduction de la pauvreté. Quelque 85 % de la différence d'élasticité de la pauvreté par rapport à la croissance constatée entre les pays africains et non africains s'explique par les différences de pauvreté initiale[21].

Au-delà de l'effet mécanique, les conditions de grande pauvreté (manque absolu de biens et d'accès aux biens et services publics, et possibilités limitées de génération de revenus pour une grande partie de la population) limitent l'aptitude de

ENCADRÉ 1.3   L'élasticité de la pauvreté par rapport à la croissance est faible en Afrique parce que le continent est pauvre

La constatation que les pays africains ont une moindre élasticité de la pauvreté par rapport à la croissance est cohérente avec la constatation figurant dans la littérature que le pourcentage de réduction de la pauvreté obtenu par point de pourcentage de croissance est plus faible dans les pays plus pauvres que dans les pays plus riches (Ravallion, 2012). La raison peut en partie en être simplement mécanique : l'élasticité est le pourcentage de réduction de la pauvreté réalisée par point de pourcentage de croissance. Des élasticités similaires impliqueraient donc une réduction absolue plus importante de la pauvreté dans les pays ayant au départ des taux de pauvreté plus élevés. Par exemple, une réduction de 10 % de la pauvreté est soit à une réduction de 5 % à 4,5 %, soit une réduction de 50 % à 45 % (ou respectivement de 0,5 point contre 5 points de pourcentage) pour un pays dont la moitié de la population est initialement en situation de pauvreté. Les pays plus pauvres ont alors plus difficile à faire aussi bien que les pays plus riches.

Une approche alternative consiste à utiliser la semi-élasticité qui mesure la variation absolue en point de pourcentage de la pauvreté par point de pourcentage de croissance (Cuaresma, Klasen et Wacker, 2016). Cette mesure ne dépend pas de la pauvreté initiale, et des pays ayant des taux de pauvreté initiaux différents et enregistrant le même déclin absolu de la pauvreté par point

de pourcentage de croissance affichent donc la même semi-élasticité.

Selon cette mesure, l'Afrique peut se prévaloir de performances nettement meilleures que le reste du monde. Une croissance d'un point de pourcentage a entraîné, en moyenne, une réduction de 0,49 point de pourcentage en Afrique contre 0,37 point de pourcentage dans le reste du monde (tableau B1.3.1). Ce résultat ne devrait pas surprendre. Avec des distributions des revenus nationaux se rapprochant souvent d'une distribution normale logarithmique, les pays les plus pauvres ont tendance à avoir de meilleures performances selon cette mesure pour une croissance équivalente (à distribution neutre) des revenus (et donc un déplacement équivalent de la distribution des revenus).

La question n'est donc pas tant de comparer les performances de l'Afrique dans la conversion de sa croissance en réduction de la pauvreté avec celles d'autres pays, mais plutôt de savoir comment elle s'est comportée par rapport à *d'autres pays tout aussi pauvres*. Faire correspondre chaque pays africain avec un équivalent non africain tout aussi pauvre (en utilisant un jumelage avec le plus proche voisin) montre que les pays africains ne font ni mieux ni moins bien que les pays pauvres similaires d'autres régions (tant pour l'élasticité que pour la semi-élasticité). Les différences sont petites et pas statistiquement significatives dans les deux cas (tableau B1.3.1, dernière ligne).

TABLEAU B1.3.1   **L'élasticité et la semi-élasticité de la pauvreté par rapport à la croissance du revenu par habitant de l'Afrique ne diffèrent pas de celles du reste du monde lorsque la pauvreté initiale est prise en compte**

Pays	Élasticité de la pauvreté par rapport à la croissance	Semi-élasticité de la pauvreté par rapport à la croissance
Moyenne de l'Afrique	−1,88	−0,49***
Moyenne mondiale hors Afrique	−3,33***	−0,37
Effet moyen du traitement après prise en compte de la pauvreté initiale de l'Afrique (erreur type)	−0,8 (1.4)	−0,002 (0,058)

Source : Christiaensen et Hill, 2018.
Note : Périodes de pauvreté disponibles entre 1981 et 2013. Les élasticités et semi-élasticités ont été calculées pour chacune des périodes de pauvreté avec des taux de pauvreté initiale de 5 % ou plus, sur la base des changements en pourcentage du revenu moyen par habitant tiré des enquêtes, et après exclusion des valeurs aberrantes ainsi que des 5 % supérieurs et inférieurs des élasticités estimées. Les (semi-)élasticités positives (des périodes de croissance négatives) ont également été exclues pour éviter de réduire artificiellement les moyennes, bien que l'ordre de grandeur des moyennes des élasticités et semi-élasticités de l'Afrique et du reste du monde soit très similaire en valeur absolue. L'effet moyen du traitement est calculé à l'aide du jumelage avec le plus proche voisin en ce qui concerne la pauvreté initiale.
Niveau de signification : *** = 1 %

nombreuses personnes à contribuer et à participer à la croissance. Il s'agit d'un mécanisme à travers lequel les inégalités réduisent l'impact de la croissance sur la pauvreté. Lorsque les inégalités sont fortes et le revenu moyen faible, une grande partie de la population est moins susceptible de disposer

de ce dont elle a besoin pour tirer parti de la croissance. De ce point de vue, ce ne sont pas tant les inégalités elles-mêmes qui comptent dans les pays à faible revenu que la pauvreté initiale. Lorsque les pays se développent et que le revenu moyen augmente — accroissant ainsi les possibilités de redistribution —, les inégalités elles-mêmes (le fait que certains ont plus que d'autres, comme en Afrique du Sud) deviennent plus importantes pour la réduction de la pauvreté[22].

Composition de la croissance de l'Afrique. Troisièmement, la réduction de la pauvreté a été plus lente en Afrique, car la conversion de la croissance économique globale (croissance du PIB par habitant) en croissance du revenu des ménages y a été moins efficace que dans d'autres régions. Bien que l'élasticité de la pauvreté par

rapport à la croissance de l'Afrique soit comparable à celle d'autres pays tout aussi pauvres, le revenu des ménages par habitant (considéré dans les enquêtes) a également augmenté moins vite, car une moindre partie de la croissance du PIB est convertie en croissance du revenu privé (en raison de la croissance démographique).

À l'aide d'une série d'enquêtes comparables auprès des ménages menées en Afrique au cours des années 1990 et 2000, la croissance annuelle de la consommation par habitant a été estimée

---

ENCADRÉ 1.4   Le taux de fécondité élevé et la pauvreté initiale réduisent l'élasticité de la pauvreté par rapport à la croissance de l'Afrique

Une pauvreté initiale élevée est étroitement corrélée à une forte fécondité, un médiocre capital humain et un accès limité aux infrastructures. Plusieurs simulations basées sur une régression (tableau B1.4.1) montrent l'effet néfaste de ces facteurs sur la conversion de la croissance en réduction de la pauvreté (ainsi que directement sur le taux de réduction de la pauvreté, au-delà du canal de la croissance).

Si l'Afrique affichait, par exemple, les taux médians mondiaux de mortalité infantile et d'alphabétisation des adultes, le pays africain moyen obtiendrait respectivement 1 % et 1,3 % supplémentaires de réduction de la pauvreté par point de pourcentage de croissance. Ensemble, cela suffirait pour amener l'élasticité de la pauvreté par rapport à la croissance de l'Afrique à la moyenne mondiale. Combler l'écart de l'électrification rurale entraînerait un gain encore plus important : les taux d'électrification atteignant

la moyenne mondiale sont associés à 1,6 % supplémentaire de réduction de la pauvreté par point de pourcentage de croissance réalisé.

Les gains les plus importants pourraient, toutefois, être obtenus en réduisant le taux de fécondité. Amener le nombre d'enfants par femme en Afrique à la médiane mondiale de 2,5 serait associé à un taux de pauvreté plus bas (de 7,3 %), tout en ajoutant 1,8 % de réduction de la pauvreté par point de pourcentage de croissance.

Ces chiffres sont donnés à titre indicatif. Les résultats de la régression ne sont, en effet, pas causaux, étant donné qu'ils ne garantissent pas une diminution de l'élasticité de la pauvreté par rapport à la croissance si les résultats en matière de santé, d'éducation ou d'accès à l'électricité changeaient. Ils sont néanmoins révélateurs de l'ampleur de l'effet des mauvaises conditions initiales de l'Afrique sur sa lutte contre la pauvreté.

TABLEAU B1.4.1   Une réduction substantielle de la pauvreté pourrait être obtenue si les indicateurs de capital humain et physique de l'Afrique atteignaient les niveaux médians mondiaux

	Fécondité (nombre de naissances par femme)	Alphabétisation des adultes (pourcentage)	Mortalité infantile (pour 100 000 naissances)	Accès à l'électricité (pourcentage)
Niveau moyen (médian)				
Médiane africaine[a]	5,6	57,1	122,0	18,2
Médiane mondiale[a]	2,5	87,3	22,6	97,2
Impacts sur la pauvreté si les pays africains atteignaient la médiane mondiale (d'après les résultats de la régression)				
La pauvreté diminuerait de (%)	7,3*	1,6	5,4	6,6
Réduction supplémentaire de la pauvreté par point de pourcentage de croissance (%)	1,8***	1,3***	1,0***	1,6***
Nombre d'observations	456	439	456	456

Source : Christiaensen et Hill (2018), basé sur l'outil PovcalNet de la Banque mondiale (http://iresearch.worldbank.org/PovcalNet) et sur la base de données des indicateurs du développement dans le monde (WDI – *World Development Indicators*).
a. Les données sont les moyennes de la première année de la dernière période pour laquelle la réduction de la pauvreté a été mesurée. L'analyse de régression a utilisé un ensemble mondial de données sur la réduction de la pauvreté, la croissance du revenu moyen, et les conditions initiales de 85 pays ayant des taux de pauvreté supérieurs à 5 % entre 1981 et 2013. Chaque observation correspond à un pays où la réduction annuelle de la pauvreté et la croissance du revenu sont enregistrées.
Niveau de signification : * = 10 %, *** = 1 %

inférieure de 1,2 point de pourcentage à celle du PIB par habitant (Beegle et al., 2016). Non seulement *la croissance globale du PIB* de l'Afrique n'entraîne pas la même *croissance du PIB par habitant* (en raison de la forte fécondité et de la croissance démographique), mais une même augmentation du PIB par habitant génère moins de revenus pour les Africains, y compris les pauvres.

Cette constatation suggère qu'un accent sur la seule croissance globale du PIB peut ne pas suffire (en tenant compte de la croissance démographique et des mauvaises conditions initiales) et pose la question de la composition de la croissance du PIB de l'Afrique, en particulier de sa dépendance croissante aux ressources naturelles (et les défis de gouvernance associés) ainsi que de la performance toujours assez modeste de ses secteurs agricole et manufacturier. L'importance des sources de croissance pour l'élasticité de la pauvreté par rapport à la croissance du PIB a été largement documentée, la croissance réduisant davantage la pauvreté quand elle intervient dans des secteurs où les pauvres travaillent et lorsque sont utilisés des facteurs de production que possèdent les pauvres, tels que la main-d'œuvre et la terre. Par exemple, la croissance dans l'agriculture a, en moyenne, réduit deux à trois fois plus la pauvreté qu'une même croissance du PIB ailleurs dans l'économie, du moins lorsque les terres ne sont pas réparties de façon trop inégale (Christiaensen, Demery et Kuhl, 2011 ; Ivanic et Martin, 2018 ; Ligon et Sadoulet, 2018 ; Loayza et Raddatz, 2010 ; Ravallion et Chen, 2003 ; Ravallion et Datt, 2002).

Alors, quelles sont les opportunités pour un processus de croissance plus favorable aux pauvres, au cours duquel les revenus des pauvres augmenteraient eux aussi nettement à mesure que l'économie se développe ? Selon certains, les pouvoirs publics devraient se concentrer sur des politiques maximisant la croissance (en faveur de la croissance) et réputées mieux comprises et plus efficaces, plutôt que sur des trains de mesures visant à accroître les revenus des pauvres (croissance en faveur des pauvres) (Dollar, Kleineberg et Kraay, 2015, 2016 ; Dollar et Kraay, 2002). La distinction entre les politiques en faveur de la croissance et celles axées sur la distribution est toutefois moins claire qu'il n'y paraît. De nombreuses politiques affectent les deux, et souvent de manière opposée[23]. Ce qui compte finalement c'est l'effet conjoint de ces politiques sur la croissance du revenu des pauvres[24]. De plus, et comme évoqué précédemment, il n'est pas clair que les mesures favorables à la croissance aient fonctionné en Afrique[25].

La nécessité et la portée d'une politique de croissance favorable aux pauvres sont immenses en Afrique. Même si celle-ci ne sera pas en mesure d'éliminer la pauvreté d'ici 2030, les projections de la pauvreté montrent que 50 millions de personnes supplémentaires pourraient sortir de la pauvreté si les revenus des pauvres augmentaient plus rapidement de 2 points de pourcentage par an, tout en maintenant constant le taux de croissance par habitant atteint par chaque pays au cours des 15 dernières années (comme indiqué dans la figure 1.2, scénario 2b). Combinée à une croissance démographique plus faible et à de meilleures conditions initiales, une croissance favorable aux pauvres pourrait donc contribuer dans une large mesure à accélérer la réduction de la pauvreté (aujourd'hui et dans le futur). Une simple analyse de régression transnationale fournit déjà une première indication (non causale) de la manière dont la réduction de la pauvreté de l'Afrique est entravée par un fort taux de fécondité, un médiocre capital humain et un faible accès aux infrastructures (encadré 1.4). Cette question est examinée plus en détail au chapitre 2 (consacré aux déterminants démographiques et socioéconomiques de la pauvreté) et dans la section Fondamentaux 1 « Piège du développement humain en Afrique ».

Notes

1. Ce rapport met l'accent sur l'extrême pauvreté, définie comme le fait de vivre avec moins de 1,90 dollar par jour et par personne en parité de pouvoir d'achat (PPA) de 2011. Dans le reste du rapport, le terme « pauvreté » sera utilisé comme raccourci. Pour un examen approfondi de la situation de la pauvreté en Afrique, y compris la robustesse des statistiques sous-jacentes, voir Beegle et al. (2016).

2. Données sur la pauvreté en Afrique tirées de la base de données mondiale sur la pauvreté de la Banque mondiale, PovcalNet (consulté le 5 mai 2019) : http://iresearch.worldbank.org/PovcalNet/pov DuplicateWB.aspx.

3. Cette ambition est énoncée dans l'ODD 1, cible 1.1 (http://www.un.org/sustainabledevelopment/ poverty/). Elle est suivie en mesurant les progrès réalisés au niveau de la part des personnes vivant en dessous du seuil international de pauvreté de 1,90 dollar par jour (en PPA de 2011). Ce rapport centré sur la réduction de la pauvreté monétaire s'aligne sur cette cible des ODD.

4. Cela correspond au taux de croissance annuel moyen du PIB par habitant dans les pays à revenu faible et intermédiaire au cours de la première décennie de 2000. Le scénario suppose une croissance à distribution neutre dans chaque pays.

5. En pratique, l'objectif d'éradication de la pauvreté se traduit numériquement par une baisse du taux de pauvreté à 3 % ou moins. Compte tenu du caractère récurrent de la pauvreté, il y aura toujours des personnes vivant dans la pauvreté.

6. La croissance des revenus de 2,8 % correspond à la moyenne pondérée par la population des taux de croissance historiques des différents pays pour 1998 à 2013, qui constitue une période de forte croissance dans l'histoire récente de l'Afrique.

7. Cela est semblable à la prime de prospérité partagée (m) élaborée par Lakner, Negre et Prydz (2014). Toutefois, au lieu d'être redistribuée des 60 % les plus riches vers les 40 % les plus pauvres, la croissance des revenus est redistribuée dans chaque pays des non-pauvres vers les personnes vivant dans l'extrême pauvreté.

8. Dans le monde, deux enfants pauvres sur trois vivent dans des ménages comptant six membres ou plus. L'analyse de sensibilité suggère que ces estimations basées sur la consommation des ménages sont robustes par rapport aux corrections raisonnables correspondant aux différences de besoins liées à l'âge (utilisant des échelles d'équivalents-adultes) et aux économies d'échelle des ménages (Newhouse, Suarez-Becerra et Evans, 2016). En outre, les ménages comptant plus de deux enfants sont de 15 % plus susceptibles d'être pauvres, sous réserve d'un certain nombre de caractéristiques liées à leur résidence et à leur démographie, ainsi qu'à l'âge, au niveau d'études, et au secteur de travail du chef de ménage (Castañeda et al., 2018).

9. Castañeda et al. (2018) constatent que, dans le monde entier, les ménages dirigés par des hommes sont, en moyenne, plus pauvres de 3,4 points de pourcentage que les ménages dirigés par des femmes. Ces derniers constituent, toutefois, un groupe hétérogène, pour des raisons très divergentes (divorce, veuvage, ou migration saisonnière du mâle adulte, par exemple), entraînant chacune des conséquences socioéconomiques et culturelles différentes. Ils constituent donc une médiocre variable de remplacement pour les différences de pauvreté entre les hommes et les femmes.

10. Dans le classement des pays comptant le plus grand nombre de pauvres, le Nigéria arrive en tête avec environ un quart des pauvres de l'Afrique (85,2 millions). Les quatre suivants (République démocratique du Congo, Tanzanie, Éthiopie et Madagascar) en comptent un autre quart, et les cinq suivants (Mozambique, Ouganda, Malawi, Kenya et Zambie) le troisième quart.

11. En dehors de l'élevage pastoral, il n'y a généralement pas beaucoup d'autres activités en dehors des centres urbains dans ces régions sèches et arides (Allen, Heinrigs et Heo, 2018) ; voir carte 1.1. (Voir également l'ensemble de données sur la population urbaine de *Harvest Choice* et de l'Institut international de recherche sur les politiques alimentaires [IFPRI] à l'adresse https://harvestchoice.org/data/pn00_urb.) Les éleveurs sont souvent plus pauvres (Mburu et al., 2017) et sont peu représentés dans les enquêtes auprès des ménages effectuées à domicile, qui constituent la base de la plupart des calculs de la pauvreté.

12. Les inégalités au niveau du groupe peuvent générer une polarisation sociale et économique qui augmente le risque de conflit violent (Kanbur, 2006 ; Østby, 2008, 2013 ; Stewart, 2008).

13. Ces estimations sont basées sur les données de consommation nominale par habitant, qui ne tiennent pas compte des différences régionales de prix. Étant donné que le coût de la vie est généralement plus bas dans les zones rurales, la part des pauvres vivant en milieu rural peut être surévaluée. Les éléments probants issus de sept pays d'Asie du Sud pour lesquels des données spatiales déflatées sont disponibles suggèrent que cette surestimation est probablement modérée (au maximum 6 à 7 points de pourcentage) (Castañeda et al., 2018). Dans la mesure où ces conclusions sont appliquées à l'Afrique, l'idée maîtresse demeure que la plupart des pauvres de l'Afrique sont ruraux.

14. Dans le reste du monde, la part des pauvres actifs dans l'agriculture est d'environ deux tiers (65 %).

15. Dans les neuf pays africains étudiés par Davis, Di Giuseppe et Zezza (2017), seuls 18 % des ménages ruraux avaient un travail agricole salarié ne leur rapportant, en moyenne, que 5 % de leurs revenus. Ces chiffres sont à comparer aux 27 % et 13 % des 13 autres pays non africains de leur échantillon. Le Malawi est une exception notable, avec 49 % de la population rurale déclarant être occupés en 2011 dans un emploi salarié agricole. Cette situation est similaire à celle observée dans certains pays d'Amérique latine (tels que l'Équateur et le Nicaragua) et d'Asie du Sud (tels que le Bangladesh et le Népal). Comme au Malawi, les inégalités et le nombre de paysans sans terre sont élevés. Le travail agricole salarié a également récemment augmenté en Tanzanie (Christiaensen et al., 2017).

16. De manière générale, les personnes sont considérées comme chroniquement pauvres lorsqu'elles sont pauvres pendant une période prolongée, et comme pauvres de manière transitoire lorsqu'elles entrent et sortent de la pauvreté. Pour une discussion plus élaborée sur la manière d'intégrer la dimension temporelle dans la mesure de la pauvreté, voir Christiaensen et Shorrocks (2012).

17. Le taux d'électeurs autodéclarés en Afrique était d'environ 70 % et légèrement plus élevé chez les citoyens non instruits qu'instruits (Banque mondiale, 2016). Environ 90 % des citoyens africains ont également signalé que des élections honnêtes pourraient apporter de grandes différences dans leur vie et celle de leur famille, avec peu de différence dans les réponses des personnes plus ou moins instruites.

18. Le clientélisme est une stratégie politique caractérisée par un échange de biens matériels contre un soutien électoral (Banque mondiale, 2017).

19. En tenant compte de la pauvreté initiale (en comparant les pays africains avec d'autres pays tout aussi pauvres), les taux de croissance du PIB en Afrique ne sont également que légèrement plus faibles.

20. Les estimations sont basées sur l'ensemble international de données de la Banque mondiale sur la réduction de la pauvreté, PovcalNet (http://iresearch.worldbank.org/PovcalNet). Les élasticités ont été calculées pour chaque période de pauvreté et sont fondées sur l'évolution de la réduction de la pauvreté et sur la croissance moyenne du revenu des ménages tiré des enquêtes. Notez que dans le calcul de l'élasticité de la pauvreté par rapport à la croissance, la croissance du revenu par habitant peut être exprimée à l'aide de la croissance du PIB par habitant pendant la période considérée ou bien à l'aide de la croissance moyenne du revenu par habitant observée durant les enquêtes auprès des ménages à partir desquelles les estimations de la pauvreté sont dérivées. Cette dernière approche est utilisée ici, et suppose implicitement que la croissance du PIB par habitant se traduit point par point en croissance du revenu des ménages. Le fait n'est pas automatique parce que, en plus des questions de mesure, le PIB comprend plusieurs éléments autres que la consommation privée, tels que l'investissement privé ainsi que la consommation et l'investissement publics, qui n'augmentent pas nécessairement au même rythme (Beegle et al., 2016).

21. En prenant en compte la pauvreté initiale, aucune différence systématique n'a été observée dans le coefficient de Gini entre les pays africains et non africains.

22. En examinant les différences d'élasticité de la pauvreté par rapport à la croissance, une grande partie de la littérature s'est jusqu'à présent focalisée sur les effets de l'inégalité initiale (en prenant aussi éventuellement en compte le revenu moyen initial) sans faire cette distinction, amalgamant ainsi l'effet de la pauvreté initiale et celui de l'inégalité initiale (López et Servén, 2015 ; Perry et al., 2006 ; Ravallion, 2012 ; Thorbecke et Ouyang, 2018).

23. Les politiques macroéconomiques, monétaires, commerciales, financières, de concurrence et d'investissement sont habituellement considérées comme orientées vers la croissance (à distribution neutre). Les politiques encourageant la formation de capital humain, l'égalité d'accès aux biens et services publics et aux marchés des facteurs de production, l'état de droit, ainsi que les politiques fiscales, de marché du travail et de protection sociale sont généralement considérées comme plus orientées vers la croissance en faveur des pauvres (et, par conséquent, vers la distribution et la réduction des inégalités). Dans la pratique, la distinction est plus floue, rendant ainsi moins utile que prétendu dans le débat sur la réduction de la pauvreté, le fort accent mis sur la croissance et la réduction des inégalités en tant que principaux points d'entrée des politiques. Nombre de politiques favorisant la croissance ne sont pas à distribution neutre et, inversement, les politiques liées à la distribution affectent souvent aussi la croissance globale. Par exemple, une plus forte scolarisation dans le primaire peut améliorer la croissance et réduire les inégalités, alors que la mondialisation financière peut accélérer la croissance, mais au prix d'inégalités croissantes (Jaumotte, Lall et Papageorgiou, 2013). Du point de vue de la réduction de la pauvreté, les politiques d'« équilibre idéal » sont celles qui améliorent la croissance tout en bénéficiant majoritairement aux pauvres. Les politiques comprenant de l'inflation peuvent être de ce type, tout comme celles encourageant la scolarisation dans le primaire et une éducation de qualité (Dollar, Kleineberg et Kraay, 2015, 2016 ; Dollar et Kraay, 2002).

24. L'étude de cette question requiert une information comparable sur la distribution complète des revenus pour de nombreux pays et périodes, une information qui n'est devenue plus largement disponible que depuis une dizaine d'années. C'est pourquoi, une grande partie de la littérature sur la pauvreté s'est plutôt concentrée sur l'étude des liens entre les mesures agrégées de la croissance, les inégalités et la pauvreté, en s'appuyant sur la littérature correspondante relative à la croissance et aux inégalités ainsi que sur les données microéconométriques, pour évaluer qualitativement l'effet conjugué de différentes politiques sur la pauvreté, à l'aide de leur effet sur la croissance et l'évolution de la distribution. Étant donné que les politiques affectent généralement à la fois la croissance et les inégalités et que l'effet des inégalités et de la croissance sur la pauvreté dépendent également du revenu initial, cette approche comptable a tendance à amalgamer la pauvreté initiale et les inégalités initiales, ainsi qu'à dépersonnaliser les pauvres en en faisant des bénéficiaires passifs subissant le processus de croissance (« participant à la croissance ») au lieu de les considérer comme des agents actifs (« contribuant à la croissance »), détournant ainsi l'attention de l'importance de l'autonomisation des pauvres en tant que principal point d'entrée de la politique de réduction de la pauvreté.

25. De plus, les données montrant que le revenu des pauvres augmente au même rythme que le revenu moyen de la population — la constatation empirique qui est au cœur de l'approche en faveur de la croissance (Dollar, Kleineberg et Kraay, 2015) — supposaient que les épisodes de croissance positive et négative avaient le même effet sur l'augmentation (ou la baisse) du revenu des pauvres. Toutefois, les pauvres peuvent surmonter les chocs d'une manière rendant difficile un redressement ultérieur (par exemple, lorsqu'ils vendent des actifs pour faire face à un choc). Étant donné les contraintes du crédit et leur capital humain limité, ils peuvent également être moins à même de profiter des poussées de croissance (Christiaensen, Demery et Paternostro, 2003). Les données le confirment : une *augmentation* de 1 % de la croissance globale du revenu par habitant n'augmente la croissance du revenu des pauvres que de 0,75 %, tandis qu'une *baisse* de 1 % la réduit d'environ 1,6 % (Poll, 2017).

Références

Allen, Thomas, Philipp Heinrigs, and Inhoi Heo. 2018. "Agriculture, Food and Jobs in West Africa." West African Papers No. 14, Organisation for Economic Co-operation and Development (OECD), Paris.

Bargain, Olivier, Olivier Donni, and Prudence Kwenda. 2014. "Intrahousehold Distribution and Poverty: Evidence from Côte d'Ivoire." *Journal of Development Economics* 107 (C): 262–76.

Beegle, Kathleen, Luc Christiaensen, Andrew Dabalen, and Isis Gaddis. 2016. *Poverty in a Rising Africa*. Washington, DC: World Bank.

Brown, Caitlin, Martin Ravallion, and Dominique van de Walle. 2017. "Are Poor Individuals Mainly Found in Poor Households? Evidence Using Nutrition Data for Africa." Policy Research Working Paper 8001, World Bank, Washington, DC.

Castañeda, Andrés, Dung Doan, David Newhouse, Minh Cong Nguyen, Hiroki Uematsu, and João Pedro Azevedo. 2018. "A New Profile of the Global Poor." *World Development* 101: 250–67.

Cattaneo, Umberto. 2017. "Poverty Headcount Projections in Sub-Saharan Africa." Background note prepared for *Accelerating Poverty Reduction in Africa*, World Bank, Washington, DC.

Christiaensen, Luc, Lionel Demery, and Jesper Kuhl. 2011. "The (Evolving) Role of Agriculture in Poverty Reduction: An Empirical Perspective." *Journal of Development Economics* 96 (2): 239–54.

Christiaensen, Luc, Lionel Demery, and Stefano Paternostro. 2003. "Macro and Micro Perspectives of Growth and Poverty in Africa." *World Bank Economic Review* 17 (3): 317–47.

Christiaensen, Luc, and Ruth Hill. 2018. "Africa Is Not Poorer than Other Equally Poor Countries in Reducing Poverty." Background note prepared for *Accelerating Poverty Reduction in Africa*, World Bank, Washington, DC.

Christiaensen, Luc, Jonathan Kaminski, Armand Sim, and Yue Wang. 2017. "Poverty, Employment and Migration Patterns in Tanzania, 2008–2012: The Role of Secondary Towns." Unpublished manuscript, World Bank, Washington, DC.

Christiaensen, Luc, and Anthony Shorrocks. 2012. "Measuring Poverty over Time." *Journal of Economic Inequality* 10 (2): 137–43.

Coates, Jennifer, Beatrice Lorge Rogers, Alexander Blau, Jacqueline Lauer, and Alemzewed Roba. 2017. "Filling a Dietary Data Gap? Validation of the Adult Male Equivalent Method of Estimating Individual Nutrient Intake from Household-Level Data in Ethiopia and Bangladesh." *Food Policy* 72: 27–42.

Cuaresma, Jesús Crespo, Stephan Klasen, and Konstantin M. Wacker. 2016. "There Is Poverty Convergence." Department of Economics Working Paper 213, Vienna University.

Dang, Hai-Anh H., and Andrew L. Dabalen. 2018. "Is Poverty in Africa Mostly Chronic or Transient? Evidence from Synthetic Panel Data." *Journal of Development Studies* 55 (7): 1527–47.

Davis, Benjamin, Stefania Di Giuseppe, and Alberto Zezza. 2017. "Are African Households (Not) Leaving Agriculture? Patterns of Household Income Sources in Rural Sub-Saharan Africa." *Food Policy* 67: 153–74.

de la Brière, Bénédicte, Deon Filmer, Dena Ringold, Dominic Rohner, Karelle Samuda, and Anastasiya Denisova. 2017. *From Mines and Wells to Well-Built Minds: Turning Sub-Saharan Africa's Natural Resource Wealth into Human Capital*. Directions in Development Series. Washington, DC: World Bank.

Dercon, Stefan, and Luc Christiaensen. 2011. "Consumption Risk, Technology Adoption and Poverty Traps: Evidence from Ethiopia." *Journal of Development Economics* 96 (2): 159–73.

Dollar, David, Tatjana Kleineberg, and Aart Kraay. 2015. "Growth, Inequality and Social Welfare: Cross-Country Evidence." *Economic Policy* 30 (82): 335–77.

———. 2016. "Growth Still Is Good for the Poor." *European Economic Review* 81: 68–85.

Dollar, David, and Aart Kraay. 2002. "Growth Is Good for the Poor." *Journal of Economic Growth* 7 (3): 195–225.

Doss, Cheryl. 2013. "Intrahousehold Bargaining and Resource Allocation in Developing Countries." *World Bank Research Observer* 28 (1): 52–78.

Dunbar, Geoffrey R., Arthur Lewbel, and Krishna Pendakur. 2013. "Children's Resources in Collective Households: Identification, Estimation and an Application to Child Poverty in Malawi." *American Economic Review* 103 (1): 438–71.

Elbers, Chris, Jan Willem Gunning, and Bill Kinsey. 2007. "Growth and Risk: Methodology and Micro Evidence." *World Bank Economic Review* 21: 1–20.

Ferreira, Francisco, Joao-Pedro Azevedo, and Christoph Lakner. 2017. "Feeding the Craving for Precision on Global Poverty." *Let's Talk Development* (blog), December 11. https://blogs.worldbank.org/developmenttalk/feeding-craving-precision-global-poverty.

Ivanic, Maros, and Will Martin. 2018. "Sectoral Productivity Growth and Poverty Reduction: National and Global Impacts." *World Development* 109: 429–39.

Jaumotte, Florence, Subir Lall, and Chris Papageorgiou. 2013. "Rising Income Inequality: Technology, or Trade and Financial Globalization?" *IMF Economic Review* 61 (2): 271–308.

Kanbur, Ravi. 2006. "The Policy Significance of Inequality Decompositions." *Journal of Economic Inequality* 4 (3): 367–74.

Kraay, Aart, and David McKenzie. 2014. "Do Poverty Traps Exist? Assessing the Evidence." *Journal of Economic Perspectives* 28 (3): 127–48.

Lakner, Christoph, Mario Negre, and Espen Prydz. 2014. "Twinning the Goals: How Can Promoting Shared Prosperity Help to Reduce Global Poverty?" Policy Research Working Paper 7106, World Bank, Washington, DC.

Lambert, Sylvie, Martin Ravallion, and Dominique van de Walle. 2014. "Intergenerational Mobility and Interpersonal Inequality in an African Economy." *Journal of Development Economics* 110: 327–44.

Ligon, Ethan, and Elisabeth Sadoulet. 2018. "Estimating the Relative Benefits of Agricultural Growth on the Distribution of Expenditures." *World Development* 109: 417–28.

Loayza, Norman V., and Claudio Raddatz. 2010. "The Composition of Growth Matters for Poverty Alleviation." *Journal of Development Economics* 93 (1): 137–51.

López, Humberto, and Luis Servén. 2015. "Too Poor to Grow." In *Economic Policies in Emerging-Market Economies: Festschrift in Honor of Vittorio Corbo*, edited by Ricardo J. Caballero and Klaus Schmidt-Hebbel, 309–50. Santiago: Central Bank of Chile.

Mansuri, Ghazala, and Vijayendra Rao. 2013. *Localizing Development: Does Participation Work?* Policy Research Report. Washington, DC: World Bank.

Marks, Zoe. 2016. "Poverty and Conflict." GSDRC Professional Development Reading Pack No. 52, University of Birmingham, U.K.

Mburu, Samuel, Steffen Otterbach, Alfonso Sousa-Poza, and Andrew Mude. 2017. "Income and Asset Poverty among Pastoralists in Northern Kenya." *Journal of Development Studies* 53 (6): 971–86.

Mercier, Marion, and Philip Verwimp. 2017. "Are We Counting All the Poor? Accounting for the Intra-Household Allocation of Consumption in Burundi." *Journal of Demographic Economics* 83 (3): 307–27.

Milazzo, Annamaria, and Dominique van de Walle. 2017. "Women Left Behind? Poverty and Headship in Africa." *Demography* 54 (3): 1119–45.

Munoz Boudet, Ana Maria, Paola Buitrago, Bénédicte Leroy de la Brière, David Newhouse, Eliana Rubiano Matulevich, Kinnon Scott, and Pablo Suarez-Becerra. 2018. "Gender Differences in Poverty and Household Composition through the Life-Cycle: A Global Perspective." Policy Research Working Paper 8360, World Bank, Washington, DC.

Newhouse, David, Pablo Suarez-Becerra, and Martin C. Evans. 2016. "New Estimates of Extreme Poverty for Children." Policy Research Working Paper 7845, World Bank, Washington, DC.

Østby, Gudrun. 2008. "Polarization, Horizontal Inequalities and Violent Civil Conflict." *Journal of Peace Research* 45 (2): 143–62.

———. 2013. "Inequality and Political Violence: A Review of the Literature." *International Area Studies Review* 16 (2): 206–31.

Perry, Guillermo E., Omar S. Arias, J. Humberto López, William F. Maloney, and Luis Servén. 2006. *Poverty Reduction and Growth: Virtuous and Vicious Circles*. Washington, DC: World Bank.

Poll, Moritz. 2017. "Breaking Up the Relationship: Dichotomous Effects of Positive and Negative Growth on the Income of the Poor." CSAE Working Paper 2017–12, Centre for the Study of African Economies, University of Oxford.

Ravallion, Martin. 2012. "Why Don't We See Poverty Convergence?" *American Economic Review* 102 (1): 504–23.

———. 2013. "How Long Will It Take to Lift One Billion People Out of Poverty?" *World Bank Research Observer* 28 (2): 139–58.

Ravallion, Martin, and Shaohua Chen. 2003. "Measuring Pro-Poor Growth." *Economics Letters* 78: 93–99.

Ravallion, Martin, and Gaurav Datt. 2002. "Why Has Economic Growth Been More Pro-Poor in Some States of India than Others?" *Journal of Development Economics* 68 (2): 381–400.

Stewart, Frances, ed. 2008. *Horizontal Inequalities and Conflict: Understanding Group Violence in Multiethnic Societies*. New York and Basingstoke, U.K.: Palgrave McMillan.

Thorbecke, Erik, and Yusi Ouyang. 2018. "Is the Structure of Growth Different in Sub-Saharan Africa?" *Journal of African Economies* 27 (1): 66–91.

Watkins, Kevin, and Maria Quattri. 2016. "Child Poverty, Inequality and Demography: Why Sub-Saharan Africa Matters for the Sustainable Development Goals." Research report, Overseas Development Institute (ODI), London.

World Bank. 2016. *Making Politics Work for Development: Harnessing Transparency and Citizen Engagement*. Policy Research Report. Washington, DC: World Bank.

———. 2017. *World Development Report 2017: Governance and the Law*. Washington, DC: World Bank.

———. 2018. *World Development Report 2018: Learning to Realize Education's Promise*. Washington, DC: World Bank.

———. 2019. *Africa's Pulse: An Analysis of Issues Shaping Africa's Economic Future*, vol. 19 (April). Washington, DC: World Bank.

———. Forthcoming. *Diversity in Prosperity: Promoting Social Inclusion in Ethiopia*. Washington, DC: World Bank.

Démographie et structure socioéconomique de l'Afrique | 2

Luc Christiaensen, Lionel Demery et Ruth Hill

L'analyse des liens entre la croissance de l'Afrique et la réduction de la pauvreté identifie trois facteurs clés de la moins bonne performance de l'Afrique dans la réduction de la pauvreté : la forte croissance démographique, des conditions initiales médiocres, et la nature du processus de croissance de l'Afrique. Des données macro et microéconomiques confirment la nécessité de réduire la fécondité. Avec 4,8 naissances par femme, le taux de fécondité total de l'Afrique reste élevé et, après prise en compte des différences dans les déterminants démographiques et socioéconomiques conventionnels, il est d'environ 1 naissance plus élevé que dans les pays à revenu faible ou intermédiaire non africains. Combiné à la persistance d'un nombre élevé de naissances non désirées, il souligne le rôle complémentaire important que les programmes de planning familial peuvent jouer pour faciliter la transition de la fécondité, en plus de l'éducation des femmes et d'un meilleur rendement économique.

Les mauvaises conditions initiales constituent également un frein à la réduction de la pauvreté. En plus d'un déficit de capital humain et d'infrastructures largement documenté — qui concourt à encore limiter la « bande passante » mentale des pauvres et leur capacité à avoir des aspirations —, l'Afrique est confrontée à plusieurs autres obstacles structurels. La dépendance aux ressources naturelles est aujourd'hui une caractéristique déterminante de nombreux pays africains, qui sape la qualité de leurs institutions et de leur gouvernance. L'inégalité entre les hommes et les femmes demeure profondément enracinée, et la réduction des écarts entre les sexes permet d'entrevoir une possibilité de stimuler la croissance en Afrique. Enfin, les pressions sociales redistributives semblent dissuader les gens d'investir dans leurs activités génératrices de revenus.

Il faut, dès à présent, s'attaquer à ces obstacles structurels profonds. Une telle lutte demande du temps pour porter ses fruits. La possibilité d'une redistribution étant limitée, le présent rapport met l'accent sur les politiques visant à créer des emplois de meilleure qualité et plus sûrs dans les secteurs et aux endroits où les pauvres travaillent et vivent — dans les exploitations agricoles, mais aussi de plus en plus à l'extérieur de celles-ci, en particulier dans les villes secondaires et leurs environs. Ces emplois sont également plus accessibles et durables lorsque les pauvres arrivent à mieux gérer les multiples risques auxquels ils sont confrontés, que ceux-ci soient naturels ou de plus en plus politiques (conflits).

Quatre grands points d'entrée s'imposent pour accélérer la réduction de la pauvreté en Afrique dans un avenir proche : faire progresser la transition de la fécondité, tirer parti du système alimentaire et urbain, s'attaquer à la fragilité, et mobiliser des ressources en faveur des pauvres — pour financer les investissements associés et s'attaquer aux obstacles structurels. Cette stratégie repose également sur le maintien d'un environnement macroéconomique stable. Le volume aborde ces points plus en détail dans le présent chapitre et les suivants, tandis que le défi consistant à améliorer les conditions initiales de l'Afrique sera abordé dans des sections intercalaires, intitulées « Fondamentaux ».

Une fécondité élevée freine la réduction de la pauvreté

Malgré des progrès substantiels dans la réduction de la mortalité des moins de cinq ans (de 172,3 décès pour 1 000 naissances vivantes en 1995 à 78,3 en 2016), le taux de fécondité total (TFT) de l'Afrique reste élevé, avec 4,8 naissances par femme. La transition démographique de l'Afrique est, par conséquent, lente et sa croissance démographique élevée (2,7 % par an) (Canning, Raja et Yazbeck, 2015). Pourtant, l'accélération de la réduction de la fécondité en Afrique peut jouer un rôle important dans la réduction de la pauvreté, en influençant à la fois la croissance du produit intérieur brut (PIB) par habitant et l'effet de cette croissance sur l'évolution de la pauvreté.

Les cas du Botswana et, plus récemment, de l'Éthiopie sont éclairants, même s'ils ne prouvent aucune causalité. Au Botswana, le TFT a diminué de 2,5 enfants par femme sur une période de 24 ans (1985 à 2009), tandis que le taux de pauvreté a chuté de 43 % à 18 %. Plus récemment, l'Éthiopie a également enregistré une rapide diminution de son TFT (de 7,0 à 4,3 entre 1995 et 2015) ainsi qu'une forte réduction de la pauvreté (de 67 % à 26 %) grâce à une approche combinant l'éducation, la santé et le planning familial, et des opportunités économiques.

Potentiel de diminution de la fécondité en vue d'une augmentation de la croissance économique et d'une réduction de la pauvreté

La réduction de la fécondité peut augmenter la croissance économique à l'aide d'une série de changements démographiques :

- *Une augmentation de la part de la population en âge de travailler par rapport aux jeunes et aux personnes âgées*. À mesure que le ratio de dépendance diminue, la croissance par personne s'accélère, même sans augmentation de la productivité, c'est-à-dire lorsque la production par personne en âge de travailler (de 15 à 65 ans) demeure constante (Bloom et Williamson, 1998). Dit simplement, une plus grande proportion de la population peut être au travail.
- *Une participation accrue des femmes au marché du travail*. Lorsque les femmes ont moins d'enfants, elles peuvent accroître leur partici-

pation au marché du travail. Une baisse de la fécondité non seulement entraîne une augmentation de la part de la population en âge de travailler, mais permet également à une plus grande proportion de la population en âge de travailler d'être économiquement active, ce qui accroît la production par personne en âge de travailler. Ces nouvelles possibilités économiques sont également essentielles pour l'autonomisation des femmes.

- *Une augmentation de la productivité de la main-d'œuvre*. Avec moins d'enfants, les familles et les pouvoirs publics ont la possibilité d'investir davantage dans le capital humain de chaque enfant. À mesure que ces enfants, dont l'état de santé et le niveau d'instruction sont améliorés, atteignent l'âge de travailler et rejoignent le marché du travail, la productivité de la main-d'œuvre s'accroît.

Toutefois, les gains découlant de ces changements ne sont pas automatiques. La réduction de la fécondité n'engendre une croissance accélérée que lorsque le nombre croissant de personnes en âge de travailler arrive à trouver des opportunités génératrices de revenus. Ce qu'on appelle le dividende démographique « n'est pas un acquis, il faut le gagner » (Groth et May, 2017, 3). La stabilité macroéconomique et les fondamentaux du secteur privé sont essentiels (y compris la fourniture d'infrastructures et un environnement des affaires favorable), tout comme l'éducation de la future main-d'œuvre (comme abordé plus loin dans ce chapitre). Au-delà de cela, les politiques sectorielles et de gestion des risques qui rendront possibles de telles opportunités génératrices de revenus sont examinées dans les chapitres 3 à 5, avec un accent sur les pauvres.

Les données mondiales confirment ce lien entre la baisse de la fécondité et le rythme de la croissance économique. Des estimations transnationales indiquent qu'une augmentation de 1 point de pourcentage de la population en âge de travailler stimulera la croissance économique de 1,1 à 2,0 points de pourcentage (Ahmed et Cruz, 2016; Banque mondiale, 2016a)[1]. En utilisant une spécification empirique plus complète et des données plus récentes et plus robustes (en particulier, des données sur l'éducation), de nouvelles recherches montrent que le dividende peut être moins démographique (dû à une augmentation de la part de la population en âge de travailler), que lié à l'éducation (dû au niveau d'études plus élevé des nouvelles cohortes entrant sur le marché du travail) (Cuaresma, Lutz et Sanderson, 2014). Une population plus instruite a une main-d'œuvre plus productive et est plus susceptible d'innover (et donc d'accroître la productivité totale des facteurs). Cela souligne l'importance cruciale d'éduquer les nouvelles cohortes pour bénéficier du dividende démographique.

Qu'en est-il des effets de la transition démographique sur la pauvreté ? Les pauvres peuvent ne pas bénéficier (ou moins bénéficier) d'une plus large transition de la fécondité lorsque la fécondité des ménages pauvres reste élevée. La pauvreté influe sur le comportement de fécondité, et les ménages pauvres ont tendance à avoir beaucoup plus d'enfants (Schoumaker, 2004)[2]. Ils restent donc confrontés à des taux de dépendance élevés, alors que ceux-ci diminuent dans les autres ménages. Les données des enquêtes démographiques et de santé (EDS) (du moins pour la période 2000-2016) suggèrent que les taux de fécondité sont demeurés constamment élevés au sein des quintiles les plus pauvres et y restent supérieurs d'environ trois naissances à ceux des quintiles les plus aisés.

En outre, même lorsque la fécondité diminue dans l'ensemble des ménages, si les ménages plus pauvres ne parviennent pas à accroître leur accès aux possibilités de revenu et à améliorer le niveau d'instruction de leurs enfants, l'effet de la baisse de la fécondité sur la réduction de la pauvreté sera affaibli. De même, si l'amélioration de l'équilibre budgétaire de l'État due à une baisse de la fécondité et à une amélioration de la croissance ne fournit pas aux pauvres des services sociaux plus nombreux et de meilleure qualité ou un meilleur accès aux infrastructures, les pauvres peuvent ne pas bénéficier de meilleurs résultats en matière de développement humain ou de meilleures opportunités d'emploi. Et si les femmes pauvres ont un accès limité aux possibilités de revenu, l'allègement du fardeau des soins et des tâches ménagères dû à une baisse de la fécondité risque de ne pas entraîner une autonomisation significative.

Si l'on considère les pays et la pauvreté (plutôt que la croissance), une baisse de 1 % du taux de dépendance est associée à une diminution de 0,75 point de pourcentage du taux de pauvreté (Ahmed et Cruz, 2016). Bien que ces résultats ne tiennent pas compte de la croissance, et donc de l'effet de la réduction de la fécondité à travers le canal de la croissance, ils confirment que les effets d'une transition de la fécondité s'étendent de façon non négligeable à la réduction de la pauvreté.

Perspectives de dividende démographique pour l'Afrique

Certains pays africains (Côte d'Ivoire, Ghana, Malawi, Mozambique et Namibie) ont pu espérer un dividende démographique (Bloom et al., 2007). Dans d'autres pays, le cadre institutionnel n'était pas favorable. Les « stagnations » de la fécondité indiquent en outre que la perspective d'une réduction de la fécondité est toujours sujette à changement (Bongaarts, 2008 ; Guengant, 2017).

Où en sommes-nous donc aujourd'hui ?

Au cours des 60 dernières années, le taux de mortalité des moins de cinq ans a rapidement diminué en Afrique, passant de 307 décès par millier en 1950-1955 à seulement 91 décès en 2010-2015 (United Nations Population Division, 2019). Étant donné la croissance économique limitée au cours de ces décennies, l'amélioration de la survie des enfants résulte principalement des interventions de santé publique plutôt que de l'amélioration des revenus des ménages.

La fécondité en Afrique a également diminué, passant de 6,7 enfants par femme en 1950-1955 à 5,1 en 2015. Cette baisse est toutefois nettement plus lente que dans d'autres régions à revenu faible ou intermédiaire. En Asie de l'Est, par exemple, le TFT a chuté de 5,6 à 1,8 au cours de la même période (la figure 2.1 présente les tendances dans les principales régions depuis 1960).

Plus de 50 % de la population africaine vit dans des pays où les femmes ont encore, en moyenne, cinq enfants ou plus (encadré 2.1). Et sur les trois plus grands pays africains (Nigéria, Éthiopie et République démocratique du Congo) qui, avec Madagascar et la Tanzanie, abritent 50 % des pauvres de l'Afrique, seule l'Éthiopie semble s'être engagée dans une transition démographique. En raison du retard dans la réduction de la fécondité, le taux de dépendance de l'Afrique ne devrait pas atteindre un pic avant 2080 (Canning, Raja et Yazbeck, 2015). La persistance d'une fécondité élevée au sein des ménages les plus pauvres, même lorsque la transition démographique a lieu, est un autre sujet de préoccupation. Le signal démographique est trop faible pour avoir une influence déterminante sur le progrès socioéconomique (Cleland et Machiyama, 2017).

FIGURE 2.1   **La fécondité a diminué beaucoup plus lentement en Afrique qu'ailleurs**

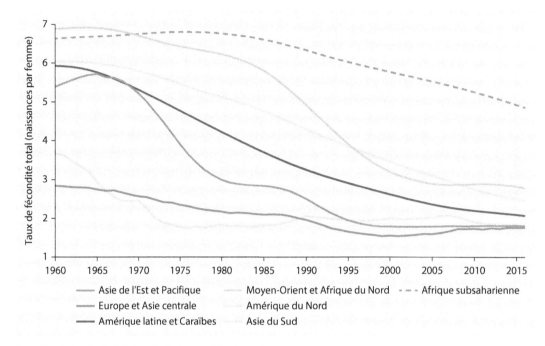

Source : Base de données des indicateurs du développement dans le monde.
Note : Le taux de fécondité total est le nombre moyen d'enfants nés d'une femme au cours de sa vie.

ENCADRÉ 2.1   **La transition de la fécondité n'a pas commencé dans une grande partie de l'Afrique, et là où elle l'a fait, elle ne touche pas réellement les plus pauvres**

Sur la base de l'état d'avancement de la transition de la fécondité en Afrique, Guengant (2017) identifie cinq groupes de pays :

- *Transition de la fécondité complète (ou presque achevée).* Dans ces pays, le TFT était inférieur à trois enfants par femme en 2010-2015. Cinq pays appartiennent à ce groupe : le Botswana, le Cap-Vert, Maurice, les Seychelles et l'Afrique du Sud. En 2015, ils ne représentaient que 6 % de la population africaine.
- *Transition de la fécondité en cours :* Dans ces pays, le TFT est de trois à quatre. Quatre pays appartiennent à ce groupe : Djibouti, l'Eswatini, le Lesotho et la Namibie (représentant 0,7 % de la population africaine).
- *Transition de la fécondité amorcée.* Dans ces pays, le TFT se situe entre quatre et cinq. Ce groupe est composé de 20 pays : le Bénin, le Cameroun, les Comores, l'Érythrée, l'Éthiopie, le Gabon, le Ghana, la Guinée-Bissau, la Guinée équatoriale, le Kenya, le Libéria, Madagascar, la Mauritanie, la République

centrafricaine, la République du Congo, le Rwanda, São Tomé-et-Príncipe, la Sierra Leone, le Togo et le Zimbabwe (représentant 31 % de la population africaine).
- *Transition de la fécondité lente et irrégulière.* Dans ces pays, le TFT varie entre cinq et six. Ces 12 pays sont le Burkina Faso, la Côte d'Ivoire, la Gambie, la Guinée, le Malawi, le Mozambique, le Nigéria, l'Ouganda, le Sénégal, le Soudan du Sud, la Tanzanie et la Zambie (représentant 44 % de la population africaine).
- *Transition de la fécondité très lente ou débutante.* Les sept pays de ce groupe, à savoir l'Angola, le Burundi, le Mali, le Niger, la République démocratique du Congo, la Somalie et le Tchad (représentant 18,3 % de la population africaine), ont des TFT de plus de six.

Notons que ces TFT concernent l'ensemble de la population de chaque pays. Comme mentionné plus haut, les taux de fécondité sont restés constamment élevés au sein des quintiles les plus pauvres. La transition de la fécondité semble jusqu'à présent ne pas concerner les plus pauvres.

Surmonter l'obstacle de la fécondité

La réduction de la fécondité doit indubitablement être considérée comme une priorité absolue si l'on veut accélérer à la fois la croissance économique et la réduction de la pauvreté. Mais pourquoi la fécondité est-elle restée si obstinément élevée en Afrique ? Historiquement, les niveaux de fécondité ont diminué en réaction au développement socioéconomique. La baisse de la mortalité infantile et juvénile associée au développement amène généralement les ménages à revoir à la baisse leurs préférences en matière de fécondité. Les coûts et les avantages du fait d'avoir des enfants changent également de façon radicale. À mesure que les pays s'urbanisent, le coût des enfants augmente et leurs avantages diminuent. De même, l'augmentation du rendement de l'éducation à mesure que le développement progresse encourage les ménages à avoir des enfants moins nombreux et plus instruits.

L'éducation des femmes est peut-être l'élément le plus important : des femmes plus instruites sont plus autonomes, avec, pour conséquence, des premiers mariages plus tardifs et de plus grandes possibilités de revenu, entraînant une baisse de la fécondité. Avec le développement socioéconomique, ces facteurs se combinent à leur tour pour améliorer le statut des femmes ainsi que leur santé et celle de leurs enfants.

Ces facteurs fondamentaux sont tous présents en Afrique (figure 2.2). Pourtant, après prise en compte de ces déterminants démographiques et socioéconomiques classiques de la fécondité, le TFT des pays africains demeure en moyenne d'environ une naissance supérieur à celui des autres pays les moins avancés (PMA). Cette situation est appelée « effet Afrique », et il a été suggéré que les sociétés africaines sont « exceptionnellement » natalistes comparées à d'autres pays à revenu faible ou intermédiaire (Bongaarts, 2017 ; Bongaarts et Casterline, 2013). Cela reflète peut-être en partie la faible autonomisation des femmes de la région par rapport à celles des pays comparables.

La culture nataliste peut également expliquer pourquoi les interventions de planning familial n'ont pas bénéficié d'une priorité politique suffisante malgré le nombre constamment élevé des naissances non désirées. Bien qu'au cours des vingt dernières années, le niveau moyen des naissances non désirées ait chuté de un à zéro en dehors de l'Afrique, il est resté à deux en Afrique (Casterline, 2009; Casterline et El-Zeini, 2014 ;

Günther et Harttgen, 2016), suggérant une forte demande latente de contraception en Afrique.

Dans les pays à revenu faible ou intermédiaire, la mise en œuvre de programmes de planning familial a eu un effet sur la fécondité, en mesurant l'effort des programmes de planning familial à l'aide, soit du niveau de la dépense qui leur est consacrée, soit de l'indice d'effort de planning familial proposé par Ross et Stover (2001). Il existe une association négative significative entre les résultats en matière de fécondité et l'exposition aux messages de planning familial, après prise en compte d'autres covariables.

La conclusion qui se dégage est que « le retard dans la mise en œuvre des programmes de planning familial en Afrique subsaharienne explique le retard dans la baisse de la fécondité dans la région » (de Silva et Tenreyro, 2017, 219). Les simulations d'équilibre général fondées sur des paramètres empiriquement estimés du comportement de fécondité et sur les coûts réels des programmes de planning familial montrent en outre qu'une expansion des services de planning familial peut également contribuer à réduire la pauvreté de manière peu coûteuse (Christiaensen et May, 2007).

L'éducation des femmes joue également un rôle central dans la réduction de la fécondité. Les femmes plus instruites préfèrent avoir moins d'enfants, en raison de leurs opportunités sur le marché du travail et des coûts d'opportunité plus élevés de la garde des enfants. Elles sont également susceptibles d'investir davantage dans chaque enfant. Elles se marient plus tard et retardent souvent la maternité par rapport aux femmes non instruites. Elles enregistrent des taux plus faibles de mortalité infantile et juvénile et sont plus susceptibles d'utiliser des méthodes de contraception moderne (Kim, 2016).

Une amélioration du rendement économique de l'éducation introduirait des compromis entre la quantité et la qualité dans la prise de décision en matière de fécondité. La baisse de la mortalité infantile renforce ce compromis, parce que l'investissement dans les enfants (accent sur la qualité) a plus de chances de générer un rendement que les situations où les enfants sont plus susceptibles de mourir. La question essentielle est ici de savoir si la récente reprise de la croissance dans les pays africains augmentera le rendement de l'éducation, y compris dans les zones rurales. Une autre question cruciale est de savoir si les pays africains peuvent améliorer le niveau d'études et la qualité de l'enseignement post-primaire,

FIGURE 2.2   En Afrique, la fécondité est moins sensible aux paramètres conventionnels du développement que dans les autres PMA

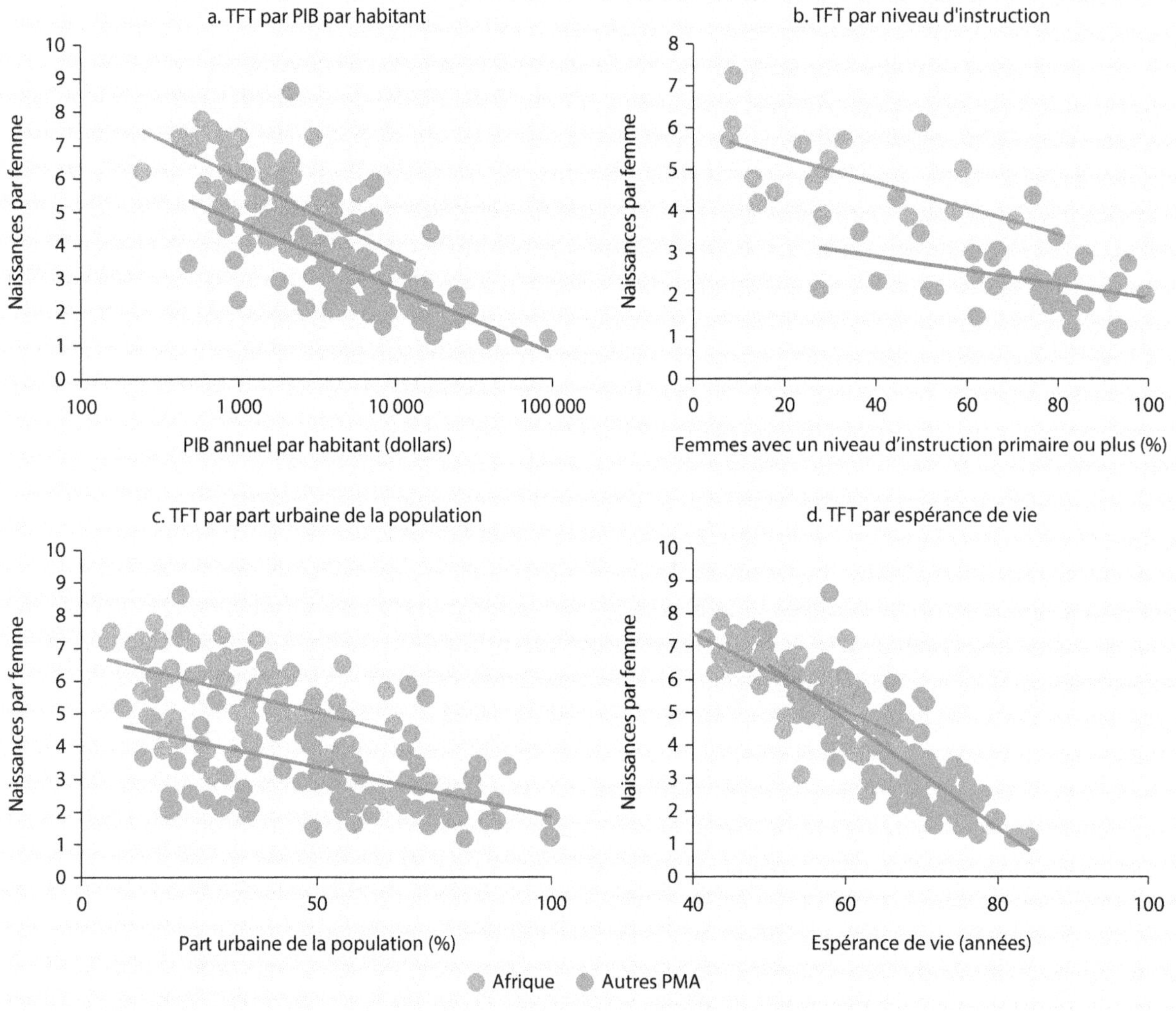

a. TFT par PIB par habitant

b. TFT par niveau d'instruction

c. TFT par part urbaine de la population

d. TFT par espérance de vie

● Afrique   ● Autres PMA

Source : Calculs de la Banque mondiale, adaptés de Bongaarts (2017), à l'aide des dernières données tirées de la base de données 2019 des indicateurs du développement dans le monde.
Note : TFR = taux de fécondité total (nombre total d'enfants nés d'une femme au cours de sa vie). PMA = pays les moins avancés (selon la définition du Comité des Nations Unies pour le développement). Les données utilisées concernent les années 1990 et 2018. En cas de données manquantes, la dernière année pour laquelle des données sont disponibles est choisie.

essentiels à la fois pour la croissance économique et la réduction de la pauvreté, comme expliqué plus en détail dans la section Fondamentaux 1 « Piège du développement humain en Afrique » et le chapitre 6 « Mobiliser des ressources en faveur des pauvres ».

Enfin, ces efforts devraient être complétés par d'autres points d'entrée pour autonomiser les femmes et accélérer la transition démographique, notamment des programmes offrant des compétences de vie aux femmes et aux filles, abordant

les normes sociales liées au genre, et réduisant le mariage des enfants.

De médiocres conditions initiales

Le « dividende démographique » n'est donc pas obtenu de manière automatique — et certainement pas en élevant le niveau de vie des ménages pauvres. Il dépend plutôt d'un environnement de croissance favorable à ceux-ci. Le défi de l'accélération de la réduction de la pauvreté en Afrique

DÉMOGRAPHIE ET STRUCTURE SOCIOÉCONOMIQUE DE L'AFRIQUE **57**

est également confronté aux conditions initiales qui déterminent et, parfois, limitent l'environnement favorable à la croissance.

Comme indiqué plus haut, le fait d'être pauvre influe sur la manière dont la croissance se traduit par une réduction de la pauvreté. Toutefois, toute une gamme d'autres obstacles structurels plus profonds liés à la structure économique et à l'organisation socioculturelle des sociétés africaines doit être prise en compte, notamment la dépendance aux ressources naturelles, l'inégalité entre les sexes et les pressions sociales redistributives.

Manque de capital humain et d'accès aux infrastructures

Lorsque les ménages ont un faible niveau d'instruction et un médiocre accès aux services de santé et à des infrastructures de qualité, ils sont moins à même de contribuer à la croissance économique et d'y participer. L'importance d'un meilleur niveau d'instruction pour la réduction de la pauvreté est largement documentée (Banque mondiale, 2018b).

Au niveau national, une éducation de qualité soutient la croissance en améliorant la productivité de la main-d'œuvre ; en augmentant la capacité d'absorption et d'adaptation des nouvelles technologies, qui affectera la croissance à court et moyen terme ; et en catalysant les progrès technologiques qui stimulent la croissance à long terme[3]. Les analyses de régression et de comptabilité de la croissance prenant en compte les différences de qualité de l'éducation suggèrent que l'éducation peut expliquer une part significative de la croissance (Bosworth et Collins, 2003 ; Hanushek et Woessmann, 2010 ; Jones, 2014). Là où l'écart entre les niveaux d'instruction est large, comme dans la majeure partie de l'Afrique, et lorsqu'il y a apprentissage, on peut déjà s'attendre à une solide croissance due à une éducation de base généralisée. L'éducation facilite en effet l'absorption et l'adaptation des technologies déjà disponibles à l'échelle mondiale.

Au niveau individuel, la probabilité d'être pauvre est, en moyenne, inférieure de 3 points de pourcentage lorsqu'une personne a une certaine éducation primaire ; de 7 points de pourcentage si elle a terminé le cycle primaire ou fait des études secondaires incomplètes ; de 10 points de pourcentage si elle a achevé le cycle secondaire ; et de 12 points de pourcentage si elle a fait des études supérieures (en tenant compte du lieu de résidence, de la structure du ménage, et des caractéristiques démographiques) (Castañeda et al., 2018). D'autres analyses prenant également en compte la possibilité que les effets positifs de l'éducation reflètent simplement une plus grande capacité innée confirment les effets positifs considérables de l'éducation sur le revenu[4]. Bien que les progrès en matière de rendement de l'éducation aient été lents, la légère augmentation de la part des ménages ayant fait des études secondaires peut, par exemple, représenter la moitié de la croissance de la consommation dans le bas de la distribution de la consommation en Ouganda (Banque mondiale, 2016c).

Le capital humain de l'Afrique reste toutefois largement sous-développé, les pauvres étant, en particulier, en moins bonne santé et peu instruits (Beegle et al., 2016). Plus de deux Africains sur cinq sont incapables de lire une phrase et l'espérance de vie n'est que de 57 ans, nettement moins que la moyenne mondiale de 71 ans. Près d'un enfant sur dix (9,2 %) ne vit pas jusqu'à son cinquième anniversaire. Près de 4 enfants de moins de 5 ans sur 10 souffrent d'un retard de croissance.

Ces chiffres masquent des variations substantielles entre les pays : plus de la moitié de la population est analphabète dans sept pays (principalement d'Afrique de l'Ouest), alors que les taux d'alphabétisation dépassent 80 % dans les pays d'Afrique australe. En tenant compte du revenu national par habitant, les résultats en matière de capital humain sont également systématiquement plus faibles dans les pays riches en ressources, avec une différence encore plus prononcée dans les pays africains riches en pétrole (de la Brière et al., 2017).

Bien que les taux de scolarisation approchent 100 % à l'école primaire (et que les écarts entre les sexes y aient considérablement diminué)[5], ils ne sont encore que de 43 % au secondaire. Plus grave encore, l'apprentissage est souvent médiocre. En Afrique de l'Ouest et centrale, par exemple, plus de la moitié des élèves de sixième année ne maîtrisent pas suffisamment la lecture et les mathématiques. Le développement effectif des compétences fait encore largement défaut en Afrique (Banque mondiale, 2018b).

La majeure partie du capital humain est acquise avant l'âge adulte, et les enfants des ménages pauvres en accumulent généralement le moins. Comme indiqué dans la section Fondamentaux 1 « Piège du développement humain en Afrique », les déficits d'apprentissage précoce s'amplifient avec le temps, et les possibilités de rattrapage sont limitées à l'âge adulte. Des observations similaires sont valables pour la malnutrition infantile. Cela constitue un véritable casse-tête pour les politiques, ainsi que pour les ménages pauvres et les pays. Les investissements ne portent aujourd'hui leurs fruits qu'une génération plus tard, enfermant les ménages pauvres et les pays dans un cercle vicieux de pauvreté.

Une autre condition initiale entravant la réduction de la pauvreté en Afrique est le manque d'accès aux infrastructures. Le faible rendement des terres, de la main-d'œuvre et des compétences des pauvres découle en partie de leur incapacité d'accéder aux technologies de l'information et de la communication, à l'énergie et aux services de transport (Christiaensen, Demery et Paternostro, 2003 ; Grimm et al., 2017 ; James, 2016). Il existe des preuves évidentes d'un effet positif de l'infrastructure (des trois catégories) sur la croissance, mais les effets positifs sur l'équité sont plus timides (Calderón et Servén, 2014).

Le manque d'accès aux infrastructures dans les zones rurales, un prix des services associés que tous ne peuvent pas se permettre, et l'absence de compléments (électricité ou routes) se combinent souvent pour empêcher les pauvres de bénéficier directement des infrastructures et des services qui leur sont associés. Mais les innovations technologiques et institutionnelles réduisent les économies d'échelle et les coûts de la fourniture et de l'exploitation des services d'infrastructure. Cela aidera les pauvres à combler le déficit d'infrastructure, mais ne se produira pas automatiquement. Compte tenu de la complémentarité des différents services, les effets seront plus importants si l'accès limité aux différents services est abordé conjointement. Ces points sont développés plus en détail dans la section Fondamentaux 3 « Réaliser des avancées grâce à la technologie (et au commerce) ».

Enfin, et la chose n'a que très récemment été reconnue, le manque de capital humain, d'actifs physiques et d'accès aux infrastructures de base ne réduit pas seulement la capacité de gain des pauvres, mais contribue également à limiter la « bande passante » mentale de ceux-ci ainsi que leur capacité à avoir des aspirations, rendant ainsi la sortie de la pauvreté un défi encore plus grand (encadré 2.2).

ENCADRÉ 2.2   Les nouvelles perspectives ouvertes par la psychologie de la pauvreté peuvent éclairer la conception des projets

Vivre dans la pauvreté implique, chaque jour, de prendre de nombreuses décisions difficiles pour assurer la survie et tenter de prospérer (Banque mondiale, 2015b). La pauvreté elle-même met à l'épreuve la bande passante mentale des pauvres (Mani et al., 2013) et peut entraver le fonctionnement cognitif de niveau supérieur. Qu'on l'appelle concentration, attention ou contrôle exécutif, ce fonctionnement cognitif de niveau supérieur est nécessaire pour se souvenir des tâches importantes, planifier l'avenir, et se maîtriser.

La pauvreté génère en outre un stress susceptible de compromettre cette aptitude (Chemin, De Laat et Haushofer, 2013; Spears, 2011). Les pauvres ont, par conséquent, souvent du mal à épargner, investir et planifier leur avenir – notamment lorsqu'il s'agit d'investir dans l'éducation et la santé de leurs familles – et ils peuvent se montrer très réticents à la prise de risques (Haushofer et Fehr, 2014). Une bonne gestion financière et une prise de risque calculée sont cependant des comportements clés pour la sortie de la pauvreté. En évinçant la bande passante mentale et en induisant du stress, la pauvreté engendre la pauvreté (Ghatak, 2015).

La pauvreté peut en outre affecter l'aptitude à avoir des aspirations (Appadurai, 2004 ; Dalton, Ghosal et Mani,

2016 ; Genicot et Ray, 2017). Des aspirations plus élevées aident une personne à obtenir de meilleurs résultats, et de meilleurs résultats (obtenus grâce à un effort accru) peuvent encourager les individus à avoir des aspirations plus élevées. Ces effets peuvent être intergénérationnels (Bernard et al., 2014).

Les aspirations sont des réponses aux conditions de vie et sociales. La politique réservant des sièges d'élus pour les dirigeantes au Bengale-Occidental (Inde) a modifié les aspirations des filles et de leurs parents et a élevé le niveau d'instruction des filles, malgré le manque d'investissement direct des dirigeantes dans les établissements éducatifs (Beaman et al., 2012). Bien que moins étudiés dans les pays à revenu faible ou intermédiaire, la théorie de l'affiliation et les effets psychologiques des influences sociales d'une personne ont été largement étudiés aux États-Unis dans le contexte de l'inégalité raciale (Durlauf, 2006).

Il n'existe à ce jour que peu d'interventions s'intéressant directement à la « psychologie » de la pauvreté. La connaissance des contraintes mentales et des échecs des aspirations auxquels les pauvres sont confrontés peut grandement aider à améliorer la conception des projets (Banque mondiale, 2015b).

Dépendance vis-à-vis des ressources naturelles et gouvernance

À la suite de l'envolée des prix des produits de base pendant les années 1990 et 2000, la dépendance vis-à-vis des ressources naturelles a considérablement augmenté en Afrique et constitue aujourd'hui une caractéristique de nombreuses économies africaines (figure 2.3)[6]. Les ressources naturelles génèrent d'importants revenus d'exportation et recettes fiscales, mais se sont parfois révélées une « malédiction » pour la croissance économique[7]. Plus précisément, même si l'exploitation de ressources naturelles abondantes

FIGURE 2.3   **La dépendance vis-à-vis des ressources naturelles a fortement augmenté dans la plupart des pays africains**

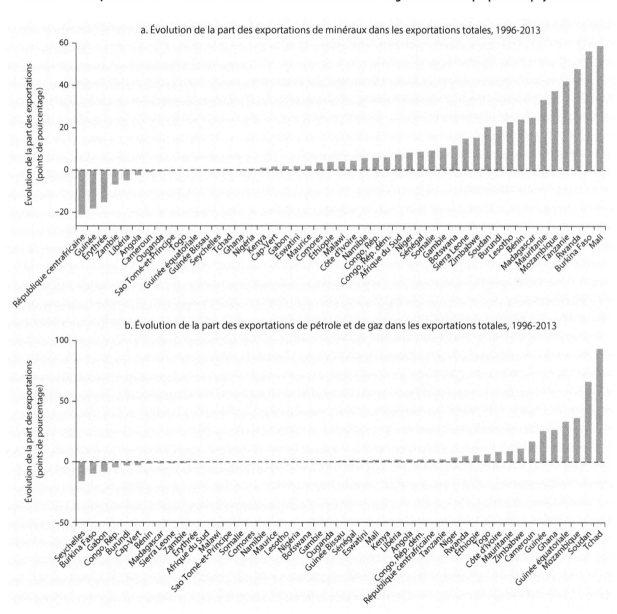

Source : Calculs basés sur les données de la Conférence des Nations Unies sur le commerce et le développement (CNUCED).
Note : Il existe une étroite corrélation entre les parts des ressources naturelles dans les exportations et dans les recettes publiques. Bien qu'elles constituent sans doute le meilleur indicateur de la dépendance vis-à-vis des ressources, les données relatives à la deuxième sont parcellaires.

peut améliorer les perspectives de croissance à court terme, les pays disposant d'importantes ressources connaissent généralement une croissance plus faible à long terme (Demery, 2018)[8]. Une analyse de la croissance dans les secteurs non liés aux ressources de 18 pays riches en ressources durant le boom des années 2000 suggère que cette abondance n'a aucun retour positif (ou négatif) pour le reste de l'économie, la transformation attendue de la productivité n'ayant finalement pas lieu dans ces pays (Warner, 2015).

Parmi les différentes ressources naturelles, c'est le pétrole qui pose le plus grand problème dans le plus grand nombre de pays (Ross, 2012). Par exemple, au Nigéria (où les exportations de pétrole représentent 34 % du PIB), une augmentation de 10 % du prix du pétrole pourrait entraîner une baisse de 5 % du taux de croissance à long terme du PIB par habitant (Collier et Goderis, 2012). En Angola (où les exportations de pétrole représentent 64 % du PIB), pour la même augmentation de prix, cette baisse serait de 9,9 %.

Une raison souvent avancée pour expliquer pourquoi l'abondance des ressources peut compromettre la croissance économique est son effet négatif sur les institutions et la gouvernance[9]. Les ressources naturelles (en particulier le pétrole) affectent profondément le fonctionnement des pouvoirs publics : les recettes qu'elles génèrent sont généralement importantes, sujettes à de fortes fluctuations, indépendantes de l'appui des électeurs contribuables, et aisément dissimulables à l'attention du public (Ross, 2012). Ces facteurs se conjuguent pour saper le fonctionnement « ouvert » des pouvoirs publics dans la société et fausser leurs incitations. Les autorités qui dépendent plus fortement des recettes tirées des ressources naturelles sont également les moins enclines à être démocratiques et à rendre des comptes à leurs citoyens (Prichard, Salardi et Segal, 2018 ; Ross, 2001). Lorsque l'impact négatif des ressources naturelles sur la croissance à long terme du PIB (à travers leur effet sur la gouvernance et les institutions publiques) est pris en compte, la présence de ressources pétrolières et minérales a tendance à favoriser les perspectives de croissance (Isham et al., 2005 ; Sala-i-Martin et Subramanian, 2008)[10].

Il ressort de ces observations que les ressources extractives sont peu susceptibles de profiter à l'ensemble de la population et, par conséquent, de réduire la pauvreté. Ce que confirment les données de différents pays, qui montrent que la présence d'industries extractives limite les effets de la croissance sur la réduction de la pauvreté dans les secteurs non agricoles (Christiaensen, Demery et Kuhl, 2011). L'abondance de ressources naturelles entraîne l'apparition de « villes de consommation », où les travailleurs sont principalement actifs dans les secteurs non liés aux échanges internationaux (services à la personne et commerce). La pauvreté y est plus élevée que dans les « villes de production » et est associée à l'urbanisation en l'absence de ressources naturelles (Gollin, Jedwab et Vollrath, 2016).

Enfin, que dire de l'impact potentiellement bénéfique sur les ressources fiscales dont disposent les pouvoirs publics pour soutenir les biens et services publics particulièrement importants pour les pauvres (Warner, 2015) ? Ici aussi, les données indiquent que l'abondance des ressources a eu des effets négatifs sur les dépenses publiques dans des secteurs bénéficiant généralement aux pauvres, tels que la recherche et le développement (R et D) agricoles, l'éducation et la santé (dont il sera question plus loin dans le chapitre 6).

La dépendance croissante des pays africains vis-à-vis des ressources constitue clairement un problème. Elle menace de freiner leur croissance et les perspectives de réduction de la pauvreté, surtout à cause de son effet sur la gouvernance. Tel est toutefois le contexte au sein duquel les politiques visant à accélérer la réduction de la pauvreté en Afrique doivent intervenir. Les interventions de lutte contre les comportements de recherche de rente et les pratiques de corruption devront faire partie intégrante de trains de mesures, pour à la fois accroître les finances publiques disponibles et les dépenser plus efficacement en vue de répondre aux besoins des pauvres.

Inégalités entre les sexes

Dans la plupart des pays africains, les inégalités entre les sexes sont profondément enracinées. Elles persistent dans l'accès à la santé et à l'éducation, à l'emploi, et plus généralement aux ressources. De façon plus fondamentale, les femmes participent généralement moins à la politique, ont moins de pouvoir que les hommes, et sont traitées différemment dans le système juridique (notamment en ce qui concerne les droits de propriété foncière). Au sein des ménages, la voix des femmes compte peu et leur pouvoir est limité, car elles sont souvent soumises à la violence domestique. Ces aspects sont traités plus en détail dans les Fondamentaux 2 (« Lien entre l'inégalité hommes-femmes et la pauvreté »).

En tant qu'objectif intrinsèque, l'égalité entre les sexes est inscrite dans les conventions internationales et l'objectif de développement durable 5 (ODD 5) des Nations Unies : « Parvenir à l'égalité des sexes et autonomiser toutes les femmes et les filles ». Elle constitue par elle-même un objectif (Duflo, 2012 ; Banque mondiale, 2011). Ici, l'accent est mis sur la façon dont les inégalités entre les sexes affectent la croissance et la réduction de la pauvreté. Du point de vue conceptuel, réduire les écarts entre les sexes dans l'accès aux études élèvera le niveau du capital humain dans l'économie et augmentera les perspectives de croissance à long terme — un principe faisant partie intégrante de l'argument plus large soutenant que le capital humain est important pour la croissance (comme avancé plus haut dans le présent chapitre ainsi que dans la section Fondamentaux 1 « Piège du développement humain en Afrique »).

La réduction des écarts d'éducation entre les sexes peut également engendrer des externalités qui améliorent encore les performances économiques. Promouvoir l'éducation des femmes réduira la fécondité, engendrant le « dividende démographique » évoqué plus haut. De même, accroître le niveau d'instruction des mères devrait réduire la mortalité et la morbidité de leurs enfants et favoriser la scolarisation de ceux-ci. La réduction des écarts entre les sexes dans l'éducation pourrait avoir d'autres effets indirects plus profonds. Elle pourrait notablement élever le statut des femmes au sein des ménages, accroissant ainsi leur pouvoir de négociation à la maison, avec, éventuellement, d'importants effets positifs sur la croissance (Doss, 2013 ; King, Klasen et Porter, 2009). Les femmes sont susceptibles de favoriser l'augmentation de l'épargne et (quoique de façon plus hypothétique) d'être moins enclines à la corruption et au népotisme (Branisa, Klasen et Ziegler, 2013). Il a en outre été constaté que les écarts entre les sexes dans les soins de santé ralentissent le rythme de la croissance à long terme (Bloom, Kuhn et Prettner, 2015).

Certains observateurs restent prudents quant à la solidité des données (Bandiera et Natraj, 2012 ; Duflo, 2012), tandis que d'autres sont davantage convaincus — en particulier en ce qui concerne l'impact des écarts d'éducation entre les sexes sur la croissance (Dollar et Gatti, 1999 ; Klasen, 2002, 2006, 2018 ; Knowles, Lorgelly

et Owen, 2002). Si, en 1960, les pays africains étaient partis avec des niveaux d'instruction plus équilibrés et en avaient fait plus pour promouvoir le développement d'une éducation équilibrée entre les sexes, leur taux de croissance annuel du PIB réel par habitant aurait pu être supérieur de près d'un point de pourcentage (Klasen, 2002). Et l'effet indirect favorable de l'éducation des femmes sur la réduction de la fécondité peut engendrer un dividende démographique encore plus élevé que cette estimation (Klasen et Lamanna, 2009). Un vaste examen de 54 études confirme que la réduction des écarts d'éducation entre les sexes améliore la croissance économique et que l'ampleur quantitative de cet effet est significative (Minasyan et al., 2017)[11].

Une recherche récente montre en outre que les inégalités sociales institutionnelles entre les sexes constituent non seulement un facteur important d'écarts entre les sexes dans l'éducation, l'emploi, et la gouvernance (Branisa, Klasen et Ziegler, 2009, 2013, 2014 ; Yoon et Klasen, 2018), mais sont aussi directement liées à de plus faibles résultats en matière de croissance (Ferrant et Kolev, 2016)[12]. Tel est, en particulier, le cas dans les pays à faible revenu. L'élimination de la discrimination basée sur le genre dans les institutions sociales pourrait augmenter la croissance mondiale de 0,6 % par an au cours des 15 prochaines années (Ferrant et Kolev, 2016).

La réduction des écarts entre les hommes et les femmes relèvera, selon toute probabilité, les perspectives de croissance des économies africaines. Ce faisant, elle devrait également réduire la pauvreté, quoique la manière dont la réduction des écarts entre les sexes contribue à réduire la pauvreté en renforçant les effets de la croissance sur la pauvreté n'est pas clairement établie. L'élimination des écarts entre les sexes pour agir sur la pauvreté et la croissance peut se faire en se concentrant sur quatre grands domaines (Klasen, 2006) :

- Une stratégie de croissance augmentant la demande de main-d'œuvre féminine (similaire aux stratégies de croissance tirée par les exportations des pays d'Asie de l'Est) ;
- Des politiques comblant les écarts entre les sexes dans l'éducation, en particulier dans les ménages plus pauvres dont les taux de scolarisation ont tendance à être nettement plus bas que ceux du reste de la population ;
- Des actions visant à améliorer l'accès des femmes aux actifs productifs — sécurisa-

tion des droits de propriété et de l'accès à la terre, et amélioration de l'accès au crédit, aux intrants modernes et à d'autres moyens de production (y compris la terre) ;
• Des politiques visant à aider les couples plus pauvres à réduire leur fécondité.

En plus d'aborder plus en détail les écarts entre les sexes, la section Fondamentaux 2 « Liens entre l'inégalité hommes-femmes et la pauvreté » explore ces points d'entrée des politiques, ainsi que d'autres, en vue de supprimer les inégalités entre les sexes.

Dynamique sociale et pièges de l'investissement pour les pauvres

Une entrave structurelle à la réduction de la pauvreté, récemment documentée, concerne la dynamique sociale dissuadant les individus d'investir dans leurs activités génératrices de revenus par crainte des conséquences redistributives. Confrontés à la perspective d'avoir à supporter seuls la totalité du coût en cas d'échec, tout en ne pouvant s'approprier qu'une part limitée des bénéfices en cas de réussite, ils peuvent renoncer aux possibilités d'épargne et d'investissement, et se faire ainsi prendre dans un piège de l'investissement.

Les pressions redistributives exercées par la famille et les amis sont fortes dans beaucoup de régions de l'Afrique. En Afrique de l'Ouest, de solides normes sociales imposent à un individu disposant d'argent de soutenir ses parents et amis qui en ont besoin (Platteau, 2000). Ce système présente des avantages. Au Bénin, par exemple, la présence dans la famille d'un seul membre éduqué améliore nettement les résultats scolaires au sein de la famille étendue (Wantchekon, Klašnja et Novta, 2015). En outre, l'aide de la famille et des amis est l'un des moyens les plus importants dont disposent les ménages pour gérer les chocs — et est *le* plus important pour les ménages appartenant à la tranche des 40 % les plus pauvres au Nigéria et en Ouganda (Nikoloski, Christiaensen et Hill, 2018), comme décrit dans le chapitre 5 « Gérer les risques et les conflits ».

En même temps, de plus en plus de débats concernent les conséquences potentiellement négatives de cette dépendance vis-à-vis des réseaux informels (Platteau, 2014). Éviter les pressions redistributives exercées par la famille en cachant son revenu ou en l'immobilisant sous une forme illiquide peut conduire à des décisions d'investissement et d'épargne sous-optimales. Le système de réseau de parentèle peut même constituer un piège de pauvreté lorsqu'il engendre une tendance au statu quo et une opposition collective aux efforts des individus pour saisir des opportunités de revenu (Hoff et Sen, 2005).

Les données (expérimentales et issues de l'observation) étayant l'importance de ce phénomène sont en train d'apparaître avec la théorisation du processus. Par exemple, dans le cadre d'une expérience économique menée dans des villages kenyans, on a constaté que les personnes auxquelles de l'argent liquide avait été donné investissaient moins lorsque le montant investi était rendu public que lorsqu'il restait confidentiel (Jakiela et Ozier, 2016). Au Malawi, les pressions redistributives exercées sur les gagnants d'une loterie variaient selon que leurs gains et leurs identités étaient ou non rendus publics. Les gagnants publiquement déclarés ont dépensé 30 % de plus que ceux dont l'identité est restée privée durant la période suivant immédiatement la loterie (Goldberg, 2017). Au Sénégal, une expérience sur le terrain a mis en évidence une « volonté de payer » pour garder les revenus confidentiels : deux tiers des participants ont abandonné jusqu'à 14 % de leurs gains financiers pour garder ceux-ci secrets (Boltz, Marazyan et Villar, 2016). Les preuves fournies par des données d'enquêtes sur les comportements dans le monde réel sont plus circonstancielles[13], mais vont dans le même sens[14].

Certes, de nombreux autres obstacles à l'investissement peuvent s'avérer plus importants, et toutes les études qui se sont intéressées à l'impact des normes redistributives n'ont pas observé un tel effet. Par exemple, les pressions extérieures en faveur du partage ne peuvent expliquer l'incapacité de nombreux petits entrepreneurs du Ghana à investir dans leurs entreprises (Fafchamps et al., 2011). Les données présentées plus haut indiquent néanmoins que les pressions redistributives sont un facteur à prendre en considération.

En outre, tous les individus ne sont pas affectés de la même manière. Les données suggèrent que les femmes et les ménages pauvres sont plus sensibles aux pressions sociales. Au Kenya, les femmes apparaissent comme moins capables de dire non, tout comme les personnes habitant les villages plus pauvres (Jakiela et Ozier, 2016 ; Schaner, 2017). Au Malawi, des données indiquent que les pressions sociales en faveur du partage de revenus imprévus ont un effet plus important sur les ménages plus pauvres (Goldberg, 2017). Ces pressions redistributives

---

ENCADRÉ 2.3   **Les filets de sécurité officiels et les mécanismes d'engagement d'épargne peuvent aider les ménages à éviter le piège de l'investissement**

Comme pour tous les autres pièges de la pauvreté, l'amélioration du revenu peut aider à briser le cycle. À mesure que les ménages s'enrichissent, ils deviennent moins dépendants de la redistribution et sont moins soumis aux pressions redistributives. Le changement structurel qui accompagne le développement peut également atténuer ces pressions. Par exemple, en migrant des zones rurales vers les zones urbaines et en s'éloignant des membres de leur réseau informel, les individus sont moins soumis aux pressions redistributives. Cela peut par ailleurs conduire ce réseau informel à empêcher les plus entreprenants de migrer (Hoff et Sen, 2005). Les filets de sécurité officiels ainsi que les mécanismes d'engagement d'épargne peuvent constituer des points d'entrée plus immédiats pour aider les ménages à éviter les pièges de l'investissement.

Les pressions redistributives restent fortes en Afrique, en partie parce que, pour de nombreux ménages, les transferts venant des proches et de la famille constituent les principales sources de soutien en cas de besoin. Les filets de sécurité officiels, qui pourraient remplacer les transferts informels, ne couvrent encore qu'une petite partie de la population dans la majorité des pays. Le remplacement des transferts informels par des filets de sécurité officiels est généralement considéré comme un effet secondaire négatif de ces derniers : la vulnérabilité des ménages pourrait s'en trouver accrue. Toutefois, s'il réduit les impacts négatifs de la pression redistributive, il peut constituer un changement positif. Une méta-analyse des filets de sécurité en Afrique

conclut que l'effet d'éviction de ces filets sur les autres flux financiers s'est jusqu'ici avéré modeste (Ralston, Andrews et Hsiao, 2017). L'évolution des normes redistributives en réaction à la mise en place de filets de sécurité sociale peut prendre du temps.

Les mécanismes d'engagement d'épargne aident également les individus à se fixer des objectifs d'épargne, souvent dans le but de les aider à protéger leur épargne de leur propre manque de discipline. Des données de plus en plus nombreuses indiquent qu'ils peuvent aussi aider les ménages à protéger leur argent contre les sollicitations de leurs proches et de leur famille, et ce sans les coûts de transaction liés à l'immobilisation d'espèces sous une forme illiquide. Les mécanismes d'engagement d'épargne sont appréciés des femmes dans les zones rurales du Kenya, en partie parce qu'ils leur permettent de protéger leur argent contre des demandes imprévues de transfert à des parents et amis (Dupas et Robinson, 2013). Au Malawi, les ménages possédant plus d'actifs et vraisemblablement davantage exposés aux sollicitations des parents et amis sont également plus susceptibles de profiter d'un mécanisme d'engagement d'épargne (Brune et al., 2015). Les données semblent aller dans ce sens (Karlan, Ratan et Zinman, 2014), mais des recherches supplémentaires sont nécessaires parce que dans le monde réel, il est difficile de faire varier de manière exogène les pressions redistributives exercées sur les ménages.

---

s'exerçant plus fortement sur les ménages pauvres rendent le phénomène encore plus pernicieux. L'encadré 2.3 examine les points d'entrée permettant de surmonter ce piège de l'investissement pour les pauvres. Le chapitre 5 analyse en profondeur la façon de mieux gérer les risques.

Des possibilités génératrices de revenus plus nombreuses et de meilleure qualité pour les pauvres

Un taux de fécondité élevé et de médiocres conditions initiales (faiblesse du capital humain et des infrastructures, dépendance vis-à-vis des ressources, et inégalités entre les sexes profondément enracinées) sont des caractéristiques clés du contexte africain dans lequel les pauvres (et les presque pauvres) organisent leurs activités

économiques pour gagner leur vie. Leurs principales activités génératrices de revenus sont encore largement limitées à l'agriculture et aux zones rurales, bien qu'avec des différences entre les pays et les régions au sein des pays, mais avec partout des flux de revenu hautement volatils.

Avec un faible PIB par habitant dans la plupart des pays, les possibilités de redistribution en vue d'accélérer la réduction de la pauvreté sont limitées. Les exceptions possibles sont les pays africains à revenu intermédiaire et riches en ressources naturelles, tels que l'Afrique australe, où les inégalités (y compris en matière foncière) sont également les plus fortes (voir encadré 2.4 et chapitre 6 « Mobiliser des ressources en faveur des pauvres »).

Le présent rapport se concentre donc principalement sur la meilleure manière d'accroître et maintenir la capacité des pauvres à s'assurer un revenu à court et moyen termes, au sein et en dehors des exploitations agricoles, à travers des

---

ENCADRÉ 2.4   Les pays à revenu faible ou intermédiaire devraient-ils se tourner vers le revenu de base garanti ?

En 2016, la Suisse a rejeté une proposition de revenu mensuel universel. Entre-temps, la Finlande est devenue, en 2017, le premier pays européen à tester pendant deux ans, l'octroi d'une allocation mensuelle aux citoyens sans emploi – ne constituant pas tout à fait un revenu mensuel universel, mais s'en approchant. Le concept de revenu de base garanti (RBG) – également appelé revenu minimum garanti ou revenu de base universel – fait l'objet de discussion dans les pays à haut revenu, mais est également considéré comme une option à débattre pour les politiques dans les pays à revenu faible ou intermédiaire (Devarajan, 2017 ; Ravallion, 2014).

L'idée que les pays à revenu faible ou intermédiaire ne peuvent se permettre un revenu universel est contestée par de nouvelles réflexions et analyses, et pas uniquement dans un contexte de paiements directs de dividendes (PDD) dans les pays à faible revenu tirant de considérables recettes de ressources naturelles. Elle n'est toutefois pas contestée que dans certains contextes. Le Gouvernement indien a effectué des calculs approfondis de faisabilité budgétaire et analysé les problèmes pratiques que poserait l'introduction d'un revenu de base universel (MoF GoI, 2017).

L'idée d'un revenu minimum garanti n'est pas neuve. L'un des pères fondateurs des États-Unis, Thomas Paine, soutenait que tout individu a droit à une part des ressources de l'État et a proposé de verser à chaque citoyen l'équivalent de la moitié du revenu annuel d'un travailleur de l'époque, en tant que part de la richesse nationale (Paine, 1797). Dans les années 1960, le prix Nobel et économiste classique Milton Friedmann a proposé la création d'un impôt négatif sur le revenu, incluant un transfert aux personnes sans revenu. Plus récemment, l'Organisation internationale du travail (OIT) a proposé un seuil de protection sociale comprenant la garantie d'un revenu minimum à travers une aide sociale aux personnes incapables de gagner un revenu suffisant.

Certains voient dans le RBG un « droit de citoyenneté », tandis que d'autres soulignent qu'il peut constituer un outil efficace pour réduire la pauvreté, avec un modeste effet de distorsion sur l'économie. Pour les ménages les plus pauvres, il pourrait alléger les contraintes pesant sur les moyens de subsistance et entraîner une augmentation de l'offre de main-d'œuvre, en particulier lorsque le travail est en grande partie indépendant et informel (Andrews, Hsiao et Ralston, 2018).

En pratique, un RBG rend obsolètes les problèmes et les coûts complexes liés au ciblage des pauvres dans les régimes d'aide sociale existants. Une approche universelle peut même s'avérer plus performante que les programmes ciblés pour atteindre les pauvres (Brown, Ravallion et van de Walle, 2017). Avec l'introduction des registres sociaux et des systèmes biométriques, elle pourrait être moins propice à la corruption dans les versements en espèces que d'autres dispositifs d'aide sociale. La relative nouveauté des systèmes de protection sociale dans les pays à revenu intermédiaire et leur envergure encore modeste dans les pays à faible revenu limiteraient les avantages du RBG.

Bien que l'étroitesse de la marge de manœuvre budgétaire nécessaire à la mise en place de programmes en faveur des pauvres puisse aujourd'hui restreindre la portée du RBG dans les pays à revenu faible ou intermédiaire, à mesure que des expériences se développent dans d'autres contextes, ces programmes pourraient s'inscrire de plus en plus au menu des options de l'aide sociale, y compris dans les pays à faible revenu. Un certain nombre de facteurs influenceront en fin de compte l'adoption du revenu de base universel : les problèmes de politiques à résoudre, les systèmes de filet de sécurité existants, l'aptitude administrative à procéder au contrôle des ressources, la gamme des instruments fiscaux disponibles pour accroître les recettes, et la réactivité de l'offre de main-d'œuvre (FMI, 2017).

Note : Pour en savoir plus sur les propositions de revenu de base universel, voir également les analyses de Ferguson (2015), du FMI (2017), et de Ravallion (2016).

---

emplois salariés ou indépendants — autrement dit, de créer des emplois de meilleure qualité et plus sûrs qui soient accessibles aux pauvres. De manière générale, le chômage ne constitue pas réellement un problème en soi, car la majorité des pauvres le sont trop pour se permettre de ne pas travailler, sauf dans des pays comme l'Afrique du Sud, où les emplois informels et les petites exploitations agricoles sont beaucoup moins nombreux (Bigsten, 2018). Le sous-emploi ou les emplois peu productifs générant des revenus aléatoires sont largement répandus.

Préserver la stabilité macroéconomique

Une vaste documentation met en évidence l'importance fondamentale pour la croissance économique de la stabilité macroéconomique, de l'intégration régionale, et de la facilitation des échanges, ainsi que d'un environnement propice aux affaires. Ces facteurs influencent également les inégalités et la pauvreté (Antoine, Singh et Wacker, 2017 ; Bah et Fang, 2015 ; Dollar et Kraay, 2002 ; Le Goff et Singh, 2014 ; Rodrik, 1998 ; Sakyi et al., 2017)[15].

Trois indicateurs macroéconomiques se sont, en particulier, avérés statistiquement importants dans les régressions transnationales de la croissance : le taux d'inflation des prix, reflétant la politique monétaire ; le taux de change, exprimant l'ouverture au commerce et aux autres politiques commerciales ; et le niveau des dépenses de consommation de l'État ou l'ampleur du déficit budgétaire, donnant une idée de la politique budgétaire.

Des améliorations de ces équilibres macroéconomiques sont également associées à des réductions de la pauvreté, et lorsque le déséquilibre s'accentue, la pauvreté risque d'augmenter (Antoine, Singh et Wacker, 2017 ; Christiaensen, Demery et Paternostro, 2003 ; Dollar et Kraay, 2002 ; Rodrik, 2016).

L'inflation accroît indirectement la pauvreté au fil du temps à travers son effet négatif sur le rythme de la croissance économique. Elle nuit également de manière directe aux conditions de vie des ménages pauvres. Ceux-ci sont moins en mesure de protéger leurs économies des effets d'érosion de l'inflation sur le pouvoir d'achat, et leurs revenus ne sont souvent pas entièrement indexés sur l'évolution du niveau des prix (Easterly et Fischer, 2001). En d'autres termes, la « taxe de l'inflation » est généralement considérée comme régressive, dans la mesure où elle affecte de façon disproportionnée les ménages plus pauvres. Une diminution de l'inflation réduirait donc la pauvreté, comme en témoignent les constatations économétriques effectuées au Brésil et en Inde (Ferreira, Leite et Ravallion, 2010 ; Ravallion et Datt, 2002)[16].

Globalement, l'inflation générale a diminué dans la région, sous l'effet conjugué de la stabilité des taux de change et du ralentissement de l'inflation des prix des produits alimentaires, avec une inflation annuelle médiane des prix à la consommation légèrement supérieure à 5 % en 2016 et 2017. L'inflation est néanmoins restée élevée dans certains pays (par exemple l'Angola, le Mozambique et le Nigéria). Dans l'ensemble, les indicateurs sont favorables : l'inflation continuera de ralentir dans la région, à mesure que les prix des denrées alimentaires se stabiliseront et que les taux de change s'équilibreront (Banque mondiale, 2018a).

Les taux de change surévalués ont tendance à pénaliser les secteurs des biens commercialisés, en particulier l'agriculture, dont dépendent les moyens de subsistance de la plupart des ménages pauvres africains. Ils rendent les importations de denrées alimentaires moins chères (le riz et le maïs, par exemple) et réduisent les recettes d'exportation des produits agricoles (Benjamin, Devarajan et Weiner, 1989 ; Townsend, 1999). Bien qu'il n'existe que peu de preuves du lien entre des taux de change surévalués et la « maladie hollandaise » associée à la richesse en ressources naturelles (Collier et Goderis, 2007, 2012 ; Sala-i-Martin et Subramanian, 2008). Là où cette dernière a sévi, elle a compromis la croissance. En Afrique, les marchés des changes se caractérisent souvent par des contrôles administratifs conduisant à une surévaluation des devises, à un rationnement des devises et à l'émergence d'un marché noir — avec les conséquences négatives bien connues sur la croissance économique (Ndulu et al., 2007). L'élimination de ces distorsions (combinée à d'autres politiques macroéconomiques judicieuses) a été associée à des améliorations significatives de la croissance économique (Maehle, Teferra et Khachatryan, 2013; Stotsky et al., 2012)[17].

Une forte dépendance de l'investissement public à l'aide internationale (comme au Rwanda) peut également entraîner une appréciation du taux de change réel, favorisant le plus traditionnel secteur non agricole orienté vers le marché intérieur, au lieu du secteur moderne ouvert, plus productif, et freinant ainsi la croissance. Les effets sur la distribution et la pauvreté sont toutefois moins clairs (Diao et McMillan, 2018). Dans l'ensemble, même si l'écart entre les marchés officiel et parallèle persiste dans certains pays (Angola et Nigéria), les récentes tendances des taux de change ont été favorables (Banque mondiale, 2017).

Enfin, les déficits budgétaires élevés ne favorisent pas non plus la croissance économique, même si leurs effets immédiats sur les inégalités et la pauvreté sont moins clairs (Dollar et Kraay, 2002). Les déficits budgétaires sont une préoccupation croissante dans la région. Les raisons des effets négatifs des déficits budgétaires sur la croissance sont complexes et impliquent généralement leurs impacts préjudiciables sur d'autres agrégats macroéconomiques. Un déficit financé à l'aide d'un financement monétaire fait grimper l'inflation. Lorsqu'il est financé par un emprunt sur le marché intérieur, les taux d'intérêt augmentent, décourageant ainsi l'investissement privé. L'emprunt extérieur entraîne des problèmes de balance des paiements et une surévaluation du taux de change. Il provoque également une augmentation de la dette extérieure.

Quel que soit l'équilibre macroéconomique qui est perturbé, les effets sur la croissance sont négatifs[18].

L'Afrique a eu recours à une politique budgétaire contracyclique (utilisation de déficits budgétaires pour empêcher la récession) pour faire face au ralentissement économique de 2008-2009. Cette solution était appropriée compte tenu de la crise mondiale, et les États disposaient généralement d'une marge de manœuvre budgétaire suffisante pour le faire (en moyenne, l'Afrique affichait un *excédent* budgétaire primaire — de 0,6 % du PIB en 2006-2008 — et avait accès aux marchés mondiaux des capitaux). Des *déficits* budgétaires primaires s'affichaient autour de -2,2 % du PIB en 2009-2010 (Banque mondiale, 2017), comme illustré dans le volet a de la figure 2.4. Mais avec la reprise économique, les États africains doivent consolider leurs comptes.

Ils ont malheureusement été lents à le faire (Gill et Karakülah, 2019). Selon Banque mondiale (2018a), le déficit budgétaire primaire médian devrait rester aux alentours de -3,6 % en 2018. Par conséquent, la dette publique brute de l'Afrique est passée d'environ 32 % du PIB en 2012 à 56 % du PIB en 2016 (figure 2.4, volet b).

Le fardeau croissant de la dette signifie que les pouvoirs publics africains disposent d'une plus faible marge de manœuvre budgétaire pour gérer leurs économies et investir dans la réduction de la pauvreté, aujourd'hui et dans le futur. Le nombre d'années d'imposition qu'il faudra pour rembourser la dette de l'État est passé de 2,7 en 2006-2008 à 3,6 en 2015-2016 (Banque mondiale, 2017). À la fin de 2017, 14 pays étaient considérés à haut risque de surendettement, contre 7 en 2012 (Banque mondiale, 2018a). Lorsque le resserrement budgétaire intervient largement au détriment des dépenses dans les secteurs sociaux, comme cela a souvent été le cas dans le passé, ce sont les pauvres et leurs enfants qui en souffrent le plus.

Tirer parti du système alimentaire

Jusqu'ici, l'accent a été mis sur les moteurs macroéconomiques de la croissance globale du PIB, dans la tradition néoclassique. Les modèles de croissance des économies duales ouvrent une importante perspective complémentaire. Ils partent du constat que dans les pays à revenu faible ou intermédiaire, la productivité de la

FIGURE 2.4 **Les comptes budgétaires et la dette publique se sont détériorés en Afrique depuis la crise mondiale de 2008-2009 et ne se sont pas encore rétablis**

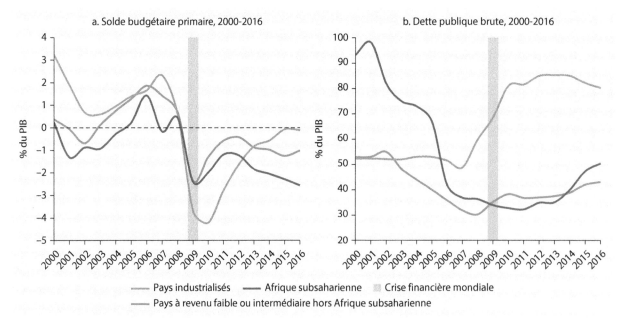

Source : Banque mondiale, d'après les données de Kose et al. (2017).
Note : « Pays industrialisés » désigne les pays membres de l'Organisation de coopération et de développement économiques (OCDE).

main-d'œuvre présente de fortes disparités suivant les activités économiques — moderne par rapport à traditionnelle, formelle par rapport à informelle, marchande par rapport à non marchande, cultures de rente par rapport à cultures de base, etc. Il serait donc mécaniquement profitable de faire passer les personnes des secteurs traditionnels arriérés présentant une productivité intrinsèque (apparemment) faible vers des activités plus modernes affichant des rendements d'échelle plus élevés et produisant des biens commercialisables, générant des retombées économiques et présentant un fort potentiel de croissance de la productivité : c'est ce que l'on nomme la « transformation structurelle ».

Traditionnellement, le secteur à faible productivité a été assimilé à l'agriculture et le secteur à haute productivité aux activités non agricoles, même si tel n'était pas le cas dans les écrits originaux de Lewis (1954). Celui-ci assimilait les secteurs à faible et haute productivité aux activités informelles et formelles, respectivement. La distinction est importante, car les modes de production formel et informel sont fréquents dans les activités aussi bien agricoles que non agricoles. De ce point de vue, pour augmenter la productivité de la main-d'œuvre, il s'agit tout autant d'améliorer la productivité *au sein* des secteurs que de réaffecter la main-d'œuvre entre les secteurs (Barrett et al., 2017 ; Rodrik, 2016). Le fait que l'agriculture n'est pas intrinsèquement moins productive (et donc non dénuée d'un important potentiel de croissance) est de plus en plus reconnu (McCullough, 2017), même si sa productivité est encore très faible en Afrique (ACET, 2017).

En outre, même si les personnes travaillant dans l'agriculture gagnent moins bien leur vie (par exemple, en raison de la saisonnalité de la production agricole et du sous-emploi qui en résulte), les modèles n'indiquent pas comment gérer le déplacement entre les secteurs. S'agit-il principalement de réduire les frictions dans le mouvement de la main-d'œuvre ou plutôt de commencer par améliorer la productivité de la main-d'œuvre dans les cultures de base afin de faire grimper les revenus, d'accroître la demande de produits non alimentaires, et de libérer la main-d'œuvre de manière productive pour répondre à cette demande croissante de produits non alimentaires (tandis que la demande d'aliments, notamment plus diversifiés, continue également de croître) ? Bien que l'interprétation conventionnelle du principe de la transformation structurelle — le transfert des personnes d'un

secteur à l'autre — semble extrêmement raisonnable, ses implications pour les politiques sont loin d'être évidentes. Comment faire passer des millions de personnes travaillant dans de petites exploitations agricoles et des entreprises familiales informelles à des emplois salariés formels non agricoles ? Et comment cibler plus particulièrement les pauvres ?

Sans surprise, un grand corpus de données montre que les effets de la croissance sur la pauvreté dépendent du secteur où elle est générée. De multiples études montrent que la croissance dans l'agriculture est en moyenne deux à trois fois plus efficace pour réduire la pauvreté qu'une croissance équivalente dans un secteur non agricole[19]. L'expérience des pays africains confirme le rôle important (causal) de la croissance agricole dans la réduction de la pauvreté. En Éthiopie, la croissance agricole a entraîné une réduction de la pauvreté de 1 % par an entre 2000 et 2005 et de 4 % par an entre 2005 et 2011, devenant ainsi de loin le plus fort contributeur à la réduction spectaculaire de la pauvreté dans le pays entre 2000 et 2011 (de 55,6 % en 2000 à 30,7 % en 2011) (Banque mondiale, 2015a). De larges contributions de la croissance du secteur agricole à la réduction de la pauvreté ont également été observées dans les années 2000 au Rwanda (Banque mondiale, 2015c), en Ouganda (Banque mondiale, 2016c), et au Ghana, plus développé (Molini et Paci, 2015).

Pour ce qui est de réduire la pauvreté, les avantages de l'agriculture par rapport aux autres secteurs sont plus marqués pour les couches plus pauvres de la société, mais finissent par disparaître à mesure que les pays deviennent plus riches (Christiaensen, Demery et Kuhl, 2011 ; Ivanic et Martin, 2018 ; Ligon et Sadoulet, 2018), comme le montre la figure 2.5. Lorsqu'une vigoureuse croissance agricole a été soutenue pendant un certain temps, et que les économies sectorielles et les marchés des facteurs de production se sont encore davantage intégrés (en particulier les marchés du travail), l'agriculture perd progressivement son avantage comparatif dans la réduction de la pauvreté.

L'évolution des régimes alimentaires et le passage de la production agricole des produits de base vers les aliments riches en protéines (viande et produits laitiers) et les fruits et légumes à mesure que les revenus augmentent (loi de Bennett), ainsi que l'expansion associée de l'industrie agroalimentaire (stockage, transport, transformation, vente en gros et au détail des aliments) font partie intégrante de ce processus. Même si l'industrie

FIGURE 2.5 **L'avantage relatif de la croissance agricole dans la réduction de la pauvreté diminue à mesure que le pays se développe**

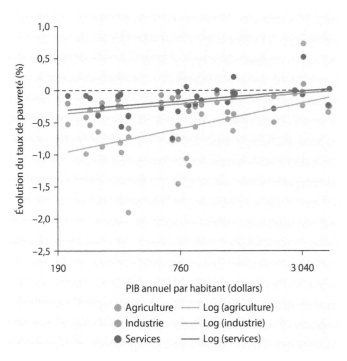

Source : Ivanic et Martin (2018).
Note : La figure montre des simulations pour un pays de l'évolution de la pauvreté due à une augmentation de la productivité sectorielle égale à 1 % du PIB.

la production alimentaire nationale ; la main-d'œuvre peut alors être directement absorbée par l'industrie et les services tournés vers l'exportation, qui fournissent à leur tour les devises nécessaires pour financer les importations de produits alimentaires (Dercon, 2009 ; Dercon et Gollin, 2014). La plupart des pays africains ont toutefois de vastes populations éloignées des ports maritimes et dépendent de la production agricole nationale pour l'essentiel de leur nourriture. Des simulations d'équilibre général informatisées, exécutées pour 315 000 ménages dans 31 pays indiquent que l'avantage de l'agriculture dans la réduction de la pauvreté est réel a) dans le cas aussi bien de l'économie ouverte (où la nourriture est commercialisable) que de l'économie fermée (où la nourriture n'est pas commercialisable) ; et b) que la croissance de la productivité est soit limitée à un pays soit généralisée (dans tous les pays à revenu faible ou intermédiaire ou dans l'ensemble des pays) (Ivanic et Martin, 2018)[20]. L'importance de la croissance agricole pour la réduction de la pauvreté s'étend bien au-delà des pays enclavés de l'Afrique.

Malgré les progrès réalisés au cours de la dernière décennie, les rendements des cultures de base africaines (de 1,5 tonne de céréales par hectare) restent extrêmement faibles, bien que les différences de productivité de la main-d'œuvre agricole au sein d'un pays laissent largement de la place à des gains. Par exemple, le fait d'amener au 75e centile les ménages faisant partie du 25e centile de distribution de la productivité nette de la main-d'œuvre agricole multiplierait cette productivité par 4,5 en Ouganda, et par 7,8 en Côte d'Ivoire (Christiaensen et Kaminski, 2014 ; Christiaensen et Premand, 2017).

L'urbanisation et la croissance du PIB font naître des opportunités de transformation agricole et d'ajout de valeur. Ensemble, l'agriculture et l'industrie agroalimentaire devraient représenter un chiffre d'affaires de 1 000 milliards de dollars d'ici 2030, contre 313 milliards de dollars en 2010 (Banque mondiale, 2013a).

Ces constatations théoriques et empiriques indiquent l'ampleur considérable et l'importance cruciale d'une exploitation du système alimentaire africain pour accélérer la réduction de la pauvreté en augmentant la productivité de la main-d'œuvre agricole tant dans les exploitations (encore souvent consacrées aux cultures de base, mais de plus en plus aux autres cultures et à l'élevage ainsi qu'aux exportations agricoles) qu'en dehors d'elles, le long de la chaîne de valeur agricole. Cela vaut dans la plupart des pays africains,

agroalimentaire est considérée comme non agricole dans les comptes nationaux, cette agriculture étendue constitue généralement une première source importante d'emplois non agricoles. Aujourd'hui, elle représente environ un tiers des emplois non agricoles : 65 à 70 % dans la commercialisation des produits alimentaires, 20 à 25 % dans la transformation des aliments, et 10 % dans les services de restauration (aliments consommés en dehors du domicile) (Allen, Heinrigs et Heo, 2018 ; Tschirley et al., 2015). L'expérience de l'Asie suggère que la réduction de la pauvreté est plus rapide si cette transformation *agricole* (des cultures de base vers d'autres cultures) s'accompagne d'une transformation *structurelle* (de l'agriculture vers l'industrie) (Huang, 2016).

Le rôle de l'agriculture dans la transformation structurelle d'une économie et la réduction de la pauvreté, décrit plus haut, dépend de l'ampleur de l'intégration économique au sein de l'économie et des marchés mondiaux. Lorsque l'intégration est totale, les importations de produits alimentaires peuvent en principe se substituer à qu'ils soient fragiles ou stables, côtiers ou enclavés, riches ou pauvres en ressources.

Le chapitre 3, « Gagner davantage dans les exploitations agricoles », s'intéresse à la meilleure manière d'utiliser l'agriculture pour accélérer la réduction de la pauvreté en Afrique. L'histoire du développement économique en Europe et en Asie du Sud-Est suggère que les processus de croissance et de non-croissance de l'agriculture doivent rester en équilibre, pour que la croissance non agricole puisse continuer à fournir aux ménages restant dans l'agriculture les incitations et les actifs nécessaires, tout en absorbant la main-d'œuvre libérée par le secteur agricole, à mesure que sa croissance décolle.

Sortir des exploitations agricoles

La croissance de la productivité de la main-d'œuvre dans l'agriculture est donc essentielle pour la lutte contre la pauvreté, à la fois à cause de son pouvoir de réduction de la pauvreté supérieur compte tenu du niveau de développement actuel de la plupart des pays africains, et parce qu'elle contribue à créer la demande de biens et services produits localement et augmente ainsi l'emploi en dehors des exploitations agricoles. Il est important de noter que cette deuxième raison a non seulement un effet sur l'agriculture au sens large (industrie agroalimentaire), mais également en dehors de celle-ci, dans l'économie rurale et urbaine (construction, fabrication, transport et commerce). La simple existence de différences de productivité de la main-d'œuvre entre les secteurs ne suffit généralement pas à déclencher une croissance durable et une réduction de la pauvreté à l'aide d'une réaffectation de la main-d'œuvre, même si celle-ci peut réduire la pauvreté dans un premier temps.

Ce dernier scénario a été observé dans une grande partie de l'Afrique au cours des vingt dernières années. L'Afrique a connu une transformation structurelle : la part de l'agriculture dans le PIB est descendue de 22,6 % en 1995 à 17,5 % en 2016. De même, la part de l'emploi agricole a diminué d'environ 10 points de pourcentage, soit environ 1 point de pourcentage par an, au cours des années 2000 (Barrett et al., 2017), en ligne avec la tendance historiquement observée dans d'autres pays (Diao, McMillan et Wangwe, 2018).

La transformation structurelle de l'Afrique s'est principalement axée sur les services non commercialisables à faible productivité dans les zones urbaines et beaucoup moins sur l'industrie manufacturière (ou les services)

commercialisable, comme cela s'est passé dans d'autres pays (Rodrik, 2016). Ce fait est en partie lié au boom des produits de base intervenu en Afrique au cours des années 2000, qui a alimenté la croissance économique et l'urbanisation dans de nombreux pays. Des agglomérations « de consommation » ont vu le jour, caractérisées par des parts d'importation plus élevées (notamment de produits alimentaires) et des parts d'emploi plus importantes dans les services non commercialisables (Gollin, Jedwab et Vollrath, 2016).

Le passage vers des services urbains non commercialisables à faible productivité a contribué à un changement structurel et à la réduction de la pauvreté (McMillan, Rodrik et Verduzco-Gallo, 2014 ; Banque mondiale, 2014). Mais cela n'a pas permis de mettre les pays sur la voie d'une amélioration de la croissance durable et d'une réduction de la pauvreté. L'émergence d'un certain nombre de pays nouvellement riches en ressources (tels que le Ghana et le Mozambique) n'est pas de bon augure de ce point de vue (comme noté plus haut), en particulier parce que de nombreuses découvertes de ressources naturelles ont eu lieu dans des environnements institutionnels faibles. Ensuite, ces pays se sont souvent retrouvés avec des taux de croissance encore plus bas qu'avant les découvertes (Cust et Mihalyi, 2017). De récentes données sur l'Afrique confirment toutefois que, lorsqu'un changement structurel est induit par une amélioration de la productivité de la main-d'œuvre agricole, il augmente également la part de l'emploi dans le secteur manufacturier, souvent liée à l'agriculture. Les cas de l'Éthiopie et de la Tanzanie au cours des dix dernières années en sont un bon exemple (Diao, McMillan et Wangwe, 2018).

Enfin, la génération d'emplois en dehors des exploitations agricoles n'a pas lieu dans le vide. Les transformations structurelle et spatiale — ou urbanisation — vont de pair. Des données prouvent de plus en plus que c'est le développement urbain secondaire, par opposition à la métropolisation, qui serait plus propice à la réduction de la pauvreté (Christiaensen et Kanbur, 2017 ; Gibson et al., 2017). Les villes africaines sont souvent surpeuplées, en raison de la rapide croissance démographique interne (Jedwab, Christiaensen et Gindelsky, 2017 ; Lall, Henderson et Venables, 2017). Même lorsqu'elles sont fonctionnelles, elles sont nettement moins accessibles aux pauvres que les villes secondaires, plus proches géographiquement et culturellement. La proximité aide à réduire les coûts de transport, de recherche et d'installation des candidats à la migration, et à maintenir l'accès au village en tant que filet de sécurité lorsque les choses tournent mal (Ingelaere et al., 2018).

Du point de vue de la réduction de la pauvreté, les villes et agglomérations secondaires apparaissent donc comme un maillon important des systèmes urbains des pays, même s'il a été quelque peu négligé par le passé. La *composition* de l'urbanisation africaine sera aussi importante que l'urbanisation elle-même, qui jusqu'ici n'a pas été associée à une importante réduction de la pauvreté. Le chapitre 4, « Aller vers des emplois extérieurs aux exploitations agricoles », aborde la manière d'améliorer les possibilités de revenu des pauvres en dehors des exploitations agricoles.

Remédier à la fragilité

Après une période relativement pacifique dans les années 2000, le nombre des conflits a de nouveau augmenté, faisant peser un lourd fardeau sur les efforts de réduction de la pauvreté en Afrique. Les pays enregistrant plus de 100 victimes par an subissent un ralentissement de la croissance économique de 2,3 % (Beegle et al., 2016). Par année où plus de 50 décès liés à un conflit interviennent dans une cellule d'une grille de 1 degré, le taux de croissance y est inférieur de 4,4 points de pourcentage (Mueller, 2016).

Et les effets sont souvent durables (Minoiu et Shemyakina, 2014 ; Moya, 2018 ; Serneels et Verpoorten, 2015). Les ménages dont les maisons ont été détruites ou qui ont perdu des terres au Rwanda au cours des violences des années 1990 risquent davantage de basculer dans la pauvreté des années plus tard (Justino et Verwimp, 2013). Les conflits restreignent également l'acquisition de capital humain (Blattman et Annan, 2010). Il n'est donc pas étonnant que les niveaux de pauvreté soient plus élevés dans les États fragiles ravagés par des conflits (Beegle et al., 2016). Les régions et pays voisins peuvent être affectés par l'impact des réfugiés et des personnes déplacées à l'intérieur de leur pays sur les marchés du travail et les systèmes de santé. La migration forcée n'est toutefois pas toujours un poids pour l'économie du pays d'accueil (Maystadt et al., 2018).

Parmi les différentes catastrophes naturelles et chocs économiques, une mauvaise santé, la sécheresse et les crises des prix constituent les risques les plus importants pour le bien-être en Afrique, principalement en raison de leurs effets sur le revenu, mais pas sur les actifs (comme dans les conflits). Ces effets peuvent être importants.

À lui seul, le paludisme réduit les revenus de 10 % lorsqu'il n'est ni détecté ni traité (Dillon, Friedman et Serneels, 2014). Selon les prévisions, une sécheresse modérée entraînant une perte de rendement de 30 % peut respectivement réduire la consommation de 15 % et 9 % en Ouganda et en Éthiopie (Banque mondiale, 2015a, 2016c). En Éthiopie, les ménages urbains sans instruction ont réduit leur consommation d'environ 10 à 13 % en raison de la hausse des prix des denrées alimentaires intervenue sur les marchés urbains à la fin de 2010 (Hill et Porter, 2016). Toutefois, une hausse des prix des denrées alimentaires peut également être bénéfique. En Ouganda, entre 2006 et 2012, une telle augmentation a représenté pour les 40 % les plus pauvres, près de la moitié de la croissance des revenus tirés des cultures (Banque mondiale, 2016c).

Ces types de chocs ont souvent des conséquences à long terme, d'autant plus quand des enfants sont impliqués, comme l'illustrent ces exemples :

• *Les chocs météorologiques peuvent avoir de multiples impacts.* Par exemple, les baisses de consommation dues à la sécheresse subies dans l'enfance ont entraîné la perte de 2,3 cm et 3 cm dans la taille des adultes au Zimbabwe et en Éthiopie, respectivement (Alderman, Hoddinott et Kinsey, 2006 ; Dercon et Porter, 2014). En Éthiopie, dix ans après la sécheresse, le revenu des ménages touchés était inférieur de 16 % à celui de leurs homologues qui n'en avaient pas autant souffert, et les élevages bovins n'avaient atteint que les deux tiers de leurs niveaux économiques d'avant la famine (Dercon, 2004).
• À cause de la *guerre* en Érythrée, en Éthiopie et au Rwanda, les enfants sont plus petits de 0,76 à 1,37 écart-type de la distribution de la taille en fonction de l'âge (Akresh, Lucchetti et Thirumurthy, 2012 ; Akresh, Verwimp et Bundervoet, 2011, 2012).
• *Les chocs nutritionnels et éducatifs* ont un impact considérable sur les revenus des adultes. Il va d'une réduction de 3 % par an des revenus en Éthiopie à une baisse des salaires de 20 % au Burundi, et à une diminution de 14 % des gains sur une vie entière au Zimbabwe (Alderman, Hoddinott et Kinsey, 2006 ; Bundervoet, Verwimp et Akresh, 2009).

L'effet le plus pernicieux peut ne pas se manifester au moment des catastrophes, mais plutôt dans le comportement coûteux causé, année après année, par l'anticipation des chocs (risques non assurés). Lorsque les ménages ne peuvent gérer les risques de leur environnement, ils évitent les investissements et stratégies de subsistance très payants, mais les laissant trop exposés au risque. Bien que plus difficile à prouver empiriquement, cette théorie est aujourd'hui étayée par un solide corpus de preuves empiriques, apparu au cours des dix dernières années. De récents essais contrôlés randomisés ont, par exemple, régulièrement montré que, lorsqu'ils se sentent rassurés (par le fait de posséder une police d'assurance), les agriculteurs accroissent leurs investissements agricoles. Dans le nord du Ghana, les investissements dans les intrants agricoles ont augmenté de 88 %, passant de 375 dollars à 705 dollars (Karlan et al., 2014). Au Mali, les dépenses dans les intrants du coton ont augmenté de 14 % (Elabed et Carter, 2014).

De toute évidence, les risques sont omniprésents dans les moyens de subsistance africains, et le degré avec lequel ils peuvent être gérés est étroitement mêlé à la dynamique de la pauvreté en Afrique. En plus de la génération, au sein et en dehors des exploitations agricoles, d'opportunités de revenu accessibles aux pauvres, l'accélération de la réduction de la pauvreté en Afrique requiert également des outils plus rentables de gestion des conflits et des risques. Ils doivent aider les ménages à réduire leur exposition aux chocs (par exemple, des moustiquaires ou l'irrigation) et à mieux gérer les chocs qui ne peuvent être évités ou qu'ils devraient exploiter, compte tenu des possibilités qu'ils apportent (par exemple, à travers le développement des marchés financiers et les filets de sécurité adaptatifs).

En ce qui concerne les conflits, des enseignements ont été tirés à propos du rôle que les programmes publics bien dirigés peuvent jouer pour réduire les conflits et de la manière dont l'inclusion financière peut aider les ménages à se comporter face à un risque de violence accru. Le chapitre 5, « Gérer les risques et les conflits », examine les défis et les possibilités d'une meilleure gestion des risques pour les pauvres, y compris dans les États fragiles, touchés par des conflits et violents.

Rendre les régimes fiscaux plus favorables aux pauvres

Reste la question de savoir comment financer cet agenda en faveur d'emplois plus nombreux et de meilleure qualité pour les pauvres au sein et à l'extérieur des exploitations agricoles ; comment

inciter les agriculteurs et les pouvoirs publics à investir dans la prévention des risques malgré les nombreux autres besoins plus immédiats ; comment faire des investissements dans l'amélioration des conditions initiales, qui ne portent souvent leurs fruits que bien plus tard ; et comment faire tout cela dans un contexte de resserrement budgétaire et dans diverses situations des ressources naturelles et de la gouvernance.

Les niveaux actuels de la dépense publique atteignant effectivement les pauvres et leur bénéficiant réellement sont loin d'être suffisants. Le problème tient en partie au manque de ressources, en particulier dans les pays à faible revenu. Dans deux pays africains sur cinq, 10 % du PIB sont nécessaires pour simplement combler l'écart moyen de pauvreté, c'est-à-dire transférer le minimum d'argent requis pour que personne ne soit plus pauvre. Avec des recettes fiscales n'atteignant, en moyenne, que 9 % du PIB dans les pays africains à faible revenu, il ne leur resterait plus rien pour l'investissement public.

Une plus forte mobilisation des ressources intérieures pourrait aider, notamment au moyen d'une plus grande concentration sur les gros contribuables locaux, l'impôt des sociétés, et la tarification (incorrecte) des transferts, ainsi que la perception des droits d'accise et des impôts fonciers. Les pays riches en ressources pourraient également tirer nettement plus de recettes publiques des industries extractives (APP, 2013). Cela nécessiterait toutefois une assistance financière internationale supplémentaire (Greenhill et al., 2015 ; Manuel et al., 2018), qui pourrait également aller plus loin en mobilisant des financements du secteur privé (Banque mondiale, 2017), à condition de veiller à ce que le financement soit additionnel et exploite des investissements profitant majoritairement aux pauvres[21].

Les ressources disponibles pourraient également être davantage allouées aux secteurs et sous-secteurs (par exemple, produits de base, enseignement primaire et filets de sécurité) ainsi qu'aux lieux (villes et zones rurales) qui améliorent plus efficacement les moyens de subsistance des pauvres. Par exemple, avec un niveau d'environ 3 % de la dépense publique au cours des vingt dernières années, la dépense de l'Afrique dans l'agriculture a été nettement inférieure à celles des pays de l'Asie de l'Est lorsqu'ils ont entrepris de réduire rapidement la pauvreté (8 à 10 % entre 1980 et 2000) (IFPRI, 2018). En outre, les sommes dépensées auraient pu l'être plus efficacement, non seulement en ciblant des biens publics plutôt que privés (par exemple, des

subventions des prix des intrants ou du carburant), mais aussi en améliorant la qualité des
services (par exemple, en réduisant l'absentéisme
des enseignants et du personnel de santé)[22].

Le chapitre 6, « Mobiliser des ressources en
faveur des pauvres », a pour sujet la manière
d'amener les ressources publiques à contribuer davantage à la réduction de la pauvreté
(en mobilisant davantage de ressources, en les
allouant mieux à des biens publics favorables
aux pauvres, et en utilisant plus efficacement les
ressources disponibles).

Marche à suivre

Générer des emplois plus nombreux et de meilleure qualité pour les pauvres requiert un
ensemble de mesures encourageant une croissance
favorable aux pauvres, dans un environnement de
dépendance accrue aux ressources naturelles et de
mondialisation de plus en plus tendue, mais aussi
de progrès technologiques beaucoup plus rapides.
Le reste de ce rapport ne se borne pas à identifier les secteurs clés à renforcer, il élabore les politiques sous-sectorielles nécessaires pour faciliter la
transformation structurelle et spatiale de l'Afrique
(chapitres 3 et 4) et pour doter les pauvres de meilleurs outils de gestion des risques (chapitre 5).

En outre, les pays doivent en même temps
commencer à s'attaquer aux obstacles structurels à plus long terme à une croissance favorable
aux pauvres : développement humain de la prochaine génération, inégalités entre les sexes, déficits d'infrastructures, et politique d'élaboration
de mesures favorables aux pauvres. Le présent
rapport met l'accent sur les implications budgétaires de l'exécution de ces deux agendas à court
et long terme (aider les pauvres à gagner davantage aujourd'hui et les préparer pour l'avenir), à
un moment où les budgets deviennent de plus en
plus serrés (comme exposé plus en détail dans le
chapitre 6).

Les défis et points d'entrée pour les politiques
associés à chacune des contraintes structurelles,
suggérant des mesures et des investissements ne
portant leurs fruits qu'à long terme, sont abor-
dées de manière plus approfondie dans les quatre
sections « Fondamentaux » intercalées entre les
chapitres : « Piège du développement humain
en Afrique » ; « Lien entre l'inégalité femmes-
hommes et la pauvreté » ; « Réaliser des avancées grâce à la technologie (et au commerce) » ; et
« Politique et mesures favorables aux pauvres ».

Ces sujets ayant été examinés en profondeur dans
quatre récents *Rapports sur le développement
dans le monde*, ils ne sont pas détaillés ici[23].

Notes

1. Celles-ci ressemblent aux évaluations précédentes
   (Bloom et Canning, 2004 ; Eastwood et Lipton,
   2011 ; Kelley et Schmidt, 2007). Le dividende
   explique environ un cinquième de l'accélération de
   la croissance en Asie de l'Est (Bloom et Williamson,
   1998).

2. Après prise en compte de l'accès au planning
   familial et à l'éducation, le statut économique
   du ménage influence les décisions en matière de
   fécondité (Schoumaker, 2004).

3. L'éducation s'est également avérée l'élément clé
   permettant de bénéficier du dividende démographique (Cuaresma, Lutz et Sanderson, 2014).

4. Il est difficile de montrer l'impact causal de l'éducation. Certaines études s'y sont attaquées. Au Kenya,
   une scolarisation au secondaire réduit les risques de
   devenir un travailleur indépendant peu qualifié (et
   mal rémunéré) (Ozier, 2018). En Ouganda, l'éducation augmente la probabilité de migration, la croissance du revenu agricole, et la diversification du
   revenu non agricole (Hill et Mejía-Mantilla, 2017 ;
   Lekfuangfu, Machin et Rasul, 2012 ; Mensah et
   O'Sullivan, 2017).

5. Le taux d'inscription à l'école ou taux brut de
   scolarisation est le rapport entre les inscriptions
   totales, tous âges confondus, et la population du
   groupe d'âge correspondant officiellement au
   niveau d'études considéré.

6. En dépit d'une baisse substantielle des prix des produits de base au cours de la première moitié des
   années 2010, peu de signes indiquent une inversion
   de la dépendance vis-à-vis des ressources (Roe et
   Dodd, 2017).

7. Plusieurs études ont mis en évidence un effet négatif des ressources naturelles sur la croissance du
   PIB (Ross, 2012 ; Sachs et Warner, 1995, 1997).
   D'autres ont constaté que l'envolée des prix des
   produits de base avait favorisé la croissance ; voir
   Deaton et Miller (1993) pour cette démonstration
   en Afrique.

8. Lorsqu'on considère, à titre contrefactuel, les prévisions de croissance au lieu de la croissance dans les
   pays dénués de ressources, les épisodes de plus forte
   croissance à court terme ne se concrétisent, en fait,
   souvent pas. Les prévisions de croissance constituent
   sans doute le scénario contrefactuel le plus proche
   de ce qui se serait produit en l'absence de découverte
   de ressources ou d'envolée des prix. Cust et Mihalyi
   (2017) parlent d'une malédiction « d'avant les ressources » ou « des attentes », où après la découverte
   de nouvelles ressources naturelles, la croissance économique commence déjà à décliner bien avant le

début de la production. Des espoirs disproportion-nés conduisent à des prévisions de croissance (trop) optimistes et à des dépenses excessives. Observé au Ghana et au Mozambique à la fin des années 2000, ce phénomène est courant dans le monde entier, notamment dans les pays où les institutions poli-tiques sont fragiles.

9. Les autres raisons sont notamment le « syn-drome hollandais » et la volatilité accrue des prix. L'augmentation rapide des recettes en devises conduit à une surévaluation du taux de change, qui pénalise les autres secteurs d'exportation, y compris l'agriculture (le syndrome hollandais), ce qui peut entraîner une diminution de la croissance globale. Les études consacrées à ce phénomène n'ont toutefois pas ou peu dégagé de données pro-bantes (Collier et Goderis, 2012 ; Sala-i-Martin et Subramanian, 2008). De plus, les pays dotés de ressources abondantes sont confrontés à une plus grande volatilité, en particulier des prix, qui nuit à l'investissement et à la croissance. Des données probantes ont été trouvées à ce propos (Collier et Goderis, 2012 ; Sala-i-Martin et Subramanian, 2008).

10. Dans des circonstances extrêmes, la présence de ressources naturelles peut conduire un pays à la guerre civile. Selon Collier et Hoeffler (2004), la probabilité d'une guerre civile est de 0,5 % dans un pays dénué de ressources naturelles, mais s'élève à 23 % dans un pays où la part des ressources natu-relles dans le PIB est de 26 %. La guerre civile est, bien sûr, une manifestation extrême de l'effondre-ment institutionnel.

11. La preuve empirique d'un lien entre la croissance et les écarts entre les sexes sur le marché de l'emploi n'est aussi bien établie que pour l'éducation, prin-cipalement en raison de limitations des données (Gaddis et Klasen, 2014).

12. L'indice Institutions sociales et égalité hommes-femmes (SIGI — *Social Institutions et Gender Index*) a été utilisé en tant que variable de rempla-cement pour ces inégalités entre les sexes profon-dément enracinées (Jütting et al., 2008 ; Morrison et Jütting, 2005). Le SIGI cherche à évaluer les *racines* sociales des inégalités entre les sexes plu-tôt que leurs *effets*. Utilisant la méthode de Foster, Greer et Thorbecke (1984), l'indice combine cinq sous-indices (non pondérés), mesurant chacun une dimension de l'inégalité entre les sexes : a) *code de la famille* mesurant les inégalités entre les sexes au sein du ménage (autorité parentale, droits à l'hé-ritage, mariage précoce, et polygamie) ; b) *liber-tés civiles* portant sur la sphère publique de la vie (liberté de mouvement, liberté vestimentaire) ; c) *intégrité physique* combinant différents indi-cateurs de violence contre les femmes (existence de lois réprimant la violence domestique, le viol, le harcèlement sexuel, et existence de mutilations génitales féminines) ; d) *droits à la propriété* cou-vrant les dimensions économiques des institutions sociales, notamment l'accès à la terre, aux prêts bancaires, et à la propriété autre que foncière ; e) *préférence pour les fils*, expression générique désignant la surreprésentation des hommes dans les données démographiques (ou phénomène des « femmes manquantes »).

13. Les pressions redistributives peuvent, jusqu'à un certain point, être prises en compte dans l'expé-rience, ce qui permet d'évaluer leur impact sur les comportements.

14. Au Cameroun, 20 % des emprunteurs se déclarent prêts à contracter un prêt coûteux afin de signaler aux autres membres de leur communauté qu'ils ne disposent pas d'argent et ne peuvent être solli-cités pour une aide financière (Baland, Guirkinger et Mali, 2011). La pression sociale en faveur de la redistribution des revenus ou des gains peut éga-lement avoir une influence négative sur les déci-sions d'investissement dans l'activité économique et la productivité, comme cela a été montré dans sept villes ouest-africaines (Grimm et al., 2013) et au Burkina Faso (Grimm, Hartwig et Lay, 2017 ; Hadnes, Vollan et Kosfeld, 2013). Une étude menée sur 31 pays africains a constaté que « l'impôt fami-lial » décourage certains individus compétents à s'engager dans l'entrepreneuriat et réduit le nombre d'entreprises formelles (Alby, Auriol, et Nguimkeu, 2018). Au KwaZulu-Natal (Afrique du Sud), les personnes dotées de réseaux de parentèle plus étendus sont plus susceptibles d'investir dans des biens durables non partageables et moins enclins à épargner dans des actifs liquides, avec, pour conséquence, des revenus plus faibles (Di Falco et Bulte 2011). En Éthiopie, les réseaux de parentèle restreignent l'incitation à investir dans la réduction de l'exposition aux chocs climatiques (Di Falco et Bulte, 2013).

15. L'accès au financement est une composante clé du climat des affaires. Les autres sont les infrastruc-tures, la criminalité, la corruption et la régle-mentation. On a constaté qu'en encourageant le développement du secteur financier, on stimulait la croissance économique, mais que les effets sur la pauvreté n'étaient pas clairs. Beck, Demirgüç-Kunt et Levine (2007) ainsi que Naceur et Zhang (2016) ont constaté que le développement du secteur financier est associé à une réduction de la pauvreté. En revanche, Jaumotte, Lall et Papageorgiou (2013), ainsi qu'Antoine, Singh et Wacker (2017), estiment que l'approfondissement du secteur financier semble négativement associé à la croissance des revenus des deux quintiles les plus pauvres. La libéralisation du secteur financier s'avère, en particulier, difficile pour les pauvres (Jaumotte, Lall et Papageorgiou, 2013 ; Naceur et Zhang, 2016).

16. Antoine, Singh et Wacker (2017) suggère que ce sont surtout les changements imprévus de l'inflation, plutôt que le niveau de celle-ci, qui nuisent aux ménages les plus pauvres. Selon ce point de vue, les ménages les plus pauvres ont appris à faire face à la hausse des prix ou autres hausses, tant que ces augmentations sont stables. En revanche, les ménages les plus pauvres ne peuvent pas aisément faire face à de brusques augmentations des prix.

17. Ces études du FMI couvrent plusieurs pays africains : l'Éthiopie, le Ghana, le Kenya, le Malawi, le Mozambique, la Tanzanie, l'Ouganda et la Zambie.

18. Adam, Bevan et Gollin (2018) montre empiriquement comment les modalités de financement des investissements publics affectent les effets de celui-ci sur la réduction de la pauvreté. Ils comparent les différents effets du financement par le déficit budgétaire (emprunts intérieurs ou extérieurs) ; le système fiscal national (par exemple, taxes sur la valeur ajoutée et taxes sur les ventes) ; l'imposition des échanges commerciaux (hausses des droits de douane) ; et l'aide internationale.

19. Voir Christiaensen et Martin (2018) pour une analyse récente. Les études les plus récentes comprennent Christiaensen, Demery et Kuhl (2011) ; Dorosh et Thurlow (2018) ; Ivanic et Martin (2018) ; et Ligon et Sadoulet (2018).

20. La source des avantages de la réduction de la pauvreté résultant de la croissance de la productivité agricole varie à mesure que des innovations sont plus largement adoptées, allant d'augmentations dans les revenus des producteurs (et les opportunités de travail salarié) jusqu'à la réduction des prix à la consommation (Ivanic et Martin, 2018).

21. Voir « *Maximizing Finance for Development* (Maximiser le financement en faveur du développement) » sur le site Web de la Banque mondiale : http://www.worldbank.org/en/about/partners/maximizing-finance-for-development.

22. Les indicateurs de prestation des services (IPS) sont une initiative panafricaine qui recueille des données auprès des établissements afin de fournir un ensemble de mesures permettant de comparer la prestation des services dans l'éducation et la santé. Il s'agit d'un partenariat entre la Banque mondiale, le Consortium pour la recherche économique en Afrique, et la Banque africaine de développement. Pour plus d'information, voir https://www.sdindicators.org. Pour la banque de données des IPS, voir https://databank.worldbank.org/data/source/service-delivery-indicators.

23. Ceux-ci comprennent le *Rapport sur le développement dans le monde 2012 : Égalité des genres et développement* ; *Rapport sur le développement dans le monde 2016 : Les dividendes du numérique* ; *Rapport sur le développement dans le monde 2017 : La gouvernance et la loi* ; et *Rapport sur le développement dans le monde 2018 : Apprendre pour réaliser la promesse de l'éducation*.

Références

ACET (African Center for Economic Transformation). 2017. *African Transformation Report 2017: Agriculture Powering Africa's Economic Transformation.* Accra, Ghana: ACET.

Adam, Christopher, David Bevan, and Douglas Gollin. 2018. "Rural-Urban Linkages, Public Investment and Transport Costs: The Case of Tanzania." *World Development* 109: 497–510.

Ahmed, S. Amer, and Marcio Cruz. 2016. "On the Impact of Demographic Change on Growth, Savings and Poverty." Poverty Research Working Paper 7805, World Bank, Washington, DC.

Akresh, Richard, Leonardo Lucchetti, and Harsha Thirumurthy. 2012. "Wars and Child Health: Evidence from the Eritrean–Ethiopian Conflict." *Journal of Development Economics* 99 (2): 330–40.

Akresh, Richard, Philip Verwimp, and Tom Bundervoet. 2011. "Civil War, Crop Failure, and Child Stunting in Rwanda." *Economic Development and Cultural Change* 59 (4): 777–810.

Alby, Philippe, Emmanuelle Auriol, and Pierre Nguimkeu. 2018. "Does Social Pressure Hinder Entrepreneurship in Africa? The Forced Mutual Help Hypothesis." TSE Working Papers 18-956, Toulouse School of Economics (TSE).

Alderman, Harold, John Hoddinott, and Bill Kinsey. 2006. "Long-Term Consequences of Early Childhood Malnutrition." *Oxford Economic Papers* 58 (3): 450–74.

Allen, Thomas, Philipp Heinrigs, and Inhoi Heo. 2018. "Agriculture, Food and Jobs in West Africa." West African Papers No. 14, Organisation for Economic Co-operation and Development (OECD), Paris.

Andrews, Colin, Allan Hsiao, and Laura Ralston. 2018. "Social Safety Nets Promote Poverty Reduction, Increase Resilience, and Expand Opportunities." In *Realizing the Full Potential of Social Safety Nets in Sub-Saharan Africa*, edited by Kathleen Beegle, Aline Coudouel, and Emma Monsalve, 87–138. Washington, DC: World Bank.

Antoine, Kassia, Raju Jan Singh, and Konstantin M. Wacker. 2017. "Poverty and Shared Prosperity: Let's Move the Discussion beyond

Growth." *Forum for Social Economics* 46 (20): 192–205.

APP (Africa Progress Panel). 2013. *Africa Progress Report 2013. Equity in Extractives: Stewarding Africa's Natural Resources for All.* Geneva: APP.

Appadurai, Arjun. 2004. "The Capacity to Aspire: Culture and the Terms of Recognition." In *Culture and Public Action: A Cross-Disciplinary Dialogue on Development Policy*, edited by Vijayendra Rao and Michael Walton, 59–84. Stanford, CA: Stanford University Press.

Bah, El-hadj, and Lei Fang. 2015. "Impact of the Business Environment on Output and Productivity in Africa." *Journal of Development Economics* 114: 159–71.

Baland, Jean-Marie, Catherine Guirkinger, and Charlotte Mali. 2011. "Pretending to Be Poor: Borrowing to Escape Forced Solidarity in Cameroon." *Economic Development and Cultural Change* 60 (1): 1–16.

Bandiera, O., and A. Natraj. 2012. "Does Gender Inequality Hinder Development and Economic Growth? Evidence and Policy Implications." *World Bank Research Observer* 28 (1): 2–21.

Barrett, Christopher B., Luc Christiaensen, Megan Sheahan, and Abebe Shimeles. 2017. "On the Structural Transformation of Rural Africa." *Journal of African Economies* 26 (suppl. 1): i11–35.

Beaman, Lori, Esther Duflo, Rohini Pande, and Petia Topalova. 2012. "Female Leadership Raises Aspirations and Educational Attainment for Girls: A Policy Experiment in India." *Science* 335 (6068): 582–86.

Beck, Thorsten, Asli Demirgüç-Kunt, and Ross Levine. 2007. "Finance, Inequality, and the Poor." *Journal of Economic Growth* 12 (1): 27–49.

Beegle, Kathleen, Luc Christiaensen, Andrew Dabalen, and Isis Gaddis. 2016. *Poverty in a Rising Africa.* Washington, DC: World Bank.

Benjamin, Nancy C., Shantayanan Devarajan, and Robert J. Weiner. 1989. "The 'Dutch' Disease in a Developing Country: Oil Reserves in Cameroon." *Journal of Development Economics* 30 (1): 71–92.

Bernard, Tanguy, Stefan Dercon, Kate Orkin, and Alemayehu Seyoum Taffesse. 2014. "The Future in Mind: Aspirations and Forward-Looking Behavior in Rural Ethiopia." CSAE Working Paper 2014-16, Centre for the Study of African Economies, University of Oxford.

Bigsten, Arne. 2018. "Determinants of the Evolution of Inequality in Africa." *Journal of African Economies* 27 (1): 127–48.

Blattman, Christopher, and Jeannie Annan. 2010. "The Consequences of Child Soldiering." *Review of Economics and Statistics* 92 (4): 882–98.

Bloom, David E., and D. Canning. 2004. "Global Demographic Change: Dimensions and Economic Significance." In *Global Demographic Change: Economic Impacts and Policy Challenges*, symposium proceedings, 9–56. Jackson Hole, WY: Federal Reserve Bank of Kansas City.

Bloom, David E., David Canning, Günther Fink, and Jocelyn Finlay. 2007. "Realizing the Demographic Dividend: Is Africa Any Different?" PGDA Working Paper No. 23, Program on the Global Demography of Aging, Harvard University, Cambridge, MA.

Bloom, David E., Michael Kuhn, and Klaus Prettner. 2015. "The Contribution of Female Health to Economic Development." NBER Working Paper 21411, National Bureau of Economic Research, Cambridge, MA.

Bloom, David E., and J. G. Williamson. 1998. "Demographic Transitions and Economic Miracles in Emerging Asia." *World Bank Economic Review* 12 (3): 419–55.

Boltz, Marie, Karine Marazyan, and Paola Villar. 2016. "Income Hiding and Informal Redistribution: A Lab in the Field Experiment in Senegal." G-MonD Note No. 18, Paris School of Economics (PSE).

Bongaarts, John. 2008. "Fertility Transitions in Developing Countries: Progress or Stagnation?" *Studies in Family Planning* 39 (2): 105–10.

———. 2017. "Africa's Unique Fertility Transition." *Population and Development Review* 43 (Supplement): 39–58.

Bongaarts, John, and John Casterline. 2013. "Fertility Transition: Is Sub-Saharan Africa Different?" *Population and Development Review* 38 (Supplement): 153–68.

Bosworth, Barry P., and Susan M. Collins. 2003. "The Empirics of Growth: An Update." *Brookings Papers on Economic Activity* 34 (2): 113–79.

Branisa, Boris, Stephan Klasen, and Maria Ziegler. 2009. "Why We Should All Care about Social Institutions Related to Gender Inequality." Proceedings of the German Development Economics Conference, Hanover, No. 50, Association for Social Policy, Committee on Developing Countries, Göttingen, Germany.

———. 2013. "Gender Inequality in Social Institutions and Gendered Development Outcomes." *World Development* 45 (C): 252–68.

———. 2014. "The Institutional Basis of Gender Inequality: The Social Institutions and Gender Index (SIGI)." *Feminist Economics* 20 (2): 29–64.

Brown, Caitlin, Martin Ravallion, and Dominique van de Walle. 2017. "Are Poor Individuals Mainly Found in Poor Households? Evidence Using Nutrition Data for Africa." Policy Research Working Paper 8001, World Bank, Washington, DC.

Brune, Lasse, Xavier Giné, Jessica Goldberg, and Dean Yang. 2015. "Facilitating Savings for Agriculture: Field Experimental Evidence from Malawi." *Economic Development and Cultural Change* 64 (2): 187–220.

Bundervoet, Tom, Philip Verwimp, and Richard Akresh. 2009. "Health and Civil War in Rural Burundi." *Journal of Human Resources* 44 (2): 536–63.

Calderón, César, and Luis Servén. 2014. "Infrastructure, Growth, and Inequality: An Overview." Policy Research Working Paper 7034, World Bank, Washington, DC.

Canning, David, Sangeeta Raja, and Abdo S. Yazbeck. 2015. *Africa's Demographic Transition: Dividend or Disaster?* Africa Development Forum Series. Washington, DC: World Bank.

Castañeda, Andrés, Dung Doan, David Newhouse, Minh Cong Nguyen, Hiroki Uematsu, and João Pedro Azevedo. 2018. "A New Profile of the Global Poor." *World Development* 101 (C): 250–67.

Casterline, J. B. 2009. "Demographic Transition and Unwanted Fertility: A Fresh Assessment." *Pakistan Development Review* 48 (4): 387–421.

Casterline, J. B., and L. O. El-Zeini. 2014. "Unmet Need and Fertility Decline: A Comparative Perspective on Prospects in Sub-Saharan Africa." *Studies in Family Planning* 45 (2): 227–45.

Chemin, Matthieu, Joost De Laat, and Johannes Haushofer. 2013. "Negative Rainfall Shocks Increase Levels of the Stress Hormone Cortisol among Poor Farmers in Kenya." Unpublished manuscript. doi:10.2139/ssrn.2294171.

Christiaensen, Luc, Lionel Demery, and Jesper Kuhl. 2011. "The (Evolving) Role of Agriculture in Poverty Reduction: An Empirical Perspective." *Journal of Development Economics* 96 (2): 239–54.

Christiaensen, Luc, Lionel Demery, and Stefano Paternostro. 2003. "Macro and Micro Perspectives of Growth and Poverty in Africa." *World Bank Economic Review* 17 (3): 317–47.

Christiaensen, Luc, and Jonathan Kaminski. 2014. "Structural Change, Economic Growth and Poverty Reduction: Micro Evidence from Uganda." Working Paper No. 2322, African Development Bank, Abidjan, Côte d'Ivoire.

Christiaensen, Luc, and Ravi Kanbur. 2017. "Secondary Towns and Poverty Reduction: Refocusing the Urbanization Agenda." *Annual Review of Resource Economics* 9 (1): 405–19.

Christiaensen, Luc, and Will Martin. 2018. "Agriculture, Structural Transformation and Poverty Reduction: Eight New Insights." *World Development* 109: 413–16.

Christiaensen, Luc, and John May. 2007. "Ethiopia—Capturing the Demographic Bonus in Ethiopia: Gender, Development and Demographic Actions." Report No. 36434-ET. World Bank, Washington, DC.

Christiaensen, Luc, and Patrick Premand. 2017. "Jobs Diagnostic, Côte d'Ivoire: Employment, Productivity, and Inclusion for Poverty Reduction." Report No. AUS13233, World Bank, Washington, DC.

Cleland, John, and Kazuyo Machiyama. 2017. "The Challenges Posed by Demographic Change in Sub-Saharan Africa: A Concise Overview." *Population and Development Review* 43 (Supplement): 264–86.

Collier, Paul, and Benedikt Goderis. 2007. "Commodity Prices, Growth, and the Natural Resource Curse: Reconciling a Conundrum." CSAE Working Paper No. 274, Centre for the Study of African Economies, University of Oxford.

———. 2012. "Commodity Prices and Growth: An Empirical Investigation." *European Economic Review* 56 (6): 1241–60.

Collier, Paul, and Anke Hoeffler. 2004. "Greed and Grievance in Civil War." *Oxford Economic Papers* 56 (4): 563–95.

Cuaresma, J. C., W. Lutz, and W. Sanderson. 2014. "Is the Demographic Dividend an Education Dividend?" *Demography* 51 (1): 299–315.

Cust, James, and David Mihalyi. 2017. "The Presource Curse: Oil Discoveries Can Lead First to Jubilation Then to Economic Jeopardy." *Finance and Development* 54 (4): 36–40.

Dalton, Patricio S., Sayantan Ghosal, and Anandi Mani. 2016. "Poverty and Aspirations Failure." *Economic Journal* 126 (590): 165–88.

de la Brière, Bénédicte, Deon Filmer, Dena Ringold, Dominic Rohner, Karelle Samuda, and Anastasiya Denisova. 2017. *From Mines and Wells to Well-Built Minds: Turning Sub-Saharan Africa's Natural Resource Wealth into Human Capital.* Directions in Development Series. Washington, DC: World Bank.

de Silva, Tiloka, and Silvana Tenreyro. 2017. "Population Control Policies and Fertility Convergence." *Journal of Economic Perspectives* 31 (4): 205–28.

Deaton, A., and R. Miller. 1996. "International Commodity Prices, Macroeconomic Performance and Politics in Sub-Saharan Africa." *Journal of African Economies* 5 (3): 99–191.

Demery, Lionel. 2018. "Natural Resource Dependence." Background note prepared for *Accelerating Poverty Reduction in Africa,* World Bank, Washington, DC.

Dercon, Stefan. 2004. "Growth and Shocks: Evidence from Rural Ethiopia." *Journal of Development Economics* 74 (2): 309–29.

———. 2009. "Rural Poverty: Old Challenges in New Contexts." *World Bank Research Observer* 24 (1): 1–28.

Dercon, Stefan, and Dough Gollin. 2014. "Agriculture in African Development: Theories and Strategies." *Annual Review of Resource Economics* 6 (1): 471–92.

Dercon, Stefan, and Catherine Porter. 2014. "Live Aid Revisited: Long-Term Impacts of the 1984 Ethiopian Famine on Children." *Journal of the European Economic Association* 12 (4): 927–48.

Devarajan, Shantayanan. 2017. "Three Reasons for Universal Basic Income." *Future Development* (blog), The Brookings Institution, Washington, DC,

February 15. https://www.brookings.edu/blog/future-development/2017/02/15/three-reasons-for-universal-basic-income/.

Di Falco, Salvatore, and Erwin Bulte. 2011. "A Dark Side of Social Capital? Kinship, Consumption, and Savings." *Journal of Development Studies* 47 (8): 1128–51.

———. 2013. "The Impact of Kinship Networks on the Adoption of Risk-Mitigating Strategies in Ethiopia." *World Development* 43: 100–10.

Diao, Xinshen, and Margaret McMillan. 2018. "Toward an Understanding of Economic Growth in Africa: A Reinterpretation of the Lewis Model." *World Development* 109: 511–22.

Diao, Xinshen, Margaret McMillan, and Samuel Wangwe. 2018. "Agricultural Labour Productivity and Industrialization: Lessons for Africa." *Journal of African Economies* 27 (1): 28–65.

Dillon, Andrew, Jed Friedman, and Pieter Serneels. 2014. "Health Information, Treatment, and Worker Productivity: Experimental Evidence from Malaria Testing and Treatment among Nigerian Sugarcane Cutters." Policy Research Working Paper 7120, World Bank, Washington, DC.

Dollar, David, and Roberta Gatti. 1999. "Gender Inequality, Income and Growth: Are Good Times Good for Women?" Working Paper No. 1, Policy Research Report on Gender and Development, World Bank, Washington, DC.

Dollar, David, and Aart Kraay. 2002. "Growth Is Good for the Poor." *Journal of Economic Growth* 7 (3): 195–225.

Dorosh, Paul, and James Thurlow. 2018. "Beyond Agriculture versus Non-Agriculture: Decomposing Sectoral Growth-Poverty Linkages in Five African Countries." *World Development* 109: 440–51.

Doss, Cheryl. 2013. "Intrahousehold Bargaining and Resource Allocation in Developing Countries." *World Bank Research Observer* 28 (1): 52–78.

Duflo, Esther. 2012. "Women's Empowerment and Economic Development." *Journal of Economic Literature* 50 (4): 1051–79.

Dupas, Pascaline, and Jonathan Robinson. 2013. "Savings Constraints and Microenterprise Development: Evidence from a Field Experiment in Kenya." *American Economic Journal: Applied Economics* 5 (1): 163–92.

Durlauf, Steven. 2006. "Groups, Social Influences, and Inequality." In *Poverty Traps,* edited by Samuel Bowles, Steven Durlauf, and Karla Hoff, 141–75. Princeton, NJ: Princeton University Press.

Easterly, William, and Stanley Fischer. 2001. "Inflation and the Poor." *Journal of Money, Credit and Banking* 33 (2): 160–78.

Eastwood, R., and M. Lipton. 2011. "Demographic Transition in Sub-Saharan Africa: How Big Will the Economic Dividend Be?" *Population Studies* 65 (1): 9–35.

Elabed, Ghada, and Michael Carter. 2014. "Ex-Ante Impacts of Agricultural Insurance: Evidence from a Field Experiment in Mali." Unpublished paper, University of California, Davis.

Fafchamps, Marcel, David McKenzie, Simon R. Quinn, and Christopher Woodruff. 2011. "When Is Capital Enough to Get Female Microenterprises Growing? Evidence from a Randomized Experiment in Ghana." NBER Working Paper 17207, National Bureau of Economic Research, Cambridge, MA.

Ferguson, James. 2015. *Give a Man a Fish: Reflections on the New Politics of Distribution*. Durham, NC: Duke University Press.

Ferrant, Gaëlle, and Alexandre Kolev. 2016. "Does Gender Discrimination in Social Institutions Matter for Long-Term Growth? Cross Country Evidence." OECD Development Centre Working Paper No. 330, Organisation for Economic Co-operation and Development, Paris.

Ferreira, Francisco H. G., Phillippe G. Leite, and Martin Ravallion. 2010. "Poverty Reduction without Economic Growth? Explaining Brazil's Poverty Dynamics, 1985–2004." *Journal of Development Economics* 93 (1): 20–36.

Foster, James E., Joel Greer, and Erik Thorbecke. 1984. "A Class of Decomposable Poverty Measures." *Econometrica* 52 (3): 761–66.

Gaddis, I., and S. Klasen. 2014. "Economic Development, Structural Change, and Women's Labor Force Participation Rate: A Re-Examination of the Feminization U-Hypothesis." *Journal of Population Economics* 27: 639–81.

Genicot, Garance, and Debraj Ray. 2017. "Aspirations and Inequality." *Econometrica* 85 (2): 489–519.

Ghatak, Maitreesh. 2015. "Theories of Poverty Traps and Anti-Poverty Policies." *World Bank Economic Review* 29 (suppl 1): S77–S105.

Gibson, John, Gaurav Datt, Rinku Murgai, and Martin Ravallion. 2017. "For India's Rural Poor, Growing Towns Matter More than Growing Cities." *World Development* 98 (C): 413–29.

Gill, Indermit S., and Kenan Karakülah. 2019. "Is Africa Headed for Another Debt Crisis? Assessing Solvency in a Sluggish Subcontinent." Working Paper No. 2, Center for International and Global Studies, Duke University, Durham, NC.

Goldberg, Jessica. 2017. "The Effect of Social Pressure on Expenditures in Malawi." *Journal of Economic Behavior and Organization* 143: 173–85.

Gollin, Douglas, Remi Jedwab, and Dietrich Vollrath. 2016. "Urbanization with and without Industrialization." *Journal of Economic Growth* 21 (1): 35–70.

Greenhill, Romilly, Paddy Carter, Chris Hoy, and Marcus Manuel. 2015. *Financing the Future*. London: Overseas Development Institute.

Grimm, Michael, Flore Gubert, Ousman Koriko, Jann Lay, and Christophe J. Nordman. 2013. "Kinship Ties and Entrepreneurship in Western Africa." *Journal of Small Business and Entrepreneurship* 26 (2): 125–50.

Grimm, Michael, Renate Hartwig, and Jann Lay. 2017. "Does Forced Solidarity Hamper Investment in Small and Micro Enterprises?" *Journal of Comparative Economics* 45 (4): 827–46.

Grimm, Michael, Anicet Munyehirwe, Jörg Peters, and Maximiliane Sievert. 2017. "A First Step Up the Energy Ladder? Low Cost Solar Kits and Household's Welfare in Rural Rwanda." *World Bank Economic Review* 31 (3): 631–649.

Groth, Hans, and John F. May, eds. 2017. *Africa's Population: In Search of a Demographic Dividend*. Cham, Switzerland: Springer International.

Guengant, Jean-Pierre. 2017. "Africa's Population: History, Current Status and Projections." In *Africa's Population: In Search of a Demographic Dividend*, edited by Hans Groth and John F. May, 11–32. Cham, Switzerland: Springer International.

Günther, Isabel, and Kenneth Harttgen. 2016. "Desired Fertility and Number of Children Born across Time and Space." *Demography* 53 (1): 55–83. doi:10.1007/s13524-015-0451-9.

Hadnes, Myriam, Björn Vollan, and Michael Kosfeld. 2013. "The Dark Side of Solidarity." Working paper, World Bank, Washington, DC.

Hanushek, Eric A., and Ludger Woessmann. 2010. "Education and Economic Growth." In *International Encyclopedia of Education,* 3rd ed., edited by Penelope Peterson, Rob Tierney, Eva Baker, and Barry McGraw, Vol. 2: 245–52. Oxford, U.K.: Academic Press.

Haushofer, Johannes, and Ernst Fehr. 2014. "On the Psychology of Poverty." *Science* 344 (6186): 862–67.

Hill, Ruth, and Carolina Mejía-Mantilla. 2017. "With a Little Help: Shocks, Agricultural Income, and Welfare in Uganda." Policy Research Working Paper 7935, World Bank, Washington, DC.

Hill, Ruth, and Catherine Porter. 2016. "Vulnerability to Drought and Food Price Shocks: Evidence from Ethiopia." Policy Research Working Paper 7920, World Bank, Washington, DC.

Hoff, Karla, and Arijit Sen. 2005. "The Kin System as a Poverty Trap?" Policy Research Working Paper 3575, World Bank, Washington, DC.

Huang, Jikun. 2016. "Fostering Inclusive Rural Transformation in China and Other Developing Countries in Asia." Presentation at the Latin American Center for Rural Development (RIMISP) International Conference on Territorial Inequality and Development, Puebla, Mexico, January 25–27.

IFPRI (International Food Policy Research Institute). 2018. *Global Food Policy Report 2018.* Washington, DC: IFPRI.

IMF (International Monetary Fund). 2017. *Fiscal Monitor: Tackling Inequality.* Washington, DC: IMF.

Ingelaere, Bert, Luc Christiaensen, Joachim De Weerdt, and Ravi Kanbur. 2018. "Why Secondary Towns Can Be Important for Poverty Reduction: A Migrant Perspective." *World Development* 105: 273–82.

Isham, Jonathan, Lant Pritchett, Michael Woolcock, and Gwen Busby. 2005. "The Varieties of the Resource Experience: How Natural Resource Export Structures Affect the Political Economy of Economic Growth." *World Bank Economic Review* 19 (2): 141–74.

Ivanic, Maros, and Will Martin. 2018. "Sectoral Productivity Growth and Poverty Reduction: National and Global Impacts." *World Development* 109: 429–39.

Jakiela, Pamela, and Owen Ozier. 2016. "Does Africa Need a Rotten Kin Theorem? Experimental Evidence from Village Economies." *Review of Economic Studies* 83 (1): 231–68.

James, Jeffrey. 2016. *The Impact of Mobile Phones on Poverty and Inequality in Developing Countries.* Cham, Switzerland: Springer.

Jaumotte, Florence, Subir Lall, and Chris Papageorgiou. 2013. "Rising Income Inequality: Technology, or Trade and Financial Globalization?" *IMF Economic Review* 61 (2): 271–308.

Jedwab, Remi, Luc Christiaensen, and Marina Gindelsky. 2017. "Demography, Urbanization and Development: Rural Push, Urban Pull and … Urban Push." *Journal of Urban Economics* 98: 6–16.

Jones, Benjamin F. 2014. "The Human Capital Stock: A Generalized Approach." *American Economic Review* 104 (11): 3752–77.

Justino, Patricia, and Philip Verwimp. 2013. "Poverty Dynamics, Violent Conflict, and Convergence in Rwanda." *Review of Income and Wealth* 59 (1): 66–90.

Jütting, Johannes, Christian Morrison, Jeff Dayton-Johnson, and Denis Drechsler. 2008. "Measuring Gender Inequality: The OECD Gender, Institutions and Development Data Base." *Journal of Human Development* 9 (1): 65–86.

Karlan, Dean, Aishwarya Lakshmi Ratan, and Jonathan Zinman. 2014. "Savings by and for the Poor: A Research Review and Agenda." *Review of Income and Wealth* 60 (1): 36–78.

Karlan, Dean, Robert Osei, Isaac Osei-Akoto, and Christopher Udry. 2014. "Agricultural Decisions after Relaxing Credit and Risk Constraints." *Quarterly Journal of Economics* 129 (2): 597–652.

Kelley, Allen, and Robert Schmidt. 2007. "A Century of Demographic Change and Economic Growth: The Asian Experience in Regional and Temporal Perspective." In *Population Change, Labor Markets and Sustainable Growth: Towards a New Economic Paradigm*, edited by A. Mason and M. Yamaguchi, 39–74. Amsterdam: Elsevier.

Kim, Jungho. 2016. "Female Education and Its Impact on Fertility." Article, IZA World of Labor online platform, Institute for the Study of Labor (IZA), Bonn. doi:10.15185/izawol.228.

King, Elizabeth, Stephan Klasen, and Maria Porter. 2009. "Women and Development." In *Global Crises, Global Solutions*, 2nd ed., edited by B. Lomborg, 585–656. Cambridge, U.K.: Cambridge University Press.

Klasen, Stephan. 2002. "Low Schooling for Girls, Slower Growth for All? Cross-Country Evidence on the Effect of Gender Inequality in Education on Economic Development." *World Bank Economic Review* 16 (3): 345–73.

———. 2006. "Pro-Poor Growth and Gender Inequality." In *Pro-Poor Growth: Policy and Evidence*, edited by L. Menkhoff, 151–79. Berlin: Duncker and Humblot.

———. 2018. "The Impact of Gender Inequality on Economic Performance in Developing Countries." Poverty, Equity and Growth Discussion Paper No. 244, Courant Research Centre on Poverty, Equity and Growth in Developing Countries, University of Göttingen, Germany.

Klasen, Stephan, and Francesca Lamanna. 2009. "The Impact of Gender Inequality in Education and Employment on Economic Growth: New Evidence for a Panel of Countries." *Feminist Economics* 15 (3): 91–132.

Knowles, Stephen, Paula K. Lorgelly, and P. Dorian Owen. 2002. "Are Educational Gender Gaps a Brake on Economic Development? Some Cross-Country Empirical Evidence." *Oxford Economic Papers* 54 (1): 118–49.

Kose, M. Ayhan, Sergio Kurlat, Franziska Ohnsorge, and Naotaka Sugawara. 2017. "A Cross-Country Database of Fiscal Space." Policy Research Working Paper 8157, World Bank, Washington, DC.

Lall, Somik Vinay, J. Vernon Henderson, and Anthony J. Venables. 2017. *Africa's Cities: Opening Doors to the World*. Washington, DC: World Bank.

Le Goff, M., and R. J. Singh. 2014. "Does Trade Reduce Poverty? A View from Africa." *Journal of African Trade* 1 (1): 5–14.

Lekfuangfu, Nuarpear Warn, Stephen Machin, and Imran Rasul. 2012. "Report on Uganda's Return to Schooling." Working Paper F-43007-UGA-1, International Growth Center, London School of Economic and Political Science, London.

Lewis, Arthur. 1954. "Economic Development with Unlimited Supplies of Labor." *Manchester School of Economic and Social Studies* 22 (2): 139–91.

Ligon, Ethan, and Elisabeth Sadoulet. 2018. "Estimating the Relative Benefits of Agricultural Growth on the Distribution of Expenditures." *World Development* 109: 417–28.

Maehle, Nils, Haimanot Teferra, and Armine Khachatryan. 2013. "Exchange Rate Liberalization in Selected Sub-Saharan African Countries: Successes, Failures, and Lessons." IMF Working Paper 13/32, International Monetary Fund, Washington, DC.

Mani, Anandi, Sendhil Mullainathan, Eldar Shafir, and Jiaying Zhao. 2013. "Poverty Impedes Cognitive Function." *Science* 341 (6149): 976–80.

Manuel, Marcus, Harsh Desai, Emma Samman, and Martin Evans. 2018. "Financing the End of Extreme Poverty." Report, Overseas Development Institute, London.

Maystadt, Jean-François, Kalle Hirvonen, Athur Mabiso, and Joachim Vandercasteelen. 2018. "Conflict, Migration and Food Security from the Host Perspective." Unpublished manuscript.

McCullough, Ellen. 2017. "Labor Productivity and Employment Gaps in Sub-Saharan Africa." *Food Policy* 67: 133–52.

McMillan, Margaret, Dani Rodrik, and Inigo Verduzco-Gallo. 2014. "Globalization, Structural Change, and Productivity Growth, with an Update on Africa." *World Development* 63: 11–32.

Mensah, Edouard, and Michael O'Sullivan. 2017. "Moving Out and Up: Panel Data Evidence on Migration and Poverty in Uganda." Policy Research Working Paper 8186, World Bank, Washington, DC.

Minasyan, Anna, Juliane Zenker, Stephan Klasen, and Sebastian Vollmer. 2017. "The Impact of Gender Inequality in Education on Economic Growth: A Systematic Review and Meta-Analysis." Unpublished manuscript, University of Göttingen, Germany.

Minoiu, Camelia, and Olga N. Shemyakina. 2014. "Armed Conflict, Household Victimization, and Child Health in Côte d'Ivoire." *Journal of Development Economics* 108: 237–55.

MoF, GoI (Ministry of Finance, Government of India). 2017. "Economic Survey 2016–17." Flagship annual document of the Department of Economic Affairs, Ministry of Finance, Government of India, New Delhi.

Molini, Vasco, and Pierella Paci. 2015. "Poverty Reduction in Ghana: Progress and Challenges, 2015." Report No. 101230, World Bank, Washington, DC.

Morrison, Christian, and Johannes P. Jütting. 2005. "Women's Discrimination in Developing Countries: A New Data Set for Better Policies." *World Development* 33 (7): 1065–81.

Moya, Andrés. 2018. "Violence, Psychological Trauma, and Risk Attitudes: Evidence from Victims of Violence in Colombia." *Journal of Development Economics* 131: 15–27.

Mueller, Hannes. 2016. "Growth and Violence: Argument for a Per Capita Measure of Civil War." *Economica* 83 (331): 473–97.

Naceur, Sami Ben, and RuiXin Zhang. 2016. "Financial Development, Inequality and Poverty: Some International Evidence." IMF Working Paper 16/32, International Monetary Fund, Washington, DC.

Ndulu, Benno J., Stephen A. O'Connell, Robert Bates, Paul Collier, and Chukwuma C. Soludo. 2007. *The Political Economy of Economic Growth in Africa, 1960–2000*. Vol. 1. Cambridge, U.K. Cambridge University Press.

Nikoloski, Zlatko, Luc Christiaensen, and Ruth Hill. 2018. "Coping with Shocks: The Realities of African Life." In *Agriculture in Africa: Telling Myths from Facts*, edited by Luc Christiaensen and Lionel Demery, 123–34. Directions in Development Series. Washington, DC: World Bank.

Ozier, Owen. 2018. "The Impact of Secondary Schooling in Kenya: A Regression Discontinuity Analysis." *Journal of Human Resources* 53 (1): 157–88.

Paine, Thomas. 1797. *Agrarian Justice, Opposed to Agrarian Law, and Agrarian Monopoly. Being a Plan for Ameliorating the Condition of Man, by Creating in Every Nation a National Fund*. Paris: W. Adlard.

Platteau, Jean-Philippe. 2000. *Institutions, Social Norms and Economic Development*. Amsterdam: Harwood.

———. 2014. "Redistributive Pressures in Sub-Saharan Africa: Causes, Consequences, and Coping Strategies." In *African Development in Historical Perspective*, edited by E. Akyeampong, R. Bates, N. Nunn, and J. Robinson, 153–207. Cambridge, U.K.: Cambridge University Press.

Prichard, Wilson, Paola Salardi, and Paul Segal. 2018. "Taxation, Non-Tax Revenue and Democracy: New Evidence Using New Cross-Country Data." *World Development* 109: 295–312.

Ralston, Laura, Colin Andrews, and Allan Hsiao. 2017. "The Impacts of Safety Nets in Africa: What Are We Learning?" Policy Research Working Paper 8255, World Bank, Washington, DC.

Ravallion, Martin. 2014. "Time for the BIG Idea in the Developing World." Center for Global Development Blog, December 12. https://www.cgdev.org/blog/time-big-idea-developing-world.

———. 2016. *The Economics of Poverty: History, Measurement, and Policy*. Oxford, U.K.: Oxford University Press.

Ravallion, Martin, and Gaurav Datt. 2002. "Why Has Economic Growth Been More Pro-Poor in Some States of India than Others?" *Journal of Development Economics* 68 (2): 381–400.

Rodrik, Dani. 1998. "Trade Policy and Economic Performance in Sub-Saharan Africa." NBER Working Paper 6562, National Bureau of Economic Research, Cambridge, MA.

———. 2016. "An African Growth Miracle?" *Journal of African Economies* 27 (1): 1–18.

Roe, Alan, and Samantha Dodd. 2017. "Dependence on Extractive Industries in Lower-Income Countries: The Statistical Tendencies." WIDER Working Paper 2017/98, United Nations University World Institute for Development Economics Research (UNU-WIDER), Helsinki.

Ross, John, and John Stover. 2001. "The Family Planning Program Effort Index: 1999 Cycle." *International Family Planning Perspectives* 27 (3): 119–29.

Ross, Michael L. 2001. "Does Oil Hinder Democracy?" *World Politics* 53 (3): 325–61.

Ross, Michael. 2012. *The Oil Curse: How Petroleum Wealth Shapes the Development of Nations*. Princeton, NJ: Princeton University Press.

Sachs, Jeffrey D., and Andrew M. Warner. 1995. "Natural Resource Abundance and Economic Growth." NBER Working Paper 5398, National Bureau of Economic Research, Cambridge, MA.

———. 1997. "Sources of Slow Growth in African Economies." *Journal of African Economies* 6 (3): 335–76.

Sakyi, Daniel, José Villaverde, Adolfo Maza, and Isaac Bonuedi. 2017. "The Effects of Trade and Trade Facilitation on Economic Growth in Africa." *African Development Review* 29 (2): 350–61.

Sala-i-Martin, Xavier, and Arvind Subramanian. 2008. "Addressing the Natural Resource Curse: An Illustration from Nigeria." In *Economic Policy Options for a Prosperous Nigeria*, edited by P. Collier, C. C. Soludo, and C. Pattillo, 61–92. London: Palgrave Macmillan.

Schaner, Simone. 2017. "The Cost of Convenience? Transaction Costs, Bargaining Power, and Savings Account Use in Kenya." *Journal of Human Resources* 52 (4): 919–45.

Schoumaker, Bruno. 2004. "Poverty and Fertility in Sub-Saharan Africa: Evidence from 25 Countries." Paper presented at the Population Association of America meeting, Boston, April 1–3.

Serneels, Pieter, and Marijke Verpoorten. 2015. "The Impact of Armed Conflict on Economic Performance: Evidence from Rwanda." *Journal of Conflict Resolution* 59 (4): 555–92.

Spears, Dean. 2011. "Economic Decision-Making in Poverty Depletes Behavioral Control." *B.E. Journal of Economic Analysis and Policy* 11 (1): 1–44.

Stotsky, Janet Gale, Manuk Ghazanchyan, Olumuyiwa S. Adedeji, and Nils O. Maehle. 2012. "The Relationship between the Foreign Exchange Regime and Macroeconomic Performance in Eastern Africa." IMF Working Paper 12/148, International Monetary Fund, Washington, DC.

Townsend, Robert. 1999. "Agricultural Incentives in Sub-Saharan Africa: Policy Challenges." World Bank Technical Paper No. 444, World Bank, Washington, DC.

Tschirley, David, Jason Synder, Michael Dolislager, Thomas Reardon, Steven Haggblade, Joseph Goeb, Lulama Traub, Francis Ejobi, and Ferdi Meyer. 2015. "Africa's Unfolding Diet Transformation: Implications for Agrifood System Employment." *Journal of Agribusiness in Developing and Emerging Economies* 5 (2): 102–36.

United Nations Population Division. 2019. World Population Prospects 2017. https://population.un.org/wpp/DataQuery/.

Wantchekon, Leonard, Marko Klašnja, and Natalija Novta. 2015. "Education and Human Capital Externalities: Evidence from Colonial Benin." *Quarterly Journal of Economics* 130 (2): 703–57.

Warner, Andrew. 2015. "Natural Resource Booms in the Modern Era: Is the Curse Still Alive?" IMF Working Paper 15/237, International Monetary Fund, Washington, DC.

World Bank. 2011. *World Development Report 2012: Gender Equality and Development.* Washington, DC: World Bank.

———. 2013a. "Growing Africa: Unlocking the Potential of Agribusiness." Working Paper No. 75663, World Bank, Washington, DC.

———. 2013b. *World Development Report 2014: Risk and Opportunity.* Washington, DC: World Bank.

———. 2014. *Africa's Pulse: An Analysis of Issues Shaping Africa's Economic Future,* vol. 10 (October). Washington, DC: World Bank.

———. 2015a. "Ethiopia Poverty Assessment 2014." Report No. AUS6744, World Bank, Washington, DC.

———. 2015b. *World Development Report 2015: Mind, Society, and Behavior.* Washington, DC: World Bank.

———. 2015c. *Rwanda Poverty Assessment.* Washington, DC: World Bank.

———. 2016a. *Global Monitoring Report 2015/2016: Development Goals in an Era of Demographic Change.* Washington, DC: World Bank.

———. 2016b. *Making Politics Work for Development: Harnessing Transparency and Citizen Engagement.* Policy Research Report. Washington, DC: World Bank.

———. 2016c. "The Uganda Poverty Assessment Report 2016. Farms, Cities and Good Fortune: Assessing Poverty Reduction in Uganda from 2006 to 2013." Report No. ACS18391, World Bank, Washington, DC.

———. 2017. *Africa's Pulse: An Analysis of Issues Shaping Africa's Economic Future,* vol. 16 (October). Washington, DC: World Bank.

———. 2018a. *Africa's Pulse: An Analysis of Issues Shaping Africa's Economic Future,* vol. 17 (April). Washington, DC: World Bank.

———. 2018b. *World Development Report 2018: Learning to Realize Education's Promise.* Washington, DC: World Bank.

Yoon, Jisu, and Stephan Klasen. 2018. "An Application of Partial Least Squares to the Construction of the Social Institutions and Gender Index (SIGI) and the Corruption Perception Index (CPI)." *Social Indicators Research* 138 (1): 61–88.

PIÈGE DU DÉVELOPPEMENT HUMAIN EN AFRIQUE

Eleni Yitbarek et Kathleen Beegle

Les circonstances dans lesquelles les enfants sont nés et ont été élevés auront des effets durables sur leurs performances socioéconomiques à l'âge adulte. Ceux dont le départ dans la vie est désavantagé présentent tout au long de leur existence un risque plus élevé d'être piégés dans la pauvreté. Une enfance en moins bonne santé est associée à de médiocres résultats à l'âge adulte, notamment un revenu moins élevé et un état de santé plus précaire (Barrett, Garg et McBride, 2016 ; Bhutta et al., 2013). Un développement cognitif et socioémotionnel entravé entraîne des inconvénients pour le bien-être et le comportement tout au long de l'existence (Conti, Heckman et Urzua, 2010 ; Heckman, 2006).

En particulier, il existe peu de moyens d'indemniser les adultes pour les conséquences de la piètre situation scolaire et de santé qui a été la leur quand ils étaient enfants. Même si le développement humain est un processus se poursuivant tout au long de l'existence, le rendement social et individuel des investissements consentis pendant l'enfance est élevé et, point très important, les chances de se rattraper plus tard sont minimes (Cunha et al., 2006 ; Hoddinott et al., 2013). Le médiocre développement humain des enfants engendre un piège de la pauvreté lorsqu'il est impossible ou presque de corriger ces impacts (Barrett, Garg et McBride, 2016 ; Cunha et al., 2006). Ce piège du développement humain ouvre un cycle de pauvreté qui s'étend sur des générations et enferme les familles dans la pauvreté (un faible niveau d'éducation et une mauvaise santé se traduisent par un faible revenu des adultes, un piètre développement humain des enfants, etc.) (Bhalotra et Rawlings, 2013 ; Bhutta et al., 2013 ; Victora et al., 2008). Les mariages d'enfants sont sans doute un des signes les plus visibles de ce piège intergénérationnel (encadré F1.1).

Les retombées macroéconomiques des investissements dans le développement humain des enfants sont importantes de nos jours, dans la mesure où ces investissements contribuent à stabiliser la croissance économique de demain (Flabbi et Gatti, 2018). Même s'il est reconnu que le développement humain est essentiel pour la croissance économique, le renforcement du capital humain peut également être important pour la stabilité et la réduction des conflits (Banque mondiale, 2018b). L'éducation augmente le coût d'opportunité des combats : moins les individus ont des perspectives d'emploi, plus il est facile de les embrigader dans la lutte. De plus, l'éducation promeut la tolérance et la coopération, réduisant ainsi la propension à avoir recours à la violence pour résoudre les conflits.

En résumé, le développement humain est essentiel pour la réduction de la pauvreté à long terme en Afrique. Toutefois, leurs avantages économiques ne se concrétisant que dans un futur lointain (au moins une décennie), les investissements publics dans le développement humain (effectués en dépensant davantage ou en améliorant significativement l'efficacité) peuvent ne pas séduire les pouvoirs publics et les politiciens à la recherche de gains immédiats pour l'économie.

Améliorer rapidement les résultats en matière de développement humain est difficile pour deux raisons. Pour commencer, même dans les pays réalisant des progrès, ceux-ci sont habituellement lents. Cela signifie que de nombreuses années seront nécessaires pour atteindre le taux de scolarisation universel ou le niveau d'instruction des pays membres de l'Organisation de coopération et de développement économiques (OCDE) (Wild et al., 2015 ; Banque mondiale, 2018b). Ensuite, il faudra au moins une génération pour modifier le niveau du stock de développement humain au sein de la population adulte. Il faudra en effet attendre que les enfants atteignent l'âge adulte.

La pauvreté en Afrique est un obstacle majeur à l'amélioration du développement humain. Presque 170 millions d'enfants vivent dans la pauvreté en Afrique. La région a le taux le plus élevé d'enfants vivant dans la pauvreté (environ 49 %), et le pourcentage le plus élevé d'enfants pauvres du monde, soit plus de 50 % (Newhouse, Suarez-Becerra et Evans, 2016). La vie dans un ménage pauvre a des conséquences tout au long de l'existence, lorsqu'elle implique moins d'investissements dans l'enfance. Il a,

ENCADRÉ F1.1   Les mariages d'enfants et les grossesses précoces piègent les filles dans la pauvreté

En Afrique, 4 filles sur 10 se marient avant leur 18e anniversaire (UNICEF, 2016). Dans certains pays, ce taux est même plus élevé. Au moins deux tiers des filles sont déjà mariés à 18 ans en République centrafricaine, au Tchad et au Niger ; et environ la moitié le sont au Burkina Faso, en Guinée et au Mali. La plupart des mariages d'enfants ont lieu entre 15 et 18 ans, mais au Tchad et au Niger, plus d'un tiers des jeunes de 20 à 24 ans ont été mariés avant l'âge de 15 ans. Même si la prévalence des mariages d'enfants diminue, en raison de la forte croissance démographique, le nombre des filles mariées jeunes augmente dans certains pays tels que le Burkina Faso et le Nigéria.

Plusieurs facteurs interagissent dans la question des mariages d'enfants, notamment la pauvreté et les options éducatives insuffisantes, notamment les frais de scolarité élevés. Les tâches ménagères et les grossesses précoces subsistent à l'éducation ou à l'apprentissage qui permettraient aux filles d'améliorer leurs moyens de subsistance et de s'extraire de la pauvreté. Nonobstant le fait important que les mariages d'enfants sont une violation des droits de la personne, ils engendrent également des coûts économiques significatifs, tels qu'une croissance démographique élevée et des pertes de revenus (Parsons et al., 2015 ; Wodon et al., 2017).

Les femmes mariées jeunes ont plus d'enfants au cours de leur vie que celles mariées plus tardivement. Elles vont également moins à l'école : chaque année supplémentaire de mariage précoce correspond à une année de moins à l'école, avec pour résultat, des taux d'alphabétisation des filles inférieurs de 5,7 points de pourcentage et une probabilité plus faible de 3,5 points d'achever l'école secondaire (Nguyen et Wodon, 2014). Retarder d'un an le mariage des enfants permet aux filles d'étudier pendant une demi-année supplémentaire (Delprato et al., 2015).

La vie future d'une fille mariée jeune est également susceptible d'être hérissée de perpétuelles conséquences pour la santé. Le manque de pouvoir dans le mariage est généralement associé à un risque plus élevé de violence domestique, à son tour fortement corrélée à des répercussions néfastes sur la santé physique et mentale (Kidman, 2017). Le mariage avec des hommes ayant des partenaires sexuelles multiples expose également les filles mariées jeunes à des maladies sexuellement transmissibles, telles que le virus de l'immunodéficience humaine et le syndrome d'immunodéficience acquise (VIH/SIDA) (Bingenheimer, 2010 ; Nour, 2006). Psychologiquement, les très jeunes épouses sont plus susceptibles de présenter des symptômes d'abus sexuel et de stress post-traumatique, tels qu'un sentiment de désespoir et une grave dépression (Lal, 2015).

Les grossesses précoces mettent non seulement en péril la santé des filles, mais font également courir à leurs enfants un grave risque de mortalité avant 5 ans ou de malnutrition, moins répandu chez les enfants nés de mères plus âgées. La raison en est en partie le fait que les jeunes mères ne sont prêtes à avoir des enfants ni physiquement ni sur le plan socioéconomique. Les enfants nés de mères mariées très jeunes ont également tendance à moins fréquenter l'école, et cet impact négatif est plus fort sur les filles que les fils (Delprato, Akyeampong et Dunne, 2017).

Les programmes qui se sont avérés les plus efficaces dans la lutte contre les mariages d'enfants sont ceux travaillant directement avec les filles et s'attaquant à plusieurs des questions sous-tendant les mariages d'enfants (Lee-Rife et al., 2012). Dans certains cas, des incitations directes ont visé les familles des filles trop jeunes dans les zones où prévalent les mariages d'enfants. Cette stratégie non seulement retarde l'âge du mariage des jeunes filles, mais accroît également le pourcentage d'entre elles encore à l'école entre 22 et 25 ans, ainsi que le nombre total de leurs années d'études (Buchmann et al., 2017). Si les moyens de contraception étaient largement utilisés dans les pays où les mariages d'enfants sont nombreux et généralisés, l'impact négatif de ces unions pourrait être réduit parce que les couples auraient un meilleur contrôle sur leur fécondité (Wodon et al., 2017).

en effet, été prouvé que les enfants issus de ménages pauvres présentent des résultats moins satisfaisants à maints égards. Associée à de la vulnérabilité et à une absence de mécanismes d'assurance, la pauvreté exacerbe ces problèmes. Le climat, les conflits ou d'autres chocs touchant les revenus pendant la grossesse ou durant la petite enfance (auxquels les pauvres sont davantage exposés) réduisent significativement l'investissement parental dans l'acquisition de capital humain, entraînant des effets négatifs à long terme sur le niveau d'instruction, la santé et la participation au marché du travail des adultes (Baez et Santos, 2007 ; Bharadwaj, Lundborg et Rooth, 2017 ; Maccini et Yang, 2009). Les chocs nutritionnels et éducatifs ont un impact important sur les revenus des adultes, allant de 3 % en Éthiopie à 20 % au Burundi (pour obtenir plus de détails, voir le chapitre 5 « Gérer les risques et les conflits »).

Le piège de la pauvreté lié à la santé

La pauvreté est l'un des principaux facteurs de la malnutrition (Dasgupta, 1997 ; Osmani, 1992) et du fardeau des maladies chez les enfants (Bond et al., 2009). En plus des conséquences pour la santé physique et la scolarisation, la pauvreté infantile est également liée à une médiocre santé mentale (Evans et Cassells, 2014).

La mauvaise santé mène à une pauvreté dans le futur à travers un certain nombre de voies[1]. Dans la petite enfance, elle est fortement corrélée à un développement sous-optimal du cerveau, affectant de manière négative le développement cognitif de l'enfant ; au niveau d'instruction (au sens large, englobant l'enseignement formel et informel, la formation aux compétences, et l'acquisition de connaissances) ; et à la productivité économique plus tard dans la vie (Leroy et al., 2014).

Les 1 000 premiers jours de la vie constituent une phase critique de développement physique et mental rapide (De Onis et Branca, 2016 ; Mukhebi, Mbogoh et Matungulu, 2011). La non-exploitation du potentiel de développement cognitif affecte de manière négative la progression scolaire, en réduisant tant le nombre d'années d'études que l'apprentissage par année de scolarisation (Feinstein, 2003). En particulier, il s'avère que la mauvaise santé des enfants causée par des vers fait descendre les niveaux cognitifs et les résultats scolaires à court et long terme (Baird et al., 2016 ; Croke et Atun, 2019 ; Ozier, 2018)[2]. En revanche, le développement cognitif précoce est associé de façon positive à l'amélioration des résultats scolaires (Grantham-McGregor et al., 2007).

La mauvaise santé dans l'enfance est un piège, parce que ses conséquences sont difficiles à compenser plus tard dans l'existence. Même si un certain rattrapage est possible (Mendez et Adair, 1999), la plupart des effets de la malnutrition persisteront à l'âge adulte (Checkley et al., 2003 ; Martorell, Khan et Schroeder, 1994).

Le cercle vicieux de la malnutrition

Le piège de la pauvreté induit par la santé est un problème pressant de développement à long terme en Afrique, où 33,2 %, 7,1 % et 16,3 % des enfants de moins de cinq ans souffrent respectivement d'un retard de croissance, d'émaciation ou

d'insuffisance pondérale (Akombi et al., 2017)[3]. Les enfants souffrant d'un retard de croissance ont un développement cognitif déficient, commencent l'école plus tard, ont de moins bonnes notes, présentent un niveau d'instruction inférieur, et redoublent ou abandonnent l'école plus souvent (Galasso et Wagstaff, 2018 ; Mendez et Adair, 1999). Les frères et sœurs nés d'une même mère ont de meilleurs résultats aux tests cognitifs quand ils sont de plus grande taille. En effet, la taille est corrélée avec de meilleurs résultats économiques, éducatifs et de santé (Case et Paxson, 2010 ; Glewwe et Jacoby, 1995). En résumé, les rendements sociaux et économiques individuels de la réduction des retards de croissance sont élevés (Galasso et Wagstaff, 2018 ; Hoddinott et al., 2013).

Au cours des vingt dernières années, la prévalence du retard de croissance a diminué en Afrique, passant de 45 % en 1995 à 33 % en 2016 (Akombi et al., 2017 ; Beegle et al., 2016). Malgré cela, la région enregistre encore le taux de retard de croissance des enfants le plus élevé du monde et est la seule où le *nombre* d'enfants souffrant d'un retard de croissance est en augmentation (Banque mondiale, 2018a)[4]. Être né dans un pays fragile ou riche en ressources accroît la probabilité de malnutrition, en dépit de la hausse des revenus nationaux associée à la richesse en ressources (APP, 2013 ; Beegle et al., 2016 ; de la Brière et al., 2017).

L'ampleur de la malnutrition en Afrique est stupéfiante (Banque mondiale, 2018a). En plus du niveau général élevé de la malnutrition en Afrique, il existe un grave problème de pauvreté. Les enfants des ménages pauvres présentent des taux de retard de croissance nettement plus élevés que ceux de leurs camarades issus de ménages plus riches (figure F1.1). Cette corrélation positive entre le statut socioéconomique des parents et la santé de l'enfant est largement documentée dans les pays à revenu tant élevé que faible ou intermédiaire.

L'influence du statut socioéconomique des parents sur la santé de l'enfant commence dès la grossesse (Almond, 2006 ; Almond et Mazumder, 2005 ; Harper, Marcus et Moore, 2003) ou peu après la naissance, et est très prononcée durant les trois premières années (Martorell, 1995). Elle a des conséquences à long terme pendant l'âge adulte, et même d'une génération à l'autre (Barham, Macours et Maluccio, 2013 ; Grantham-McGregor et al., 2007). Les mères nées dans des zones pauvres (une variable de

FIGURE F1.1   En Afrique, les enfants pauvres sont nettement plus susceptibles de souffrir d'un retard de croissance

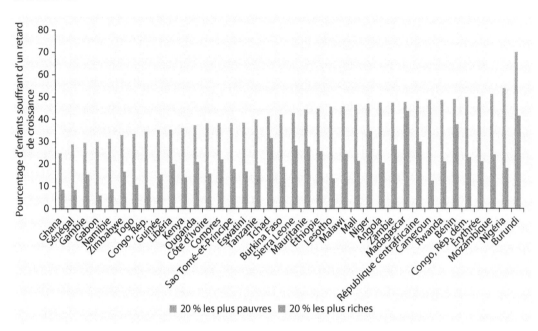

Sources : Enquêtes démographiques et de santé des pays, diverses années.
Note : Le retard de croissance est défini comme une taille insuffisante par rapport à l'âge chez les enfants de moins de cinq ans.

remplacement pour un faible statut socioéconomique) sont susceptibles d'avoir eu elles-mêmes un faible poids à la naissance, et d'avoir ensuite des bébés pesant également peu (Currie et Moretti, 2007). Les enfants de pères ayant un travail bien rémunéré ont un poids plus élevé à la naissance que ceux d'un père ayant une occupation rapportant peu (Currie et Hyson, 1999). Les différences significatives de développement cognitif par statut socioéconomique constatées dans la petite enfance persistent lorsque les enfants sont scolarisés et même au-delà (Case, Lubotsky et Paxson, 2002 ; Schady et al., 2015).

La lutte pour accroître la vaccination

En Afrique, les enfants pauvres (et leurs parents) ont un accès nettement inégal aux services essentiels influençant la santé des enfants (Banque mondiale, 2018a). Par exemple, la vaccination est l'une des interventions stratégiques les plus rentables, capable de réduire le fardeau des affections infectieuses, des maladies, et du handicap chez l'enfant. Au cours des trois dernières décennies, l'Afrique a enregistré

d'énormes améliorations dans la vaccination des enfants contre les maladies évitables telles que la poliomyélite, la pneumonie, la diphtérie, la rougeole, et la tuberculose. Malgré ces progrès, de nombreux enfants africains ne sont pas vaccinés et souffrent de maladies évitables, qui ont un effet déterminant sur leur développement humain durant l'enfance et plus tard dans la vie.

En 2014, sur les 19 millions d'enfants n'ayant pas bénéficié des vaccins de base (diphtérie, tétanos et coqueluche) dans le monde, plus de 40 % (soit plus de 7,6 millions d'enfants) vivaient en Afrique subsaharienne (Machingaidze, Wiysonge et Hussey, 2013). La couverture vaccinale affiche de considérables différences au sein des pays et entre eux. Par exemple, la vaccination contre la diphtérie, la coqueluche et le tétanos chez les enfants de 12 à 23 mois va de 56 % au Nigéria à 97 % en Gambie (Kazungu et Adetifa, 2017). Les enfants des ménages pauvres, les filles, les enfants des zones rurales, et ceux dont les parents ont une instruction ou des revenus inférieurs sont plus susceptibles de ne pas se faire vacciner (Canavan et al., 2014 ; Wiysonge et al., 2012). Les pays d'Afrique à faible revenu, riches en ressources, fragiles et affectés par les conflits enregistrent des taux de vaccination relativement plus bas.

Le piège de la pauvreté lié à l'éducation

Le faible niveau d'instruction et la mauvaise qualité de l'éducation chez les enfants sont les principaux facteurs perpétuant la pauvreté tout au long de l'existence et de génération en génération. De nombreuses preuves issues des pays à revenu aussi bien élevé que faible ou intermédiaire montrent l'importance de l'éducation pour l'accroissement des revenus et la promotion de la mobilité sociale (Deaton, 2013 ; Fogel, 2004). L'effet est le plus élevé en Afrique, où une année d'études supplémentaire augmente les gains en moyenne de 13 % (Montenegro et Patrinos, 2013). L'éducation est en permanence fortement corrélée avec le statut de pauvreté dans tous les pays. L'éducation est également l'un des plus solides déterminants des inégalités de revenus en Afrique (Beegle et al., 2016).

Une médiocre instruction constitue un piège, car il est peu réaliste d'espérer rattraper le retard en tant que jeune adulte, notamment parce que la formation d'une famille commence tôt et empêche un retour à l'école. Les programmes d'alphabétisation des adultes ont eu une portée assez limitée dans la région (Blunch, 2017).

Depuis le lancement du mouvement pour une « éducation de base universelle », l'Afrique a fait d'énormes progrès dans l'éducation primaire universelle. Le taux brut moyen de scolarisation dans l'enseignement primaire est passé de 68 % en 1995 à 106 % en 2012 (Beegle et al., 2016)[5]. Entre 1990 et 2015, le nombre total d'enfants inscrits à l'école primaire a plus que doublé, passant de 63 millions en 1990 à 152 millions en 2015[6]. Malgré la hausse impressionnante du nombre d'élèves inscrits à l'école primaire, plus de 50 millions d'enfants en âge d'école primaire et de premier cycle du secondaire ne sont pas scolarisés, et ne l'ont pour la plupart jamais été. Les trois pays les plus peuplés (Nigéria, Éthiopie et République démocratique du Congo) comptent ensemble environ 40 % des enfants non scolarisés de la région (Bashir et al., 2018).

L'amélioration du nombre des inscriptions à l'école primaire ne s'est malheureusement pas traduite par une amélioration de l'apprentissage. De nombreux élèves africains n'atteignent pas les niveaux minimaux d'apprentissage en lecture ou en mathématiques. Un nombre impressionnant d'élèves de deuxième année (50 à 80 %) ne savent pas lire, et une grande partie d'entre eux est incapable de déchiffrer ne fusse qu'un mot dans la langue d'enseignement de leur pays (Bashir et al., 2018). Ce piètre apprentissage à l'école primaire et dans le premier cycle du secondaire est passablement généralisé dans l'ensemble des pays d'Afrique, et les scores pour les compétences en numératie et mathématiques sont eux aussi nettement inférieurs à ceux des autres pays à revenu faible ou intermédiaire (Bashir et al., 2018 ; Beegle et al., 2016 ; Banque mondiale, 2018b).

Cette tendance est notamment liée au statut de pauvreté des enfants : les enfants pauvres apprennent moins que les autres (figure F1.2). Une autre préoccupation est que, étant donné que les nouvelles technologies exigent un ensemble minimum de compétences numériques, les enfants pauvres se retrouveront encore plus à la traîne dans la mesure où de nouvelles chances d'échapper à la pauvreté seront perdues pour eux — voir Fondamentaux 3, « Réaliser des avancées grâce à la technologie (et au commerce) ».

En Afrique subsaharienne, le médiocre apprentissage commence dès les premières années de la vie de l'enfant : 61 % des enfants d'âge préscolaire (de moins de cinq ans) souffrent de retards cognitifs (Grantham-McGregor et al., 2007). Des données récentes montrent que l'éducation préscolaire des enfants (entre 0 et 4,5 ans) est essentielle pour le développement cognitif, et que ses effets persistent tout au long de la vie de l'individu (Heckman, 2006, 2011 ; Shonkoff et Phillips, 2000 ; Vandell et al., 2010). L'éducation préscolaire a de profondes répercussions sur les résultats éducatifs à l'âge adulte. Ce défi est particulièrement grand pour les enfants défavorisés des ménages pauvres, vivant dans des environnements d'apprentissage médiocres et recevant de leurs parents une attention de piètre qualité, comme le montrent des mesures de la réactivité maternelle et de la stimulation du langage (Berger, Paxson et Waldfogel, 2009).

Les enfants pauvres ont également moins accès à l'école maternelle que leurs camarades plus aisés. En Afrique du Sud, par exemple, moins de 30 % des enfants des écoles les plus pauvres sont allés à l'école maternelle pendant deux ans, contre 60 % chez les enfants des écoles plus riches (Spaull, 2013). À Madagascar, on constate d'importants gradients de richesse entre

FIGURE F1.2   **En Afrique, les enfants pauvres apprennent moins**

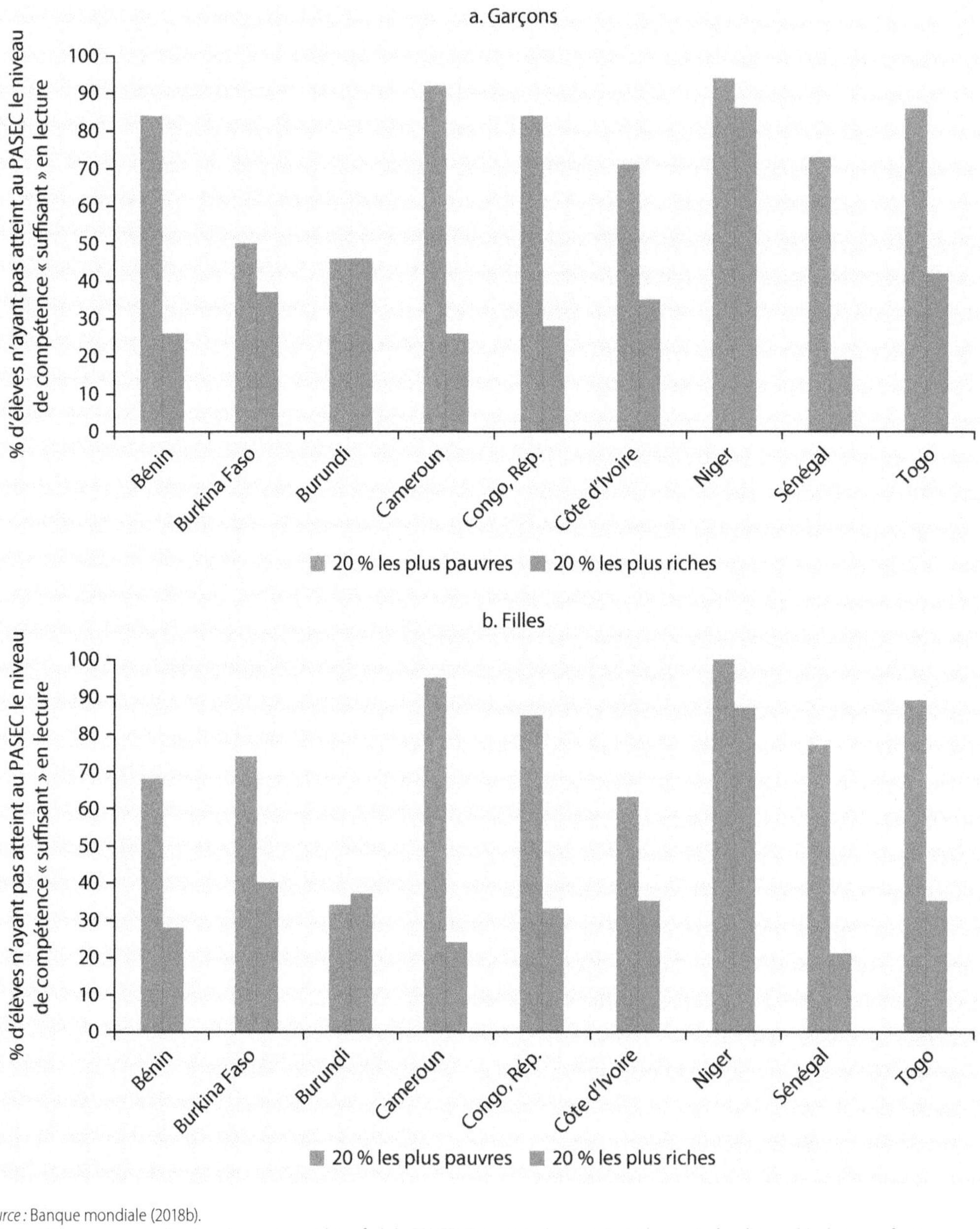

a. Garçons

b. Filles

Source : Banque mondiale (2018b).
Note : PASEC = Programme d'analyse des systèmes éducatifs de la CONFEMEN, une évaluation régionale menée dans l'ensemble des pays africains francophones. La figure montre, pour les quintiles le plus pauvre et le plus riche, par genre, le pourcentage des élèves de sixième ayant participé au PASEC en 2014 qui ont obtenu des scores inférieurs au niveau requis en lecture.

les jeunes enfants dans de nombreux domaines (compréhension du vocabulaire, cognition, attention soutenue et mémoire de travail). Ces écarts de résultats cognitifs se traduisent en écarts dans les résultats de l'apprentissage entre les enfants des ménages riches et pauvres (Galasso, Weber et Fernald, 2019).

En ce qui concerne les retards dans le développement cognitif, de nouvelles preuves empiriques issues de l'Afrique montrent que les gradients socioéconomiques s'accumulent avec le temps. L'histoire de l'éducation ne se borne pas aux années d'école primaire. Dans la plupart des pays africains, peu d'enfants issus de ménages pauvres font des études supérieures. De plus, l'éducation des parents reste un important déterminant des résultats éducatifs de leurs enfants. La persistance de l'enseignement intergénérationnel est forte, dans la région, entre les mères et leurs enfants, et encore plus prononcée chez les filles que chez les fils (Azomahou et Yitbarek, 2016 ; Branson et al., 2012 ; Kwenda, Ntuli et Gwatidzo, 2015 ; Lambert, Ravallion et van de Walle, 2014 ; Ranasinghe, 2015 ; Thomas 1996).

Échapper au piège de la pauvreté lié au développement humain

Parmi les nombreux indicateurs, le plus important à retenir est que des progrès ont lieu en Afrique, mais qu'ils sont lents et concernent surtout les ménages pauvres (Wild et al., 2015). Il est essentiel d'accélérer les améliorations dans le développement humain pour lutter contre la pauvreté à long terme dans la région.

L'argent est une partie de la solution, mais avec deux mises en garde. Premièrement, en ce qui concerne les recettes nationales disponibles, la source et le type de la croissance économique sont importants, comme en témoignent les mauvais résultats des économies riches en ressources en matière de développement humain (de la Brière et al., 2017)[7]. Deuxièmement, les dépenses au sein des secteurs sont importantes pour atteindre les pauvres. Le chapitre 6 (« Mobiliser des ressources en faveur des pauvres ») aborde différents aspects des investissements budgétaires dans le capital humain, en mettant en évidence le niveau des dépenses, les dépenses au sein des secteurs, et l'efficacité des dépenses.

La technologie fera également partie de la solution, en apportant plus d'efficacité aux dépenses et en améliorant les services — voir Fondamentaux 3 « Réaliser des avancées grâce à la technologie (et au commerce) ». Comme pour l'histoire de l'emploi (chapitres 3 et 4), une approche intégrée est nécessaire pour améliorer les résultats en matière de développement humain pour la prochaine génération.

Notes

1. L'effet conjugué de la santé sur les revenus actuels et futurs (la prochaine génération ayant un capital humain moins bon et des revenus plus faibles) signifie que la santé est importante pour le développement général. La contribution historique de la santé au développement économique va de 30 % à 40 % de la richesse économique actuelle (IMF, 2004). Une plus longue espérance de vie est également associée à la hausse du produit intérieur brut (PIB) (Biciunaite et Gordon, 2014 ; Cervellati et Sunde, 2011). D'un autre côté, un PIB plus élevé ne résout pas nécessairement les problèmes liés à une mauvaise santé (Harttgen, Klasen et Vollmer, 2013).

2. Même à l'âge adulte, une mauvaise santé a des impacts sur la pauvreté. Les personnes en mauvaise santé soit sont exclues des marchés du travail rémunérateurs, soit gagnent moins. Il a été prouvé que le paludisme, une maladie plutôt répandue en Afrique, réduit le travail et la productivité dans les exploitations agricoles (Alaba et Alaba, 2009 ; Cropper et al., 2004 ; Dillon, Friedman et Serneels, 2014). Les chocs liés à la santé réduisent également les économies, les investissements, ainsi que les revenus actuels (voir l'analyse figurant dans le chapitre 5 de ce rapport).

3. Le retard de croissance (taille insuffisante par rapport à l'âge) est un indicateur de malnutrition chronique reflétant des déficits de croissance linéaires et cumulatifs chez les enfants. L'émaciation (poids insuffisant par rapport à la taille) est un indicateur de malnutrition aiguë chez l'enfant. L'insuffisance pondérale (poids insuffisant par rapport à l'âge) est un indicateur composite du retard de croissance et de l'émaciation, ne faisant pas de distinction entre les deux.

4. Avant la fin de la lutte contre la malnutrition, le problème de la suralimentation a commencé à se manifester dans la région. De nombreux pays africains connaissent une augmentation du surpoids et de l'obésité, et un quart des enfants d'âge préscolaire souffrant de surpoids et d'obésité vivent dans la région. La prévalence des enfants en surpoids et obèses était estimée à 8,5 % en Afrique en 2010 et devrait atteindre 13 % en 2020. Les taux de prévalence du surpoids et de l'obésité étaient plus élevés en Afrique qu'en Asie (4,9 %) en 2010 (De Onis, Blössner et Borghi, 2010).

5. Le taux brut de scolarisation (TBS) est le pourcentage total d'inscription, incluant les redoublants, par rapport à la population de la tranche officielle des élèves en âge d'école primaire. Par conséquent, les TBS dépassant 100 % correspondent aux élèves inscrits à l'école primaire, mais n'ayant pas l'âge de la fréquenter.

6. Totaux des inscriptions à l'école primaire en Afrique tirés des données de l'Institut de statistique (ISU) de l'Organisation des Nations Unies pour l'éducation, la science et la culture (UNESCO) : http://uis.unesco.org/.

7. Les limites de la croissance économique en tant que moteur rapide de l'amélioration des services publics de base (notamment l'éducation et la santé) sont remarquablement évidentes dans l'extrapolation des tendances des résultats de 3 des 10 économies les plus fortes de la région : le Ghana, le Rwanda et la Tanzanie (Wild et al., 2015). Par exemple, il a fallu environ 200 ans pour assurer une couverture complète de sages-femmes qualifiées en Tanzanie.

Références

Akombi, Blessing J., Kingsley E. Agho, Dafna Merom, Andre M. Renzaho, and John J. Hall. 2017. "Child Malnutrition in Sub-Saharan Africa: A Meta-Analysis of Demographic and Health Surveys (2006–2016)." *PLoS One* 12 (5): e0177338.

Alaba, Olufunke A., and Olumuyiwa Alaba. 2009. "Malaria in Rural Nigeria: Implications for the Millennium Development Goals." *African Development Review* 21 (1): 73–85.

Almond, Douglas. 2006. "Is the 1918 Influenza Pandemic Over? Long-Term Effects of In Utero Influenza Exposure in the Post-1940 US Population." *Journal of Political Economy* 114 (4): 672–712.

Almond, Douglas, and Bhashkar Mazumder. 2005. "The 1918 Influenza Pandemic and Subsequent Health Outcomes: An Analysis of SIPP Data." *American Economic Review* 95 (2): 258–62.

APP (Africa Progress Panel). 2013. *Africa Progress Report 2013. Equity in Extractives: Stewarding Africa's Natural Resources for All.* Geneva: APP.

Azomahou, Theophile T., and Eleni Abraham Yitbarek. 2016. "Intergenerational Education Mobility in Africa: Has Progress Been Inclusive?" Policy Research Working Paper 7843, World Bank, Washington, DC.

Baez, Javier Eduardo, and Indhira Vanessa Santos. 2007. "Children's Vulnerability to Weather Shocks: A Natural Disaster as a Natural Experiment." Research report, Social Science Research Network, New York.

Baird, Sarah, Joan Hamory Hicks, Michael Kremer, and Edward Miguel. 2016. "Worms

at Work: Long-Run Impacts of a Child Health Investment." *Quarterly Journal of Economics* 131 (4): 1637–80.

Barham, Tania, Karen Macours, and John A. Maluccio. 2013. "Boys' Cognitive Skill Formation and Physical Growth: Long-Term Experimental Evidence on Critical Ages for Early Childhood Interventions." *American Economic Review* 103 (3): 467–71.

Barrett, Christopher B., Teevrat Garg, and Linden McBride. 2016. "Well-Being Dynamics and Poverty Traps." *Annual Review of Resource Economics* 8: 303–27.

Bashir, Sajitha, Marlaine Lockheed, Elizabeth Ninan, and Jee-Peng Tan. 2018. *Facing Forward: Schooling for Learning in Africa.* Washington, DC: World Bank.

Beegle, Kathleen, Luc Christiaensen, Andrew Dabalen, and Isis Gaddis. 2016. *Poverty in a Rising Africa.* Washington, DC: World Bank.

Berger, Lawrence M., Christina Paxson, and Jane Waldfogel. 2009. "Income and Child Development." *Children and Youth Services Review* 31 (9): 978–89.

Bhalotra, Sonia, and Samantha Rawlings. 2013. "Gradients of the Intergenerational Transmission of Health in Developing Countries." *Review of Economics and Statistics* 95 (2): 660–72.

Bharadwaj, P., Petter Lundborg, and Dan-Olof Rooth. 2017. "Birth Weight in the Long Run." *Journal of Human Resources* 53 (1): 189–231.

Bhutta, Zulfiqar A., Jai K. Das, Ajumand Rizvi, Michelle F. Gaffey, Walker Neff, Susan Horton, Patrick Webb, Anna Lartey, and Robert E. Black. 2013. "Evidence-Based Interventions for Improvement of Maternal and Child Nutrition: What Can Be Done and at What Cost?" *The Lancet* 382 (9890): 452–77.

Biciunaite, Audre, and Lydia Gordon. 2014. "Economic Growth and Life Expectancy: Do Wealthier Countries Live Longer?" Market Research Blog, Euromonitor International, March 14. https://blog.euromonitor.com/economic-growth-and-life-expectancy-do-wealthier-countries-live-longer/.

Bingenheimer, Jeffrey B. 2010. "Men's Multiple Sexual Partnerships in 15 Sub-Saharan African Countries: Sociodemographic Patterns and Implications." *Studies in Family Planning* 41 (1): 1–17.

Blunch, Niels-Hugo. 2017. "Adult Literacy Programs in Developing Countries." Article, IZA World of Labor online platform, Institute for the Study of Labor (IZA), Bonn.

Bond, Matthew, Donald C. Kennan, Pejman Rohani, and Jeffrey D. Sachs. 2009. "Poverty Trap Formed by the Ecology of Infectious Diseases." *Proceedings of the Royale Society B* 277 (1685): 1185–92.

Branson, Nicola, Julia Garlick, David Lam, and Murray Leibbrandt. 2012. "Education and Inequality: The South African Case." SALDRU Working Paper 75, Southern Africa Labour and Development Research Unit, University of Cape Town, South Africa.

Buchmann, Nina, Erica Field, Rachel Glennerster, Shahana Nazneen, Svetlana Pimkina, and Iman Sen. 2017. "Power vs Money: Alternative Approaches to Reducing Child Marriage in Bangladesh, a Randomized Control Trial." Unpublished manuscript, Abdul Latif Jameel Poverty Action Lab (J-PAL), Cambridge, MA.

Canavan, M. E., H. L. Sipsma, G. M. Kassie, and E. H. Bradley. 2014. "Correlates of Complete Childhood Vaccination in East African Countries." *PLoS One* 9 (4): e95709.

Case, Anne, Darren Lubotsky, and Christina Paxson. 2002. "Economic Status and Health in Childhood: The Origins of the Gradient." *American Economic Review* 92 (5): 1308–34.

Case, Anne, and Christina Paxson. 2010. "Causes and Consequences of Early-Life Health." *Demography* 47 (1): S65–S85.

Cervellati, Matteo, and Uwe Sunde. 2011. "Life Expectancy and Economic Growth: The Role of the Demographic Transition." *Journal of Economic Growth* 16 (2): 99–133.

Checkley, William, Leonardo D. Epstein, Robert Gilman, Lilia Cabrera, and Robert E. Black. 2003. "Effects of Acute Diarrhea on Linear Growth in Peruvian Children." *American Journal of Epidemiology* 157 (2): 166–75.

Conti, Gabriella, James Heckman, and Sergio Urzua. 2010. "The Education-Health Gradient." *American Economic Review* 100 (2): 234.

Croke, Kevin, and Rifat Atun. 2019. "The Long Run Impact of Early Childhood Deworming on Numeracy and Literacy: Evidence from Uganda." *PLOS Neglected Tropical Diseases* 13 (1): e0007085.

Cropper, Maureen L., Mitiku Haile, Julian Lampietti, Christine Poulos, and Dale Whittington. 2004. "The Demand for a Malaria Vaccine: Evidence from Ethiopia." *Journal of Development Economics* 75 (1): 303–18.

Cunha, Flavio, James J. Heckman, Lancer Lochner, and Dimitriy V. Masterov. 2006. "Interpreting the Evidence on Life Cycle Skill Formation." *Handbook of the Economics of Education* 1: 697–812.

Currie, Janet, and Rosemary Hyson. 1999. "Is the Impact of Health Shocks Cushioned by Socioeconomic Status? The Case of Low Birth Weight." *American Economic Review* 89 (2): 245–50.

Currie, Janet, and Enrico Moretti. 2007. "Biology as Destiny? Short- and Long-Run Determinants of Intergenerational Transmission of Birth Weight." *Journal of Labor Economics* 25 (2): 231–64.

Dasgupta, Partha. 1997. "Nutritional Status, the Capacity for Work, and Poverty Traps." *Journal of Econometrics* 77 (1): 5–37.

de la Brière, Bénédicte, Deon Filmer, Dena Ringold, Dominic Rohner, Karelle Samuda, and Anastasiya Denisova. 2017. *From Mines and Wells to Well-Built Minds: Turning Sub-Saharan Africa's Natural Resource Wealth into Human Capital*. Directions in Development Series. Washington, DC: World Bank.

De Onis, Mercedes, Monika Blössner, and Elaine Borghi. 2010. "Global Prevalence and Trends of Overweight and Obesity among Preschool Children." *American Journal of Clinical Nutrition* 92 (5): 1257–64.

De Onis, Mercedes, and Francesco Branca. 2016. "Childhood Stunting: A Global Perspective." *Maternal and Child Nutrition* 12 (S1): 12–26.

Deaton, Angus. 2013. *The Great Escape: Health, Wealth, and the Origins of Inequality*. Princeton, NJ: Princeton University Press.

Delprato, Marcos, Kwame Akyeampong, and Mairead Dunne. 2017. "Intergenerational Education Effects of Early Marriage in Sub-Saharan Africa." *World Development* 91: 173–92.

Delprato, Marcos, Kwame Akyeampong, Ricardo Sabates, and Jimena Hernandez-Fernandez. 2015. "On the Impact of Early Marriage on Schooling Outcomes in Sub-Saharan Africa and South West Asia." *International Journal of Educational Development* 44: 42–55

Dillon, Andrew, Jed Friedman, and Pieter Serneels. 2014. "Health Information, Treatment, and Worker Productivity: Experimental Evidence from Malaria Testing and Treatment among Nigerian Sugarcane Cutters." Policy Research Working Paper 7120, World Bank, Washington, DC.

Evans, Gary W., and Rochelle C. Cassells. 2014. "Childhood Poverty, Cumulative Risk Exposure, and Mental Health in Emerging Adults." *Clinical Psychological Science* 2 (3): 287–96.

Feinstein, Leon. 2003. "Inequality in the Early Cognitive Development of British Children in the 1970 Cohort." *Economica* 70 (277): 73–97.

Flabbi, Luca, and Roberta Gatti. 2018. "A Primer on Human Capital." Policy Research Working Paper 8309, World Bank, Washington, DC.

Fogel, Robert W. 2004. *The Escape from Hunger and Premature Death, 1700–2100: Europe, America, and the Third World.* Cambridge, U.K.: Cambridge University Press.

Galasso, Emanuela, and Adam Wagstaff. 2018. "The Aggregate Income Losses from Childhood Stunting and the Returns to a Nutrition Intervention Aimed at Reducing Stunting." Policy Research Working Paper 8536, World Bank, Washington, DC.

Galasso, Emanuela, Ann Weber, and Lia C. H. Fernald. 2019. "Dynamics of Child Development: Analysis of a Longitudinal Cohort in a Very Low Income Country." *World Bank Economic Review* 33 (1): 140–59.

Glewwe, Paul, and Hanan G. Jacoby. 1995. "An Economic Analysis of Delayed Primary School Enrolment in a Low Income Country: The Role of Early Childhood Nutrition." *Review of Economics and Statistics* 77: 156–69.

Grantham-McGregor, Sally, Yin Bun Cheung, Santiago Cueto, Paul Glewwe, Linda Richter, Barbara Strupp, and International Child Development Steering Group. 2007. "Developmental Potential in the First 5 Years for Children in Developing Countries." *The Lancet* 369 (9555): 60–70.

Harper, Caroline, Rachel Marcus, and Karen Moore. 2003. "Enduring Poverty and the Conditions of Childhood: Lifecourse and Intergenerational Poverty Transmissions." *World Development* 31 (3): 535–54.

Harttgen, Kenneth, Stephan Klasen, and Sebastian Vollmer. 2013. "Economic Growth and Child Under-Nutrition in Sub-Saharan Africa." *Population and Development Review* 39 (3): 397–412.

Heckman, James J. 2006. "Skill Formation and the Economics of Investing in Disadvantaged Children." *Science* 312 (5782): 1900–02.

———. 2011. "The Economics of Inequality: The Value of Early Childhood Education." *American Educator* 35 (1): 31–35, 47.

Hoddinott, John, Harold Alderman, Jere R. Behrman, Lawrence Haddad, and Susan Horton. 2013. "The Economic Rationale for Investing in Stunting Reduction." *Maternal and Child Nutrition* 9 (S2): 69–82.

IMF (International Monetary Fund). 2004. *Health and Development: Why Investing in Health Is Critical for Achieving Economic Developmental Goals.* Washington, DC: IMF.

Kazungu, Jacob S., and Ifedayo M. Adetifa. 2017. "Crude Childhood Vaccination Coverage in West Africa: Trends and Predictors of Completeness." *Wellcome Open Research* 2: 12.

Kidman, R. 2017. "Child Marriage and Intimate Partner Violence: A Comparative Study of 34 Countries." *International Journal of Epidemiology* 46 (2): 662–75.

Kwenda, Prudence, Miracle Ntuli, and Tendai Gwatidzo. 2015. "Temporal Developments in Intergenerational Transmission of Education: Case for Black South Africans." *Research in Social Stratification and Mobility* 42: 96–113.

Lal, Suresh B. 2015. "Child Marriage in India: Factors and Problems." *International Journal of Science and Research* 4 (4): 2993–98.

Lambert, Sylvie, Martin Ravallion, and Dominique van de Walle. 2014. "Intergenerational Mobility and Interpersonal Inequality in an African Economy." *Journal of Development Economics* 110: 327–44.

Lee-Rife, Susan, Anju Malhotra, Ann Warner, and Allison McGonagle Glinski. 2012. "What Works to Prevent Child Marriage: A Review of the Evidence." *Studies in Family Planning* 43 (4): 287–303.

Leroy, Jeff L., Marie Ruel, Jean-Pierre Habicht, and Edward A. Frongillo. 2014. "Linear Growth Deficit Continues to Accumulate beyond the First 1,000 Days in Low- and Middle-Income Countries: Global Evidence from 51 National Surveys." *Journal of Nutrition* 144 (9): 1460–66.

Maccini, Sharon, and Dean Yang. 2009. "Under the Weather: Health, Schooling, and Economic Consequences of Early-Life Rainfall." *American Economic Review* 99 (3): 1006–26.

Machingaidze, Shingai, Charles S. Wiysonge, and Gregory D. Hussey. 2013. "Strengthening the Expanded Programme on Immunization in Africa: Looking beyond 2015." *PLoS Med* 10 (3): e1001405.

Martorell, Reynaldo. 1995. "Results and Implications of the INCAP Follow-Up Study." *Journal of Nutrition* 125 (4): 1127S–1138S.

Martorell, Reynaldo, Kettel L. Khan, and Dirk G. Schroeder. 1994. "Reversibility of Stunting: Epidemiological Findings in Children from Developing Countries." *European Journal of Clinical Nutrition* 48: S45–S57.

Mendez, Michelle A., and Linda S. Adair. 1999. "Severity and Timing of Stunting in the First Two Years of Life Affect Performance on Cognitive Tests in Late Childhood." *Journal of Nutrition* 129 (8): 1555–62.

Montenegro, Claudio E., and Harry Anthony Patrinos. 2013. "Returns to Schooling around the World." Background paper for *World Development Report 2013: Jobs*, World Bank, Washington, DC.

Mukhebi, Adrian, Stephen Mbogoh, and K. Matungulu. 2011. "An Overview of the Food Security Situation in Eastern Africa." Study commissioned by the United Nations Economic Commission for Africa (UNECA) Sub-Regional Office for Eastern Africa, Addis Ababa, Ethiopia.

Newhouse, David, Pablo Suarez-Becerra, and Martin C. Evans. 2016. "New Estimates of Extreme Poverty for Children." Policy Research Working Paper 7845, World Bank, Washington, DC.

Nguyen, Minh Cong, and Quentin Wodon. 2014. "Impact of Child Marriage on Literacy and Education Attainment in Africa." Background paper for *Fixing the Broken Promise of Education for All*, UNESCO, Paris.

Nour, N. M. 2006. "Health Consequences of Child Marriage in Africa." *Emerging Infectious Diseases* 12 (11): 1644–49.

Osmani, Siddiqur Rahman, ed. 1992. *Nutrition and Poverty*. Oxford U.K.: Oxford University Press.

Ozier, Owen. 2018. "Exploiting Externalities to Estimate the Long-Term Effects of Early Childhood Deworming." *American Economic Journal: Applied Economics* 10 (3): 235–62.

Parsons, Jennifer, Jeffrey Edmeades, Aslihan Kes, Suzanne Petroni, Maggie Sexton, and Quentin Wodon. 2015. "Economic Impacts of Child Marriage: A Review of the Literature." *Review of Faith and International Affairs* 13 (3): 12–22.

Ranasinghe, Rasika. 2015. "The Transmission of Education across Generations: Evidence from Australia." *B.E. Journal of Economic Analysis and Policy* 15: 1893–1917.

Schady, Norbert, Jere Behrman, Maria Caridad Araujo, Rodrigo Azuero, Raquel Bernal, David Bravo, Florencia Lopez-Boo, et al. 2015. "Wealth Gradients in Early Childhood Cognitive Development in Five Latin American Countries." *Journal of Human Resources* 50 (2): 446–63.

Shonkoff, Jack P., and Deborah A. Phillips, eds. 2000. *From Neurons to Neighborhoods: The Science of Early Childhood Development*. Washington, DC: National Academies Press.

Spaull, Nicholas. 2013. "Poverty and Privilege: Primary School Inequality in South Africa." *International Journal of Educational Development* 33 (5): 436–47.

Thomas, Duncan. 1996. "Education across Generations in South Africa." *American Economic Review* 86: 330–34.

UNICEF (United Nations Children's Fund). 2016. *State of the World's Children: A Fair Chance for Every Child*. New York: UNICEF.

Vandell, Deborah Lowe, Jay Belsky, Margaret Burchinal, Laurence Steinberg, and Nathan Vandergrift. 2010. "Do Effects of Early Child Care Extend to Age 15 Years? Results from the NICHD Study of Early Child Care and Youth Development." *Child Development* 81 (3): 737–56.

Victora, Cesar G., Linda Adair, Caroline Fall, Pedro C. Hallal, Reynaldo Martorell, Linda Richter, Harshpal Singh Sachdev, and Maternal and Child Undernutrition Study Group. 2008. "Maternal and Child Undernutrition: Consequences for Adult Health and Human Capital." *The Lancet* 371 (9609): 340–57.

Wild, Leni, David Booth, Clare Cummings, Marta Foresti, and Joseph Wales. 2015. "Adapting Development: Improving Services to the Poor." Report, Overseas Development Institute (ODI), London.

Wiysonge, Charles, Olalekan A. Uthman, Peter M. Ndumbe, and Gregory D. Hussey. 2012. "Individual and Contextual Factors Associated with Low Childhood Immunization Coverage in Sub-Saharan Africa: A Multilevel Analysis." *PLoS One* 7 (5): e37905.

Wodon, Quentin, Chata Male, Ada Nayihouba, Adenike Onagoruwa, Aboudrahyme Savadogo, Ali Yedan, Jeff Edmeades, et al. 2017. "Economic Impacts of Child Marriage: Global Synthesis Report." Paper prepared for the Economic Impacts of Child Marriage project, World Bank and International Centre for Research on Women (ICRW), Washington, DC.

World Bank. 2018a. "All Hands on Deck: Reducing Stunting through Efforts in Sub-Saharan Africa." Working Paper No. 127344, World Bank, Washington, DC.

———. 2018b. *World Development Report 2018: Learning to Realize Education's Promise*. Washington, DC: World Bank.

Gagner davantage dans les exploitations agricoles | 3

Luc Christiaensen et Joachim Vandercasteelen

L'agriculture est bien placée pour aider à accélérer la réduction de la pauvreté en Afrique. La demande alimentaire est forte, la politique agricole et l'environnement commercial sont favorables, et bon nombre de pauvres vivent dans des zones à bon potentiel agroécologique. La consommation alimentaire est toutefois de plus en plus satisfaite par les importations tant de céréales — produites et consommées par les pauvres — que de produits à plus forte valeur.

Ce chapitre montre que pour maximiser l'effet de la réponse de l'offre agricole sur la réduction de la pauvreté en Afrique, trois voies doivent être exploitées : a) augmenter la productivité des cultures de base des petits exploitants agricoles ; b) mettre au point des produits à plus forte valeur pour les marchés (urbains) nationaux ; et c) accroître les exportations agricoles. Pour ce faire, l'investissement public dans l'accroissement de la productivité des cultures de base des petits exploitants agricoles reste un problème stratégique majeur pour les pouvoirs publics.

Une multitude de contraintes liées aux intrants, aux facteurs et aux marchés des produits freine l'intensification de l'agriculture. Des poches de pénurie de terres commencent à apparaître, et la saisonnalité des calendriers de la main-d'œuvre agricole reste trop souvent ignorée. La mécanisation et une meilleure gestion de l'eau peuvent aider. Pourtant, les interventions menées visent trop souvent une cible unique ou sont mal coordonnées. Les efforts de la révolution verte, de mécanisation et d'irrigation entrepris en Afrique nécessitent une approche intégrée abordant simultanément les contraintes du côté de la demande et du côté de l'offre pour lutter contre la pauvreté.

Pour ce faire, le développement inclusif de la chaîne de valeur (DCV) fournit une solution organisationnelle basée sur le marché. Les petits exploitants agricoles peuvent être reliés à des marchés intérieurs et d'exportation à plus forte valeur, soit directement en tant que producteurs (fournissant des produits agricoles bruts), soit indirectement en tant que travailleurs (par le biais des possibilités d'emploi). Les acheteurs y gagnent en obtenant la constance du volume et de la qualité des produits, requise pour accéder à ces marchés. Les petits exploitants agricoles plus importants obtiennent plus souvent des contrats, tandis que les plus pauvres bénéficient de retombées locales. Le soutien des organisations de producteurs peut aider à rendre les chaînes de valeur plus inclusives.

Le respect des contrats est plus difficile dans la production des denrées de base. Toutefois, la demande d'une qualité et de volumes constants, ainsi que les possibilités d'ajout de valeur augmentent également sur les marchés intérieurs des denrées de base de l'Afrique (riz et teff pour les marchés urbains, maïs pour l'alimentation animale, et orge pour la bière). Cela augmente les possibilités d'expérimentation de DCV des denrées de base, souvent facilité par des intermédiaires tiers pour surmonter les problèmes de confiance et de coordination.

Néanmoins, il reste encore beaucoup à faire pour fournir des biens publics complémentaires en vue d'aider les petits exploitants pauvres à accroître la productivité de leurs cultures de base et de leurs élevages, étant donné l'intérêt limité témoigné par le secteur privé et l'importance de cette amélioration pour la réduction de la pauvreté. Une dépense publique accrue est nécessaire dans l'agriculture (alors qu'elle a commencé à faiblir), de même qu'un changement dans sa composition pour soutenir principalement les biens publics (plutôt que privés), notamment la recherche et le développement agricole (R&D) et la vulgarisation destinée non seulement aux cultures de base, mais également à l'élevage, ainsi que des investissements dans l'irrigation et les infrastructures rurales. Le DCV agricole inclusif exige, en outre, la mise en place d'un environnement favorable aux affaires, notamment pour permettre une exécution rentable des contrats, ainsi qu'une diminution des coûts de transaction pour faciliter la coordination entre les acteurs des chaînes.

Des conditions largement favorables au développement agricole

Des marchés intérieurs des denrées alimentaires en croissance, mais une offre stagnante

La demande d'aliments a rapidement augmenté en Afrique. Il en sera de même dans un avenir proche, avec une augmentation annuelle de plus de 3 % en volume jusqu'en 2025 (OECD et FAO, 2016). Cette tendance est largement soutenue par la forte croissance démographique de l'Afrique (2,7 % par an).

L'augmentation des revenus et l'urbanisation lui impriment un élan supplémentaire, notamment dans le sens d'un ajout de valeur[1]. Elles induisent un changement de régime alimentaire en faveur de produits agricoles plus riches en protéines (viande et produits laitiers, œufs et légumineuses), en nutriments (fruits et légumes) et en calories (sucres, huiles et graisses). Elles augmentent également la demande d'aliments transformés, emballés et préparés (Cockx, Colen et De Weerdt, 2018).

L'agriculture et l'industrie agricole africaines devraient représenter environ 1 000 milliards de dollars d'ici à 2030 (contre 313 milliards de dollars en 2010) (Banque mondiale, 2013). En raison de l'urbanisation et de la diversification des revenus ruraux, davantage de personnes achèteront leur nourriture au lieu de la produire (Davis, Di Giuseppe et Zezza, 2017).

Ensemble, ces tendances indiquent des conditions du marché intérieur favorables à l'exploitation de l'agriculture et de l'industrie agricole en vue de créer des emplois plus nombreux et de meilleure qualité et d'accélérer la réduction de la pauvreté. Pour ce faire, les denrées de base non transformées continueront d'être importantes (encadré 3.1).

Jusqu'ici, la production de maïs et de manioc (deux denrées de base dominantes) a augmenté pour répondre à la demande. La région reste largement autosuffisante en ce qui concerne le maïs (sauf pendant les années de sécheresse) ainsi que les racines et tubercules (avec, contrairement au maïs, une faible augmentation du rendement). Le maïs est également activement commercialisé dans la région[2], mettant en évidence les possibilités de sécurisation de l'offre alimentaire de l'Afrique offertes par le commerce intrarégional (Banque mondiale, 2012). L'augmentation de la production intérieure de riz (en particulier en Afrique occidentale) satisfait environ la moitié de la demande croissante. La production de blé n'a pas beaucoup augmenté. Les secteurs de la volaille et des produits laitiers restent également largement sous-développés.

En conséquence, la facture des importations de denrées alimentaires de l'Afrique a grimpé d'environ 30 milliards de dollars au cours des vingt dernières années (passant de 8 milliards de dollars en 1995-1997 à 37,9 milliards de dollars en 2014-2016) (figure 3.1). La croissance des importations de céréales représente un tiers de cette augmentation (ACET, 2017)[3]. Le taux de dépendance de l'Afrique vis-à-vis des importations de céréales est passé de 10 % en 1994-1996 à 23 % en 2016-2018. La demande croissante d'huiles végétales et de volaille a également été largement satisfaite par les importations.

L'augmentation des importations alimentaires ne doit pas poser de problèmes si celles-ci peuvent être financées par des exportations (Collier et Dercon, 2014 ; Rakotoarisoa, Iafrate et Paschali, 2011). En Afrique, ces exportations ont traditionnellement concerné d'autres produits agricoles (tels que le café, le cacao, le coton, les fruits, et les légumes) ainsi que des ressources naturelles primaires (minéraux, pétrole et gaz). Dans les deux cas, l'Afrique a bien réussi. La croissance de la valeur des exportations agricoles (incluant les produits non alimentaires) a globalement suivi le rythme de la croissance de la facture des importations alimentaires, avec

ENCADRÉ 3.1   Les denrées de base non transformées constituent la majeure partie de la demande alimentaire africaine en croissance rapide

Malgré une croissance plus rapide de la demande d'aliments à plus forte valeur, transformés et pratiques, la demande de denrées de base non transformées continuera de déterminer une part importante de la demande alimentaire globale de l'Afrique. Les denrées de base non transformées (céréales, racines et tubercules) représentent encore 80 % de l'apport alimentaire total en volume (kilogrammes) et 50 à 67 % de l'apport calorique total, selon la région (moins en Afrique centrale et australe, plus en Afrique occidentale et orientale) (OECD et FAO, 2016). Il en résulte des augmentations (en volume et en valeur) plus faibles pour les produits agricoles à plus forte valeur que pour les denrées de base.

En particulier, les consommations de céréales ainsi que de racines et de tubercules devraient augmenter en Afrique respectivement de 52,2 millions et 25 millions de tonnes d'ici à 2025, soit d'environ un tiers par rapport aux 160 millions et 73,3 millions de tonnes consommées par an en 2013-2015 (OECD et FAO, 2016). La majeure partie de cette augmentation concerne la consommation humaine (90 % pour les céréales, 72 % pour les racines et tubercules). La demande de viande devrait également croître d'environ un tiers, mais en partant d'une base[a] nettement plus faible. En ce qui concerne la volaille, dont l'accroissement de la demande devrait être le plus prononcé, la demande supplémentaire est de 1,6 million de tonnes ; pour le bœuf, de 1,5 million de tonnes ; pour l'agneau et le mouton, de

0,9 million de tonnes ; et pour le porc, de 0,6 million de tonnes. C'est peu en comparaison de l'augmentation de la demande (ainsi que de la valeur) des céréales.

Dans l'ensemble, la croissance du revenu par habitant est restée relativement modeste, et l'urbanisation (suivant le revenu) oriente principalement les préférences en faveur d'aliments plus faciles à consommer, tels que le pain (blé) et les aliments préparés et riches en sucre, plutôt que vers les aliments et les matières grasses d'origine animale (Cockx, Colen et De Weerdt, 2018). La demande par habitant d'édulcorants et d'huile végétale devrait croître le plus rapidement (OECD et FAO, 2016).

Les caractéristiques particulières de la demande varient selon les régions géographiques de l'Afrique. La croissance de la demande devrait être la plus forte en Afrique occidentale pour le riz ; en Afrique orientale et australe pour le maïs ; et en Afrique occidentale et orientale pour les racines et tubercules. Ces tendances sont conformes aux schémas historiques des préférences alimentaires. Compte tenu du nombre de conflits, la croissance de l'apport calorique devrait être faible en Afrique centrale.

a. En 2013-2015, les consommations africaines moyennes de céréales et de racines et tubercules ont atteint respectivement 128 kg et 53 kg par habitant, pour une consommation alimentaire totale de 227 kg par habitant. Les consommations moyennes par habitant de viande, poisson, produits laitiers (équivalent sec), édulcorants et huiles végétales ont été respectivement de 11, 9, 4, 12 et 11 kg (OECD et FAO, 2016).

FIGURE 3.1   Depuis le milieu des années 2000, la facture des importations de denrées alimentaires a triplé en Afrique

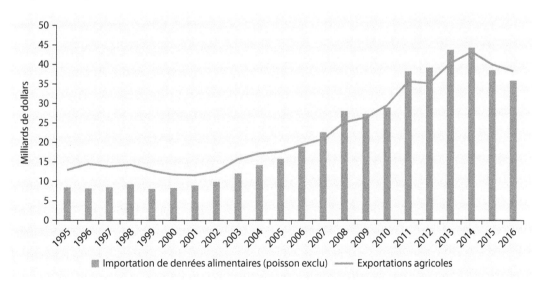

Source : Base de données FAOSTAT 2018, Organisation des Nations Unies pour l'alimentation et l'agriculture (FAO), http://www.fao.org/faostat/.

une certaine détérioration au lendemain de la crise alimentaire mondiale de 2008. Les recettes tirées des ressources naturelles ont rapidement augmenté dans de nombreux pays à la suite du supercycle des décennies 1990 et 2000.

Toutefois, dans un certain nombre de pays essentiellement plus petits et dénués de richesse en ressources et dans certaines îles, les importations de denrées alimentaires ont absorbé plus de 50 % des recettes totales des exportations de marchandises (dans 10 pays en 2011-2013). Ce fardeau pèse sur les équilibres macroéconomiques extérieurs et détourne de précieuses devises destinées aux indispensables importations de biens d'équipement et de technologies. Dans 9 autres pays, les importations de denrées alimentaires ont représenté 25 à 50 % du total des exportations de marchandises[4].

La facture croissante des importations de denrées alimentaires de l'Afrique correspond surtout à une occasion manquée d'accélérer la réduction de la pauvreté grâce à la substitution des importations alimentaires. Même si tous les pays africains ne peuvent pas devenir autosuffisants en denrées de base (en particulier lorsqu'il s'agit de céréales fourragères), il reste encore beaucoup de possibilités d'améliorer la sécurité alimentaire et de réduire la pauvreté en commençant par améliorer la productivité des cultures de base. L'agriculture dispose de pouvoirs plus importants de réduction de la pauvreté, en particulier dans les pays à faible revenu (Christiaensen et Martin, 2018). L'Afrique bénéficie également d'un avantage comparatif en terre et main-d'œuvre. Et la récente croissance de sa production de maïs, manioc et riz, due notamment à de meilleurs rendements, confirme la possibilité d'une réaction plus vigoureuse de l'offre[5]. La chose est encore plus vraie dans les pays africains riches en pétrole, où les investissements publics dans l'agriculture sont systématiquement plus faibles et les importations de volaille systématiquement plus élevées — une association qu'on n'observe pas dans les pays riches en pétrole d'autres régions du monde (N'diaye et Christiaensen, 2017).

L'avantage comparatif de nombreux pays africains dans la production des denrées de base, mais également des aliments de consommation non courante et transformés, peut être davantage exploité pour réduire la pauvreté grâce à une amélioration du commerce agricole intrarégional (Banque mondiale, 2012). Le potentiel d'accroissement du commerce du soja destiné à la production de volaille entre la Zambie et l'Afrique du Sud n'en est qu'un exemple (Ncube, 2018).

Prix amélioré et environnement des politiques

Les faibles incitations de prix consécutives à la baisse des cours mondiaux des denrées alimentaires, ainsi que le manque d'investissement public ont freiné l'agriculture en Afrique dans les années 1990 et au début des années 2000 (Banque mondiale, 2007). Beaucoup de choses ont changé depuis lors : les prix mondiaux des denrées alimentaires sont d'environ 70 % plus élevés aujourd'hui qu'avant la crise alimentaire mondiale de 2008 (ou 40 à 50 % plus élevés en termes réels). Et ils devraient rester à ces niveaux jusqu'en 2025 (FAO, 2017 ; Banque mondiale, 2018)[6]. Jusqu'ici, les cours mondiaux plus élevés des denrées alimentaires ont positivement influencé la sécurité alimentaire (sauf pour les consommateurs urbains et les effets à court terme) et réduit la pauvreté globale (Headey et Martin, 2016).

Le commerce agricole intérieur et l'environnement des politiques sont également plus favorables. Le taux relatif d'aide (TRA) à l'agriculture en Afrique — une mesure complète du biais des politiques intérieures en défaveur de l'agriculture par rapport à la non-agriculture — a régulièrement augmenté, allant de -40 % à -50 % (indiquant un fort biais en défaveur de l'agriculture) au début des années 1980, jusqu'à -5 à -10 % à la fin des années 2000 (Janssen et Swinnen, 2016)[7]. Cette amélioration spectaculaire est largement due à la baisse substantielle des taxes à l'exportation des cultures industrielles (cacao, café, coton, thé et caoutchouc) et des fruits et légumes. Les producteurs de cultures de rente perçoivent maintenant une part nettement plus importante des cours mondiaux. Cela a aidé à réduire la pauvreté (Breisinger et al., 2008 ; Deininger et Okidi, 2003 ; Molini et Paci, 2015) et laisse espérer un allègement accru de la pauvreté grâce à de nouveaux gains de productivité de ces denrées de base.

Plus récemment, le taux nominal de protection (TNP) des denrées de base — une mesure indiquant l'appui intérieur aux prix des produits — a également augmenté dans l'ensemble des pays en réaction à la crise alimentaire mondiale et pour stimuler la substitution des importations. Il est passé de pratiquement aucune protection au cours des dernières décennies à environ 10 % en 2014-2016 (Pernechele, Balié et Ghins, 2018)[8]. Il est généralement plus élevé dans les pays de l'Afrique orientale que dans ceux de l'Afrique occidentale. La production nationale de céréales a augmenté[9]. L'expansion rapide des programmes de subventions des intrants a également été facilitée par la réaction de l'offre (Jayne et Rashid, 2013). Les accords commerciaux régionaux se renforcent également. Cela offre de bonnes perspectives d'élargissement des opportunités de marché aux agriculteurs des pays disposant d'excédents alimentaires, même s'il subsiste d'importantes barrières non tarifaires (Asenso-Okyere et Jemaneh, 2012 ; Geda et Seid, 2015 ; Hoekman et Njinkeu, 2017 ; Janssen et Swinnen, 2016 ; OECD et FAO, 2016)[10].

Depuis 2003, les États africains se sont engagés à rechercher une croissance annuelle du secteur agricole de 6 % et à porter à 10 %[11] la part de l'agriculture dans la dépense publique. Par rapport aux années 1990 et au début des années 2000, cela représente un changement fondamental de perspective et de soutien politique en faveur de l'agriculture en tant que point

d'entrée pour la croissance et la réduction de la pauvreté. Dans certains pays (par exemple, le Burkina Faso, l'Éthiopie et le Rwanda), des progrès notables ont été enregistrés dans la réalisation de ces objectifs. Toutefois, à ce jour, seuls quelques pays les ont atteints. Dans plusieurs pays, la part de la dépense agricole dans la dépense publique totale a en fait diminué au cours des deux dernières années. En moyenne, elle est redescendue à son niveau d'avant 2008 (3 %) (De Pinto et Ulimwengu, 2017).

Comme le confirment les dernières estimations de l'élasticité des prix de la production des denrées de base en Afrique, ces évolutions des prix et des politiques ont créé un environnement généralement propice à une réaction de l'agriculture africaine (encadré 3.2).

Nouveaux problèmes liés aux changements climatiques et à la résurgence des conflits

La réaction de l'offre alimentaire de l'Afrique intervient dans un environnement climatique en mutation. Les températures moyennes à la surface sont en augmentation, les régimes des

---

ENCADRÉ 3.2 L'offre africaine de cultures de base réagit aux incitations de prix et aux réductions des coûts de transaction

Les agriculteurs africains réagissent aux variations de prix. Une augmentation de 10 % du prix réel d'une culture de base entraîne une augmentation de sa production de 6 % l'année suivante (sur base de l'expérience de 10 pays africains sur la période 2005-2013) (Magrini, Balié et Morales-Opazo, 2018). Un peu plus de la moitié de cette augmentation (55 %) résulte de l'expansion de la superficie et le reste (45 %) de l'intensification (augmentation du rendement). Les effets sont plus importants lorsque la hausse des prix découle d'une augmentation du prix frontière ou mondial (élasticité = 0,87), mais ils sont également significatifs lorsqu'ils résultent d'une hausse du taux de change (élasticité = 0,59) ou d'une augmentation de la protection nominale (élasticité = 0,44).

Les résultats confirment, eux aussi, l'importance des coûts de transaction ou de commercialisation pour la stimulation de l'offre : une augmentation de 10 % des coûts de transaction (commercialisation) réduit la production

des denrées de base de 2,9 % (Magrini, Balié et Morales-Opazo, 2018). Cela représente environ la moitié de la réaction positive de l'offre à une augmentation du prix à la production. L'agriculture africaine peut réagir et a réagi à de meilleurs prix, mais des coûts de transaction élevés peuvent rapidement faire obstacle.

Les prix des intrants ont également leur importance. Une augmentation de 10 % des prix réels des engrais et du pétrole réduit la production annuelle des denrées de base de 1,9 % et de 4,9 % respectivement au cours de l'année suivante (Magrini, Balié et Morales-Opazo, 2018). Les effets sont relativement faibles sur les engrais, du moins pour le moment, compte tenu de leur utilisation encore limitée. Les prix du pétrole ont une influence particulière à travers leurs effets sur les coûts de transport (et donc de commercialisation), supplantant ainsi l'effet positif qu'ils pourraient avoir sur la production en augmentant les cours mondiaux des denrées alimentaires (Dillon et Barrett, 2016).

précipitations évoluent, et les saisons agricoles changent. En outre, les conditions météorologiques deviennent de plus en plus variables et extrêmes (Jalloh et al., 2013 ; Niang et al., 2014 ; OECD et FAO, 2016 ; Waithaka et al., 2013). De nombreux signes suggèrent que la production agricole africaine risque de souffrir considérablement (Hallegatte et al., 2016 ; Lesk, Rowhani et Ramankutty, 2016 ; Niang et al., 2014). Il existe toutefois des différences substantielles entre les régions.

Les températures sont en hausse à l'échelle du continent, mais l'augmentation prévue est plus importante en Afrique occidentale qu'en Afrique orientale (Jalloh et al., 2013 ; Niang et al., 2014 ; Waithaka et al., 2013). Les précipitations devraient diminuer en Afrique australe et le long des côtes de plusieurs pays d'Afrique occidentale. Elles augmenteront en Afrique orientale et dans les pays du Sahel, mais deviendront plus imprévisibles et extrêmes partout (Serdeczny et al., 2017). Les effets de ces changements climatiques sur la productivité et le bien-être diffèrent également en fonction des produits cultivés. Le maïs et le blé sont, par exemple, très sensibles au dépassement des seuils de tolérance de la température maximale de jour, tandis que le manioc a tendance à être plus résistant aux températures élevées (Niang et al., 2014 ; Serdeczny et al., 2017 ; Ward, Florax et Flores-Lagunes, 2014).

Compte tenu de ces facteurs climatiques et agronomiques ainsi que de ceux qui leur sont associés, les modèles climatiques prédisent que les rendements du maïs diminueront dans la plupart des pays d'Afrique occidentale, mais augmenteront au Sahel. De même, les modèles prédisent une augmentation des rendements de maïs dans la majeure partie de l'Afrique orientale et centrale, mais une baisse dans de vastes zones de la République démocratique du Congo, de l'Éthiopie, de la Tanzanie et du nord de l'Ouganda (Jalloh et al., 2013 ; Waithaka et al., 2013). Dans les pays de l'Afrique australe, la production et les rendements du maïs devraient augmenter (Hachigonta et al., 2013). De plus, les cultures moins efficaces dans la transformation du dioxyde de carbone (CO_2) en énergie (les plantes dites C_3 telles que le riz et le blé) pourraient bénéficier d'une augmentation des concentrations de CO_2, quoiqu'une croissance plus rapide des plantes pourrait les rendre moins

nutritives[12]. En même temps, des températures plus élevées et des sources d'eau peu fiables risquent de peser sur la production animale dans les zones arides et semi-arides (Jalloh et al., 2013 ; Niang et al., 2014).

Même si les changements climatiques attendus ne nuisent pas de manière non équivoque aux cultures ou aux revenus agricoles de l'Afrique, leurs contours exacts restent largement inconnus à l'échelle micro. Cela rend difficiles l'adaptation et la gestion, en particulier pour les populations pauvres et vulnérables, qui tirent souvent l'essentiel de leurs revenus de l'agriculture pluviale. La prise en compte des effets du changement des températures ainsi que des régimes pluviométriques sur les systèmes locaux de culture et d'agriculture devra faire partie intégrante de toute conception des politiques visant à dynamiser la productivité de la main-d'œuvre dans l'agriculture. Cela rend plus difficile l'exploitation de l'agriculture pour réduire la pauvreté.

Les conflits au sein des États, qui se déroulent souvent à la campagne et touchent un nombre croissant de pays, constituent un autre défi (Arias, Ibáñez et Zambrano, 2019 ; FAO, 2017 ; Goyal et Nash, 2017 ; Martin-Shields et Stojetz, 2019 ; Sanch-Maritan et Vedrine, 2018). Ils peuvent entraîner une diminution directe de la production agricole par la confiscation, la destruction ou l'abandon de cultures et d'animaux[13]. Ils réduisent l'accès à la terre, à la main-d'œuvre et au crédit et perturbent les échanges de produits agricoles et de denrées alimentaires entre les zones excédentaires et déficitaires. Les cultures d'exportation à haute intensité de main-d'œuvre et les systèmes de production à forte intensité de capital dépendant de l'énergie mécanisée et d'une main-d'œuvre de migrants saisonniers sont particulièrement vulnérables. Ils sont plus sensibles aux effets des variations du taux de change, au risque de pillage, et aux perturbations des infrastructures publiques, des services et des flux de la main-d'œuvre saisonnière.

La production est également indirectement affectée — et souvent encore longtemps après la fin des conflits. Le risque perçu ou l'existence d'agitations ou de conflits amène les agriculteurs à adopter des stratégies d'investissement à faible risque et faible rendement, et décourage l'investissement public. Les prévisions établies dans l'ensemble des pays suggèrent que la productivité totale des facteurs (PTF) de l'agriculture baisse de 1 % par année où un pays subit un conflit armé (Fuglie et Rada, 2013). Ce chiffre est proche de la croissance annuelle moyenne de la PTF agricole de l'Afrique. Il ne représente toutefois probablement que la limite inférieure de l'effet global des conflits sur la production agricole, parce qu'il ne tient pas compte des ressources soustraites à la production (terre, main-d'œuvre et capital).

L'agriculture joue également un rôle important dans la *prévention* des conflits (qui trouvent souvent leur origine dans des chocs agricoles liés au climat) ainsi que dans le rétablissement des États fragiles (Martin-Shields et Stojetz, 2019). Premièrement, une agriculture rémunératrice constitue une alternative viable aux activités illicites et mercenaires d'individus pour lesquels la participation à un conflit implique un faible coût d'opportunité[14]. Plus généralement, les baisses de la productivité agricole, souvent dues à la sécheresse, peuvent directement faire naître des griefs dans la société en accroissant la misère, la famine et les migrations de détresse, comme en République arabe syrienne (Kelley et al., 2015)[15].

Deuxièmement, les facteurs de production agricole étant plus rapides à mobiliser, le secteur agricole est souvent le premier à se remettre d'une crise et joue donc un rôle important dans la reconstruction des zones ravagées par des conflits[16]. Il est souvent également bien placé pour absorber les combattants démobilisés (Blattman et Annan, 2016).

Toutes les formes de croissance agricole ne réduisent pas la pauvreté de la même façon

Décrypter le système alimentaire

Le chapitre 2 a montré que toutes les formes de croissance ne réduisent pas la pauvreté de la même façon, mais que c'est surtout celle de l'agriculture qui y parvient, en particulier au cours des premiers stades du développement. De même, toutes les formes de croissance agricole n'entraînent pas une même réduction de la pauvreté. En amont, c'est l'amélioration de la productivité des cultures de base des petits exploitants agricoles qui est particulièrement importante.

À mesure que les pays se développent et que les revenus des ménages augmentent, la part des dépenses des ménages consacrée à l'alimentation diminue (loi d'Engel), et la demande de diversification et de facilité de l'alimentation augmente (loi de Bennett). Ce microcomportement se retrouve, au niveau macro, dans la part croissante des cultures non vivrières dans l'agriculture et la part en extension de l'industrie agroalimentaire dans le système alimentaire (voir encadré 3.3). Il est important de noter que chacun de ces sous-secteurs se développe également en valeur absolue, en valeur ajoutée et en nombre d'emplois (Yeboah et Jayne, 2018). Plus tard dans le processus de développement, l'emploi dans l'agriculture et le système alimentaire diminuera également, mais aucun pays africain n'a encore atteint ce stade (Christiaensen et Brooks, 2018).

ENCADRÉ 3.3   Des changements dans l'agriculture amènent une nouvelle terminologie

L'accroissement de la productivité des cultures de base des petits exploitants est souvent désigné sous le vocable de « révolution verte », en référence à celle intervenue en Asie dans les années 1960 et 1970 grâce à un ensemble d'intrants modernes (semences, engrais et pesticides), à la maîtrise de l'eau, et à la réduction de la volatilité des prix. Le passage de l'agriculture à des cultures non vivrières est également connu sous le nom de « transformation agricole » ; le passage vers le travail non agricole dans les zones rurales est dénommé « transformation rurale » ; et, enfin, le passage du travail rural au travail urbain non agricole est appelé « transformation structurelle » (De Janvry et Sadoulet, 2018).

Dans la mesure où environ un tiers du travail rural et urbain non agricole était au départ étroitement lié à l'industrie agroalimentaire, on parle aussi souvent d'une « agriculture élargie » ou du « système alimentaire ». Cela englobe à la fois l'emploi et la valeur ajoutée au niveau de l'exploitation, ainsi que l'emploi et la valeur ajoutée liés à l'agriculture et à l'alimentation en dehors de l'exploitation, en amont et en aval dans la chaîne de valeur – c'est-à-dire dans la production et la fourniture des intrants agricoles, l'assemblage et le stockage des aliments, la transformation, le commerce (de gros et de détail), et la préparation d'aliments destinés à être consommés en dehors du domicile (Allen, Heinrigs et Heo, 2018 ; Tschirley et al., 2015 ; Tschirley et al., 2017).

Le développement des différents sous-secteurs de ce système alimentaire est intrinsèquement dynamique et interdépendant, les sous-secteurs s'alimentant les uns les autres (ainsi qu'à partir de l'économie urbaine non alimentaire). L'augmentation de la productivité des cultures de base peut, par exemple, faire naître une demande de produits issus des autres sous-secteurs de l'agriculture et d'ailleurs dans le système alimentaire (œufs, viande, produits laitiers, et aliments préparés) et libérer de la main-d'œuvre pour les produire. À l'exception de certaines grandes exploitations de l'Afrique australe, la majeure partie de l'élevage a lieu à petite échelle en Afrique subsaharienne et est associée à une ou plusieurs cultures. Par conséquent, en raison des différents liens de production réciproques existant au niveau de l'exploitation (par exemple, la demande d'aliments pour les animaux), l'amélioration de la productivité dans un sous-secteur peut accroître la productivité d'un autre, ainsi que le développement d'opportunités de transformation et d'ajout de valeur en aval dans la chaîne (Otte et al., 2012)[17]. Par ailleurs, le développement de l'industrie agroalimentaire plus en aval dans la chaîne peut être nécessaire pour ouvrir des marchés, en particulier ceux (tels que les marchés urbains et d'exportation) nécessitant un approvisionnement régulier en grande quantité et de qualité (Swinnen, Vandeplas et Maertens, 2010).

L'exportation de produits agricoles traditionnels (café, cacao et caoutchouc) et nouveaux (fruits, légumes et fleurs) complète ces évolutions du système alimentaire et interagit avec elles. Au niveau micro, les revenus tirés de la production de cultures de rente peuvent aider les agriculteurs à surmonter les contraintes de crédit pesant sur l'achat d'intrants modernes pour leurs cultures de base. Des marchés des cultures de base fonctionnels et fiables peuvent, en outre, permettre aux agriculteurs de se spécialiser dans la production de cultures d'exportation[18].

Au niveau macro, les cultures d'exportation génèrent des recettes en devises et fiscales. Elles peuvent également être une source de transfert de connaissances et d'apprentissage et, en fonction de l'intensité de main-d'œuvre du processus de production, générer une quantité d'emplois ruraux (Stiglitz, 2018). En cela, elles agissent comme des industries d'exportation classiques, sans cheminées d'usine (Newfarmer, Page et Tarp, 2018). Même si les producteurs des cultures d'exportation ne sont pas soumis à la contrainte des prix locaux (imposant que

les gains de revenu issus des avancées technologiques dépassent les pertes dues à la baisse des prix causée par une demande inélastique), ils sont confrontés à leurs propres fluctuations de la demande et des prix, dérivées des cycles des prix des marchandises au niveau international. Ils sont également en concurrence pour les terres et l'attention des politiques.

L'efficacité de la croissance des différents sous-secteurs de l'agriculture dans la réduction de la pauvreté dépend de la taille de ces sous-secteurs, de leur potentiel de croissance, et des possibilités d'ajout de valeur au sein de leurs chaînes. La réduction de la pauvreté par producteur résultant de l'expansion de petits sous-secteurs (tels que les fruits et légumes) peut, par exemple, être plus importante si la productivité de la main-d'œuvre est plus élevée. Pourtant, le nombre total de personnes sorties de la pauvreté grâce à l'amélioration de la productivité dans des secteurs vastes, mais moins productifs (par exemple, les produits de base) peut néanmoins être nettement plus élevé. Tel est, par exemple, le cas lorsque l'effet d'échelle (le nombre de pauvres touchés) l'emporte sur la réduction de la pauvreté par producteur[19]. Cela explique également pourquoi la croissance générale de la productivité des cultures de base est privilégiée pour réduire la pauvreté aux premiers stades de développement.

Comment les gains agricoles profitent-ils aux pauvres ?

Les pauvres peuvent tirer avantage des gains de productivité agricole et de l'expansion du marché à travers trois voies. Premièrement, par le *biais du revenu*, ils peuvent en bénéficier soit directement en tant que producteurs, soit indirectement sur le marché du travail en tant que travailleurs salariés.

Deuxièmement, par le *biais des prix*, ils peuvent également, en tant que consommateurs, tirer un avantage de la baisse des prix des produits alimentaires. La négociabilité des produits détermine dans quelle mesure les prix réagissent aux hausses de productivité : en érodant les gains de revenu des vendeurs nets de manière sensible si les produits ne sont pas négociables, ou moins sensible s'ils sont négociables. Cette réaction des prix affecte également les bénéficiaires les plus importants (acheteurs ou vendeurs nets de produits alimentaires[20]), les effets ultimes sur la pauvreté dépendant de la part des deux groupes au sein des pauvres (Ivanic et Martin, 2018).

Troisièmement, les pauvres peuvent tirer un avantage par le *biais de liens*. De nouvelles possibilités d'emploi à l'extérieur des exploitations agricoles apparaissent lorsque l'augmentation des revenus agricoles accroît la demande d'intrants agricoles et de services de production, le développement de l'industrie agroalimentaire (liens de production réciproques), et la production locale de biens et services (liens de consommation). Les effets indirects de ces liens sont souvent les plus importants, en particulier ceux des liens de consommation. Ils dépendent essentiellement du nombre de personnes bénéficiant de l'augmentation de la productivité (c'est-à-dire de l'ampleur de la croissance agricole) ainsi que de leur propension à consommer des biens et services produits localement (Delgado et al. 1998).

Quelle est la meilleure manière de négocier la transition agricole ?

Dans la plupart des pays africains, la structure agraire est encore dominée par de petits exploitants faiblement productifs concentrés sur des produits de base souvent associés à de l'élevage (Otte et al., 2012)[21]. Le point final est une agriculture commerciale gérée dans de grandes exploitations intégrées au sein d'un système alimentaire performant, où les produits agricoles de valeur constituent l'essentiel de la valeur ajoutée et de l'emploi. Il reste beaucoup à débattre sur la meilleure façon de négocier cette transition tout en maximisant la réduction de la pauvreté (ACET, 2017 ; Collier et Dercon, 2014 ; De Janvry et Sadoulet, 2010 ; Diao et al., 2012 ; Hall, Scoones et Tsikata, 2017 ; Mellor, 2017).

Ce débat comporte deux aspects essentiels. Premièrement, quels sont le bon séquencement et la répartition appropriée de l'attention des politiques et de l'investissement public dans les différents sous-secteurs ? Faut-il accorder plus d'attention a) à l'amélioration de la productivité et à la commercialisation des produits de base sur le marché intérieur (la révolution verte) ; b) à la transition vers les cultures non vivrières et au développement de l'industrie agroalimentaire afin de nourrir les villes et les nouveaux consommateurs ruraux (transformation agraire et rurale) ; ou c) à la croissance de la productivité et de la valeur ajoutée dans les cultures d'exportation tant traditionnelles que nouvelles (comparable à la transformation structurelle) ? En outre, en quoi les réponses diffèrent-elles en fonction de l'état de développement et d'ouverture commerciale ?

Deuxièmement, comment organiser au mieux la production : à grande échelle ou à petite échelle (ou une combinaison des deux), et doit-elle être à forte intensité de main-d'œuvre ou de capital ? Doit-on accélérer la transition vers l'agriculture à grande échelle, ou la croissance de l'agriculture biologique est-elle plus souhaitable et réalisable ? En quoi la richesse en terres (abondance ou rareté des terres) et les structures agraires des pays, ainsi que les caractéristiques des cultures et de la structure du marché des sous-secteurs influencent-elles la réponse ?

Importance persistante de l'amélioration de la productivité des cultures de base

Deux facteurs expliquent pourquoi la négociation de la révolution verte en Afrique reste un enjeu majeur des politiques publiques visant à accélérer la réduction de la pauvreté. Premièrement, la faible productivité de la main-d'œuvre dans les cultures de base maintient encore trop de personnes dans ce type d'agriculture. Deuxièmement, pour cette raison, mais aussi grâce à des revenus plus élevés (notamment par le biais des prix) et à des effets de liens, les multiplicateurs de la croissance et les élasticités de la pauvreté par rapport à la croissance sont plus importants pour l'augmentation de la productivité des cultures de base que pour un accroissement de même importance dans les cultures de rente[22].

Une récente enquête auprès des ménages effectuée en Tanzanie montre clairement la pertinence persistante des produits de base pour la demande alimentaire et l'emploi (Tschirley et al., 2017), comme le montre le tableau 3.1. Les élasticités des revenus des produits de base restent élevées (proches de 1 ou plus) au sein de la population rurale et des tranches pauvres de la population urbaine, et la part de leurs dépenses consacrée à l'alimentation reste importante. En conséquence, l'essentiel de la main-d'œuvre agricole supplémentaire (jours-personnes) nécessaire pour répondre à la demande alimentaire supplémentaire résultant de la croissance des revenus reste essentiellement concentré dans les produits de base[23]. La demande croissante de légumes offre de nouvelles possibilités d'emploi et les rendements les plus élevés par producteur, mais peu de producteurs en bénéficient.

La demande supplémentaire de produits de base pourrait être satisfaite par les importations, mais au prix d'un accroissement des déséquilibres commerciaux. Avec une augmentation

TABLEAU 3.1   En Tanzanie, les fruits et légumes offrent des gains de revenus par producteur plus élevés, mais les produits de base, le riz en particulier, fournissent des gains d'emploi nettement plus importants

Type d'augmentation annuelle prévue	Catégories de taille des propriétés foncières					
	Total	< 1 ha	1-2 ha	2-5 ha	5-10 ha	> 10 ha
Production (brute) en dollars par jour de travail						
Blé et riz	7,1	5,6	6,7	7,1	16,7	12,5
Autres céréales	3,6	2,9	3,2	3,6	8,3	3,2
Racines et tubercules	3,3	2,6	5,0	3,4	4,0	2,5
Légumineuses	3,1	2,3	2,9	3,6	5,9	4,8
Oléagineux	6,7	3,4	4,5	6,3	14,3	—
Légumes	11,1	9,1	12,5	12,5	7,7	—
Évolution attendue de la main-d'œuvre (milliers de jours-personnes) à la suite d'un changement de régime alimentaire consécutif à la croissance des revenus						
Blé et riz	5 471	1 904	1 456	1 573	240	299
Autres céréales	3 413	920	1 049	1 031	259	155
Légumineuses	3 547	1 606	808	871	137	125
Oléagineux	4 246	1 266	1 323	1 169	240	248
Racines et tubercules	708	109	247	231	122	—
Légumes	1 654	564	484	497	109	—
Total	19 040	6 368	5 367	5 371	1 106	828
Revenu brut par producteur, dollars par an						
Blé et riz	31	18	31	39	80	98
Autres céréales	2	1	2	3	7	4
Légumineuses	11	7	15	13	11	10
Oléagineux	3	2	3	5	7	11
Racines et tubercules	10	4	6	10	48	—
Légumes	50	32	48	93	83	—

Source : Tschirley et al., 2017.
Note : ha = hectares ; – = non disponible ; USD = dollars. Le tableau montre les changements prévus dans les besoins de main-d'œuvre, par type de culture, résultant d'une hausse de la demande engendrée par une augmentation des revenus et un changement de régime alimentaire intervenus un an plus tôt. Les importations sont déduites (en maintenant constante la part des importations) ; les prix, les investissements ou la technologie, ainsi que la structure des propriétés foncières et la productivité de la main-d'œuvre sont maintenus constants. Les projections représentent la distribution des opportunités d'emploi et de revenu à court terme au niveau des exploitations dues à la hausse de la demande alimentaire engendrée par une augmentation des revenus intervenue un an plus tôt.

de la productivité, ces cultures pourraient être produites dans le pays[24]. Le blé et surtout le riz recèlent un potentiel de croissance et de réduction de la pauvreté. Ils génèrent le plus d'emplois et, après les légumes, offrent la plus forte croissance des revenus par producteur, y compris dans les petites exploitations (tableau 3.1). Des observations similaires valent dans d'autres pays, tels que la Côte d'Ivoire (Christiaensen et Premand, 2017). Le riz et le blé représentent en outre une part importante des importations de denrées alimentaires de l'Afrique, comme indiqué précédemment[25], ce qui les rend particulièrement importants pour la réduction de la pauvreté (ainsi que pour la balance macroéconomique extérieure) dans l'exemple tanzanien et ailleurs.

La demande estimée pour les autres céréales, légumineuses, racines et tubercules nécessite également beaucoup de main-d'œuvre supplémentaire, mais génère une faible croissance des revenus. Cependant, si la productivité de la main-d'œuvre des agriculteurs pauvres de ces sous-secteurs pouvait être augmentée de manière rentable, cela améliorerait considérablement la sécurité alimentaire et, avec le temps, libérerait une bonne quantité de main-d'œuvre pour d'autres activités. Les agriculteurs pauvres consomment encore une grande partie de leur production de cultures de base[26]. Les autres sources de revenus restent inexistantes et les marchés où vendre et acheter leurs denrées alimentaires sont souvent insuffisamment fiables.

Ces résultats mettent en évidence la prédominance persistante des aliments de base dans la demande alimentaire, la quantité considérable de main-d'œuvre nécessaire pour satisfaire cette demande et, par conséquent, les possibilités de gains directs de revenus et de réduction de la pauvreté. Lorsque les effets des liens de prix et entre secteurs sont pris en compte, la croissance de la productivité dans le secteur des denrées alimentaires de base s'avère plus efficace que dans celui des cultures d'exportation pour l'accroissement du revenu national et la réduction de la pauvreté (Diao et al., 2012). Cela est dû aux multiplicateurs de croissance et aux élasticités de la pauvreté par rapport à la croissance, plus élevés dans le secteur des denrées alimentaires que dans celui des cultures non vivrières : une croissance de 1 % de l'agriculture due à une amélioration de la productivité des céréales ou des racines et tubercules engendre une diminution plus marquée de la pauvreté nationale qu'une croissance de 1 % de l'agriculture due à une croissance des cultures d'exportation (tableau 3.2). Lorsque des petits exploitants s'engagent dans des cultures d'exportation (telles que le coton en Zambie et le tabac au Malawi), les écarts de réduction de la pauvreté entre les cultures de base et les cultures d'exportation sont généralement plus petits.

À cause de la concentration de l'élevage africain entre les mains de petits exploitants pauvres (souvent des femmes) dans des systèmes mixant élevage et cultures[27] et de ses liens étroits avec les cultures de base, l'accroissement de la productivité dans le secteur de l'élevage arrive souvent en deuxième position (après l'amélioration de la productivité dans les produits de base) en ce qui concerne les multiplicateurs de croissance et l'impact sur la réduction de la pauvreté, comme en Éthiopie, en Afrique australe et en Ouganda (Diao et Nin-Pratt, 2007 ; Nin-Pratt et Diao, 2006 ; Benin et al., 2008, respectivement). Cela résulte des forts gains directs de revenus des ménages ruraux et des liens de production avec le secteur des cultures de base en tant que fournisseur d'aliments pour le bétail (y compris à travers ses sous-produits) ainsi que des liens de consommation (Otte et al., 2012).

Malheureusement, les cultures de base (et les petits élevages) ont tendance à moins attirer l'attention du public et du privé. Les cultures de rente, qu'elles soient traditionnelles (coton, café et cacao) ou nouvelles (fruits, légumes et fleurs), constituent une source importante de devises et de rentrées fiscales. Elles sont également nécessaires en tant que matières premières pour les entreprises de transformation des pays occidentaux. Les cultures de base ne bénéficient généralement pas d'un tel

TABLEAU 3.2 **L'accroissement de la productivité des cultures de base réduit davantage la pauvreté que celui des cultures d'exportation**

Pays	Denrées de base			Cultures d'exportation		
	Multiplicateur de croissance	Élasticité pauvreté-croissance	Secteur principal	Multiplicateur de croissance	Élasticité pauvreté-croissance	Secteur principal
Éthiopie	1,13	-1,40	Toutes les céréales	1,04	-1,16	Toutes les cultures d'exportation
Kenya	—	-2,13	Toutes les cultures vivrières	2,62	-1,90	Toutes les cultures d'exportation
Malawi	1,11	-0,74	Maïs	1,05	-0,62	Tabac
	—	-0,85	Horticulture	1,06	-0,57	Autres cultures d'exportation
Mozambique	1,42	-0,73	Maïs	1,48	-0,29	Exportations traditionnelles
	—	-0,65	Toutes les céréales	0,83	-0,43	Cultures destinées aux biocarburants
Nigéria	—	-1,02	Toutes les céréales	0,70	-0,81	Toutes les cultures d'exportation
	—	-0,92	Racines	—	—	—
Rwanda	—	-2,39	Maïs	—	-1,81	Café
	—	-2,59	Légumineuses	—	-1,63	Thé
	—	—	—	—	-2,27	Autres cultures d'exportation
Tanzanie	—	-1,09	Maïs	1,15	-1,00	Toutes les cultures d'exportation
Ouganda	—	-1,07	Racines	0,62	-0,64	Toutes les cultures d'exportation
	1,39	-1,38	Horticulture	—	—	—
Zambie	1,63	-0,27	Toutes les céréales	0,30	-0,25	Toutes les cultures d'exportation
	1,88	-0,33	Racines	—	—	—

Source : Diao et al., 2012.
Note : — = non disponible.

niveau d'intérêt, malgré leurs plus larges effets sur la réduction de la pauvreté et l'importance de la sécurité alimentaire pour la stabilité sociopolitique (Barrett, 2013).

Les crises alimentaires internationales peuvent puissamment attirer l'attention des politiques sur les cultures vivrières, comme on l'a vu au lendemain des crises de 1973, 1978 et 2008. Cet intérêt a toutefois tendance à s'évanouir rapidement à mesure que les prix internationaux diminuent (Timmer, 2010). Une attention publique spécifique est particulièrement importante lorsque des investissements publics sont nécessaires dans un sous-secteur donné (par exemple dans la R&D, la vulgarisation et les infrastructures), ou lorsque des innovations institutionnelles telles que le développement inclusif de la chaîne de valeur (DCV) (capables de surmonter les contraintes liées aux intrants, aux facteurs de production et au marché des produits pour les cultures de rente) ne peuvent pas facilement être appliquées aux cultures de base, comme expliqué plus en détail ci-dessous (Swinnen, Vandeplas et Maertens, 2010).

En résumé, les rendements céréaliers en Afrique ne sont encore que de 1,5 tonne par hectare (environ la moitié de ceux obtenus en Inde et un quart de ceux enregistrés en Chine). La plupart des pauvres dépendent toujours de leur propre production de denrées de base pour satisfaire leurs besoins alimentaires et ne disposent d'aucune option durable évidente pour gagner leur vie en dehors de l'agriculture et acheter de la nourriture, du moins pas à l'échelle voulue. Les effets multiplicateurs générés par l'amélioration de la productivité cultures de base sont plus importants. Et il y a moins d'incitation politique, mais un besoin plus grand, en faveur d'un engagement du secteur public.

De toute évidence, une attention des politiques ainsi que des investissements spécifiques sont nécessaires pour l'accroissement de la productivité des cultures de base. Lorsque la Chine a mis en place son Système de responsabilité des ménages, et que le Viet Nam a lancé son programme Doi Moi, leurs rendements céréaliers étaient déjà de 2,7 tonnes par hectare. Ces programmes ont encore dynamisé la productivité des denrées de base et largement contribué à réduire la pauvreté respectivement au début et à la fin des années 1980 (Ravallion et Chen, 2007). Des arguments similaires s'appliquent à la promotion de l'élevage par les petits exploitants, quoique dans une moindre mesure, compte tenu du potentiel plus important de DCV inclusif (par exemple, dans le sous-secteur des produits laitiers), comme exposé plus loin dans ce chapitre.

Le développement des exportations agricoles africaines (anciennes et nouvelles) est un complément important de l'agenda des cultures de base. En plus de fournir des recettes en devises et fiscales, il offre d'importantes possibilités supplémentaires d'emploi et de réduction de la pauvreté, notamment pour absorber la main-d'œuvre excédentaire ou libérée grâce à l'amélioration de la productivité des cultures de base, comme en Éthiopie (Suzuki, Mano et Abebe, 2018) et au Sénégal (Van den Broeck, Swinnen et Maertens, 2017). Les retombées de la production de cultures de rente (telles que l'assouplissement des contraintes de liquidité et un meilleur accès aux intrants sur le marché) peuvent également bénéficier à la productivité des cultures de base (Govereh et Jayne, 2003).

Cependant, les chiffres seront trop faibles pour que le développement des exportations agricoles permette à lui tout seul une transformation structurelle[28]. En outre, le développement des cultures d'exportation ne doit pas non plus entrer en concurrence avec les investissements publics dans les denrées de base, dans la mesure où il peut mobiliser l'intérêt du secteur privé. Le défi consiste à équilibrer l'attention des politiques. L'importance des denrées de base vaut également pour les pays côtiers, sans doute plus exposés aux marchés et aux opportunités commerciales agricoles extérieurs, de même que pour les pays riches en minéraux (voir tableau 3.2, Mozambique et Zambie, respectivement).

La promesse du développement des petites exploitations

Une meilleure capacité à apprendre et à innover, un meilleur accès au financement, et une plus grande aptitude à faciliter les rendements d'échelle dans l'organisation du marché en aval (stockage, transformation et commerce de gros et de détail) sont sans doute en faveur d'un système alimentaire organisé autour de grandes unités d'exploitation agricole. Selon ce point de vue, la cause principale de la faible productivité de la main-d'œuvre agricole en Afrique réside dans la concentration (et la mauvaise affectation) des terres et de la production entre les mains de petits exploitants dotés de faibles compétences agricoles.

Si tel est le cas, la solution politique consiste apparemment à éliminer les distorsions des politiques agricoles favorisant les petites exploitations et à renforcer la sécurité du régime foncier pour permettre un remembrement des exploitations, de sorte que les meilleurs agriculteurs puissent, à terme, racheter les exploitations de ceux ne possédant pas les compétences nécessaires pour les exploiter de manière productive[29]. Après tout, la plupart des petits exploitants africains n'ont pas choisi l'agriculture ; ils sont « nés dedans » (Adamopoulos et Restuccia, 2014, 2015 ; Collier et Dercon, 2014 ; Restuccia et Santaeulalia-Llopis, 2017).

Les données factuelles sont toutefois assez mitigées à ce sujet. Pour commencer, la relation inverse, largement documentée, entre la taille de l'exploitation et la productivité suggérerait le contraire (Carletto, Savastano et Zezza, 2013 ; Larson, Muraoka et Otsuka, 2016)[30]. En outre, des données issues du Ghana et de l'Ouganda suggèrent qu'une bonne partie des différences de productivité peut être expliquée par une erreur de mesure (non observée), des chocs idiosyncrasiques, et une hétérogénéité dans la qualité des terres (Gollin et Udry, 2019). En tant que tels, les gains d'une réaffectation des terres aux agriculteurs plus productifs pourraient être considérablement plus modestes que ne le suggère la distribution actuelle de la taille des exploitations et de la productivité de la main-d'œuvre.

Une grande partie de ces données proviennent d'enquêtes auprès des ménages. Celles-ci ne sont souvent pas menées auprès de beaucoup de grandes exploitations (Jayne et al., 2016). Des données plus directes montrent que :

- *Au Malawi,* les grands domaines agricoles ont eu des performances inférieures à celles des petites exploitations (le rendement, la productivité et l'intensité d'utilisation des terres sont inférieurs à ceux des petites exploitations) et n'ont pas réussi à générer des retombées positives (Deininger et Xia, 2018)[31].
- *Au Mozambique,* l'expansion des grosses exploitations du secteur privé a eu certaines retombées positives : les pratiques agricoles et l'utilisation des intrants se sont améliorées dans les petites exploitations situées dans un rayon de 50 km des grandes exploitations nouvellement créées, et certains signes de création d'emplois ont également été observés. Cela n'a néanmoins pas conduit à une plus grande participation aux marchés de la production, à une expansion des surfaces cultivées ou à de meilleurs rendements, et cela a diminué le bien-être perçu chez les agriculteurs vivant autour de ces grandes exploitations (Deininger et Xia, 2016).
- *En Éthiopie,* l'installation de grandes exploitations agricoles n'a pas abouti à une création d'emplois et n'a apporté aux petits exploitants du voisinage que de modestes avantages en matière de technologie, d'accès au marché des intrants ou de résilience accrue face aux chocs sur les cultures (Ali, Deininger et Harris, 2019).

Ces expériences plus récentes suggèrent que les grands domaines agricoles ne sont, dans la pratique, pas nécessairement plus productifs, et que les avantages pour les petits exploitants sont généralement trop limités pour justifier des subventions inconditionnelles importantes.

Les données empiriques montrent clairement que l'augmentation de la productivité des petits exploitants est particulièrement efficace pour réduire la pauvreté (plutôt que pour favoriser l'efficacité et la croissance) (Christiaensen, Demery et Kuhl, 2011 ; Ivanic et Martin, 2018 ; Ligon et Sadoulet, 2018 ; Mellor et Malik, 2017). Elle accroît directement le revenu des pauvres et, en atteignant un bon nombre de personnes ayant une plus grande propension à consommer des biens et services produits localement, elle crée également un effet de demande plus important (ou des liens de consommation) pour les autres secteurs.

Plusieurs pays ont également réussi à se développer en commençant par augmenter la productivité des petits exploitants, comme la Chine et le Viet Nam (devenu désormais le deuxième exportateur de riz et de café)[32]. Inversement, en Tanzanie, la rapide croissance économique n'a pas sensiblement réduit la pauvreté au cours des années 2000, en partie à cause de la structure de la croissance agricole, qui favorisait une production à grande échelle de riz, de blé et de cultures d'exportation traditionnelles dans certaines régions géographiques. L'accélération de la croissance dans un plus large éventail de sous-secteurs (notamment le maïs) largement aux mains de petits exploitants pratiquant une agriculture de subsistance, ainsi que dans l'élevage, aurait renforcé la relation croissance-pauvreté tout en contribuant de manière significative à la croissance elle-même (Pauw et Thurlow, 2011).

Ces expériences passées suggèrent qu'une concentration rapide de l'agriculture sur de grandes exploitations n'est ni nécessaire, ni suffisante pour une croissance rapide ou la réduction de la pauvreté. Il ne faut pas confondre avec l'observation que la taille des exploitations croît à mesure que les pays se développent et s'urbanisent (transformation agricole). En cela, le processus est sans doute plus important que la fin elle-même. Alors, quelle est la marche appropriée à suivre ?

Le point de départ reste une structure agricole familiale essentiellement composée de petits exploitants[33]. Mais tout le monde ne doit pas rester dans l'agriculture, et il n'est pas nécessaire que les efforts pour accroître la productivité de la main-d'œuvre (dans la production tant végétale qu'animale) portent principalement sur les agriculteurs les plus pauvres et les plus petits.

Ce sont plutôt les petites exploitations de taille légèrement plus grande, dynamiques et à vocation commerciale qui sont les plus prometteuses en tant que catalyseurs, les plus pauvres en profitant indirectement à travers la baisse des prix des denrées alimentaires et les marchés de l'emploi locaux (Hazell et al., 2010 ; Mellor, 2017). En outre, des innovations institutionnelles telles que les services d'engins agricoles (location de tracteurs), l'agriculture sous contrat, et le DCV — favorisées plus récemment par la révolution des technologies de l'information et de la communication (TIC), décrite dans la section Fondamentaux 3 « Réaliser des avancées grâce à la technologie (et au commerce) » — peuvent aider les petits exploitants à réaliser des économies d'échelle dans la mécanisation et le commerce, la transformation et la commercialisation plus en aval dans la chaîne de valeur.

La multiplication des exploitations de taille moyenne en Afrique (fermes de 5 à 100 ha) ajoute un élément nouveau au débat sur la taille des exploitations (Jayne, Chamberlin et Headey, 2014 ; Jayne et al., 2016). Elles contrôlent maintenant environ 20 % de l'ensemble des terres agricoles au Kenya, 32 % au Ghana, 39 % en Tanzanie et un peu plus de 50 % en Zambie (Jayne et al., 2016). Leur nombre, leur taille moyenne et leur part des terres cultivées ont rapidement augmenté au cours des dix dernières années, en particulier dans les pays africains les plus riches en terres[34]. Cette expansion a été largement menée par des investisseurs urbains relativement aisés, dont beaucoup étaient d'anciens ou actuels employés de l'État, et nettement moins par la croissance organique des petites exploitations.

Les exploitations de taille moyenne seront-elles plus efficaces que celles de grande taille pour réduire la pauvreté ? Des données issues du Kenya, de la Tanzanie et de la Zambie indiquent que les exploitations de taille moyenne attirent de nouveaux investissements dans la chaîne de valeur de la part de grandes entreprises commerciales, de fournisseurs d'équipement mécanisé, et d'autres entreprises agroalimentaires. Les petits exploitants en ont profité à travers des prix à la production légèrement plus élevés — par exemple, de 3,6 % pour les prix du maïs au Kenya et de 4,9 % en Zambie (Sitko, Burke et Jayne, 2017) — et un meilleur accès à la mécanisation (Van der Westhuizen, Jayne et Meyer, 2018).

De nouvelles données en provenance de la Tanzanie suggèrent que la concentration des terres au niveau des exploitations de 5 à 10 ha s'accompagne d'une augmentation du revenu de la main-d'œuvre chez les petits exploitants des environs (Chamberlin et Jayne, 2017). Cela vaut également pour les ménages pauvres qui ont enregistré une augmentation de leurs revenus non agricoles, compensant largement la baisse de ceux tirés de l'agriculture et des salaires agricoles auxquels ils consacrent maintenant moins de temps. Ces retombées positives ne sont toutefois plus valables lorsque dans les environs, les terres sont davantage rassemblées dans des exploitations plus grandes (plus de 10 ha) ; au contraire, cela peut même avoir un impact négatif sur les revenus des pauvres.

L'image qui se dégage suggère que les petits exploitants pauvres peuvent bénéficier d'un certain degré de remembrement des exploitations — même si la chose est moins probable avec les grandes exploitations (plus de 100 ha) et même avec les exploitations moyennes de plus grande taille (plus de 10 ha) — principalement à travers la création d'opportunités d'emplois ruraux non agricoles dans les environs. Les raisons possibles sont que les exploitations moyennes de plus grande taille nécessitent davantage de capital et utilisent moins de main-d'œuvre agricole salariée. Bon nombre de ces exploitations résultent également d'acquisitions par des tiers plutôt que d'une croissance organique, les propriétaires étant souvent basés en milieu urbain (Jayne et al., 2016). Une grande part des revenus est probablement consacrée à des biens et services urbains (et importés) dotés de peu de multiplicateurs ruraux locaux. Cela induit des liens de consommation locale plus réduits pour les pauvres.

Ces constatations suggèrent de mettre l'accent sur les agriculteurs plus innovants possédant des exploitations un peu plus grandes, en tant que points d'entrée pour l'amélioration de la productivité agricole — une approche également préconisée par Mellor (2017) et Otte et al. (2012) dans le cas de l'élevage. Ils suggèrent également de mettre l'accent sur le remembrement des exploitations à travers une croissance organique de la productivité et une expansion des exploitations, plutôt que par le biais d'acquisitions extérieures. La taille optimale de ces « petites exploitations de plus grande taille » variera selon les pays (plus grande dans les pays riches en terres, plus petite dans ceux où les terres sont rares) et selon les cultures (plus grande pour les céréales exigeantes en terre, plus petite pour les fruits et légumes à forte intensité de main-d'œuvre). De nombreux pays africains ne disposant plus d'une abondance de terres, cela pourrait dans de nombreux cas déjà se produire avec des exploitations de deux hectares ou plus.

Pour des raisons de coûts de transaction plus bas, des entités agricoles beaucoup plus vastes (domaines) peuvent encore être nécessaires pour garantir les volumes, la qualité et les normes constantes qu'exige l'accès à des marchés plus exigeants. Tel a, par exemple, été le cas sur des marchés de niche d'exportation de produits agricoles de valeur à forte intensité de main-d'œuvre, tels que les fruits et légumes, les fleurs et le poisson (Van den Broeck, Swinnen et Maertens, 2017). Les pauvres (très souvent des femmes) peuvent alors en bénéficier indirectement à travers les marchés du travail, en tant que travailleurs agricoles salariés. On ne sait pas exactement si ce type de domaines agricoles est également nécessaire pour garantir le respect des normes et volumes requis pour l'approvisionnement des marchés urbains nationaux. La faisabilité de modèles alternatifs, notamment les alliances de producteurs et l'agriculture contractuelle, est explorée plus en détail dans la section consacrée au DCV plus loin dans ce chapitre.

La pauvreté est plus élevée dans les zones isolées à fort potentiel

Sur quoi les efforts doivent-ils donc se concentrer pour accroître la productivité des cultures de base des petits exploitants et plus généralement de la main-d'œuvre agricole ? On suppose généralement que la pauvreté est pire dans les environnements isolés où le potentiel agroécologique est faible (Barbier, 2016 ; Jalan et Ravallion, 2002 ; Kraay et McKenzie, 2014). De nouvelles données suggèrent toutefois qu'en Afrique, ce sont les régions dotées de sols plus fertiles qui présentent les taux de pauvreté plus élevés, avec un effet négatif exacerbé lorsque ces régions sont médiocrement connectées aux marchés (Wantchekon et Stanig, 2016). Une analyse plus poussée utilisant des mesures alternatives de la pauvreté, du potentiel agroécologique et de l'accès au marché rural va également en ce sens (Vandercasteelen et Christiaensen, 2018), comme l'indique la figure 3.2.

Les taux de pauvreté sont plus élevés dans les zones dotées d'un meilleur potentiel agroécologique et augmentent en même temps que la distance entre ces zones et l'agglomération d'au moins 50 000 habitants la plus proche. Pour plus de trois heures de déplacement, l'effet négatif de la distance se stabilise. En revanche, la densité de la pauvreté (nombre de pauvres par kilomètre carré) diminue considérablement à mesure que l'on s'éloigne des agglomérations. La baisse est la plus spectaculaire pour les deux premières heures de déplacement, passant de 77 à 24 personnes par kilomètre carré (dans les zones à fort potentiel). Les taux de pauvreté plus élevés observés à mesure

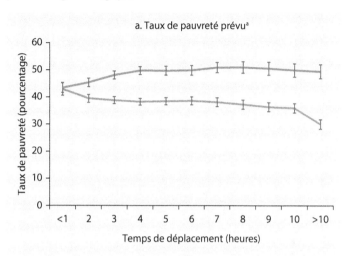

FIGURE 3.2 **Les taux de pauvreté en Afrique sont les plus élevés dans les zones plus isolées dotées d'un plus fort potentiel agroécologique**

Source : Vandercasteelen et Christiaensen (2018).
Note : km² = kilomètre carré. Le temps de déplacement est le temps nécessaire pour se rendre dans l'agglomération d'au moins 50 000 habitants la plus proche à l'aide du moyen de transport le plus pratique, la distance étant corrigée en fonction de l'état du terrain et de la route. La pauvreté est définie comme le fait de vivre avec moins de 1,90 dollar par personne et par jour. Le potentiel agroécologique est évalué comme élevé ou faible à l'aide de la combinaison d'un indice de qualité du sol et de la durée de la période de culture.
a. Les valeurs prévues pour le taux de pauvreté par temps de déplacement sont données par les marges après régression du taux de pauvreté par rapport à un indicateur prenant la valeur 1 ou 0 si le potentiel agroécologique est élevé ou non, au temps de déplacement en intervalles d'une heure, à leurs interactions et à un ensemble de variables de contrôle. Les barres indiquent les intervalles de confiance à 95 %.
b. Le nombre de pauvres par kilomètre carré est obtenu en multipliant la densité de population de chaque pixel de 10 km² par le taux de pauvreté prévu pour ce pixel.

que l'on s'éloigne des agglomérations sont compensés par une densité de population nettement plus faible. Fait intéressant, dans les zones à faible potentiel, les taux de pauvreté et la densité de la pauvreté sont non seulement plus faibles, mais diminuent également avec la distance.

Le mécanisme expliquant ces constatations reste mal compris. Les zones à fort potentiel peuvent attirer plus de personnes, entraînant une plus forte densité de population. S'il ne s'en suit pas une intensification agricole comparable, il en résulte une régression et une stagnation agricoles ou un appauvrissement. La population rurale africaine vit géographiquement regroupée dans des zones dotées d'une qualité du sol élevée (Jayne, Chamberlin et Headey, 2014). L'intensification agricole en Afrique est restée nettement inférieure à ce qu'elle aurait dû être compte tenu de la densité de population actuelle (Binswanger-Mkhize et Savastano, 2017). Bien que la pratique de la jachère ait pratiquement disparu, elle n'a pas été remplacée par une augmentation proportionnelle de l'utilisation d'intrants (organiques ou non) améliorant la fertilité du sol. On observe maintenant couramment une dégradation généralisée du sol et de l'environnement (Jayne, Chamberlin et Headey, 2014).

L'isolement exacerbe cette situation, rendant plus difficiles la commercialisation de la production, la diversification des activités ou les déplacements des populations (Davis, Di Giuseppe et Zezza, 2017 ; Deichmann, Shilpi et Vakis, 2009). Il favorise une dépendance encore plus grande vis-à-vis de l'agriculture et devient particulièrement problématique dans les régions dont le potentiel agroécologique plus élevé a attiré des populations plus importantes. La fertilité des terres a peut-être aussi favorisé les familles nombreuses (pour travailler la terre), l'isolement réduisant encore l'investissement des ménages dans le capital humain, étant donné le nombre plus réduit d'opportunités d'emploi en dehors des exploitations et donc le plus faible rendement de l'éducation (Wantchekon et Stanig, 2016).

Les zones médiocrement connectées dotées d'un bon potentiel agroécologique ne sont pas rares. Historiquement, une grande partie des infrastructures routières africaines ont été construites pour relier les zones minières aux villes et aux ports maritimes, contournant ainsi certaines des zones présentant le potentiel agroécologique le plus élevé. L'expansion rapide d'une population confrontée à un manque d'options peut avoir piégé les habitants des zones fertiles isolées dans une agriculture de subsistance peu productive et dans la pauvreté (Wantchekon et Stanig, 2016).

Les constatations mettent en exergue les zones à fort potentiel agroécologique en tant que points d'entrée majeurs pour la réduction de la pauvreté (carte 3.1), avec un accent sur les infrastructures rurales et les services de transport (ainsi que la scolarisation) pour améliorer leur connexion aux marchés. En 2013, environ 51 millions de pauvres vivaient dans des zones à fort potentiel situées à minimum trois heures d'une agglomération d'au moins 50 000 habitants ; et 201 millions de pauvres se trouvaient dans des zones à fort potentiel situées à moins de trois heures du centre urbain d'au moins 50 000 habitants le plus proche. Ces chiffres sont à comparer aux 142 millions de pauvres (soit environ un tiers des 396 millions de pauvres de l'Afrique en 2013) vivant dans des zones à faible potentiel agroécologique, dont 119 millions à moins de trois heures et 22 millions à plus de trois heures du centre urbain le plus proche (Vandercasteelen et Christiaensen, 2018).

Bien que cela n'exclue pas la nécessité de prêter attention aux zones à faible potentiel agroécologique (notamment pour prévenir les inégalités et conflits interrégionaux croissants), cela met en évidence le potentiel d'accélération de la réduction de la pauvreté des investissements in situ, en particulier dans les zones fertiles plus isolées et à forte densité de population, qui dans les classifications utilisées ici comprennent également une grande partie de la savane africaine[35]. Des observations similaires sont valables dans le contexte de la promotion de l'élevage par de petits exploitants (Otte et al., 2012).

Nécessité d'une approche intégrée

Une faible productivité persistante de la main-d'œuvre agricole

L'amélioration de la productivité de la main-d'œuvre agricole s'est quelque peu accélérée en Afrique depuis 2000, pour atteindre en moyenne 3,3 % par an entre 2001 et 2012 (Benin et Nin-Pratt, 2016), en cohérence avec l'évolution favorable de l'environnement des politiques agricoles africaines depuis la crise alimentaire mondiale de 2008. Elle reflète probablement aussi la migration urbaine de détresse de la main-d'œuvre excédentaire, qui réduit la pression sur les terres. Il existe toutefois des différences considérables entre les pays et, après des décennies de croissance molle[36], la productivité de la main-d'œuvre agricole reste extrêmement faible en Afrique[37], en particulier dans les pays où vivent la plupart des pauvres et où les taux de pauvreté sont élevés[38].

Du point de vue comptable, la productivité de la main-d'œuvre agricole peut être considérée comme le produit de deux composantes : la superficie de terre par travailleur agricole et la production par unité de terre. Étant donné le caractère saisonnier de la production pluviale, la main-d'œuvre est souvent sous-utilisée en dehors

CARTE 3.1 **Les zones éloignées à fort potentiel sont concentrées en Afrique centrale, à l'est de l'Éthiopie, et à Madagascar**

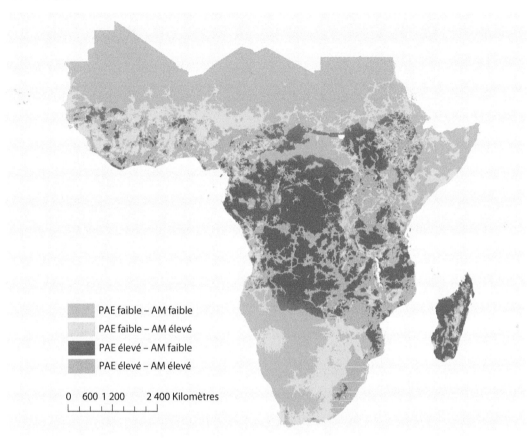

PAE faible – AM faible

PAE faible – AM élevé

PAE élevé – AM faible

PAE élevé – AM élevé

0   600 1 200   2 400 Kilomètres

Source : Vandercasteelen et Christiaensen (2018). © Banque mondiale. Utilisé avec autorisation ; une autre autorisation est requise pour toute réutilisation.
Note : La présentation est basée sur des pixels de 100 km². Dans les pixels ayant un accès au marché (AM) élevé, les temps de déplacement jusqu'à l'agglomération d'au moins 50 000 habitants la plus proche sont inférieurs à trois heures. Dans les pixels à potentiel agroécologique élevé (PAE), la durée moyenne d'une période de culture est d'au moins 120 jours, et la valeur de l'indice de qualité du sol est d'au moins 25. Les données sur les temps de déplacement proviennent de Weiss et al. (2018), celles sur la durée d'une période de culture sont tirées de « Global Agro-Ecological Zones Assessment for Agriculture » (Fischer et al., 2008), et l'indice de production du sol est issu de « Digital Soil Map of the World » (Sanchez et al., 2009).

des saisons agricoles. Pour en tenir compte, il est utile de prendre également en compte l'intensité de l'utilisation de la main-d'œuvre agricole.

Cette analyse suggère trois points d'entrée pour accroître la productivité de la main-d'œuvre agricole à l'aide d'actions à entreprendre dans les exploitations agricoles[39] :

- *Augmenter l'intensité par travailleur agricole de l'utilisation de la main-d'œuvre dans l'agriculture* : c'est-à-dire le nombre d'heures prestées dans l'agriculture par travailleur agricole, pour une superficie de terrain donnée.
- *Étendre la superficie des exploitations agricoles* : c'est-à-dire la superficie de terres cultivées par travailleur équivalent temps plein.
- *Augmenter la productivité des terres* : c'est-à-dire la valeur ajoutée agricole par unité de terre.

Sous-utilisation de la main-d'œuvre agricole en raison de la saisonnalité

Une observation largement partagée est que la productivité de la main-d'œuvre dans l'agriculture est inférieure à celle d'autres secteurs, même après prise en compte des différences de capital humain (Gollin, Lagakos et Waugh, 2014). Toutefois, exprimé en travailleur équivalent temps plein — en tenant compte des heures réellement prestées par travailleur dans chaque secteur —, l'écart de productivité disparaît en grande partie[40], suggérant que l'agriculture n'est, en fait, pas intrinsèquement moins productive. L'analyse montre en outre que la main-d'œuvre agricole est sous-utilisée : les travailleurs dont l'activité principale est l'agriculture travaillent moins d'heures que dans d'autres secteurs (McCullough, 2017).

Ce fait semble étroitement lié au caractère saisonnier de la production agricole (figure 3.3) (De Janvry, Duquennois et Sadoulet, 2018).

La saisonnalité de la production, en particulier pluviale comme dans la majeure partie de l'Afrique, implique des calendriers cycliques de la main-d'œuvre. La demande de main-d'œuvre agricole culmine pendant la plantation et les récoltes, mais est très faible dans les exploitations pendant le reste de l'année. Les investissements dans l'irrigation peuvent accroître le nombre de cultures entreprises par an (par exemple des cultures de début et de fin de saison, soit identiques, comme dans le cas du riz, soit différentes, comme pour les légumes). Une autre possibilité est une diversification vers l'élevage, par exemple de volailles pour la production d'œufs ou de vaches laitières pour la production de lait, engendrant une demande de main-d'œuvre plus homogène tout au long de l'année. Le potentiel des deux stratégies dépend de la demande du marché et est probablement plus viable à proximité des centres urbains. Leur mise en place nécessite également des mesures complémentaires telles que la vulgarisation, l'accès au crédit et aux intrants, une chaîne de stockage au froid, des normes et une certification.

Une autre possibilité est que des membres des ménages agricoles recherchent un emploi non agricole en opérant une migration des campagnes vers les villes pendant la saison creuse (Bryan, Chowdhury et Mobarak, 2014) ou en migrant de façon permanente. Cependant, des emplois rémunérés non agricoles contre-cycliques ne sont pas toujours disponibles. Les opportunités d'emploi urbain ouvertes aux personnes non qualifiées sont principalement des emplois mal rémunérés dans le secteur informel, tandis que les quelques fabricants exportateurs existants utilisant une main-d'œuvre nombreuse et bien rémunérée payent justement ces salaires pour éviter le roulement des travailleurs (Blattman et Dercon, 2016 ; Suzuki, Mano et Abebe, 2018), comme expliqué plus loin dans le chapitre 4 « Aller vers des emplois extérieurs aux exploitations agricoles ».

De plus, la migration saisonnière peut être préjudiciable aux pratiques agricoles sur les parcelles familiales. Des expériences zambiennes montrent, par exemple, que les ménages de petits exploitants agricoles des villages sélectionnés au hasard pour un programme de prêt travaillaient en moyenne 25 % de moins en tant que travailleurs occupant des emplois extérieurs aux

FIGURE 3.3 **Au Malawi, les habitants des campagnes travaillent moins et de façon plus saisonnière que les habitants des villes**

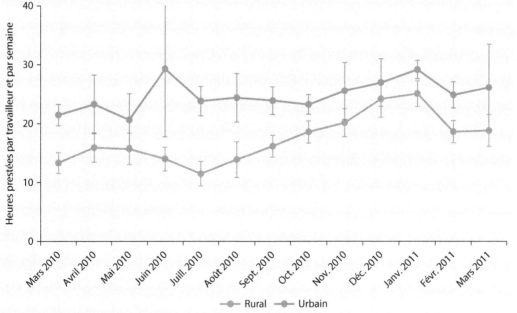

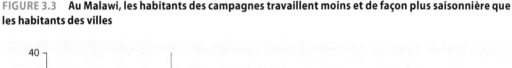

Source : De Janvry, Duquennois et Sadoulet (2018), sur la base de l'Enquête intégrée auprès des ménages conduite au Malawi en 2010-2011.
Note : Les barres indiquent les intervalles de confiance de 95 %.

exploitations (qu'ils ne le faisaient auparavant) et choisissaient plutôt de travailler davantage dans leurs propres exploitations agricoles. Ils ont vu leur consommation augmenter et ont même commencé à embaucher eux-mêmes des ouvriers agricoles locaux rémunérés, faisant augmenter les salaires agricoles locaux (Fink, Jack et Masiye, 2014). La mécanisation peut contribuer à lever les goulots d'étranglement saisonniers dans les exploitations agricoles, par exemple lorsque les périodes de récolte sont trop courtes, et aider les travailleurs à trouver ailleurs des emplois non agricoles à plein temps (comme discuté plus en détail ci-dessous).

La saisonnalité des revenus et de la main-d'œuvre agricoles est particulièrement problématique pour les agriculteurs pauvres qui ont un accès limité aux marchés du crédit et du travail et sont confrontés à des coûts de transaction élevés pour y participer afin de lisser leur consommation (Dercon et Krishnan, 2000 ; Khandker, 2012). Pour accroître la productivité de la main-d'œuvre et réduire la pauvreté, il est donc essentiel de remplir et lisser les calendriers de la main-d'œuvre rurale (en intensifiant l'utilisation de la main-d'œuvre dans les exploitations agricoles ainsi que dans l'économie rurale non agricole). Plus généralement, l'interaction entre la saisonnalité de la production, l'offre de main-d'œuvre agricole, l'emploi non agricole, et la pauvreté requiert une plus grande attention des chercheurs et des décideurs. La dynamique précise de la sous-utilisation de la main-d'œuvre agricole en Afrique reste mal comprise.

Possibilité limitée d'extension de la superficie des exploitations agricoles

Au cours des dernières décennies, une grande partie de la croissance de la production agricole africaine a résulté de l'expansion des terres cultivées, particulièrement rapide depuis les années 1990[41]. Elle a été tirée par la croissance démographique et la hausse des prix nationaux des denrées alimentaires et a été concentrée dans les pays riches en terres. En conséquence, la taille moyenne des exploitations est restée relativement constante (environ 3 ha) dans ces pays. En revanche, dans les pays pauvres en terres, la forte croissance démographique s'est accompagnée d'une baisse substantielle de la taille des exploitations, de 2,3 ha à 1,2 ha en moyenne (Headey, 2016)[42].

Les possibilités d'accroître la productivité de la main-d'œuvre agricole au moyen d'une expansion de la superficie des exploitations semblent limitées. L'Afrique dispose toujours d'un excédent de terres agricoles, mais il est concentré sur relativement peu de pays riches en terres (environ huit), dont certains sont fragiles et frappés par des conflits[43]. Une grande partie des terres n'est également pas facilement disponible ou économiquement viable pour les petits exploitants agricoles, en raison de la médiocrité des infrastructures et de la présence de maladies humaines (paludisme) et zoonotiques (Jayne, Chamberlin et Headey, 2014). Elle conviendrait peut-être davantage à une agriculture à grande échelle et à forte intensité de capital. Les effets sur la réduction de la pauvreté restent toutefois à établir, comme indiqué précédemment.

Qu'en est-il de la plupart des autres pays de la région (environ 40) où vivent également la plupart des pauvres ? Non seulement la taille moyenne des exploitations a diminué dans bon nombre d'entre eux, mais la répartition des terres y est également inégale : un nombre beaucoup plus important de petits exploitants agricoles vit dans des exploitations encore plus petites que ne le suggèrent les moyennes. Une classe d'individus pauvres en terres (si pas dépourvus de terres) est en train d'apparaître, en particulier dans les pays qui en ont le moins[44]. Au Nigéria, au Malawi et en Ouganda, par exemple, la part des terres détenue par adulte dans le quartile inférieur des ménages (classés en fonction de la propriété foncière) s'établit respectivement à 0,02, 0,08 et 0,09 ha. Dans ces trois pays, respectivement 8 %, 5 % et 5 % des ménages ruraux ne possèdent pas de terres, contre environ 2 % en Éthiopie, au Niger et en Tanzanie, où le ratio terre/main-d'œuvre est encore légèrement plus important (Deininger, Savastano et Xia 2017, tableau 3).

Les femmes et les jeunes sans-emploi ont tendance à ne pas disposer des relations sociales et des ressources nécessaires pour accéder à de nouvelles terres (ACET, 2017). Des marchés de la location des terres fonctionnant correctement peuvent réduire les obstacles à l'accès foncier, et sont d'ailleurs apparus en réaction. Les marchés de la location de terres sont plus actifs qu'on ne le suppose généralement, en particulier dans les pays où l'accès à la terre est plus contraint[45]. Ils ont aidé à transférer des terres à des ménages pauvres en terres, mais riches en main-d'œuvre, contribuant ainsi à égaliser les dotations en terres. Cela n'a toutefois pas encore entraîné une réaffectation des terres agricoles aux agriculteurs plus importants ou plus productifs (Deininger, Savastano et Xia, 2017 ; Muraoka, Jin et Jayne, 2018).

Les performances du marché foncier sont moins bonnes là où la sécurité de la propriété foncière (réelle ou perçue) est plus faible (Deininger, Savastano et Xia, 2017). L'amélioration de la sécurité de la propriété foncière est un domaine des politiques hautement prioritaire pour aider les agriculteurs à se classer par avantage comparatif et faciliter la consolidation des exploitations agricoles. Malgré des données antérieures allant dans le sens contraire (Jacoby et Minten, 2007), des expériences récentes menées en Éthiopie et au Rwanda suggèrent que l'enregistrement des titres de propriété peut être un moyen rentable d'améliorer la sécurité de la propriété foncière, avec les effets les plus importants sur les groupes détenant initialement peu de terres, notamment les femmes (Ali et al., 2015 ; Deininger, Ali et Alemu, 2011). Une plus grande sécurité de la propriété foncière peut également encourager les investissements à long terme dans la productivité des terres (Ali, Deininger et Goldstein, 2014 ; Goldstein et al., 2018).

La multitude de contraintes pesant sur la productivité des terres

Pour compenser la diminution de la taille des exploitations, il faut accroître la productivité des terres. Les pays africains ont commencé à le faire, avec plus de succès dans ceux disposant de moins de terre ou confrontés à des conditions agricoles moins favorables (Benin et Nin-Pratt, 2016), comme l'illustre la figure 3.4.

L'augmentation de la productivité des terres nécessite des intrants et des techniques agricoles modernes, en d'autres termes, les mesures de la révolution verte. La prévalence et la quantité des intrants modernes adoptés (semences améliorées, engrais et produits agrochimiques) ont toutefois été mitigées, et l'adoption de la mécanisation et de l'irrigation a été particulièrement faible (Sheahan et Barrett, 2017). La rentabilité des intrants modernes semble loin d'être garantie et très variable dans le temps et l'espace, poussant certains agriculteurs à y renoncer et d'autres à utiliser des volumes d'intrants pas encore intéressants[46]. Certaines études menées en Afrique de l'Est et de l'Ouest montrent, par exemple,

que l'adoption d'engrais inorganiques dans la production de maïs est, en moyenne, profitable (Duflo, Kremer, et Robinson 2008 ; Harou et al. 2017 ; Ragasa et Chapoto, 2017). Plusieurs autres études montrent toutefois que l'utilisation d'engrais est peu ou pas rentable (Beaman et al., 2013 ; Darko et al., 2016 ; Liverpool-Tasie et al., 2017) ou ne l'est que s'ils sont subventionnés (Koussoubé et Nauges, 2017) ou utilisés dans une étroite fourchette de distributions des précipitations (Rosenzweig et Udry, 2016).

L'hétérogénéité de la rentabilité des technologies s'explique en partie par les différences d'environnement physique (Otsuka et Muraoka, 2017). La qualité du sol, par exemple, peut considérablement varier d'un village à l'autre, mais aussi d'une parcelle à l'autre au sein d'un même village. Pourtant, faute d'une bonne composition chimique des sols et de conditions physiques acceptables, le rendement des cultures obtenu grâce aux engrais inorganiques est souvent limité et l'utilisation de ceux-ci cesse d'être rentable (Burke et al., 2016 ; Carter, Lybbert et Tjernström, 2015 ; Harou et al., 2017 ; Koussoubé et Nauges, 2017 ; Marenya et Barrett, 2009 ; Morris et al., 2007). Les agriculteurs pauvres peuvent être particulièrement sensibles, car ils ont tendance à cultiver les terres les plus dégradées, qui les piègent dans un cercle vicieux de médiocre qualité du sol et de faibles rendements induits par les intrants modernes (Tittonell et Giller, 2013). Jusqu'à présent, le rôle de la fertilité du sol et de sa teneur en carbone organique n'a pas été suffisamment pris en compte en tant que déterminant essentiel de l'utilisation de la technologie et de sa rentabilité en Afrique (Bhargava, Vagen et Gassner, 2018).

La disponibilité en temps voulu des intrants (semences, engrais, pesticides ou fongicides), leur qualité et leur utilisation adéquate sont également essentielles à l'obtention d'un rendement satisfaisant et à leur adoption rentable (Burke et al., 2016 ; Darko et al., 2016). Pourtant, les intrants ne sont pas toujours disponibles en temps opportun, même lorsqu'ils sont fournis par des programmes publics (Morris et al., 2007). De plus, les intrants disponibles sur le marché sont parfois altérés (avec une teneur en éléments nutritifs nettement inférieure au contenu déclaré), ce qui rend leur adoption non rentable (Bold et al., 2015 ; Carter, Lybbert et Tjernström, 2015 ; Michelson et al., 2018 ; Ragasa et Chapoto, 2017).

Enfin, même si des technologies sont disponibles localement et de bonne qualité, les

FIGURE 3.4   La productivité des terres en Afrique augmente plus rapidement dans les pays dotés de moins de ressources agricoles

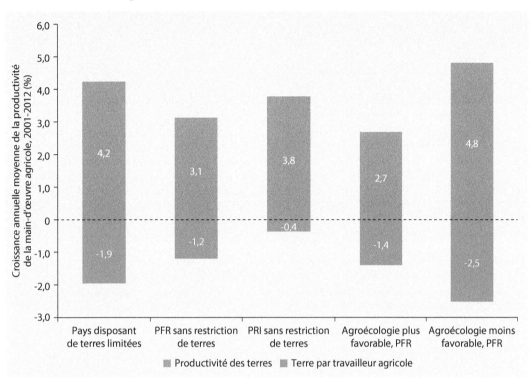

Sources : Calculs basés sur Benin et Nin-Pratt (2016) et Jayne, Chamberlin et Headey (2014).
Note : PFR = pays à faible revenu ; PRI = pays à revenu intermédiaire. Les pays disposant de terres limitées sont ceux dont la densité de population rurale est supérieure à 100 personnes par kilomètre carré de terres arables. Dans l'échantillon sur lequel s'appuient les chiffres présentés, ces pays sont le Burundi, le Malawi, le Nigéria et le Rwanda. Les PRI sans restriction de terres sont l'Angola, le Botswana, le Cameroun, le Gabon, la Namibie et l'Afrique du Sud. *La productivité des terres* est définie comme la valeur de la production agricole et animale brute en dollars internationaux constants de 2004-2006 par hectare de terre cultivée.

agriculteurs peuvent ne pas savoir comment les utiliser correctement. Les systèmes de vulgarisation n'ont que partiellement réussi à promouvoir l'adoption des nouvelles technologies agricoles. Les agriculteurs peuvent également faire leurs propres expériences et apprendre par la pratique ainsi qu'observer, reproduire et apprendre d'autres agriculteurs de leurs réseaux sociaux (Bandiera et Rasul, 2006 ; Krishnan et Patnam, 2014). Cette approche ne remplace toutefois pas totalement de bons services de vulgarisation.

Les ratios entre les prix des intrants et extrants déterminent également la rentabilité du recours aux intrants. Les coûts de transaction de l'obtention des intrants modernes peuvent les rendre trop coûteux pour être rentables (De Janvry, Sadoulet et Suri, 2017 ; Suri, 2011) et sont parfois liés aux coûts relativement exorbitants

du « dernier kilomètre »[47]. Les défaillances institutionnelles et réglementaires de la distribution et de la fourniture des intrants agricoles (et d'autres services) font grimper les prix (Goyal et Nash 2017 ; Kydd et al., 2004 ; Poulton, Dorward et Kydd, 2010).

En outre, la plupart des intrants agrochimiques disponibles en Afrique ne sont importés que par quelques entreprises. Le pouvoir de marché oligopolistique de celles-ci leur permet d'imposer des marges artificiellement élevées sur les prix de détail (ACET, 2017 ; Ncube, Roberts et Vilakazi, 2015), comme expliqué plus en détail au chapitre 6 « Mobiliser des ressources en faveur des pauvres ». À cause de l'absence de concurrence et de réglementation, la présence de cartels à la recherche de rente dans l'industrie du transport routier et des transports en général gonfle encore les prix du transport (Teravaninthorn et

Raballand, 2008). À cause de forces similaires, plus la distance par rapport au marché augmente, plus les prix à la production diminuent, décourageant ainsi l'adoption de la technologie et la participation au marché (Damania et al., 2017 ; Vandercasteelen et al., 2018).

Cependant, même si l'économie de l'utilisation des intrants est favorable et que les agriculteurs savent comment optimiser leur utilisation, certains s'en trouvent exclus à cause des défaillances du marché financier. Des données issues de l'ensemble des pays africains indiquent que le recours au crédit est extrêmement faible pour l'achat des intrants agricoles, quels que soient le type de crédit (formel ou non), le pays, les cultures, et le type de taille de l'exploitation. La grande majorité des agriculteurs sont obligés de s'autofinancer (à l'aide des revenus des activités non agricoles et des ventes de récoltes) (Adjognon, Liverpool-Tasie et Reardon, 2017). L'accès aux marchés formels du crédit est limité (lorsqu'ils existent) à cause des garanties limitées et des coûts de transaction élevés pour les prêteurs (coûts de sélection importants et risque covariant) (Poulton, Dorward et Kydd, 2010).

Enfin, le risque joue également un rôle. Le recours aux intrants n'est souvent pas rentable dans divers états de la nature. Par exemple, la variabilité des précipitations explique la moitié de la variabilité des rendements des engrais dans le nord du Ghana (Rosenzweig et Udry, 2016). Les agriculteurs adversaires du risque ou ne disposant pas de moyens financiers pour protéger leur consommation de la volatilité des revenus peuvent hésiter à adopter des technologies ou services agricoles en raison du risque de perte de l'investissement ou de la garantie en cas de crise (Carter, Laajaj et Yang, 2016 ; Dercon et Christiaensen, 2011). Il leur faut, par conséquent, un rendement de l'investissement supérieur à celui demandé par les agriculteurs sans aversion pour le risque (Goyal et Nash, 2017 ; Liverpool-Tasie et al., 2017). Bien que négativement corrélés à la production, les risques liés aux prix aggravent encore le problème. L'importance et les conséquences des risques non assurés pour la production agricole sont examinées plus en détail dans le chapitre 5 « Gérer les risques et les conflits ».

En plus de l'adoption d'intrants modernes, la productivité des terres peut également être améliorée en passant à des cultures de plus grande valeur (telles que les fruits et légumes) ou à l'élevage à petite échelle. L'accès à des intrants de qualité et de bonnes conditions d'élevage sont encore plus problématique pour les petits exploitants pratiquant l'élevage, avec pour résultat des niveaux de productivité de l'élevage faibles et stagnant — par exemple, les rendements actuels du lait, de la viande bovine et de la volaille restent bien en deçà de leur potentiel (IFAD, 2016 ; OECD et FAO, 2016). Bien que le recours aux services vétérinaires, l'insémination artificielle, et l'alimentation commerciale soient des déterminants forts de la productivité de l'élevage, ces intrants sont de médiocre qualité et souvent inaccessibles, en particulier pour les ménages ruraux les plus éloignés (ACET, 2017). En Afrique orientale et australe, la fièvre de la Côte orientale, une maladie infectieuse transmise par les tiques, est la principale cause de mortalité des animaux, mais la vaccination est rarement appliquée (Perry, 2016). De plus, les complémentarités dans l'utilisation des intrants modernes sont encore plus fortes dans la production animale, mais sont rarement combinées[48]. Le coût des intrants d'élevage modernes est élevé, parce que la plupart des services vétérinaires et de santé doivent être importés (de l'étranger ou des zones urbaines). De plus, d'importantes économies d'échelle peuvent être réalisées dans l'élevage, ce qui rend souvent non rentable la production animale à petite échelle (par exemple, la production laitière [Gehrke et Grimm, 2018]).

Nécessité d'une mécanisation et d'une irrigation, avec un écosystème d'appui

Mécanisation

La mécanisation peut aider à surmonter plusieurs des obstacles s'opposant à l'augmentation de la productivité de la main-d'œuvre agricole, évoqués jusqu'ici :

- Elle aide les agriculteurs à cultiver davantage de terres et à étendre la taille de leurs exploitations lorsque la terre est disponible, venant ainsi plus en complément qu'en remplacement de la main-d'œuvre (ACET, 2017 ; FAO, 2017)[49].
- Elle permet une plus grande intensification dans les systèmes disposant de terres limitées. Par exemple, le labourage n'accroît généralement pas directement les rendements, mais permet de cultiver les terres en temps opportun, ce qui est particulièrement important pour la productivité des cultures dans des conditions de précipitations présentant de

courtes périodes de plantation (Diao, Silver et Takeshima, 2016).

- Elle peut également rendre plus rentable l'adoption d'intrants modernes et de pratiques à forte intensité de main-d'œuvre (Ragasa et Chapoto, 2017), augmentant ainsi l'emploi de main-d'œuvre et améliorant encore la productivité des terres, comme constaté dans les systèmes de riziculture de la Côte d'Ivoire (Mano, Takahashi et Otsuka, 2017).

- Elle lève les contraintes de saisonnalité de la main-d'œuvre en libérant celle-ci pour d'autres tâches agricoles, voire même pour la génération de revenus en dehors des exploitations (agriculture à temps partiel). Mais elle peut aussi intensifier les goulots d'étranglement de la saisonnalité de la main-d'œuvre, par exemple, lorsque davantage de terres sont labourées, mais que la main-d'œuvre disponible n'est pas suffisante pour la récolte.

Jusqu'à récemment, la mécanisation agricole était limitée en Afrique. Une étude récente de l'adoption de l'équipement agricole mécanisé dans six pays africains indique que seulement 1 % des agriculteurs possèdent un tracteur et seuls 12 % ont recours aux services de machines (Sheahan et Barrett, 2017). La raison en est en partie l'indivisibilité des machines et donc la nécessité d'exploitations agricoles de plus grande taille pour pouvoir réaliser des économies d'échelle. L'apparition d'exploitations de taille moyenne serait utile à cet égard, même si, comme indiqué plus haut, les effets sur la réduction de la pauvreté restent peu clairs. Elle n'est toutefois pas strictement nécessaire. Les marchés ruraux de la location de machines agricoles peuvent résoudre le problème de l'indivisibilité des machines, avec des tracteurs loués soit par des agriculteurs plus importants, soit par des agents privés spécialisés, comme en Chine (Wang et al., 2016 ; Zhang, Yang et Reardon, 2017)[50]. Les applications de téléphonie mobile, telles que « Trotro Tractor » au Ghana ou « Hello Tractor » au Nigéria, permettent de réduire considérablement les coûts de transaction des participants aux marchés de la location de machines (AfDB et al., 2018). Le partage de la propriété des machines agricoles entre des organisations agricoles est une autre solution possible (ACET, 2017).

Les difficultés du financement sont une autre raison du faible nombre d'agriculteurs possédant des machines. Historiquement, de nombreux pouvoirs publics africains ont essayé de résoudre ce problème à l'aide de subventions et de parcs de machines gérés par l'État. La priorité a, toutefois, trop souvent été accordée à l'importation des tracteurs, en négligeant la nécessaire formation des conducteurs de ces machines, la fourniture de services de maintenance et de réparation adéquats, et par la suite, le développement de nouveaux équipements adaptés aux conditions locales. La qualité du labourage et les services des machines ont, par conséquent, été souvent médiocres, avec, de plus, une fin prématurée de l'équipement. Un écosystème complet de services d'appui — c'est-à-dire une chaîne de valeur des machines agricoles — est nécessaire pour que cette mécanisation puisse se mettre en place et se développer (Diao et al., à paraître).

Depuis la crise alimentaire mondiale de 2008, la mécanisation agricole en Afrique a suscité un regain d'intérêt des pouvoirs publics ainsi que des principaux fournisseurs privés mondiaux de machines agricoles, qui ne veulent pas passer à côté du dernier marché mondial en croissance des équipements agricoles mécanisés. Ces entreprises ne se contentent d'ailleurs pas de fournir les machines, elles investissent également dans le développement des compétences après-vente et l'appui à l'entretien. Certains signes indiquent que les systèmes agricoles ont suffisamment évolué pour que les agriculteurs exigent une mécanisation (Binswanger-Mkhize, 2018 ; Diao, Silver et Takeshima, 2016 ; Mrema, Baker et Kahan, 2008). Les salaires ruraux augmentent dans un certain nombre de pays ou de régions riches en terres (par exemple, en Côte d'Ivoire, au Ghana et en Tanzanie), et des exploitations de taille moyenne à grande sont apparues, avec pour conséquence la constitution de poches d'adoption de la mécanisation[51]. L'extension de la mécanisation en Afrique reste malgré tout limitée et très en retard par rapport à l'Asie.

Une importante leçon à tirer de la mécanisation de l'Asie est que cette opération a en grande partie eu lieu sans intervention directe des pouvoirs publics. Lorsque ceux-ci sont intervenus, c'était pour résoudre des problèmes de coordination, afin que l'offre privée puisse répondre à la demande existante des agriculteurs. Une tierce partie est souvent nécessaire pour résoudre les problèmes de coordination entre les acheteurs et les fournisseurs de services de mécanisation (Zhang, Yang et Reardon, 2017). Les pouvoirs publics ont également fourni des biens publics essentiels pour surmonter les défaillances du marché.

La mécanisation africaine nécessite également une approche intégrée pour s'attaquer aux différentes contraintes pesant sur la fourniture de biens publics. Elle requiert également le développement de mécanismes institutionnels pour encourager les partenariats public-privé et le développement de la chaîne d'approvisionnement locale de la mécanisation. La fourniture de biens publics comprend, par exemple (ACET, 2017 ; Diao et al., à paraître) :

- *Un soutien à la R&D* pour la conception de machines plus adaptées ou l'adaptation des modèles importés au contexte local ;
- *L'offre de formations et de services de vulgarisation* pour sensibiliser les petits exploitants agricoles aux services mécanisés améliorés ;
- *La création de centres de formation et de programmes de cours* pour les conducteurs de machines et le soutien à la production locale de pièces détachées ;
- *La réduction des coûts administratifs et d'importation* des machines agricoles (y compris des pièces détachées).

Irrigation

Tout comme la mécanisation, l'irrigation est de nouveau à l'ordre du jour pour accroître la productivité de la main-d'œuvre agricole, après une interruption de 20 ans consécutive aux performances décevantes enregistrées dans les années 1970 et 1980. L'irrigation peut intensifier l'utilisation de la main-d'œuvre agricole en permettant de cultiver tout au long de l'année. Elle accroît également la productivité des terres en encourageant l'adoption d'intrants modernes, grâce à la plus faible variation des rendements agricoles ; en améliorant la réaction des cultures aux intrants modernes tels que les semences améliorées et les engrais ; en contribuant à lutter contre les mauvaises herbes ; et en facilitant l'adoption de cultures de plus grande valeur, telles que les fruits et légumes (Jayne et Rashid, 2013 ; Otsuka et Muraoka, 2017 ; Tonitto et Ricker-Gilbert, 2016).

Seuls 7,3 millions d'hectares de terres africaines sont irrigués, principalement dans quatre pays (Madagascar, Nigéria, Afrique du Sud et Soudan), alors qu'on estime à 40 millions d'hectares celles convenant à l'irrigation (Burney, Naylor et Postel, 2013). Jusqu'ici, l'adoption d'une quelconque forme de gestion de l'eau par les petits exploitants agricoles a été extrêmement faible en Afrique : moins de 2 % de la superficie cultivée et moins de 5 % des ménages dans six pays qui constituent ensemble 40 % de la population africaine (Sheahan et Barrett, 2017).

Comme pour les autres technologies, la faible adoption de l'irrigation en Afrique s'accompagne d'une quantité de contraintes, entraînant une disponibilité limitée, un mauvais fonctionnement, et une faible rentabilité des systèmes d'irrigation (Schuenemann et al. 2018 ; You et al., 2011). Du côté de l'offre, le développement de l'irrigation en Afrique a été restreint par des structures de gouvernance médiocres, une participation limitée des opérateurs privés, des conséquences néfastes pour la santé et l'environnement, et le coût élevé du financement de l'irrigation. Du côté de la demande, les principales contraintes sont le manque d'accès au marché ; l'hétérogénéité des ressources renouvelables en eau douce aisément accessibles ; et le déficit de connaissances techniques, d'intrants complémentaires, et parfois aussi de main-d'œuvre ou d'accès à du matériel agricole mécanisé pour faire fonctionner efficacement les installations d'irrigation (Barrett et al., 2017 ; Burney et Naylor, 2012 ; Mashnik et al., 2017 ; Schuenemann et al., 2018).

De même, l'accès à une énergie fiable et durable pour l'alimentation des systèmes d'irrigation reste limité, et les banques locales hésitent à octroyer des prêts aux agriculteurs pour les importants investissements initiaux dans de tels systèmes (Mashnik et al., 2017). Enfin, de nombreuses régions rurales manquent d'infrastructures adaptées pour supporter l'irrigation à grande échelle et des systèmes de drainage, ou leur maintenance s'est avérée trop coûteuse (ACET, 2017).

Effet limité des interventions concentrées sur un unique aspect

Un point commun à tous les efforts passés de modernisation de l'agriculture est l'absence générale d'une approche intégrée. De ce qui est abordé plus haut, il ressort également que les différentes contraintes du marché des intrants, des facteurs et des produits agissent souvent comme des quasi-compléments plutôt que comme des quasi-substituts. Lorsqu'une contrainte est levée, une nouvelle apparaît rapidement, de sorte que la technologie n'est toujours pas adoptée ou est rapidement abandonnée, car elle n'est soit pas rentable du tout, soit rentable uniquement tant que dure l'intervention (par exemple, le subventionnement). Cette absence d'une approche plus holistique de l'adoption de la technologie est de plus en plus considérée comme un obstacle majeur à la modernisation de l'agriculture en Afrique.

Le programme de subvention « intelligent » des engrais en Afrique (Morris et al., 2007 ; Banque mondiale, 2007), par exemple, a eu des effets limités sur la productivité et la pauvreté en raison de l'absence d'investissements complémentaires dans la vulgarisation agricole, la R&D, et la gestion de la fertilité des sols (Goyal et Nash, 2017 ; Jayne et al., 2018). De nombreuses interventions en faveur d'installations d'irrigation améliorées ont également échoué parce qu'elles se concentraient sur un unique aspect de la gestion de l'eau — par exemple, la fiabilité de l'accès ou la distribution équitable de l'eau douce d'irrigation — sans effectuer des investissements complémentaires, ni accorder une attention suffisante à la mise en œuvre du projet et à l'évolution du marché (Burney et Naylor, 2012 ; ECOWAS, UEMOA et CILSS, 2017). Et pour que la mécanisation agricole puisse se mettre en place et se développer, la nécessité d'un écosystème complet de services d'appui — une chaîne de valeur des machines — est aujourd'hui mise en avant (Diao et al., à paraître).

Des études microéconomiques détaillées confirment de plus en plus le potentiel de synergies[52]. Par exemple, l'utilisation conjointe d'intrants (telle que la combinaison d'engrais inorganiques et de semences améliorées) a d'importants effets synergétiques sur la rentabilité des cultures (Carter, Lybbert et Tjernström, 2015 ; Dzanku, Jirström et Marstorp, 2015 ; Harou et al., 2017 ; Vanlauwe et al., 2011). Toutefois, parce que l'utilisation d'engrais inorganiques et de semences améliorées peut rendre les cultures plus sensibles à la croissance des mauvaises herbes, aux nuisibles, et aux maladies, il est également nécessaire d'utiliser simultanément des herbicides, des pesticides ou toute autre technique de lutte antiparasitaire (Tonitto et Ricker-Gilbert, 2016). C'est précisément l'utilisation conjointe d'intrants modernes, associée à la gestion de l'eau, qui a été au cœur de la révolution verte.

Malgré les synergies agronomiques de l'utilisation conjointe des intrants, il ne suffit pas toujours d'avoir accès à des intrants complémentaires. Parmi les ménages utilisant des intrants modernes, peu en emploient plus d'un et, lorsqu'ils le font, ce n'est souvent pas sur la même parcelle (Sheahan et Barrett, 2017). Cette pratique met en évidence le rôle essentiel et complémentaire des conseils agronomiques. Là où les systèmes de vulgarisation ont encouragé l'adoption conjointe d'intrants, comme en Éthiopie, l'utilisation de semences modernes est fortement corrélée avec celle d'engrais inorganiques (Abay et al., 2016).

Les programmes allégeant simultanément le crédit agricole et les contraintes pesant sur l'information (par exemple, à l'aide de transferts monétaires et de services de vulgarisation) affichent souvent des effets synergétiques (Ambler, de Brauw et Godlonton, 2018 ; Daidone et al., 2017 ; Pace et al., 2018)[53]. Et le recours au crédit a plus de succès lorsqu'il est combiné à une assurance (Carter, Cheng et Sarris, 2016). En dehors de l'agriculture, la fourniture de transferts monétaires temporaires aux pauvres et aux personnes vulnérables, accompagnée de subventions sous forme d'actifs, d'une formation et d'un soutien à l'entrepreneuriat, d'un coaching aux compétences de vie, et d'un accès à des comptes d'épargne (connue sous le nom d'approche de progression de BRAC destinée aux ultra-pauvres, lancée au Bangladesh) a produit des améliorations durables des moyens de subsistance (Banerjee et al., 2015).

Bien que conceptuellement et empiriquement attrayante, une approche intégrée ne réussit pas nécessairement. L'intégration s'accompagne d'une complexité, qui rend plus difficile une mise en œuvre efficace, en particulier dans des environnements institutionnels médiocres, dotés d'une faible capacité. Le développement rural intégré était populaire dans les années 1970, mais il n'a pas réussi. Son approche descendante n'était pas suffisamment adaptée aux contextes spécifiques ou locaux. Le projet Villages du Millénaire (PVM) propose une variante plus récente de l'approche du développement rural intégré, avec des résultats probablement plus positifs, bien qu'encore difficiles à démontrer en l'absence d'une évaluation rigoureuse (Mitchell et al., 2018).

Face à des ressources limitées, les approches intégrées impliquent souvent des choix épineux à propos des personnes, lieux, cultures ou produits à cibler en premier lieu. La dynamique politique presse souvent les décideurs de ne pas fournir plus d'un programme aux mêmes bénéficiaires, même lorsque les complémentarités sont évidentes. Dans l'ensemble, davantage d'expérimentation, d'apprentissage et d'évaluation des approches intégrées sont nécessaires. Telle est également la direction suivie par les politiques et les recherches sur l'agriculture et la sécurité alimentaire en Afrique.

L'intégration peut intervenir autour d'un *groupe de population*, comme dans l'approche de progression de BRAC ; un *lieu ou un territoire*, comme dans le PVM et le développement territorial ; ou autour d'un produit, comme dans le développement de la chaîne de valeur (DCV). Sans s'exclure mutuellement, chaque point d'entrée est différent. En agriculture, le DCV fait l'objet d'une forte attention. La section suivante explore à quel point il peut lui aussi aider les pauvres. Les deux premiers canaux d'intégration sont examinés plus en détail dans le chapitre 4 « Aller vers des emplois extérieurs aux exploitations agricoles ».

Développement de chaînes de valeur inclusives en tant que réponse

Potentiel du développement des chaînes de valeur pour les pauvres

Les chaînes de valeur concernent l'organisation du flux des produits entre les producteurs et les consommateurs finaux (de la ferme à l'assiette). Elles vont de l'intégration verticale complète de toutes les étapes au sein d'une même entreprise (production, stockage, transformation, transport et commercialisation) à des accords contractuels formels et hiérarchiques ou plus informels et hybrides entre les différents acteurs, en passant par des chaînes entièrement atomistiques comportant de nombreux agents à chaque étape. Les chaînes de valeur peuvent être longues (s'étendant sur de grandes distances, avec beaucoup de valeur ajoutée entre les deux extrémités) ou courtes (par exemple, les marchés de producteurs locaux ajoutant peu de valeur après la production).

Les interventions de DCV visent à réduire les coûts de transaction et à améliorer l'efficacité au sein de la chaîne. Elles peuvent se concentrer sur :

- *l'amélioration du climat général des affaires* au sein duquel fonctionne la chaîne[54] ;

- *la facilitation de la coordination entre les intervenants* grâce à des plateformes multipartites ; et
- *la fourniture d'un soutien temporaire à différents acteurs* (tels que les agriculteurs, les transformateurs, les fournisseurs d'intrants et de services[55], ou les entreprises de commercialisation) ou à des groupes d'acteurs dans un cadre stratégique global d'appui à la chaîne.

Le soutien aux agriculteurs peut inclure de la formation, des activités visant à aider les agriculteurs à s'organiser en groupes en vue d'un échange collectif sur les marchés d'intrants et de produits, et une amélioration des liens des agriculteurs avec les acteurs en amont et en aval de la chaîne (par exemple, en les représentant dans la coordination et la négociation avec ces acteurs). La durabilité de ces liens une fois que le soutien d'un tiers a cessé d'exister constitue souvent un défi.

L'essentiel est de partir de la demande des consommateurs (volumes attendus, exigences de qualité, et normes), d'impliquer tous les acteurs, et de considérer leurs contraintes pour répondre à cette demande. La coordination et l'intégration peuvent être initiées par les différents acteurs de la chaîne, y compris les producteurs, mais également par des agents extérieurs à la chaîne ou les pouvoirs publics ainsi que par des organisations non gouvernementales (ONG) ou des organismes internationaux. Les agents externes sont en principe bien placés pour aider à assumer les coûts de coordination et à assurer une répartition équitable de la valeur ajoutée. Ils peuvent également fournir des biens et services publics complémentaires (Swinnen et Kuijpers, 2017).

Les modèles intégrés de DCV « reliant » les petits producteurs aux entreprises d'intrants, aux usines de transformation ou aux agents de commercialisation au moyen d'accords contractuels sont de plus en plus proposés en tant que solution organisationnelle basée sur le marché pour aider les petits exploitants agricoles à surmonter les multiples obstacles auxquels ils sont confrontés pour accéder à la technologie et aux marchés (à plus forte valeur). Dans le cadre de ces accords, les acteurs de la chaîne peuvent fournir de manière régulière des volumes plus élevés et de qualité plus constante en échange d'un accès au crédit, aux intrants et à la technologie, de connaissances agronomiques, de majorations des prix, et d'une réduction des risques de production et de marché pour les producteurs. Les risques sont partagés, de la valeur peut être ajoutée, et les petits producteurs ont accès à la fois à des marchés (nationaux et d'exportation) nouveaux et de plus grande valeur.

Les données théoriques et empiriques suggèrent que les chaînes de valeur intégrées sont plus susceptibles d'être efficaces pour les cultures autres que de base (telles que les cultures de rente, les fruits et légumes) et les produits agricoles à fort potentiel de valeur ajoutée (tels que les produits laitiers et la viande) que pour les cultures de base (Swinnen, Vandeplas et Maertens, 2010). La raison en est en partie que l'ajout d'une plus grande valeur facilite la conception de contrats compatibles avec les mesures incitatives, où les acheteurs (exportateurs, transformateurs ou supermarchés) préoccupés par la régularité, la qualité et la traçabilité des livraisons sont plus disposés et plus aptes à payer des prix plus élevés aux agriculteurs, favorisant ainsi le respect des contrats. De plus, lorsque la spécificité du contrat, de la technologie ou du produit est plus élevée (c'est-à-dire, lorsque la valeur spécifique du produit est plus faible pour d'autres acheteurs ou que les agriculteurs sont coincés par les investissements spécifiques requis par les cultures ou le marché), le coût de la rupture du contrat est plus élevé. D'autres facteurs, tels que les attributs du produit (caractère périssable et exigences de stockage) ainsi que les économies d'échelle dans la transformation, entrent également en jeu (Swinnen et Kuijpers, 2017).

Le développement des chaînes de valeur ouvre donc des opportunités, en particulier de connecter les petits exploitants à la demande urbaine croissante d'aliments autres que de base, ainsi qu'aux marchés d'exportation (traditionnels et non). Les pauvres peuvent en profiter directement en participant en tant que petits producteurs indépendants (sous contrat). Mais ils peuvent également en bénéficier indirectement en travaillant comme salariés dans de grandes exploitations agricoles ou dans le secteur agroalimentaire, ou bien à travers les retombées sur l'économie locale (Deininger et Xia, 2018 ; Devaux et al., 2016 ; Swinnen et Kuijpers, 2017).

En tant que petits producteurs, les pauvres ont plus de chances d'obtenir des gains directs lorsque la production des petits exploitants prédomine dans la région (c'est-à-dire lorsque les grandes exploitations sont absentes) et lorsque l'approvisionnement auprès des petits exploitants n'est pas plus coûteux. Cette dernière condition vaut, par exemple, lorsque la production nécessite plus de main-d'œuvre, comme pour les produits laitiers (Janssen et Swinnen, 2017) ou certaines cultures de rente (le tabac, par exemple), qui requièrent une manipulation soigneuse et présentent moins de possibilités d'une substitution de la main-d'œuvre par l'investissement (Devaux et al., 2016). Au Mozambique, en Afrique du Sud et en Zambie, l'industrie avicole commerciale se développe également et utilise l'agriculture contractuelle pour acheter des poulets de chair aux petits exploitants (Devaux et al., 2016 ; Otsuka, Nakano et Takahashi, 2016).

L'ampleur des gains pour les pauvres dépend en outre du pouvoir de négociation dont ils disposent pour revendiquer leur part de la valeur ajoutée. Lorsqu'il existe une demande importante pour le produit, l'agriculteur dispose de plus de possibilités de blocage (vente parallèle ou détournement d'intrants ou de technologies fournis par la chaîne de valeur) et son pouvoir de négociation est plus important. De même, les possibilités de blocage de l'acheteur sont plus faibles lorsque les autres acheteurs sont plus nombreux, que les fournisseurs alternatifs le sont moins, que peu d'exigences spécifiques sont associées au produit (c'est-à-dire que la valeur accordée au produit par les autres acheteurs est plus élevée), et que la technologie transférée a des effets à long terme.

Les organisations de producteurs peuvent accroître leur pouvoir de négociation. Elles peuvent également contribuer à réduire les coûts de transaction (recherche, sélection, signature et exécution des contrats), ce qui en fait des parties plus attrayantes pour la passation de marchés. Elles peuvent coordonner les accords contractuels, établir la confiance par rapport au risque de rupture de contrat, et faciliter le regroupement et la livraison aux transformateurs ou aux acheteurs (IFC, 2019). La nécessité que les organisations d'agriculteurs coordonnent et fournissent les intrants et la prestation de services est particulièrement importante lorsque les institutions et la fourniture publique des services ruraux sont médiocres, comme dans les situations d'après-conflit (Ragasa et Golan, 2014). Compte tenu de la faiblesse des infrastructures rurales et des systèmes de commercialisation, des investissements publics complémentaires sont souvent nécessaires pour inciter davantage les entreprises des systèmes d'approvisionnement en aval, comme constaté dans le secteur des produits laitiers (Chagwiza, Muradian et Ruben, 2016 ; Janssen et Swinnen, 2017 ; Kilelu, Klerkx et Leeuwis, 2017).

De nombreuses études montrent les effets positifs de l'agriculture contractuelle sur les prix à la production, la productivité agricole et le revenu des ménages agricoles (Otsuka, Nakano et Takahashi, 2016 ; Swinnen et Kuijpers, 2017 ; Wang, Wang et Delgado, 2014). Un examen de 30 études empiriques situe les gains de revenu dans une fourchette de 25 à 75 % (Minot et Sawyer, 2016). Des conclusions similaires ont été tirées par d'autres études (Otsuka, Nakano et Takahashi, 2016 ; Swinnen et Kuijpers, 2017 ; Wang, Wang et Delgado, 2014). Cette constatation est prometteuse, mais des questions méthodologiques épineuses demeurent pour établir la causalité (Bellemare et Bloem, 2018).

En même temps, les données probantes indiquent également que ce sont généralement les petits exploitants de plus grande taille et plus axés sur le commerce, qui participent à l'agriculture contractuelle ; les coûts de transaction sont plus faibles avec eux (Otsuka, Nakano et Takahashi, 2016 ; Ton et al., 2018). De même, les données confirment que les organisations agricoles (c'est-à-dire la coordination horizontale) peuvent jouer un rôle dans l'intégration des petits exploitants au sein des chaînes de valeur modernes et dans l'amélioration de leurs revenus (Ito, Bao et Su, 2012 ; Ma et Abdulai, 2016 ; Verhofstadt et Maertens, 2015). Pourtant, les organisations agricoles ont souvent du mal à bien fonctionner et, comme dans l'agriculture contractuelle, ce sont les agriculteurs relativement mieux lotis qui ont tendance à y participer (Bernard et Spielman, 2009 ; Fischer et Qaim, 2012 ; Mojo, Fischer et Degefa, 2017).

Le fait que ce sont principalement les petits exploitants de plus grande taille qui en bénéficient directement ne doit pas être une préoccupation, parce que l'essentiel des avantages pour les plus pauvres devrait découler des retombées sur l'économie locale, sous la forme d'une demande accrue de main-d'œuvre agricole ainsi que de liens de consommation, comme observé en Tanzanie (Chamberlin et Jayne, 2017). Ce domaine mérite une plus grande attention des politiques et une étude empirique.

De même, lorsque les exigences de qualité ou de volume imposées par la demande des consommateurs (par exemple, pour les légumes d'exportation), les économies d'échelle dans la transformation (pour le porc ou le bœuf), ou la rapidité de la transformation (canne à sucre) nécessitent un contrôle rigoureux du processus de production, une intégration verticale dans de grandes entreprises a plus de chance de se produire (Masters et al., 2013 ; Otsuka, Nakano et Takahashi, 2016 ; Swinnen et Kuijpers, 2017). Les pauvres peuvent une nouvelle fois en bénéficier en tant que salariés ou à travers les retombées sur l'économie locale (emploi non agricole, examiné au chapitre 4), une situation plus probable si l'emploi est complémentaire à leurs activités dans les petites exploitations et nécessite des compétences relativement faibles. D'importants effets de réduction de la pauvreté grâce à l'emploi salarié dans les domaines horticoles exportateurs ont été constatés au Sénégal, par exemple (Van den Broeck, Swinnen et Maertens, 2017).

Expérimenter le développement des chaînes de valeur dans les produits de base

Comme nous l'avons vu, les cultures de base sont généralement moins adaptées au DCV. Le caractère homogène des produits laisse peu de place à l'amélioration de la qualité et à l'ajout de valeur. Il réduit la capacité et l'incitation des acheteurs à accorder une majoration de prix pour encourager les producteurs à assurer un approvisionnement constant de qualité et d'un volume élevé pour faire tourner leurs usines ou alimenter leurs marchés urbains (Devaux et al., 2016 ; Otsuka, Nakano et Takahashi, 2016 ; Ragasa, Lambrecht et Kufoalor, 2018). Le grand nombre des acheteurs potentiels rend l'exécution des contrats nettement plus difficile. Il augmente le risque de vente parallèle (opportuniste) ainsi que de rupture stratégique des contrats par les acheteurs, un cas également fréquent (Maertens et Vande Velde, 2017 ; Swinnen et Kuijpers, 2017)[56]. Les économies d'échelle limitées dans l'approvisionnement, le stockage, la transformation et la commercialisation n'incitent guère les négociants et les transformateurs à investir dans la coordination de la chaîne (Fischer et Qaim, 2012 ; Poulton, Dorward et Kydd, 2010).

La croissance du revenu et l'urbanisation ont toutefois compliqué les exigences de qualité et de quantité relatives aux aliments de base. Elles ont fait naître le besoin de formes de coordination meilleures et plus avancées pour saisir les nouvelles opportunités de marché et ont accru l'intérêt pour le DVC et l'agriculture contractuelle en tant que solutions organisationnelles axées sur le marché, permettant aux petits producteurs pauvres de saisir ces opportunités. Les cultures de base ayant une élasticité de revenu plus élevée (par exemple, le teff en Éthiopie et le riz en Côte d'Ivoire) sont de plus en plus organisées en chaînes de valeur courtes (au lieu de marchés atomistiques) pour répondre à la demande accrue du marché urbain intérieur. L'approvisionnement local en denrées de base par les institutions d'aide alimentaire (par exemple, le Programme alimentaire mondial — PAM) et l'expansion des supermarchés régionaux (Barrientos et al., 2016 ; IFAD, 2016) accentuent la demande d'une plus grande certitude quantitative et qualitative. De même, des volumes plus importants d'aliments de base d'une qualité supérieure et constante sont nécessaires comme matière première pour les secteurs en pleine croissance de la bière et de l'élevage (Swinnen et Kuijpers, 2017).

Des initiatives de DVC dans les cultures de base (en particulier le riz et le maïs) apparaissent en réponse à la situation. Une évaluation effectuée au Bénin montre comment les petits exploitants pratiquant la culture du riz sous contrat, avec l'appui d'un institut de recherche français, ont durablement augmenté la superficie cultivée, intensifié leur production de riz, commercialisé une plus grande partie de leurs récoltes, et finalement augmenté leurs revenus agricoles (Maertens et Vande Velde, 2017). Cette expérience n'a toutefois pas été partagée au Ghana, où les petits exploitants impliqués dans la production de maïs sous contrat, initiée par des fournisseurs d'intrants du secteur privé, ont vu leurs bénéfices diminuer parce que leurs coûts de production élevés n'ont pas été suffisamment compensés par un accroissement de la productivité (Ragasa, Lambrecht et Kufoalor, 2018).

La riziculture sous contrat a sans doute plus de chances de succès que le maïs, parce qu'un plus grand potentiel de différenciation de la qualité permet aux acheteurs de riz de payer un supplément de prix, réduisant ainsi le risque de vente parallèle (Maertens et Vande Velde, 2017 ; Ragasa, Lambrecht et Kufoalor, 2018). Des intermédiaires neutres ou tiers assurant la coordination de la chaîne peuvent en outre renforcer la confiance et les engagements contractuels entre les agriculteurs et les différentes parties prenantes (Ashraf, Giné et Karlan, 2009 ; Poulton, Dorward et Kydd, 2010). Dans le cadre de l'intervention Achats au service du progrès (P4P — *Purchase for Progress*), le PAM a joué un rôle de coordination des interventions du côté de l'offre et de la demande en investissant dans des installations de stockage et des systèmes de récépissés d'entrepôt, et en formant les agriculteurs sur toute une série de sujets, tout en garantissant la demande à l'aide de contrats garantis par le PAM d'achat à un prix prédéfini ou minimum. Les petits exploitants participant au programme P4P en Tanzanie ont intensifié et commercialisé une plus grande partie de leur production de maïs et de haricots, même si les revenus des ménages n'ont pas changé (Lentz et Upton, 2016).

Dans l'ensemble, il reste encore beaucoup à apprendre, et un supplément d'expérimentation ainsi qu'un apprentissage systématique sont nécessaires dans le développement des chaînes de valeur des produits de base. Les marges d'erreur ne sont souvent pas si grandes. Une conception adéquate des interventions, une mise en œuvre efficace et prévisible, et un environnement des politiques stable sont indispensables pour que les systèmes contractuels soient rentables et durables.

Au Ghana, par exemple, la baisse des taux d'intérêt implicites et la mise à disposition de paquets technologiques mieux adaptés localement (qui sont disponibles) pourraient déjà rendre les systèmes contractuels plus rentables (Ragasa, Lambrecht et Kufoalor, 2018). En Tanzanie, les achats dans le cadre des P4P ont, en revanche, été irréguliers d'une année à l'autre. Une communication régulière entre les opérateurs du système et les agriculteurs sous contrat est également nécessaire pour maintenir les liens et la confiance. Les outils TIC peuvent y contribuer. En Tanzanie, les interdictions d'exportation et autres initiatives nationales ont parfois entravé la mise en œuvre du programme. Enfin, des stratégies de sortie claires sont nécessaires pour assurer la soutenabilité lorsque des bailleurs de fonds tiers sont impliqués (Swinnen et Kuijpers, 2017).

Ces considérations sont particulièrement pertinentes lorsqu'il s'agit du DCV pour les cultures de base des petits exploitants, étant donné les problèmes permanents d'accès au capital, à la technologie et aux marchés, et les incitations généralement moindres pour les entreprises agroalimentaires en amont et en aval de la chaîne à se lancer dans l'agriculture contractuelle.

La nécessité de biens publics complémentaires, en particulier pour les denrées de base

Un important agenda des politiques publiques et d'investissement demeure pour l'agriculture africaine, en particulier pour les produits de base, et pour soutenir le développement des chaînes de valeur de manière plus générale. Cet agenda concerne non seulement un cadre réglementaire et institutionnel approprié, mais aussi une augmentation et une composition plus efficace de la dépense publique. La section Fondamentaux 4 « Politiques et mesures favorables aux pauvres » et le chapitre 6 « Mobiliser des ressources en faveur des pauvres » examinent l'économie politique et la marge de manœuvre budgétaire d'un accroissement de la dépense globale en faveur des pauvres. Les principaux éléments liés à l'agriculture sont mis en évidence ici.

Tout au long de l'histoire, la part de la dépense agricole dans les dépenses publiques totales a été nettement inférieure en Afrique à celle de l'Asie de l'Est et du Pacifique (figure 3.5). Oscillant entre 2 % et 3 % pendant la majeure partie des années 1990 et 2000 (sauf en 1999), elle a légèrement augmenté pour atteindre environ 4 % vers la fin des années 2000, en réaction à la crise alimentaire mondiale. Depuis, elle est revenue aux niveaux d'avant 2008, et est restée bien en deçà de l'engagement de 10 % du Programme détaillé pour le développement de l'agriculture en Afrique (PDDAA).

En outre, les améliorations à long terme de la productivité de la main-d'œuvre agricole et la réduction de la pauvreté nécessitent en particulier des investissements dans des biens publics aidant à surmonter les défaillances du marché. Par exemple, une analyse économétrique montre comment, en Amérique latine, une part plus importante des dépenses publiques consacrées aux biens *privés* (par rapport aux biens *publics*) dans les budgets des États a même eu un impact négatif sur les revenus ruraux et la réduction de la pauvreté (López et Galinato, 2007)[57].

L'expérience récente des pays africains souligne l'importance des dépenses dans les biens publics ruraux. L'Éthiopie et le Rwanda, par exemple, ont investi davantage dans la fourniture de biens publics ruraux tels que la vulgarisation et l'infrastructure agricole ainsi que, dans le cas de l'Éthiopie, dans des filets de sécurité ruraux productifs. Le Malawi et la Zambie se sont, en revanche, concentrés sur les biens privés, en particulier la subvention des intrants (et les prix planchers du maïs supérieurs au prix du marché en Zambie). La production céréalière totale (et les rendements) a substantiellement augmenté dans les quatre pays. En Éthiopie et au

FIGURE 3.5   **Les dépenses agricoles en Afrique accusent un retard considérable par rapport à celles de l'Asie de l'Est et du Pacifique**

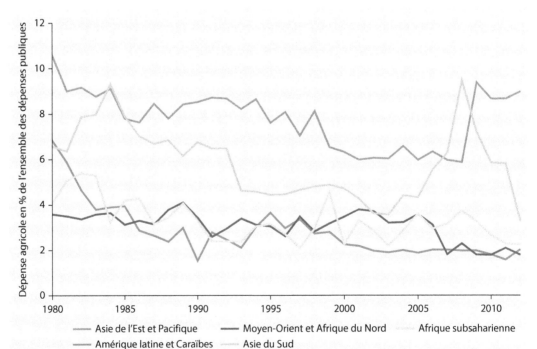

Source : Calculs basés sur l'ensemble de données de niveau pays sur les Statistiques 2015 sur les dépenses publiques en faveur du développement économique (SPEED) de l'Institut international de recherche sur les politiques alimentaires (IFPRI)

Rwanda, cette augmentation s'est accompagnée d'une baisse sensible de la pauvreté, mais pas au Malawi et en Zambie, où la plupart des subventions sont perçues par les plus gros agriculteurs. Ces politiques sont également non soutenables du point de vue budgétaire ou ne sont abordables que lorsque les prix des produits de base sont élevés, comme en Zambie (Banque mondiale, 2014).

Un examen de l'évolution des dépenses publiques dans 13 pays africains montre que la subvention des intrants reste le plus gros poste de dépense publique (Pernechele, Balié et Ghins, 2018, figure 30), plus élevé que celle consacrée à la diffusion des connaissances, aux infrastructures rurales (routes rurales et irrigation), à la R&D agricole, et aux infrastructures commerciales. Les raisons de cette situation sont examinées plus en détail dans le chapitre 6 « Mobiliser des ressources en faveur des pauvres ».

Du point de vue de la pauvreté, les domaines décrits ci-dessous sont importants pour la dépense publique et les politiques.

Recherche, développement et vulgarisation agricoles. La base de connaissances scientifiques agricoles de l'Afrique est encore largement insuffisante et sous-financée (Barrett et al., 2017). Moins de 2 % du produit intérieur brut (PIB) agricole est consacré à la recherche agricole. Parmi les priorités figurent la sélection de variétés de cultures de base à haut rendement et robustes par rapport au climat ; le développement de races animales et d'aliments pour animaux plus productifs — pour les nouvelles races de volaille, voir Narrod, Pray et Tiongco (2008) ; l'accès à du petit matériel agricole adapté aux conditions locales ; et le développement de produits financiers ruraux convenant au caractère saisonnier de la production agricole.

Des systèmes de vulgarisation plus décentralisés et axés sur la demande, améliorant le contenu et la rapidité de la transmission des informations et des technologies agricoles aux agriculteurs, sont également nécessaires. Ils sont particulièrement essentiels pour accroître la productivité des cultures de base, qui ne tire généralement pas grand profit des investissements privés dans le développement ou le transfert des technologies. Une vulgarisation basée sur la téléphonie mobile et les médias sociaux peut aider. Elle offre des moyens rentables de partager les connaissances agricoles et d'améliorer les taux d'adoption, ce qui accroît l'inclusion des jeunes, ainsi que des agriculteurs pauvres, analphabètes ou de sexe féminin (ACET, 2017 ; Aker, 2011 ; Cole et

Fernando, 2014 ; Fu et Akter, 2016). Toutefois, une utilisation accrue de ces nouvelles technologies numériques nécessite des investissements publics complémentaires et des politiques adéquates — voir plus loin et dans la section Fondamentaux 3 « Réaliser des avancées grâce à la technologie (et au commerce) ».

Intégration des politiques relatives à la modernisation des intrants et à la gestion des terres et de l'eau. Il y a beaucoup à gagner d'une combinaison des politiques encourageant l'adoption d'intrants modernes (tels que les semences et les engrais inorganiques) avec des techniques de gestion améliorant la qualité des terres (telles que l'amélioration de la teneur en matière organique à l'aide de la gestion intégrée de la fertilité des sols ou de la culture de légumineuses) ainsi que la disponibilité de l'eau (Jayne et Rashid, 2013 ; Otsuka et Muraoka, 2017 ; Tonitto et Ricker-Gilbert, 2016).

Les systèmes locaux d'irrigation à petite échelle, participatifs ont été identifiés en tant qu'approche la plus rentable pour l'expansion des systèmes d'irrigation en Afrique, générant des taux de rendement plus élevés que les projets d'irrigation à grande échelle organisés centralement (Burney, Naylor et Postel, 2013 ; You et al., 2011). La démocratisation (ou individualisation) de la gestion de l'eau (par exemple, par le biais d'associations d'utilisateurs de l'eau) est essentielle pour rendre l'irrigation à petite échelle plus attrayante, et son importance est récemment en augmentation en Afrique (De Fraiture et Giordano, 2014). Des expériences avec des pompes solaires peu coûteuses associées à une irrigation au goutte-à-goutte à petite échelle et à basse pression sont prometteuses tout en limitant l'impact environnemental (Burney et Naylor, 2012 ; Mashnik et al., 2017). Ces solutions doivent être couplées avec des innovations financières (paiement de services à la demande), une sécurisation des droits fonciers et de l'eau, et une formation adéquate des agriculteurs.

Investissements publics complémentaires dans les infrastructures rurales, y compris les TIC. Les investissements dans les routes rurales, les installations de stockage, les centres de rassemblement, et les entrepôts réduisent les coûts de transaction, permettant ainsi aux petits exploitants agricoles, mais aussi aux petites et moyennes entreprises agroalimentaires, d'en tirer plus de valeur (Devaux et al., 2016). Ces investissements promeuvent également un environnement favorable à l'investissement privé dans la transformation et le stockage par des acteurs intermédiaires (comme observé en Éthiopie et en Inde), et au développement de chaînes de valeur générant des emplois non agricoles (ACET, 2017 ; Goyal et Nash, 2017), comme on le verra dans le chapitre 4 « Aller vers des emplois extérieurs aux exploitations agricoles ».

Les services numériques peuvent considérablement réduire les coûts de transaction. Les agriculteurs et les entrepôts peuvent être reliés à des plateformes électroniques d'échange de marchandises à l'aide de services numériques. Les plateformes électroniques peuvent également accélérer les transactions, réduisant ainsi le comportement stratégique de la vente parallèle (ACET, 2017). En outre, les TIC peuvent aider la production animale des petits producteurs des zones rurales à satisfaire les exigences de qualité des marchés d'exportation. Les puces d'identification par radiofréquence (RFID — *Radio frequency identification*), par exemple, sont utilisées dans le secteur de la viande bovine au Botswana et en Namibie pour améliorer la capacité de suivi et de contrôle de l'état de santé et des mouvements des animaux (Deichmann, Goyal et Mishra, 2016 ; Banque mondiale, 2016). Cependant, le degré auquel ces services profitent directement aux pauvres dépendra essentiellement de l'accès de ceux-ci aux infrastructures numériques (telles que l'argent mobile et Internet) et des compétences humaines nécessaires à leur utilisation dont ils disposent. Les rendre largement disponibles est hautement prioritaire dans l'agenda des politiques publiques — comme décrit dans la section Fondamentaux 3 « Réaliser des avancées grâce à la technologie (et au commerce) ».

Soutien à la production animale des petits exploitants. Bien que l'augmentation de la productivité des cultures de base des petits exploitants demeure une priorité majeure, la production animale des petits exploitants est également très répandue parmi les pauvres, avec des niveaux de productivité également bas. Il reste beaucoup à gagner de la facilitation publique de l'accès à des races et aliments pour animaux améliorés, des services de santé animale, de l'accès à l'eau et à l'assurance, et des mécanismes de gestion des risques (voir chapitre 5 « Gérer les risques et les conflits »). Les interventions

de DCV peuvent encore faciliter l'accès aux aliments pour animaux et aux marchés, y compris pour la production animale à grande échelle.

Développement d'un environnement réglementaire et institutionnel favorable. En absence d'un système juridique efficace, les institutions alternatives de règlement des litiges peuvent, par exemple, aider à résoudre la question de la mise en œuvre des contrats (Swinnen et Kuijpers, 2017). La libéralisation des marchés d'intrants (en particulier des semences) et la promotion du commerce entre les régions (par exemple, des aliments pour animaux) en réduisant le coût du commerce et du transport sont des exemples importants de la manière dont les politiques macroéconomiques peuvent contribuer au développement des chaînes de valeur (Swinnen et Kuijpers, 2017)[58].

Notes

1. En Afrique, la demande de denrées alimentaires en tant que matière première pour la production d'énergie reste limitée et principalement concentrée dans le sud et l'ouest de l'Afrique ainsi que sur le sucre (éthanol) et l'huile végétale (biodiesel). L'utilisation de denrées de base (telles que le maïs) en tant que matière première pour la production d'énergie est rare et souvent interdite (OECD et FAO, 2016).
2. L'Éthiopie, l'Afrique du Sud, l'Ouganda et la Zambie sont traditionnellement des producteurs excédentaires de maïs ; le Kenya et le Zimbabwe représentent les plus gros marchés déficitaires (OECD et FAO, 2016).
3. Les importations nettes de maïs, blé et riz ont augmenté pour atteindre respectivement 20 millions, 47 millions et 12 millions de tonnes par an, contre 7 millions, 22 millions et 4 millions de tonnes au milieu des années 90 (base de données FAOSTAT, http://www.fao.org/faostat/). Cela reflète la demande (urbaine) croissante de produits de base plus pratiques (riz et blé) et de viande (le maïs étant un important aliment destiné aux animaux).
4. Cela inclut les revenus de l'agriculture, de l'industrie manufacturière et des ressources naturelles primaires, mais pas des services tels que le tourisme. Ce dernier est une source importante de devises dans certains pays insulaires. En 2011-2013, la dernière période pour laquelle le ratio des importations alimentaires par rapport aux exportations de marchandises est disponible, ce ratio dépassait 50 % dans 10 pays — dont seulement deux étaient riches en ressources : le Libéria (61 %) et la Sierra Leone

(76 %) — principalement en raison des importations de riz destiné à la consommation urbaine. Les données proviennent de la base de données des Indicateurs de développement dans le monde.

5. Le cas du blé est moins clair. Le blé est une culture des climats tempérés et ne peut être cultivé dans de nombreuses parties de l'Afrique. Sa production a été principalement limitée aux hauts plateaux de l'Afrique de l'Est, qui bénéficient d'un climat plus frais, et aux zones tempérées de l'Afrique australe. Ces terres ne sont pas abondantes et l'augmentation de la production de blé doit essentiellement passer par une amélioration des rendements. Il est peu probable que cela suffise pour répondre à la demande croissante. Le mélange de manioc ou de sorgho avec de la farine de blé (jusqu'à 30 % peuvent être substitués) constitue un moyen de réduire la demande croissante de blé. Il est maintenant obligatoire au Nigéria (ACET, 2017). Le blé est également presque exclusivement cultivé dans de grandes exploitations agricoles commerciales, sauf en Éthiopie (Mason, Jayne et Shiferaw, 2015).

6. Les pressions à la baisse exercées sur les cours mondiaux des denrées alimentaires par les politiques agricoles de l'OCDE ont été largement supprimées. Les membres de l'Organisation de coopération et de développement économiques (OCDE) ont dissocié l'appui public aux agriculteurs de leurs décisions de production, principalement dans l'Union européenne (Brooks, 2014 ; Bureau et Swinnen, 2018 ; Banque mondiale, 2007). L'accès au marché libre de droits de douane et de quotas de l'Union européenne (UE), accordé aux 50 pays les plus pauvres à la suite d'une série d'accords (y compris l'initiative « Tout sauf les armes ») facilite l'expansion des exportations agricoles. En pratique, seule une gamme restreinte de produits, tels que le sucre, en a jusqu'ici bénéficié, compte tenu de la capacité souvent limitée de respecter les réglementations sanitaires et phytosanitaires (SPS). Ce respect est particulièrement difficile pour les exportations de produits d'origine animale qui doivent être exempts de vecteurs de maladies contagieuses (par exemple, la fièvre aphteuse, la peste porcine africaine, etc.). En même temps, les importations par l'UE de plusieurs produits agricoles à plus forte valeur soumis à des normes SPS strictes, tels que des fruits et légumes ainsi que du poisson, en provenance de pays en développement, ont considérablement augmenté (Bureau et Swinnen, 2018).

7. Le TRA est le ratio du taux nominal d'aide (TNA) accordée à l'agriculture par rapport à celle accordée à la non-agriculture. Le TNA est une mesure des différences entre les prix à la production et les prix déterminés par les marchés internationaux à travers les politiques commerciales, les structures existantes de marché affectant les performances des chaînes de valeur, ou les allocations budgétaires accordées à un produit de base (subventions des intrants, par exemple) (Anderson, 2009 ; Pernechele, Balié et Ghins, 2018).

8. Selon qu'il est positif ou négatif, le TNP indique si l'environnement des politiques et la dynamique du marché offrent ou non des incitations de prix à la production ou à la commercialisation. Il exclut le soutien direct aux denrées de base. Les cultures de denrées de base n'ont jamais été beaucoup taxées ni protégées, sauf pendant de courtes périodes de déstabilisation des prix. Le TNP moyen de 10 % masque de substantielles différences entre les 14 pays africains et les produits de base étudiés (Pernechele, Balié et Ghins, 2018). La moyenne globale était de 10 %, mais de 20 % pour les pays de l'Afrique orientale. Cette différence était principalement due aux forts droits d'importation de 75 % sur le riz, consécutifs à la reconnaissance de celui-ci en tant que produit sensible par la Communauté de l'Afrique de l'Est (OECD et FAO, 2016). En revanche, le droit d'importation du riz n'a finalement été fixé qu'à 10 % en Afrique de l'Ouest.

9. La production agricole brute de céréales par habitant a augmenté de 4,7 % par an sur la période 2007-2012, contre 0,4 % avant la crise alimentaire mondiale. Après celle-ci, la production de céréales par habitant a également augmenté beaucoup plus rapidement que celle des autres cultures, qui n'ont pas bénéficié de la même amélioration des incitations de prix et de la subvention des intrants. Les productions annuelles brutes des racines et tubercules, des cultures industrielles, et des fruits et légumes ont respectivement augmenté de 2,2 %, 1,6 % et 1,6 % par habitant (Janssen et Swinnen, 2016).

10. Le commerce agricole intrarégional a jusqu'ici été particulièrement important en Afrique australe. Il est environ trois fois plus important que dans le reste de l'Afrique et a été responsable de la majeure partie du doublement des exportations et importations agricoles entre pays africains entre 2003 et 2016 (De Pinto et Ulimwengu, 2017). Il existe également des flux commerciaux de denrées alimentaires (maïs) entre l'Afrique du Sud et l'Afrique occidentale par des voies maritimes ainsi qu'entre les plus grands et plus petits pays d'Afrique occidentale. Une analyse récente des marchés africains du maïs a conclu que, bien que la plupart des prix locaux soient plus sensibles à l'évolution des prix chez les voisins régionaux qu'aux chocs mondiaux, l'intégration des marchés nationaux du maïs au sein du continent (et avec le marché mondial) reste généralement faible (Pierre et Kaminski, 2019).

11. L'accord (Déclaration de Maputo sur l'agriculture et la sécurité alimentaire de 2003) a été réaffirmé en 2013 dans la Déclaration de Malabo sur la crois-

sance agricole accélérée. Les progrès dans la réalisation de ces objectifs sont suivis dans le cadre du Programme détaillé de développement de l'agriculture africaine (PDDAA) : http://www.resakss.org/.

12. Des essais sur le terrain effectués sur le blé, le riz, le maïs et le soja ont montré que des taux plus élevés de CO_2 réduisent de manière significative les niveaux de nutriments essentiels (fer et zinc), ainsi que de protéines. Dans les environnements où la consommation de viande est encore limitée et où les céréales et légumineuses C_3 constituent la principale source alimentaire de zinc et de fer, cette diminution aggrave le problème généralisé des carences en zinc et en fer qui nuisent aux femmes enceintes et au développement des bébés ainsi qu'à l'apprentissage (Luo et al., 2012 ; Myers et al., 2014).

13. La destruction des cultures vivrières (« tactique de la terre brûlée ») peut être une pratique militaire appliquée par les deux parties au conflit, mais elle est souvent utilisée par les autorités pour saper le soutien apporté aux insurgés. Elle a une longue histoire, souvent accompagnée d'effets désastreux sur la population rurale.

14. L'augmentation de l'intensité des conflits en dehors de la saison des récoltes, lorsque la demande de main-d'œuvre agricole est plus faible (comme on l'a constaté en Afghanistan, en Irak et au Pakistan), en est juste un exemple (Guardado et Pennings, 2017). L'importance pour la prévention des conflits de la diminution de l'incitation des individus à s'engager dans des activités criminelles a toutefois été plus largement observée (Collier et Hoeffler 1998 ; Miguel, Satyanath et Sergenti, 2004).

15. Les prix des denrées alimentaires constituent un canal évident à travers lequel l'agriculture affecte les conflits. Les effets sont toutefois difficiles à établir clairement et varient considérablement en fonction de la situation commerciale des populations et des pays concernés (acheteur ou vendeur net, importateur ou exportateur net) et de la nature du changement (permanent ou transitoire) (Martin-Shields et Stojetz, 2019). Par exemple, la plupart des données associent moins les prix des denrées alimentaires aux conflits violents qu'aux troubles urbains généralement provoqués par les prix des denrées de base telles que le blé et le riz (Van Weezel, 2016). Certains affirment même que le niveau des prix des denrées alimentaires importe plus que leur volatilité (Bellemare, 2015). Dans les zones de production alimentaire, il a été constaté que les chocs mondiaux sur les prix des denrées alimentaires réduisaient les conflits à grande échelle pour les terres et le contrôle du territoire, mais intensifiaient les conflits à petite échelle autour de l'appropriation de l'excédent (McGuirk et Burke, 2017). Les pays exportateurs de denrées alimentaires constatent également souvent une détérioration de la qualité de leurs institutions politiques (un éloignement de la démocratie) à mesure que les prix mondiaux des denrées alimentaires augmentent. Une amélioration du revenu moyen consécutive à la hausse des prix des denrées alimentaires dans ces pays exportateurs creuse le fossé entre les riches et les pauvres, et incite les élites à réprimer les manifestations et les émeutes et à réduire les droits politiques *inscrits dans la loi* afin de protéger leur nouvel excédent économique (Arezki et Brueckner, 2014).

16. Voir Birner, Cohen et Ilukor (2011) et Giordano (2011) pour des leçons sur la meilleure façon d'administrer les programmes agricoles après un conflit afin de relancer la production.

17. Il n'est pas certain que la promotion de l'élevage chez les petits exploitants s'accompagne d'une consommation accrue d'aliments d'origine animale et d'une meilleure nutrition des enfants. Les produits d'élevage à plus forte valeur sont souvent vendus (Headey, Hirvonen et Hoddinott, 2018).

18. Lorsque les marchés des denrées alimentaires sont incomplets ou peu fiables, les agriculteurs diversifient souvent leurs cultures, en en consacrant une partie aux cultures vivrières pour des raisons de sécurité alimentaire, même si les revenus de la production de cultures d'exportation peuvent être plus élevés (De Janvry, Fafchamps et Sadoulet, 1991).

19. Pour une analyse plus formelle, voir Christiaensen, De Weerdt et Kanbur (2018).

20. Les vendeurs nets de denrées alimentaires peuvent même enregistrer des pertes si les prix baissent plus rapidement que la productivité augmente.

21. Les ménages produisant exclusivement des cultures de subsistance sont rares. En Côte d'Ivoire, par exemple, quatre petits producteurs agricoles sur cinq vendent au moins une partie de leur production, un sur cinq déclarant vendre la totalité de ses récoltes (Christiaensen et Premand, 2017).

22. Une part croissante des aliments étant achetée, même en milieu rural, la biofortification commerciale des farines achetées et des aliments transformés constitue sans doute la manière la plus rentable de résoudre le problème de la déficience généralisée en micronutriments en l'absence d'une diversification alimentaire. Plusieurs auteurs ont toutefois mis en évidence le potentiel de biofortification directe des denrées de base à l'aide de la sélection végétale ou de l'application d'engrais favorisant les micronutriments, en particulier pour combler les déficits de ceux-ci au sein des populations pauvres éloignées pratiquant souvent une agriculture de semi-subsistance. Citons à titre d'exemple, les haricots et le millet biofortifiés en fer ; le maïs, la patate douce et le manioc biofortifiés en vitamine A (tels que la patate douce orange, le maïs orange et le manioc jaune) ; ainsi que le riz et le blé biofortifiés en zinc. HarvestPlus est le programme mondial menant le développement de la biofortification des

cultures de base. Il connaît encore de nombreuses difficultés, y compris le passage à des échelles plus vastes (Bouis et Saltzman, 2017 ; De Valença et al., 2017 ; Vasconcelos, Gruissem et Bhullar, 2017).

23. Ces simulations font abstraction des effets de la croissance démographique, qui, aux actuels niveaux de revenu, maintiendraient encore plus de main-d'œuvre dans la production des denrées de base. Compte tenu de la limitation des données sur l'apport de main-d'œuvre dans l'élevage et la production laitière, les besoins supplémentaires de main-d'œuvre pour la production de viande et de produits laitiers ne sont pas calculés.

24. Les simulations maintiennent constants les ratios main-d'œuvre-superficie des terres. Les terres devenant de plus en plus rares (et les produits de base nécessitant particulièrement des terres), il est impératif d'accroître les rendements pour répondre à la demande supplémentaire de produits de base.

25. Grâce à la croissance de la production nationale, les importations de riz en Tanzanie sont restées limitées à moins de 1 % des importations totales de denrées alimentaires (en valeur).

26. En Tanzanie, les élasticités de la production d'aliments non périssables destinés à leur consommation propre (principalement du maïs et d'autres céréales ainsi que des légumineuses) restent nettement supérieures à 1 (1,37) pour le tercile le plus pauvre des habitants des zones rurales. Elles sont légèrement négatives pour les terciles moyen (–0,01) et supérieur (–0,1), suggérant ainsi que la participation au marché (vente de la production de cultures de base) n'intervient que lorsque les besoins en denrées de base sont satisfaits (Tschirley et al., 2017).

27. Compte tenu de la complexité de la dynamique du pouvoir au sein des ménages, il n'est pas évident de déterminer si la promotion d'un élevage impliquant des femmes augmente efficacement leur contrôle sur les revenus supplémentaires et améliore leurs moyens de subsistance et, donc, le bien-être de leurs enfants (FAO, 2013).

28. En Éthiopie, la valeur des exportations de l'industrie floricole est passée de 0,4 million de dollars en 2000 à 245 millions de dollars en 2013/2014 (Suzuki, Mano et Abebe, 2018), et 35 000 emplois salariés ont été créés, principalement pour les femmes pauvres. Au cours de cette période, la population éthiopienne a continué de croître de 2 millions par an.

29. Cette approche ne s'applique pas aux « mégafermes ». Celles-ci sont généralement mises en place de manière non concurrentielle et appliquent une logique autre que l'amélioration de l'efficacité, telle que la sécurité alimentaire dans le pays des exploitations cédées à bail, même au détriment de l'efficacité (Collier et Dercon, 2014).

30. Il est possible que cela reflète encore une mauvaise affectation due à des imperfections du marché des facteurs, comme constaté au Pakistan (Heltberg, 1998). En revanche, à Madagascar, seule une petite partie de la relation inversement proportionnelle

entre la productivité et la taille de l'exploitation s'explique par les imperfections du marché, en tenant compte à chaque fois de l'hétérogénéité de la qualité du sol (Barrett, Bellemare et Hou, 2010).

31. Ces domaines constituent depuis longtemps une partie importante de l'économie rurale du Malawi (couvrant 1,35 million d'hectares, soit environ 25 % de la superficie arable du pays).

32. Le remembrement des exploitations n'a commencé que plus tard dans le processus de développement, lorsque le rendement a augmenté (au début), et que l'ajout de valeur foncière par la diversification des cultures et de l'élevage (par la suite) est devenu insuffisant pour concurrencer la hausse des salaires ruraux et la possibilité de gagner des revenus en dehors des exploitations (Christiaensen, 2012).

33. Environ 80 % des exploitations cultivées ont moins de 2 ha, et le nombre des grandes exploitations commerciales est encore faible (Masters et al., 2013).

34. Il s'agit notamment de l'Angola, de Madagascar, du Mozambique, du Soudan, de la République démocratique du Congo, de la Tanzanie, du Tchad et de la Zambie (Deininger et Byerlee, 2012). Des signes indiquent une tendance similaire au Malawi (Anseeuw et al., 2016), avec environ 300 000 ha, soit un peu plus de 10 % de la superficie cultivée, nouvellement acquis par des exploitants de taille moyenne ou importante au Malawi. La chose est vraiment remarquable étant donné que la plupart des gens sont confrontés à une grave pénurie de terres (Binswanger-Mkhize et Savastano, 2017).

35. La savane africaine est souvent considérée comme une région sous-développée où les terres non cultivées pourraient être mises en production. Elle a récemment attiré des investissements tels que le projet ProSavana au Mozambique (ACET, 2017). Les régions classées ici en tant que zones à fort potentiel agroécologique comprennent près des deux tiers (62 %) de la savane africaine (en utilisant la classification MODIS de couverture du sol : https://modis.gsfc.nasa.gov/data/dataprod/mod12.php).

36. Dans les pays à faible revenu et à fort potentiel agricole, la productivité de la main-d'œuvre agricole a enregistré une croissance légèrement négative entre 1961 et 2012 (-0,04 %). Ce chiffre est cohérent avec les taux de pauvreté et la densité de pauvreté plus élevés observés dans les zones plus fertiles de l'Afrique (figure 3.2). Dans les pays à faible revenu et à faible potentiel agricole, la croissance annuelle de la productivité de la main-d'œuvre agricole a atteint 0,32 % (Benin et Nin-Pratt, 2016). Elle était plus élevée dans les pays africains à revenu intermédiaire (2,14 %).

37. En Afrique, la valeur ajoutée agricole par travailleur agricole a atteint 1 305 dollars (dollars de 2010) en 2014-2016 (soit environ 3,57 dollars par jour), d'après la base de données des Indicateurs du développement dans le monde (http://wdi.worldbank.org). C'est environ le tiers de son niveau en Asie de l'Est et dans le Pacifique (3 867 dollars) et

moins du cinquième de celui de l'Amérique latine et des Caraïbes (6 925 dollars).

38. Seule une minorité de pays africains (14) affichent une productivité de la main-d'œuvre agricole supérieure à la moyenne africaine (plus spécialement l'Afrique du Sud ; d'autres pays d'Afrique australe affichant de fortes inégalités d'accès à la terre comme le Lesotho et la Namibie ; et certains pays à revenu intermédiaire riches en pétrole, avec une agriculture à forte intensité de capital, tels que le Gabon et le Soudan). Dans 15 pays, la productivité de la main-d'œuvre agricole était même inférieure à 730 dollars (dollars de 2010), soit 2 dollars par jour et par travailleur agricole. Ils comptent également parmi les plus pauvres d'Afrique (parmi les 10 plus pauvres en nombre de pauvres tant absolu que relatif). Le Nigéria, dont la productivité de la main-d'œuvre agricole a plus que doublé au cours des 15 dernières années pour atteindre 5 515 dollars (dollars de 2010), constitue la principale exception. ars to US$5,515 (2010 US$) is the main exception.

39. Du point de vue de la pauvreté (plutôt que d'une croissance sectorielle ou globale), c'est le rendement de la main-d'œuvre, et donc une mesure partielle de la productivité (productivité de la main-d'œuvre agricole), qui présente le plus grand intérêt, par opposition à la productivité totale des facteurs, un indicateur synthétique du rendement conjoint de tous les facteurs de production, qui est plus fréquemment utilisé. La main-d'œuvre est le principal bien des pauvres (avec la terre).

40. Sur neuf pays, l'agriculture occupe entre 42,1 % des emplois au Nigéria et 67,4 % au Rwanda. En l'exprimant en équivalent temps plein, cette proportion chute entre 33,7 % au Nigéria et 54 % au Rwanda (Yeboah et Jayne, 2018).

41. Entre 1985 et 2012, la production agricole a augmenté de 3,3 % par an en Afrique. L'expansion des terres cultivées est responsable de l'essentiel, à savoir de 2,1 % ; la productivité totale des facteurs de 1 % ; et l'intensification des intrants de seulement 0,2 % (Goyal et Nash, 2017). La superficie des terres cultivées a augmenté de 40,3 % entre 1990 et 2012, contre 19,3 % entre 1961 et 1990 (Headey, 2016).

42. Headey (2016, tableau 3) définit les pays disposant de terres limitées comme ceux dont la densité de population rurale est supérieure à 100 personnes par kilomètre carré de terres arables. Ils comprennent notamment le Rwanda (420 habitants ruraux par kilomètre carré), le Burundi (339), les Comores (309), le Malawi (209), l'Ouganda (201), l'Éthiopie (194), le Bénin (152), le Kenya (113), La Gambie (108), le Nigéria (106) et la Sierra Leone (104).

43. Les pays riches en terres comprennent l'Angola, Madagascar, le Mozambique, la République démocratique du Congo, le Soudan, la Tanzanie, le Tchad, et la Zambie (Deininger et Byerlee, 2012).

44. Le regroupement spatial de la population rurale exacerbe le défi de l'expansion des exploitations agricoles. Quelque 82 % de la population rurale africaine vit sur 20 % des terres rurales arables, soit une densité moyenne de population de 197 habitants ruraux par kilomètre carré de terres arables dans ces zones, contre 50 habitants ruraux par kilomètre carré sur l'ensemble du continent (Jayne, Chamberlin et Headey, 2014). Cette concentration témoigne également de l'aptitude ou de la volonté limitée de la main-d'œuvre rurale des zones densément peuplées de déménager dans l'une des régions du pays présentant un « excédent » de terres.

45. La location, plutôt que la vente de terres, constitue généralement la première réponse.

46. Pour l'adoption de nouvelles technologies, c'est la rentabilité qui compte, et pas seulement l'effet sur les rendements plus couramment étudié. La large adoption du pois chiche amélioré par les petits exploitants agricoles de l'Éthiopie est un rappel important de ce principe fondamental, mais souvent négligé (Michler et al., 2018). Cette adoption a été généralisée non à cause des rendements plus élevés — les gains de rendement étaient limités —, mais à cause de la rentabilité supérieure après l'abandon de cultures plus chères à produire (telles que le maïs) ou d'autres ayant de moins bons prix de vente (telles que les variétés locales de pois chiches ou d'autres denrées de base). L'augmentation spectaculaire de l'utilisation des herbicides dans un certain nombre de pays est également notable. Après l'expiration de la protection des brevets, la production de variantes génériques d'herbicides clés, tels que le glyphosate, a considérablement réduit les coûts. En même temps, l'augmentation des salaires ruraux, due en partie à la scolarisation accrue des enfants, a rendu l'utilisation des herbicides plus rentable (Haggblade et al., 2017).

47. En Éthiopie, le transport d'un sac d'engrais entre le centre local de distribution et une exploitation agricole coûte presque autant que son transport sur plus de 1 000 km entre le port international et le centre de distribution local (Minten, Koru et Stifel, 2013). De tels coûts de transport prohibitifs pour les derniers kilomètres ont été observés au Nigéria (Liverpool-Tasie et al., 2017).

48. La productivité plus élevée des races améliorées, par exemple, dépend de la qualité des aliments utilisés, de la solidité des connaissances et de la gestion de l'élevage (ACET, 2017).

49. Au cours des premiers stades du développement agricole, la mécanisation débute souvent avec les activités précédant la récolte à forte intensité de main-d'œuvre, telles que le labourage des champs avec des tracteurs. Le rendement de l'investissement obtenu grâce à la mécanisation de la préparation du sol est conséquent et justifie donc le coût initial élevé. À mesure que les systèmes agricoles évoluent, la mécanisation des activités requérant des compétences se met plus lentement en place, étant donné que les coûts fixes élevés rendent les récoltes

mécanisées rarement rentables (Binswanger, 1986 ; Pingali, Bigot et Binswanger, 1987).

50. Il est essentiel de faire appel aux services de propriétaires exploitants privés pour remédier aux défaillances des machines agricoles sur le marché rural (Diao et al., à paraître). Si le recours à la location est parfois le seul moyen qu'ont les petits exploitants commerciaux d'accéder à la mécanisation, la sous-traitance est essentielle pour assurer la rentabilité de l'équipement mécanique agricole des agriculteurs moyens à importants.

51. L'adoption de la mécanisation s'est accrue, par exemple, dans les hauts plateaux occidentaux de l'Éthiopie, les zones centrale et septentrionale du Nigéria, les provinces centrales et méridionales de la Zambie, les régions septentrionales du Ghana, et le secteur de l'agriculture commerciale au Zimbabwe (Diao, Silver et Takeshima, 2016).

52. Autrefois, les recherches sur les politiques économiques s'intéressaient également à l'identification et à la quantification des effets d'une ou deux contraintes, plutôt qu'aux conditions dans lesquelles elles s'exercent et où apparaissent les éventuelles synergies permettant de lever plusieurs contraintes en même temps. Ces dernières années, l'intérêt de la recherche s'est accru pour la mesure de l'effet conjoint des interventions.

53. Aucune complémentarité n'a été observée entre les programmes de travaux publics et le programme de subventions des intrants agricoles au Malawi (Beegle, Galasso et Goldberg, 2017).

54. Ces interventions ne sont généralement pas reconnues comme des interventions de développement des chaînes de valeur parce que leurs avantages — tels qu'un environnement réglementaire plus transparent et des systèmes judiciaires plus efficaces — ne se limitent pas à la chaîne de valeur concernée. Elles constituent pourtant un outil important pour améliorer le fonctionnement des chaînes de valeur. Elles diminuent les coûts des transactions et réduisent les problèmes de blocage.

55. À cet égard, l'utilisation des finances publiques est très populaire pour mobiliser l'investissement du secteur privé, en particulier l'investissement direct étranger (IDE) (par les banques, les fabricants d'engrais ou les entreprises de produits de base) grâce à la réduction des risques. Des garanties contre les risques ou des subventions de contrepartie peuvent, par exemple, être accordées à des banques, des entreprises d'engrais, des vendeurs de matières premières (par exemple, Cargill), ou à des entreprises de produits de base, pour accorder des crédits aux petits exploitants ou pour investir dans des petites et moyennes entreprises (PME) de transformation agroalimentaire, d'entreposage frigorifique ou de vente en gros et au détail. Les préoccupations portent notamment sur le niveau d'additionnalité,

la création d'une dépendance, et le fait que les agriculteurs soient ou non mieux servis de cette façon.

56. Bien que l'accent ait surtout été mis sur la vente parallèle lorsque les agriculteurs sont confrontés à des contraintes de liquidité ou lorsque les prix du marché au comptant sont plus élevés, les acheteurs eux-mêmes n'honorent parfois pas le contrat en rejetant des produits pour de vagues raisons de faible qualité ou lorsque les prix du marché au comptant sont plus bas (ACET, 2017 ; Swinnen et Kuijpers, 2017).

57. L'investissement public dans les biens privés (tels que le soutien des prix ou la subvention des intrants) a souvent des effets de distorsion du marché. Ils éliminent les investissements privés, ont des effets distributifs pervers en faveur des agriculteurs plus riches, et menacent l'accumulation de capital humain (Brooks, 2014 ; López et Galinato, 2007).

58. Un exemple attrayant est la chaîne de valeur régionale de la volaille en Afrique australe. La demande croissante d'aliments pour animaux utilisés dans la production de volaille (soja) en Afrique du Sud est de plus en plus satisfaite à partir de la Zambie voisine, bien que la compétitivité de la chaîne de valeur soit compromise par des coûts de transport élevés et des incompatibilités entre les politiques des pays (Ncube, 2018 ; Ncube et al., 2017).

Références

Abay, Kibrom A., Guush Berhane, Alemayehu Seyoum Taffesse, Bethlehem Koru, and Kibrewossen Abay. 2016. "Understanding Farmers' Technology Adoption Decisions: Input Complementarity and Heterogeneity." Ethiopia Strategy Support Program Working Paper No. 82, International Food Policy Research Institute (IFPRI), Washington, DC.

ACET (African Center for Economic Transformation), ed. 2017. *African Transformation Report 2017: Agriculture Powering Africa's Economic Transformation.* Accra, Ghana: ACET.

Adamopoulos, Tasso, and Diego Restuccia. 2014. "The Size Distribution of Farms and International Productivity Differences." *American Economic Review* 104 (6): 1667–97.

———. 2015. "Land Reform and Productivity: A Quantitative Analysis with Micro Data." Working Paper tecipa-540, Department of Economics, University of Toronto.

Adjognon, Serge G., Lenis Saweda O. Liverpool-Tasie, and Thomas A. Reardon. 2017. "Agricultural Input Credit in Sub-Saharan

Africa: Telling Myth from Facts." *Food Policy* 67: 93–105.

AfDB, ADB, EBRD, and IDB (African Development Bank, Asian Development Bank, European Bank for Reconstruction and Development, and Inter-American Development Bank). 2018. "The Future of Work: Regional Perspectives." Joint study of the AfDB, ADB, EBRD, and IDB, Washington, DC.

Aker, Jenny C. 2011. "Dial 'A' for Agriculture: A Review of Information and Communication Technologies for Agricultural Extension in Developing Countries." *Agricultural Economics* 42 (6): 631–47.

Ali, Daniel Ayalew, Klaus Deininger, and Markus Goldstein. 2014. "Environmental and Gender Impacts of Land Tenure Regularization in Africa: Pilot Evidence from Rwanda." *Journal of Development Economics* 110: 262–75.

Ali, Daniel Ayalew, Klaus W. Deininger, Markus P. Goldstein, Eliana La Ferrara, and Marguerite Felicienne Duponchel. 2015. "Determinants of Participation and Transaction Costs in Rwanda's Land Markets." Case study, Report No. 99426, World Bank, Washington, DC.

Ali, Daniel, Klaus Deininger, and Anthony Harris. 2019. "Does Large Farm Establishment Create Benefits for Neighboring Smallholders? Evidence from Ethiopia." *Land Economics* 95 (1): 71–90.

Allen, Thomas, Philipp Heinrigs, and Inhoi Heo. 2018. "Agriculture, Food and Jobs in West Africa." West African Papers No. 14, Organisation for Economic Co-operation and Development (OECD), Paris.

Ambler, Kate, Alan de Brauw, and Susan Godlonton. 2018. "Agriculture Support Services in Malawi: Direct Effects, Complementarities, and Time Dynamics." IFPRI Discussion Paper 01725, International Food Policy Research Institute, Washington, DC.

Anderson, Kym, ed. 2009. *Distortions to Agricultural Incentives: A Global Perspective, 1955–2007.* Washington, DC: World Bank.

Anseeuw, Ward, Thomas Jayne, Richard Kachule, John Kotsopoulos, Ward Anseeuw, Thomas Jayne, Richard Kachule, and John Kotsopoulos. 2016. "The Quiet Rise of Medium-Scale Farms in Malawi." *Land* 5 (3): 19.

Arezki, Rabah, and Markus Brueckner. 2014. "Effects of International Food Price Shocks on Political Institutions in Low-Income Countries: Evidence from an International Food Net-Export Price Index." *World Development* 61: 142–53.

Arias, María Alejandra, Ana María Ibáñez, and Andrés Zambrano. 2019. "Agricultural Production amid Conflict: Separating the Effects of Conflict into Shocks and Uncertainty." *World Development* 119: 165–84

Asenso-Okyere, Kwadwo, and Samson Jemaneh. 2012. "Increasing Agricultural Productivity and Enhancing Food Security in Africa: New Challenges and Opportunities." Conference Concept Note, International Food Policy Research Institute (IFPRI), Washington, DC.

Ashraf, Nava, Xavier Giné, and Dean Karlan. 2009. "Finding Missing Markets (and a Disturbing Epilogue): Evidence from an Export Crop Adoption and Marketing Intervention in Kenya." *American Journal of Agricultural Economics* 91 (4): 973–90.

Bandiera, Oriana, and Imran Rasul. 2006. "Social Networks and Technology Adoption in Northern Mozambique." *Economic Journal* 116 (514): 869–902.

Banerjee, A., E. Duflo, N. Goldberg, D. Karlan, R. Osei, W. Pariente, J. Shapiro, B. Thuysbaert, and C. Udry. 2015. "A Multifaceted Program Causes Lasting Progress for the Very Poor: Evidence from Six Countries." *Science* 348 (6236): 1260799.

Barbier, Edward B. 2016. "Is Green Growth Relevant for Poor Economies?" *Resource and Energy Economics* 45: 178–91.

Barrett, Christopher B., ed. 2013. *Food Security and Sociopolitical Stability.* Oxford, U.K., and New York: Oxford University Press.

Barrett, Christopher B., Marc F. Bellemare, and Janet Y. Hou. 2010. "Reconsidering Conventional Explanations of the Inverse Productivity–Size Relationship." *World Development* 38 (1): 88–97.

Barrett, Christopher B., Luc Christiaensen, Megan Sheahan, and Abebe Shimeles. 2017. "On the Structural Transformation of Rural Africa." *Journal of African Economies* 26 (suppl_1): i11–35.

Barrientos, Stephanie, Peter Knorringa, Barbara Evers, Margareet Visser, and Maggie Opondo. 2016. "Shifting Regional Dynamics of Global Value Chains: Implications for

Economic and Social Upgrading in African Horticulture." *Environment and Planning A* 48 (7): 1266–83.

Beaman, Lori, Dean Karlan, Bram Thuysbaert, and Christopher Udry. 2013. "Profitability of Fertilizer: Experimental Evidence from Female Rice Farmers in Mali." *American Economic Review* 103 (3): 381–86.

Beegle, Kathleen, Emanuela Galasso, and Jessica Goldberg. 2017. "Direct and Indirect Effects of Malawi's Public Works Program on Food Security." *Journal of Development Economics* 128: 1–23.

Bellemare, Marc F. 2015. "Rising Food Prices, Food Price Volatility, and Social Unrest." *American Journal of Agricultural Economics* 97 (1): 1–21.

Bellemare, Marc F., and Jeffrey R. Bloem. 2018. "Does Contract Farming Improve Welfare? A Review." *World Development* 112: 259–71.

Benin, Samuel, and Alejandro Nin-Pratt. 2016. "Intertemporal Trends in Agricultural Productivity." In *Agricultural Productivity in Africa: Trends, Patterns and Determinants*, edited by Samuel Benin, 25–104. Washington, DC: International Food Policy Research Institute (IFPRI).

Benin, Samuel, James Thurlow, Xinshen Diao, Allen Kebba, and Nelson Ofwono. 2008. "Agricultural Growth and Investment Options for Poverty Reduction in Uganda." IFPRI Discussion Paper 00790, International Food Policy Research Institute, Washington, DC.

Bernard, Tanguy, and David J. Spielman. 2009. "Reaching the Rural Poor through Rural Producer Organizations? A Study of Agricultural Marketing Cooperatives in Ethiopia." *Food Policy* 34 (1): 60–69.

Bhargava, Anil K., Tor Vagen, and Anja Gassner. 2018. "Breaking Ground: Unearthing the Potential of High-Resolution, Remote-Sensing Soil Data in Understanding Agricultural Profits and Technology Use in Sub-Saharan Africa." *World Development* 105: 352–66.

Binswanger, Hans. 1986. "Agricultural Mechanization: A Comparative Historical Perspective." *World Bank Research Observer* 1 (1): 27–56.

Binswanger-Mkhize, Hans P. 2018. "Agricultural Mechanization in Sub-Saharan Africa: A Review." Background paper prepared for *Accelerating Poverty Reduction in Africa*, World Bank, Washington, DC.

Binswanger-Mkhize, Hans P., and Sara Savastano. 2017. "Agricultural Intensification: The Status in Six African Countries." *Food Policy* 67: 26–40.

Birner, Regina, Marc J. Cohen, and John Ilukor. 2011. "Rebuilding Agricultural Livelihoods in Post-Conflict Situations." Uganda Strategy Support Program Working Paper No. USSP 7, International Food Policy Research Institute (IFPRI), Washington, DC.

Blattman, Christopher, and Jeannie Annan. 2016. "Can Employment Reduce Lawlessness and Rebellion? A Field Experiment with High-Risk Men in a Fragile State." *American Political Science Review* 110 (1): 17.

Blattman, Christopher, and Stefan Dercon. 2016. "Occupational Choice in Early Industrializing Societies: Experimental Evidence on the Income and Health Effects of Industrial and Entrepreneurial Work." NBER Working Paper 22683, National Bureau of Economic Research, Cambridge, MA.

Bold, Tessa, Kayuki C. Kaizzi, Jakob Svensson, and David Yanagizawa-Drott. 2015. "Low Quality, Low Returns, Low Adoption: Evidence from the Market for Fertilizer and Hybrid Seed in Uganda." Faculty Research Working Paper Series RWP15-033, John F. Kennedy School of Government, Harvard University, Cambridge, MA.

Bouis, Howarth E., and Amy Saltzman. 2017. "Improving Nutrition through Biofortification: A Review of Evidence from HarvestPlus, 2003 through 2016." *Global Food Security* 12: 49–58.

Breisinger, Clemens, Xinshen Diao, Shashidhara Kolavalli, and James Thurlow. 2008. "The Role of Cocoa in Ghana's Future Development." Ghana Strategy Support Program Background Paper No. GSSP 11, International Food Policy Research Institute (IFPRI), Washington, DC.

Brooks, Jonathan. 2014. "Policy Coherence and Food Security: The Effects of OECD Countries' Agricultural Policies." *Food Policy* 44: 88–94.

Bryan, Gharad, Shyamal Chowdhury, and Ahmed Mushfiq Mobarak. 2014. "Underinvestment in a Profitable Technology: The Case of Seasonal Migration in Bangladesh." *Econometrica* 82 (5): 1671–748.

Bureau, Jean-Christophe, and Johan Swinnen. 2018. "EU Policies and Global Food Security." *Global Food Security* 16: 106–15.

Burke, William J., Emmanuel Frossard, Stephen Kabwe, and Thomas S. Jayne. 2016. "Understanding Fertilizer Effectiveness and Adoption on Maize in Zambia." Food Security International Development Working Paper 147, Michigan State University, East Lansing.

Burney, J. A., R. L. Naylor, and S. L. Postel. 2013. "The Case for Distributed Irrigation as a Development Priority in Sub-Saharan Africa." *Proceedings of the National Academy of Sciences* 110 (31): 12513–17.

Burney, Jennifer A., and Rosamond L. Naylor. 2012. "Smallholder Irrigation as a Poverty Alleviation Tool in Sub-Saharan Africa." *World Development* 40 (1): 110–23.

Carletto, Calogero, Sara Savastano, and Alberto Zezza. 2013. "Fact or Artifact: The Impact of Measurement Errors on the Farm Size–Productivity Relationship." *Journal of Development Economics* 103: 254–61.

Carter, Michael R., Lan Cheng, and Alexandros Sarris. 2016. "Where and How Index Insurance Can Boost the Adoption of Improved Agricultural Technologies." *Journal of Development Economics* 118: 59–71.

Carter, Michael R., Rachid Laajaj, and Dean Yang. 2016. "Subsidies, Savings and Sustainable Technology Adoption: Field Experimental Evidence from Mozambique." Working paper, Innovations for Poverty Action, New Haven, CT.

Carter, Michael R., Travis Lybbert, and Emilia Tjernström. 2015. "The Dirt on Dirt: Soil Characteristics and Variable Fertilizer Returns in Kenyan Maize Systems." Feed the Future Assets and Market Assets (AMA) Innovation Lab Working Paper, University of California, Davis.

Chagwiza, Clarietta, Roldan Muradian, and Ruerd Ruben. 2016. "Cooperative Membership and Dairy Performance among Smallholders in Ethiopia." *Food Policy* 59: 165–73.

Chamberlin, Jordan, and T. S. Jayne. 2017. "Does Farm Structure Matter? The Effects of Farmland Distribution Patterns on Rural Household Incomes." Feed the Future Innovation Lab for Food Security Policy Research Paper 77, Michigan State University, East Lansing.

Christiaensen, Luc. 2012. "The Role of Agriculture in a Modernizing Society: Food, Farms and Fields in China 2030." Discussion Papers, Report No. 77367, World Bank, Washington, DC.

Christiaensen, Luc, and Karen Brooks. 2018. "In Africa, More Not Fewer People Will Work in Agriculture." *Jobs and Development* (blog), World Bank, November 12. https://blogs.worldbank.org/jobs/edutech /water/ppps/africa-more-not-fewer-people -will-work-agriculture.

Christiaensen, Luc, Lionel Demery, and Jesper Kuhl. 2011. "The (Evolving) Role of Agriculture in Poverty Reduction: An Empirical Perspective." *Journal of Development Economics* 96 (2): 239–54.

Christiaensen, Luc, Joachim De Weerdt, and Ravi Kanbur. 2018. "Decomposing the Contribution of Migration to Poverty Reduction: Methodology and Application to Tanzania." *Applied Economics Letters* 26 (12): 978–82.

Christiaensen, Luc, and Will Martin. 2018. "Agriculture, Structural Transformation and Poverty Reduction: Eight New Insights." *World Development* 109: 413–16.

Christiaensen, Luc, and Patrick Premand. 2017. "Jobs Diagnostic, Côte d'Ivoire: Employment, Productivity, and Inclusion for Poverty Reduction." Report No. AUS13233, World Bank, Washington, DC.

Cockx, Lara, Liesbeth Colen, and Joachim De Weerdt. 2018. "From Corn to Popcorn? Urbanization and Dietary Change: Evidence from Rural-Urban Migrants in Tanzania." *World Development* 110: 140–59.

Cole, Shawn Allen, and A. Nilesh Fernando. 2014. "The Value of Advice: Evidence from the Adoption of Agricultural Practices." Harvard Business School Working Group Paper, Harvard University, Cambridge, MA.

Collier, Paul, and Stefan Dercon. 2014. "African Agriculture in 50 Years: Smallholders in a Rapidly Changing World?" *World Development* 63: 92–101.

Collier, Paul, and Anke Hoeffler. 1998. "On Economic Causes of Civil War." *Oxford Economic Papers* 50 (4): 563–73.

Daidone, Silvio, Benjamin Davis, Joshua Dewbre, Borja Miguelez, Ousmane Niang, and Luca Pellerano. 2017. "Linking Agriculture and Social Protection for Food Security: The Case of Lesotho." *Global Food Security* 12: 146–54.

Damania, Richard, Claudia Berg, Jason Russ, A. Federico Barra, John Nash, and Rubaba Ali.

2017. "Agricultural Technology Choice and Transport." *American Journal of Agricultural Economics* 99 (1): 265–84.

Darko, Francis Addeah, Jacob Ricker-Gilbert, Talip Kilic, Raymond Florax, and Gerald Shively. 2016. "Profitability of Fertilizer Use in SSA: Evidence from Rural Malawi." Paper presented at the Fifth International Conference of the African Association of Agricultural Economists (AAAE), Addis Ababa, September 23–26.

Davis, Benjamin, Stefania Di Giuseppe, and Alberto Zezza. 2017. "Are African Households (Not) Leaving Agriculture? Patterns of Households' Income Sources in Rural Sub-Saharan Africa." *Food Policy* 67: 153–74.

De Fraiture, Charlotte, and Meredith Giordano. 2014. "Small Private Irrigation: A Thriving but Overlooked Sector." *Agricultural Water Management* 131: 167–74.

De Janvry, Alain, Claire Duquennois, and Elisabeth Sadoulet. 2018. "Labor Calendars and Rural Poverty: A Case Study for Malawi." Working paper, University of California, Berkeley.

De Janvry, Alain, Marcel Fafchamps, and Elisabeth Sadoulet. 1991. "Peasant Household Behaviour with Missing Markets: Some Paradoxes Explained." *Economic Journal* 101 (409): 1400–17.

De Janvry, Alain, and Elisabeth Sadoulet. 2010. "Agriculture for Development in Africa: Business-as-Usual or New Departures?" *Journal of African Economies* 19 (Supplement 2): ii7–39.

———. 2018. "Agriculture for Development 10 Years Later." Presented at the ICABR-World Bank conference, Washington, D.C., June 13.

De Janvry, A., E. Sadoulet, and T. Suri. 2017. "Field Experiments in Developing Country Agriculture." In *Handbook of Economic Field Experiments,* vol. 2, edited by Abhijit Vinayak Banerjee and Esther Duflo, 427–66. Amsterdam: Elsevier.

De Pinto, Alessandro, and John Ulimwengu, eds. 2017. *A Thriving Agricultural Sector in a Changing Climate: Meeting Malabo Declaration Goals through Climate-Smart Agriculture.* ReSAKSS Annual Trends and Outlook Report 2016. Washington, DC: International Food Policy Research Institute (IFPRI).

De Valença, A. W., A. Bake, I. D. Brouwer, and K. E. Giller. 2017. "Agronomic Biofortification of Crops to Fight Hidden Hunger in Sub-Saharan Africa." *Global Food Security* 12: 8–14.

Deichmann, Uwe, Aparajita Goyal, and Deepak Mishra. 2016. "Will Digital Technologies Transform Agriculture in Developing Countries?" *Agricultural Economics* 47 (S1): 21–33.

Deichmann, Uwe, Forhad Shilpi, and Renos Vakis. 2009. "Urban Proximity, Agricultural Potential and Rural Non-Farm Employment: Evidence from Bangladesh." *World Development* 37 (3): 645–60.

Deininger, Klaus, Daniel Ayalew Ali, and Tekie Alemu. 2011. "Impacts of Land Certification on Tenure Security, Investment, and Land Market Participation: Evidence from Ethiopia." *Land Economics* 87 (2): 312–34.

Deininger, Klaus, and Derek Byerlee. 2012. "The Rise of Large Farms in Land Abundant Countries: Do They Have a Future?" *World Development* 40 (4): 701–14.

Deininger, Klaus, and John Okidi. 2003. "Growth and Poverty Reduction in Uganda, 1999–2000: Panel Data Evidence." *Development Policy Review* 21 (4): 481–509.

Deininger, Klaus, Sara Savastano, and Fang Xia. 2017. "Smallholders' Land Access in Sub-Saharan Africa: A New Landscape?" *Food Policy* 67: 78–92.

Deininger, Klaus, and Fang Xia. 2016. "Quantifying Spillover Effects from Large Land-Based Investment: The Case of Mozambique." *World Development* 87: 227–41.

———. 2018. "Assessing the Long-Term Performance of Large-Scale Land Transfers: Challenges and Opportunities in Malawi's Estate Sector." *World Development* 104: 281–96.

Delgado, Christopher L., Jane Hopkins, Valerie Kelly, P. B. R. Hazell, Anna A. McKenna, Peter Gruhn, Behjat Hojjati, Jayashree Sil, and Claude Courbois. 1998. "Agricultural Growth Linkages in Sub-Saharan Africa." Research Report 107, International Food Policy Research Institute (IFPRI), Washington, DC.

Dercon, Stefan, and Luc Christiaensen. 2011. "Consumption Risk, Technology Adoption and Poverty Traps: Evidence from Ethiopia."

Journal of Development Economics 96 (2): 159–73.

Dercon, Stefan, and Pramila Krishnan. 2000. "Vulnerability, Seasonality and Poverty in Ethiopia." *Journal of Development Studies* 36 (6): 25–53.

Devaux, André, Máximo Torero, Jason Donovan, and Douglas Horton, eds. 2016. *Innovation for Inclusive Value-Chain Development: Successes and Challenges*. Washington, DC: International Food Policy Research Institute (IFPRI).

Diao, Xinshen, and Alejandro Nin-Pratt. 2007. "Growth Options and Poverty Reduction in Ethiopia: An Economy-Wide Model Analysis." *Food Policy* 32 (2): 205–28.

Diao, Xinshen, Jed Silver, and Hiroyuki Takeshima. 2016. "Agricultural Mechanization and Agricultural Transformation." IFPRI Discussion Paper 1527, International Food Policy Research Institute, Washington, DC.

Diao, Xinshen, Jed Silver, Hiroyuki Takeshima, and Xiaobo Zhang. Forthcoming. "Introduction." In *A New Paradigm of Agricultural Mechanization Development: How Much Can Africa Learn from Asia?* edited by Xinshen Diao, Hiroyuki Takeshima, and Xiaobo Zhang.

Diao, Xinshen, James Thurlow, Samuel Benin, and Shenggen Fan, eds. 2012. *Strategies and Priorities for African Agriculture: Economywide Perspectives from Country Studies*. Washington, DC: International Food Policy Research Institute (IFPRI).

Dillon, Brian M., and Christopher B. Barrett. 2016. "Global Oil Prices and Local Food Prices: Evidence from East Africa." *American Journal of Agricultural Economics* 98 (1): 154–71.

Duflo, Esther, Michael Kremer, and Jonathan Robinson. 2008. "How High Are Rates of Return to Fertilizer? Evidence from Field Experiments in Kenya." *American Economic Review* 98 (2): 482–88.

Dzanku, Fred M., Magnus Jirström, and Håkan Marstorp. 2015. "Yield Gap-Based Poverty Gaps in Rural Sub-Saharan Africa." *World Development* 67: 336–62.

ECOWAS, UEMOA, and CILSS (Economic Community of West African States, West African Economic and Monetary Union, and Permanent Inter-State Committee for Drought Control in the Sahel). 2017. "Strategic Framework for Agricultural Water in the Sahel." Framework document for the Sahel Irrigation Initiative, Report No. 127722, World Bank, Washington, DC.

FAO (Food and Agriculture Organization of the United Nations). 2013. *Understanding and Integrating Gender Issues into Livestock Projects and Programmes: A Checklist for Practitioners*. Rome: FAO.

———. 2017. *The Future of Food and Agriculture: Trends and Challenges*. Rome: FAO.

Fink, Günther, B. Kelsey Jack, and Felix Masiye. 2014. "Seasonal Credit Constraints and Agricultural Labor Supply: Evidence from Zambia." NBER Working Paper 20218, National Bureau of Economic Research, Cambridge, MA.

Fischer, Elisabeth, and Matin Qaim. 2012. "Linking Smallholders to Markets: Determinants and Impacts of Farmer Collective Action in Kenya." *World Development* 40 (6): 1255–68.

Fischer, Guenther, Freddy Nachtergaele, Sylvia Prieler, Harrij van Velthuizen, Luc Verelst, and David Wiberg. 2008. "Global Agro-Ecological Zones Assessment for Agriculture (GAEZ 2008)." International Institute for Applied Systems Analysis (IIASA), Laxenburg, Austria; and Food and Agriculture Organization of the United Nations (FAO), Rome.

Fu, Xiaolan, and Shaheen Akter. 2016. "The Impact of Mobile Phone Technology on Agricultural Extension Services Delivery: Evidence from India." *Journal of Development Studies* 52 (11): 1561–76.

Fuglie, Keith, and Nicholas Rada. 2013. "Resources, Policies, and Agricultural Productivity in Sub-Saharan Africa." Economic Research Report No. 145, Economic Research Service, U.S. Department of Agriculture, Washington, DC.

Geda, Alemayehu, and Edris Hussein Seid. 2015. "The Potential for Internal Trade and Regional Integration in Africa." *Journal of African Trade* 2 (1–2): 19–50.

Gehrke, Esther, and Michael Grimm. 2018. "Do Cows Have Negative Returns? The Evidence Revisited." *Economic Development and Cultural Change* 66 (4): 673–707.

Giordano, Thierry. 2011. "Agriculture and Economic Recovery in Post-Conflict Countries: Lessons We Never Learnt." Development Planning Division Working Paper Series No. 22, Development Bank of Southern Africa, Johannesburg.

Goldstein, Markus, Kenneth Houngbedji, Florence Kondylis, Michael O'Sullivan, and Harris Selod. 2018. "Formalization without Certification? Experimental Evidence on Property Rights and Investment." *Journal of Development Economics* 132: 57–74.

Gollin, Douglas, David Lagakos, and Michael E. Waugh. 2014. "Agricultural Productivity Differences across Countries." *American Economic Review* 104 (5): 165–70.

Gollin, Douglas, and Christopher Udry. 2019. "Heterogeneity, Measurement Error, and Misallocation: Evidence from African Agriculture." NBER Working Paper 25440, National Bureau of Economic Research, Cambridge, MA.

Govereh, Jones, and T. S. Jayne. 2003. "Cash Cropping and Food Crop Productivity: Synergies or Trade-Offs?" *Agricultural Economics* 28 (1): 39–50.

Goyal, Aparajita, and John Nash. 2017. *Reaping Richer Returns: Public Spending Priorities for African Agriculture Productivity Growth.* Washington, DC: World Bank.

Guardado, Jenny, and Steven Pennings. 2017. "The Seasonality of Conflict." Unpublished manuscript, World Bank, Washington, DC.

Hachigonta, Sepo, Gerald C. Nelson, Timothy S. Thomas, and Linidiwe S. Sibanda, eds. 2013. *Southern African Agriculture and Climate Change: A Comprehensive Analysis.* Washington, DC: International Food Policy Research Institute (IFPRI).

Haggblade, Steven, Bart Minten, Carl Pray, Thomas Reardon, and David Zilberman. 2017. "The Herbicide Revolution in Developing Countries: Patterns, Causes, and Implications." *European Journal of Development Research* 29 (3): 533–59.

Hall, Ruth, Ian Scoones, and Dzodzi Tsikata. 2017. "Plantations, Outgrowers and Commercial Farming in Africa: Agricultural Commercialisation and Implications for Agrarian Change." *Journal of Peasant Studies* 44 (3): 515–37.

Hallegatte, Stephane, Mook Bangalore, Laura Bonzanigo, Marianne Fay, Tamaro Kane, Ulf Narloch, Julie Rozenberg, David Treguer, and Adrien Vogt-Schilb. 2016. *Shock Waves: Managing the Impacts of Climate Change on Poverty.* Climate Change and Development Series. Washington, DC: World Bank.

Harou, Aurélie P., Yanyan Liu, Christopher B. Barrett, and Liangzhi You. 2017. "Variable Returns to Fertiliser Use and the Geography of Poverty: Experimental and Simulation Evidence from Malawi." *Journal of African Economies* 26 (3): 342–71.

Hazell, Peter, Colin Poulton, Steve Wiggins, and Andrew Dorward. 2010. "The Future of Small Farms: Trajectories and Policy Priorities." *World Development* 38 (10): 1349–61.

Headey, Derek D. 2016. "The Evolution of Global Farming Land: Facts and Interpretations." *Agricultural Economics* 47 (S1): 185–96.

Headey, Derek, Kalle Hirvonen, and John Hoddinott. 2018. "Animal Sourced Foods and Child Stunting." *American Journal of Agricultural Economics* 100 (5): 1302–19.

Headey, Derek D., and William J. Martin. 2016. "The Impact of Food Prices on Poverty and Food Security." *Annual Review of Resource Economics* 8 (1): 329–51.

Heltberg, Rasmus. 1998. "Rural Market Imperfections and the Farm Size–Productivity Relationship: Evidence from Pakistan." *World Development* 26 (10): 1807–26.

Hoekman, Bernard, and Dominique Njinkeu. 2017. "Integrating Africa: Some Trade Policy Research Priorities and Challenges." *Journal of African Economies* 26 (suppl_2): ii12–39.

IFAD (International Fund for Agricultural Development). 2016. *Rural Development Report 2016: Fostering Inclusive Rural Transformation.* Rome: IFAD.

IFC (International Finance Corporation). 2019. *Working with Smallholders: A Handbook for Firms Building Sustainable Supply Chains.* Washington, DC: World Bank.

Ito, Junichi, Zongshun Bao, and Qun Su. 2012. "Distributional Effects of Agricultural Cooperatives in China: Exclusion of Smallholders and Potential Gains on Participation." *Food Policy* 37 (6): 700–09.

Ivanic, Maros, and Will Martin. 2018. "Sectoral Productivity Growth and Poverty Reduction: National and Global Impacts." *World Development* 109: 429–39.

Jacoby, Hanan G., and Bart Minten. 2007. "Is Land Titling in Sub-Saharan Africa Cost-Effective? Evidence from Madagascar." *World Bank Economic Review* 21 (3): 461–85.

Jalan, Jyotsna, and Martin Ravallion. 2002. "Geographic Poverty Traps? A Micro Model of Consumption Growth in Rural China." *Journal of Applied Econometrics* 17 (4): 329–46.

Jalloh, Abdulai, Gerald C. Nelson, Timothy S. Thomas, Robert Bellarmin Zougmoré, and Harold Roy-Macauley. 2013. *West African Agriculture and Climate Change: A Comprehensive Analysis*. Washington, DC: International Food Policy Research Institute (IFPRI).

Janssen, Emma, and Johan Swinnen. 2016. "Political Economy of Agricultural and (Regional) Trade Policies and Value Chain Performances in Sub-Saharan Africa." In *Political Economy of Regional Integration in Sub-Saharan Africa*, edited by Paul Brenton and Barak Hoffmann, 13–48. Washington, DC: World Bank.

———. 2017. "Technology Adoption and Value Chains in Developing Countries: Evidence from Dairy in India." *Food Policy* 83: 327–36.

Jayne, T. S., Jordan Chamberlin, and Derek D. Headey. 2014. "Land Pressures, the Evolution of Farming Systems, and Development Strategies in Africa: A Synthesis." *Food Policy* 48: 1–17.

Jayne, T. S., Jordan Chamberlin, Lulama Traub, Nicholas Sitko, Milu Muyanga, Felix K. Yeboah, Ward Anseeuw, et al. 2016. "Africa's Changing Farm Size Distribution Patterns: The Rise of Medium-Scale Farms." *Agricultural Economics* 47 (S1): 197–214.

Jayne, Thomas S., Nicole M. Mason, William J. Burke, and Joshua Ariga. 2018. "Review: Taking Stock of Africa's Second-Generation Agricultural Input Subsidy Programs." *Food Policy* 75: 1–14.

Jayne, T. S., and Shahidur Rashid. 2013. "Input Subsidy Programs in Sub-Saharan Africa: A Synthesis of Recent Evidence." *Agricultural Economics* 44 (6): 547–62.

Kelley, Colin P., Shahrzad Mohtadi, Mark A. Cane, Richard Seager, and Yochanan Kushnir. 2015. "Climate Change in the Fertile Crescent and Implications of the Recent Syrian Drought." *Proceedings of the National Academy of Sciences* 112 (11): 3241–46.

Khandker, Shahidur R. 2012. "Seasonality of Income and Poverty in Bangladesh." *Journal of Development Economics* 97 (2): 244–56.

Kilelu, Catherine W., Laurens Klerkx, and Cees Leeuwis. 2017. "Supporting Smallholder Commercialisation by Enhancing Integrated Coordination in Agrifood Value Chains: Experiences with Dairy Hubs in Kenya." *Experimental Agriculture* 53 (02): 269–87.

Koussoubé, Estelle, and Céline Nauges. 2017. "Returns to Fertiliser Use: Does It Pay Enough? Some New Evidence from Sub-Saharan Africa." *European Review of Agricultural Economics* 44 (2): 183–210.

Kraay, Aart, and David McKenzie. 2014. "Do Poverty Traps Exist? Assessing the Evidence." *Journal of Economic Perspectives* 28 (3): 127–48.

Krishnan, Pramila, and Manasa Patnam. 2014. "Neighbors and Extension Agents in Ethiopia: Who Matters More for Technology Adoption?" *American Journal of Agricultural Economics* 96 (1): 308–27.

Kydd, Jonathan, Andrew Dorward, Jamie Morrison, and Georg Cadisch. 2004. "Agricultural Development and Pro-Poor Economic Growth in Sub-Saharan Africa: Potential and Policy." *Oxford Development Studies* 32 (1): 37–57.

Larson, Donald F., Rie Muraoka, and Keijiro Otsuka. 2016. "Why African Rural Development Strategies Must Depend on Small Farms." *Global Food Security* 10: 39–51.

Lentz, Erin, and Joanna Upton. 2016. "Benefits to Smallholders? Evaluating the World Food Programme's Purchase for Progress Pilot." *Global Food Security* 11: 54–63.

Lesk, Corey, Pedram Rowhani, and Navin Ramankutty. 2016. "Influence of Extreme Weather Disasters on Global Crop Production." *Nature* 529 (7584): 84–87.

Ligon, Ethan, and Elisabeth Sadoulet. 2018. "Estimating the Relative Benefits of Agricultural Growth on the Distribution of Expenditures." *World Development* 109: 417–28.

Liverpool-Tasie, Lenis Saweda O., Bolarin T. Omonona, Awa Sanou, and Wale O. Ogunleye. 2017. "Is Increasing Inorganic Fertilizer Use for Maize Production in SSA a Profitable Proposition? Evidence from Nigeria." *Food Policy* 67: 41–51.

López, Ramón, and Gregmar I. Galinato. 2007. "Should Governments Stop Subsidies to Private Goods? Evidence from Rural Latin America." *Journal of Public Economics* 91 (5–6): 1071–94.

Luo, Renfu, Yaojiang Shi, Linxiu Zhang, Chengfang Liu, Scott Rozelle, Brian Sharbono, Ai Yue, Qiran Zhao, and Reynaldo Martorell. 2012. "Nutrition and Educational Performance in Rural China's Elementary Schools: Results of a Randomized Control Trial in Shaanxi Province." *Economic Development and Cultural Change* 60 (4): 735–72.

Ma, Wanglin, and Awudu Abdulai. 2016. "Does Cooperative Membership Improve Household Welfare? Evidence from Apple Farmers in China." *Food Policy* 58: 94–102.

Maertens, Miet, and Katrien Vande Velde. 2017. "Contract-Farming in Staple Food Chains: The Case of Rice in Benin." *World Development* 95: 73–87.

Magrini, Emiliano, Jean Balié, and Cristian Morales-Opazo. 2018. "Price Signals and Supply Responses for Staple Food Crops in Sub-Saharan Africa." *Applied Economic Perspectives and Policy* 40 (2): 276–96.

Mano, Yukichi, Kazushi Takahashi, and Keijiro Otsuka. 2017. "Contract Farming, Farm Mechanization, and Agricultural Intensification: The Case of Rice Farming in Côte d'Ivoire." Working Paper No. 157, Japan International Cooperation Agency Research Institute (JICA-RI), Tokyo.

Marenya, Paswel P., and Christopher B. Barrett. 2009. "Soil Quality and Fertilizer Use Rates among Smallholder Farmers in Western Kenya." *Agricultural Economics* 40 (5): 561–72.

Martin-Shields, Charles P., and Wolfgang Stojetz. 2019. "Food Security and Conflict: Empirical Challenges and Future Opportunities for Research and Policy Making on Food Security and Conflict." *World Development* 119: 150–64.

Mashnik, Daria, Headley Jacobus, Amer Barghouth, Eva Jiayu Wang, Jeannelle Blanchard, and Ryan Shelby. 2017. "Increasing Productivity through Irrigation: Problems and Solutions Implemented in Africa and Asia." *Sustainable Energy Technologies and Assessments* 22: 220–27.

Mason, Nicole M., T. S. Jayne, and Bekele Shiferaw. 2015. "Africa's Rising Demand for Wheat: Trends, Drivers, and Policy Implications." *Development Policy Review* 33 (5): 581–613.

Masters, William A., Agnes Andersson Djurfeldt, Cornelis De Haan, Peter Hazell, Thomas Jayne, Magnus Jirström, and Thomas Reardon. 2013. "Urbanization and Farm Size in Asia and Africa: Implications for Food Security and Agricultural Research." *Global Food Security* 2 (3): 156–65.

McCullough, Ellen B. 2017. "Labor Productivity and Employment Gaps in Sub-Saharan Africa." *Food Policy* 67: 133–52.

McGuirk, Eoin, and Marshall Burke. 2017. "The Economic Origins of Conflict in Africa." NBER Working Paper 23056, National Bureau of Economic Research, Cambridge, MA.

Mellor, John W. 2017. *Agricultural Development and Economic Transformation*. Cham, Switzerland: Springer International Publishing.

Mellor, John W., and Sohail J. Malik. 2017. "The Impact of Growth in Small Commercial Farm Productivity on Rural Poverty Reduction." *World Development* 91: 1–10.

Michelson, Hope, Brenna Ellison, Anna Fairbairn, Annemie Maertens, and Victor Manyong. 2018. "Misperceived Quality: Fertilizer in Tanzania." Munich Personal RePEc Archive (MPRA) Paper No. 90798, University Library of Munich.

Michler, Jeffrey D., Emilia Tjernström, Simone Verkaart, and Kai Mausch. 2018. "Money Matters: The Role of Yields and Profits in Agricultural Technology Adoption." *American Journal of Agricultural Economics* 101 (3): 710–31.

Miguel, Edward, Shanker Satyanath, and Ernest Sergenti. 2004. "Economic Shocks and Civil Conflict: An Instrumental Variables Approach." *Journal of Political Economy* 112 (4): 725–53.

Minot, Nicholas, and Bradley Sawyer. 2016. "Contract Farming in Developing Countries: Theory, Practice, and Policy Implications." In *Innovation for Inclusive Value-Chain Development: Successes and Challenges*, edited by André Devaux, Maximo Torero, Jason Donovan, and Douglas Horton, 127–58. Washington, DC: International Food Policy Research Institute (IFPRI).

Minten, Bart, Bethlehem Koru, and David Stifel. 2013. "The Last Mile(s) in Modern Input Distribution: Pricing, Profitability, and Adoption." *Agricultural Economics* 44 (6): 629–46.

Mitchell, Shira, Andrew Gelman, Rebecca Ross, Joyce Chen, Sehrish Bari, Uyen Kim Huynh, Matthew W. Harris, et al. 2018. "The Millennium Villages Project: A Retrospective, Observational, Endline Evaluation." *The Lancet Global Health* 6 (5): e500–513.

Mojo, Dagne, Christian Fischer, and Terefe Degefa. 2017. "The Determinants and Economic Impacts of Membership in Coffee Farmer Cooperatives: Recent Evidence from Rural Ethiopia." *Journal of Rural Studies* 50: 84–94.

Molini, Vasco, and Pierella Paci. 2015. "Poverty Reduction in Ghana: Progress and Challenges 2015." Report No. 101230, World Bank, Washington, DC.

Morris, Michael L., Valerie Kelly, Ron Kopicki, and Derek Byerlee. 2007. *Fertilizer Use in African Agriculture: Lessons Learned and Good Practice Guidelines*. Directions in Development Series. Washington, DC: World Bank.

Mrema, Geoffrey C., Doyle C. Baker, and David Kahan. 2008. *Agricultural Mechanization in Sub-Saharan Africa: Time for a New Look*. Rome: Food and Agriculture Organization of the United Nations (FAO).

Muraoka, Rie, Songqing Jin, and T. S. Jayne. 2018. "Land Access, Land Rental and Food Security: Evidence from Kenya." *Land Use Policy* 70: 611–22.

Myers, Samuel S., Antonella Zanobetti, Itai Kloog, Peter Huybers, Andrew D. B. Leakey, Arnold J. Bloom, Eli Carlisle, et al. 2014. "Increasing CO_2 Threatens Human Nutrition." *Nature* 510 (7503): 139–42.

Narrod, Clare A., Carl Pray, and Marites Tiongco. 2008. "Technology Transfer, Policies, and the Role of the Private Sector in the Global Poultry Revolution." IFPRI Discussion Paper 841, International Food Policy Research Institute, Washington, DC.

Ncube, Phumzile. 2018. "The Southern African Poultry Value Chain: Corporate Strategies, Investments and Agro-Industrial Policies." *Development Southern Africa* 35 (3): 369–87.

Ncube, Phumzile, Simon Roberts, and Thando Vilakazi. 2015. "Study of Competition in the Road Freight Sector in the SADC Region: Case Study of Fertilizer Transport and Trading in Zambia, Tanzania and Malawi." CCRED Working Paper No. 3/2015, Centre for Competition, Regulation and Economic Development (CCRED), University of Johannesburg, South Africa.

Ncube, Phumzile, Simon Roberts, Tatenda Zengeni, and Paul Chimuka Samboko. 2017. "Identifying Growth Opportunities in the Southern African Development Community through Regional Value Chains: The Case of the Animal Feed to Poultry Value Chain." WIDER Working Paper No. 2017/4, United Nations University World Institute for Development Economics Research (UNU-WIDER), Helsinki.

N'diaye, Moctar, and Luc Christiaensen. 2017. "Natural Resource Endowment and Agricultural Development in Sub-Saharan Africa." Background paper prepared for *Accelerating Poverty Reduction in Africa*, World Bank, Washington, DC.

Newfarmer, Richard, John Page, and Finn Tarp, eds. 2018. *Industries without Smokestacks: Industrialization in Africa Reconsidered*. United Nations University World Institute for Development Economics Research (UNU-WIDER) Studies in Development Economics. Oxford, U.K., and New York: Oxford University Press.

Niang, I., O. C. Ruppel, M. A. Abdrabo, A. Essel, C. Lennard, J. Padgham, and P. Urquhart. 2014. "Africa, Climate Change 2014: Impacts, Adaptation and Vulnerability." In *Contributions of the Working Group II to the Fifth Assessment Report of the Intergovernmental Panel on Climate Change*, edited by V. R. Barros, C. B. Field, D. J. Dokken, M. D. Mastrandrea, and K. J. Mach, 1199–1265. New York: Cambridge University Press.

Nin-Pratt, Alejandro, and Xinshen Diao. 2006. "Exploring Growth Linkages and Market Opportunities for Agriculture in Southern Africa." Development Strategy and Governance (DSGD) Discussion Paper 42, International Food Policy Research Institute (IFPRI), Washington, DC.

OECD and FAO (Organisation for Economic Co-operation and Development and Food and Agriculture Organization of the United Nations). 2016. *OECD-FAO Agricultural Outlook 2016-2025—Special Focus: Sub-Saharan Africa*. Paris: OECD Publishing.

Otsuka, Keijiro, and Rie Muraoka. 2017. "A Green Revolution for Sub-Saharan Africa: Past Failures and Future Prospects." *Journal of African Economies* 26 (suppl_1): i73–98.

Otsuka, Keijiro, Yuko Nakano, and Kazushi Takahashi. 2016. "Contract Farming in Developed and Developing Countries." *Annual Review of Resource Economics* 8 (1): 353–76.

Otte, J., A. Costales, J. Dijkman, U. Pica-Camarra, T. Robinson, V. Ahuja, C. Ly, and D. Roland-Holst. 2012. *Livestock Sector Development for Poverty Reduction: An Economic and Policy Perspective—Livestock's Many Virtues*. Pro-Poor Livestock Policy Initiative. Rome: Food and Agriculture Organization of the United Nations (FAO).

Pace, Noemi, Silvio Daidone, Benjamin Davis, Sudhanshu Handa, Marco Knowles, and Robert Pickmans. 2018. "One Plus One Can Be Greater than Two: Evaluating Synergies of Development Programmes in Malawi." *Journal of Development Studies* 54 (11): 2023–60.

Pauw, Karl, and James Thurlow. 2011. "Agricultural Growth, Poverty, and Nutrition in Tanzania." *Food Policy* 36 (6): 795–804.

Pernechele, Valentina, Jean Balié, and Léopold Ghins. 2018. *Agricultural Policy Incentives in Sub-Saharan Africa in the Last Decade (2005–2016)*. Rome: Food and Agriculture Organization of the United Nations (FAO)

Perry, Brian. 2016. "The Control of East Coast Fever of Cattle by Live Parasite Vaccination: A Science-to-Impact Narrative." *One Health* 2: 103–14.

Pierre, Guillaume, and Jonathan Kaminski. 2019. "Cross Country Maize Market Linkages in Africa: Integration and Price Transmission across Local and Global Markets." *Agricultural Economics* 50 (1): 79–90.

Pingali, Prabhu, Yves Bigot, and Hans P. Binswanger. 1987. *Agricultural Mechanization and the Evolution of Farming Systems in Sub-Saharan Africa*. Baltimore: Johns Hopkins University Press.

Poulton, Colin, Andrew Dorward, and Jonathan Kydd. 2010. "The Future of Small Farms: New Directions for Services, Institutions, and Intermediation." *World Development* 38 (10): 1413–28.

Ragasa, Catherine, and Antony Chapoto. 2017. "Moving in the Right Direction? The Role of Price Subsidies in Fertilizer Use and Maize Productivity in Ghana." *Food Security* 9 (2): 329–53.

Ragasa, Catherine, and Jennifer Golan. 2014. "The Role of Rural Producer Organizations for Agricultural Service Provision in Fragile States." *Agricultural Economics* 45 (5): 537–53.

Ragasa, Catherine, Isabel Lambrecht, and Doreen S. Kufoalor. 2018. "Limitations of Contract Farming as a Pro-Poor Strategy: The Case of Maize Outgrower Schemes in Upper West Ghana." *World Development* 102: 30–56.

Rakotoarisoa, Manitra A., Massimo Iafrate, and Marianna Paschali. 2011. *Why Has Africa Become a Net Food Importer? Explaining Africa Agricultural and Food Trade Deficits*.

Rome: Food and Agriculture Organization of the United Nations (FAO).

Ravallion, Martin, and Shaohua Chen. 2007. "China's (Uneven) Progress against Poverty." *Journal of Development Economics* 82 (1): 1–42.

Restuccia, Diego, and Raul Santaeulalia-Llopis. 2017. "Land Misallocation and Productivity." NBER Working Paper 23128, National Bureau of Economic Research, Cambridge, MA.

Rosenzweig, Mark, and Christopher Udry. 2016. "External Validity in a Stochastic World." NBER Working Paper 22449, National Bureau of Economic Research, Cambridge, MA.

Sanch-Maritan, Mathieu, and Lionel Vedrine. 2018. "Forced Displacement and Technology Adoption: An Empirical Analysis Based on Agricultural Households in Bosnia and Herzegovina." *Journal of Development Studies* 55 (6): 1325–43.

Sanchez, Pedro A., Sonya Ahamed, Florence Carré, Alfred E. Hartemink, Jonathan Hempel, Jeroen Huising, Philippe Lagacherie, et al. 2009. "Digital Soil Map of the World." *Science* 325 (5941): 680–81.

Schuenemann, Franziska, James Thurlow, Stefan Meyer, and Richard Robertson. 2018. "Evaluating Irrigation Investments in Malawi: Economy-Wide Impacts under Uncertainty and Labor Constraints." *Agricultural Economics* 49 (2): 237–50.

Serdeczny, Olivia, Sophie Adams, Florent Baarsch, Dim Coumou, Alexander Robinson, William Hare, Michiel Schaeffer, Mahé Perrette, and Julia Reinhardt. 2017. "Climate Change Impacts in Sub-Saharan Africa: From Physical Changes to Their Social Repercussions." *Regional Environmental Change* 17 (6): 1585–600.

Sheahan, Megan, and Christopher B. Barrett. 2017. "Ten Striking Facts about Agricultural Input Use in Sub-Saharan Africa." *Food Policy* 67: 12–25.

Sitko, Nicholas J., William J. Burke, and Thomas Jayne. 2017. "Food System Transformation and Market Evolutions: An Analysis of the Rise of Large-Scale Grain Trading in Sub-Saharan Africa." Feed the Future Innovation Lab for Food Security Policy Research Paper 259554, Michigan State University, East Lansing.

Stiglitz, Joseph E. 2018. "From Manufacturing-Led Export Growth to a 21st-Century Inclusive Growth Strategy: Explaining the

Demise of a Successful Growth Model and What to Do About It." Paper presented at the United Nations University World Institute for Development Economics Research (UNU-WIDER) "Think Development, Think WIDER" conference, Helsinki, Finland, September 13.

Suri, Tavneet. 2011. "Selection and Comparative Advantage in Technology Adoption." *Econometrica* 79 (1): 159–209.

Suzuki, Aya, Yukichi Mano, and Girum Abebe. 2018. "Earnings, Savings, and Job Satisfaction in a Labor-Intensive Export Sector: Evidence from the Cut Flower Industry in Ethiopia." *World Development* 110: 176–91.

Swinnen, Johan, and Rob Kuijpers. 2017. "Inclusive Value Chains to Accelerate Poverty Reduction in Africa." Background note prepared for *Accelerating Poverty Reduction in Africa*, World Bank, Washington, DC.

Swinnen, Johan F. M., Anneleen Vandeplas, and Miet Maertens. 2010. "Liberalization, Endogenous Institutions, and Growth: A Comparative Analysis of Agricultural Reforms in Africa, Asia, and Europe." *World Bank Economic Review* 24 (3): 412–45.

Teravaninthorn, Supee, and Gaël Raballand. 2008. *Transport Prices and Costs in Africa: A Review of the Main International Corridors.* Directions in Development Series. Washington, DC: World Bank.

Timmer, C. Peter. 2010. "Reflections on Food Crises Past." *Food Policy* 35 (1): 1–11.

Tittonell, Pablo, and Ken E. Giller. 2013. "When Yield Gaps Are Poverty Traps: The Paradigm of Ecological Intensification in African Smallholder Agriculture." *Field Crops Research* 143: 76–90.

Ton, Giel, Wytse Vellema, Sam Desiere, Sophia Weituschat, and Marijke D'Haese. 2018. "Contract Farming for Improving Smallholder Incomes: What Can We Learn from Effectiveness Studies?" *World Development* 104: 46–64.

Tonitto, Christina, and Jacob E. Ricker-Gilbert. 2016. "Nutrient Management in African Sorghum Cropping Systems: Applying Meta-Analysis to Assess Yield and Profitability." *Agronomy for Sustainable Development* 36 (10): 1–19.

Tschirley, David, Benedito Cunguara, Steven Haggblade, Thomas Reardon, and Mayuko Kondo. 2017. "Africa's Unfolding Diet Transformation and Farm Employment: Evidence from Tanzania." Feed the Future Innovation Lab for Food Security Policy Research Paper 43, Michigan State University, East Lansing.

Tschirley, David, Thomas Reardon, Michael Dolislager, and Jason Snyder. 2015. "The Rise of a Middle Class in East and Southern Africa: Implications for Food System Transformation: The Middle Class and Food System Transformation in ESA." *Journal of International Development* 27 (5): 628–46.

Van den Broeck, Goedele, Johan Swinnen, and Miet Maertens. 2017. "Global Value Chains, Large-Scale Farming, and Poverty: Long-Term Effects in Senegal." *Food Policy* 66: 97–107.

Vandercasteelen, Joachim, Seneshaw Tamru Beyene, Bart Minten, and Johan Swinnen. 2018. "Cities and Agricultural Transformation in Africa: Evidence from Ethiopia." *World Development* 105: 383–99.

Vandercasteelen, Joachim, and Luc Christiaensen. 2018. "The Geography of Africa's Poverty: Remoteness and Agro-Ecological Potential." Background note prepared for *Accelerating Poverty Reduction in Africa*, World Bank, Washington, DC.

Van der Westhuizen, D., Thomas S. Jayne, and Ferdi Meyer. 2018. "Rising Tractor Use in Sub-Saharan Africa: Evidence from Tanzania." Paper presented at the International Conference of Agricultural Economists, Vancouver, August 28.

Vanlauwe, Bernard, Job Kihara, Pauline Chivenge, Pieter Pypers, Ric Coe, and Johan Six. 2011. "Agronomic Use Efficiency of N Fertilizer in Maize-Based Systems in Sub-Saharan Africa within the Context of Integrated Soil Fertility Management." *Plant and Soil* 339 (1–2): 35–50.

Van Weezel, Stijn. 2016. "Food Imports, International Prices, and Violence in Africa." *Oxford Economic Papers* 68 (3): 758–81.

Vasconcelos, Marta W., Wilhelm Gruissem, and Navreet K. Bhullar. 2017. "Iron Biofortification in the 21st Century: Setting Realistic Targets, Overcoming Obstacles, and New Strategies for Healthy Nutrition." *Current Opinion in Biotechnology* 44: 8–15.

Verhofstadt, E., and M. Maertens. 2015. "Can Agricultural Cooperatives Reduce Poverty? Heterogeneous Impact of Cooperative Membership on Farmers' Welfare in Rwanda." *Applied Economic Perspectives and Policy* 37 (1): 86–106.

Waithaka, Michael, Nelson C. Gerald, Thomas S. Timothy, and Miriam Kyotalimye, eds.

2013. *East African Agriculture and Climate Change: A Comprehensive Analysis.* Washington, DC: International Food Policy Research Institute (IFPRI).

Wang, H. Holly, Yanbing Wang, and Michael S. Delgado. 2014. "The Transition to Modern Agriculture: Contract Farming in Developing Economies." *American Journal of Agricultural Economics* 96 (5): 1257–71.

Wang, Xiaobing, Futoshi Yamauchi, Keijiro Otsuka, and Jikun Huang. 2016. "Wage Growth, Landholding, and Mechanization in Chinese Agriculture." *World Development* 86: 30–45.

Wantchekon, Leonard, and Piero Stanig. 2016. "The Curse of Good Soil? Land Fertility, Roads, and Rural Poverty in Africa." Working paper, Princeton University, Princeton, NJ.

Ward, P. S., R. J. G. M. Florax, and A. Flores-Lagunes. 2014. "Climate Change and Agricultural Productivity in Sub-Saharan Africa: A Spatial Sample Selection Model." *European Review of Agricultural Economics* 41 (2): 199–226.

Weiss, D. J., A. Nelson, H. S. Gibson, W. Temperley, S. Peedell, A. Lieber, M. Hancher, et al. 2018. "A Global Map of Travel Time to Cities to Assess Inequalities in Accessibility in 2015." *Nature* 553 (7688): 333–36.

World Bank. 2007. *World Development Report 2008: Agriculture for Development.* Washington, DC: World Bank.

———. 2012. "Africa Can Help Feed Africa: Removing Barriers to Regional Trade in Food Staples." Report No. 73887, World Bank, Washington, DC.

———. 2013. "Growing Africa: Unlocking the Potential of Agribusiness." Working Paper No. 75663, World Bank, Washington, DC.

———. 2014. *Africa's Pulse: An Analysis of Issues Shaping Africa's Economic Future*, vol. 10 (October). Washington, DC: World Bank.

———. 2016. *World Development Report 2016: Digital Dividends.* Washington, DC: World Bank.

———. 2018. "Commodity Markets Outlook, April. Oil Exporters: Policies and Challenges." Biannual data report, World Bank, Washington, DC.

Yeboah, Felix Kwame, and Thomas S. Jayne. 2018. "Africa's Evolving Employment Trends: Implications for Economic Transformation." *Journal of Development Studies* 54 (5): 803–32.

You, Liangzhi, Claudia Ringler, Ulrike Wood-Sichra, Richard Robertson, Stanley Wood, Tingju Zhu, Gerald Nelson, Zhe Guo, and Yan Sun. 2011. "What Is the Irrigation Potential for Africa? A Combined Biophysical and Socioeconomic Approach." *Food Policy* 36 (6): 770–82.

Zhang, Xiaobo, Jin Yang, and Thomas Reardon. 2017. "Mechanization Outsourcing Clusters and Division of Labor in Chinese Agriculture." *China Economic Review* 43: 184–95.

LIEN ENTRE L'INÉGALITÉ HOMMES-FEMMES ET LA PAUVRETÉ

Isis Gaddis

L'inégalité hommes-femmes existant dans de nombreux domaines en Afrique est largement documentée, comme indiqué dans le chapitre 2. Les femmes sont désavantagées dans l'éducation, la santé, le contrôle de leurs vies, et les activités génératrices de revenus. En moyenne, en tant qu'agricultrices, les femmes de la région sont moins productives que les hommes, et leurs activités professionnelles non agricoles sont moins rentables. L'inégalité entre les sexes piège les femmes dans la pauvreté et engendre un cercle vicieux pour leurs filles. Le piège de la pauvreté s'ouvre lorsqu'un seuil minimum de capital (qu'il soit humain, physique ou financier) est requis pour qu'un individu soit productif et échappe à la pauvreté. Précisons qu'il touche aussi bien les hommes que les femmes. Toutefois, parce que les femmes sont confrontées à de plus grandes difficultés pour emprunter et disposent de niveaux de capital humain et physique plus bas, le piège dans lequel elles sont prises est souvent plus profond.

Dans de nombreux domaines non monétaires, les filles et les femmes souffrent de fortes inégalités en Afrique et ailleurs (UNPD, 2013 ; Banque mondiale, 2011, 2018). De nombreuses données montrent que, par rapport aux hommes, les femmes africaines ont tendance à disposer d'un capital humain nettement plus faible (même si les écarts en matière d'éducation ont été comblés dans de nombreux pays au cours des dernières années) ; d'un moins bon accès aux marchés du travail ; de salaires plus bas ; d'un accès ou de droits plus limités aux actifs productifs (principalement la terre, le crédit et d'autres intrants), et de moins de droits politiques et légaux. Elles sont également soumises à des contraintes plus strictes en matière de mobilité et d'activités socialement acceptables. Elles sont confrontées à la discrimination et à des charges plus importantes de garde des enfants et de soins aux personnes âgées. C'est pourquoi leur rendement de l'investissement est habituellement plus faible. Lorsqu'il existe en plus un effet de seuil (comme cela est probable),

le piège associé constitue alors une menace plus importante pour les femmes. Par exemple, les contraintes imposées au crédit touchent aussi bien les hommes que les femmes pauvres, mais souvent plus durement ces dernières, comme lorsqu'elles n'arrivent pas à emprunter autant que les hommes avec une même garantie initiale. Les femmes risquent donc davantage d'être prises dans le piège de la pauvreté ou de ne pas être en mesure de se remettre de chocs économiques sans une aide, ce qui aggrave les conséquences des risques pour les femmes.

Les mesures monétaires de la pauvreté ne sont disponibles qu'au niveau des ménages et ne permettent donc pas de révéler les inégalités au sein de ceux-ci. Elles montrent néanmoins qu'il n'existe qu'une petite différence entre les taux de pauvreté des hommes et des femmes en Afrique, mais que les femmes sont surreprésentées dans les ménages pauvres pendant les années où leurs capacités à la fois de production et de reproduction sont maximales (Munoz-Bouder et al., 2018 ; Banque mondiale, 2018).

Ces inégalités structurelles sont non seulement importantes par elles-mêmes, mais nuisent également aux efforts de réduction de la pauvreté. Au-delà de la valeur intrinsèque de l'égalité des chances, l'égalité des sexes entraîne une croissance économique et des opportunités de réduction de la pauvreté pour les pays. L'exposé ci-dessous aborde brièvement plusieurs domaines liés aux écarts critiques entre les sexes.

Écarts de potentiel humain entre les sexes

Au cours des deux dernières décennies, presque tous les pays d'Afrique ont affiché d'importantes améliorations dans la scolarisation des filles et des garçons. Dans de nombreux pays, les écarts entre les sexes ont été comblés en ce qui concerne les inscriptions au primaire et au secondaire, et ont même été inversés dans certains cas. Les écarts entre les sexes dans les inscriptions ou l'assiduité sont particulièrement prononcés dans la région du Sahel. De nouveaux défis se profilent à l'horizon, comme le retard des garçons par rapport aux filles dans la scolarisation ou l'apprentissage, une tendance de plus en plus fréquente dans d'autres parties du monde.

Même si, en Afrique, le nombre des filles actuellement scolarisées est plus élevé que jamais, les niveaux d'instruction de la population *adulte* mettent du temps à changer. Les femmes adultes continuent, par conséquent, d'être nettement défavorisées par rapport aux hommes adultes en ce qui concerne le niveau d'instruction et l'alphabétisation. L'écart moyen d'alphabétisation entre les sexes dans les pays africains est de 25 points de pourcentage, un reflet des inégalités passées entre les sexes en matière d'éducation, qui perdureront pendant des années voire des décennies (Beegle et al., 2016). Même si cet écart se resserre, certains pays affichent encore des écarts d'alphabétisation supérieurs à 30 % (figure F2.1) entre les hommes et les femmes jeunes (de 15 à 24 ans).

Au-delà de l'éducation, l'Afrique continue à être confrontée à une crise de mortalité maternelle. Même si les taux de mortalité ont diminué d'environ un tiers entre 2000 et 2015, beaucoup trop de femmes meurent encore en raison de conditions (souvent évitables) pendant la grossesse et l'accouchement. En 2015, le risque de décès maternel au cours de la vie de la femme atteignait en Afrique le rapport extraordinairement élevé de 1 sur 36, à comparer, par exemple, avec celui de 1 sur 200 enregistré en Asie du Sud et de 1 sur 6 000 dans les pays à revenus élevés[1]. À l'évidence, l'accès à des soins de santé reproductive abordables est une préoccupation majeure pour les femmes africaines pauvres et leurs familles.

Les femmes sont également affectées de manière disproportionnée par l'épidémie du virus de l'immunodéficience humaine et du syndrome d'immunodéficience acquise (VIH/SIDA) qui a atteint 59 % de la population africaine (de 15 ans et plus). Les taux de prévalence varient sensiblement d'un pays à l'autre, mais comme on pouvait s'y attendre, ils sont nettement plus élevés chez les femmes dont le mariage a été dissout que chez

FIGURE F2.1   **L'écart d'alphabétisation entre les hommes et les femmes se resserre en Afrique, mais demeure important**

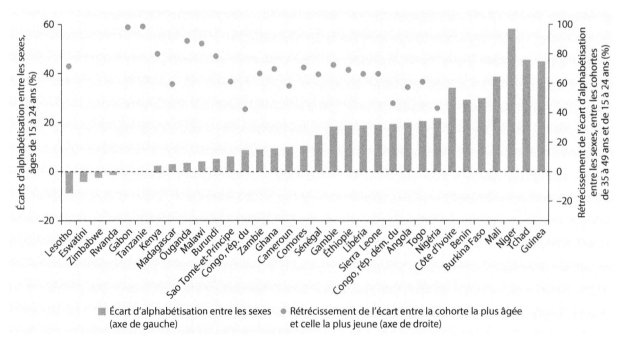

Source : Données des plus récentes enquêtes démographiques et de santé des pays.
Note : Les changements sortant de l'échelle de la figure comprennent l'Eswatini (1,676 %), le Zimbabwe (189 %) et le Rwanda (111 %).

celles qui sont mariées pour la première fois ou sont célibataires (Djuikom et van de Walle, 2018). Parmi les premières, les veuves ont tendance à présenter la prévalence la plus élevée, suivies par les divorcées, puis par les veuves et divorcées remariées (ex-veuves et ex-divorcées). Par exemple, en Éthiopie, où la prévalence est faible, 0,9 % des femmes ont été déclarées positives durant leur premier mariage, contre 8,1 % des veuves. À l'autre extrémité, en Zambie, les pourcentages respectifs sont de 12,3 % et 57,2 %.

Les femmes dont le mariage a été dissout et qui sont positives au VIH sont doublement désavantagées. Indépendamment du fait que le virus ait ou non été responsable de leur veuvage, la souffrance d'être atteintes par cette maladie mortelle et invalidante, et de subir en même temps la honte et le rejet social exacerbe les effets négatifs de la dissolution du mariage sur le bien-être de ces femmes (Loomba Foundation, 2015).

Différences criantes dans l'utilisation du temps par les hommes et les femmes

Les différences entre les sexes dans la manière d'utiliser le temps au cours de l'existence figurent parmi les facteurs les plus pertinents distinguant la vie des hommes de celle des femmes en Afrique. Bien que le mariage soit pratiquement généralisé sur le continent, les femmes ont tendance à constituer une famille plus tôt que les hommes, si bien que les décisions importantes concernant le mariage, la grossesse, et l'accès au marché du travail sont souvent rapprochées (Chakravarty, Das et Vaillant, 2017 ; Djuikom et van de Walle, 2018). Même si la plupart des pays africains ont connu une baisse de la fécondité à un rythme modéré au cours de la dernière décennie, des signes indiquent que la transition de la fécondité stagne dans certains pays, une tendance peu courante dans d'autres parties du monde (Bongaarts, 2017) (voir la discussion dans le chapitre 2).

Comme dans d'autres régions, les femmes africaines consacrent une part disproportionnée de leur temps à des activités domestiques et de soin non rémunérées (figure F2.2). Bien que la disponibilité et la comparabilité des données sur l'utilisation du temps dans les pays africains laissent à désirer, de récentes estimations réalisées pour quelques pays suggèrent que les femmes passent en moyenne 15 à 22 % de leur temps à effectuer

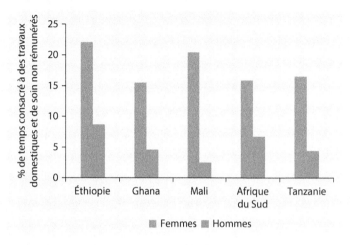

FIGURE F2.2 Dans l'ensemble des pays africains, les femmes assument la majeure partie du travail domestique et de soin non rémunéré

Source : Portail des données sur le genre de la Banque mondiale : http://datatopics.worldbank.org/gender/.
Note : La figure montre le pourcentage moyen du temps consacré aux tâches domestiques par les hommes et les femmes, selon des enquêtes effectuées à divers moments entre 2008 et 2014.

des travaux non rémunérés, contre seulement 2 à 9 % pour les hommes. Ces différences traduisent les normes culturelles relatives aux rôles et responsabilités des hommes et des femmes dans la société (Kevane et Wydick, 2001). Des preuves concrètes indiquent non seulement que les exigences domestiques affectent de manière négative les possibilités d'emploi rémunéré des femmes en dehors du foyer (Ruiz Abril, 20058), mais également que les contraintes de temps et de travail pesant sur les agricultrices et les femmes entrepreneurs peuvent être l'un des principaux facteurs sous-tendant les écarts de productivité entre les sexes (Carranza et al., 2017 ; Nordman et Vaillant, 2014 ; O'Sullivan et al., 2014 ; Palacios-López et López, 2015).

Différences dans la possession et le contrôle d'actifs entre les hommes et les femmes

En Afrique, il existe de profondes différences entre les hommes et les femmes en matière de possession, utilisation et contrôle des actifs et des richesses (Gaddis, Lahoti et Li, 2018). Les écarts entre les sexes se manifestent principalement dans la propriété des biens fonciers et immobiliers, qui constituent des actifs importants pour les pauvres en Afrique et les principaux moyens de placer la richesse dans les communautés rurales[2]. Un peu moins de 13 % des femmes africaines (de 20 à 49 ans) peuvent revendiquer la propriété exclusive de terres, contre 36 % des hommes africains (figure F2.3, volet a). L'écart entre les sexes est plus réduit si l'on considère la propriété conjointe, mais même ainsi, il reste important : 38 % des femmes africaines déclarent être propriétaires (exclusives ou conjointes) de terres, contre 51 % des hommes africains. Il en va de même de la propriété de biens immobiliers (figure F2.3, volet b).

Pourquoi est-il important que, dans la plupart des pays africains, la propriété de biens fonciers et immobiliers et, par extension, les richesses en général soient concentrées de façon disproportionnée entre les mains des hommes ? Pour commencer, la possession, l'utilisation et le contrôle des ressources par les femmes sont importants pour leur bien-être et leur autonomie (Grown, Gupta et Kes, 2005).

Ensuite, les droits des femmes mariées sur les propriétés et autres actifs matrimoniaux peuvent être liés à leur pouvoir de négociation au sein de la famille (Fafchamps et Quisumbing, 2005a ; Manser et Brown 1980 ; McElroy et Horney 1981). Des études empiriques réalisées en Afrique montrent qu'une répartition plus égalitaire des biens entre les époux est corrélée à la participation de la femme à la prise de décision, comme au Ghana (Oduro, Boakye-Yiadom et Baah-Boateng, 2012). Des études réalisées en Inde montrent que les changements législatifs apportés par la

loi hindoue sur les successions, qui a renforcé les droits des femmes à l'héritage, ont affecté de manière positive les résultats des femmes et des filles en matière de santé et d'éducation. Ces effets ont été encore plus importants sur la « deuxième génération », c'est-à-dire les filles des femmes touchées par les réformes (Deininger, Goyal et Nagarajan, 2013 ; Deininger et al., 2018).

Au-delà de la propriété de biens fonciers ou immobiliers, les écarts entre les sexes s'étendent à d'autres formes d'actifs, notamment financiers. Les données pour l'Afrique recueillies au cours du cycle 2017 du *Global Findex* montrent que 38 % des hommes ont un compte en banque dans un établissement financier, contre 27 % des femmes (Demirgüç-Kunt et al., 2018). Ces chiffres cachent des variations régionales : au Tchad, au Libéria, au Mali et au Soudan du Sud, les hommes sont au moins deux fois plus susceptibles d'avoir un compte en banque que les femmes, tandis qu'il n'existe aucun écart entre les sexes au Lesotho, en Namibie et en Afrique du Sud. L'énorme expansion du service d'argent mobile du Kenya, M-Pesa, a profité de façon disproportionnée aux femmes, en accroissant l'épargne des ménages pauvres dirigés par des femmes et en permettant aux femmes de passer de l'agriculture aux affaires (Suri et Jack, 2016).

Écarts entre les sexes creusés par les normes et institutions officielles ou non

Les écarts entre les sexes en matière de dotation en capital humain, utilisation du temps et propriété reflètent souvent les préjugés sexistes présents dans les systèmes juridiques, les normes sociales et les structures institutionnelles. En ce qui concerne les cadres juridiques, de nombreux pays africains ont adopté une législation progressiste ces dernières années, les économies les plus réformatrices se trouvant dans la région. Le pays « moyen » donne toutefois aux femmes la moitié des droits légaux détenus par les hommes dans les domaines mesurés par la base de données Les Femmes, l'Entreprise et le Droit (Banque mondiale, 2019).

Les préjugés sexistes subsistent souvent dans les lois sur le mariage, le divorce, les droits fonciers et de propriété, et le travail (Hallward-Driemeier et Hasan, 2013 ; Banque mondiale, 2019). Par exemple, les femmes mariées n'ont pas les mêmes droits de propriété foncière que leur

FIGURE F2.3 **Les femmes africaines possédant de la terre ou un bien immobilier sont nettement moins nombreuses que les hommes**

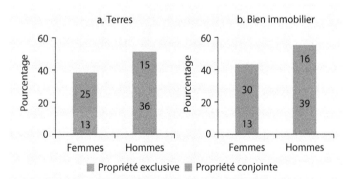

Source : Données issues des enquêtes démographiques et de santé des pays.
Note : Les données proviennent de 27 pays (volet a) et de 28 pays (volet b) entre 2010 et 2016, pour une population âgée de 20 à 49 ans.

mari dans 11 pays d'Afrique sur 47 pour lesquels des données sont disponibles. Dans 12 pays sur 47, les filles n'ont pas les mêmes droits que les fils concernant l'héritage d'actifs de leurs parents.

En Afrique, les droits des femmes sont façonnés par le pluralisme juridique, qui comprend des vestiges des lois coloniales, constitutionnelles modernes, coutumières, et religieuses, entraînant souvent des dispositions légales incompatibles et des chevauchements de compétences (Deere et Doss, 2006). Les normes et institutions informelles sont sans doute encore plus importantes que les lois officielles. Le droit coutumier octroie souvent la propriété foncière aux hommes dans leur rôle de chef de famille, tandis que les femmes mariées ne bénéficient que de droits secondaires à travers leur époux, leur père ou un autre membre masculin de la famille (Kes, Jacobs et Namy, 2011).

Combinée aux nombreux inconvénients juridiques, sociaux et économiques auxquels les femmes sont confrontées avec des filets de sécurité et des mécanismes d'assurance sous-développés, la dissolution du mariage peut être catastrophique (Djuikom et van de Walle, 2018). Pour les femmes, la rupture du mariage implique fréquemment une perte des moyens économiques et du soutien acquis et conditionné par le mariage, notamment l'accès à des actifs productifs (tels que la terre) et un foyer (Kevane, 2004). Le droit coutumier régissant les unions et leur dissolution, les accords relatifs à la garde des enfants, les droits fonciers et de succession privilégient les hommes. Le mariage reste la base de la production et de l'accession des femmes à des droits sociaux et économiques (Fafchamps et Quisumbing, 2005b). Il est fréquent que les veuves et les divorcées héritent de peu ou rien, et qu'à certains endroits, elles soient même privées de toutes leurs possessions et chassées du domicile conjugal (Cooper, 2008 ; HRW, 2017 ; Izumi, 2007).

La polygynie (le mariage d'un homme avec plusieurs femmes) peut également compromettre le pouvoir de négociation des femmes et leur implication dans la prise des décisions les affectant elles-mêmes ou leurs familles. Cette institution sociale est commune dans une vaste zone allant du Sénégal en Afrique de l'Ouest à la Tanzanie en Afrique de l'Est (Fenske, 2015). La polygynie peut altérer les rapports de force au sein de la famille et l'implication des épouses dans la prise de décision, comme au Mali, en Sierra Leone et en Tanzanie (Anderson et al., 2016 ; Newbury, 2017). Les données suggèrent que la polygynie affecte de manière négative la productivité agricole des agricultrices, dans la mesure où elle les amène à utiliser moins d'intrants sur les parcelles qu'elles exploitent (McCarthy, Damon et Seigerink, 2016).

Mobilité et problèmes de sécurité rencontrés par les femmes

Les normes régissant le comportement et les préoccupations relatives à la violence sexiste restreignent souvent la mobilité des femmes, limitant ainsi leurs chances sur le marché du travail ainsi que leurs choix de vie. Les normes diffèrent suivant les pays et même suivant les communautés. Par exemple, en Guinée, l'impressionnante proportion de 83 % des femmes de 15 à 49 ans est d'accord avec le fait qu'un mari a le droit de frapper sa femme si elle sort sans l'en informer, contre seulement 5 % au Malawi (tiré des enquêtes démographiques et de santé des pays — EDS).

En dehors des taux élevés de violence sexiste affichés dans certains pays, deux autres points marquants sont mis en évidence par ces données. Premièrement, il existe une dimension de pauvreté : les femmes pauvres sont nettement plus susceptibles que les femmes riches d'être d'accord avec cette affirmation (figure F2.4). Deuxièmement, les femmes sont plus souvent d'accord que les hommes dans la plupart des pays (non montré). Les normes sont toutefois en train de changer dans la plupart des pays africains, et parfois rapidement. En Zambie, par exemple, la part des femmes et des hommes acceptant ce type de violence domestique a chuté de 79 % et 58 %, respectivement, dans l'enquête 2001/2002 à 30 % et 16 % dans l'enquête 2013/2014.

Les contraintes de mobilité peuvent affecter de différentes manières la participation des femmes au marché du travail. Elles peuvent agir directement sur les préférences des femmes à la recherche d'un travail en dehors du foyer et également restreindre leur accès à l'éducation, aux marchés, aux banques et aux réseaux sociaux, et donc influencer indirectement leur comportement sur le marché du travail (comme expliqué dans Chakravarty, Das et Vaillant, 2017). Les contraintes de mobilité peuvent accroître le temps que les femmes consacrent aux tâches domestiques — par exemple, lorsque les normes interdisent aux femmes d'utiliser des vélos ou d'autres moyens de transport (Marcus, 2018).

FIGURE F2.4 **Les normes restreignent la mobilité des femmes, en particulier en Afrique de l'Ouest et centrale**

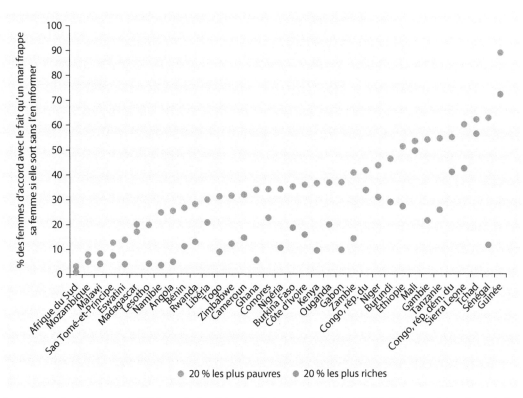

● 20 % les plus pauvres ● 20 % les plus riches

Source : STATcompiler du programme des EDS, Agence des États-Unis pour le développement international (USAID) : https://www.statcompiler.com/en/.

De plus, associées à des lois inadéquates ou à une médiocre application des lois, les normes sociales peuvent créer un environnement au sein duquel les femmes courent un risque élevé d'agression sexuelle et de violence sexiste (Chakravarty, Das et Vaillant, 2017). Même si les données représentatives sont difficiles à rassembler, les études de cas suggèrent que les craintes concernant un harcèlement par les employeurs ou d'autres représentants de l'autorité sont un facteur important dans les décisions des femmes relatives au marché du travail et pour leurs opportunités économiques. Les commerçantes transfrontalières de la région des Grands Lacs en Afrique centrale sont souvent victimes de violences, menaces et harcèlement sexuel (Brenton et al., 2011). Les craintes au sujet du harcèlement sexuel par des professeurs et employeurs sont des facteurs qui peuvent limiter la participation des adolescentes à des programmes de formation et au passage de l'école vers le monde du travail au Libéria (Ruiz Abril, 2008).

Leviers politiques permettant de combler les écarts entre les sexes et de réduire la pauvreté

S'attaquer aux inégalités entre les sexes existant en Afrique n'est pas une mince affaire. Les progrès du développement en général, tels que l'augmentation des taux de scolarisation grâce à l'accès universel à l'enseignement primaire ou l'amélioration des services de santé pour tous, contribueront grandement à l'égalisation des résultats. Toutefois, dans certains domaines, des efforts dirigés peuvent aider à rapprocher les femmes et les filles de la sortie du piège de la pauvreté liée au sexe.

En matière d'éducation par exemple, des programmes subventionnant le coût direct ou indirect de l'éducation peuvent efficacement accroître les taux de scolarisation et améliorer les résultats scolaires des filles et des garçons, comme au Kenya (Duflo, Dupas et Kremer, 2015 ; Friedman et al., 2016), et parfois avec un impact plus important et différentiel sur les femmes, même lorsqu'ils ne ciblent pas le genre, comme au Ghana (Duflo, Dupas et Kremer, 2017).

Dans le domaine de la santé, la plupart des décès maternels peuvent être évités en garantissant l'accès des femmes enceintes à des soins prénataux et à des soins compétents durant l'accouchement et après la naissance, ce qui nécessite de s'attaquer à une série de facteurs liés à l'offre et à la demande (Gordillo-Tobar, Quinlan-Davidson et Mills, 2017). Le suivi postnatal et des listes de vérification peuvent entraîner un recours plus rapide aux soins postnataux (McConnell et al., 2016). En ce qui concerne la prévalence disproportionnée du VIH/SIDA chez les femmes, des programmes transmettant aux adolescentes des compétences de vie et une meilleure compréhension de la santé reproductive peuvent améliorer leurs connaissances de la santé sexuelle et reproductive et les comportements associés (Bandiera et al., 2017). Les femmes qu'une dissolution de mariage peut rendre vulnérables doivent avoir un meilleur accès à des programmes de protection sociale et de santé destinés aux veuves et divorcées.

Le temps consacré par les femmes aux tâches domestiques restreint leurs possibilités de loisirs et de gain de revenus. L'extension des services de garde d'enfants (d'âge préscolaire en particulier) peut se faire à l'aide d'une série de politiques et réglementations mises en place par le secteur public pour soutenir l'offre de services privés de garde d'enfants. La fourniture d'infrastructures publiques (eau, assainissement, électricité, et routes) et les technologies épargnant la main-d'œuvre peuvent assouplir les contraintes de temps des femmes. Des données plus concrètes sont néanmoins nécessaires pour mieux comprendre comment cela affecterait les contraintes de temps et la répartition des tâches au sein des ménages (voir une étude préliminaire réalisée en Asie dans ADB, 2015).

Enfin, une meilleure inclusion financière est essentielle. Les femmes ont moins d'économies et d'accès aux actifs productifs, un problème qui peut être résolu à l'aide de plusieurs mécanismes. Les produits d'épargne comportant un aspect d'illiquidité et un faible engagement peuvent accroître l'épargne des femmes (Dizon, Gong et Jones, 2017 ; O'Sullivan, 2017) et améliorer les performances des entreprises appartenant à des femmes (Dupas et Robinson, 2013). La

technologie aidera également à atteindre davantage de femmes en milieu rural (Williams et al., 2018), comme expliqué plus en détail dans la section Fondamentaux 3 « Réaliser des avancées grâce à la technologie (et au commerce) ». Les réformes législatives renforçant les droits de succession des femmes peuvent améliorer les mesures visant à autonomiser les femmes (Deininger, Goyal et Nagarajan, 2013 ; Deininger et al., 2018). De même, les programmes de formalisation des droits fonciers encourageant l'enregistrement conjoint des deux époux peuvent améliorer les résultats pour les femmes et réduire les écarts entre les sexes (Ali, Deininger et Goldstein, 2014 ; Goldstein et al., 2015 ; O'Sullivan, 2017). Même s'il a amélioré la documentation des droits fonciers informels des femmes mariées, le programme rwandais de régularisation des régimes fonciers a également entraîné une érosion des droits des femmes qui ne sont pas légalement mariées (Ali, Deininger et Goldstein, 2014).

La résolution des problèmes de restriction de la mobilité et de vulnérabilité à la violence auxquels les femmes sont confrontées est une question de respect des droits de l'homme fondamentaux. Un changement culturel à long terme sera nécessaire pour faire évoluer les cadres institutionnels patriarcaux et les structures culturelles qui discriminent les femmes et perpétuent la limitation de la mobilité et la violence contre les femmes. L'éducation est une partie de la solution (comme expliqué dans Friedman et al., 2016), car elle peut changer les attitudes à l'égard de la violence domestique.

Notes

1. Les données sur la mortalité maternelle sont fondées sur les estimations du modèle du Groupe interorganisations pour l'estimation de la mortalité maternelle (OMS, UNICEF, FNUAP, Banque mondiale et DAES des Nations unies, 2015). Les estimations régionales proviennent du Portail des données sur le genre de la Banque mondiale : http://datatopics.worldbank.org/gender/.

2. En plus de leurs faibles revenus et de leur désavantage juridique en matière de propriété foncière, il se peut que les femmes subissent des pressions sociales les poussant à partager leurs revenus avec des membres de la famille et amis, qui expliqueraient en partie leurs plus faibles niveaux d'actifs productifs et d'épargne (Dupas et Robinson, 2013 ; Jakiela et Ozier, 2016 ; Schaner, 2017).

Références

ADB (Asian Development Bank). 2015. *Balancing the Burden? Desk Review of Women's Time Poverty and the Infrastructure in Asia and the Pacific.* Manila: ADB.

Ali, Daniel A., Klaus Deininger, and Markus Goldstein. 2014. "Environmental and Gender Impacts of Land Tenure Regularization in Africa: Pilot Evidence from Rwanda." *Journal of Development Economics* 110: 262–75.

Anderson, C. Leigh, Travis W. Reynolds, Pierre Biscaye, Melissa Greenaway, and Joshua Merfeld. 2016. "Polygamous Households and Intrahousehold Decision-Making: Evidence and Policy Implications from Mali and Tanzania." EPAR Technical Brief 330, Evans School Policy Analysis and Research Group, University of Washington, Seattle.

Bandiera, Oriana, Niklas Buehren, Robin Burgess, Markus Goldstein, Selim Gulesci, Imran Rasul, and Munshi Sulaiman. 2017. "Women's Empowerment in Action: Evidence from a Randomized Control Trial in Africa." Report No. 118203, World Bank, Washington, DC.

Beegle, Kathleen, Luc Christiaensen, Andrew Dabalen, and Isis Gaddis. 2016. *Poverty in a Rising Africa.* Washington, DC: World Bank.

Bongaarts, John. 2017. "Africa's Unique Fertility Transition." *Population and Development Review* 43 (S1): 39–58.

Brenton, Paul, Celestin Bashinge Bucekuderhwa, Caroline Hossein, Shiho Nagaki, and Jean Baptiste Ntagoma. 2011. "Risky Business: Poor Women Cross-Border Traders in the Great Lakes Region of Africa." *Africa Trade Policy Notes* Note 11, World Bank, Washington, DC.

Carranza, Eliana, Aletheia Donald, Rachel Jones, and Léa Rouanet. 2017. "Time and Money: A Study of Labor Constraints for Female Cotton Producers in Côte d'Ivoire." Gender Innovation Lab Policy Brief Issue 19, World Bank, Washington, DC.

Chakravarty, Shubha, Smita Das, and Julia Vaillant. 2017. "Gender and Youth Employment in Sub-Saharan Africa: A Review of Constraints and Effective Interventions." Policy Research Working Paper 8245, World Bank, Washington, DC.

Cooper, Elizabeth. 2008. "Inheritance Practices and the Intergenerational Transmission of Poverty in Africa: A Literature Review and Annotated Bibliography." CPRC Working Paper No. 116, Chronic Poverty Research Centre, Manchester, U.K.

Deere, Carmen D., and Cheryl R. Doss. 2006. "The Gender Asset Gap: What Do We Know and Why Does It Matter?" *Feminist Economics* 12 (1–2): 1–50.

Deininger, Klaus, Aparajita Goyal, and Hari Nagarajan. 2013. "Women's Inheritance Rights and Intergenerational Transmission of Resources in India." *Journal of Human Resources* 48 (1): 114–41.

Deininger, Klaus, Fang Xia, Songqinq Jin, and Hari Nagarajan. 2018. "Inheritance Law Reform, Empowerment, and Human Capital Accumulation: Second-Generation Effects from India." *Journal of Development Studies* (online): 1–23. doi:10.1080/00220388.2018.1520218.

Demirgüç-Kunt, Asli, Leora Klapper, Dorothe Singer, Saniya Ansar, and Jake Hess. 2018. *The Global Findex Database 2017: Measuring Financial Inclusion and the Fintech Revolution.* Washington, DC: World Bank.

Dizon, Felipe, Erick Gong, and Kelly Jones. 2017. "The Effect of Promoting Savings on Informal Risk-Sharing: Experimental Evidence from Vulnerable Women in Kenya." Unpublished paper, World Bank, Washington, DC.

Djuikom, Marie Albertine, and Dominique van de Walle. 2018. "Marital Shocks and Women's Welfare in Africa." Policy Research Working Paper 8306, World Bank, Washington, DC.

Duflo, Esther, Pascaline Dupas, and Michael Kremer. 2015. "Education, HIV, and Early Fertility: Experimental Evidence from Kenya." *American Economic Review* 105 (9): 2757–97.

———. 2017. The Impact of Free Secondary Education: Experimental Evidence from Ghana. Working paper, Stanford University, Stanford, CA.

Dupas, Pascaline, and Jonathan Robinson. 2013. "Savings Constraints and Microenterprise Development: Evidence from a Field Experiment in Kenya." *American Economic Journal: Applied Economics* 5 (1): 163–92.

Fafchamps, Marcel, and Agnes Quisumbing. 2005a. "Assets at Marriage in Rural Ethiopia." *Journal of Development Economics* 77 (1): 1–25.

———. 2005b. "Marriage, Bequest, and Assortative Matching in Rural Ethiopia." *Economic Development and Cultural Change* 53 (20): 347–80.

Fenske, James. 2015. "African Polygamy: Past and Present." *Journal of Development Economics* 117: 58–73.

Friedman, Willa, Michael Kremer, Edward Miguel, and Rebecca Thornton. 2016. "Education as Liberation?" *Economica* 83 (329): 1–30.

Gaddis, Isis, Rahul Lahoti, and Wenjie Li. 2018. "Gender Gaps in Property Ownership in Sub-Saharan Africa." Policy Research Working Paper 8573, World Bank, Washington, DC.

Goldstein, Markus, Kenneth Houngbedji, Florence Kondylis, Michael O'Sullivan, and Harris Selod. 2015. "Formalizing Rural Land Rights in West Africa: Early Evidence from a Randomized Impact Evaluation in Benin." Policy Research Working Paper 7435, World Bank, Washington, DC.

Gordillo-Tobar, Amparo, Meaghen Quinlan-Davidson, and Samuel Lantei Mills. 2017. "Maternal and Child Health: The World Bank Group's Response to Sustainable Development Goal 3: Target 3.1 and 3.2." Discussion paper, World Bank, Washington, DC.

Grown, Caren, Greeta Rao Gupta, and Aslihan Kes. 2005. *Taking Action: Achieving Gender Equality and Empowering Women.* London, U.K.; Sterling, VA: Earthscan for the United Nations Development Programme.

Hallward-Driemeier, Mary, and Tazeen Hasan. 2013. *Empowering Women: Legal Rights and Economic Opportunities in Africa.* Africa Development Forum Series. Washington, DC: World Bank.

HRW (Human Rights Watch). 2017. "You Will Get Nothing: Violations of Property and Inheritance Rights of Widows in Zimbabwe." Report, HRW, New York.

Izumi, Kaori. 2007. "Gender-Based Violence and Property Grabbing in Africa: A Denial of Women's Liberty and Security." *Gender and Development* 15 (1): 11–23.

Jakiela, Pamela, and Owen Ozier. 2016. "Does Africa Need a Rotten Kin Theorem? Experimental Evidence from Village Economies." *Review of Economic Studies* 83 (1): 231–68.

Kes, Aslihan, Krista Jacobs, and Sophie Namy. 2011. "Gender Differences in Asset Rights in Uganda." Gender Land and Asset Survey, International Center for Research on Women (ICRW), Washington, DC.

Kevane, Michael. 2004. *Women and Development in Africa: How Gender Works.* Boulder, CO: Lynne Rienner Publishers.

Kevane, Michael, and Bruce Wydick. 2001. "Social Norms and the Time Allocation of Women's Labor in Burkina Faso." *Review of Development Economics* 5 (1): 119–29.

Loomba Foundation. 2015. "The Global Widows Report 2015: A Global Overview of Deprivation Faced by Widows and Their Children." Study, Loomba Foundation, London.

Manser, Marilyn, and Murray Brown. 1980. "Marriage and Household Decision-Making: A Bargaining Analysis." *International Economic Review* 21 (1): 31–44.

Marcus, Rachel. 2018. "The Norms Factor: Recent Research on Gender, Social Norms, and Women's Economic Empowerment." Research paper of the Overseas Development Institute (ODI), London, for the International Development Research Centre (IDRC), Ottawa.

McCarthy, Aine Seitz, Amy L. Damon, and Vincent Seigerink. 2016. "Favoritism and Farming: Agricultural Productivity and Polygyny in Tanzania." Unpublished paper, University of Minnesota, St. Paul.

McConnell, Margaret, Allison Ettenger, Claire Watt Rothschild, Faith Muigai, and Jessica Cohen. 2016. "Can a Community Health Worker Administered Postnatal Checklist Increase Health-Seeking Behaviors and Knowledge? Evidence from a Randomized Trial with a Private Maternity Facility in Kiambu County, Kenya." *BMC Pregnancy and Childbirth* 16 (1): 136.

McElroy, Marjorie, and Mary Jean Horney. 1981. "Nash-Bargained Household Decisions: Toward a Generalization of the Theory of Demand." *International Economic Review* 22 (2): 333–49.

Munoz-Boudet, Ana Maria, Paola Buitrago, Bénédicte Leroy de la Brière, David Newhouse, Eliana Rubiano Matulevich, Kinnon Scott, and Pablo Suarez-Becerra. 2018. "Gender Differences in Poverty and Household Composition through the Life-cycle." Policy Research Working Paper 8306, World Bank, Washington, DC.

Newbury, Emma. 2017. "Understanding Women's Lives in Polygamous Marriages: Exploring Community Perspectives in

Sierra Leone and DRC." Report, Trócaire, Maynooth, Ireland.

Nordman, Christophe J., and Julia Vaillant. 2014. "Inputs, Gender Roles and Sharing Norms? Assessing the Gender Performance Gap among Informal Entrepreneurs in Madagascar." IZA Discussion Paper 8045, Institute for the Study of Labor, Bonn.

Oduro, Abena D., Louis Boakye-Yiadom, and William Baah-Boateng. 2012. "Asset Ownership and Egalitarian Decision-Making among Couples: Some Evidence from Ghana." Gender Asset Gap Project Working Paper No. 14, Indian Institute of Management, Bangalore, India.

O'Sullivan, Michael. 2017. "Gender and Property Rights in Sub-Saharan Africa: A Review of Constraints and Effective Interventions." Policy Research Working Paper 8250, World Bank, Washington, DC.

O'Sullivan, Michael, Arathi Rao, Raka Banerjee, Kajal Gulati, and Margaux Vinez. 2014. "Levelling the Field: Improving Opportunities for Women Farmers in Africa." Report No. 86039, World Bank and the ONE Campaign, Washington, DC.

Palacios-López, Amparo, and Ramón López. 2015. "The Gender Gap in Agricultural Productivity: The Role of Market Imperfections." *Journal of Development Studies* 51 (9): 1175–92.

Ruiz Abril, Maria Elena. 2008. "Girls' Vulnerability Assessment." Background study for the Economic Empowerment of Adolescent Girls in Liberia project, Government of Liberia, Nike Foundation, and World Bank, Washington, DC.

Schaner, Simone. 2017. "The Cost of Convenience? Transaction Costs, Bargaining Power, and Savings Account Use in Kenya." *Journal of Human Resources* 52 (4): 919–45.

Suri, Tavneet, and William Jack. 2016. "The Long-Run Poverty and Gender Impacts of Mobile Money." *Science* 354 (6317): 1288–92.

UNDP (United Nations Development Programme). 2013. *Humanity Divided: Confronting Inequality in Developing Countries.* New York: UNDP.

WHO, UNICEF, UNFPA, World Bank, and UN DESA (World Health Organization, United Nations Children's Fund, UN Population Fund, and UN Population Division of the UN Department of Economic and Social Affairs). 2015. *Trends in Maternal Mortality: 1990 to 2015.* WHO/RHR/15.23. Geneva: WHO.

Williams, Melissa, Narnia Bohler-Muller, Boris Branisa, Lynne Cadenhead, Carolyn Currie, Graciela Hijar, Sandhya Seshadri Iyer, Mariela Magnelli, Margo Thomas, and Helen Walbey. 2018. "Economic Empowerment of Rural Women." Gender Economic Equity Policy Brief for T20 (Think 20) Argentina 2018, Buenos Aires.

World Bank. 2011. *World Development Report 2012: Gender Equality and Development.* Washington, DC: World Bank.

———. 2018. *Poverty and Shared Prosperity 2018: Piecing Together the Poverty Puzzle.* Washington, DC: World Bank.

———. 2019. *Women, Business, and the Law 2019: A Decade of Reform.* Washington, DC: World Bank.

Aller vers des emplois extérieurs aux exploitations agricoles | 4

Kathleen Beegle et Tom Bundervoet

*P*our les pauvres de l'Afrique, aller vers des emplois extérieurs aux exploitations agricoles impliquera largement une transition vers des emplois informels, souvent dans les villes voisines. Il s'agit généralement d'exploiter des entreprises familiales — de petites entreprises non agricoles non constituées en société et souvent informelles, détenues et gérées par des membres du ménage — à temps plein ou partiel, et parfois seulement pendant certaines périodes de l'année. Même si l'emploi salarié croît rapidement dans certains pays africains, sa faible base et le rythme auquel les cohortes croissantes de jeunes adultes entrent sur le marché du travail impliquent qu'il n'arrivera à absorber qu'une petite partie des demandeurs d'emploi au cours des 10 à 15 prochaines années. Et l'emploi salarié formel du secteur privé est encore plus limité.

L'importance du secteur non agricole informel en tant que fournisseur d'emplois et de moyens de subsistance pour la main-d'œuvre africaine en plein essor implique que les politiques ne peuvent le négliger. Du point de vue des politiques, le choix de se focaliser sur le secteur formel ou informel, ou bien sur les petites et moyennes entreprises (PME) et les grandes entreprises ou sur les entreprises familiales n'est pas une simple alternative binaire. Les investissements dans le capital humain, les infrastructures et un cadre réglementaire transparent profiteront à l'ensemble des entreprises, depuis les entreprises familiales jusqu'aux grandes entreprises en passant par les PME. Tous les investissements ne sont toutefois pas transversaux. Certains peuvent être réalisés pour bénéficier plus directement aux entreprises non agricoles gérées par des ménages pauvres, comme examiné dans le présent chapitre.

Les données disponibles suggèrent que les investissements conçus pour bénéficier aux entreprises des pauvres requièrent une approche intégrée, abordant conjointement les contraintes de compétences et de financement. Même si cela ne suffira généralement pas à aider la plupart des entreprises familiales à devenir des sociétés générant des emplois salariés, cela peut aider un bon nombre de pauvres à diversifier leurs revenus et à trouver et accroître des sources de revenus.

Deuxièmement, le côté de la demande requiert une attention nettement plus soutenue, en particulier la façon d'encourager la demande des biens et services produits par le secteur informel. Cette question, et en particulier l'importance de la proximité de la demande, a souvent été négligée dans l'agenda visant à accroître les revenus non agricoles des pauvres. Le développement des agglomérations rurales semble particulièrement prometteur. Il facilite l'accès des pauvres à l'emploi non agricole, tout en soulignant la nécessité de se concentrer sur ce qui est nécessaire au développement d'une ville — comme la connectivité routière rurale, l'électricité, et les services sociaux. En tant que centres d'industrie agroalimentaire et de commerce, les villes secondaires se trouvent souvent aussi au cœur *du développement des chaînes de valeur agricoles ; l'agriculture au sens large représentant un tiers de l'emploi non agricole dans les premiers stades du développement. Mais la demande se trouve aussi souvent juste de l'autre côté de la frontière, ce qui souligne l'importance de l'approfondissement de l'intégration régionale en Afrique.*

Profil du travail non agricole en Afrique

La structure de l'emploi en Afrique subsaharienne évolue progressivement pour tous, y compris pour les pauvres. Même si l'agriculture restera le principal moteur de la réduction de la pauvreté dans un proche avenir, la part croissante des individus et des ménages, pauvres compris, engagés dans des activités à l'extérieur des exploitations agricoles met en évidence la nécessité d'augmenter les revenus non agricoles[1].

Il existe de nombreuses façons de décrire les activités « extérieures aux exploitations agricoles » génératrices d'emploi et de revenus en Afrique, notamment la classification par grands secteurs (industrie ou services, parfois décrits comme secteurs secondaire et tertiaire) (Banque mondiale, à paraître[b]). Certains les caractérisent par leur lien avec l'agriculture (transformation agroalimentaire, restauration et services alimentaires, extérieurs au système agricole) (Yeboah et Jayne, 2018). D'autres travaux mettent l'accent sur le statut de l'emploi (travail salarié ou non-salarié dans une entreprise familiale, par exemple) (Davis, Di Giuseppe et Zezza, 2017). Au sein de ces cadres, on peut discuter plus en profondeur des concepts de formalité et informalité.

La diminution de la part de l'emploi dans l'agriculture est liée en partie à l'urbanisation et en partie à la croissance de l'économie rurale non agricole. La part des Africains vivant en milieu urbain est passée de 27 % en 1990 à 38 % en 2016, ce qui est associé à une baisse relative de l'emploi agricole. En même temps, les ménages ruraux diversifient de plus en plus leurs moyens de subsistance, lorsqu'ils ne se tournent pas complètement vers des activités extérieures aux exploitations agricoles, généralement désignées sous le nom d'économie rurale non agricole. Près de la moitié des ménages ruraux ont des revenus provenant d'activités non agricoles (Davis, Di Giuseppe et Zezza, 2017) qui

représentent, en moyenne, 23 % du revenu total des ménages ruraux.

Ces moyennes dissimulent des variations considérables entre les pays de la région. Parmi les pays de l'Afrique australe, le Botswana, l'Eswatini, la Namibie et l'Afrique du Sud affichent des parts d'emploi dans l'agriculture nettement plus faibles que dans le reste de la région (Banque mondiale, à paraître[b]). Les ménages ruraux de certains pays (tels que l'Éthiopie) ont des pourcentages d'emploi rural non agricole beaucoup plus faibles que la moyenne régionale, tandis que dans d'autres pays (tels que le Kenya, le Niger et l'Ouganda), ils affichent des parts plus élevées. La participation aux activités non agricoles et le pourcentage de revenu non agricole augmentent avec le produit intérieur brut (PIB), mais ils ont tendance à être plus faibles en Afrique rurale que dans d'autres régions à revenu faible ou intermédiaire, même après avoir pris en compte les différences de PIB (Davis, Di Giuseppe et Zezza, 2017).

En termes de type de travail, qu'implique l'engagement des ménages africains dans des activités non agricoles ? Le secteur non agricole est très hétérogène, avec souvent un dualisme marqué : il se caractérise à une extrémité, par des activités de subsistance faiblement productives, comportant peu ou pas de barrières à l'entrée, et à l'autre extrémité, par un petit segment comprenant des activités à forte productivité et haut revenu, accompagné de barrières à l'entrée élevées (en termes de capital physique et humain). Le sous-secteur à rendement élevé est largement le privilège des ménages mieux lotis, tandis que le sous-secteur à faible rendement est généralement dominé par le travail occasionnel et les petites entreprises familiales[2].

Même si les opportunités de moyens de subsistance non agricoles et leurs barrières à l'entrée respectives sont propres aux pays et aux contextes, trois observations générales se dégagent de l'examen de la littérature[3] relative aux entreprises familiales, à l'emploi salarié non agricole et à l'emploi dans le secteur agroalimentaire.

Les entreprises familiales

Pour commencer, un emploi « à l'extérieur des exploitations agricoles » est généralement synonyme de travail sans salaire ni employeur, le plus souvent dans une entreprise familiale informelle, en particulier pour les pauvres et presque pauvres. Ce vaste groupe d'activités, intitulé « entreprises familiales », est décrit plus loin dans le chapitre, mais est marqué par le fait qu'il s'agit souvent d'activités n'impliquant qu'un ou plusieurs membres du ménage, sans embauche de main-d'œuvre. Le terme « entreprise familiale » désigne une activité commerciale détenue et exploitée par un ou plusieurs membres du ménage. Il couvre un large éventail d'activités et d'occupations commerciales : petit commerce, vente au détail d'aliments préparés, vente ambulante, confection, salons de beauté, électriciens, maçons, etc.

En dépit de leur nom, les entreprises familiales ne sont pas nécessairement des activités effectuées au sein du logement du ménage. Bien qu'il s'agisse le plus souvent de microentreprises sans employés, elles engagent parfois des travailleurs, mais en général seulement un ou deux. La grande majorité de ces entreprises exercent des activités commerciales — en tant que vendeurs de rue ou dans le petit commerce (Banque mondiale, 2012). Les personnes travaillant dans des entreprises familiales ont des dénominations variables : travailleurs à leur propre compte, travailleurs indépendants, travailleur familial non rémunéré ou collaborant à l'entreprise familiale, et plus rarement, employeurs (si l'entreprise a embauché des travailleurs salariés)[4]. Ces entreprises ne sont généralement ni constituées en société, ni inscrites à la sécurité sociale, à la taxe sur la valeur ajoutée ou à d'autres processus d'enregistrement impliqués dans la formalisation. En ce sens, elles sont considérées comme informelles (ILO, 1993).

L'emploi salarié non agricole

Les ménages africains dont des membres occupent un emploi salarié non agricole ont tendance à être plus aisés que ceux ayant d'autres types d'emploi (figure 4.1). L'incidence de l'emploi salarié augmente avec la richesse et fait un bond particulièrement important chez les 20 % les plus riches, qui sont plus susceptibles d'occuper des emplois salariés dans le secteur public et le secteur privé formel (emplois mieux rémunérés

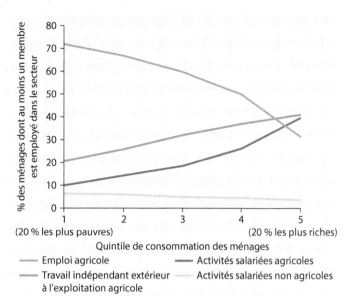

FIGURE 4.1 Le travail dans des entreprises familiales est nettement plus répandu que l'emploi salarié pour les pauvres d'Afrique

Sources : Base de données sur la pauvreté en Afrique de la Banque mondiale et Base de données internationale sur la distribution des revenus (I2D2 – *International Income Distribution Database*). *Note :* La figure présente des données issues de 40 pays africains. Les « entreprises familiales » informelles – une activité commerciale détenue et exploitée par un ou plusieurs membres d'un ménage, sans embauche de main-d'œuvre – sont la forme la plus courante de travail indépendant non agricole en Afrique.

exigeant des niveaux d'études plus élevés)[5]. Les exceptions comprennent l'Afrique du Sud (un pays à revenu intermédiaire), qui affiche un très faible niveau d'emploi indépendant non agricole. Cette tendance — le gradient de revenu en fonction du type d'emploi — est encore plus nette lorsque l'on considère les régions rurales présentant de très faibles taux d'emploi salarié.

Malgré la prédominance de l'agriculture, la part de la main-d'œuvre salariée agricole dans la population active est faible dans la région et plus faible que dans d'autres régions. En particulier en Afrique de l'Ouest, seule une petite partie du revenu des ménages provient du travail salarié dans l'agriculture — par exemple, 3 % du revenu des ménages ruraux au Niger (Davis, Di Giuseppe et Zezza, 2017). Les ménages les plus pauvres sont plus susceptibles d'avoir un emploi salarié agricole, bien que les taux de participation restent faibles même pour ces ménages. Seuls les 20 % de ménages urbains les plus riches sont aussi susceptibles de travailler pour un salaire que dans une entreprise familiale. Dans les zones rurales, le travail indépendant domine l'emploi non agricole dans l'ensemble de la distribution de la richesse.

Les entreprises familiales sont souvent, mais pas toujours, un tremplin pour sortir de la pauvreté. La forte réduction de la pauvreté au Rwanda entre 2000 et 2010 s'explique en partie par la sérieuse augmentation de l'emploi dans les entreprises familiales, notamment des zones rurales (Banque mondiale, 2015c). Les niveaux de bien-être ont tendance à être plus élevés pour les ménages ayant une entreprise familiale que pour ceux travaillant uniquement dans l'agriculture. En prenant en compte le capital humain et la localisation des ménages, les revenus des entreprises familiales ont le même effet marginal sur la consommation que l'emploi salarié privé (Fox et Sohnesen, 2012). Même dans des pays comme l'Éthiopie, où l'économie rurale non agricole est de petite taille et a une contribution limitée à la réduction de la pauvreté, les niveaux de consommation sont plus élevés pour les ménages exploitant une entreprise non agricole (même si peu de ménages pauvres le font) (Banque mondiale, à paraître[a]).

Un autre point essentiel est que, en particulier dans les zones rurales, les ménages diversifient leurs sources de revenus. Ils se diversifient non seulement par type d'emploi (exploitations agricoles, entreprises non agricoles, ou travail salarié), mais aussi par secteur. Les pauvres sont toutefois moins susceptibles de diversifier leurs sources de revenus, ce qui est cohérent avec l'idée que la diversification constitue une voie de sortie de la pauvreté.

L'emploi dans le secteur agroalimentaire

Entre un quart et un tiers de l'emploi extérieur aux exploitations agricoles se trouve dans le système agroalimentaire. Si on y inclut les agriculteurs, l'économie de l'alimentation est le plus gros employeur de l'Afrique (Allen, Heinrigs et Heo, 2018 ; Yeboah et Jayne, 2018)[6]. Ces activités sont concentrées en aval, dans le commerce, le transport alimentaire et la distribution plutôt que dans la transformation agroalimentaire. Elles se développent rapidement, mais en partant d'une faible base.

En outre, l'emploi non agricole dans l'« économie de l'alimentation » est majoritairement féminin. Les jeunes participent également de manière disproportionnée au secteur alimentaire non agricole. L'emploi extérieur aux exploitations peut également entraîner des changements démographiques. Au Sénégal, par exemple, une expansion des emplois non agricoles occupés par des femmes élève significativement l'âge moyen du mariage et de la première naissance, et diminue le nombre d'enfants par femme (Van den Broeck et Maertens, 2015).

Les perspectives d'emplois salariés formels

Au niveau national, les pays dont les revenus sont plus élevés enregistrent une part plus faible de travailleurs dans les entreprises familiales : développement et travail salarié vont de pair. En Afrique comme ailleurs, les entreprises modernes formelles sont d'une importance cruciale. Les grandes entreprises paient des salaires plus élevés en Afrique, même après avoir pris en compte toutes les caractéristiques des travailleurs (Fafchamps et Soderbom, 2006 ; Soderbom et Teal, 2004 ; Soderbom, Teal et Wambugu, 2005). Les entreprises formelles (généralement de plus grande taille) sont plus productives que les entreprises informelles (La Porta et Shleifer, 2014). Les grandes entreprises informelles de l'Afrique affichent une productivité de la main-d'œuvre inférieure à celle des entreprises formelles (Mohammad et Islam, 2015). Par conséquent, une concentration sur l'amélioration du climat des affaires et de l'investissement pour faciliter la croissance de l'emploi dans le secteur formel privé compte parmi les principaux objectifs immédiats du développement économique.

L'emploi salarié en Afrique

L'emploi salarié, en particulier dans le secteur formel, reste relativement rare et pratiquement inaccessible aux pauvres et presque pauvres de l'Afrique[7]. La part de l'emploi salarié formel est faible dans les économies africaines, avec une proportion importante dans le secteur public, et devrait le rester même dans les scénarios très optimistes. Si l'emploi salarié a connu une expansion rapide au cours de la période de forte croissance que l'Afrique a connue entre 1995 et 2013, la faible base de l'emploi salarié combinée à la croissance rapide de la main-d'œuvre (tirée par une fécondité élevée) signifie que la part de l'emploi salarié n'a augmenté que de façon marginale, comme le montrent les exemples suivants :

• *Au Rwanda* — un pays salué pour son environnement favorable aux affaires et pour ses améliorations marquées du climat de l'investissement —, l'emploi dans le secteur formel a augmenté de deux tiers entre 2006 et 2011. Malgré cela, le secteur salarié privé formel ne représentait que 4 % de l'emploi total en 2011 (Banque mondiale, 2016b).

- *En Côte d'Ivoire,* les 19 % de la part de l'emploi salarié (tant formel qu'informel) devraient atteindre 23 à 26 % de l'emploi, selon les scénarios de croissance du secteur (Christiaensen et Premand, 2017).
- *Au Ghana,* un pays passé du statut de pays à faible revenu à celui de pays à revenu intermédiaire de la tranche inférieure, l'emploi salarié privé a considérablement augmenté entre 1991 et 2012. Il ne représente toutefois encore que 16 % de l'emploi total (en partant de 6 %), et ne comprend pas que des emplois formels (Honorati et Johansson de Silva, 2016).
- *Au Nigéria,* le pays le plus peuplé de la région, l'emploi salarié devrait représenter 20 % de l'emploi total d'ici 2025 (Banque mondiale, 2015b).

Ces exemples reflètent la tendance régionale : même dans un scénario de « changement de la donne », marqué par une croissance exceptionnellement forte de l'emploi industriel, la part de la main-d'œuvre africaine travaillant dans l'emploi salarié privé ne dépassera vraisemblablement pas 20 % d'ici 2020 (Fox et al., 2013). Au mieux, un jeune africain sur quatre trouvera un emploi salarié entre 2010 et 2020, et seule une petite partie de ces emplois sera « formelle » dans des entreprises modernes. D'après les projections, 37 % de ces nouveaux arrivants sur le marché de l'emploi travailleront dans des entreprises familiales, portant ainsi la part de l'emploi dans les entreprises familiales à plus de 25 % d'ici à 2020 (contre environ 16 % en 2005-2015).

L'échec de la croissance de l'industrie manufacturière

Du point de vue sectoriel, les changements intervenus dans la répartition de la main-d'œuvre en Afrique sont largement décrits comme un passage de l'agriculture vers les services plutôt que vers l'industrie manufacturière. Les entreprises manufacturières modernes de la région représentent environ 3 % de l'emploi total (Filmer et Fox, 2014). Et dans certains cas, la part relative de l'industrie manufacturière dans l'emploi ou le PIB a diminué — une situation décrite comme une désindustrialisation prématurée (voir les

études de cas dans Newman et al., 2016)[8]. Même si la transition vers les services a jusqu'à présent amélioré la productivité en Afrique, cette augmentation due à l'expansion de services bas de gamme peut s'avérer non soutenable en raison de la faiblesse de la demande en dehors du marché intérieur (McMillan, Rodrik et Sepulveda, 2017).

L'incapacité de l'industrie manufacturière de croître en Afrique est une préoccupation urgente (comme souligné, entre autres, dans Bhorat, Steenkamp et Rooney, 2016). Historiquement, le secteur manufacturier a ouvert la voie à des revenus plus élevés et à une plus forte réduction de la pauvreté. Le secteur manufacturier peut être à la fois à forte intensité de main-d'œuvre et axé sur l'exportation, ce qui lui confère des avantages sur d'autres secteurs fortement productifs, tels que ceux de l'exploitation minière ou des services. L'orientation vers l'exportation est essentielle, compte tenu de la petite taille des marchés intérieurs de nombreux pays de la région et du lien reconnu entre les exportations et la croissance économique. Les entreprises manufacturières de l'Afrique affichent, cependant, des taux d'exportation comptant parmi les plus faibles du monde (Filmer et Fox, 2014).

Dans le secteur manufacturier, un regroupement des entreprises peut également produire des effets d'agglomération (Banque mondiale, 2012), mais les spécificités du processus d'urbanisation en Afrique ont empêché les entreprises de matérialiser ces avantages (Lall, Henderson et Venables, 2017). En outre, les coûts unitaires de main-d'œuvre, un attribut clé de la croissance de l'industrie manufacturière à forte intensité de main-d'œuvre destinée à l'exportation, semblent plus élevés en Afrique que dans d'autres régions (Gelb et al., 2017 ; Glaub et al., 2017). Une exception notable au déclin de la part de l'industrie manufacturière dans le PIB est la fabrication d'aliments et de boissons, qui a généralement augmenté (Hallward-Driemeier et Nayyar, 2018).

Les projections pour l'emploi salarié dans la région pourraient sous-estimer le potentiel de réduction de la pauvreté dû à la croissance des entreprises et à l'expansion des opportunités d'emploi salarié induites par les nouvelles approches industrielles innovantes (encadré 4.1) et les nouvelles technologies (Murray, 2017). Il a été démontré qu'une connexion à Internet plus rapide augmente les taux d'emploi, même si l'impact global est modeste (Hjort et Poulsen, 2017).

ENCADRÉ 4.1   La politique industrielle peut-elle mener la réduction de la pauvreté ?

Sous l'effet de l'expansion rapide de la population active dans de nombreux pays africains, et peut-être des impacts sur l'emploi moins importants que prévu des réformes horizontales, la politique industrielle a récemment effectué un retour en force dans certains pays africains. La politique industrielle a largement été considérée comme une mauvaise idée dans les réflexions sur le développement des dernières décennies, principalement parce que l'allocation des ressources dans une économie est trop complexe pour être centralisée et que le marché identifie naturellement les secteurs dotés d'un avantage concurrentiel intrinsèque (Hausmann et Rodrik, 2006). Ces dernières années, un changement de mentalité s'est opéré : un plus grand nombre de penseurs et professionnels du développement soutiennent à présent que l'identification et la priorisation de certains secteurs en vue d'y injecter des investissements publics à grande échelle visant à les rendre viables et concurrentiels constituent un complément essentiel, voire indispensable, des réformes génériques du climat des affaires. Les zones économiques spéciales (ZES) et les parcs industriels apparaissent de plus en plus dans les plans de développement à moyen terme des pays. Leur but principal est d'attirer et accueillir des entreprises internationales à la recherche de main-d'œuvre bon marché pour fabriquer des produits à forte intensité de main-d'œuvre et faible intensité technologique, essentiellement du textile et de l'habillement et des produits pharmaceutiques (Newman et al., 2016).

Indépendamment du succès de la nouvelle génération de politiques industrielles, il est peu probable qu'elles soient suffisantes pour absorber une main-d'œuvre en pleine expansion, alimentée par une croissance démographique galopante. Parmi les pays africains à faible revenu, l'Éthiopie a sans doute la stratégie de développement industriel la plus active et ambitieuse et a récemment inauguré le plus grand parc industriel d'Afrique, situé à Awasa, à environ 270 kilomètres au sud d'Addis-Abeba. D'autres parcs sont en préparation ou en cours de construction. Les investissements dans les parcs industriels s'accompagnent d'investissements massifs dans les transports, l'énergie et les infrastructures afin de relier les sites de production aux marchés internationaux.

Les premiers développements ont été encourageants, avec des investissements en Éthiopie des principaux acteurs de l'industrie mondiale du textile et de l'habillement (Mihretu et Llobet, 2017). Toutefois, malgré l'ampleur, l'ambition et le succès initial de l'agenda d'industrialisation, la création d'environ 2 millions d'emplois manufacturiers au cours des 10 prochaines années (EIC, 2017) fait pâle figure face à une croissance de la main-d'œuvre estimée à 20 millions de travailleurs durant la même période. Même avec un effet multiplicateur optimiste de deux, par exemple, les emplois générés, bien qu'encourageants et très nécessaires, seront loin d'être suffisants pour absorber une main-d'œuvre en croissance rapide.

L'impact marginal du secteur formel sur la réduction de la pauvreté

Il est peu probable que l'emploi salarié formel absorbe un nombre important de travailleurs africains à court et moyen terme, même s'il est soigneusement ciblé. En outre, le secteur salarié formel restera vraisemblablement marginal en ce qui concerne spécifiquement la réduction de la pauvreté. Les travailleurs du secteur formel ont tendance à provenir de milieux relativement privilégiés et ont généralement fait des études secondaires ou postsecondaires (l'industrie manufacturière à faible intensité technologique constitue une exception notable, dans la mesure où elle est capable de fournir un emploi à des travailleurs n'ayant qu'un diplôme primaire).

L'expansion du secteur salarié formel réduira le chômage « officiel » parmi les diplômés postsecondaires urbains de l'Afrique — un groupe politiquement influent sachant se faire entendre —, mais elle n'entraînera pas de variations notables de la pauvreté[9]. Comme mentionné plus haut, cela ne signifie pas que les pouvoirs publics ne doivent pas investir dans les réformes de l'infrastructure, des compétences et des politiques pour encourager l'épanouissement de ce secteur et la croissance des entreprises formelles. Cela souligne plutôt le fait qu'à court et moyen terme, une approche plus équilibrée de la génération d'emplois extérieurs aux exploitations agricoles, accordant l'attention requise à l'environnement opérationnel et à la productivité des entreprises familiales, sera nécessaire pour accélérer la réduction de la pauvreté[10].

Le choix entre le secteur formel ou informel, ou bien entre les PME et les grandes entreprises ou les entreprises familiales, ou encore entre l'industrie manufacturière ou les services n'est pas simplement binaire. Il existe un agenda général du secteur privé qui profiterait à l'ensemble des sociétés, depuis les entreprises familiales jusqu'aux grandes entreprises (avec des composantes telles que les fondamentaux macroéconomiques, l'environnement des affaires, le renforcement des compétences de la population, la modernisation des infrastructures, etc.) La plupart des autorités publiques africaines n'en resteront pas moins confrontées à la nécessité d'opérer certains arbitrages entre les agendas à court et à long terme en matière de politiques et de programmes visant à aider les entreprises à croître. Ces arbitrages concernent de nombreux domaines, tels que le financement et la hiérarchisation de l'accès à celui-ci (faut-il accorder de petites subventions aux ménages ou d'importantes subventions à de plus grandes entreprises, comme dans le programme *YouWin* au Nigeria ?) ; l'infrastructure (où construire des routes ?) ; et l'électricité (qu'est-ce qui est le plus nécessaire : de larges réseaux pour les grandes entreprises ou de l'énergie solaire hors réseau pour les entreprises familiales et les micros, petites et moyennes entreprises [MPME] ?).

En dépit de l'importance des entreprises familiales pour l'emploi et la réduction de la pauvreté, en particulier à court et moyen terme, leur potentiel ne doit pas être exagéré. Même si les entreprises familiales génèrent de nombreux

emplois au moment de leur constitution, leurs expansion ou croissance donnent rarement lieu à une création d'emplois. Peu d'entreprises familiales se développent et génèrent des emplois, et celles qui le font n'en créent généralement qu'un seul (comme nous le verrons dans la section suivante). Il est difficile de dire dans quelle mesure l'amélioration de l'environnement opérationnel des entreprises familiales permettrait à davantage d'entre elles de se développer et de créer des emplois, étant donné qu'une part importante de ces entreprises a démarré par nécessité plutôt que par opportunité (encadré 4.2). Il est également peu probable que les entreprises familiales fournissent le type d'emplois fortement productifs susceptibles de stimuler la croissance globale. Tout comme d'autres auteurs (tels que Page et Soderbom, 2015), nous mettons en garde contre une surestimation du potentiel de création d'emplois des entreprises familiales (en particulier d'emplois de qualité). Elles peuvent néanmoins constituer une alternative valable (ou un complément) à l'agriculture pour les travailleurs relativement peu qualifiés cherchant à améliorer leurs vies et leurs moyens de subsistance.

ENCADRÉ 4.2 **Les entreprises familiales sont-elles créées par nécessité ou par opportunité ?**

Les entreprises familiales sont souvent classées en deux catégories : l'entrepreneuriat d'opportunité et celui de nécessité. L'entrepreneuriat d'opportunité concerne les entreprises lancées pour tirer parti d'une opportunité économique. Elles peuvent croître pour devenir les entreprises formelles de plus grande taille de demain. Elles sont également appelées « gazelles contraintes », entreprises « transformationnelles » ou « motivées par l'amélioration ». De l'autre côté, les petites entreprises informelles peuvent être mues par la nécessité, dans la mesure où le manque d'emplois salariés et d'assurance-chômage formelle pousse les gens à se lancer dans le travail indépendant pour survivre.

Des recherches empiriques indiquent que l'entrepreneuriat de nécessité concerne la majorité des entreprises familiales dans les pays à faible revenu. Dans sept pays d'Afrique de l'Ouest, 56 à 71 % des entreprises familiales sont considérées comme « survivalistes » ou motivées par la nécessité (Grimm, Knorringa et Lay, 2012). L'entrepreneuriat de nécessité représente plus de la moitié de l'emploi indépendant dans les pays non membres de l'Organisation

de coopération et de développement économiques (OCDE), contre 25 % dans l'OCDE (Poschke, 2013b). L'impossibilité de trouver un emploi salarié est souvent citée comme une motivation pour démarrer une entreprise familiale.

L'entrepreneuriat de nécessité n'est pas mauvais et peut en fait être meilleur que l'option constituée par l'agriculture de subsistance. Toutefois, indépendamment du fait qu'un individu ait été poussé ou attiré vers la création d'une entreprise familiale, la prévalence des entreprises de nécessité a des implications pour les politiques publiques. Ces entreprises ont tendance à être petites et peuvent avoir une faible envergure ou peu d'ambition de croître et de se développer. Même si elles survivent habituellement, elles n'ont pas tendance à créer des emplois pour d'autres personnes que les membres du ménage.

Même si les politiques publiques visant à faciliter l'entrée des entreprises dans des activités non agricoles peuvent bénéficier aux entrepreneurs tant de nécessité que d'opportunité, les interventions ayant pour but d'encourager la croissance et la création d'emplois dans les entre-

(Suite de l'encadré page suivante)

ENCADRÉ 4.2   **Les entreprises familiales sont-elles créées par nécessité ou par opportunité ?** *(suite)*

prises familiales seront probablement plus efficaces si elles sont orientées en faveur des entrepreneurs d'opportunité. Les politiques touchant les entrepreneurs très compétents – susceptibles d'évoluer vers de petites ou moyennes entreprises – peuvent affecter indirectement l'entrée d'entrepreneurs dotés d'une faible capacité et, par conséquent, la prévalence des microentreprises (Poschke, 2013a).

L'identification des entreprises et entrepreneurs dotés d'un fort potentiel et contraints constitue un défi (voir l'explication dans Fafchamps et Woodruff, 2016), tout comme l'élaboration d'outils adaptés pour accroître leurs capacités. La croissance annuelle moyenne de l'emploi de 1,15 %

dans les PME tanzaniennes masque une grande hétérogénéité entre les entreprises : 88 % de l'échantillon n'ont pas du tout progressé, tandis que la croissance annuelle moyenne de l'emploi au sein des 12 % de l'échantillon qui ont prospéré atteint le taux impressionnant de 13 % (Diao, Kweka et McMillian, 2017). Bien que les données sur ce qui fonctionne pour les activités « de nécessité » soient mitigées, comme nous le verrons plus loin dans ce chapitre, des efforts pour augmenter les revenus de ces activités sont indispensables pour relever le défi de la pauvreté dans la région.

Principales caractéristiques des entreprises familiales

Les entreprises familiales sont d'importantes sources de revenus tant pour les pauvres que pour les non-pauvres, dans les zones aussi bien rurales qu'urbaines. De nombreuses études spécifiques à un pays caractérisent les entreprises familiales, en s'appuyant généralement sur des enquêtes auprès des ménages utilisant un questionnaire comportant des informations pertinentes sur la nature des entreprises familiales. Les enquêtes auprès des entreprises sont moins courantes en tant que source d'information parce que, en raison de la façon dont elles sont conçues, bon nombre d'entre elles ne considèrent pas les très petites entreprises (ou les entreprises n'ayant pas ou très peu de travailleurs salariés). En tant que telles, elles brossent un tableau très différent du paysage de l'emploi en ce qui concerne les caractéristiques des entreprises, en particulier dans les pays à revenu faible et intermédiaire (Banque mondiale, 2012). Nous utilisons des données récentes provenant de 10 pays africains pour examiner en détail les caractéristiques des entreprises familiales et, en particulier, ce qui distingue les entreprises des ménages pauvres de celles des ménages mieux nantis[11].

Taille, relation avec la pauvreté, et contraintes affectant la survie de l'entreprise

En Afrique, les entreprises familiales sont en grande partie synonymes de travail indépendant

ou d'activités gérées par le propriétaire. Plus de 70 % des entreprises familiales n'ont qu'un seul travailleur : le propriétaire (figure 4.2). Moins de 20 % des entreprises familiales engagent l'un ou l'autre membre de la famille, tandis qu'environ 10 % engagent de la main-d'œuvre extérieure salariée. Les entreprises des pauvres sont plus susceptibles que celles du quintile de consommation supérieur d'être des entreprises unipersonnelles : 77 % des entreprises du quintile inférieur ne comptent qu'une seule personne (le propriétaire), contre 65 % dans le quintile le plus riche. Les entreprises familiales pauvres sont également moins susceptibles d'employer de la main-d'œuvre (autre que les membres du ménage), tandis que la part des entreprises qui engagent d'autres membres de la famille est stable dans les différents quintiles.

En d'autres termes, même si les entreprises familiales sont généralement de petite taille, celles des pauvres ont tendance à l'être encore plus. La différence de taille entre les entreprises familiales des ménages pauvres et plus aisés s'explique par une prévalence plus élevée des employés salariés parmi ces dernières. Les ménages pauvres s'appuient presque exclusivement sur les membres du ménage pour travailler dans leurs entreprises, tandis que les ménages plus riches comptent un peu plus sur la main-d'œuvre salariée.

La petite taille des entreprises familiales suggère qu'elles ne créent pas beaucoup d'emplois. En effet, l'idée d'une entreprise familiale ou d'un entrepreneur pauvre obtenant un crédit et s'envolant vers la prospérité est romancée et largement erronée. Même si elles survivent, la plupart des entreprises familiales n'accroissent jamais l'emploi (Fox et Sohneson, 2012). Mais, les entreprises familiales sont nombreuses. Elles ont créé et continueront de créer des emplois principalement grâce à l'entrée de nouvelles entreprises plutôt qu'à travers la croissance de celles qui existent. Même si cela ne fait pas d'elles des moteurs importants de la croissance économique (absence d'économies d'échelle), leur facilité d'entrée et de sortie en fait des vecteurs importants de la diversification des revenus, notamment durant les périodes suivant les crises (comme expliqué dans le chapitre 5) et pour réduire la pauvreté (encadré 4.3).

Les entreprises familiales exploitées par des ménages plus pauvres ont également tendance à être plus jeunes, même si les différences sont petites. Un quart des entreprises familiales du quintile inférieur de consommation étaient en activité depuis moins de deux ans, contre 21 % dans le quintile supérieur. La proportion plus élevée de jeunes entreprises familiales et d'entrants

FIGURE 4.2   Les entreprises des ménages pauvres ont tendance à être plus petites que celles des ménages non pauvres

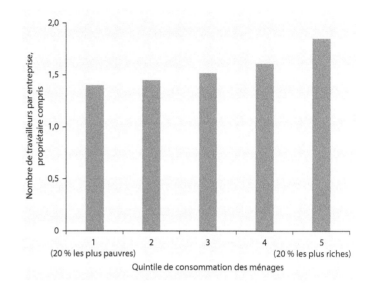

Source : Nagler, 2017.

ENCADRÉ 4.3   La création d'emplois par les entreprises non agricoles du Rwanda reflète un taux de roulement élevé ainsi que l'importance de la localisation pour l'accès au marché

Les entreprises non agricoles informelles créent généralement des emplois grâce à l'entrée sur le marché de nouvelles entreprises et suppriment des emplois à la suite de leur sortie plutôt qu'en augmentant ou réduisant le nombre des travailleurs. Les recensements des établissements (*Establishment Census* – EC) du Rwanda le démontrent parfaitement. Le Rwanda a organisé son premier EC en 2011, et le suivant en 2014. Contrairement à ceux de nombreux autres pays, les EC du Rwanda couvrent également les microentreprises informelles, pour autant qu'elles disposent d'un établissement stable.

La comparaison entre les EC de 2011 et de 2014 montre que, entre les cycles de recensement, environ 102 000 nouvelles microentreprises informelles ont été lancées, créant 136 000 emplois (environ 1,3 emploi par entreprise). Le nombre total de microentreprises informelles n'a toutefois augmenté que de 27 000 et l'emploi total dans les microentreprises de 46 000. Ces chiffres suggèrent un degré élevé de roulement, avec des microentreprises informelles entrant sur le marché et créant des emplois (même si l'emploi créé concerne souvent uniquement le propriétaire), mais sortant rapidement, en détruisant ces mêmes emplois. En effet, les taux de survie des microentreprises informelles sont assez faibles : seul un tiers environ des entreprises interrogées en 2011 existaient encore en 2014. Si la création nette d'emplois était positive, c'était princi-

palement parce que le nombre des entrées sur le marché avait dépassé celui des sorties.

Certaines entreprises non agricoles parviennent cependant à se développer. Si l'on compare les microentreprises survivantes entre les EC de 2011 et de 2014, environ 70 % de celles qui employaient une personne en 2011 en employaient encore une trois ans plus tard. Parmi celles qui avaient réussi à se développer, 80 % avaient créé un seul emploi supplémentaire. Les entreprises familiales d'une seule personne qui avaient réussi à créer des emplois étaient généralement détenues par un homme ayant au moins un certain niveau d'instruction secondaire, étaient situées dans des zones ayant une bonne accessibilité au marché (celle-ci étant définie par un temps de déplacement plus court jusqu'à une agglomération) ou à proximité de frontières internationales.

Les effets de la localisation soulignent l'importance de la demande du marché : la proximité d'une agglomération ou de frontières internationales reflète vraisemblablement la taille du marché et est associée à une plus forte probabilité d'expansion. Du point de vue des politiques, l'élargissement de l'accès à l'enseignement secondaire, qui reste très inégal dans de nombreuses parties de l'Afrique, et l'amélioration de la connectivité rurale semblent importants pour maximiser le potentiel de croissance des microentreprises.

dans les quintiles inférieurs, du moins dans certains pays[12], pourrait suggérer que les taux de survie des entreprises pauvres sont plus faibles.

Les contraintes pesant sur l'exploitation d'une entreprise familiale peuvent être plus fortes pour les ménages pauvres que pour les plus aisés, induisant un taux de roulement plus élevé parmi les entreprises familiales des pauvres. Le manque d'accès au marché et de demande constitue la principale contrainte pour les entreprises familiales de tous les types en Éthiopie (une constatation également faite par Hardy et Kagy [2018] dans le cas des fabricants de vêtements pour femmes au Ghana).

D'autres contraintes diffèrent selon les niveaux de bien-être. L'accès au financement est une barrière deux fois plus importante pour les 40 % inférieurs que pour le quintile supérieur. Par contre, les entreprises du quintile supérieur sont plus limitées par des obstacles liés aux services publics, en particulier l'accès à l'électricité. Toutefois, un quart de toutes les entreprises non agricoles des 40 % inférieurs fonctionnent depuis plus de 10 ans. Bien entendu, le fait que les ménages font toujours partie des 40 % inférieurs malgré le fait qu'ils ont une entreprise qui a survécu pendant plus de 10 ans doit signifier que ces entreprises familiales ne sont pas très rentables.

Potentiel de création d'emplois

Le fait que même les entreprises familiales plus anciennes sont petites confirme qu'elles ne créent généralement pas beaucoup d'emplois. Les entreprises familiales les plus anciennes de l'échantillon de 10 pays ont tendance à n'être que marginalement plus importantes que celles créées un an avant l'enquête. En Ouganda, les entreprises familiales en activité depuis plus de 10 ans emploient en moyenne 2,0 travailleurs (y compris le propriétaire), contre 1,6 pour les entreprises créées seulement un an plus tôt. Au Malawi, au Mali et en Tanzanie, les jeunes entreprises et celles plus anciennes ont à peu près le même nombre de travailleurs.

La création d'emplois se limite, en outre, principalement aux entreprises urbaines dont les propriétaires sont instruits, soulignant ainsi le rôle de la demande du marché et des compétences. Les entreprises familiales urbaines en activité depuis 10 ans ou plus comptent en moyenne plus de 2 travailleurs, contre 1,6 pour les entreprises urbaines nouvellement créées[13]. Un tel gradient n'existe pas pour les entreprises rurales. De

même, les entreprises familiales dont le propriétaire a fait des études (supérieures à l'enseignement primaire) semblent engager des travailleurs au fil du temps (de 1,7 pour les jeunes entreprises à 2,4 pour les plus anciennes), tandis qu'on n'observe pas une tendance similaire dans les entreprises dont le propriétaire n'a pas fait d'études (figure 4.3). La taille plus importante des entreprises familiales urbaines plus anciennes ou dont les propriétaires sont instruits est entièrement due au nombre plus élevé d'employés salariés (non membres du ménage).

Bien que l'ampleur de la création d'emplois correspondante soit encore faible, les développements à long terme en cours en Afrique — l'urbanisation et l'augmentation du niveau d'instruction des jeunes — autorisent un optimisme prudent à l'égard du potentiel d'emploi des entreprises familiales. En outre, compte tenu du nombre élevé des entreprises familiales en Afrique, même une création d'emplois limitée par entreprise familiale peut encore représenter de nombreux emplois supplémentaires.

Différences selon l'emplacement, le caractère saisonnier, le sexe et le capital financier et humain

À l'image de la concentration géographique des pauvres, les entreprises de ces derniers sont plus susceptibles d'être rurales. Plus de 80 % des entreprises familiales faisant partie des 40 % les plus pauvres sont rurales, tandis que plus de la moitié des entreprises (56 %) du quintile supérieur sont urbaines.

Les entreprises appartenant aux 40 % inférieurs sont également plus susceptibles d'être saisonnières : plus de la moitié des entreprises du quintile inférieur sont actives pendant moins de 12 mois par an et un quart d'entre elles pendant moins de la moitié de l'année. Par contre, près de 70 % des entreprises du quintile supérieur sont actives tout au long de l'année, et seulement 12 % fonctionnent pendant moins de six mois par an. Le caractère saisonnier varie considérablement d'un pays à l'autre : au Burkina Faso et en Éthiopie, 35 % des entreprises familiales faisant partie des 40 % inférieurs sont actives pendant moins de six mois par an, tandis qu'au Ghana et en Ouganda, elles ne représentent qu'environ 10 %.

Le degré de saisonnalité plus élevé des entreprises du quintile inférieur est lié au cycle agricole : en Afrique, les entreprises de ce quintile sont essentiellement rurales, et dans l'économie

FIGURE 4.3 **Les entreprises familiales urbaines et celles dont le propriétaire est plus instruit ont tendance à se développer au fil du temps**

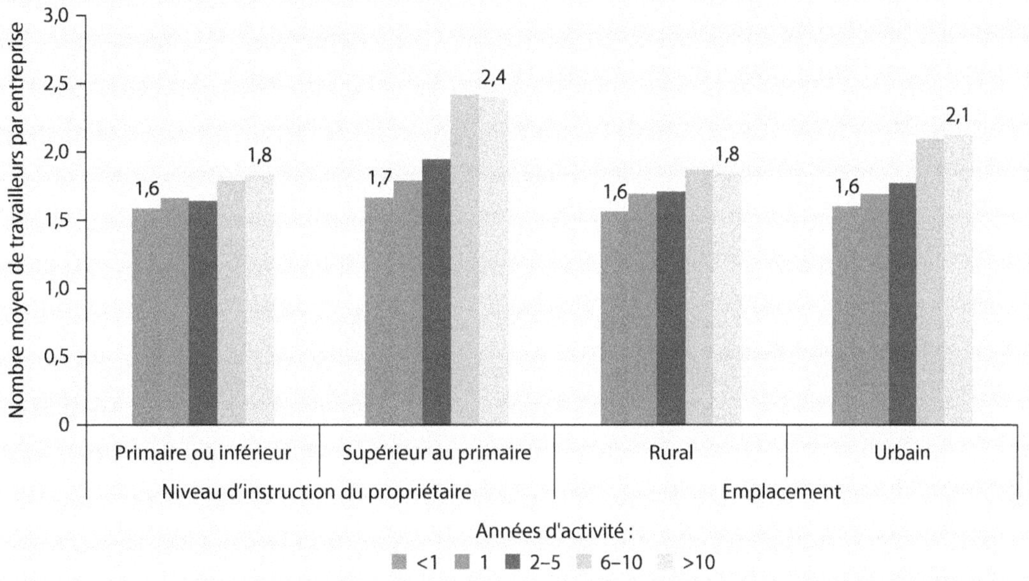

Source : Nagler, 2017.

rurale non agricole, l'agriculture est nettement liée à l'offre et à la demande (encadré 4.4). En revanche, les entreprises familiales du quintile supérieur, qui sont plus susceptibles d'être urbaines, ont tendance à fonctionner tout au long de l'année.

L'économie locale non agricole est également liée à l'agriculture. En Afrique rurale, où l'accès au crédit est généralement limité, les revenus des entreprises non agricoles peuvent contribuer à atténuer ces contraintes, permettant aux ménages d'acheter des intrants agricoles et d'investir dans des technologies augmentant la productivité (Adjognon, Liverpool-Tasie et Reardon, 2017). Grâce à ce mécanisme, les revenus de l'agriculture permettent aux ménages d'exploiter des entreprises non agricoles, qui à leur tour permettent d'investir dans des intrants agricoles et d'augmenter ainsi potentiellement la productivité agricole.

Les liens entre l'agriculture et l'activité rurale non agricole soulignent l'importance de la croissance de la productivité agricole et du soutien des infrastructures et de services tels que le stockage et la transformation de base. Le fait de disposer

de plus de produits agricoles pouvant être conservés plus longtemps permet à l'économie rurale non agricole de continuer à opérer même pendant la saison creuse agricole.

Le capital de départ des entreprises familiales provient principalement des revenus et de l'épargne propres des ménages. Selon les pays, entre 45 % (Mali) et plus de 80 % (Burkina Faso, Niger et Ouganda) des nouvelles entreprises familiales sont financées par les ressources propres du ménage. Les entreprises familiales plus aisées sont plus souvent financées par des dons de la famille et des amis, tandis que celles qui sont plus pauvres sont plus susceptibles de ne pas avoir besoin de capital du tout (c'est pourquoi elles exercent souvent des activités à faible rendement dépourvues de barrières à l'entrée). Les chiffres soulignent également le rôle marginal des institutions financières, y compris le microfinancement, dans l'octroi de crédit au secteur des entreprises familiales : dans les pays où des données sont disponibles, moins de 3 % des entreprises familiales ont démarré grâce à un prêt bancaire ou un microcrédit formel, indépendamment du quintile de richesse.

ENCADRÉ 4.4   L'économie agricole et l'emploi non agricole sont étroitement liés

L'économie agricole peut influencer l'économie non agricole à travers les liens avec l'offre et la demande. Du côté de l'offre, la saison des récoltes apporte aux ménages ruraux des revenus en espèces supplémentaires, qui peuvent être utilisés pour investir dans l'exploitation d'une entreprise familiale. En Éthiopie, par exemple, le revenu agricole est la source principale ou secondaire de capital de démarrage des entreprises familiales (Loening, Rijkers et Söderbom, 2008). Du côté de la demande, l'augmenta-

tion du revenu agricole consécutive à la récolte accroît la demande locale de biens et services non agricoles et stimule ainsi l'économie non agricole, en particulier sa composante agroalimentaire.

Ces facteurs peuvent amener les activités de bon nombre d'entreprises familiales à s'aligner sur l'agriculture et à culminer immédiatement après la récolte, au lieu de fournir un revenu pendant la saison creuse. La figure B4.4.1 illustre cette dynamique en Éthiopie.

FIGURE B4.4.1   **En Éthiopie, l'activité rurale non agricole culmine peu après la récolte principale**

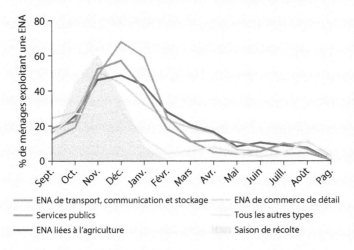

Source : Banque mondiale, 2015a.
Note : ENA = entreprise non agricole ; Pag. = *pagumiene*, le 13ᵉ mois du calendrier éthiopien, généralement un mois court de cinq ou six jours selon qu'il s'agit d'une année normale ou bissextile. La zone colorée « saison de récolte » représente l'intensité de la récolte au cours du temps, qui commence en septembre, culmine en novembre et se poursuit jusqu'en janvier pour certaines cultures.

Le contexte national semble déterminer si les entreprises familiales sont plus susceptibles d'appartenir à des femmes ou à des hommes. Au Malawi, au Mali et au Niger, les entreprises familiales sont plus susceptibles d'appartenir à des hommes, quel que soit le quintile de la distribution de la richesse. Au Burkina Faso, au Ghana et au Nigéria, les entreprises familiales ont davantage tendance à être détenues par des femmes, que les ménages soient pauvres ou plus riches. Toutefois, dans la tranche des 20 %

supérieurs, la part des entreprises familiales appartenant à des femmes diminue quelque peu. En Éthiopie, les femmes représentent la moitié des propriétaires d'entreprises familiales dans les premier et quatrième quintiles de richesse, mais seulement 37 % dans le quintile supérieur. Au Burkina Faso, plus de 60 % des entreprises familiales appartenant aux 80 % inférieurs appartiennent à des femmes, mais ce taux tombe à 55 % dans le quintile supérieur. Une tendance similaire est observée au Ghana, au Rwanda et en

Tanzanie. Le contraire est constaté au Malawi, où la société est matriarcale et où plus de femmes sont propriétaires dans le quintile supérieur.

En général, les entreprises familiales détenues par des femmes en Afrique sont souvent moins rentables et moins susceptibles de se développer, qu'il s'agisse de microentreprises ou de PME (Campos et Gassier, 2017). Bien que les données empiriques soient limitées, les femmes des pays non membres de l'OCDE ont tendance à être surreprésentées parmi les entrepreneurs « par nécessité » et s'attendent à ce que leurs entreprises se développent moins (Poschke, 2013b). En prenant en compte les autres facteurs, les entreprises familiales appartenant à des femmes au Rwanda sont nettement moins susceptibles de se développer que celles dirigées par des hommes et ont tendance à rester unipersonnelles, même si elles subsistent longtemps (Banque mondiale, 2016b).

Dans les six pays africains considérés par la Banque mondiale dans son Enquête permanente sur les conditions de vie — enquête agricole intégrée (EPCV-EAI), les entreprises rurales dirigées par des femmes ont une productivité et des bénéfices nettement inférieurs (Nagler et Naudé, 2017), vraisemblablement en raison d'un tri par secteur et taille et d'une moindre intensité des facteurs (Filmer et Fox, 2014 ; Rijkers et Costa, 2012). Ces écarts reflètent en partie les différences dans les attentes normatives concernant l'approvisionnement quotidien de la famille, la nécessité pour les femmes de privilégier l'épargne par rapport à l'investissement, et peut-être aussi une tendance à cacher certains revenus aux maris — chacune de ces raisons contribuant à limiter la croissance des entreprises des femmes (Friedson-Ridenour et Pierotti, 2018).

Les entreprises familiales sont principalement gérées par des personnes ayant au minimum une instruction primaire (complète ou non). Il s'agit du groupe des travailleurs qui ont tendance à être exclus des possibilités de revenus salariaux en raison de leur manque d'instruction, et pour lesquels les entreprises familiales constituent une bonne source alternative de revenus (meilleure, en moyenne, que l'agriculture ou utile pour faire face aux crises). Les exceptions se retrouvent dans un certain nombre de pays d'Afrique de l'Ouest (principalement le Burkina Faso, le Mali et le Niger) où, en raison des faibles niveaux d'instruction, les entreprises sont principalement dirigées par des personnes qui n'ont jamais été scolarisées. Dans l'ensemble, la part des entreprises familiales dirigées par des personnes plus

instruites augmente avec la richesse, mais reste faible chez les travailleurs ayant fait des études supérieures. Ces derniers ont généralement accès à des emplois réguliers bien rémunérés dans les secteurs public et privé formels.

Potentiel de création de revenus

Étant donné que les entreprises des pauvres sont plus petites et plus susceptibles d'être rurales et exploitées par des personnes moins instruites, il n'est pas surprenant que leurs bénéfices soient également plus faibles (et donc que les ménages restent pauvres). Dans l'ensemble des pays, les bénéfices des entreprises familiales augmentent avec le bien-être des ménages et grimpent brutalement entre les quatrième et cinquième quintiles de consommation, comme au Burkina Faso, au Rwanda et en Ouganda (figure 4.4). Les entreprises du quintile supérieur semblent structurellement différentes : leur taille est un peu plus grande et elles sont beaucoup plus susceptibles d'employer des personnes rémunérées ne faisant pas partie du ménage, d'être situées dans des zones urbaines, d'avoir des propriétaires plus instruits, et de réaliser des bénéfices nettement plus élevés.

Les entreprises familiales peuvent néanmoins apporter une contribution importante aux revenus des pauvres. La mesure dans laquelle les entreprises sont d'importants générateurs de revenus dépend en grande partie du contexte du pays. Par exemple, le revenu des entreprises familiales représente moins de 10 % du revenu total des ménages appartenant aux 40 % inférieurs en Éthiopie et au Malawi, contre plus de 35 % au Ghana et au Nigéria (figure 4.5). Les entreprises familiales ont tendance à représenter une part plus importante du revenu total des ménages plus riches, qui sont surreprésentés dans les zones urbaines.

Moteurs de la création et de la disparition des entreprises familiales

Enfin, même si les facteurs tant d'incitation (nécessité) que d'attraction (opportunité) influencent la création des entreprises familiales, les rares données disponibles suggèrent que les facteurs d'incitation dominent. L'inaptitude à trouver un emploi salarié ou rémunéré a été citée en tant que principale raison de créer

FIGURE 4.4   **Les bénéfices des entreprises augmentent avec la richesse des ménages et grimpent brutalement dans le quintile supérieur**

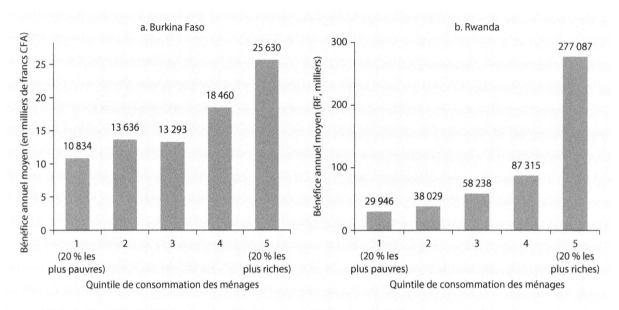

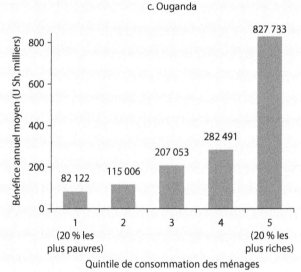

Source : Nagler, 2017.

une entreprise familiale en République du Congo et en Tanzanie (Fox et Sohnesen, 2012). Au Mozambique, pour plus de la moitié des propriétaires d'entreprises familiales, la principale raison qui les a amenés à créer leur entreprise a été un facteur d'incitation, principalement l'incapacité de trouver un emploi salarié[14].

Les facteurs d'attraction sont toutefois plus importants dans les zones rurales que dans les zones urbaines, indiquant ainsi qu'en milieu rural, les entreprises familiales peuvent être plus attrayantes que l'agriculture de subsistance ou représenter un complément intéressant au travail agricole pendant les saisons creuses. Une

FIGURE 4.5   La contribution des entreprises familiales au revenu est plus élevée chez les ménages plus riches

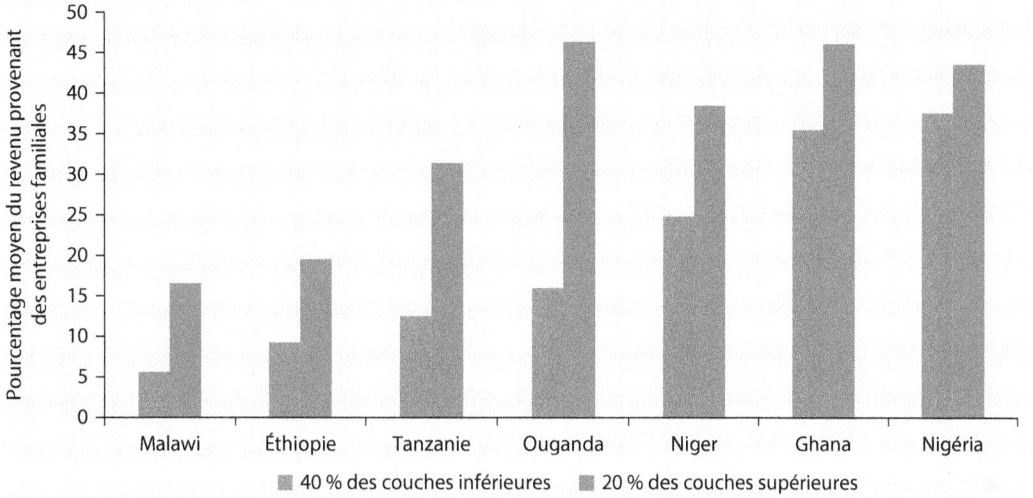

Source : Nagler, 2017.

meilleure compréhension du rôle des facteurs d'incitation et d'attraction dans la création des entreprises familiales — ainsi que de la saisonnalité agricole, de l'infrastructure et de l'environnement des affaires dans l'arbitrage entre ces facteurs — est un domaine qui mérite des recherches plus approfondies.

À mesure que le rythme de la création d'emplois salariés formels s'accélère en Afrique et qu'un plus grand nombre de personnes y accèdent, le secteur des entreprises familiales devrait se contracter. Dans les chaînes d'approvisionnement alimentaire de l'Afrique, cette tendance commence déjà à se manifester. Reardon et al. (2015), par exemple, parlent d'une « révolution tranquille ». En d'autres termes, à mesure que les marchés alimentaires urbains se développent, la part des aliments achetés augmente rapidement (dans les ménages tant urbains que ruraux), et la transformation alimentaire se déplace de l'exploitation agricole vers les PME. En réaction, des milliers de MPME, souvent informelles, sont apparues dans les secteurs du camionnage, du commerce de gros, de l'entreposage, du stockage frigorifique, de la première et deuxième transformation, de la restauration rapide locale, et de la vente au détail. On observe, par exemple, une prolifération de PME de meuniers-détaillants pratiquant aujourd'hui la vente directe de farine de teff ou d'injera en Éthiopie, et venant de plus en plus remplacer la pratique

habituelle consistant à acheter le teff en grains, à le nettoyer et à le préparer à la maison (Minten et al., 2013). En Tanzanie, on assiste à l'apparition de chaînes locales de supermarchés, de petits supermarchés indépendants et de groupements de vente au détail d'un nouveau format, vendant toute une gamme d'aliments transformés et commercialisés dans le pays et créant des emplois salariés.

Cette transition devrait également se produire dans d'autres secteurs, rendant ces PME intermédiaires qui approvisionnent les marchés nationaux et opèrent conjointement avec les grandes entreprises modernes orientées vers l'exportation particulièrement importantes dans la transition vers l'emploi salarié formel (Diao et McMillan, 2018). Cependant, comme on l'a vu plus haut, la faible base de l'emploi salarié en Afrique, conjuguée à l'expansion rapide de la population active implique que la part de l'emploi salarié formel restera faible dans un avenir prévisible, même dans des scénarios très optimistes. Cela signifie que, même si les entreprises familiales sont principalement constituées en raison de facteurs d'incitation (l'incapacité de trouver un emploi salarié), l'augmentation marginale de leur productivité et de leurs revenus peut permettre à des millions de personnes de sortir de la pauvreté. C'est pourquoi la section suivante examine les données disponibles sur la manière de faciliter la croissance des bénéfices des entreprises familiales.

De meilleures entreprises familiales pour les pauvres

Bien que les entreprises familiales affichent d'immenses disparités de revenu et de productivité, l'entreprise familiale médiane est active dans des secteurs où il est facile d'entrer, mais où les perspectives de croissance des revenus sont limitées. Le potentiel de croissance des entreprises familiales est souvent restreint par la taille du marché local ainsi que par les compétences, l'instruction et, en fait, les ambitions de leurs propriétaires. De nombreuses entreprises familiales restent petites même lorsqu'elles sont en activité pendant presque toute une vie. Elles sont, en outre, généralement gérées en parallèle avec d'autres activités économiques (agriculture, autres entreprises, etc.) dans le cadre d'un « portefeuille d'activités » ou d'un revenu diversifié. Cela limite les investissements dans la main-d'œuvre et en capital qui leur sont consacrés (en particulier dans le cas des femmes).

Les politiques publiques ont largement négligé de développer une vision et une stratégie pour les entreprises familiales en général, en se concentrant plutôt sur les PME et les grandes entreprises (Filmer et Fox, 2014). Les efforts visant à réduire la pauvreté en Afrique ne peuvent pas se contenter de compter sur les retombées du secteur salarié moderne ; ils doivent se concentrer plus directement sur le grand nombre de pauvres dont l'emploi et les revenus ne sont pas susceptibles d'être touchés à court terme par la croissance de ce type d'entreprises.

Cela dit, qu'est-ce qui fonctionne pour accroître le revenu et le potentiel d'emploi des entreprises des pauvres ? Les données sont encore rares et spécifiques au contexte. La plupart des interventions et évaluations d'impact se sont concentrées sur l'offre, en examinant le rôle de l'accès au crédit et au financement, de la formation aux compétences techniques et en affaires ainsi qu'aux compétences générales ou « compétences de vie », etc.

Les interventions ont cherché à faciliter à la fois la création de nouvelles entreprises et la croissance des entreprises existantes. Les programmes « centrés sur le capital » visaient à assouplir les contraintes de capital en offrant des subventions en espèces ou en nature, des prêts bonifiés, ou des connexions avec des services de microfinance. Les approches « centrées sur les compétences » étaient, quant à elles, axées sur la transmission de compétences techniques et professionnelles, de compétences en affaires, de compétences de vie et générales, etc. Plus récemment, les programmes ont eu tendance à regrouper diverses interventions pour s'attaquer à plusieurs contraintes en même temps.

Réflexions tirées des programmes centrés sur le capital

Les programmes centrés sur le capital partent du principe que les ménages pauvres subissent des contraintes de crédit, qui les empêchent de se lancer dans des activités indépendantes non agricoles, relativement plus lucratives. De même, le manque d'accès au capital peut également limiter la croissance et l'expansion des entreprises familiales existantes. L'allégement de cette contrainte de crédit, grâce à des subventions en espèces, du capital ou des actifs en nature, ou à un accès à la microfinance ou à des services financiers, peut permettre aux ménages pauvres de surmonter les barrières à l'entrée dans le travail indépendant non agricole, ou aider les entreprises existantes à investir et accroître leurs bénéfices.

Impact des subventions en espèces ou en nature
De nombreuses études (Campos et Gassier, 2017 ; Cho, 2015 ; Cho et Honorati, 2014 ; Cho, Robalino et Watson, 2016 ; Grimm et Paffhausen, 2015 ; Karlan, Knight et Udry, 2012 ; Kluve et al., 2016 ; McKenzie et Woodruff, 2014 ; Reeg, 2015 ; Vermeire et Bruton, 2016) se sont penchées sur les données existantes. Il existe des preuves substantielles que les subventions en capital ou actifs, en espèces ou en nature, peuvent encourager le travail indépendant et augmenter ainsi la création d'entreprises familiales.

Les effets des subventions en espèces ou en nature sur l'entrée dans le travail indépendant non agricole ont été documentés par diverses évaluations effectuées dans différents pays et contextes. Dans le nord de l'Ouganda, des subventions uniques en espèces, d'environ 370 dollars, versées à des jeunes sous-employés les ont conduits à investir dans des actifs commerciaux et une formation professionnelle, avec des effets substantiels et persistants sur leurs revenus[15], qui ont dépassé de 40 à 50 % ceux du groupe témoin, deux et quatre ans après la subvention (Blattman, Fiala et Martinez, 2014). Les jeunes femmes ont obtenu des rendements particulièrement élevés des subventions en espèces, en accroissant leurs revenus de plus de 84 % par rapport aux témoins. Toutefois, après neuf ans, il ne subsistait plus aucune différence dans l'emploi, les revenus et la consommation, entre les jeunes ayant ou non reçu des subventions (Blattman, Fiala et Martinez, 2018). Dans les zones rurales du Kenya, les bénéficiaires d'un transfert monétaire inconditionnel ont accru les revenus qu'ils tirent d'activités commerciales, sans que cela ait, pour autant, un impact perceptible sur les bénéfices[16].

En Éthiopie et au Ghana, le nombre des microentreprises et les revenus qu'elles génèrent ont augmenté parmi les bénéficiaires du modèle de graduation de BRAC — testé pour la première fois au Bangladesh et comportant un transfert d'actif productif (habituellement du bétail), associé à une formation et à un soutien temporaire à la consommation (Banerjee et al., 2015). Au Ghana seulement, l'effet a persisté jusqu'à trois ans après le début du programme. En Ouganda, parmi les femmes pauvres qui avaient bénéficié d'une subvention de 150 dollars ainsi que d'une formation aux affaires et d'une supervision, la propriété de microentreprises et les revenus correspondants avaient doublé 16 mois après l'intervention.

En milieu rural au Kenya, les bénéficiaires d'une intervention comprenant un versement en espèces plus de la formation et un tutorat ont consacré moins de temps à des activités de loisirs et domestiques et davantage aux activités d'entreprises non agricoles, entraînant une augmentation de 34 % du revenu par habitant un an après l'intervention. En outre, l'intervention était relativement bon marché[17]. En Éthiopie, une subvention de 300 dollars et une formation aux affaires ont accru les revenus de 33 %. Elle a en outre affiché de meilleures performances que le travail salarié industriel, qui n'avait augmenté ni l'emploi ni le revenu au bout d'un an (Blattman et Dercon, 2018).

En dehors de l'Afrique, les études ont également trouvé des effets positifs des subventions en espèces ou des transferts d'actifs sur la création d'entreprises familiales (Banerjee et al., 2015 ; Gertler, Martinez et Rubio-Codina, 2012 ; Macours, Premand et Vakis, 2012). Ensemble, ces résultats suggèrent que les ménages et les individus pauvres connaissent effectivement des contraintes de capital pour créer une entreprise, et que le fait de les alléger à l'aide de subventions peut générer des rendements considérables au niveau des revenus et de l'emploi (sans avoir les effets pervers qu'on leur attribue souvent). Dans les zones rurales isolées, les subventions

en espèces peuvent également aider les ménages à financer la migration temporaire d'un ou plusieurs membres de la famille vers des villes afin d'y occuper un emploi indépendant non agricole occasionnel. Il a été démontré que cela a considérablement augmenté la consommation au Bangladesh (Bryan, Chowdhury et Mobarak, 2014).

Les effets de l'injection d'argent dans les microentreprises existantes ont été plus mitigés, en particulier en Afrique. Au Ghana, l'octroi d'une subvention en espèces de 133 dollars à des tailleurs n'a pas eu un impact durable sur les bénéfices. Le capital, sous la forme de subventions en espèces ou en nature, a eu des effets limités sur l'accroissement de la productivité des microentreprises, et seulement pour celles dirigées par des hommes, suggérant qu'à lui seul, le capital ne suffit pas à développer les entreprises de subsistance appartenant à des femmes (Fafchamps et al., 2014). En Tanzanie, une subvention en espèces (de l'ordre de 90 dollars) combinée à une formation aux affaires adaptée aux microentreprises existantes a entraîné une forte augmentation des ventes et des bénéfices chez les entrepreneurs masculins, sans toutefois avoir d'effets perceptibles sur les entreprises détenues par des femmes[18]. Le constat est le même en Ouganda, où un prêt bonifié associé à une intervention de formation a entraîné une augmentation des bénéfices des entreprises et de l'emploi dans les microentreprises appartenant à des hommes, mais sans incidence sur les entreprises appartenant à des femmes[19].

En dehors de l'Afrique, des subventions en espèces de 100 à 200 dollars ont eu un solide impact sur les bénéfices à court terme des propriétaires de petites entreprises au Mexique et au Sri Lanka (De Mel, McKenzie et Woodruff, 2008 ; McKenzie et Woodruff, 2008). Tout comme en Afrique, au Sri Lanka, les microentreprises appartenant à des hommes ont généré un rendement élevé du capital, tandis que celles détenues par des femmes n'enregistraient aucune amélioration de leurs bénéfices après l'octroi de la subvention. Les subventions ont également eu des effets durables sur la survie et la rentabilité des entreprises appartenant à des hommes. Ensemble, ces résultats suggèrent que la fourniture de capitaux et, en particulier en Afrique, leur combinaison avec des formations aux affaires peuvent accroître efficacement les revenus et les bénéfices des entreprises familiales existantes. Les impacts à long terme de telles interventions n'ont toutefois pas été examinés, et celles-ci ont tendance à ne pas fonctionner pour les entreprises appartenant à des femmes[20].

Effets d'une microfinance étendue

Même si l'efficacité des subventions en espèces confirme l'importance des contraintes de crédit, le développement de la microfinance ne s'est pas avéré efficace pour les surmonter. Un examen de l'impact de la microfinance en Afrique suggère que ses effets sur les revenus des entreprises sont mitigés, certaines études mettant en évidence des impacts positifs (principalement sur les revenus agricoles), et d'autres ne trouvant soit aucun impact, soit un impact négatif (Van Rooyen, Stewart et de Wet, 2012).

Une raison possible de cet échec de la microfinance à tenir ses promesses en Afrique, est qu'elle doit encore atteindre le secteur des entreprises familiales : comme montré dans la section précédente, les institutions de microfinance ne jouent qu'un rôle marginal dans la fourniture d'un capital de démarrage aux entreprises familiales. Et malgré les rendements du capital assez élevés constatés dans les évaluations d'impact, les propriétaires d'entreprises familiales, tant ceux encore en activité que ceux ayant fermé boutique, ont tendance à citer le manque d'accès au financement comme un obstacle majeur aux affaires (Nagler et Naudé, 2017). Dans la région, les entreprises appartenant à des femmes se heurtent à des obstacles plus importants pour accéder au financement, que celles appartenant à des hommes (Banque mondiale, 2019).

Le manque d'accès au financement n'est toutefois qu'une des nombreuses contraintes, et ne s'attaquer qu'à lui ne suffira probablement pas. En Tanzanie, la promotion et l'enregistrement d'un compte d'épargne mobile ont accru l'épargne chez les femmes microentrepreneurs, ce qui leur a permis d'obtenir davantage de microcrédits à travers leur compte mobile, mais aucun effet significatif n'a été détecté sur les ventes et les bénéfices des entreprises (Bastian et al., 2018). Au Malawi et en Ouganda, les comptes d'épargne n'ont pas influencé les investissements des entreprises (Dupas et al., 2018), bien que des effets positifs aient été constatés au Kenya chez des vendeuses sur les marchés, mais pas chez les chauffeurs de taxi (Dupas et Robinson, 2013).

Réflexions tirées des interventions de renforcement des compétences

Bien que les approches centrées sur le capital résumées ci-dessus soient relativement nouvelles, les interventions de renforcement des compétences ont longtemps été l'instrument préféré pour promouvoir les microentreprises. Selon

cette logique, la création de nouvelles microentreprises et la croissance des affaires existantes sont restreintes par un manque de compétences. Celles-ci regroupent les savoir-faire techniques et professionnels, les compétences en affaires et entrepreneuriales, la culture financière, les compétences de vie et générales, etc. L'investissement dans la formation aux compétences peut atténuer cette contrainte, pour permettre aux individus de créer de nouvelles entreprises ou de développer des affaires existantes.

Malgré l'omniprésence des programmes visant les compétences, les preuves de leur efficacité sont minces. Les formations aux compétences en affaires non techniques n'ont pas tendance à augmenter les ventes et les bénéfices, même si dans certains contextes, elles entraînent un taux de création d'entreprises plus élevé, du moins à court terme. Les formations aux affaires ciblant les microentreprises existantes ont entraîné une évolution des pratiques commerciales, mais ont rarement amélioré la productivité ou les chances de survie des microentreprises.

Par ailleurs, ces types de formation, bien que généralement gratuits, ont connu de faibles taux de participation, qui jettent un doute sur leur utilité perçue (McKenzie et Woodruff, 2014). Même une formation individualisée et sur mesure ne semble pas stimuler la croissance des entreprises : au Ghana, les gagnants d'un concours de plans d'affaires pour petites entreprises ont reçu une formation individualisée (mais pas d'argent), sans impact significatif sur la croissance de leurs entreprises (Fafchamps et Woodruff, 2016).

D'un autre côté, certaines interventions ciblées visant les causes particulières de la faible rentabilité peuvent avoir des impacts significatifs. Au Kenya, par exemple, les entreprises familiales perdaient environ 5 à 8 % de leurs bénéfices totaux, car elles ne disposaient pas de suffisamment d'argent liquide pour rendre la monnaie sur de grosses coupures (Beaman, Magruder et Robinson, 2014). Les interventions qui ont sensibilisé les entreprises à ce problème les ont amenées à modifier considérablement leur gestion de la monnaie et ont réduit les ventes perdues.

En plus de la formation aux compétences en affaires générales, les formations techniques et professionnelles ont également été des interventions répandues. Les études fondées sur l'observation — bien que ne comprenant pas de groupe de comparaison valable dans la plupart des cas — ont mis en évidence un large éventail d'effets, allant d'aucun rendement significatif au Rwanda et en Tanzanie à d'importants rendements au

Ghana, en passant par des rendements de la formation professionnelle plus élevés chez les personnes peu instruites (Fox et Sohnesen, 2012). En revanche, une évaluation d'impact rigoureuse réalisée au Malawi n'a constaté aucun rendement de la formation par l'apprentissage destinée aux travailleurs peu qualifiés (Cho et al., 2013).

Le Libéria fournit probablement l'un des meilleurs exemples de formation professionnelle. Les bénéficiaires de l'Initiative pour les adolescentes (AGI — *Adolescent Girls Initiative*) y ont reçu une formation technique et aux affaires de six mois, suivie de six mois d'assistance active au placement avec mentorat et support. Cela a mené à une augmentation significative de leurs revenus par rapport à un groupe témoin (Adoho et al., 2014). Toutefois, l'intervention AGI était coûteuse (entre 1200 et 1650 dollars par femme), ce qui met en évidence le problème général des interventions de formation technique et professionnelle : elles peuvent être chères, avec des coûts de programme allant souvent de 1 000 à 2 000 dollars par personne dans les pays à revenu faible ou intermédiaire. Lorsque l'on prend en compte leurs modestes rendements et la persistance incertaine de ceux-ci au fil du temps, il est difficile de trouver un programme de compétences techniques présentant un rapport coûts/avantages satisfaisant.

Synergies potentielles résultant des approches intégrées

Comme indiqué plus haut, associées à une subvention en espèces, les formations aux compétences en affaires ou techniques peuvent être efficaces. Plusieurs des études mentionnées précédemment associaient des interventions visant simultanément les contraintes de capital et de compétences, et ont trouvé des impacts significatifs sur la création d'entreprises et les bénéfices. Dans certains contextes, la composante en espèces n'était efficace que si elle était combinée à une formation aux affaires[21]. Toutefois, étant donné que les composantes de formation augmentent en général considérablement le coût total d'un programme, les transferts monétaires pris isolément ont tendance à être plus rentables.

Certains programmes utilisent efficacement l'argent en tant que moyen tant de formation que de création d'entreprises. En Ouganda, le Programme d'opportunités pour la jeunesse (*Youth Opportunities Program*) de l'État a conçu la subvention en espèces de 382 dollars comme une intervention professionnelle et de création d'entreprises, même si cette subvention est restée inconditionnelle et non contrôlée. La plupart des jeunes ont investi dans la formation aux compétences, et principalement dans des outils et du matériel, ce qui a entraîné une augmentation significative de l'activité et des revenus des entreprises non agricoles, avec de bons rapports coûts-avantages à moyen terme, mais des avantages qui ont disparu après neuf ans (Blattman, Fiala, et Martinez, 2014, 2018).

Des études récentes ont mis en évidence une autre explication possible au fait que les entreprises familiales ne se développent ni n'embauchent presque jamais. Même si l'on suppose souvent que les entreprises familiales des pays pauvres évoluent dans un marché de l'emploi sans friction et peuvent embaucher et licencier en fonction de leurs besoins (compte tenu du taux de chômage élevé et du manque de réglementation du travail dans le secteur informel), les petites entreprises peuvent être confrontées à d'importants coûts de recherche sur le marché du travail, et par conséquent, s'abstenir d'embaucher. Cette hypothèse a été vérifiée au Ghana à l'aide d'un programme de sélection et de placement des travailleurs mis en œuvre par les pouvoirs publics. Au cours de celui-ci, de petites entreprises auxquelles un ou plusieurs travailleurs ont été présentés de manière aléatoire ont choisi de les embaucher et ont accru leurs revenus et leurs bénéfices (Hardy et McCasland, 2017). En outre, le nombre de travailleurs par entreprise et le volume total des heures prestées ont augmenté après l'intervention, ce qui signifie qu'il n'y a pas eu d'effet de déplacement sur l'emploi existant. Bien que des recherches similaires soient nécessaires dans d'autres pays pour vérifier si ces constats restent valables, la simple hypothèse que les petites entreprises des pays pauvres disposant d'une main-d'œuvre excédentaire subissent, en fait, des contraintes de main-d'œuvre suscite la réflexion et mérite un examen plus approfondi.

En résumé, le constat le plus couramment tiré de la littérature récente est l'impact des subventions en espèces sur la stimulation de l'engagement dans le travail indépendant non agricole avec, du moins à court terme, des augmentations des revenus importantes par rapport à la faible base de départ. Les programmes de compétences en affaires peuvent être efficaces dans certains contextes, mais ne le sont généralement que s'ils sont associés à une subvention en espèces. À elles seules, les formations aux compétences ont généralement des effets mitigés et échouent aux tests de rentabilité. Bien que les subventions en espèces se soient avérées efficaces pour accroître l'entrée, tant d'hommes que de femmes, dans des emplois indépendants non agricoles, les subventions aux entreprises familiales existantes n'ont eu d'impact que sur celles appartenant à des hommes.

Néanmoins, nous n'avons qu'une compréhension très lacunaire de ce qui fonctionne pour rendre ces opportunités de revenus plus lucratives pour les pauvres et les presque pauvres. À quelques exceptions près, la plupart des études et évaluations d'impact concernent les zones urbaines, alors que la majorité des pauvres de l'Afrique vivent dans des zones rurales. Nous en savons également peu sur ce qui fonctionne dans les chaînes de valeur de l'agriculture — c'est-à-dire comment développer les microentreprises reliées aux petits exploitants agricoles.

Enfin, peu d'études portent spécifiquement sur les ménages pauvres ou presque pauvres, qui peuvent être confrontés à des contraintes différentes de celles des autres types d'entrepreneurs. Une approche émergente et prometteuse pour atteindre les plus pauvres et les plus vulnérables consiste à combiner des interventions de filets de sécurité avec des trains de mesures d'appui (compétences, finances, services de conseil, espace de travail, etc.) afin de faciliter l'entrée dans un travail indépendant et d'accroître les revenus du travail des bénéficiaires de la protection sociale. Ces interventions combinées de « protection et promotion », cherchant à exploiter la demande locale sous-jacente, sont actuellement mises en œuvre à grande échelle dans plusieurs pays africains, tandis que des évaluations d'impact en cours examinent leurs effets. Pourtant, assez souvent, le principal obstacle est le manque de demande des biens et services que les pauvres pourraient produire et fournir.

Encourager la demande : rôle des petites agglomérations et du commerce régional

Concernant la croissance des entreprises familiales, le côté de la demande a bénéficié d'une attention nettement inférieure à celle reçue par l'offre, même s'il est au moins aussi important, sinon plus. Les interventions visant le côté de l'offre peuvent certes aider à entrer dans le travail indépendant et, jusqu'à un certain point, à accroître les revenus, mais la survie et la croissance de ces petites entreprises est, en fin de compte, déterminée par la demande des biens et services qu'elles fournissent. L'emploi pour les pauvres à l'extérieur des exploitations agricoles

est largement centré sur la demande dérivée locale, c'est-à-dire la demande de diverses sortes de biens et services par les voisins et les communautés adjacentes.

L'accroissement de la demande des biens et services produits par les personnes pauvres et vulnérables est essentiel pour améliorer leurs revenus, indépendamment de l'agenda plus général du « secteur privé » décrit plus haut dans ce chapitre. Il est toutefois moins facile d'évaluer le côté de la demande que celui de l'offre (en ce qui concerne les rôles d'accès au marché, de connectivité et d'agglomération), ce qui explique en partie le petit nombre de données probantes disponibles. Cinq domaines d'intérêt pour les politiques se dégagent pour stimuler la demande de biens et services produits par les pauvres.

Premièrement, comme souligné au chapitre 3, l'agriculture continue de constituer la base des moyens de subsistance en milieu rural, en particulier pour les pauvres, malgré leur sortie lente, mais régulière de l'agriculture (Davis, Di Giuseppe et Zezza, 2017). La faible productivité agricole se traduit en faibles revenus ruraux, restreignant ainsi la demande locale des biens et services non agricoles fournis par les entreprises familiales. Une condition préalable absolue pour accroître les revenus ruraux et développer l'activité rurale non agricole est de stimuler la productivité agricole pour la faire sortir de ses faibles niveaux actuels. Le chapitre 3 présente un ensemble de priorités stratégiques pour atteindre cet objectif critique.

Deuxièmement, l'amélioration de la connectivité rurale et de l'accès aux marchés est un autre aspect important de l'amélioration de la demande. Dans les zones rurales éloignées, la taille du marché est limitée par celle du village, avec un pouvoir d'achat souvent très faible. La connexion des zones rurales aux routes et aux agglomérations étend le marché, offrant ainsi davantage de potentiel aux entreprises familiales. Les études empiriques font clairement ressortir l'importance de cette connectivité. En Ouganda, par exemple, la productivité des entreprises familiales diminue parmi les ménages les plus éloignés d'une agglomération (Nagler et Naudé, 2017). Au Rwanda, les entreprises unipersonnelles ayant un meilleur accès au marché national ou plus proches des frontières internationales sont plus susceptibles de créer de l'emploi (Banque mondiale, 2016b). Et en Éthiopie, plus de la moitié des propriétaires d'entreprises non agricoles citent le manque d'accès au marché comme principal obstacle à la croissance des entreprises, et les entreprises rurales du quartile le mieux connecté ont des niveaux de productivité nettement supérieurs, même en tenant compte d'autres influences (Banque mondiale, à paraître[a]).

La connectivité rurale reste toutefois limitée dans la majeure partie de l'Afrique. Avec une nouvelle méthodologie intégrant des données à haute résolution sur la distribution spatiale de la population et les données d'un système d'information géographique (SIG) sur le réseau routier, la part de la population rurale vivant à moins de deux kilomètres de la route en bon état la plus proche peut être estimée à 17 % en Zambie ; 20 à 30 % en Éthiopie, au Mozambique et en Tanzanie ; et à un peu plus de 50 % au Kenya et en Ouganda (Banque mondiale, 2016a). Pour développer l'économie rurale non agricole et accroître la productivité des entreprises familiales, il sera important d'accroître les investissements dans l'accessibilité rurale d'une manière financièrement viable, éventuellement en adoptant des normes de conception moins strictes pour les routes à faible trafic[22]. Les récentes avancées technologiques peuvent également aider à surmonter, voire à dépasser, les très coûteux investissements traditionnels dans les infrastructures, comme décrit dans la section Fondamentaux 3 « Réaliser des avancées grâce à la technologie (et au commerce) ».

Troisièmement, la plupart des possibilités d'emploi non agricole ne seront pas générées localement, mais plutôt dans des centres urbains proches ou distants. Tous les développements urbains n'affichent cependant pas le même potentiel de réduction de la pauvreté. Des recherches effectuées dans l'ensemble des pays suggèrent que, comparés à la concentration de la population dans les mégapoles, c'est plutôt l'abandon du travail agricole au profit des villes secondaires et l'économie rurale non agricole qui engendrent des schémas de croissance plus inclusifs et une plus forte réduction de la pauvreté (Christiaensen et Todo, 2014)[23].

Des études de cas vont dans le même sens en Inde, au Mexique et en Tanzanie : pour réduire la pauvreté, le développement des petites agglomérations compte plus que celui des grandes villes (Gibson et al., 2017 ; Berdegué et Soloaga, 2018 ; et Christiaensen, De Weerdt et Kanbur, 2018, respectivement). Les petites villes des zones rurales fournissent des centres locaux d'activité économique et de demande et sont plus accessibles aux pauvres à cause de leur proximité et de leur seuil de migration plus bas (Rondinelli et Ruddle, 1983). Cette proximité facilite surtout la première migration, qui est souvent la plus

difficile (Ingelaere et al., 2018). Le type d'emploi (non qualifié et semi-qualifié) disponible dans les petites agglomérations a également tendance à être plus compatible avec le jeu des compétences des pauvres. Les investissements publics destinés au développement des agglomérations rurales peuvent accroître la demande de produits agricoles issus des zones rurales environnantes et, par conséquent, les revenus ruraux qui, à leur tour, augmentent la demande des biens et services non agricoles produits par les entreprises familiales.

Pour tirer pleinement parti des évolutions des régimes alimentaires en Afrique, il sera particulièrement important d'améliorer la connectivité et les infrastructures rurales et de renforcer les agglomérations. L'urbanisation et la hausse des revenus urbains induisent un accroissement de la demande de denrées alimentaires et l'orientation des régimes vers des produits transformés et de plus grande valeur (Allen et al., 2016 ; Minde, Tschirley et Haggblade, 2012). Cette révolution alimentaire pourrait générer de nombreuses nouvelles possibilités d'emploi agricole ou non dans des activités telles que la transformation, le stockage, le transport et la distribution, la vente au détail, les services de restauration, etc. Pour que ces emplois se concrétisent, les pouvoirs publics doivent investir dans l'accès au marché et dans des infrastructures répondant aux besoins des cultures de plus grande valeur (tels que la logistique, l'entreposage frigorifique, etc.), ainsi que dans les compétences et les technologies requises par les aliments périssables et de plus grande valeur. Enfin, les pouvoirs publics doivent adopter une approche stratégique prenant en compte le schéma spatial des investissements visant à intégrer les petits exploitants dans la chaîne de valeur de l'agriculture commerciale (le développement agroterritorial est examiné en détail dans Nogales et Webber [2017]). Les autres activités urbaines comprennent les activités minières et le tourisme, le commerce et les fonctions administratives, ainsi que la fourniture de services publics et sociaux (éducation et soins de santé).

Quatrièmement, un programme d'action est nécessaire pour soutenir le développement des agglomérations secondaires et des villes, et donc, la création d'emplois non agricoles (Roberts, 2014, 2016). Les capitales et les grandes villes attisant l'imagination de la plupart des gens ainsi que l'attention des décideurs, cette question a jusqu'ici été largement négligée. En outre, tant dans les petites villes que dans les mégalopoles, les pouvoirs publics considèrent le plus souvent les entreprises familiales, principalement informelles, comme préjudiciables pour l'espace urbain plutôt que comme une source essentielle de revenus pour les pauvres et de nombreux non pauvres. Cependant, les efforts pour « assainir » les centres-villes en les débarrassant de ces entreprises pourraient bien appauvrir les travailleurs vulnérables, dont les moyens de subsistance dépendent de la densité du trafic piétonnier.

Rechercher des moyens de mobiliser les entreprises informelles et de les intégrer dans les plans globaux de développement urbain, au lieu de les harceler, est un autre programme important pour aider les pauvres à tirer le meilleur parti de l'esprit d'entreprise des ménages (encadré 4.5). Depuis peu, des exemples de « villes inclusives » commencent à apparaître, tels que ceux de

---

ENCADRÉ 4.5   Comment *ne pas* le faire : le comportement des pouvoirs publics à l'égard des entreprises familiales va du désir de s'en débarrasser jusqu'au harcèlement pur et simple

De nombreux pouvoirs publics à travers le monde ne voient pas d'un bon œil le développement de leurs économies informelles. Pourtant, la plupart des personnes travaillant à l'extérieur des exploitations et dans des entreprises familiales appartiennent à l'économie informelle. Bon nombre des raisons sous-tendant cette répugnance à voir prospérer l'économie informelle sont tout à fait compréhensibles : l'économie informelle contribue peu ou pas aux impôts, peut amoindrir la concurrence du secteur formel, entraîner des encombrements urbains, etc.

Les tentatives pour traiter le secteur informel, en particulier dans les zones urbaines, ont consisté, entre autres, à encourager sa « formalisation » ; à le déplacer vers des marchés particuliers situés en dehors du centre-ville (dans le cadre d'un programme de « décongestion ») ; et à le soumettre à un harcèlement juridique et extralégal de la part des autorités locales, notamment la confiscation de leurs marchandises ou la démolition de leurs structures temporaires (ou même de la violence). La façon dont les pouvoirs publics réagissent face à la vente informelle est politique, sous l'influence de la politique des partis, des cadres de décentralisation, et de considérations électorales. Au mieux, les manifestations agressives et de force sont vaines. Au pire, elles détruisent les moyens de subsistance et réduisent encore les revenus de ménages déjà vulnérables.

L'évaluation des tentatives de formalisation, principalement en dehors de l'Afrique, suggère qu'elles n'induisent qu'une modeste augmentation du nombre des entreprises enregistrées et que la formalisation des entreprises familiales contribue peu aux recettes fiscales. En outre, de nombreuses entreprises informelles semblent ne pas tirer un grand profit de la formalisation. Leur déplacement, souvent vers des zones périurbaines moins chères et éloignées de la clientèle, ne répond pas aux besoins des entreprises informelles, qui ont besoin pour survivre d'endroits situés au cœur du trafic piétonnier des centres-villes. En conséquence, de nombreuses entreprises informelles

reviennent rapidement vers leurs anciennes zones d'activité, même si elles s'exposent au risque d'être encore harcelées. Dans l'ensemble, ces politiques et approches sont contre-productives parce qu'elles augmentent la pauvreté et la vulnérabilité plutôt que de les réduire, et qu'elles restreignent encore les possibilités d'emploi déjà limitées de nombreuses villes africaines.

Que peuvent donc faire les pouvoirs publics ? Il est important de reconnaître que même si le secteur formel continue de croître rapidement, sa faible base implique que la majorité des jeunes rejoindra le secteur informel dans un avenir proche. Plutôt que d'essayer d'éliminer les entreprises informelles, faciliter leur fonctionnement peut améliorer les perspectives d'emploi des jeunes africains. L'intégration des entreprises familiales ou de l'économie informelle en général dans les plans de développement urbains ou nationaux serait un bon début, dans la mesure où ils fourniraient aux pouvoirs publics et au secteur informel une référence pour commencer à concevoir un cadre des politiques facilitant le fonctionnement des entreprises familiales, tout en protégeant l'intérêt public. Au niveau local, les villes peuvent se montrer plus inclusives en intégrant des représentants des travailleurs informels dans les processus participatifs d'élaboration des politiques et de la réglementation. Des associations d'entreprises familiales peuvent être constituées non seulement pour défendre les intérêts de leurs membres et les faire davantage entendre, mais également pour les obliger à rendre des comptes si les accords ne sont pas respectés. Dans les nombreuses villes secondaires d'Afrique, qui ne sont pas encore confrontées à d'intenses pressions en matière de prestation des services et de prix du foncier, il est encore possible de planifier correctement les marchés et l'espace de travail des entreprises familiales pour accueillir et absorber les travailleurs informels à mesure que ces villes grandissent et que les travailleurs quittent le secteur agricole.

Sources : Bruhn et McKenzie, 2013 ; Chen et Beard, 2018; Filmer et Fox, 2014, 161–64, encadrés 5.8 et 5.9 ; Resnick, 2017 ; Resnick, à paraître.

Bhubaneswar (Inde) ; Durban (Afrique du Sud) ; et de plusieurs villes d'Amérique du Sud (Chen et Beard, 2018).

Enfin, un cinquième domaine est l'appui au commerce transfrontalier. La demande de certains biens et services provient souvent de l'autre côté de la frontière, soulignant l'intérêt d'un renforcement de l'intégration régionale de l'Afrique. L'importance du commerce transfrontalier est illustrée de manière frappante par la concentration surprenante d'entreprises agroalimentaires le long des frontières orientale et septentrionale de la Zambie (ainsi que le long de l'axe centre-sud Lusaka-Lilongwe prévu), donnant respectivement accès à Lilongwe au Malawi et à Lubumbashi en République démocratique du Congo (carte 4.1).

Le commerce transfrontalier est souvent aussi un facteur important du développement urbain (des villes dites frontalières). Les défis en matière d'approfondissement des priorités de l'intégration régionale de l'Afrique sont examinés dans Brenton et Hoffmann (2016). On y trouve un tableau optimiste, mais prudent, mettant en avant la flexibilité et la simplicité, une communication active avec le secteur privé, et un accent sur une infrastructure commune.

La technologie numérique est un élément transversal de cet agenda, très prometteur pour connecter les entreprises des pauvres à la demande urbaine croissante de biens et services[24]. Le plus grand nombre des citadins de la classe moyenne commandent, à travers des réseaux téléphoniques et informels, des quantités

CARTE 4.1   **Les entreprises agroalimentaires sont concentrées le long des frontières en Zambie**

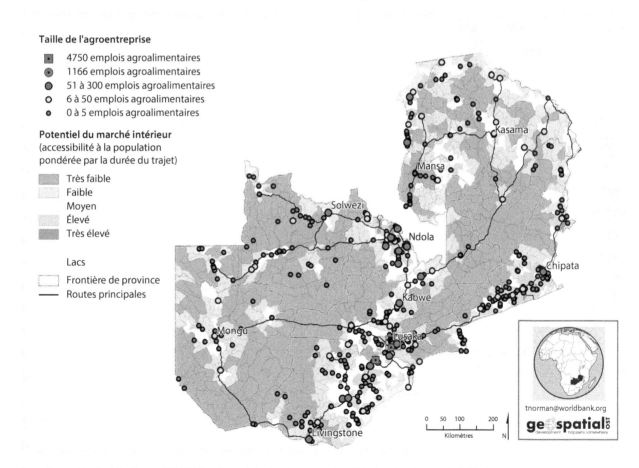

Source : Norman, Merotto et Blandespoor, 2018. Utilisé avec la permission des auteurs ; une autre autorisation est requise en cas de réutilisation.

de services à effectuer chez eux, allant de la plomberie aux travaux d'électricité, en passant par la coiffure, le placement de rideaux, l'installation d'antennes paraboliques ou le jardinage, pour n'en citer que quelques-uns. La technologie et les plateformes numériques pourraient considérablement élargir l'accès au marché des indépendants ou des petites entreprises qui fournissent généralement ces emplois rémunérés à la tâche.

Bien qu'elle ne corresponde pas au type d'emploi formel régulier auxquels aspirent les pouvoirs publics africains, cette « économie rémunérée à la tâche (*gig économy*) » peut accroître les revenus des travailleurs indépendants (Ng'weno et Porteous, 2018) tout en offrant une voie progressive de formalisation en reliant des plateformes numériques aux systèmes d'assurance sociale. Exploiter cette tendance nécessitera de fournir aux jeunes issus des ménages pauvres au minimum un enseignement de base et des compétences numériques, tout en rendant la connectivité à Internet abordable, fiable et largement disponible. La section Fondamentaux 3 « Réaliser des avancées grâce à la technologie (et au commerce) » examine la façon dont la technologie peut aider l'Afrique à surmonter un bon nombre de ses contraintes d'infrastructure, dont les entreprises familiales et les affaires ont besoin pour prospérer et les opportunités d'emplois pour se multiplier, y compris pour les pauvres.

Notes

1. Bien que l'agriculture emploie encore la majeure partie de la population en âge de travailler en Afrique (adultes de 15 à 65 ans), sa part dans l'emploi a diminué de façon constante (Banque mondiale, à paraître[b] ; Yeboah et Jayne, 2018). Les projections la situent à environ 50 % de l'emploi total d'ici 2020, même si cette part est plus élevée (60 %) dans les pays à faible revenu et nettement plus importante parmi les pauvres (Fox et coll., 2013).

2. Parmi les diverses études sur l'emploi rural non agricole, voir Barrett, Reardon et Webb (2001) ; Gindling et Newhouse (2014) ; Haggblade, Hazell et Reardon (2007) ; et Nagler et Naudé (2017).

3. Ces tendances s'appuient sur des études telles que Filmer et Fox (2014), Banque mondiale, (2012) et Yeboah et Jayne (2018).

4. Certains emplois apparemment indépendants peuvent être qualifiés d'« indépendants dépendants » (Eichhorst et coll., 2013) et rendre floues les catégories d'emploi. Tel est le cas des chauffeurs de minibus en milieu urbain qui sont rémunérés (et imposés) en tant que travailleurs indépendants, mais exploitent l'équipement du propriétaire de l'entreprise de minibus et doivent respecter les itinéraires et les horaires fixés par celui-ci (Rizzo, Kilama et Wuyts, 2015). Un deuxième exemple est celui des marchands ambulants ou autres vendeurs au détail urbains. Ils fonctionnent avec peu de capital autre que les marchandises qu'ils vendent et sans employés, et parfois dans des emplacements mobiles. Les enquêtes sur la main-d'œuvre identifient ces personnes comme des travailleurs indépendants, mais nous manquons de données sur la façon dont les marchandises vendues au détail sont acquises et payées, pour déterminer de manière adéquate s'il ne serait pas plus judicieux de les considérer comme des travailleurs salariés informels s'apparentant à des vendeurs rémunérés à la commission (Beegle et Gaddis, 2017). Récemment, un effort a été fait pour définir cela dans les enquêtes (ILO, 2018).

5. Certains aspects importants doivent être considérés en lien avec la catégorie regroupant l'emploi salarié. Premièrement, l'emploi salarié comprend l'emploi dans les secteurs public et privé. On constate ici une distinction marquée entre les pays riches en ressources et ceux qui ne le sont pas. Dans les premiers, la part de l'emploi dans le secteur public par rapport à l'emploi salarié total est, en moyenne, nettement plus élevée (environ 70 %) que dans les pays à revenu faible ou intermédiaire de la tranche inférieure, où elle est d'environ 30 % (Filmer et Fox, 2014). Deuxièmement, en raison du manque de données, il est difficile d'établir une description régionale faisant la distinction entre le travail salarié informel, occasionnel ou quotidien et les formes plus permanentes d'emploi salarié. Ces deux types d'emplois salariés sont très différents, mais les travailleurs issus de ménages pauvres sont plus susceptibles d'occuper des emplois occasionnels, tandis que ceux provenant de ménages plus aisés sont surreprésentés dans les emplois salariés permanents de « meilleure qualité ». Pour une discussion sur le travail salarié occasionnel et la possible sous-estimation de l'ampleur de celui-ci en Afrique, voir Mueller et Chan (2015) et Oya et Pontara (2015).

6. Yeboah et Jayne (2018) définit les segments extérieurs aux exploitations agricoles du système agroalimentaire comme regroupant toutes les activités d'ajout de valeur situées en amont et en aval des exploitations au sein des chaînes de valeur agricoles. Cela comprend l'assemblage, le négoce, la vente en gros, le stockage, la transformation, la vente au détail, la préparation de nourriture à vendre à d'autres en dehors du foyer, la fabrication de boissons, la distribution d'intrants aux agriculteurs et les opérateurs d'équipement d'irrigation.

7. En raison des limitations des bases de données disponibles, nous ne classons pas les travailleurs salariés dans la région (ni dans la figure 4.1) selon qu'ils sont formels ou informels, ou bien qualifiés ou non qualifiés. Des preuves indirectes suggèrent toutefois que, parmi les pauvres, le travail salarié est très différent de celui parmi les riches. Les données proviennent de l'utilisation des catégories de travailleurs salariés fondées sur la Classification internationale type des professions. Parmi les travailleurs salariés non agricoles repris dans les données, on observe un gradient dans les groupements de professions. La part des personnes exerçant les professions plus qualifiées (cadres, professionnels, techniciens et professionnels, employés administratifs, artisans et ouvriers des métiers artisanaux, professions militaires, opérateurs d'installations et conducteurs de machines, et ouvriers d'assemblage) augmente avec le revenu. La part des personnes travaillant dans les services et la vente ; des travailleurs qualifiés de l'agriculture, de la sylviculture et de la pêche ; et des personnes exerçant des professions élémentaires (notamment les vendeurs ambulants et autres employés dans la vente et les services, les travailleurs domestiques, les éboueurs, les nettoyeurs, et les employés des transports) diminue avec les revenus. Dans le troisième quintile de consommation (regroupant les 40e à 60e centiles), on retrouve plus de personnes appartenant aux groupes plus qualifiés qu'aux groupes moins qualifiés parmi les travailleurs salariés non agricoles.

8. La désindustrialisation prématurée désigne le phénomène moderne où « les pays manquent d'opportunités d'industrialisation plus rapidement et à des niveaux de revenu nettement plus bas que dans l'expérience des pays industrialisés plus tôt » (Rodrik, 2016).

9. Le chômage « officiel » fait référence à la définition donnée par les méthodes statistiques de l'Organisation internationale du travail (OIT), qui considèrent les chômeurs comme des personnes qui ne travaillent pas, mais sont disponibles pour l'emploi et cherchent activement du travail. L'OIT exclut donc les personnes n'étant pas à la recherche d'un emploi. Selon cette définition stricte, le taux de chômage (défini comme la part des chômeurs dans la population active incluant les travailleurs occupés et les chômeurs) est inférieur en Afrique à celui des économies à revenu élevé, comme noté dans Banque mondiale (2012) et bien d'autres ouvrages. En outre, cette définition officielle du chômage va à l'encontre du discours populaire sur le problème du chômage. Plusieurs approches alternatives, dont certaines introduites par l'OIT, sont désormais plus souvent utilisées dans les études pour mieux refléter certaines situations préoccupantes de la main-d'œuvre, telles que les NEET (*Not in Education, Employment or Training* — les personnes qui ne sont ni au travail, ni étudiants ni en formation) ; les travailleurs pauvres ; et les travailleurs sous-employés (en utilisant un seuil d'heures).

10. Un domaine d'intérêt, en particulier au cours de la dernière décennie, a été l'amélioration du climat des affaires en Afrique en vue de dynamiser le développement du secteur privé. Influencés — ou dans certains cas, légèrement obsédés — par le classement annuel *Doing Business* du Groupe de la Banque mondiale (http://www.doingbusiness.org/), les pays ont eu tendance à se concentrer sur des réformes génériques visant à alléger le coût des affaires pour l'ensemble des entreprises et des secteurs d'une économie. Cela comprend, par exemple, la réduction du temps requis pour enregistrer officiellement une entreprise, obtenir un raccordement à l'électricité et enregistrer une propriété ; la disponibilité de financements ; la facilité du commerce transfrontalier ; etc. Ces mesures ne se traduisent toutefois pas automatiquement par une augmentation des activités et de l'emploi formels du secteur privé. Le Rwanda, par exemple, a été l'un des meilleurs élèves du classement *Doing Business*, en passant de la 139e place en 2006 à la 46e en 2015, devant des pays comme l'Italie et le Luxembourg. Malgré cela, le secteur privé formel du Rwanda reste très modeste en ce qui concerne l'emploi. Il ne s'agit pas d'une exception en Afrique, où les efforts génériques en faveur d'un « environnement favorable » n'ont généralement pas produit des résultats probants en matière de transformation structurelle et de croissance inclusive (Akileswaran et coll., 2017). Besley (2015, 107) avance que « dans l'approche *Doing Business*, on retrouve implicitement la croyance plausible qu'en fin de compte, le développement d'entreprises plus grandes du secteur formel peut être le moteur de la création d'emplois et de la réduction de la pauvreté ». Nous conseillons ici de faire preuve de prudence et d'adopter une approche plus équilibrée.

11. Cette section s'appuie sur le travail de Nagler (2017). Les résultats sont similaires aux constatations antérieures tirées par Fox et Sohnesen (2012) dans huit pays (Burkina Faso, Cameroun, Ghana, Mozambique, Ouganda, République du Congo, Rwanda et Tanzanie, couvrant les enquêtes de 2003 à 2009) ainsi qu'à la description de Filmer et Fox (2014), bien que le profil se concentre ici spécifiquement sur les caractéristiques des entreprises gérées par des ménages pauvres par rapport à celles gérées par des ménages non pauvres.

12. Au Malawi et en Tanzanie, plus de 20 % des entreprises familiales appartenant aux 40 % inférieurs étaient de nouveaux entrants (entreprises créées depuis moins d'un an), tandis qu'au Burkina Faso, au Mali et en Ouganda, la part des nouvelles entreprises familiales pauvres était inférieure à 5 %. La proportion des nouvelles entreprises familiales diminuait avec la richesse des ménages au Ghana, au Niger et en Tanzanie, mais on ne constatait aucune relation avec la richesse au Burkina Faso, au Malawi et en Ouganda.

13. Un nombre de travailleurs plus élevé dans les entreprises plus anciennes que dans les plus récentes n'indique pas nécessairement que les plus anciennes se sont développées au fil du temps. Elles peuvent tout simplement avoir démarré avec plus de travailleurs. Toutefois, sans données issues d'un panel d'entreprises, il est impossible de trancher la question.

14. La Côte d'Ivoire semble constituer une exception notable. Seuls 3 % des propriétaires d'entreprises familiales y ont déclaré l'incapacité de trouver un emploi salarié en tant que principale motivation pour se lancer dans le travail indépendant. Pour la majorité des propriétaires, l'espoir de revenus supérieurs — un facteur d'attraction — était la principale motivation (Christiaensen et Premand 2017).

15. Même si les subventions en espèces ont été offertes dans le cadre d'un programme de création d'entreprises, elles sont restées inconditionnelles.

16. Les transferts monétaires ont toutefois entraîné une forte augmentation de la consommation des ménages. Les subventions étaient soit de 404 dollars (en parité de pouvoir d'achat — PPA) ou de 1 525 dollars (en PPA) et étaient payées sous la forme de versements mensuels ou d'un paiement unique. Les versements mensuels ont principalement amélioré la consommation alimentaire, tandis que les paiements uniques ont été davantage investis dans des biens durables (Haushofer et Shapiro, 2016).

17. Avec un coût estimé à 300 dollars par bénéficiaire (environ 714 dollars en PPA), le programme était moins coûteux dans les zones rurales du Kenya que le modèle de BRAC, dont les coûts se situaient entre 1 538 dollars et 5 742 dollars en PPA (Banerjee et al., 2015 ; Gobin, Santos et Toth, 2016).

18. L'intervention combinée (argent plus formation) a été efficace, du moins pour les hommes, tandis que l'une ou l'autre de ces deux interventions ne l'était pas prise isolément (Berge, Bjorvatn et Tungodden, 2014).

19. Les subventions en espèces n'ont eu aucun effet significatif dans cette étude (Fiala, 2015).

20. Selon Fafchamps et al. (2011), un grand nombre des femmes engagées dans un travail indépendant de subsistance affichent une faible efficacité en raison de l'échelle de leur activité ; font ce travail à cause des imperfections du marché du travail ; et sont entrepreneures par nécessité. Pour ce type d'entreprise, il est peu probable que l'appui génère d'importants gains de revenus. Dans leur étude sur la Tanzanie, Berge, Bjorvatn et Tungodden (2014) constatent que les obligations domestiques et le manque d'influence sur les décisions des entreprises peuvent, jusqu'à un certain point, expliquer le peu d'effets de ces interventions sur les entreprises appartenant à des femmes.

21. Tel a été le cas pour l'Ouganda (Fiala, 2015) et la Tanzanie (Berge, Bjorvatn et Tungodden, 2014).

22. L'entretien des routes rurales peut également fournir un emploi non agricole temporaire aux jeunes ruraux.

23. De même, si on considère l'effet sur la croissance économique plutôt que sur la réduction de la pauvreté, d'autres travaux effectués dans l'ensemble des pays montrent que, même si la taille des villes et la concentration urbaine ont un effet positif sur la croissance dans les pays à revenu élevé, un tel effet n'existe pas dans les pays à revenu faible ou intermédiaire. Quand il en existe un, l'effet est susceptible d'être négatif (Frick et Rodríguez-Pose, 2016, 2018).

24. Dans le *Rapport 2013 sur le développement dans le monde : Emplois*, voir « Liens électroniques vers les emplois : les nouvelles technologies ouvrent de nouvelles frontières » (Banque mondiale 2012, 268).

Références

Adjognon, Serge G., Lenis Saweda O. Liverpool-Tasie, and Thomas A. Reardon. 2017. "Agricultural Input Credit in Sub-Saharan Africa: Telling Myth from Facts." *Food Policy* 67: 93–105.

Adoho, Franck, Shubha Chakravarty, Dala T. Korkoyah, Mattias Lundberg, and Afia Tasneem. 2014. "The Impact of an Adolescent Girls Employment Program: The EPAG Project in Liberia." Policy Research Working Paper 6832, World Bank, Washington, DC.

Akileswaran, Kartik, Antoine Huss, Dan Hymowitz, and Jonathan Said. 2017. "The Jobs Gap: Making Inclusive Growth Work in Africa." Report, Tony Blair Institute for Global Change, London.

Allen, Andrea, Julie Howard, M. Kondo, Amy Jamison, Thomas Jayne, J. Snyder, David Tschirley, and Kwame Felix Yeboah. 2016. "Agrifood Youth Employment and Engagement Study." Study report, Michigan State University, East Lansing.

Allen, Thomas, Philip Heinrigs, and Inhoi Heo. 2018. "Agriculture, Food and Jobs in West Africa." West African Papers No. 14, Organisation for Economic Co-operation and Development, Paris.

Banerjee, Abhijit, Esther Duflo, Nathanael Goldberg, Dean Karlan, Robert Osei, William Parienté, Jeremy Shapiro, Bram Thuysbaert, and Christopher Udry. 2015. "A Multifaceted Program Causes Lasting Progress for the Very Poor: Evidence from Six Countries." *Science* 348 (6236): 773–89.

Barrett, Christopher, Thomas Reardon, and Patrick Webb. 2001. "Nonfarm Income Diversification and Household Livelihood Strategies in Rural Africa: Concepts, Dynamics, and Policy Implications." *Food Policy* 26 (4): 315–31.

Bastian, Gautam, Iacopo Bianchi, Markus Goldstein, and Joao Montalvao. 2018. "Short-Term Impacts of Improved Access to Mobile Savings, with and without Business Training: Experimental Evidence from Tanzania." CGD Working Paper 478, Center for Global Development, Washington, DC.

Beaman, Lori, Jeremy Magruder, and Jonathan Robinson. 2014. "Minding Small Change among Small Firms in Kenya." *Journal of Development Economics* 108: 69–86.

Beegle, Kathleen, and Isis Gaddis. 2017. "Informal Employment in Africa: What Do We Know and What Can We Do to Know More?" Paper presented at the International Statistical Institute (ISI) 2017 Conference, Marrakesh.

Berdegué, Julio, and Isidro Soloaga. 2018. "Small and Medium Cities and Development of Mexican Rural Areas." *World Development* 107: 277–88.

Berge, Lars Ivar Oppedal, Kjetil Bjorvatn, and Bertil Tungodden. 2014. "Human and Financial Capital for Microenterprise Development: Evidence from a Field and Lab Experiment." *Management Science* 61 (4): 707–22.

Besley, Timothy. 2015. "Law, Regulation, and the Business Climate: The Nature and Influence of the World Bank Doing Business Project." *Journal of Economic Perspectives* 29 (3): 99–120.

Bhorat, Haroon, Francois Steenkamp, and Christopher Rooney. 2016. "Africa's Manufacturing Malaise." UNDP-RBA/WPS 3/2016, United Nations Development Programme (UNDP), New York.

Blattman, Christopher, and Stefan Dercon. 2018. "The Impacts of Industrial and Entrepreneurial Work on Income and Health: Experimental Evidence from Ethiopia." *American Economic Journal: Applied Economics* 10 (3): 1–38.

Blattman, Christopher, Nathan Fiala, and Sebastian Martinez. 2014. "Generating Skilled Self-Employment in Developing Countries: Experimental Evidence from Uganda." *Quarterly Journal of Economics* 129 (2): 697–752.

———. 2018. "The Long Term Impacts of Grants on Poverty: 9-year Evidence from Uganda's Youth Opportunities Program." NBER Working Paper 24999, National Bureau of Economic Research, Cambridge, MA.

Brenton, Paul, and Barak Hoffmann, eds. 2016. "Political Economy of Regional Integration in Sub-Saharan Africa." Report No. 103324, World Bank, Washington, DC.

Bruhn, Miriam, and David McKenzie. 2013. "Using Administrative Data to Evaluate Municipal Reforms: An Evaluation of the Impact of Minas Fácil Expresso." *Journal of Development Effectiveness* 5 (3): 319–38.

Bryan, Gharad, Shyamal Chowdhury, and Ahmed Mushfiq Mobarak. 2014. "Underinvestment in a Profitable Technology: The Case of Seasonal Migration in Bangladesh." *Econometrica* 82 (5): 1671–748.

Campos, Francisco, and Marine Gassier. 2017. "Gender and Enterprise Development in Sub-Saharan Africa: A Review of Constraints and Effective Interventions." Policy Research Working Paper 8239, World Bank, Washington, DC.

Chen, Martha A., and Victoria A. Beard. 2018. "Including the Excluded: Supporting Informal Workers for More Equal and Productive Cities in the Global South." Working paper, World Resources Institute, Washington, DC.

Cho, Yoonyoung. 2015. "Entrepreneurship for the Poor in Developing Countries." Article, IZA World of Labor online platform, Institute for the Study of Labor (IZA), Bonn. doi:10.15185/izawol.167.

Cho, Yoonyoung, and Maddalena Honorati. 2014. "Entrepreneurship Programs in Developing Countries: A Meta-Regression Approach." *Labour Economics* 28: 110–30.

Cho, Yoonyoung, Davie Kalomba, Ahmed Mushfiq Mobarak, and Victor Orozco. 2013. "Gender Differences in the Effects of Vocational Training." Policy Research Working Paper 6545, World Bank, Washington, DC.

Cho, Yoonyoung, David Robalino, and Samantha Watson. 2016. "Supporting Self-Employment and Small-Scale Entrepreneurship: Potential Programs to Improve Livelihoods for Vulnerable Workers." *IZA Journal of Labor Policy* 5 (7): 1–26.

Christiaensen, Luc, Joachim De Weerdt, and Ravi Kanbur. 2018. "Decomposing the Contribution of Migration to Poverty Reduction: Methodology and Application to Tanzania." *Applied Economics Letters* 26 (12): 978–82.

Christiaensen, Luc, and Patrick Premand, eds. 2017. "Jobs Diagnostic, Côte d'Ivoire: Employment, Productivity, and Inclusion for Poverty Reduction." Report No. AUS13233, World Bank, Washington DC.

Christiaensen, Luc, and Yasuyuki Todo. 2014. "Poverty Reduction during the Rural-Urban Transformation: The Role of the Missing Middle." *World Development* 63: 43–58.

Davis, Benjamin, Stefania Di Giuseppe, and Alberto Zezza. 2017. "Are African Households (Not) Leaving Agriculture? Patterns of Households' Income Sources in Rural Sub-Saharan Africa." *Food Policy* 67: 153–74.

De Mel, Suresh, David McKenzie, and Christopher Woodruff. 2008. "Returns to Capital in Microenterprises: Evidence from a Field Experiment." *Quarterly Journal of Economics* 123 (4): 1329–72.

Diao, Xinshen, Josaphat Kweka, and Margaret McMillan. 2017. "Economic Transformation in Africa from the Bottom up: Evidence from Tanzania." IFPRI Discussion Paper 1603, International Food Policy Research Institute, Washington, DC.

Diao, Xinshen, and Margaret McMillan. 2018. "Toward an Understanding of Economic Growth in Africa: A Reinterpretation of the Lewis Model." *World Development* 109: 511–22.

Dupas, Pascaline, Dean Karlan, Jonathan Robinson, and Diego Ubfal. 2018. "Banking the Unbanked? Evidence from Three Countries." *American Economic Journal: Applied Economics* 10 (2): 257–97.

Dupas, Pascaline, and Jonathan Robinson. 2013. "Savings Constraints and Microenterprise Development: Evidence from a Field Experiment in Kenya." *American Economic Journal: Applied Economics* 5 (1): 163–92.

EIC (Ethiopia Investment Commission). 2017. "Ethiopia: Export Trade Performance and FDI Inflows—Overview of Recent Developments and Projections." Report, EIC, Addis Ababa.

Eichhorst, Werner, Michela Braga, Ulrike Famira-Mühlberger, Maarten Gerard, Thomas Horvath, Martin Kahanec, Marta Kahancová, et al. 2013. "Social Protection Rights of Economically Dependent Self-Employed Workers." IZA Research Report No. 54, Institute for the Study of Labor (IZA), Bonn.

Fafchamps, Marcel, David McKenzie, Simon R. Quinn, and Christopher Woodruff. 2011. "When Is Capital Enough to Get Female Microenterprises Growing? Evidence from a Randomized Experiment in Ghana." NBER Working Paper 17207, National Bureau of Economic Research, Cambridge, MA.

———. 2014. "Microenterprise Growth and the Flypaper Effect: Evidence from a Randomized Experiment in Ghana." *Journal of Development Economics* 106: 211–26.

Fafchamps, Marcel, and Mans Söderbom. 2006. "Wages and Labor Management in African Manufacturing." *Journal of Human Resources* 41 (2): 356–79.

Fafchamps, Marcel, and Christopher Woodruff. 2016. "Identifying Gazelles: Expert Panels vs. Surveys as a Means to Identify Firms with Rapid Growth Potential." Policy Research Working Paper 7647, World Bank, Washington, DC.

Fiala, Nathan. 2015. "Economic Consequences of Forced Displacement." *Journal of Development Studies* 51 (10): 1275–93.

Filmer, Deon, and Louise Fox. 2014. *Youth Employment in Sub-Saharan Africa.* Washington, DC: World Bank.

Fox, Louise, C. Haines, J. Huerta Munoz, and A. Thomas. 2013. "Africa's Got Work to Do: Employment Prospects in the New Century." IMF Working Paper 13/201, International Monetary Fund (IMF), Washington, DC.

Fox, Louise, and Thomas Pave Sohnesen. 2012. "Household Enterprises in Sub-Saharan Africa: Why They Matter for Growth, Jobs, and Livelihoods." Policy Research Working Paper 6184, World Bank, Washington, DC.

Frick, Susanne, and Andrés Rodríguez-Pose. 2016. "Average City Size and Economic Growth." *Cambridge Journal of Regions, Economy and Society* 9 (2): 301–18.

———. 2018. "Change in Urban Concentration and Economic Growth." *World Development* 105: 156–70.

Friedson-Ridenour, Sophia, and Rachael S. Pierotti. 2018. "Intrahousehold Economic Resource Management and Women's Microenterprises: A Case Study from Urban Ghana." Unpublished study, World Bank, Washington, DC.

Gelb, Alan, Christian J. Meyer, Vijaya Ramachandran, and Divyanshi Wadhwa. 2017. "Can Africa Be a Manufacturing Destination? Labor Costs in Comparative Perspective." Working Paper 466, Center for Global Development, Washington, DC.

Gertler, Paul J., Sebastian W. Martinez, and Marta Rubio-Codina. 2012. "Investing Cash Transfers to Raise Long-Term Living Standards." *American Economic Journal: Applied Economics* 4 (1): 164–92.

Gibson, John, Gaurav Datt, Rinku Murgai, and Martin Ravallion. 2017. "For India's Rural Poor, Growing Towns Matter More than Growing Cities." *World Development* 98: 413–29.

Gindling, T. H., and David Newhouse. 2014. "Self-Employment in the Developing World." *World Development* 56: 313–31.

Gobin, Vilas J., Paulo Santos, and Russell Toth. 2016. "Poverty Graduation with Cash Transfers: A Randomized Evaluation." Monash Economics Working Papers 23-16, Department of Economics, Monash University, Victoria, Australia.

Golub, Stephen S., Janet Ceglowski, Ahmadou Aly Mbaye, and Varun Prasad. 2017. "Can Africa Compete with China in Manufacturing? The Role of Relative Unit Labour Costs." *World Economy* 41 (6): 1508–28.

Grimm, Michael, Peter Knorringa, and Jann Lay. 2012. "Constrained Gazelles: High Potentials in West Africa's Informal Economy." *World Development* 40 (7): 1352–68.

Grimm, Michael, and Anna Luisa Paffhausen. 2015. "Do Interventions Targeted at Micro-Entrepreneurs and Small and Medium-Sized Firms Create Jobs? A Systematic Review of the Evidence for Low and Middle Income Countries." *Labour Economics* 32: 67–85.

Haggblade, Steven, Peter Hazell, and Thomas Reardon, eds. 2007. *Transforming the Rural Nonfarm Economy*. Baltimore: Johns Hopkins University Press.

Hallward-Driemeier, Mary, and Gaurav Nayyar. 2018. *Trouble in the Making? The Future of Manufacturing-Led Development*. Washington, DC: World Bank.

Hardy, Morgan, and Gisella Kagy. 2018. "Mind The (Profit) Gap: Why Are Female Enterprise Owners Earning Less Than Men?" *AEA Papers and Proceedings* 108: 252–55.

Hardy, Morgan, and Jamie McCasland. 2017. "Are Small Firms Labor Constrained? Experimental Evidence from Ghana." Research paper, Private Enterprise Development in Low-Income Countries (PEDL) initiative, Centre for Economic Policy Research (CEPR), Washington, DC.

Haushofer, Johannes, and Jeremy Shapiro. 2016. "The Short-Term Impact of Unconditional Cash Transfers to the Poor: Experimental Evidence from Kenya." *Quarterly Journal of Economics* 131 (4): 1973–2042.

Hausmann, Ricardo, and Dani Rodrik. 2006. "Doomed to Choose: Industrial Policy as Predicament." Unpublished paper, Harvard Kennedy School of Government, Harvard University, Cambridge, MA.

Hjort, Jonas, and Jonas Poulsen. 2017. "The Arrival of Fast Internet and Employment in Africa." NBER Working Paper 23582, National Bureau of Economic Research, Cambridge, MA.

Honorati, Maddalena, and Sara Johansson de Silva. 2016. *Expanding Job Opportunities in Ghana*. Directions in Development Series. Washington, DC: World Bank.

ILO (International Labour Organization). 1993. "Resolution Concerning the International Classification of Status in Employment (ICSE), Adopted by the Fifteenth International Conference of Labour Statisticians." ILO, Geneva.

———. 2018. "20th International Conference on Labour Statisticians." Report of the Conference, ILO, Geneva.

Ingelaere, Bert, Luc Christiaensen, Joachim De Weerdt, and Ravi Kanbur. 2018. "Why Secondary Towns Can Be Important for Poverty Reduction: A Migrant Perspective." *World Development* 105: 273–82.

Karlan, Dean, Ryan Knight, and Christopher Udry. 2012. "Hoping to Win, Expected to Lose: Theory and Lessons on Micro Enterprise Development." NBER Working Paper 18325, National Bureau of Economic Research, Cambridge, MA.

Kluve, Jochen, Susana Puerto, David Robalino, Jose Manuel Romero, Friederike Rother, Jonathan Stöterau, Felix Weidenkaff, and Marc Witte. 2016. "Do Youth Employment Programs Improve Labor Market Outcomes? A Systematic Review." IZA Discussion Paper No. 10263, Institute for the Study of Labor (IZA), Bonn.

La Porta, Rafael, and Andrei Shleifer. 2014. "Informality and Development." *Journal of Economic Perspectives* 28 (3): 109–26.

Lall, Somik Vinay, J. Vernon Henderson, and Anthony J. Venables. 2017. *Africa's Cities: Opening Doors to the World.* Washington, DC: World Bank.

Loening, Josef, Bob Rijkers, and Måns Söderbom. 2008. "Nonfarm Microenterprise Performance and the Investment Climate: Evidence from Rural Ethiopia." Policy Research Working Paper 4577, World Bank, Washington, DC.

Macours, Karen, Patrick Premand, and Renos Vakis. 2012. "Transfers, Diversification and Household Risk Strategies: Experimental Evidence with Lessons for Climate Change Adaptation." Policy Research Working Paper 6053, World Bank, Washington, DC.

McKenzie, David, and Christopher Woodruff. 2008. "Experimental Evidence on Returns to Capital and Access to Finance in Mexico." *World Bank Economic Review* 22 (3): 457–82.

———. 2014. "What Are We Learning from Business Training and Entrepreneurship Evaluations around the Developing World?" *World Bank Research Observer* 29 (1): 48–82.

McMillan, Margaret, Dani Rodrik, and Claudia Sepulveda. 2017. "Structural Change, Fundamentals, and Growth: A Framework and Country Studies." Policy Research Working Paper 8041, World Bank, Washington, DC.

Mihretu, Mamo, and Gabriela Llobet. 2017. "Looking beyond the Horizon: A Case Study of PVH's Commitment in Ethiopia's Hawassa Industrial Park." Report No. 117230, World Bank, Washington, DC.

Minde, Isaac, David Tschirley, and Stephen Haggblade. 2012. "Food System Dynamics in Africa: Anticipating and Adapting to Change." Working Paper 1, Modernizing African Food Systems, Michigan State University, East Lansing.

Minten, Bart, Seneshaw Tamru, Ermias Engida, and Tadesse Kuma. 2013. "Ethiopia's Value Chains on the Move: The Case of Teff." Ethiopia Strategy Support Program II Working Paper 52, International Food Policy Research Institute (IFPRI), Addis Ababa.

Mohammad, Amin, and Asif Islam. 2015. "Are Large Informal Firms More Productive than the Small Informal Firms? Evidence from Firm-Level Surveys in Africa." *World Development* 74: 374–85.

Mueller, Bernd, and Man-Kwun Chan. 2015. "Wage Labor, Agriculture-Based Economies, and Pathways out of Poverty: Taking Stock of Evidence." Leveraging Economic Opportunities (LEO) Report No. 15, U.S. Agency for International Development (USAID), Washington, DC.

Murray, Sally. 2017. "New Technologies Create Opportunities." Working Paper 2017/156, United Nations University World Institute for Development Economics Research (UNU-WIDER), Helsinki.

Nagler, Paula. 2017. "A Profile of Non-Farm Household Enterprises in Sub-Saharan Africa." MERIT Working Papers 048, United Nations University–Maastricht Economic and Social Research Institute on Innovation and Technology (MERIT), Maastricht University and Erasmus Research and Business Support, Erasmus University, Rotterdam.

Nagler, Paula, and Wim Naudé. 2017. "Non-Farm Entrepreneurship in Rural Sub-Saharan Africa: New Empirical Evidence." *Food Policy* 67: 175–91.

Newman, Carol, John Page, John Rand, Abebe Shimeles, Måns Söderbom, and Finn Tarp, eds. 2016. *Manufacturing Transformation: Comparative Studies of Industrial Development in Africa and Emerging Asia.* United Nations University World Institute for Development Economics Research (UNU-WIDER) Studies in Development Economics. Oxford, U.K. Oxford University Press.

Ng'weno, Amolo, and David Porteous. 2018. "Let's Be Real: The Informal Sector and the Gig Economy Are the Future, and the Present, of Work in Africa." CGD Note, October, Center for Global Development (CGD), Washington, DC.

Nogales, Eva Gálvez, and Martin Webber, eds. 2017. *Territorial Tools for Agro-Industry Development: A Sourcebook.* Rome: Food and Agriculture Organization of the United Nations (FAO).

Norman, Therese, Dino Merotto, and Brian Blankespoor. 2018. "It's All About the Processing: Spatial Analysis of Agro-Firm Location and Jobs Potential in Zambia." Unpublished manuscript, World Bank, Washington, DC.

Oya, Carlos, and Nicola Pontara, eds. 2015. *Rural Wage Employment in Developing Countries: Theory, Evidence and Policy.* London and New York: Routledge.

Page, John, and Måns Söderbom. 2015. "Is Small Beautiful? Small Enterprise, Aid and Employment in Africa." *African Development Review* 27 (S1): 44–55.

Poschke, Markus. 2013a. "The Decision to Become an Entrepreneur and the Firm Size Distribution: A Unifying Framework for Policy Analysis." IZA Discussion Paper No. 7757, Institute for the Study of Labor (IZA), Bonn.

———. 2013b. "Entrepreneurs Out of Necessity: A Snapshot." *Applied Economics Letters* 20 (7): 658–63.

Reardon, Thomas, David Tschirley, Bart Minten, Steven Haggblade, Lenis Saweda Liverpool-Tasie, Michael Dolislager, Jason Snyder, and Claire Ilumba. 2015. "Transformation of African Agrifood Systems in the New Era of Rapid Urbanization and the Emergence of a Middle Class." In *Beyond a Middle Income Africa: Transforming African Economies for Sustained Growth with Rising Employment and Incomes*, edited by Ousmane Badiane and Tsitsi Makombe, 62–74. ReSAKSS Annual Trends and Outlook Report 2014. Washington, DC: International Food Policy Research Institute (IFPRI).

Reeg, Caroline. 2015. "Micro and Small Enterprises as Drivers for Job Creation and Decent Work." Discussion Paper 10/2015, German Development Institute, Bonn.

Resnick, Danielle. 2017. "Governance: Informal Food Markets in Africa's Cities." In *IFPRI Global Food Policy Report 2017*, 50–57. Washington, DC: International Food Policy Research Institute (IFPRI).

———. Forthcoming. "The Politics of Crackdowns on Africa's Informal Vendors." *Journal of Comparative Politics.*

Rijkers, Bob, and Rita Costa. 2012. "Gender and Rural Non-Farm Entrepreneurship." *World Development* 40 (12): 2411–26.

Rizzo, Matteo, Blandina Kilama, and Marc Wuyts. 2015. "The Invisibility of Wage Employment in Statistics on the Informal Economy in Africa: Causes and Consequences." *Journal of Development Studies* 51 (2): 149–61.

Roberts, Brian H. 2014. *Managing Systems of Secondary Cities: Policy Responses in International Development.* Brussels: Cities Alliance.

———. 2016. "Rural Urbanization and Development of Small and Intermediate Towns." *Regional Development Dialogue* 35: 1–23.

Rodrik, Dani. 2016. "Premature Deindustrialization." *Journal of Economic Growth* 21 (1): 1–33.

Rondinelli, Dennis, and Kenneth Ruddle. 1983. *Urbanization and Rural Development: A Spatial Policy for Equitable Growth.* New York: Praeger Publishers.

Söderbom, Måns, and Francis Teal. 2004. "Size and Efficiency in African Manufacturing Firms: Evidence from Firm-Level Panel Data." *Journal of Development Economics* 73 (1): 369–94.

Söderbom, Måns, Francis Teal, and Anthony Wambugu. 2005. "Unobserved Heterogeneity and the Relation between Earnings and Firm Size: Evidence from Two Developing Countries." *Economics Letters* 87 (2): 153–59.

Van den Broeck, Goedele, and Miet Maertens. 2015. "Female Employment Reduces Fertility in Rural Senegal." *PLoS One* 10 (3): e0122086.

Van Rooyen, C., R. Stewart, and T. de Wet. 2012. "The Impact of Microfinance in Sub-Saharan Africa: A Systematic Review of the Evidence." *World Development* 40 (11): 2249–62.

Vermeire, Jacob A. L., and Garry D. Bruton. 2016. "Entrepreneurial Opportunities and Poverty in Sub-Saharan Africa: A Review and Agenda for the Future." *Africa Journal of Management* 2 (3): 258–80.

World Bank. 2012. *World Development Report 2013: Jobs.* Washington, DC: World Bank.

———. 2015a. "Ethiopia Poverty Assessment." Report No. 100631, World Bank, Washington, DC.

———. 2015b. "More, and More Productive, Jobs for Nigeria: A Profile of Work and Workers." Report No. 103937, World Bank, Washington, DC.

———. 2015c. "Rwanda Poverty Assessment." Report No. 100631, World Bank, Washington, DC.

———. 2016a. "Measuring Rural Access: Using New Technologies." Report No. 107996, World Bank, Washington, DC.

———. 2016b. "Rwanda at Work." Rwanda Economic Update 9, World Bank, Washington, DC.

———. 2019. "Profiting from Parity: Unlocking the Potential of Women's Businesses in Africa." Report of the Africa Region Gender Innovation Lab and the Finance, Competitiveness and Innovation Global Practice, World Bank, Washington, DC.

———. Forthcoming(a). *Ethiopia Employment and Jobs Study*. Washington, DC: World Bank.

———. Forthcoming(b). *Making Economic Transformation Work for the African Poor*. Washington, DC: World Bank.

Yeboah, Felix Kwame, and Thomas S. Jayne. 2018. "Africa's Evolving Employment Trends: Implications for Economic Transformation." *Journal of Development Studies* 54 (5): 803–32.

RÉALISER DES AVANCÉES GRÂCE À LA TECHNOLOGIE (ET AU COMMERCE)

Luc Christiaensen et Siddhartha Raja

En Afrique, le déficit d'infrastructure est énorme. Le problème de la desserte des zones rurales et éloignées, où sont concentrés les pauvres, n'en est que plus grave. Les importantes économies d'échelle requises par le développement des infrastructures induisent une monopolisation, souvent par des entités gérées par l'État, tandis que la demande actuellement limitée rend difficile le recouvrement des coûts à court terme. Du coup, l'accent est mis sur les zones plus densément peuplées, tandis que la fréquente mauvaise gestion des monopoles d'État fait encore grimper le coût de la fourniture d'infrastructures. Il en résulte que la plupart des pauvres des zones rurales (et dans une moindre mesure, des zones urbaines) restent privés d'accès à des infrastructures d'information et de communication ainsi qu'à des services énergétiques et de transport abordables et fiables. Sans eux, il est difficile d'accéder aux marchés et aux services publics, d'accroître la productivité, et d'augmenter les revenus des activités agricoles ou non.

Cependant, le changement est là : ces dernières années, la technologie a fait d'énormes progrès (tels que la connectivité sans fil, l'énergie solaire et les drones) qui peuvent aider à combler le déficit d'infrastructures et bénéficier directement aux pauvres, du moins en théorie. Ce rapport examine ce que les pays à revenu faible ou intermédiaire peuvent attendre de ces évolutions technologiques.

Les nouvelles technologies sont très prometteuses pour accélérer la réduction de la pauvreté en Afrique grâce à une amélioration de la rentabilité du travail effectué par les gens. Mais l'espoir qu'elles suscitent ne se matérialisera que si les politiques publiques facilitent trois éléments dans le cadre d'un effort plus large : a) l'élimination des obstacles à l'adaptation des technologies aux conditions locales et à leur diffusion plus profonde ; b) la constitution d'une plus large base de compétences tant chez les consommateurs que chez les techniciens ; et c) l'existence d'un écosystème favorable permettant de tirer parti des nouvelles possibilités offertes par les technologies.

Tendances, défis et possibilités de réaliser des avancées

Au cours de la dernière décennie, l'utilisation des services de télécommunication s'est généralisée en Afrique, où 73 % de la population sont désormais abonnés à la téléphonie mobile (Banque mondiale, 2018a). Toutefois, en 2018, seuls environ 25 % des Africains utilisaient Internet (figure F3.1). Dans les zones rurales, l'utilisation d'Internet est pratiquement inexistante (Raja, 2017). De plus, les téléphones portables ne se sont pas répandus de la même façon dans tous les pays. En République centrafricaine, par exemple, l'Internet rapide et la téléphonie mobile restent largement confinés dans la région de la capitale, Bangui, et de ses environs.

Estimé à 42 %, le taux d'électrification des ménages en Afrique est également le plus bas du monde. Dans les zones rurales, il est de 22 % (contre 71 % en milieu urbain). En plus de leurs faibles taux d'accès à l'électricité, les ménages et les entreprises qui en disposent subissent souvent des heures de pannes imprévisibles, qui limitent l'utilisation de l'électricité à des fins productives (Banque mondiale, 2018a). La connectivité physique reste également un défi, en particulier dans les zones rurales. La proportion de la population rurale vivant à moins de deux kilomètres d'une route en bon état n'est que de 17 % en Zambie, de 20 % à 30 % en Éthiopie, au Mozambique et en Tanzanie, et d'un peu plus de 50 % au Kenya et en Ouganda (Banque mondiale, 2016).

Possibilités d'expansion de la téléphonie mobile et d'Internet

Les progrès technologiques offrent l'occasion de combler ces déficits d'accès et d'utilisation des infrastructures. Le premier avant-goût de ces possibilités d'avancées est venu de la propagation des téléphones mobiles. Trois caractéristiques importantes expliquent son succès.

FIGURE F3.1   **L'Internet mobile est en pleine expansion en Afrique**

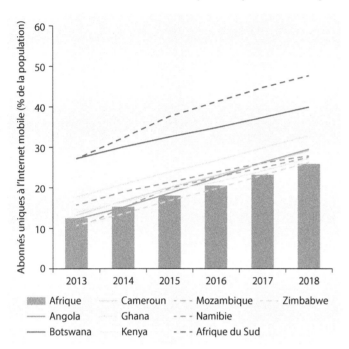

Source : Base de données *Intelligence 2018 de la Global System for Mobile Association*
(GSMA – l'association mondiale des opérateurs mobiles) https://www.gsmaintelligence.com/.

« pesa » pour « argent » en swahili), un service qui permet de stocker et d'envoyer de l'argent par téléphone, mettant soudainement un « compte bancaire » rudimentaire dans la poche de tout un chacun. Les transferts et paiements d'argent mobiles étant désormais une possibilité, accompagnée d'une réduction des coûts de transaction, de nouvelles applications sont en cours de développement. Au Nigéria, *Hello Tractor*, une application de location de tracteurs, réduit la recherche et les coûts associés, et permet aux petits exploitants agricoles de réaliser des économies d'échelle sur des équipements de haute productivité utilisés de manière occasionnelle (Jones, 2018). Ces applications accroissent à leur tour la valeur de la possession d'un téléphone cellulaire et génèrent d'importants effets de réseau : plus il y a de personnes ayant un téléphone portable, plus le nombre de celles capables de s'abonner et d'utiliser le service est élevé.

Toutes les régions du continent ne disposent pas encore de connexions mobiles fiables, en particulier les zones rurales et éloignées et les pays à faible revenu. La pénétration d'Internet ne fait que commencer. Les progrès technologiques rendent néanmoins d'autres avancées possibles. Premièrement, les dernières années ont vu un énorme accroissement du nombre des câbles Internet sous-marins reliant l'Afrique au reste du monde, qui a étendu la capacité de la bande passante et réduit considérablement les coûts de connexion. Deuxièmement, les technologies sans fil avancées aident à couvrir la connectivité des services Internet sur le dernier kilomètre. Des forfaits Internet avec téléchargement illimité sont maintenant disponibles dans les bidonvilles du Kenya pour à peine 50 cents par jour (Economist, 2017a). Ils ouvrent la voie à la communication vocale bon marché ou même gratuite et à d'autres innovations.

Innovations en matière d'accès à l'électricité

L'Afrique pourrait de même passer directement à l'électricité renouvelable bon marché fournie par des mini-réseaux basés sur des systèmes solaires photovoltaïques (PV) partagés et des lignes de distribution de courant continu (CC). Les services énergétiques modernes, en particulier l'électricité, constituent un élément essentiel pour la croissance économique (Modi et al., 2006 ; Parshall et al., 2017).

De nouvelles approches des services d'électricité, telles que les systèmes résidentiels de batterie solaire sur le toit ou les lampes solaires,

Premièrement, la technologie sans fil a éliminé le besoin de lignes téléphoniques fixes, réduisant considérablement l'investissement à coût fixe et, par conséquent, les économies d'échelle pour les fournisseurs de services. Combiné à la libéralisation du marché des télécommunications, cela a permis à de nouvelles entreprises de faire leur entrée et de contourner les entreprises publiques nationales monopolistiques qui n'avaient souvent pas les ressources financières (et les incitations) nécessaires pour étendre les services (James, 2016). À mesure qu'ils gagnaient en popularité et étaient plus largement adoptés, les téléphones mobiles sont devenus des produits de consommation de masse, et les coûts fixes pour les utilisateurs ont rapidement diminué.

Deuxièmement, les nouveaux modèles commerciaux de paiement à l'utilisation, tels que les cartes téléphoniques prépayées et les kiosques mobiles pour le rechargement des téléphones, ont réduit le risque de non-paiement et permis un accès progressif aux services. Cela a particulièrement profité aux pauvres confrontés à des contraintes de liquidité.

Troisièmement, la technologie a rapidement permis d'autres avancées, telles que le développement de M-Pesa au Kenya (« M » pour mobile, prouvent déjà leur efficacité. Par exemple, les enfants ougandais ayant reçu des lampes solaires étaient en meilleure santé, surtout pendant la période des examens, que ceux exposés à la pollution de l'air intérieur causée par l'utilisation de bougies ou de lampes à pétrole (Furukawa, 2013). Au Rwanda, les ménages utilisant des lampes solaires pico[1] ont constaté une nette amélioration de la qualité de l'air dans leurs maisons, et leurs enfants ont pu étudier dans de meilleures conditions (Grimm et al., 2017). Toutefois, ces systèmes n'alimentent, au mieux, que quelques ampoules à diode électroluminescente (LED — *light-emitting diode*), une radio ou un téléviseur, et un chargeur de téléphone.

Les mini-réseaux sont particulièrement prometteurs pour les nombreuses villes et villages ruraux difficiles à atteindre avec le réseau national, bien que leur fonctionnement demeure coûteux lorsque leurs moteurs sont alimentés au diesel. Le développement de produits compatibles peu coûteux (réfrigérateurs, pompes solaires et moulins à grains, par exemple) permet en outre d'accroître l'utilisation productive de l'électricité. La demande totale accrue engendrée par l'utilisation d'une électricité productive améliore encore la viabilité commerciale de ces mini-réseaux. Elle aide également à faire naître des opportunités de revenus au sein et en dehors des exploitations agricoles (comme expliqué au chapitre 4), ouvrant ainsi des voies de sortie de la pauvreté.

Grâce aux compteurs intelligents prépayés, l'électricité peut être vendue en petites quantités et les problèmes de non-paiement être ainsi résolus. Les clients paient à l'avance pour une certaine quantité d'électricité. Quand ils manquent d'argent, le courant est coupé jusqu'à ce que le compte soit rechargé, ce qui, avec l'argent mobile, devient facile. Il y a eu plusieurs exemples de réussite de mini-réseaux de différents types en Asie du Sud et Asie de l'Est. À ce jour, la Tanzanie est l'un des rares pays africains à mettre en œuvre un vaste programme d'électrification basée sur les mini-réseaux, même si plusieurs autres pays (notamment le Kenya, le Nigéria, le Rwanda et l'Ouganda) ont commencé à revoir leurs politiques de soutien aux mini-réseaux. C'est un espace dynamique à surveiller (Banerjee et al., 2017 ; Tenenbaum et al., 2014).

Percées en matière de connectivité physique

Des avancées sont plus difficiles à réaliser dans le comblement de l'écart de connectivité physique.

Les drones peuvent être une solution. Avec la technologie actuelle, ils peuvent aider à livrer dans les zones reculées, de petits articles précieux tels que du sang et des médicaments ou du matériel médical. Le partenariat largement vanté entre la jeune entreprise de drones Zipline et le ministère rwandais de la Santé en est un exemple. Il a fait descendre le délai de livraison de quatre heures à moins de 45 minutes et réduit la dépendance à une électricité fiable pour le stockage des médicaments. En 2017, plus de 20 % de l'approvisionnement en sang à l'extérieur de la capitale, Kigali, était assuré par des drones (Banque mondiale, 2018b). Les commandes peuvent être passées sur WhatsApp, et la livraison est annoncée une minute avant l'arrivée. L'entreprise est en train d'étendre son service à la Tanzanie (Guardian, 2018).

Il ne s'agit toutefois pas de l'unique possibilité de réduction des coûts de transport. D'autres applications sont en cours de développement. Au Kenya, par exemple, l'application *Moovr* utilise des textos (SMS) pour relier les camionneurs du Kenya aux petits exploitants des zones éloignées souhaitant expédier leur bétail vers les marchés (Economist, 2017c). Elle constitue ainsi une sorte de « Uber pour les vaches », qui réduit les coûts de recherche et d'appariement, brise les monopoles dans le secteur du transport, et aide les agriculteurs à profiter des économies d'échelle et des services fournis par un véhicule sans avoir à en posséder un, un peu à la façon dont les téléphones mobiles ont permis de contourner les lignes de téléphonie fixe.

Enfin, depuis la libéralisation du commerce et l'intensification des échanges Sud-Sud, en particulier avec la Chine et l'Inde, de nouvelles formes de transport sont désormais accessibles aux petites entreprises du secteur informel (opérant en tant que propriétaires ou opérateurs de crédit-bail)[2]. Les motocyclettes et tricycles motorisés capables de transporter jusqu'à une tonne de marchandises le long des routes rurales accidentées de l'Afrique sont aujourd'hui très répandus dans les zones rurales du continent, sauf en Afrique australe (Starkey, 2016 ; Starkey et Hine, 2014). En 10 ans, le nombre des motos est passé de moins de 10 000 à 800 000 en Tanzanie (Starkey, 2016). Bien que les motocyclettes et tricycles n'éliminent pas la nécessité d'étendre le réseau routier rural ou de fournir des services d'autobus et d'autres types de véhicules, ils ont joué un rôle déterminant dans le désenclavement de l'arrière-pays rural (Aikins et Akude, 2015).

Les services de motocyclettes et de taxis à trois roues étant désormais disponibles et appelables par téléphone mobile, la Banque mondiale a, pour établir son Indice d'accessibilité rurale 2016[3], relevé de 2 km à au moins 5 km (selon le terrain, les chemins, et les ponts) la distance estimée jusqu'à une route praticable en toutes saisons assurant la connectivité rurale. Ces services de taxi créent également de nouvelles opportunités d'emploi pour les travailleurs non qualifiés (Mukhtar et al., 2015). En même temps, cette rapide extension a fait de la sécurité routière et du respect des réglementations des préoccupations majeures.

Comment les pauvres peuvent-ils bénéficier de ces avancées technologiques ?

Les pauvres peuvent bénéficier de ces technologies directement, en tant qu'utilisateurs, ou indirectement, grâce à la disponibilité plus grande et moins chère des biens et services, due à leur adoption par d'autres personnes. En tant que producteurs et consommateurs, ils peuvent en tirer profit grâce à un meilleur accès à des biens d'équipement améliorant la productivité ainsi qu'au marché pour acheter et vendre leurs biens et services. Pour les pauvres, la plupart des avantages sont, toutefois, probablement indirects, du moins à moyen terme. La raison en est que la diffusion technologique suit généralement une courbe en S, où les pauvres sont généralement les derniers servis dans le processus, tandis que les premiers utilisateurs (plus riches) réduisent les risques pour les fournisseurs de la technologie et servent de point d'entrée pour de nouveaux marchés. En d'autres termes, le canal de la croissance induite par les avancées technologiques est probablement plus important que celui dû à la réduction des inégalités (Galperin et Viecens, 2017).

De plus, les avantages des avancées technologiques, en particulier numériques, sont généralement plus importants là où les écarts sont les plus larges, et ne se manifestent souvent que plus tard, en raison des importants effets de réseau (Galperin et Viecens, 2017 ; James, 2016). Pour illustrer ce potentiel (voir également le chapitre 2 « Démographie et structure socioéconomique de l'Afrique »), entre 2008 et 2014, l'accès aux services M-Pesa a permis à près de 200 000 ménages kényans de sortir de l'extrême

pauvreté, soit 2 % du total des ménages kényans (Suri et Jack, 2016).

Des interventions publiques dans trois domaines peuvent aider à exploiter le potentiel de ces technologies avancées pour accélérer la réduction de la pauvreté en Afrique :

* *L'accès* : Les zones et les populations plus pauvres ont, pour commencer, besoin d'avoir accès aux technologies. Cela nécessite une politique publique visant à éliminer les défaillances du marché et de la réglementation freinant la diffusion de la technologie (numérique ou autre). Déjà en 2009, seuls quelque 8 % de la population du continent vivaient dans des zones où le service des réseaux cellulaires mobiles aurait été non viable, si des politiques et réglementations appropriées avaient été en place. Les services Internet avaient besoin d'un plus grand soutien public (Williams, Mayer et Minges, 2011).
* *Compétences* : Les compétences requises pour utiliser la technologie de manière productive et éventuellement pour l'adapter aux conditions locales font souvent défaut.
* *Environnement favorable aux affaires* : Bon nombre des avantages des technologies numériques et autres découlent des applications, produits et modèles commerciaux qui se développent en s'appuyant sur les technologies de l'information et de la communication (TIC) et les réseaux solaires. Ils nécessitent un environnement des affaires favorable, au sein duquel la disponibilité simultanée de différentes technologies leur permet souvent de se renforcer mutuellement (par exemple, des plateformes de paiement mobile, d'énergie solaire et d'électricité, et de services de transport).

Politiques visant à élargir l'accès

La libéralisation des services a été essentielle pour le succès de la téléphonie mobile et d'Internet en Afrique. En même temps, une réglementation adéquate et une politique de concurrence sont essentielles pour prévenir les comportements monopolistiques, y compris pour assurer l'interopérabilité. Par exemple, le Kenya a décidé, avec l'appui de la Banque mondiale, que Safaricom, le fournisseur de réseau mobile de M-Pesa, ne pouvait pas passer de contrats exclusifs avec les petits magasins (voir Riley et Kulathunga, 2017 pour plus de détails). Après la mise en application du décret, les revenus des petits agents des zones rurales ont augmenté de 49 %.

La mise en œuvre d'une réglementation efficace pour le partage des infrastructures peut également rendre l'accès à Internet plus abordable, en réduisant les coûts fixes. En Indonésie par exemple, les pouvoirs publics ont limité la construction de nouvelles tours de télécommunications à proximité des tours existantes afin d'encourager le partage des infrastructures (ITU, 2016).

Les mini réseaux ont avant tout besoin de cadres juridiques clairs pour réduire les risques réglementaires pour les entreprises et leurs investisseurs. Ces cadres doivent comprendre des règles de tarification ; des procédures d'importation simplifiées ; des normes et mécanismes de certification pour les fournisseurs et installateurs ; des incitations fiables à l'adoption d'appareils énergétiquement efficaces et alimentés par des énergies renouvelables ; ainsi que des campagnes d'éducation et de sensibilisation. Des subventions à titre expérimental peuvent également être nécessaires pour démontrer l'adéquation de la demande (y compris par la création de nouvelles activités) et donc la viabilité commerciale, qui pourraient aider à attirer les importants financements concessionnels et commerciaux requis (Carlin et al., 2017).

Enfin, les taxes et redevances sectorielles imposées aux opérateurs, aux consommateurs et sur les appareils affectent l'accessibilité financière et peuvent empêcher les pauvres de bénéficier des services des TIC, énergétiques et de transport (GSMA, 2016). Ainsi, en 2011, la part fiscale du coût des appareils était la plus élevée en Afrique (29 %). Dans certains pays, le système fiscal décourage l'expansion de la combien nécessaire couverture mobile (Economist, 2017b). La nécessité d'une plus grande mobilisation des recettes intérieures (abordée dans le chapitre 6 « Mobiliser des ressources en faveur des pauvres ») doit être soupesée par rapport au potentiel de croissance à long terme, notamment en comblant le fossé numérique.

Politiques visant à renforcer la base de compétences technologiques

En plus d'une pénétration large et fiable de la téléphonie mobile et d'Internet, les multiples compétences requises pour tirer parti des nouvelles technologies sont également indispensables. Les pays doivent accroître le nombre et la qualité de leurs systèmes éducatifs pour pouvoir exploiter les possibilités offertes par la technologie (voir aussi la section Fondamentaux 1 « Piège du développement humain en Afrique »). Des compétences adéquates sont les éléments de base indispensables pour tirer profit des changements qui interviendront dans la nature de l'emploi au cours des prochaines décennies, à mesure que se développeront l'automatisation et la *gig economy* (paiement des travailleurs à la tâche).

Dans les pays où les technologies numériques sont plus largement diffusées, les programmes de renforcement des compétences, qu'ils fassent partie de systèmes formels ou non, devraient élargir leur offre en matière de compétences numériques pour inclure des éléments allant des compétences de base nécessaires pour utiliser ces technologies (culture numérique) à une formation plus poussée aux outils et applications propres à une profession. Des programmes de formation ciblés pourraient également aider les individus à accéder à des opportunités de travail numériques spécifiques. Par exemple, le Nigéria développe un projet d'économie numérique intelligente visant à aider jusqu'à 3 millions de Nigérians à trouver et produire du travail numérique à l'aide de différentes plateformes en ligne (Adewumi, 2017).

De façon plus générale, dans l'ensemble des pays, l'investissement dans les diplômés en STIM (sciences, technologie, ingénierie et mathématiques) avancées et leurs compétences afin de non seulement exploiter et maintenir, mais également adapter et développer des technologies aux conditions locales peut être très payant. Les avantages pour les pauvres de ces investissements dans les compétences sont sans doute principalement indirects, dans la mesure où ces programmes accélèrent le contournement technologique des défaillances du marché et accroissent le partage des revenus au sein de la famille élargie lorsque les enfants profitent des nouvelles opportunités d'emploi numérique.

Politiques visant à créer un environnement des affaires favorable

Enfin, même avec l'accès aux technologies et les compétences nécessaires pour les utiliser, les pauvres pourraient ne pas en profiter si un « écosystème » favorable n'est pas mis en place. Par exemple, la technologie des services de transfert d'argent mobile est facilement reproductible dans l'ensemble des réseaux mobiles et donc des pays. Il s'agit d'un service assez simple à utiliser pour les pauvres. Toutefois, si les cadres réglementaires appropriés ne sont pas en place — que ce soit pour permettre aux entreprises de télécommunications mobiles de gérer les transferts d'argent ou pour imposer des restrictions à leur fonctionnement — le taux d'adoption de ces technologies sera faible (encadré F3.1).

ENCADRÉ F3.1 **La réglementation est importante pour l'adoption de l'argent mobile**

En 2017, près de 22 % des adultes de l'Afrique subsaharienne avaient un compte d'argent mobile. Il existe toutefois des divergences régionales claires (carte BF3.1).

Les comptes d'argent mobile ont enregistré leur plus large pénétration en Afrique de l'Est. Avec 73 % des adultes ayant un compte d'argent mobile, le Kenya vient en tête. Arrivent ensuite l'Ouganda et la Tanzanie voisins, avec respectivement 51 % et 39 % d'adultes disposant d'un compte mobile. L'adoption est également élevée au Gabon, en Namibie et au Zimbabwe, où la part des comptes d'argent mobile chez les adultes s'élève également à environ 50 %. L'importance de l'argent mobile a encore augmenté en Afrique de l'Ouest, en particulier au Burkina Faso, en Côte d'Ivoire, au Ghana et au Sénégal, où plus de 30 % des adultes ont désormais un compte d'argent mobile.

Au sein des pays, l'adoption est également corrélée avec le statut économique. En moyenne, dans 30 pays africains pour lesquels des données sont disponibles, les 60 % les plus riches de la population sont plus de deux fois plus susceptibles d'avoir un compte d'argent mobile que les 40 % les plus pauvres.

Qu'est-ce qui explique la variation d'un pays à l'autre ? La raison en est en partie l'acceptation variable de la réglementation sur l'argent mobile. La *Global System for Mobile Association* (GSMA – association mondiale des opérateurs mobiles) a mis au point l'indice de réglementation de l'argent mobile (*Mobile Money Regulatory Index*) pour saisir l'efficacité du cadre de réglementation du pays dans la création d'un environnement favorable au développement de systèmes d'argent mobile.[a] Cet indice composite

CARTE BF3.1.1 **En Afrique subsaharienne, la pénétration des comptes d'argent mobile varie considérablement d'un pays à l'autre**

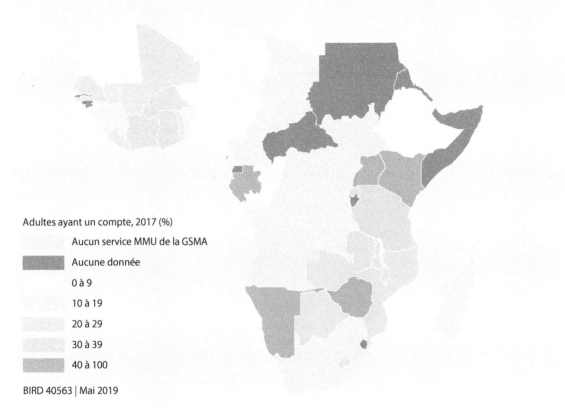

Adultes ayant un compte, 2017 (%)

- Aucun service MMU de la GSMA
- Aucune donnée
- 0 à 9
- 10 à 19
- 20 à 29
- 30 à 39
- 40 à 100

BIRD 40563 | Mai 2019

Source : Demirgüç-Kunt et al. (2018).
Note : « Aucun service MMU de la GSMA » indique l'absence de services de compte d'argent mobile dans la base de données sur l'argent mobile pour les personnes sans banque (MMU – *Mobile Money for the Unbanked*) de la *Global System for Mobile Association* (association mondiale des opérateurs mobiles).

(Suite de l'encadré page suivante)

ENCADRÉ F3.1   La réglementation est importante pour l'adoption de l'argent mobile
(suite)

unique va de 0 à 100, les scores les plus élevés indiquant un cadre réglementaire plus favorable. En Afrique, une simple analyse de corrélation – prenant en compte le produit intérieur brut (PIB), la population, la part de la population détentrice d'un compte auprès d'une institution financière, et le classement selon l'indice *Doing Business* de la Banque mondiale – montre qu'une augmentation de 10 points de l'indice de réglementation d'un pays augmente de 6 % la part des adultes ayant un compte de téléphonie mobile.

On pense donc que les réformes réglementaires récemment introduites en Éthiopie et au Nigéria pour éliminer les barrières à l'entrée sur le marché et favoriser l'adoption de l'argent mobile sont capables de susciter celle-ci. Avec moins de 1 % et 6 % respectivement, la pénétration des comptes d'argent mobile en Éthiopie et au Nigéria est encore très faible. Ces pays sont des géants dormants de l'argent mobile en Afrique (GSMA, 2018). Ensemble, ils abritent également 27 % des pauvres de l'Afrique.

Sources : Demirgüç-Kunt et al., 2015, 2018 ; GSMA, 2018.
a. Le Mobile Money Regulatory Index de la GSMA est un outil interactif disponible sur le site web de la GSMA : https://www.gsma.com/mobilemoneymetrics/#regulatory-index.

De même, si les cadres réglementaires et les institutions ne sont pas en place pour permettre des marchés concurrentiels ou des investissements dans des infrastructures de base, la disponibilité de la technologie pourrait n'avoir aucun effet significatif. Par exemple, en l'absence de réseaux de transport et de logistique fonctionnant bien, les services de commerce électronique ne peuvent à eux seuls déplacer des biens matériels d'un endroit à l'autre.

En résumé, les nouvelles technologies sont très prometteuses pour accélérer la réduction de la pauvreté en Afrique, mais elles ne tiendront pleinement leurs promesses que si les politiques publiques facilitent trois éléments clés dans le cadre d'un plus vaste train de mesures : 1) l'élimination des obstacles à l'adaptation des technologies aux conditions locales et à leur plus grande diffusion ; 2) la constitution d'une plus large base de compétences, tant chez les consommateurs que chez les techniciens ; et 3) l'existence d'un écosystème favorable approprié.

D'ici là, tant la progression que l'adoption de ces technologies se poursuivront à leur propre rythme, mais avec un plus petit nombre de bénéficiaires et un risque d'inégalité plus profonde associé au fait que les « mieux connectés » (dans tous les sens du terme) continueront d'en bénéficier, tandis que les autres, notamment les plus pauvres, tarderont à profiter de ces avantages et seront freinés dans leur tentative pour sortir de la pauvreté.

Notes

1. Les lampes solaires pico sont alimentées par des cellules solaires beaucoup plus petites (pico) et moins chères que les systèmes solaires traditionnels, fournissant néanmoins suffisamment d'énergie pour alimenter des gadgets de faible puissance, des appareils portables et des lampes LED. Leur faible coût initial les rend plus facilement accessibles.

2. Jusqu'aux années 1990, des motocyclettes « de cross » japonaises, principalement de taille moyenne, étaient relativement peu nombreuses et souvent utilisées par les agents de vulgarisation agricole et le personnel des organisations non gouvernementales. Les coûts ont rapidement diminué lorsque la Chine, l'Inde et d'autres pays asiatiques ont commencé à produire et exporter en masse des motocyclettes de taille moyenne, d'un coût allant de 2 000 dollars, pour les motos japonaises, à environ 600 dollars, pour les motos chinoises et indiennes. En conséquence, ces motos sont devenues abordables pour certaines populations rurales, en particulier lorsque les coûts peuvent être partagés par plusieurs familles ou grâce au paiement de services de transport rural (mototaxis).

3. Le coût du trajet par kilomètre parcouru en minibus atteint environ 10 à 50 % du coût par kilomètre parcouru en moto (0,05 à 0,10 dollar EU par kilomètre en minibus contre 0,13 à 0,34 dollar EU en moto). Par contre, les motos peuvent circuler sur les routes rurales accidentées de la région. Elles sont rarement en concurrence avec les minibus sur les mêmes itinéraires. En outre, les

tarifs motos ne s'appliquent qu'à un unique passager. Les coûts peuvent diminuer de 60 % si deux personnes voyagent sur la même motocyclette. De ce point de vue, les motos et tricycles sont un complément important au transport par minibus plutôt qu'un substitut (Starkey, 2016).

Références

Adewumi, Bode. 2017. "Digital Economy Set to Create Over 3 Million Jobs in Nigeria." *Nigerian Tribune*, May 2.

Aikins, Kojo Atta, and Gilbert Senyo Akude. 2015. "The Impact of Motor Tricycles on Transportation of Agricultural Produce in the Pru District of Ghana." *Global Journal of Biology, Agriculture and Health Sciences* 4 (3): 22–26.

Banerjee, Sudeshna, Malik Kabir, Andrew Tipping, Juliette Besnard, and John Nash. 2017. "Double Dividend: Power and Agriculture Nexus in Sub-Saharan Africa." Report No. 114112, World Bank, Washington, DC.

Carlin, Kelly, Josh Agenbroad, Eric Wanless, Stephen Doig, and Claire Henly. 2017. "Energy within Reach: Growing the Minigrid Market in Sub-Saharan Africa." Report, Rocky Mountain Institute, Basalt, CO.

Demirgüç-Kunt, Asli, Leora Klapper, Dorothe Singer, and Peter Van Oudheusden. 2015. "The Global Findex Database 2014: Measuring Financial Inclusion around the World." Policy Research Working Paper 7255, World Bank, Washington, DC.

Demirgüç-Kunt, Asli, Leora Klapper, Dorothe Singer, Sariya Ansar, and Jake Hess. 2018. *The Global Findex Database 2017: Measuring Financial Inclusion and the Fintech Revolution*. Washington, DC: World Bank.

Economist. 2017a. "Beefing Up Mobile-Phone and Internet Penetration in Africa." *The Economist*, November 9.

———. 2017b. "How the Taxman Slows the Spread of Technology in Africa." *The Economist*, November 9.

———. 2017c. "The Sharing Economy, African Style." *The Economist*, November 9.

Furukawa, Chishio. 2013. "Do Solar Lamps Help Children Study? Contrary Evidence from a Pilot in Uganda." *Journal of Development Studies* 50 (2): 319–41.

Galperin, Hernan, and M. Fernanda Viecens. 2017. "Connected for Development? Theory and Evidence about the Impact of Internet Technologies on Poverty Alleviation." *Development Policy Review* 35 (3): 315–36.

Grimm, Michael, Anicet Munyehirwe, Jörg Peters, and Maximiliane Sievert. 2017. "A First Step up the Energy Ladder? Low Cost Solar Kits and Household's Welfare in Rural Rwanda." *World Bank Economic Review* 31 (3): 631–49.

GSMA (Global System for Mobile Association). 2016. "Digital Inclusion and Mobile Sector Taxation 2016: The Impacts of Sector-Specific Taxes and Fees on the Affordability of Mobile Services." Deloitte study commissioned by the Global System for Mobile Association (GSMA), London.

———. 2018. "2018 State of the Industry Report on Mobile Money." Annual trend and data report Global System for Mobile Association (GSMA), London.

Guardian. 2018. "'Uber for Blood': How Rwandan Delivery Robots Are Saving Lives." *The Guardian*, January 2. https://www.theguardian.com/global-development/2018/jan/02/rwanda-scheme-saving-blood-drone.

ITU (International Telecommunication Union). 2016. *Trends in Telecommunication Reform 2016: Regulatory Incentives to Achieve Digital Opportunities*. Geneva: ITU.

James, Jeffrey. 2016. "Mobile Phone Use in Africa: Implications for Equality and the Digital Divide." In *The Impact of Mobile Phones on Poverty and Inequality in Developing Countries*, 89–93. Cham, Switzerland: Springer.

Jones, Van. 2018. "How Hello Tractor's Digital Platform Is Enabling the Mechanization of African Farming." *AgFunder News*, July 4.

Modi, Vijay, Susan McDade, Dominique Lallement, and Jamal Saghir. 2006. *Energy and the Millennium Development Goals*. New York: World Bank and United Nations Development Programme (UNDP).

Mukhtar, A., M. Waziri, B. Abdulsalam, and I. M. Dankani. 2015. "Assessment of Tricycle as a Tool of Poverty Alleviation in Maiduguri, Borno State, Northeast Nigeria." *Journal of Humanities and Social Science* 20 (8): 14–18.

Parshall, Lily, Dana Pillai, Shashank Mohan, Aly Sanoh, and Vijay Modi. 2017. "National Electricity Planning in Settings with Low Pre-Existing Grid Coverage: Development of a Spatial Model and Case Study of Kenya." *Energy Policy* 37 (6): 2395–2410.

Raja, Siddhartha. 2017. "Technological Leapfrogging." Background note prepared for *Accelerating Poverty Reduction in Africa,* World Bank, Washington, DC.

Riley, Thyra A., and Anoma Kulathunga. 2017. *Bringing E-money to the Poor: Successes and Failures.* Washington, DC: World Bank.

Starkey, Paul. 2016. "The Benefits and Challenges of Increasing Motorcycle Use for Rural Access." Paper for the International Conference on Transport and Road Research, Mombasa, March 15–17.

Starkey, Paul, and John Hine. 2014. "Poverty and Sustainable Transport: How Transport Affects Poor People with Policy Implications for Poverty Reduction. A Literature Review." Technical report, Overseas Development Institute, London; UN-Habitat, Nairobi; and U.K. Department for International Development (DFID), London.

Suri, Tavneet, and William Jack. 2016. "The Long-Run Poverty and Gender Impacts of Mobile Money." *Science* 354 (6317): 1288–92.

Tenenbaum, Bernard W., Chris Greacen, Tilak Siyambalapitiya, and James Knuckles. 2014. *From the Bottom Up: How Small Power Producers and Mini-Grids Can Deliver Electrification and Renewable Energy in Africa.* Directions in Development Series. Washington, DC: World Bank.

Williams, Mark D. J., Rebecca Mayer, and Michael Minges. 2011. *Africa's ICT Infrastructure: Building on the Mobile Revolution.* Direction in Development Series. Washington, DC: World Bank.

World Bank. 2016. "Measuring Rural Access Using New Technologies." Report No. 107996, World Bank, Washington, DC.

———. 2018a. *Africa's Pulse: An Analysis of Issues Shaping Africa's Economic Future,* vol. 17 (April). Washington, DC: World Bank.

———. 2018b. "Business Unusual: Accelerating Progress towards Universal Health Coverage." Report No. 122036, World Bank, Washington, DC.

Gérer les risques et les conflits | 5

Ruth Hill (avec les contributions de Patrick Eozenou et Philip Verwimp)

*L*es risques et conflits accroissent la pauvreté et y maintiennent les individus. Les crises ont des coûts économiques, mais l'impact économique des risques non assurés provient en grande partie des coûteux comportements d'évitement qu'ils induisent chaque année.

Les risques et conflits sont plus importants en Afrique que dans d'autres régions pour un certain nombre de raisons : les moyens de subsistance dominants sont nettement plus risqués ; les systèmes de santé sont plus médiocres ; la guerre civile reste un problème majeur en Afrique ; et de nombreuses crises sont des covariables affectant des communautés entières plutôt qu'un unique ménage.

Faire face aux risques et aux conflits requiert de prévenir les crises et de les gérer lorsqu'elles se produisent. Dans de nombreux cas, le coût de la prévention est inférieur à celui de la gestion de l'événement. Il existe des stratégies rentables pour réduire l'exposition, mais elles ne sont pas largement utilisées (par exemple, le développement de marchés pour gérer le risque lié aux prix, et des interventions spécifiques visant la sécheresse, telles que l'irrigation, ou dans le domaine de la santé, telles que les moustiquaires pour lit imprégnés d'insecticide). Il semblerait que l'aide peut réduire de façon marginale la probabilité de conflit, mais des preuves supplémentaires sont nécessaires.

Lorsque la prévention n'est pas possible, une combinaison de filets sociaux, d'épargne et d'instruments d'assurance peut aider les ménages à gérer les suites d'une crise. Toutefois, le développement des marchés financiers avant les crises est faible, et les investissements dans les filets sociaux sont trop souvent réalisés après une crise. Les pays continuent de dépendre de l'aide humanitaire a posteriori pour fournir aux ménages une aide qui, par nature, n'est ni prévisible et ni fournie en temps voulu.

La gestion des risques et des conflits nécessite d'agir avant que les crises n'interviennent. Davantage d'innovation technologique et de meilleurs systèmes d'information seraient certes bienvenus, mais encourager l'action avant le déclenchement des crises nécessitera fondamentalement de s'attaquer aux incitations poussant aujourd'hui à agir après les crises.

Pour les pouvoirs publics, cela implique de s'attaquer aux motivations politiques perverses qui récompensent les grands gestes après une catastrophe plutôt que la planification de mesures en vue des mauvais jours. De plus, il est nettement moins coûteux (voire gratuit) de faire face aux catastrophes au moyen de l'aide humanitaire que d'investir dans la prévention et la préparation avant l'éclatement des catastrophes.

À l'échelle individuelle, cela nécessitera d'amener les ménages à se débarrasser des réflexes mentaux les incitant à limiter leurs investissements dans la réduction et la gestion des risques, tels qu'une concentration sur le présent à cause des pénuries, une attitude de résignation, et une aversion pour l'ambiguïté.

Urgence de la gestion des risques

La réduction de la pauvreté n'est pas une simple question d'actifs et d'efforts ; la malchance freine les gens. Les ménages peuvent voir progresser leur bien-être durant certaines années, et subir des revers d'autres années. Et même si de nombreux ménages parviennent à s'extraire de la pauvreté, beaucoup d'autres y tombent (figure 5.1). Par exemple, entre 2006 et 2013, l'Ouganda a enregistré le deuxième plus rapide taux de réduction de la pauvreté de tous les pays de l'Afrique subsaharienne, mais l'analyse montre que pour trois personnes sorties de la pauvreté au cours de cette période, deux autres y sont tombées (Ssewanyana et Kasirye, 2012).

FIGURE 5.1   En Afrique, la part des non-pauvres tombant dans la pauvreté est à peu près équivalente à celle des pauvres qui en sortent

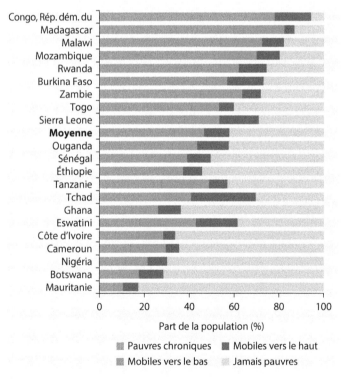

Source : Dang et Dabalen, 2018.
Note : Les statistiques sur la pauvreté correspondent à la dernière année d'enquête auprès des ménages dans chaque pays. La catégorie des « Pauvres chroniques » comprend les ménages qui étaient pauvres au cours des deux périodes de l'analyse ; « Mobiles vers le bas » désigne les ménages qui sont tombés dans la pauvreté au cours de la deuxième période ; « Mobiles vers le haut » désigne ceux qui étaient pauvres au cours de la première période, mais pas durant la deuxième ; et « Jamais pauvres » désigne les ménages qui n'ont pas été pauvres au cours des deux périodes.

La volatilité et les crises qui anéantissent souvent les gains et limitent les progrès sont des facteurs critiques dans les efforts de réduction de la pauvreté. Comme indiqué dans le reste de ce chapitre, les ménages africains subissent des chocs fréquents et sont en mauvaise position pour les gérer, ce qui permet aux crises d'aggraver la pauvreté. Très important, elles maintiennent également les personnes dans la pauvreté, car les ménages adoptent un comportement coûteux pour les éviter.

Les chocs présentant les plus grands risques pour le bien-être en Afrique — problèmes de santé, sécheresse, crises des prix et conflits — affectent principalement le revenu plutôt que les actifs et se manifestent lentement plutôt que soudainement. Toutefois, le nombre des personnes affectées en une fois, la force et l'étendue de leur impact, et leur persistance peuvent considérablement varier. Autre fait important, cela a des implications sur les types de stratégies à adopter pour gérer les crises.

Comment, alors, accélérer la réduction de la pauvreté dans ce contexte ? S'attaquer à certains des principaux moteurs de ces chocs, tels que le changement climatique ou les déterminants sous-jacents des conflits violents, sort du cadre de ce travail. Nous nous intéressons plutôt aux interventions aidant les ménages soit à réduire leur exposition aux chocs (telles que l'irrigation ou les moustiquaires pour les lits) soit à mieux gérer celles qui ne peuvent être évitées ou qui devraient être bien accueillies compte tenu des possibilités qu'elles offrent (comme le développement de marchés financiers et de filets sociaux adaptatifs). Réduire et gérer les risques coûte cher. Ce chapitre se concentre donc sur les interventions rentables. Pour les conflits, il expose des enseignements qui commencent à être tirés sur le rôle des programmes publics bien menés dans la réduction des conflits et sur la façon dont l'inclusion financière peut aider les ménages à faire face au risque accru de violence.

Bien qu'il subsiste de considérables possibilités d'innovation dans les politiques et les technologies pour réduire et gérer les risques, des solutions existent dans beaucoup de cas, mais ne sont pas utilisées. Les secteurs privé et public ont un rôle à jouer sur les deux fronts, et ces deux types d'intervention requièrent, de manière cruciale, que tant les ménages que les pouvoirs publics agissent *avant* le déclenchement des crises.

Pourquoi ces solutions ne sont-elles pas utilisées ? Il existe toute une série d'explications.

Les contraintes comportementales et financières limitent les investissements des ménages dans la diminution de leur exposition et une meilleure préparation aux chocs. Le manque de confiance, l'asymétrie de l'information, et les coûts fixes élevés entravent le développement des marchés financiers, notamment la fourniture de services et de produits financiers destinés aux ménages pauvres. Enfin, combinées à une capacité fiscale et technique limitée, les incitations politiques décourageant l'épargne en prévision des jours difficiles et encourageant les dépenses importantes après une catastrophe restreignent la façon dont les pouvoirs publics investissent dans la réduction des risques et la mise en place de systèmes fournissant une aide en temps utile lorsque des crises surviennent.

Les risques et les conflits accroissent la pauvreté et y maintiennent les gens

Les crises sanitaires, les catastrophes naturelles et les conflits ont un coût humain élevé en Afrique. Chaque jour, 550 femmes africaines meurent en couches[1]. En 2011, la sécheresse a provoqué environ 100 000 décès dans la Corne de l'Afrique (Christian, 2009 ; Hillier et Dempsey, 2012). Entre 2014 et 2016, environ 10 000 civils sont morts chaque année à cause d'un conflit en Afrique[2].

Ces événements ont également un impact sur la pauvreté. Au Malawi, la sécheresse réduit la consommation d'un tiers, et une sécheresse modérée entraînant une perte de rendement de 30 % devrait réduire la consommation de 15 % en Ouganda et de 9 % en Éthiopie (McCarthy, Brubaker et de la Fuente, 2016 ; Banque mondiale, 2015a, 2016a). Entre 2005 et 2010, la détérioration des prix réels à la production a contribué à l'augmentation de la pauvreté à Madagascar (Thiebaud, Osborne et Belghith, 2016). En Éthiopie, les ménages urbains non instruits ont réduit leur consommation de 10 à 13 % à cause de la hausse des prix des denrées alimentaires sur les marchés urbains à la fin de 2010 (Hill et Porter, 2016). À lui seul, le paludisme réduit les revenus de 10 % lorsqu'il n'est ni détecté ni traité (Dillon, Friedman et Serneels, 2014). La pauvreté a augmenté de 2,5 % en moyenne dans les pays africains en raison des seuls frais médicaux que les ménages doivent

payer de leur poche (Eozenou et Mehta, 2016). Les crises peuvent avoir un impact même avant la naissance : au Mozambique, les enfants exposés *in utero* à la sécheresse ont été scolarisés pendant moins d'années (Baez et Caruso, 2017).

Les chocs ont une incidence durable sur le bien-être. Ceux affectant le revenu accroissent la probabilité d'être infectés par le virus de l'immunodéficience humaine (VIH) (Burke, Gong et Jones, 2015). Lorsque le ménage d'un enfant subit un choc, les investissements dans son éducation et son alimentation sont réduits, ce qui augmente sa probabilité d'être dans la pauvreté à l'âge adulte. L'impact des crises nutritionnelles et éducatives sur les revenus gagnés à l'âge adulte est considérable, à l'instar de la réduction de 3 % des gains annuels en Éthiopie, de 20 % des salaires au Burundi, et de 14 % des gains d'une vie entière au Zimbabwe.

L'incidence d'un conflit peut être particulièrement durable pour trois raisons. Tout d'abord, le conflit engendre le conflit, et par conséquent, les conflits actuels augmentent les risques de conflits futurs. C'est au cours des premières années suivant la fin de l'épisode de conflit précédent qu'une reprise du conflit risque le plus de se produire (Collier, Hoeffler et Söderbom, 2008). La paix est généralement fragile après un conflit : près de la moitié des guerres civiles résultent d'une reprise après la fin du conflit.

Ensuite, les conflits affectent la confiance et les comportements d'une autre manière que les catastrophes naturelles. On constate que l'exposition à la violence a pour effet de réduire la confiance (Nunn et Wantchekon, 2011), mais également de renforcer la cohésion au sein d'un groupe tout en diminuant la confiance à l'égard de ce qui n'en fait pas partie, ainsi que le sentiment d'être contraint par les normes et les valeurs de la société (Cassar, Grosjean et Whitt, 2013 ; Nasir, Rockmore et Tan, 2016 ; Rohner, Thoenig et Zilibotti, 2013). L'exposition à la violence peut également modifier les préférences. Au Kenya, la violence postélectorale a fortement accru l'aversion des individus envers le risque (Jakiela et Ozier, 2015b).

Enfin, les conflits ont des conséquences profondes, notamment le déplacement forcé et la migration de ceux capables de partir. Ces effets ont conduit certains chercheurs à qualifier la guerre civile de « développement inversé » (Collier et al., 2003). En plus des pertes de vies humaines et d'actifs, les conflits provoquent d'importants flux migratoires sur de courtes périodes. Le bien-être de ces ménages contraints de migrer se dégrade. Au Mali, chez les personnes déplacées à la suite du coup d'État de 2012, les taux d'emploi sont tombés de 70 % à 26 % et l'insécurité alimentaire a grimpé de 6 % à 46 % (encadré 5.1).

La richesse n'empêche pas qu'un ménage soit ciblé. Dans certains conflits, elle peut même en accroître la probabilité (Mercier, Ngenzebuke et Verwimp, 2016). Au cours du génocide rwandais, les propriétaires tutsis masculins de terres rurales, instruits, d'âge moyen et vivant dans les villes risquaient davantage d'être tués (De Walque et Verwimp, 2010 ; Verwimp, 2003).

Les plus éduqués choisissent souvent de migrer en cas de conflit. Ils ne font généralement pas partie des pauvres, mais assurent des services essentiels pour réduire la pauvreté, tels que l'accès à l'information, au savoir, à l'éducation et aux soins médicaux, ainsi que le maintien de l'état de droit. Les déplacements forcés, qui ont touché 24 millions d'Africains en 2018, sont une forme de piège de la pauvreté (encadré 5.2).

Cependant, l'impact plus subtil de la volatilité sur le bien-être n'apparaît pas au moment des catastrophes, mais dans le coûteux comportement lié à l'anticipation des crises, que les ménages ont du mal à assumer (risque non assuré). L'effet direct d'une catastrophe sur le bien-être est la façon visible et largement médiatisée dont les conflits ou les catastrophes mal gérées retardent le progrès. Toutefois, l'impact persistant d'année en année du risque non assuré sur le comportement des ménages — que l'événement redouté se produise ou non — est sans doute le principal obstacle à l'accélération de la réduction de la pauvreté en Afrique[3]. Une étude a révélé qu'environ deux tiers de l'impact du risque pouvaient être attribués à l'effet d'avant le choc (c'est-à-dire à la réaction comportementale au

---

ENCADRÉ 5.1   Les Maliens déplacés ont beaucoup souffert, mais moins que ceux qui sont restés

Au plus fort de la crise qui a suivi le coup d'État de 2012 au Mali, plus de 500 000 personnes ont été déplacées, soit près de la moitié de la population du nord du pays, estimée à 1,2 million d'habitants en 2009. En octobre 2014, on dénombrait 86 000 personnes déplacées à l'intérieur de leur propre pays (PDI) et 146 000 réfugiés maliens dans d'autres pays. L'absence de données sur l'impact de ces déplacements empêche souvent d'étayer les recommandations de politiques. Une combinaison de données de référence issues d'enquêtes en face à face et d'entretiens de suivi par téléphone mobile a aidé à mieux comprendre ces impacts (Etang-Ndip, Hoogeveen et Lendorfer, 2015).

Au Mali, les ménages plus instruits et plus aisés, dont beaucoup étaient des commerçants, étaient plus susceptibles de fuir la crise. Ceux qui sont rentrés en 2015 étaient moins affectés que ceux qui sont restés déplacés. Les personnes déplacées par la crise ont subi une baisse spectaculaire de leur taux d'emploi (de 70 % à 26 %), de leur revenu et de leur sécurité alimentaire (seuls 54 % des PDI déclaraient consommer trois repas par jour en juin 2014, contre 94 % avant la crise).

Avec le temps, l'impact de la crise a diminué et, en février 2015, la plupart des enfants allaient à l'école, et les taux d'emploi ainsi que le nombre de repas consommés étaient revenus à leurs niveaux d'avant la crise. La perte de richesse a toutefois été particulièrement importante, les PDI et les réfugiés ayant perdu au moins 60 % de leurs biens durables (en valeur) ainsi que respectivement 90 % et 75 % de leurs animaux. Avant la crise, on estimait que ces ménages faisaient partie des troisième et quatrième quintiles de richesse de la population du nord du Mali. La perte de biens durables atteignait 20 % chez les rapatriés, et les estimations les situent dans le quatrième quintile de richesse d'avant la crise.

La perte de bien-être social ne révèle cependant qu'une partie de l'histoire. En juin 2014, 52 % des PDI de Bamako ne se sentaient pas en sécurité dans la rue la nuit (30 % pendant la journée). Ce chiffre a atteint 85 % chez les rapatriés à Kidal et à Gao. Plus important encore, 14 % des PDI ont déclaré avoir connu des violences physiques ou la mort d'un membre de leur ménage, contre 4 % des rapatriés et 1 % des réfugiés. Ceux qui étaient restés dans le nord du Mali ont connu bien pire.

ENCADRÉ 5.2   Le déplacement forcé est un piège de la pauvreté en Afrique

L'ampleur de la crise du déplacement en Afrique est grande. À la mi-2018, la région hébergeait 35 % de la population déplacée mondiale, soit environ 24 millions de personnes, plus que la population de 36 des 48 pays africains. Sur les 20 premiers pays du monde où les populations déplacées trouvent refuge, sept sont en Afrique.

Paysage des déplacements forcés en Afrique

En Afrique, les déplacements sont majoritairement engendrés par les conflits et concentrés autour des zones de conflit et dans quelques pays. Les principales sources de déplacement lié aux conflits se trouvent aux alentours de trois régions :

- *Lac Tchad* : la guerre contre Boko Haram, les conflits avec d'autres groupes militants organisés, et le conflit en République centrafricaine.
- *Grands Lacs* : les conflits au Burundi, les affrontements dans l'est du Kivu (République démocratique du Congo), et la guerre civile au Soudan du Sud.
- *Corne de l'Afrique* : les conflits au Soudan du Sud, l'instabilité en Somalie et l'autoritarisme en Érythrée.

La République démocratique du Congo, le Nigéria, le Soudan du Sud et le Soudan sont, de loin, les pays comptant le plus grand nombre de personnes déplacées (Banque mondiale, 2017a-f).[a]

Le déplacement forcé en Afrique présente des caractéristiques uniques. Premièrement, il est concentré sur une vaste zone géographique, mais la majorité des personnes déplacées vivent dans quelques pays.

Deuxièmement, les PDI et les réfugiés restent généralement proches de leur lieu d'origine : les Soudanais du Sud s'installent de l'autre côté de la frontière, dans la zone la plus pauvre du nord de l'Ouganda ; les Somaliens dans les parties les plus pauvres du nord du Kenya ; les Érythréens dans les régions les plus pauvres de l'Éthiopie ; et les PDI du nord du Nigéria dans les municipalités pauvres voisines du nord.

Troisièmement, ces régions sont aussi pauvres, voire plus pauvres, que les lieux d'origine et sont marginalisées à bien des égards. Ce sont également des régions fragiles du point de vue écologique et vulnérables aux catastrophes environnementales majeures telles que les sécheresses prolongées.[b]

Quatrièmement, il s'agit souvent de zones politiquement instables, caractérisées par des conflits civils où divers types de groupes terroristes traversent librement les frontières et se livrent à des commerces illicites lucratifs. En résumé, il s'agit de régions souvent négligées par

les pouvoirs publics centraux, où les infrastructures sont rares, les services médiocres ou inexistants et l'aide au développement historiquement faible. Elles constituent la périphérie pauvre de pays pauvres.

Cinquièmement, contrairement à leurs homologues des pays à revenu intermédiaire d'autres régions, plus de la moitié des réfugiés africains vivent dans des camps (Devictor, 2016). Les plus vastes camps de réfugiés et PDI se trouvent en Afrique. Avec plus de 240 000 résidents, le complexe de Dadaab au Kenya est le plus grand camp du monde et constitue la troisième ville du pays. Les camps de PDI de Mafa et de Konduga au Nigéria comptent chacun plus de 100 000 résidents. Les autorités des pays d'accueil considèrent la densité de ces installations comme une source d'instabilité et, ces dernières années, elles ont adopté des politiques de plus en plus favorables à la fermeture de ces camps.

En termes de droits, la Convention relative au statut des réfugiés de 1951 (dite Convention de Genève et ratifiée par 44 pays africains sur 48) prévoit explicitement le droit au travail des réfugiés séjournant légalement dans un pays.[c] En dépit de ce droit, des obstacles de fait, tels que le cantonnement, le coût élevé des permis de travail, et la complexité des formalités administratives s'y opposent, de même que d'autres barrières telles que la méconnaissance de la langue locale et les différences culturelles (Asylum Access, 2014). En outre, la législation de certains pays n'est parfois pas conforme à la convention qu'ils ont ratifiée, et exclut ainsi les réfugiés des marchés du travail nationaux.

Pauvreté et bien-être des populations déplacées

Les données sont rares sur la pauvreté et le bien-être des populations déplacées en Afrique[d] (Sarzin, 2017 ; Verme, 2016). Cependant, même en l'absence de données idéales, il est clair que la pauvreté est plus élevée chez les personnes déplacées qu'au sein de la population générale.

Plusieurs caractéristiques de cette population rendent l'amélioration de son bien-être particulièrement difficile. Les personnes déplacées font face à une faible demande de main-d'œuvre dans leurs lieux de destination. Comme indiqué plus haut, ceux-ci ne sont pas choisis à cause des opportunités économiques qu'ils offrent.

Les populations déplacées sont également sujettes à de nombreuses vulnérabilités allant au-delà de la dimension pécuniaire. Beaucoup ont été directement victimes ou témoins de violences, et sont atteints d'une profonde détresse psychologique. Déplacés, de nombreux enfants se retrouvent non accompagnés et sont confrontés à un risque d'exploitation. De nombreuses femmes ont fui les violences

(suite de l'encadré à la page suivante)

ENCADRÉ 5.2   Le déplacement forcé est un piège de la pauvreté en Afrique *(suite)*

sexistes et, une fois déplacées, continuent de subir la même menace. Les populations déplacées comptent généralement un pourcentage plus élevé que la normale de ménages monoparentaux (de mères seules en particulier), d'enfants accompagnés ou non, et de personnes souffrant de troubles psychologiques et physiques invalidants.

L'accès aux services est difficile parce que plus complexe pour les personnes déplacées et généralement limité aux services offerts par la communauté internationale. Les pays hôtes ont une capacité restreinte d'étendre ces services aux nouveaux arrivants.

Source : Verme, 2017.

a. Pour d'autres statistiques historiques sur la crise des déplacements forcés en Afrique, voir Sarzin (2017) et Verwimp et Maystadt (2015).

b. Pour une analyse des terres arides et des moyens de subsistance, voir Cervigni et Morris (2015).

c. Pour plus d'informations et de nuances sur le droit au travail, voir la Convention (HCR 2010).

d. L'impact des réfugiés et PDI sur les communautés d'accueil est également un enjeu important et légèrement sujet à controverse. Certaines études ont montré qu'ils ont la capacité de créer des entreprises et des emplois au sein des communautés locales (Asylum Access, 2014 ; Sanghi, Onder et Vemuru, 2016 ; Verwimp et Maystadt, 2015).

risque) et un tiers à l'impact des catastrophes lorsqu'elles se produisent (Elbers, Gunning et Kinsey, 2007).

Lorsque la pandémie d'Ebola a frappé l'Afrique de l'Ouest en 2014, la peur de l'infection a eu un coût économique élevé. Son impact sur le produit intérieur brut (PIB) dans les trois pays les plus touchés (Guinée, Libéria et Sierra Leone) découle largement de la crainte suscitée par la pandémie et du comportement d'aversion qui en a résulté (Banque mondiale, 2014a). On estime qu'environ 80 à 90 % des coûts économiques des épidémies résultent du comportement d'aversion qu'elles induisent, plutôt que des coûts directs des soins médicaux et de la perte de main-d'œuvre (Lee et McKibbin, 2003).

L'existence de risques peut également être souvent synonyme d'opportunité, autrement dit d'une chance que les choses prennent une tournure meilleure que prévu et que les ménages se frayent un chemin vers une plus forte croissance de leurs revenus (Banque mondiale, 2014b). Par exemple, lorsque les ménages n'arrivent pas à gérer le risque dans leur environnement, ils peuvent éviter les investissements et les stratégies de subsistance (telles que les cultures à haut risque et à haut rendement) offrant de belles rémunérations, mais les laissant trop exposés aux éléments naturels, aux aléas d'une faible économie ou au comportement incertain des autres. Lorsque les ménages agricoles ont la possibilité d'assurer leurs cultures, les investissements dans les intrants agricoles augmentent : au Ghana, les dépenses pour les intrants ont augmenté de 88 %, passant de 375 dollars à 705 dollars (Karlan et

al., 2014) ; au Mali, elles ont augmenté de 14 % (Elabed et Carter, 2015) ; et en Éthiopie, l'utilisation d'engrais a augmenté de 13 points de pourcentage (Berhane et al., 2012). Les rendements de ces intrants varient suivant les années en fonction des conditions météorologiques et des prix (Rosenzweig et Udry, 2016), mais même avec un relativement faible rendement moyen de leur utilisation, ces augmentations correspondent à une augmentation moyenne de la croissance des revenus de 1 à 9 % par an — suffisamment pour sortir un bon nombre de ces agriculteurs de la pauvreté et compenser les pertes associées à un événement tous les cinq ans.

De même, confrontés à la violence potentielle des conflits, les ménages évitent parfois d'acquérir des actifs visibles tels que des maisons, du bétail ou des motos, au détriment des gains de revenu que ces investissements peuvent générer.

Dans le cas du risque de santé non assuré, cette absence d'assurance incite les ménages à éviter les investissements qui réduiraient leur exposition à long terme (tels que les soins prénataux, les soins médicaux préventifs, et le traitement précoce), ce qui réduit les revenus et les résultats pour la santé. Le sous-investissement dans les soins de santé engendre également un risque important pour la santé publique : une augmentation de 10 points de pourcentage de la part des dépenses de santé à la charge des usagers a été associée à un accroissement de 3,2 points de pourcentage des isolats bactériens testés présentant une résistance aux antibiotiques (Alsan et al., 2015)[4].

Alors, comment accélérer la réduction de la pauvreté dans ce contexte de risque non assuré généralisé ? Les sections suivantes examinent ce que nous connaissons des types de crises les plus répandus, de ceux qui sont les plus touchés, et des outils disponibles pour réduire l'exposition aux chocs et gérer leur impact.

Prévalence des chocs et des conflits en Afrique

Sur presque tous les aspects du risque, les ménages africains sont davantage exposés aux pertes que ceux des autres régions (figure 5.2). Par exemple, une femme vivant en Afrique court un risque de chercher à gagner un revenu en période de forte récession économique plus élevé de 30 % qu'une femme vivant ailleurs dans le monde. Elle est six fois plus susceptible de

connaître une épidémie dans son pays, huit fois plus de voir ses cultures touchées par la sécheresse, neuf fois plus de vivre dans un pays fragile et touché par des conflits, et 29 fois plus de mourir en couches. Dans les enquêtes auprès des ménages, les ménages africains sont plus susceptibles que ceux des autres régions de rapporter des chocs liés aux prix, aux catastrophes naturelles, à la santé et à la criminalité (Heltberg, Oviedo et Talukdar, 2015).

Les chocs les plus fréquents affectant le bien-être concernent les prix, les conditions météorologiques, la santé et les conflits. Ils touchent généralement le revenu, mais pas les actifs, sont lents au début, et touchent de nombreux ménages en même temps et au même endroit. Ces caractéristiques ont des implications sur la manière de gérer les crises. La vie rurale est sans doute plus risquée que la vie urbaine, mais les crises affectant la vie urbaine peuvent avoir des

FIGURE 5.2 **La vie dans les pays africains est plus risquée que dans d'autres régions**

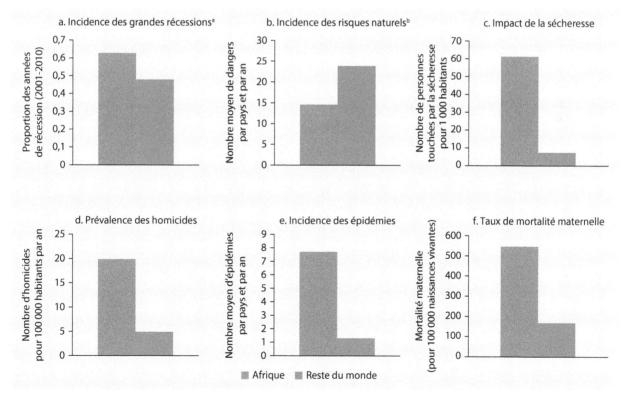

Source : Banque mondiale, 2014b.
Note : Tous les graphiques montrent la moyenne simple sur l'ensemble des pays.
a. Les « grandes récessions » sont définies comme une baisse de 5 % de la croissance du PIB par habitant entre un sommet et un creux.
b. Les « risques naturels » font référence au nombre de sécheresses, séismes et inondations par pays et par an.

conséquences plus graves. On en connaît en général moins sur la vulnérabilité de la vie urbaine en Afrique. L'urbanisation, les progrès dans la lutte contre les maladies contagieuses, et les changements climatiques modifient la nature des risques en Afrique.

Nature des crises en Afrique

Pertes principalement de revenu

Les crises en Afrique concernent principalement le revenu des ménages, mais pas nécessairement leurs actifs. En Éthiopie, au Malawi, au Niger, en Tanzanie et en Ouganda 60 % à 90 % des ménages pauvres (appartenant aux 40 % inférieurs de la distribution de la consommation dans leur pays) ont déclaré avoir subi un choc ayant entraîné des pertes de revenu au cours d'une période donnée (entre un et cinq ans) précédant l'enquête (Nikoloski, Christiaensen et Hill, 2016)[5]. La prévalence des pertes de revenu était similaire chez les ménages non pauvres. Les chocs affectant les actifs étaient également généralisés, mais moins fréquents que ceux touchant le revenu (encadré 5.3).

Prévalence de divers risques

Les chocs climatiques et liés aux prix sont les plus fréquemment signalés, juste devant les maladies graves et les décès (Nikoloski, Christiaensen et Hill, 2016)[6]. En outre, 60 % des ménages interrogés dans 36 pays ont déclaré qu'au moins un membre de leur famille avait souffert d'une maladie ou d'une blessure grave au cours du mois précédant l'enquête (figure 5.3, volet a), et 47 % des ménages ont déclaré une maladie ayant entraîné une perte d'emploi (Eozenou et Mehta, 2016).

Les données objectives sur la prévalence des chocs soulignent également l'importance de la sécheresse (figure 5.3, volet b) par rapport au risque pour la santé. Environ un tiers de la population africaine a une chance sur dix d'être frappée par la sécheresse et le paludisme — 34,1 % dans le cas de la sécheresse et 30,8 % dans le cas du paludisme. Les conflits sont également très répandus (figure 5.3, volet b) : 19 % de la population africaine a une chance sur dix de vivre dans une zone touchée par un conflit[7]. Le risque d'inondation fluviale augmente et dépasse celui d'inondation côtière, mais il reste

---

ENCADRÉ 5.3   En Afrique, les crises touchent plus souvent le revenu que les actifs

Les crises sont souvent associées à la destruction ou à la perte d'actifs matériels, tant publics que privés. Les catastrophes naturelles, les conflits et le vol peuvent détruire des ponts, des routes, des écoles, des usines, des maisons et du bétail. La perte d'actifs publics entraîne des coûts directs et indirects, car les services publics sont interrompus et les activités des entreprises et des ménages dépendant de ces services subissent des perturbations dans leur production économique (Hallegatte, 2014).

Il faut parfois des années aux ménages pour se remettre d'une perte d'actifs (Dercon, 2004 ; Lybbert et al., 2004). D'après un modèle calibré utilisant des données zimbabwéennes, les crises touchant les actifs des ménages réduisent la croissance totale d'environ 20 % en 20 ans (Elbers, Gunning et Kinsey, 2007). Environ la moitié de cette diminution (soit 10 %) proviendrait directement des pertes d'actifs.

Pourtant, en Afrique, les chocs sont plus souvent caractérisés par des pertes de revenu, qui sont en moyenne deux fois plus fréquentes que les pertes d'actifs des ménages (figure B5.3.1).

Si les pertes de revenu sont plus fréquentes, c'est en partie à cause des types de chocs les plus souvent subis en Afrique. La sécheresse est nettement plus courante que les autres catastrophes naturelles. Elle réduit le revenu des ménages agricoles et entraîne également une perte d'animaux. Une perte de contrats ou une baisse soudaine des prix à la production réduisent les flux de revenu des entreprises familiales. Les cours internationaux des produits de base affectent les prix perçus par les agriculteurs, contribuant ainsi à réduire la pauvreté lorsqu'ils sont élevés (Deininger et Okidi, 2003), mais l'accroissant lorsqu'ils sont bas. Un producteur de café cultivant des caféiers au début de la saison, en juin 2011, aurait subi une baisse de

(suite de l'encadré à la page suivante)

ENCADRÉ 5.3 **En Afrique, les crises touchent plus souvent le revenu que les actifs** *(suite)*

FIGURE B5.3.1 **En Afrique, les pertes de revenu sont deux fois plus fréquentes que les pertes d'actifs**

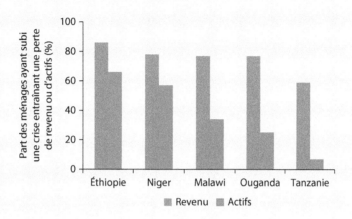

Source : Nikoloski, Christiaensen et Hill, 2016.
Note : il s'agit de crises survenues au cours de l'année (Éthiopie, Malawi, Niger et Ouganda) ou des cinq années (Tanzanie) précédant l'enquête. Les enquêtes ont été conduites entre 2008 et 2013.

14 % du prix au moment de la récolte des baies à la fin de la saison, et une chute de 21 % du prix lorsque les nouveaux arbres auraient été prêts pour la récolte quelques années plus tard. En revanche, les prix élevés des denrées alimentaires peuvent réduire les revenus dans les zones urbaines africaines si les salaires tardent à réagir (Headey et al., 2012).

Une mauvaise santé réduit également la capacité des ménages à gagner un revenu. Les données de l'enquête suggèrent que 76 % des ménages déclarant une maladie mettent fin à leurs activités habituelles pour cause de maladie ou de blessure (Eozenou et Mehta, 2016). Bien que la quantification soit difficile, une analyse d'impact d'un programme de test et de traitement du paludisme au Nigéria fournit certaines indications. Grâce à l'augmentation à la fois de l'offre et de la productivité de la main-d'œuvre, ceux qui s'étaient vu proposer un test et un traitement avaient gagné 10 % de plus que ceux à qui l'intervention n'avait pas été proposée (Dillon, Friedman et Serneels, 2014).

encore relativement rare en Afrique. En 2010, 13,6 millions de personnes avaient au moins 1 % de chance de subir une inondation côtière en Afrique contre 56,4 millions de personnes pour une inondation fluviale (Jongman, Ward et Aerts, 2012). Le risque de tremblement de terre (non illustré dans la figure 5.3) est faible et principalement présent dans la Corne de l'Afrique.

Bon nombre des chocs les plus fréquemment signalés sont hautement covariables — ce qui signifie qu'ils sont subis par de nombreux membres de la communauté et ne constituent pas des incidents isolés — en particulier les risques liés aux prix et aux conditions météorologiques. Contrairement aux attentes courantes, le risque lié aux prix est de loin le choc déclaré le plus covariable (c'est-à-dire le choc le plus susceptible d'affecter de nombreux ménages dans une zone

géographique), suivi par les chocs climatiques et les maladies des cultures (figure 5.3, volet c). La raison pour laquelle le risque climatique est moins covariable que celui lié aux prix résulte probablement de l'hétérogénéité des cultures, des périodes de plantation, et des variétés présentes dans les villages lorsque les pratiques agronomiques traditionnelles prédominent (Hill et Robles, 2010). Les chocs liés à la maladie, au vol, au décès, à l'emploi et aux entreprises sont pour la plupart de nature idiosyncrasique.

Les risques se chevauchent et certains pays sont particulièrement exposés à de multiples types de risques. Les risques de différents types d'épisodes météorologiques extrêmes de sécheresse et d'inondation sont corrélés : les inondations sont plus susceptibles de se produire dans les endroits sujets à la sécheresse. Certains

FIGURE 5.3   En Afrique, la nature du risque varie selon les pays, le type de choc et le niveau de pauvreté

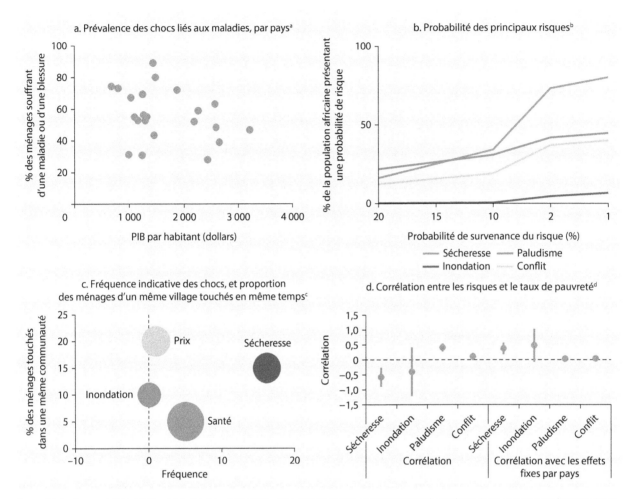

Sources : Volet a : Eozenou et Mehta (2016) ; volets b et d : Fisker et Hill (2018) ; volet c : données de l'Enquête permanente sur les conditions de vie – enquête agricole intégrée (EPCV-EAI) de la Banque mondiale reprises dans Nikoloski, Christiaensen et Hill (2016).

a. Les données proviennent d'enquêtes auprès des ménages menées dans 36 pays. Les pourcentages représentent les ménages dont au moins un membre a déclaré avoir été victime d'une maladie ou d'une blessure grave au cours du mois précédant l'enquête.

b. La figure montre la probabilité du risque pour la population africaine sous la forme d'un ratio : par exemple, environ un tiers de la population a une chance sur dix (1 sur 10) de souffrir de la sécheresse ou du paludisme. Le risque de conflit pour la population est déterminé par le pourcentage de personnes vivant dans un rayon de 25 km autour de 10 décès liés à un conflit au cours de l'année précédente.

c. La taille des bulles donne une idée de l'impact relatif sur le bien-être de plusieurs ménages au sein d'une communauté. Le chiffre est indicatif et fondé sur les constatations de Nikoloski, Christiaensen et Hill (2016), et il ne reflète pas les points de données réels.

d. La sécheresse est uniquement rurale. Observations = 19,9 millions de pixels. Corrélation inconditionnelle utilisant une population par pixel en tant que facteur de pondération. Les erreurs types ont été regroupées au niveau des premières unités administratives (610 régions). Tous les modèles incluent des effets fixes par pays. Les lignes verticales orange indiquent la plage d'erreur type.

risques se chevauchent parce qu'un type de choc, tel que les intempéries, peut accroître le risque d'autres chocs, si des mesures d'atténuation ne sont pas prises rapidement. Par exemple, le risque de maladie est beaucoup plus élevé là où le risque d'inondation est important. Trop peu ou trop de précipitations peuvent augmenter les risques pour la santé (Hallegatte et al., 2016).

Les chocs météorologiques peuvent également avoir d'autres effets secondaires. Pour chaque augmentation d'un écart type d'une température ou de précipitations déjà élevées, la fréquence de la violence interpersonnelle augmente de 4 % et celle des conflits entre groupes de 14 % (estimations médianes ; Hsiang, Burke et Miguel, 2013). Une grande partie de la volatilité des prix en

Afrique est due aux conditions locales et non aux mouvements des cours mondiaux : le coefficient de variation du maïs est de 38 % sur les marchés intérieurs africains, contre 18 % pour celui de la parité des importations (Minot, 2011). En Éthiopie, une sécheresse modérée entraîne une hausse de 3 à 4 % du prix des céréales (Hill et Fuje, 2018).

Le profil de risque des pays varie d'un continent à l'autre. D'est en ouest, les pays de l'Afrique du Nord connaissent un risque élevé de sécheresse et de conflit (carte 5.1). Le risque de paludisme est particulièrement élevé sur les côtes de l'Afrique occidentale et centrale. Le risque est en général plus faible en Afrique australe, même si le risque de sécheresse est aussi élevé dans l'ouest de l'Afrique australe que dans le nord du continent.

Le rapprochement des taux d'exposition au risque et de pauvreté montre que les endroits plus pauvres sont souvent plus risqués (figure 5.3, volet d). La pauvreté est plus élevée dans les lieux plus enclins aux conflits et présentant un risque plus important pour la santé (mesuré par l'incidence du paludisme). Au sein du continent, la pauvreté n'est pas plus élevée dans les endroits plus exposés au risque de sécheresse, mais au sein d'un pays, ces lieux sont plus pauvres. Il n'y a pas de relation évidente entre le risque d'inondation et la pauvreté, peut-être parce que le risque d'inondation est plus élevé dans les zones côtières, qui bénéficient également d'avantages.

CARTE 5.1 **Certaines parties de l'Afrique sont nettement plus à risque**

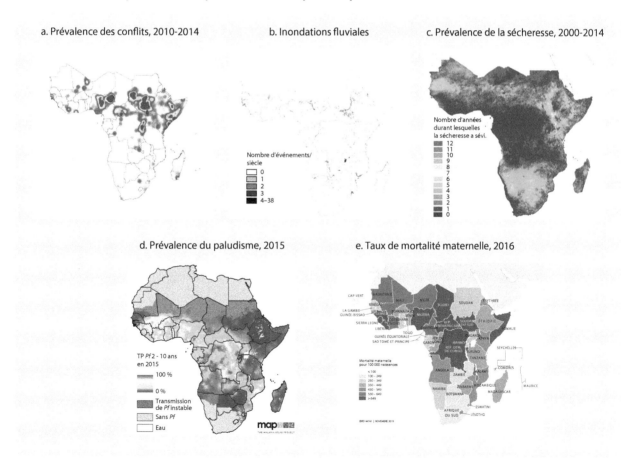

Sources : Volets a à c : Fisker et Hill, 2018 ; volet d : Projet d'atlas du paludisme (https://map.ox.ac.uk/) ; volet e : Base de données des indicateurs du développement dans le monde, taux de mortalité maternelle.
Note : Volet c : Une année de sécheresse est définie comme une année au cours de laquelle au moins la moitié des mois de la période de croissance ont une valeur d'anomalie de verdure prévue inférieure au 10e centile de la verdure prévue. Volet d : Chaque pixel de 5 km2 sur la carte montre le taux de prévalence prévu du *Plasmodium falciparum* (Pf) en pourcentage de l'ensemble des enfants de 2 à 10 ans.

Profils de risque selon la richesse, le milieu rural ou urbain et le sexe

Le risque de chocs liés au climat, à la maladie et au conflit est nettement plus élevé pour certains ménages. Fait intéressant, même si les endroits plus risqués sont plus pauvres, au niveau des ménages, les chocs liés aux revenus sont déclarés par la plupart des ménages, mais pas beaucoup plus fréquemment quand ils sont pauvres (figure 5.4).

Le monde rural, où vivent 80 % des pauvres de l'Afrique, est en général plus exposé aux risques que les zones urbaines (figure 5.5). Cela tient en grande partie au fait que l'agriculture est une activité risquée, et que les Africains ruraux tirent, en moyenne, l'essentiel de leurs revenus de l'agriculture, principalement pluviale (Davis, Di Giuseppe et Zezza, 2017). Ils sont donc très exposés aux aléas climatiques.

Cette exposition est encore aggravée par les maladies des cultures et du bétail et par la volatilité du prix des intrants et des cultures. Non seulement les récoltes varient considérablement d'une année à l'autre, mais les revenus de ces récoltes en font autant. En conséquence, le coefficient de variation au cours du temps des profits d'un ménage employé dans l'agriculture s'avère nettement plus élevé (0,9 au Ghana et 1,5 en Inde) que celui des entreprises non agricoles (0,5 au Sri Lanka) (Rosenzweig et Udry, 2016).

Un accès plus difficile à l'eau, à l'assainissement et aux services de santé dans les zones rurales accroît encore le risque de maladies graves de ces ménages par rapport aux ménages

FIGURE 5.4   Les pertes de revenu inattendues sont signalées par les riches comme les pauvres

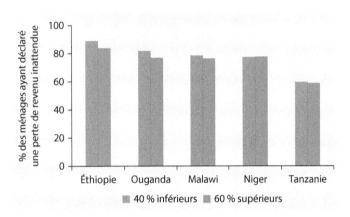

Source : Enquête permanente sur les conditions de vie – enquête agricole intégrée (EPCV-EAI) de la Banque mondiale reprise dans Nikoloski, Christiaensen et Hill (2016).
Note : Les « 40 % inférieurs » et les « 60 % supérieurs » représentent les niveaux de consommation des ménages.

FIGURE 5.5   La vie rurale est particulièrement risquée en Afrique

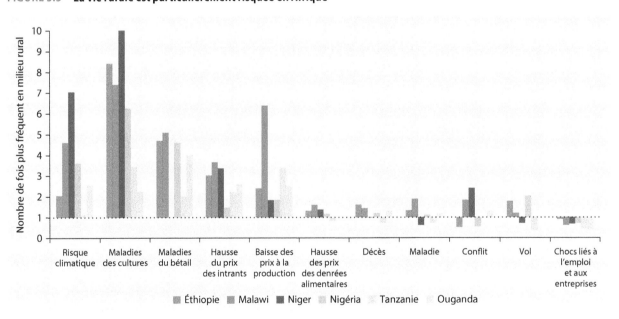

Source : Enquête permanente sur les conditions de vie – enquête agricole intégrée (EPCV-EAI) de la Banque mondiale reprise dans Nikoloski, Christiaensen et Hill (2016).
Note : Le « risque climatique » concerne la sécheresse ou les inondations.

urbains. Le vol est un risque tout aussi probable pour les ménages ruraux qu'urbains. Les citadins pauvres sont plus exposés à des crises liées à l'emploi et aux entreprises, ainsi qu'au risque d'inondation (Hallegatte et al., 2016), et il est possible que, même s'ils sont en général moins fréquents dans les zones urbaines, ces chocs soient plus dévastateurs quand ils se produisent. Par exemple, les chocs liés au prix des denrées alimentaires se sont avérés terriblement sévères pour les ménages urbains (Hill et Porter, 2016).

Les ménages dirigés par une femme ont un profil de risque différent de celui des ménages dirigés par un homme. Les chocs liés aux décès sont 1,5 fois à 2 fois plus fréquents parmi les ménages dirigés par une femme (figure 5.6), soulignant le fait qu'être une femme-chef de famille est souvent synonyme de veuvage et de perte du chef de famille masculin. La dissolution du mariage entraîne souvent de grandes difficultés (Djuikom et van de Walle, 2018), car il est fréquent que les veuves et les divorcées héritent peu ou rien et, dans certains endroits, soient expropriées de tous leurs biens et expulsées du domicile conjugal (Cooper, 2008 ; HRW, 2017 ; Izumi, 2007).

Même si les ménages dirigés par une femme sont moins sensibles que les autres au risque lié aux prix des produits agricoles, ils le sont plus quand il s'agit des denrées alimentaires. Cela est cohérent avec le fait que les ménages dirigés par une femme pratiquent une agriculture moins commerciale que ceux dirigés par un homme. En outre, la fréquence accrue des chocs liés au prix des denrées alimentaires (dans trois pays sur cinq) indique que les ménages dirigés par une femme dépendent davantage de sources de revenus ne s'ajustant pas rapidement lorsque les prix alimentaires augmentent.

Changer l'exposition aux chocs et aux conflits

Les risques caractérisant la vie en Afrique ne sont pas statiques, ils évoluent. Bien que certains chocs puissent devenir moins fréquents, ils peuvent aussi devenir plus difficiles à gérer, en particulier pour les ménages pauvres. Les risques pour la santé peuvent diminuer, et les conditions météorologiques devenir une source moins importante de variation du revenu, mais les conflits demeureront probablement élevés. De plus, le risque pour la

FIGURE 5.6 **Les ménages dirigés par une femme sont souvent confrontés à plus de risques**

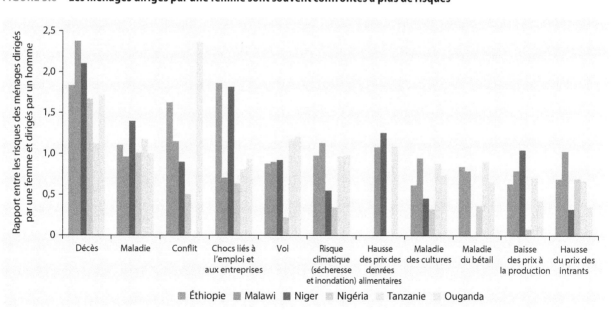

Source : Enquête permanente sur les conditions de vie – enquête agricole intégrée (EPCV-EAI) de la Banque mondiale reprise dans Nikoloski, Christiaensen et Hill (2016).

santé peut devenir plus difficile à gérer à mesure que le risque de répétition des chocs augmente. Bien que rien n'indique clairement que la volatilité des prix va s'accroître, l'urbanisation augmentera la part des pauvres qui subiront des pertes de bien-être lorsque les prix des denrées alimentaires grimperont. C'est pourquoi la volatilité des prix des denrées alimentaires pourrait devenir une menace plus importante pour la réduction de la pauvreté dans les années à venir.

Changement climatique

Le changement climatique va considérablement modifier l'incidence et la gravité des catastrophes naturelles, et accroître la probabilité de conflits et de risques pour la santé dans certains endroits. Dans la plupart des pays africains, il devrait réduire le revenu des 40 % les plus pauvres de plus de 8 % d'ici 2030 (Hallegatte et al., 2016).

Les changements dans les régimes des précipitations devraient considérablement augmenter l'exposition aux inondations (Hirabayashi et al., 2013 ; Jongman, Ward et Aerts, 2012). Au niveau mondial, le nombre des personnes exposées aux inondations fluviales pourrait augmenter de 4 à 5 %. Le risque d'inondation côtière s'accroît également assez vite avec l'élévation du niveau de la mer. Même si cela affecte davantage des villes d'Asie du Sud et du Sud-Est que de l'Afrique, certaines villes côtières africaines, telles qu'Abidjan (Côte d'Ivoire), sont également plus menacées d'inondation (Hallegatte et al., 2016). À l'aide de cartes statiques du risque climatique (documentant l'exposition au risque en 2015) et en tenant compte de la croissance démographique et de l'urbanisation, on peut montrer que la population africaine exposée au risque d'inondation fluviale augmentera de 8 % d'ici 2050 (Fisker et Hill, 2018).

En ce qui concerne la sécheresse, la littérature n'est pas aussi concluante. Le Groupe d'experts intergouvernemental sur l'évolution du climat (GIEC) prévoit que certaines parties de l'Afrique (par exemple, l'Afrique de l'Est) connaîtront des précipitations plus irrégulières, tandis que les effets prévus sur la ceinture du Sahel sont ambigus ; certains chercheurs prévoient une poursuite du verdissement actuel, et d'autres des périodes de sécheresse prolongée (Boko et al., 2007). En moyenne, les baisses de rendement devraient être négligeables en Afrique pour le riz et le blé, et relativement faibles (8 %) pour le maïs (Fischer, Byerlee et Edmeades 2014). Même si les rendements moyens peuvent être marginalement affectés, la fréquence et l'intensité des températures et des précipitations extrêmes devraient augmenter et accroître ainsi le nombre des sécheresses. L'Afrique de l'Est, qui subit actuellement un stress hydrique considérable, devrait connaître une amélioration de ses ressources en eau et une légère réduction du nombre de jours de sécheresse, tandis que le reste de l'Afrique enregistrera une augmentation de 10 à 20 % du nombre des jours de sécheresse (Prudhomme et al., 2014). Même si le changement climatique sera le moteur des modifications du risque de sécheresse, l'urbanisation entraînera une diminution de 2 % de la population exposée tous les 5 ans à une sécheresse d'ici 2050 (Fisker et Hill, 2018).

Risques pour la santé

En ce qui concerne la santé, les maladies transmissibles telles que le paludisme, qui ont été les principales causes de mortalité et de maladie en Afrique, devraient perdre de leur importance. La proportion de la population qui avait une chance sur cinq d'être infectée par le paludisme est passée de plus d'un tiers en 2000 à 22 % en 2015. Le risque d'infection par le paludisme devrait continuer à diminuer (Bhatt, Weiss et Gething, 2015), même si le changement climatique risque de ralentir ces progrès (Hallegatte et al., 2016).

Les maladies non transmissibles (MNT) devraient devenir la principale cause de décès d'ici 2030 (Marquez et Farrington, 2013). L'urbanisation, l'augmentation de l'espérance de vie (et le vieillissement de la population qui l'accompagne), ainsi que les changements dans la nutrition sont certains des facteurs à l'origine de la charge croissante pour la santé imposée par les MNT. En outre, les accidents de la route sont une cause croissante de décès en Afrique, en particulier chez les hommes jeunes.

Même si certaines maladies sont combattues avec succès, le risque de pandémie augmente en Afrique. La propagation des maladies animales a augmenté au cours des 30 dernières années, et on estime que 75 % des agents pathogènes capables de causer des maladies humaines sont aujourd'hui d'origine animale, ou « zoonotiques » (Smith et al., 2014). La dynamique des populations humaines et animales peut accroître le risque de transmission des maladies d'un animal à l'homme et d'un homme à un autre dans le futur, accroissant ainsi le risque de pandémie sur le continent (Eozenou et Mehta, 2016). La densité de la vie urbaine facilite la propagation des maladies infectieuses, et les pays où une urbanisation rapide entraîne la multiplication des établissements informels se retrouveront particulièrement vulnérables si des améliorations proportionnelles de l'accès aux services de santé ne sont pas apportées. La demande de produits de l'élevage de bétail et de volaille devrait augmenter considérablement en Afrique au cours des 30 prochaines années et aggraver le problème (Herrero et al., 2014).

Risques liés aux conflits
Malheureusement, les conflits sont devenus ou restent une menace pressante pour de nombreux Africains. Depuis 2010, le nombre des actes de violence contre les civils ainsi que des manifestations, émeutes et batailles pour les territoires ont fortement augmenté (figure 5.7).

On a également enregistré une augmentation du nombre des décès. Le Kenya et le Nigéria sont deux pays marqués par une prévalence accrue des conflits. Le Kenya a connu une brusque

FIGURE 5.7   **Le risque de conflit s'accroît**

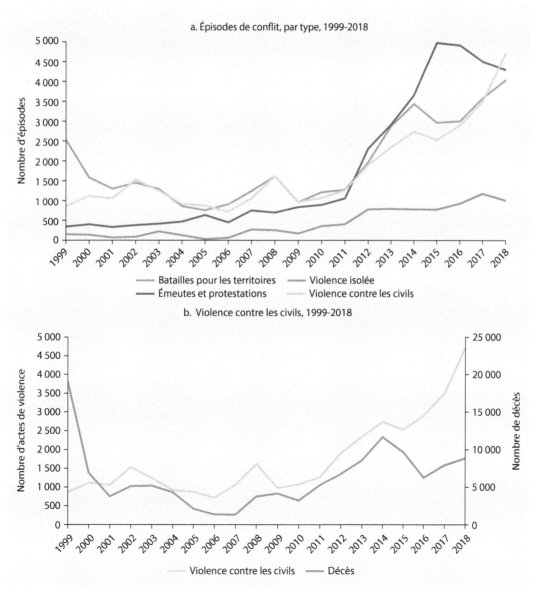

Source : Base de données de l'*Armed Conflict Location and Event Data Project* (ACLED – le projet de données sur les lieux et les épisodes de conflit armé) : https://www.acleddata.com/.

FIGURE 5.8   Les épisodes de conflit se sont récemment multipliés au Kenya et au Nigéria

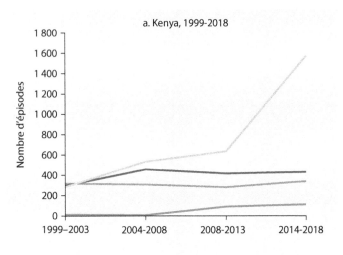

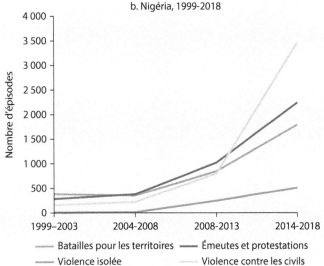

Source : Base de données de l'*Armed Conflict Location and Event Data Project* (ACLED) : https://www.acleddata.com/.

augmentation des actes de violence contre les civils (figure 5.8, volet a). Tel est également le cas du Nigéria, qui est en outre empêtré dans un nombre croissant de batailles pour des territoires dans le nord, ainsi que dans des manifestations et des émeutes (figure 5.8, volet b).

La violence contre les civils a également fortement augmenté depuis 2010 en Afrique du Sud, en République démocratique du Congo, en Somalie, au Soudan du Sud, au Soudan et, dans une moindre mesure, au Burundi, au Cameroun,

à Madagascar, au Malawi, au Mali, au Mozambique et en République centrafricaine. On ignore s'il s'agit d'épisodes ponctuels ou d'une vraie tendance.

Volatilité totale du risque
Ces facteurs volatils interagissent les uns avec les autres. Dans un lieu et au cours d'une année moyens, les futurs chocs climatiques devraient accroître l'incidence des conflits de 17 % en 1997-2011 à 24 % en 2012-2030 (Harari et La Ferrara, 2018).

En plus du changement climatique, la concentration de la population dans les zones urbaines, le chômage des jeunes, la manipulation des élections, le non-respect des limites constitutionnelles des mandats, et la découverte de davantage de ressources naturelles peuvent engendrer de nouvelles violences de masse en Afrique. Par exemple, en Sierra Leone, les chefferies les plus riches en diamants ont connu plus d'affrontements armés que les régions dépourvues de ces ressources (Bellows et Miguel, 2009).

Réduire l'exposition aux chocs en Afrique

Il est souvent beaucoup moins coûteux de réduire l'exposition aux chocs par la prévention que de gérer une crise lorsqu'elle se produit. Le meilleur exemple est peut-être le coût de la prévention des pandémies. Les coûts élevés engendrés par celles-ci dépassent largement ceux des investissements nécessaires pour mettre en place des systèmes performants de surveillance des maladies. L'épidémie d'Ebola de 2014 a coûté environ 10 milliards de dollars. Des systèmes de surveillance des maladies fonctionnant bien et des systèmes de santé publique mieux équipés auraient permis d'éviter de telles pertes. C'est pourquoi le rendement des investissements dans les systèmes de surveillance des maladies est estimé à 123 % (Banque mondiale, 2012).

Le développement économique réduit l'exposition aux risques. Le développement des marchés qui l'accompagne et les investissements dans les infrastructures réduisent à la fois les coûts de transaction et la volatilité des prix. Avec le développement vient le recul de l'agriculture pluviale en tant que principale source de revenus, une activité qui expose aujourd'hui de nombreux ménages agricoles aux chocs liés aux revenus.

L'augmentation de la productivité des ménages agricoles pauvres réduira ce type de risque, comme l'explique le chapitre 3 « Gagner davantage dans les exploitations agricoles ».

Toutefois, les décideurs ne devraient pas se concentrer uniquement sur la croissance économique et l'augmentation de la productivité agricole des petits exploitants. Il existe des stratégies rentables de réduction des risques, en particulier ceux liés aux aléas climatiques et à la santé, mais les pouvoirs publics et les particuliers n'investissent pas suffisamment dans ces stratégies. Ce sous-investissement est particulièrement problématique pour les ménages les plus démunis, qui, en Afrique, sont exposés à des risques qui pourraient être évités à l'aide de politiques et d'investissements rentables.

Réduction des risques grâce au développement : exemple du risque lié aux prix

Des améliorations des marchés intérieurs des produits agricoles réduiraient la volatilité des prix en Afrique. Les coûts élevés des transactions et du transport des denrées d'un pays africain à l'autre font des variations locales de l'offre et de la demande une cause supplémentaire et importante de la volatilité des prix des produits alimentaires. Les investissements routiers et la croissance des centres urbains améliorent l'accès de nombreux agriculteurs au marché. L'introduction de la téléphonie mobile augmente l'efficacité des marchés. Au Niger, la couverture de la téléphonie mobile a réduit de 6 % la dispersion géographique des prix des produits semi-périssables (Aker et Fafchamps, 2015). L'impact de la sécheresse est moindre sur les marchés bien connectés de la Tanzanie (Baffes, Kshirsagar et Mitchell, 2015). En Éthiopie, une sécheresse modérée a eu moins d'incidence sur les prix dans les endroits où l'accès au marché a été plus rapidement amélioré (Hill et Fuje, 2018).

La baisse des prix du carburant peut également aider. La hausse des prix des carburants entre 2007 et 2008 pourrait avoir entraîné une augmentation de 20 à 25 % du prix des denrées alimentaires (Minot, 2011). Une analyse des prix du bétail à travers l'Afrique montre que la volatilité des prix peut être encore plus importante sur les marchés du bétail. Au Burkina Faso, les prix du bétail baissent de 0,3 % pour chaque diminution de 1 % des précipitations, en raison de l'offre accrue de bétail sur les marchés locaux mal intégrés du bétail (Lang et Reimers, 2015).

De solides politiques commerciales internationales et de bonnes politiques monétaires sont également nécessaires pour réduire la volatilité des prix. Au Kenya, les importations de maïs sont entravées par les droits de douane élevés. En Afrique de l'Ouest, un tarif douanier de 15 % est appliqué sur les importations de riz dans 11 pays de la Communauté économique des États de l'Afrique de l'Ouest (CEDEAO). Les droits de douane augmentent la fourchette de prix à l'intérieur de laquelle les conditions intérieures des récoltes touchent les prix, entraînant une forte volatilité de ceux-ci dans les endroits où la production globale dépend des conditions météorologiques d'une année à l'autre. Lorsque les prix du maïs ont augmenté en 2007-2008, le Malawi, la Tanzanie et la Zambie en ont interdit l'exportation. En Éthiopie, les restrictions sur les devises ont fait grimper les prix des céréales de 174 % par rapport à la hausse des prix internationaux de 2008 (Minot, 2011).

Des marchés plus sophistiqués des produits agricoles, tels que les contrats à terme, aideraient à tenir les agriculteurs pauvres à l'écart des problèmes de volatilité des prix. Les chutes soudaines des prix font que les agriculteurs reçoivent pour leur production moins que prévu au moment de la prise des décisions d'investissement. La plupart des agriculteurs et négociants de l'Afrique vendent leurs produits sur des « marchés au comptant », où ils sont échangés contre des espèces à un prix déterminé sur le lieu de la vente (Fafchamps et Minten, 2001). Pour les négociants, cela peut comporter un faible risque de prix, dans la mesure où les changements dans le prix auquel les marchandises sont vendues sont rapidement répercutés sur les agriculteurs auxquels les négociants achètent ces marchandises (Fafchamps et Hill, 2008). Par contre pour les agriculteurs — pratiquant l'activité de la majorité des ménages africains pauvres — la vente sur les marchés au comptant les confronte à un risque de prix considérable. Les agriculteurs investissent dans leurs cultures entre six mois et trois ans avant de les vendre. Les contrats à terme réduiraient le risque lié aux prix, mais ils ne sont pas utilisés.

Les prix ne sont pas importants que pour les agriculteurs pauvres. Pour les acheteurs de produits alimentaires, les hausses soudaines des prix ne sont pas compensées par des augmentations immédiates des salaires et revenus de ceux travaillant dans les secteurs non agricoles. Dans de nombreux pays africains, le secteur public est le principal employeur — un travailleur urbain sur cinq travaille dans le secteur public au Ghana, au Rwanda et en Ouganda — et il joue souvent un rôle important dans la fixation des salaires (Banque mondiale, 2016b). Une indexation appropriée des salaires des fonctionnaires, en particulier pour les emplois peu qualifiés, pourrait aider à réduire le coût des hausses des prix des denrées alimentaires pour les ménages qui sont des acheteurs nets.

Des interventions ciblées rentables pour réduire les risques pour la santé et climatiques

Interventions pour réduire les risques pour la santé

Réduire les risques pour la santé nécessite d'améliorer l'accès à une eau de qualité, à l'assainissement et à des services de soins de santé. Trois investissements en particulier peuvent considérablement réduire l'exposition aux risques pour la santé en Afrique : la prévention du paludisme ; l'eau, l'assainissement et l'hygiène (WASH — *Water, Sanitation et Hygiene*) ; et la vaccination de masse.

Prévention du paludisme. Le risque de paludisme a chuté de façon impressionnante dans la région, mais cette maladie demeure la deuxième cause de mortalité en Afrique (après le virus de l'immunodéficience humaine et le syndrome d'immunodéficience acquise — VIH/SIDA) et la deuxième cause de mortalité infantile. La lutte contre le paludisme à l'aide de la pulvérisation d'insecticides à effet rémanent à l'intérieur des habitations (IRS — *Indoor residual spraying*) et de moustiquaires imprégnées d'insecticide (MII) a été très efficace. Des essais communautaires menés en Afrique ont permis de constater que les MII réduisaient la mortalité infantile de 20 % (Giardina et al., 2014).

Ensemble, les MII et d'autres formes de lutte antipaludique telles que l'IRS ont eu un impact significatif sur la propagation du paludisme là où elles étaient utilisées (Giardina et al., 2014). Au cours des deux dernières décennies, la diffusion des MII a été impressionnante (Noor et al., 2009), comme le montre la carte 5.2, volets a.1 et a.2. Un enfant africain sur quatre vit encore dans un ménage sans MII ni IRS. Il reste encore beaucoup à faire dans le combat contre le paludisme à l'aide de plus de MII et IRS.

Eau, assainissement et hygiène (WASH). De meilleurs investissements dans l'eau, l'assainissement et l'hygiène (WASH) peuvent considérablement réduire le risque de mauvaise santé. Malgré des progrès considérables, la diarrhée demeure la troisième cause de mortalité des enfants de 1 à 59 mois en Afrique (Liu et al., 2016). Cette situation est largement évitable grâce à de meilleurs services d'assainissement et des eaux. On estime que 88 % des décès dus à la diarrhée sont causés par une eau insalubre, un assainissement inadéquat, et une hygiène insuffisante (UNICEF, 2006). En plus d'être l'une des principales causes de décès des enfants, la mauvaise qualité de l'eau, de l'assainissement et de l'hygiène peut causer de nombreux autres problèmes de santé et de nutrition en limitant l'absorption des nutriments (Prüss-Üstün et al., 2008). Les estimations suggèrent que l'amélioration de la qualité de l'eau, de l'assainissement et de l'hygiène pourrait réduire le nombre de décès de 6,3 % à l'échelle mondiale et alléger de 9,1 % le fardeau mondial des maladies (mesuré en années de vie ajustées en fonction de l'invalidité).

L'amélioration des résultats en matière d'eau, assainissement et hygiène nécessite des investissements continus dans l'accès à l'eau potable et à de meilleurs systèmes d'assainissement. De plus en plus de ménages ayant accès à l'une ou l'autre forme de services WASH en Afrique, l'accent doit être davantage mis sur la *qualité* des services, par exemple, en veillant à ce que les ménages aient accès non seulement à de l'eau courante, mais aussi à une eau exempte de contaminants, ou bien en s'assurant que la pratique de la défécation à ciel ouvert prend fin et que la qualité des installations sanitaires est améliorée.

Certains investissements et comportements des ménages peuvent considérablement réduire l'incidence de la diarrhée et d'autres maladies, mais ils ne sont pas courants. Par exemple, le traitement de l'eau peut notablement réduire l'incidence de la diarrhée et améliorer la santé (Kremer et al., 2011), mais moins de 10 % des ménages africains dépensent pour le traitement de l'eau (Ahuja, Kremer et Zwane, 2010). Se laver les mains peut également réduire l'incidence de la diarrhée et des infections respiratoires (Mbakaya, Lee et Lee, 2017).

Vaccination de masse. La vaccination de masse est l'un des moyens les plus rentables de réduire les risques pour la santé. Les pays africains ont fait grimper la proportion des enfants d'un

CARTE 5.2   **De nombreuses stratégies rentables de réduction des risques ne sont pas bien utilisées**

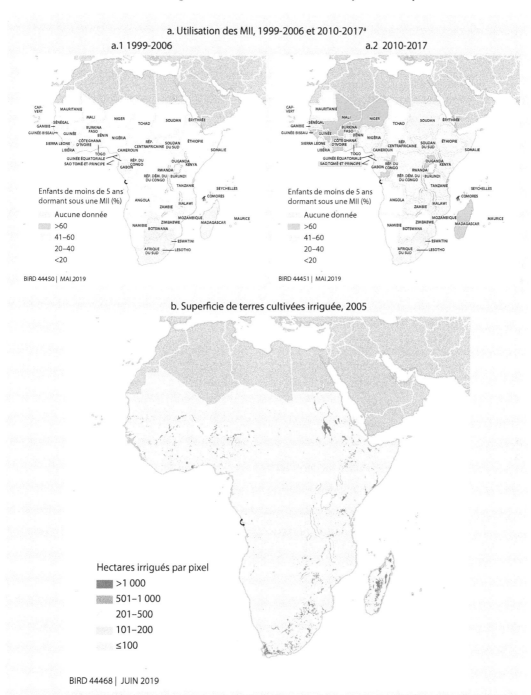

a. Utilisation des MII, 1999-2006 et 2010-2017[a]

a.1 1999-2006

a.2 2010-2017

b. Superficie de terres cultivées irriguée, 2005

Sources : Volet a : Données de l'enquête démographique et de santé ; volet b : HarvestChoice (2015) (http://www.harvestchoice.org/).
a. MII = moustiquaires imprégnées d'insecticide

an ayant reçu trois doses du vaccin diphtérie-coqueluche-tétanos (DCT3) de 38 % en 1985 à 79 % en 2017 (données de l'UNICEF). Malgré cela, un tiers des enfants non immunisés du monde vivent en Afrique, et davantage doit être fait pour veiller à ce que d'autres vaccins soient fournis, à ce que le calendrier complet de vaccination soit correctement respecté, et à ce qu'une plus grande partie du financement destiné à la vaccination de routine provienne de sources nationales.

Interventions visant à réduire les risques climatiques

En ce qui concerne les risques climatiques, les stratégies rentables cherchant à réduire l'exposition à la sécheresse comprennent l'irrigation, une gestion améliorée des terres, et les semences améliorées.

L'irrigation. L'irrigation réduit la variation des rendements des cultures et peut accroître les rendements moyens, mais son coût varie en fonction de la géographie, du type de culture pratiquée, et des conditions du marché. Pour certains agriculteurs, l'irrigation est un moyen de réduire les risques pour un coût négligeable (ou même avec un gain de revenu). Pour d'autres, l'irrigation s'avère trop coûteuse pour être rentable.

Le coût moyen de l'exploitation des eaux souterraines est de deux à quatre fois supérieur à celui de l'irrigation à l'aide des eaux de surface (Awulachew, Erkossa et Namara, 2010). L'irrigation individuelle par de petits exploitants utilisant des pompes bon marché pour puiser dans les eaux aussi bien souterraines que de surface s'est rapidement répandue dans certaines régions (Cervigni et Morris, 2015), mais dans l'ensemble, seule une très petite partie des terres africaines est actuellement irriguée (carte 5.2, volet b).

Avec les technologies actuelles, il existe un considérable potentiel inexploité, même dans certaines des régions les plus sèches de l'Afrique. Les zones arides africaines ont développé moins d'un tiers de leur potentiel technique d'irrigation, et plus d'un cinquième de la superficie mise sous irrigation n'est pas utilisé (Cervigni et Morris, 2015). Avec des hypothèses prudentes de coût et de rendement des investissements, jusqu'à 3 millions d'hectares de terres arides africaines conviennent au développement d'une irrigation à petite échelle, et 1,5 million d'hectares supplémentaires pourrait être aménagé dans le cadre d'une irrigation à grande échelle, compte tenu des grands barrages existants ou actuellement planifiés ou en construction (Xie et al., 2015).

Une gestion améliorée des terres. Les pratiques de gestion des terres, telles que la régénération naturelle gérée par l'agriculteur (RNGA) des arbres et des terres, constituent une autre approche pour réduire les risques liés au climat. Les taux élevés d'épuisement des forêts entraînent la dégradation des terres et de l'eau et aggravent le stress hydrique. Là où la conservation des sols et de l'eau a augmenté, des améliorations spectaculaires ont été constatées (encadré 5.4).

ENCADRÉ 5.4   La régénération naturelle gérée par les agriculteurs des arbres et des terres est prometteuse pour réduire le risque de sécheresse

En tant que moyen de réduire le stress hydrique, la régénération naturelle gérée par les agriculteurs (RNGA) a gagné en popularité dans de nombreuses zones arides de l'Afrique (Cervigni et Morris, 2015). Au Niger, plus de 5 millions d'hectares de couvert arboré ont été nouvellement régénérés sur des terres cultivées. L'augmentation de la couverture arborée peut réduire l'exposition à la sécheresse en réduisant les températures locales ; en mettant plus d'eau à la disposition des cultures environnantes (un phénomène connu sous le nom de soulèvement hydraulique) ; en diminuant la sensibilité des rendements à la diminution des précipitations grâce à l'amélioration de la qualité nutritive des sols due à la RNGA ; et en aidant les ménages à mieux

gérer les risques en veillant à ce que les produits forestiers puissent encore être récoltés en période de sécheresse.

Si les pratiques de RNGA à forte densité d'arbres étaient plus largement utilisées, le nombre des personnes touchées par la sécheresse dans les zones arides de l'Afrique pourrait être réduit d'environ 50 % (Cervigni et Morris, 2015). En Éthiopie, la conservation des sols et de l'eau (construction de terrasses et de digues), la gestion communautaire de bassins versants, ainsi que l'expansion et la protection de la couverture forestière pour générer une eau plus propre et plus abondante ainsi que divers moyens de subsistance ont eu un impact sur les rendements, avec des augmentations notables à certains endroits.

Malgré une récente augmentation de la RNGA en Afrique, il reste encore beaucoup à faire pour l'étendre, et cette opération ne portera ses fruits qu'à long terme tout en étant risquée dans la mesure où, au cours des premières années, les jeunes arbres sont vulnérables à la sécheresse et aux maladies.

Des semences améliorées. Enfin, l'utilisation de semences améliorées, plus tolérantes à la sécheresse et aux inondations et plus résistantes aux parasites et aux maladies, peut réduire les risques. Dans le passé, les variétés robustes étaient généralement associées à de plus faibles rendements, mais ces dernières années, des variétés offrant des rendements égaux ou supérieurs à ceux des souches traditionnelles et présentant une résistance accrue au stress climatique ont été sélectionnées.

Le projet Maïs résistant à la sécheresse pour l'Afrique (DTMA — *Drought Tolerant Maize for Africa*) a produit de telles variétés pour 13 pays d'Afrique. Au Nigéria et en Zambie, ces semences sont devenues les variétés de maïs les plus cultivées. Leur adoption n'est toutefois pas universelle. Elle dépend plutôt de la force des systèmes locaux d'approvisionnement en semences et de vulgarisation. Les ménages plus pauvres sont souvent moins susceptibles d'être à même d'investir dans de nouvelles semences et moins enclins à s'engager dans des systèmes de vulgarisation.

Enseignements tirés à propos de la réduction du risque de conflit

Compte tenu des effets néfastes et persistants des conflits sur le bien-être, la prévention des conflits est une priorité. Les causes des conflits sont complexes et souvent bien enracinées. S'attaquer aux déterminants de la fragilité nécessitera des approches différentes selon les contextes. De nombreux facteurs contribuent aux conflits et les énumérer tous sort du cadre de ce chapitre.

Nous examinons ici les enseignements tirés à propos du rôle de l'aide et des programmes publics bien menés visant à réduire les conflits. Certains éléments probants indiquent que l'aide peut légèrement réduire la probabilité des conflits. L'aide étrangère en général réduit la probabilité de conflits violents (Collier et Hoeffler, 2002 ; De Ree et Nillesen, 2009). Une structuration explicite de cette aide pour qu'elle augmente en cas de choc négatif sur les revenus (dus aux

conditions météorologiques, à des fluctuations des prix des produits de base, etc.) peut être utile (Miguel, 2007).

Les programmes d'emploi ciblant les combattants potentiels pourraient également avoir des avantages marginaux dans certains contextes. La création d'emplois pour les jeunes hommes au chômage dans une région dissidente peut être plus efficace pour la prévention des conflits armés dans les pays et les régions sujettes aux conflits. Il est toutefois possible que cela n'ait qu'un effet marginal sur les conflits violents, et uniquement dans des contextes spécifiques où le conflit est en partie motivé par des raisons économiques (Blattman et Ralston, 2015).

Il est difficile de concevoir des programmes efficaces pour le marché du travail dans les pays touchés par des conflits, et peu de pays ont réussi à créer des emplois supplémentaires. Dans un cas réussi, un programme proposant une formation agricole, un apport de capital, et des conseils aux ex-combattants libériens au chômage a accru leurs emplois et leurs profits agricoles et les a dissuadés d'exercer des activités illicites (Blattman et Annan, 2016). Le capital fourni à ces anciens combattants a été crucial dans ce cas. La communauté du développement doit réaliser d'autres analyses pour identifier les interventions réussies en situation de post-conflit (Blattman et Miguel, 2010 ; Brück, 2016).

Enfin, les programmes de désarmement, démobilisation et réinsertion (DDR) destinés aux anciens combattants ont également connu un certain succès. Au Burundi, ils ont eu des effets bénéfiques sur le bien-être des ménages d'anciens combattants, ainsi que des villages (D'Aoust, Sterck et Verwimp, 2016). Ces effets s'estompent toutefois au bout de quelques années, soulignant la nécessité de politiques assurant un développement économique durable. Des preuves supplémentaires de l'impact de ces programmes sur le maintien de la paix sont également nécessaires.

Comment les ménages gèrent-ils les chocs ?

Il n'est ni possible ni souhaitable d'éliminer complètement le risque. Parfois, il est le signe de l'existence d'une vraie opportunité de croissance du revenu dont les ménages peuvent tirer parti. Les ménages adoptent diverses approches pour gérer les chocs négatifs.

Types de mécanismes d'adaptation

L'utilisation des économies est le mécanisme d'adaptation le plus largement utilisé, même par les ménages pauvres. Les questions hypothétiques de la *Global Findex Survey* (l'enquête mondiale sur l'inclusion financière) portant sur la façon dont les ménages financeraient les urgences ont montré que 20 % des personnes (avec peu de différence entre les hommes et les femmes) compteraient le plus sur l'épargne, devant la famille et les amis (Demirgüç-Kunt et al., 2015b). Les ménages pauvres (disposant de moins de revenus à épargner) sont toutefois beaucoup moins en mesure d'avoir recours à l'épargne que les ménages riches — en moyenne trois fois moins de ménages appartenant aux 40 % inférieurs que de ménages faisant partie des 60 % supérieurs (Nikoloski, Christiaensen et Hill, 2016), comme le montre la figure 5.9. Même si elle ne constitue pas une protection adéquate contre de larges pertes de revenu, l'épargne peut aider les ménages à gérer de petits chocs affectant leurs revenus.

Lorsque l'accès aux services bancaires est limité, les ménages choisissent souvent d'épargner sous la forme d'actifs physiques, tels que de petits ruminants. Malheureusement, lorsque les chocs frappent l'ensemble de la communauté, les ménages pauvres peuvent être contraints de vendre leurs actifs, tels que le bétail, alors que les prix sont à la baisse. Beaucoup de choses ont été dites sur la tendance des ménages à vendre leurs actifs productifs à la suite d'un choc, réduisant ainsi leur future capacité de production. Cela arrive et peut entraîner un appauvrissement, le cas échéant. Toutefois, un ensemble de données économétriques tirées d'études de plusieurs famines dans différents pays africains montre que, lorsque le bétail est vendu en période de famine, il s'agit d'une stratégie de dernier recours, adoptée après l'échec de la réduction de la consommation et de la liquidation des avoirs non productifs, les solutions privilégiées des ménages, en particulier plus pauvres (Dercon, 2004; Hoddinott, 2006; Kazianga et Udry, 2006; Little et al., 2006; Lybbert et al., 2004).

FIGURE 5.9   **L'épargne, la famille et les amis aident les ménages à faire face aux chocs**

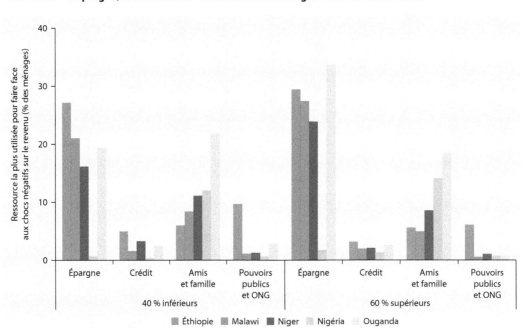

Source : Nikoloski, Christiaensen et Hill (2016).
Note : ONG = organisation non gouvernementale. « 40 % inférieurs » et « 60 % supérieurs » représentent les niveaux de consommation des ménages.

L'aide de la famille et des amis est le deuxième plus important moyen utilisé par les ménages pour gérer les chocs, mais elle est particulièrement importante pour les 40 % les plus pauvres. C'est également la façon la plus courante que les ménages africains déclarent adopter pour financer une urgence (Demirgüç-Kunt et al., 2015b). La force des filets sociaux informels semblables à ceux-ci a été bien documentée dans les pays d'Afrique. Les amis et la famille ne peuvent toutefois être mis à contribution que pour aider à gérer des risques relativement faibles et n'affectant pas tous les membres du réseau informel en même temps.

En outre, la solidité de ce type de réseaux informels en Afrique a un coût qui peut entraver la réduction de la pauvreté. L'attente que les membres plus aisés du réseau soutiennent ceux moins fortunés qu'eux-mêmes peut inciter les gens à éviter d'investir dans des activités à haut rendement visibles et à adopter des stratégies coûteuses pour dissimuler ou immobiliser leur capital financier (Brune et al., 2016 ; Fafchamps et Hill, 2015 ; Jakiela et Ozier, 2015a). Au Cameroun, par exemple, près de 20 % des membres d'un réseau de microfinance ont contracté des prêts dans l'unique but de signaler qu'ils n'avaient pas d'argent (Baland, Gurkinger et Mali, 2011).

L'emprunt est beaucoup moins commun. Peu de ménages peuvent obtenir un crédit après un choc. La troisième source de fonds d'urgence la plus signalée dans la *Global Findex Survey* de 2015 était l'emprunt sous la forme d'une avance sur une rémunération à venir (Demirgüç-Kunt et al., 2015b). Pour certains ménages, ce prêt était pris en tant qu'avance sur la vente à venir de produits agricoles. L'emprunt auprès d'autres prêteurs formels ou informels était négligeable.

Un autre moyen permettant aux ménages de gérer les risques pour l'agriculture est d'augmenter le revenu issu d'autres sources, en consacrant plus de temps à des activités non agricoles. Cela implique parfois une migration temporaire. Ce type de diversification ne permet toutefois pas de gérer tous les risques. La diversification peut être utile pour gérer les risques spécifiques à un secteur donné — par exemple, exercer des activités non agricoles en cas de sécheresse —, mais elle est inefficace pour gérer des risques plus étendus, tels que la baisse des prix des denrées alimentaires dans les zones rurales, qui affecte également les revenus provenant de sources non agricoles (Banque mondiale, 2016a).

De plus, la diversification peut amener un ménage à devenir un valet dans de multiples activités, mais un maître dans aucune. La diversification pour faire face aux chocs peut souvent se traduire en activités informelles à petite échelle dépourvues des avantages pouvant découler de la spécialisation. Le fait a été démontré au Bangladesh et en Inde (Skoufias et Bandyopadhyay, 2013 ; Skoufias, Bandyopadhyay et Olivieri, 2016). Les ménages ayant des portefeuilles plus diversifiés n'ont pas été plus en mesure de résister aux chocs au Burkina Faso, en Éthiopie, au Kenya, au Mali, au Niger, en Somalie et au Zimbabwe (Boudreau, 2013). Ce constat met en garde contre le postulat que la diversification des moyens de subsistance est un moyen efficace d'accroître la résilience des ménages vulnérables aux événements néfastes.

Impacts particuliers des chocs liés à la santé

Les chocs liés à la santé nécessitent souvent que les gens règlent des soins de santé imprévus à l'aide de paiements directement tirés de leur propre poche qui, en l'absence d'assurance maladie, peuvent les appauvrir. Ces paiements directs représentaient près de 40 % du financement de la santé en Afrique entre 2008 et 2013 (Eozenou et Mehta, 2016). L'impact de ces paiements sur la consommation et la pauvreté peut être évalué en examinant ce que serait la consommation des ménages si les dépenses consacrées aux soins de santé d'urgence l'étaient plutôt à l'alimentation et aux produits de première nécessité. Environ 1,2 % de la population africaine est poussée dans la pauvreté par les paiements directs des soins de santé, et entre 2008 et 2013, 36 % de la population était déjà pauvre et enfoncée encore plus bas par les paiements directs effectués (Eozenou et Mehta, 2016), comme illustré dans la figure 5.10.

De nombreuses personnes confrontées à des problèmes de santé préfèrent renoncer aux soins, souvent pour des raisons financières. En moyenne, 16 % des ménages ne cherchent pas à être soignés, et 29 % d'entre eux y renoncent pour des raisons financières. Cela augmente la morbidité et réduit le revenu et la consommation dans le futur. Ces ménages non seulement renoncent aux soins de santé en cas de chocs, comme l'a souligné la discussion précédente, mais réduisent également souvent l'investissement dans l'éducation, même lorsqu'il n'y a pas

FIGURE 5.10 **Les paiements directs des soins de santé augmentent et aggravent la pauvreté en Afrique**

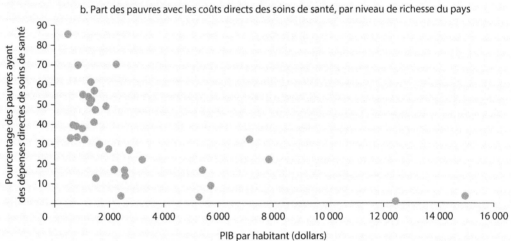

a. Part de la population appauvrie par les coûts directs de la santé, par niveau de richesse du pays

b. Part des pauvres avec les coûts directs des soins de santé, par niveau de richesse du pays

Source : Eozenou et Mehta (2016).
Note : La figure reflète les données des enquêtes auprès des ménages de 26 pays, entre 2008 et 2013, par pays.

de frais de scolarité à payer, afin d'éviter les coûts annexes liés à l'envoi de leurs enfants à l'école ou pour que ces enfants puissent travailler pour aider à répondre aux besoins de base du ménage.

Une meilleure assurance pour les pauvres

Les filets sociaux fournis par l'État ou les organisations non gouvernementales (ONG) ainsi que par des mécanismes d'assurance officiels

sont remarquablement peu utilisés en Afrique. Rares sont les ménages utilisant l'une ou l'autre de ces ressources pour gérer les chocs auxquels ils sont le plus exposés. Seuls environ 5 % des ménages déclarent pouvoir s'appuyer sur l'aide de l'État en cas de crise (figure 5.9). La proportion des ménages utilisant une assurance formelle est encore plus faible. En Afrique, les ménages pauvres vivent non seulement dans des environnements plus risqués, mais n'ont également pas accès à une assurance formelle ou à une assistance fiable financée par des fonds publics, pour les chocs auxquels ils sont couramment confrontés.

Lorsque les pouvoirs publics sont mal préparés à réagir aux crises, que les marchés sont faibles et que les ménages sont pauvres et ont peu de moyens pour s'adapter, les chocs frappent plus fort, et les risques non assurés sont plus coûteux. Au cours des quatre dernières décennies, personne n'est mort à cause de la sécheresse dans un pays à revenu élevé, et pourtant, la sécheresse tue plus de personnes en Afrique que n'importe quel autre aléa naturel (Banque mondiale, 2014b). Un financement plus précoce de la gestion de l'épidémie d'Ebola aurait permis d'apporter une réponse plus complète durant la période au cours de laquelle une réaction insuffisante a entraîné la multiplication par dix du nombre de cas (Eozenou et Mehta, 2016).

Les ménages ont besoin d'une combinaison d'outils pour gérer les crises. Les petits chocs fréquents, tels que les pénuries modérées des précipitations ou des maladies courtes, sont mieux gérés à l'aide des économies et de transferts aux ménages trop pauvres pour épargner. Les chocs plus importants, mais moins fréquents, tels qu'une sécheresse ou une maladie grave, nécessitent une assurance et des filets sociaux évolutifs pour que les ménages trop pauvres puissent souscrire une assurance. La combinaison appropriée d'outils de gestion des risques variera d'un ménage à l'autre (voir la figure 5.11 qui utilise des exemples de sécheresse et de chocs liés à la santé). Des investissements sont nécessaires à la fois dans les marchés financiers et les systèmes de filets sociaux.

Renforcement des marchés financiers

Les marchés financiers regroupent une gamme de services financiers capables d'aider les ménages à gérer les risques. Cette section analyse l'énorme potentiel d'amélioration du développement des marchés financiers en vue de répondre aux besoins des ménages pauvres.

Moyens d'accroître l'épargne

L'épargne constitue la première défense des ménages contre une perte de revenu inattendue et peut les aider à gérer des chocs mineurs fréquents. Souvent informelles, ces économies sont maintenues en dehors du système bancaire officiel : 60 % des adultes de l'Afrique économisent de l'argent, mais seulement 16 % d'entre eux passent pour ce faire par une institution financière

FIGURE 5.11 La gestion des chocs liés à la santé et climatiques requiert une combinaison d'outils

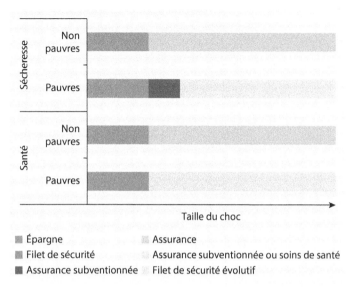

Note : La figure reflète les constatations relatives aux outils de gestion des chocs par niveau de consommation des ménages, mais ne reprend pas des points de données réels.

(Demirgüç-Kunt et al., 2015a). D'autres gardent leurs économies chez eux ou les utilisent pour participer à des clubs d'épargne informels (tontines) — environ 40 millions de femmes et 30 millions d'hommes dépourvus d'accès aux banques utilisent ces groupes informels pour épargner.

La faible utilisation des comptes d'épargne formels rend les liquidités épargnées plus susceptibles de perdre de la valeur, plus sujettes à la tentation d'une utilisation à d'autres fins (parfois à la demande de tiers), et parfois moins accessibles pour une utilisation en cas d'urgence. Un accès accru à l'épargne formelle améliore l'efficacité et la sécurité. L'accès des pauvres à des comptes bancaires de base n'accroît toutefois pas nécessairement l'épargne (Dupas et al., 2018). Lorsque les coûts de transaction sont suffisamment bas, la détention d'un compte bancaire peut encourager une augmentation de l'épargne (Demirgüç-Kunt, Klapper et Singer, 2017). Et les pauvres, en particulier ceux vivant dans des zones reculées mal desservies par les banques classiques, ont besoin d'options différentes ou plus simples que les comptes bancaires traditionnels. La mise à disposition d'un lieu sûr où conserver l'argent (un coffre) était suffisante pour augmenter de 66 % les économies destinées à la santé au Kenya (Dupas et Robinson, 2013).

Systèmes de transfert d'argent mobile

Les systèmes financiers permettant d'effectuer des transferts plus simples et moins coûteux peuvent constituer un avantage décisif en cas de crise. Les envois de fonds de la famille et des amis sont parmi les moyens les plus couramment utilisés pour faire face aux chocs. Les systèmes de paiement numériques permettent à l'argent d'arriver beaucoup plus rapidement et sans frais de déplacement jusqu'à l'opérateur de transfert le plus proche. Au Kenya, deux tiers des adultes ont déclaré le service d'argent mobile en tant que moyen le plus rapide et le plus pratique de recevoir des transferts de fonds (Demirgüç-Kunt, Klapper et Singer, 2017). Au Niger, lorsque des transferts d'espèces à l'aide de comptes d'argent mobile sont versés directement aux femmes, ils augmentent leur pouvoir de décision au sein des ménages (Aker et al., 2016).

L'Afrique est la région comptant la plus forte proportion d'envois de fonds expédiés et reçus à l'aide de comptes ou de transactions monétaires de gré à gré, dont beaucoup sont effectués à l'aide de services d'argent mobile. L'utilisation de l'argent mobile peut toutefois être encore étendue : 42 % des envois de fonds sont encore reçus en espèces (Demirgüç-Kunt et al., 2015a).

FIGURE 5.12 **La couverture d'assurance maladie est faible en Afrique et concentrée entre les mains des mieux nantis**

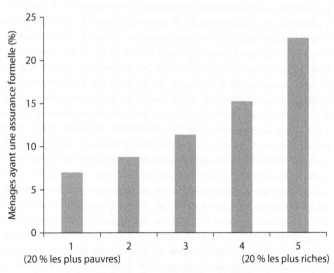

Aider à souscrire une assurance

Les mécanismes d'assurance ou de prépaiement constituent l'instrument financier approprié pour gérer les chocs de grande envergure, mais moins fréquents, qui touchent beaucoup de gens en une fois. Cependant, peu de ménages d'Afrique, pauvres en particulier, disposent d'un quelconque type d'assurance pour gérer les chocs liés à la santé, au climat ou aux prix.

L'examen d'enquêtes menées dans huit pays hébergeant 30 % de la population africaine montre que 17 % des ménages africains bénéficient d'une forme ou d'une autre d'assurance maladie (Eozenou et Mehta, 2016). Toutefois, parce que les enquêtes dans les pays affichant de faibles taux d'assurance maladie sont moins susceptibles d'inclure des questions sur celle-ci, la moyenne de l'Afrique est probablement plus basse. La couverture de l'assurance maladie est beaucoup plus faible chez les ménages plus pauvres (7 % du quintile inférieur) que parmi les ménages plus riches (23 %) (figure 5.12).

À l'exception de celui du Ghana, il existe peu de grands régimes sociaux d'assurance maladie en Afrique, contrairement à d'autres régions. Par exemple, en Inde, 35 millions de ménages vivant dans la pauvreté ont accès à des soins de santé pour patients hospitalisés grâce à un régime d'assurance subventionné par l'État, *Rashtriya Swasthya Bima Yojana* (RSBY — le programme national d'assurance maladie). De nombreux pays ont une certaine forme d'assurance maladie communautaire, mais sa faible couverture constitue souvent un problème, sauf au Rwanda où le système a presque atteint une couverture universelle. Cependant, toutes les formes d'assurance maladie ne sont pas toujours complètement efficaces pour surmonter les obstacles financiers aux soins de santé (Eozenou et Mehta, 2016) : les personnes officiellement couvertes par une forme d'assurance maladie peuvent encore avoir à acquitter des frais d'utilisation ou une quote-part au point de service, ce qui dissuade d'avoir recours aux soins.

L'assurance rendement fournit aux ménages un contrat leur garantissant un paiement lorsque le rendement des cultures tombe en dessous d'un certain seuil à cause d'un événement imprévu, tel que de mauvaises conditions météorologiques ou une maladie des cultures. L'assurance rendement a des difficultés avec les questions de danger moral et, en Afrique, presque tous les contrats de ce type sont basés sur un indice. Toutefois, étant donné la rareté des données sur les rendements par surface en Afrique, les indices dépendent presque entièrement des données des satellites ou de stations météorologiques plutôt que des indices de rendement par surface couramment utilisés dans d'autres pays (par exemple, la Chine, l'Inde et les États-Unis), et ils ne correspondent pas toujours bien avec les rendements sur le terrain.

Malgré les nombreux programmes pilotes mis en œuvre en Afrique, aucune adoption massive des produits d'assurance indépendants n'a été observée sur le continent, et lorsqu'elle reste à petite échelle, leur fourniture a un coût qui peut être assez élevé. Un fort taux d'utilisation n'existe que pour les produits liés à l'achat d'autres intrants tels que les semences (par exemple, à travers le *One Acre Fund* de la Fondation Syngenta, destiné aux petits exploitants du Kenya) ou fortement subventionnés et proposés par des intermédiaires accrédités. Une innovation importante est nécessaire dans la qualité et la commercialisation de ces produits pour que les agriculteurs puissent les utiliser pour atténuer les risques. Toutefois, comme le montre la figure 5.11, ils peuvent constituer une part importante de la solution de gestion des risques pour certains ménages.

Les options de vente de produits agricoles négociés sur les marchés à terme mondiaux (tels que le café) constituent un autre outil financier permettant de gérer le risque dans l'agriculture, et peuvent offrir une protection financière contre les chutes des prix qui réduiraient les revenus des producteurs de ces denrées. Ces options sont négociées en quantités plus importantes que celles vendues par un seul agriculteur, et les producteurs africains n'ont aucun moyen d'accéder à ce marché, indiquant ainsi un autre domaine où l'innovation dans la commercialisation est nécessaire pour accroître les outils financiers ouverts aux agriculteurs africains.

Améliorer les filets sociaux et les interventions d'urgence

Les filets sociaux, tels que les programmes de transferts monétaires ou les systèmes de travaux publics, sont de plus en plus répandus en Afrique (figure 5.13, volet a). Chaque pays africain a un programme de filet de sécurité (Beegle, Honorati et Monsalve, 2018). Toutefois, nombre d'entre eux restent à petite échelle, fonctionnent comme des projets pilotes, et ne parviennent pas

à fournir, de façon permanente, des transferts à la totalité de leur population cible de ménages pauvres ou vulnérables (figure 5.13, volet b).

Les filets sociaux peuvent aider les ménages à la fois à renforcer leur résilience aux chocs et à compenser les pertes dues à ceux-ci. Ils peuvent aussi les aider à épargner et à investir dans des actifs et le capital humain avant que les chocs ne se produisent. On a pu constater qu'avec la mise en place d'un filet de sécurité, la proportion des ménages épargnants augmentait de 92 % en Afrique (Andrews, Hsiao et Ralston, 2018). Lorsqu'ils sont prévisibles et fiables, les transferts offrent aux ménages une source sûre de revenus augmentant leur résilience (Barca et al., 2015 ; Gilligan, Hoddinot et Taffesse, 2009).

Programmes de filets sociaux réactifs aux chocs
Les filets sociaux peuvent également s'étendre lorsque les crises éclatent, comme lors d'une sécheresse ou d'une hausse des prix, pour aider à compenser les pertes de revenu des ménages pauvres. Les programmes réactifs aux chocs sont notamment caractérisés par l'élargissement des programmes existants soit verticalement (ajustement temporaire des montants ou de la fréquence des transferts), soit horizontalement (ajout de bénéficiaires temporaires) ; le déclenchement de nouveaux programmes pour une période limitée (idéalement en s'appuyant sur les systèmes administratifs de programmes permanents) ; ou la modification temporaire de l'objectif du programme (voir la discussion dans OPM, 2017).

Des gains importants d'efficacité peuvent être réalisés en réagissant plus rapidement avec un ensemble d'instruments prédéfinis et une stratégie de financement adéquate. Lorsque les ménages savent qu'ils peuvent compter sur l'État pour leur fournir un certain appui dans un cas donné, les programmes de protection sociale réactifs aux chocs peuvent également avoir des effets comportementaux (en matière d'augmentation des investissements dans la santé et l'agriculture) similaires à ceux engendrés par les contrats d'assurance.

Il existe peu de filets sociaux réactifs aux chocs dans la région. Un bon nombre des programmes de filets sociaux y sont mis en place à la suite d'une catastrophe ou d'un conflit (Monchuk, 2014), mais peu d'entre eux sont capables de s'adapter rapidement aux besoins supplémentaires liés aux chocs. Ils sont de plus en plus conçus avec cette idée derrière la tête.

FIGURE 5.13   **Le nombre de programmes de filet de sécurité augmente en Afrique, mais leur couverture reste faible**

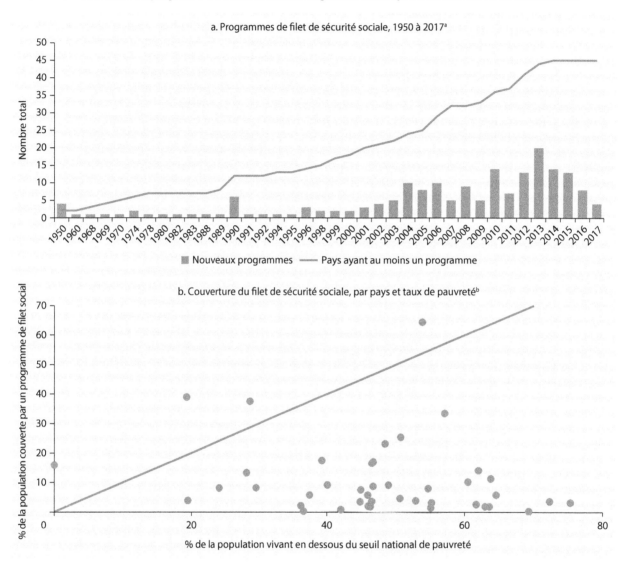

a. Programmes de filet de sécurité sociale, 1950 à 2017[a]

b. Couverture du filet de sécurité sociale, par pays et taux de pauvreté[b]

Source : Beegle, Honorati et Monsalve, 2018.
a. La figure prend en compte les programmes normaux (mais pas ceux d'urgence) encore en cours de mise en œuvre et pour lesquels des informations sur l'année de lancement sont disponibles.
b. Une approximation des taux de couverture du filet de sécurité sociale est donnée par la somme du nombre des bénéficiaires directs et indirects des transferts monétaires, des transferts de denrées alimentaires, et des programmes de travaux publics. Les bénéficiaires des six autres types de programmes (pensions sociales, alimentation scolaire, interventions d'urgence, exonération des frais d'éducation et de soins de santé, et autres programmes) ne sont pas inclus, parce qu'ils risquent de faire double emploi avec ceux d'autres programmes, ce qui entraînerait une surestimation des taux de couverture. Le cercle le plus à gauche désigne Maurice, qui enregistre un taux de pauvreté inférieur à 1 %.

En Éthiopie, le Programme de filet de sécurité sociale productif comprend un financement d'urgence de 5 % qui peut être utilisé pour étendre sa portée en cas de sécheresse ou de hausse des prix des denrées alimentaires. Dans le nord du Kenya, le Programme de filet de sécurité contre la faim couvre les pasteurs les plus démunis à l'aide d'un

filet de sécurité évolutif : les bénéficiaires les plus pauvres perçoivent chaque année des transferts, et leur nombre augmente lorsque les pluies se font rares et que les pâturages ne sont plus suffisants pour le bétail. Ce programme complète celui de l'assurance bétail du pays, qui fournit des subventions pour une assurance aux ménages plus aisés, mais vulnérables (encadré 5.5). De tels systèmes de filet de sécurité évolutifs n'en sont qu'à leurs débuts en Afrique.

Aide humanitaire après les catastrophes
De nombreux pays africains comptent sur l'aide humanitaire pour apporter un soutien à leurs citoyens en cas de catastrophe. Les donateurs répondent à hauteur de 1,6 milliard de dollars par an aux appels des Nations Unies en faveur des catastrophes naturelles.

L'aide humanitaire n'est toutefois ni fiable, ni fournie en temps opportun. Lorsque l'urgence se développe lentement, comme dans le cas de la sécheresse, le processus de mise en place de l'aide humanitaire prend en moyenne un an entre l'arrêt des précipitations et la distribution de l'aide alimentaire — avec de nombreux endroits où les ressources sont fournies pour des raisons de politiques et de négociation plutôt que de besoin. C'est deux fois plus lent que la vitesse estimée d'un filet de sécurité réactif aux chocs disposant d'un financement (Clarke et Hill, 2013).

La corrélation entre le coût des programmes liés à l'alimentation du Programme alimentaire mondial (PAM) et les précipitations saisonnières totales au Kenya n'est que de -26 % (Chantarat et al., 2007). Pour d'autres pays, la corrélation entre l'aide basée sur les précipitations prévues et l'aide réellement reçue se situe dans une large fourchette allant de 39 % à 82 % (Clarke et Hill, 2013). Cette variation peut indiquer le manque d'indices pluviométriques permettant d'identifier les besoins, mais aussi le manque de fiabilité de l'aide alimentaire venant combler les déficits de revenu.

Une autre cause du manque de fiabilité dans la fourniture d'une aide d'urgence aux ménages dans le besoin est la difficulté de cibler correctement les secours d'urgence. La distribution de l'aide alimentaire est la plus facile et la moins chère aux endroits où elle a déjà été effectuée, ce qui a tendance à biaiser le choix des lieux de distribution de l'aide (Jayne et al., 2002). Dans les sites sélectionnés, les bénéficiaires doivent être rapidement identifiés, ce qui entraîne des erreurs

---

ENCADRÉ 5.5   Des filets sociaux et une assurance subventionnée aident à protéger les pasteurs au Kenya

Le pastoralisme est très sensible à la sécheresse dans les régions du nord du Kenya. Les éleveurs migrent traditionnellement pour gérer la variation spatiotemporelle de la disponibilité du fourrage et de l'eau, et même si elle leur procure une protection considérable, cette migration ne permet pas de gérer complètement le risque. Dans ces régions, l'*Hunger Safety Net Program* (HSNP – le programme de filet de sécurité contre la faim) de l'État kenyan fournit un transfert monétaire inconditionnel aux pauvres et l'étend aux autres ménages pauvres et vulnérables lorsque la sécheresse devient grave. L'État fournit également des subventions pour une assurance bétail basée sur des indices (le programme d'assurance bétail du Kenya) aux ménages un peu moins pauvres non couverts par le HSNP.

La coexistence de transferts inconditionnels aux pauvres, de transferts conditionnés par l'État à d'autres pauvres, et de subventions d'assurance pour les presque pauvres est unique et constitue une occasion d'étudier les effets de différentes stratégies de protection et de simuler les gains d'intégration en matière de bien-être et de fiscalité.

La comparaison des impacts estimés pour chaque programme fournit une évaluation des avantages pour la réduc-

tion de la pauvreté obtenus à l'aide d'une approche intégrée de la protection sociale regroupant différents programmes destinés aux pauvres et aux personnes vulnérables. Au Kenya, la simulation sur les cinq dernières années des résultats en matière de bien-être de différents types de programmes a détecté peu de différences dans les taux de pauvreté entre un transfert annuel plus important aux pauvres et un transfert moins important susceptible de s'étendre aux ménages vulnérables en cas de grave sécheresse (Jensen, Ikegami et Mude, 2017). La raison en est que dans les conditions météorologiques réelles des cinq dernières années, ces deux effets se sont annulés, ce qui pourrait ne pas être le cas pour d'autres phénomènes météorologiques. Il y a également peu de différence de pauvreté entre fournir aux ménages vulnérables une assurance gratuite ou une subvention pour la souscription d'une assurance.

Cette analyse souligne la nécessité de recherches supplémentaires sur la meilleure façon de concevoir et intégrer des filets sociaux et des subventions d'assurance afin de déterminer quelle combinaison de politiques sera la plus rentable pour protéger les ménages et réduire la pauvreté.

de ciblage. Il existe peu de données récentes sur la qualité du ciblage de l'aide alimentaire. Une ancienne étude indique des erreurs d'inclusion de 42 % et d'exclusion de 40 % (Jayne et al., 2001), suggérant que même quand le ciblage est progressif, il ne l'est pas de beaucoup.

En conséquence, peu de ménages déclarent pouvoir compter sur l'appui des pouvoirs publics en cas de catastrophe — environ 1 % à 1,5 % dans des pays disposant de données comparables (comme indiqué plus haut dans la figure 5.9). Le coût humain de cette situation est grave. En Somalie, l'aide a été nécessaire 4 mois après le début de la sécheresse de 2011, au moment où les taux de mortalité ont commencé à augmenter, mais le principal pic de financement n'a été atteint que 10 mois après le début de la catastrophe, l'aide ne parvenant vraisemblablement aux ménages qu'encore un peu plus tard. Plus de 100 000 personnes sont décédées avant que le financement n'augmente (Talbot, Dercon et Barder, 2017). Pour ceux qui ont réussi à survivre, le coût de la lenteur de la réaction, exprimé en revenus à venir perdus à cause des pertes nutritionnelles et d'actifs, est estimé à 1 294 dollars par ménage en valeur totale actualisée (Clarke et Hill, 2013).

Malgré les coûts élevés de la dépendance à l'aide humanitaire pour le financement du soutien public apporté au lendemain d'une catastrophe, elle demeure un mode de gestion des crises attrayant pour les pouvoirs publics, parce que le financement obtenu dans ces conditions est gratuit tandis que les autres sources de financement ont un coût. Par exemple, l'Option de tirage différé pour les risques liés aux catastrophes (Cat-DDO — *Catastrophe Deferred Drawdown Option*) de la Banque mondiale permet à un pays d'avoir rapidement accès à un financement en cas de crise, mais celui-ci est un prêt imputé à l'engagement de l'Association internationale de développement (IDA) du pays, ce qui le rend plus coûteux que les dons accordés sous forme d'aide humanitaire. Le système financier international pousse donc les pays à ne pas se préparer aux catastrophes et combine les incitations politiques et comportementales entraînant généralement un sous-investissement dans la réduction des risques liés à la gestion des catastrophes (voir ci-dessous l'analyse des incitations politiques et autres contraintes).

Réformer le financement humanitaire de manière à permettre un décaissement fiable et rapide, dans la mesure du possible, permettrait aux pays de se préparer aux situations d'urgence et de mettre en place des systèmes, tels que des filets sociaux réactifs aux chocs, capables de répondre avec agilité en cas de catastrophe. De telles réformes nécessiteraient que l'aide humanitaire utilise autant que possible des règles de décision pour déterminer quand l'appui doit être fourni et pour veiller à ce que le financement soit facilement disponible lorsque ces critères de décision sont remplis (Clarke et Dercon, 2016). Les règles de décision peuvent être basées sur des données (par exemple, à l'aide d'un index paramétrique) ou peuvent comporter une certaine discrétion. Des déclencheurs paramétriques sont souhaitables dans la mesure où ils permettent de rendre le financement automatiquement disponible. Même bien conçus, ils ne peuvent toutefois pas prendre en compte tous les cas où un financement d'urgence est nécessaire, et des règles claires sur la manière dont les paiements sont effectués dans ces cas sont également nécessaires. La stratégie de financement la plus rentable dépendra des risques et des circonstances, mais peut comprendre l'appel à plusieurs sources de financement (Clarke et al., 2017).

En fait, cela obligerait les donateurs à revoir leurs contributions humanitaires en finançant les fonds et instruments appropriés avant les faits plutôt qu'après. Un appui aux groupes de partage des risques, tels que l'*Africa Risk Capacity* (ARC — mutuelle panafricaine de gestion de risques), qui effectuent des versements aux pays africains membres en cas de sécheresse (en fournissant des capitaux ou en payant les contributions des pays membres) serait un moyen de le faire.

Les groupes de partage des risques ont été utilisés pour répondre à des pandémies. À la suite de l'épidémie d'Ebola, le Mécanisme de financement d'urgence en cas de pandémie (PEF — *Pandemic Emergency Financing Facility*) de la Banque mondiale a été créé en vue de fournir un financement rapide pour aider les pays d'Afrique et d'ailleurs à faire face à de futures épidémies. Le PEF combine une assurance (décaissée lorsque les déclencheurs paramétriques sont activés) et de l'argent liquide (décaissé de manière plus flexible) pour traiter un plus large ensemble d'agents pathogènes émergents qui peuvent ne pas encore répondre aux critères d'activation du guichet assurance. Les donateurs ont payé les primes pour le guichet assurance et contribué au financement du guichet caisse. Le Groupe de la Banque mondiale estime que si le PEF avait existé à la mi-2014, au moment où l'épidémie d'Ebola se propageait rapidement en Afrique de l'Ouest, il aurait pu mobiliser un montant initial de 100 millions de dollars dès le mois de juillet pour limiter sévèrement la propagation et la gravité de l'épidémie. Au lieu de cela, l'argent n'a commencé à affluer à cette échelle que trois mois plus tard, pendant lesquels, le nombre des cas d'Ebola a été multiplié par dix.

Une réforme du financement humanitaire est essentielle, mais n'améliorera pas l'appui aux ménages sur le terrain à moins d'être combinée avec une meilleure planification. L'ARC exige que chaque pays membre élabore un plan d'urgence prévoyant la manière d'utiliser les paiements pour soutenir les ménages dans le besoin. Toutefois, même quand des plans d'urgence sont en place, un travail considérable doit encore être entrepris après une catastrophe pour déterminer comment utiliser le financement. Au niveau le plus élémentaire, la préparation *antérieure* à une crise doit impliquer une meilleure planification d'urgence, détaillant la manière dont l'aide alimentaire sera acheminée. Ce type de planification peut identifier les contraintes, telles que le manque d'information ou la capacité des ports, qui peuvent être corrigées avant les catastrophes, et veiller à ce que le soutien de l'État soit plus rapide et mieux ciblé (Choularton, 2007). Une planification plus avancée impliquerait la conception de programmes offrant un soutien ciblé en cas de catastrophe, tels que des systèmes de filet de sécurité étendant les mécanismes de garantie d'emploi ou les assurances subventionnées par l'État.

Enfin, pour les personnes déplacées, l'agenda va au-delà de la réforme du financement et de la coordination pour inclure une nouvelle approche de l'assistance aux personnes déplacées (encadré 5.6).

S'attaquer aux contraintes s'opposant à l'investissement dans la prévention et la gestion des risques

Même si des outils de gestion et de réaction aux chocs existent, la vie en Afrique reste très risquée. Plusieurs aspects entravent l'utilisation de moyens plus rentables de réduire et gérer les risques en Afrique, allant du comportement à la

volonté et à la capacité politiques, en passant par une marge de manœuvre budgétaire restreinte. Et malgré l'accent placé ici sur les outils, il reste encore beaucoup à faire en matière d'innovation pour assurer la disponibilité de meilleures approches de réduction et gestion des risques.

Contraintes comportementales limitant l'investissement des ménages

Plusieurs outils sont disponibles pour réduire et gérer les risques, mais les ménages ne les utilisent pas. Certains investissements visant à réduire l'exposition aux risques peuvent être coûteux à financer pour les ménages pauvres, tels que l'investissement dans les systèmes d'irrigation ou la souscription d'une assurance maladie. Le crédit n'est souvent pas disponible pour de tels investissements par les pauvres. Il a été démontré que le manque d'accès au crédit limite les investissements dans l'irrigation en Inde, en particulier lorsqu'ils ne peuvent être liquidés (par exemple, des forages plutôt que des pompes, comme expliqué dans Fafchamps et Pender, 1997).

Dans le même ordre d'idées, la nature très saisonnière du revenu de nombreux ménages africains entraîne, pendant de nombreux mois de l'année, un manque de liquidités qui aggrave le problème. Lorsque l'assurance est offerte au moment où les paiements en espèces sont effectués, elle est plus facilement adoptée, permettant ainsi aux ménages de bénéficier d'une couverture plus étendue. En Tanzanie, les ménages bénéficiant de transferts monétaires sont de 36 % plus susceptibles de souscrire le type d'assurance maladie le plus répandu, le *Community Health Fund* (Evans, Holtemeyer et Kosec, 2016).

Abstraction faite de la capacité de financer des actions susceptibles de réduire le risque d'un ménage, le choix des investissements capables de réduire l'exposition au risque comporte des aspects comportementaux déterminants. Premièrement et fondamentalement, l'utilisation de l'épargne et de l'assurance formelles oblige les consommateurs à faire confiance aux institutions financières. Cela peut être particulièrement compliqué en ce qui concerne l'assurance : dans un environnement où la réglementation des compagnies et des produits d'assurance est faible, les consommateurs peuvent avoir des raisons de faire peu confiance aux compagnies d'assurance (Clarke et Wren-Lewis, 2016).

En outre, même s'ils peuvent aider les ménages à réduire et à gérer les risques, ces investissements

ENCADRÉ 5.6   Un nouveau paradigme de développement humanitaire commence à apparaître pour la gestion des crises entraînant un déplacement à long terme

Un nouveau paradigme est en train de se dégager pour répondre aux besoins des personnes déplacées. Les crises des réfugiés syriens et de l'Union européenne (UE) intervenues au cours des dernières années ont attiré l'attention du monde sur le sort des populations déplacées. À son tour, ce regain d'intérêt a souligné les faiblesses de l'approche actuellement adoptée pour faire face aux crises liées au déplacement, en particulier lorsqu'elles se prolongent, et ces changements sont importants pour l'Afrique.

Historiquement, la gestion des crises des réfugiés et des personnes déplacées à l'intérieur de leur propre pays (PDI) se concentrait sur l'aspect humanitaire, avec pour principaux objectifs de leur offrir refuge et protection, en espérant que les crises seraient temporaires. Ultérieurement et avec l'extension des crises sur le long terme, la communauté du développement a été appelée à intervenir avec des programmes de développement. Aucune de ces deux approches n'a réussi à faire face aux situations prolongées, et la nouvelle impulsion en faveur des solutions déterminées par les récents événements a favorisé l'émergence d'un nouveau paradigme, où les communautés humanitaires et du développement s'engagent ensemble dans les crises liées au déplacement depuis leur tout début (Devictor, 2016).

Ce nouveau paradigme implique de passer des politiques fondées sur la population (programmes pour les réfugiés et les PDI) à des politiques fondées sur des zones (programmes pour les zones X et Y accueillant des réfugiés, des PDI ou les deux). Ce changement reconnaît que les victimes des crises liées au déplacement ne sont pas seulement les personnes déplacées, mais également les communautés d'accueil, et que les unes et les autres sont confrontées à une crise qui doit être résolue d'abord et avant tout par des moyens économiques — en un mot, par la croissance économique. Cela a conduit à la création de « pactes », des politiques regroupant un ensemble de programmes économiques et de protection sociale ciblant une zone donnée. D'abord mis à l'essai au Moyen-Orient, les « pactes » commencent à être expérimentés en Afrique, en commençant par l'Éthiopie. Le nouveau paradigme est donc *très* nouveau, mais il a maintenant atteint l'Afrique et devrait véritablement changer la donne pour la gestion des crises liées au déplacement.

En amenant les politiques fondées sur la population à se baser plutôt sur les zones, la portée de la participation des organisations de développement change. Des organisations telles que la Banque mondiale disposent des connaissances et de l'expérience nécessaires pour concevoir et mettre en œuvre des politiques de croissance. Les réformes réglementaires des entreprises, les politiques de micro et macrocrédit, les politiques d'investissement, les partenariats public-privé, les politiques de marché du travail, et les processus de privatisation et de libéralisation sont les domaines où la Banque mondiale dispose d'un avantage comparatif. Reste à développer le protocole pour la mise en œuvre de ces politiques dans des environnements fragiles requérant des réponses rapides et des adaptations fréquentes pour des raisons de volatilité et de sécurité.

Les situations de déplacement forcé sont par nature instables, même lorsqu'elles sont prolongées, et les solutions de développement durable sont difficiles à mettre en œuvre. Des programmes d'assistance alimentaire peuvent être requis d'urgence, mais peuvent détourner des ressources financières et humaines d'autres programmes visant des déplacements forcés. Cela met en évidence la difficulté du processus de planification du développement avec ces populations. D'un côté, la communauté du développement est nécessaire pour trouver des solutions de développement durable aux situations de déplacement prolongé ; de l'autre, les situations de déplacement forcé restent hautement instables, même lorsqu'elles sont prolongées.

Comme indiqué plus haut, les efforts de réduction de la pauvreté dans un contexte de déplacement forcé nécessitent des actions humanitaires et de développement conjointes, fondées sur des zones, multidimensionnelles, et orientées vers la croissance. Toutefois, aucune de ces mesures ne serait réalisable en l'absence d'un environnement sûr. Celui-ci relève de la responsabilité des organisations de sécurité, telles que les organismes militaires nationaux ou internationaux, en général opérationnellement déconnectées des organisations de développement, et uniquement connectées de manière générale avec les organisations humanitaires. Bien que le nouveau paradigme du développement humanitaire n'en soit qu'à ses débuts, une avancée supplémentaire sera nécessaire dans la coopération avec les organisations de sécurité pour veiller à ce que les opérations humanitaires et de développement se déroulent dans un environnement sûr pendant suffisamment longtemps pour devenir des outils efficaces de prévention de nouveaux conflits. En l'absence de ces conditions préalables, les conflits, les déplacements et la pauvreté restent enfermés dans un cycle d'autoreproduction.

Source : Verme, 2017.

ne rapportent pas grand-chose dans un futur immédiat. Certains peuvent même être assez coûteux pendant plusieurs années, avant que des gains ne soient réalisés. Cela est particulièrement vrai non seulement pour les investissements dans la régénération naturelle des arbres et des terres, mais également pour les économies réalisées dans des environnements où les taux d'intérêt réels sont bas et pour l'achat d'assurances destinées à couvrir des événements extrêmes. En raison des pénuries qui les affligent, les ménages pauvres ont plus tendance que les riches à se concentrer sur les demandes pressantes du présent (Mullainathan et Shafir, 2013 ; Banque mondiale, 2015 b), de sorte qu'il leur est particulièrement difficile d'accorder la priorité à des investissements de ce type. En outre, les individus affichent souvent un comportement incohérent dans le temps, en se montrant plus impatients dans le présent (préférant la consommation à l'épargne et à l'investissement) qu'ils ne voudraient l'être dans le futur.

Les dispositifs aidant les individus à s'engager vis-à-vis d'une action peuvent contribuer à résoudre ce problème (Dupas et Robinson, 2013). Comme indiqué précédemment, pour de nombreux Africains, les mécanismes aidant les ménages à épargner peuvent également les protéger des demandes d'argent de la famille et des amis.

La résignation face à l'incertitude de la vie et le manque d'aspirations des ménages pauvres de l'Afrique expliquent également pourquoi certains des outils disponibles pour aider à gérer les risques ne sont pas utilisés (voir également l'encadré 2.2 au chapitre 2). Aux niveaux inférieurs de revenus, les individus sont plus susceptibles d'être d'accord avec le fait qu'il est préférable de vivre au jour le jour en raison de l'incertitude du futur (Haushofer et Fehr, 2014 ; Banque mondiale, 2015 b). Le degré élevé d'incertitude auquel sont confrontés les pauvres explique en partie cette résignation. Elle limite la capacité des ménages à prendre des mesures pour contrôler les risques dans le monde qui les entoure. Certaines interventions, telles que la projection de vidéos montrant des personnes réussissant à prendre des mesures jusque-là inimaginables pour les spectateurs, peuvent modifier les aspirations des individus (Bernard et al., 2014).

De même, les personnes disposent souvent de peu d'information sur les risques auxquels elles sont confrontées ; elles ignorent la probabilité que des événements néfastes se produisent ainsi que la nature et l'importance des pertes qu'elles subiraient s'ils avaient lieu. Cette méconnaissance

est encore plus prononcée lorsque la nature du risque change, comme le risque météorologique en présence du changement climatique. Cette incertitude est désagréable, et les gens ont une aversion innée pour l'ambiguïté. L'incertitude de la probabilité ou de la nature des pertes peut inciter les ménages à éviter les risques et à limiter leur exposition à l'ambiguïté, mais elle peut aussi les empêcher d'utiliser de nouveaux outils non certains qui peuvent aider à réduire l'exposition aux risques (tels qu'un désinfectant de l'eau) ou à gérer les risques (comme un nouveau produit d'assurance) (Bryan et al., 2016).

En présence de contraintes limitant le crédit et de facteurs tels qu'un préjugé en faveur du moment présent, la résignation, et l'ambiguïté, même de petits obstacles à l'amélioration de la prévention et de la gestion des risques peuvent entraîner l'inaction. Même des obstacles mineurs à l'investissement dans les soins de santé peuvent amener les individus à renoncer aux soins de santé préventifs. Ainsi, même des prix très bas peuvent entraîner une chute substantielle de l'adoption de pratiques de soins de santé préventifs (figure 5.14).

FIGURE 5.14 **Chute brutale de l'adoption de produits de soins de santé préventifs due à des frais minimes**

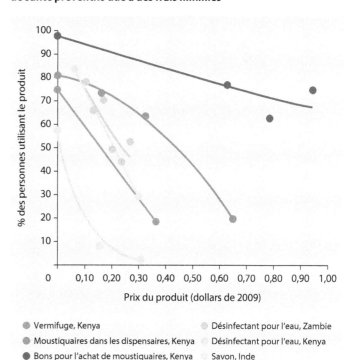

Source : Banque mondiale 2015b, 150.

Les facteurs comportementaux indiquent que les mesures prises par les ménages pour réduire leur exposition au risque ne dépendent pas uniquement de la présence ou de l'absence de moyens financiers. Et ces facteurs constituent sans doute des obstacles plus importants pour les pauvres ayant plus à perdre du risque. Offrir des produits gratuitement peut encourager les ménages pauvres à essayer un produit dont ils doutent des avantages, et peut également créer une norme sociale préconisant que le produit soit utilisé par tous.

Lorsque le ciblage est difficile ou qu'une grande partie de la population devrait être ciblée, les subventions universelles peuvent s'avérer plus efficaces. Il est toutefois important que les subventions soient conçues de manière à être « intelligentes » et à ne pas encourager les ménages à surconsommer les risques. Pour l'assurance, cela peut impliquer de fournir de l'information sur le prix total du produit et de délivrer des bons temporaires ; de ne pas descendre en dessous du prix actuariellement équitable ; de fournir des subventions proportionnelles et non des plafonds de primes ; et d'élaborer un plan de financement à long terme pour l'État si les subventions risquent de subsister pendant une longue période (Hill et al., 2014). Une forte sensibilisation encourageant l'adoption peut également contribuer à accroître la demande ou les investissements visant à améliorer l'efficacité avec laquelle les marchés fournissent les produits et les services permettant de réduire et de gérer les risques.

Contraintes pesant sur le développement des marchés de l'épargne et de l'assurance

Les contraintes pesant sur l'investissement des ménages limitent la demande de produits aidant à prévenir et gérer les risques. En plus de la faiblesse de la demande, d'autres facteurs restreignent l'offre de ces produits. En Afrique, de nombreuses compagnies d'assurance tirent une grande partie de leurs revenus de la couverture des consommateurs urbains non pauvres, généralement pour l'assurance automobile ou l'assurance vie. Le marché reste sous-développé pour les autres produits et pour les ménages ruraux.

L'information asymétrique — lorsque les compagnies d'assurance manquent d'information sur les types de personnes qu'elles assurent (sélection adverse) et les types de comportements adoptés par les assurés (danger moral) — entrave la croissance du marché et rend l'assurance plus onéreuse.

Les coûts fixes élevés existant dans l'infrastructure de l'assurance et la réassurance peuvent donner lieu à des monopoles naturels ou à une concurrence monopoliste. L'assurance est un bien de service dont les coûts de conception et d'infrastructure sont relativement élevés, avec des coûts marginaux d'émission des polices relativement faibles. En tant que tels, les marchés de l'assurance se caractérisent par des coûts fixes élevés et des coûts variables faibles. Seules les grandes compagnies d'assurance peuvent être en mesure de supporter les coûts fixes élevés liés à la réassurance et à la mise en place de l'infrastructure nécessaire à un système d'assurance efficace, ce qui peut entraîner une concentration du marché. Plus généralement, bon nombre des risques affectant les ménages en Afrique sont fortement covariables à travers une zone géographique. Cela nécessite une vaste mutualisation des risques (plus large que la zone concernée) ou de gros investissements en capital, qui rendent l'assurance plus chère. Dans un petit pays ou lorsque débutent des opérations d'assurance, l'augmentation de la mutualisation des risques peut être difficile.

Une réglementation claire et des investissements publics peuvent aider à résoudre ces problèmes. Il est important que l'intervention publique soit aussi proche que possible de la question du redressement de la distorsion fondamentale causant l'échec ou le mauvais fonctionnement du marché. Cela requiert une connaissance du marché, de son fonctionnement et de ses imperfections.

L'investissement dans les systèmes d'information peut réduire l'asymétrie de l'information. L'assurance basée sur un indice fournit un moyen de surmonter la sélection adverse et le danger moral sur les marchés de l'assurance agricole, mais son coût constitue un risque de base (la différence entre l'indice sur lequel l'assurance est établie et la perte subie par une personne). La réduction du risque de base nécessite des indices de haute qualité. L'investissement public dans un réseau de stations météorologiques inviolables et fiables a amélioré la qualité de l'indice et accru la demande de produits. La diminution de moitié de la distance moyenne entre un agriculteur et la station météorologique de référence a augmenté la demande de 18 % (Hill et al., 2014), et la réduction de 1 km de cette distance a accru la demande de 6 % (Mobarak et Rosenzweig, 2013). Les contrats d'assurance fondés sur des indices de rendement par surface présentent toutefois en général un risque de base nettement plus faible (Carter, Galarza et Boucher, 2007 ; Mahul, Verma et

Clarke, 2012). Habituellement, les organismes statistiques publics saisissent annuellement ce type de données à des fins statistiques. Moyennant des investissements supplémentaires dans l'amélioration de la rapidité et de la fiabilité de la collecte, ces données peuvent également être utilisées à des fins d'assurance.

L'investissement dans les systèmes d'information pour détecter les catastrophes peut également améliorer les filets sociaux publics. En effet, des systèmes d'alerte précoce délivrant de l'information sur les prix et les chocs climatiques, et des systèmes de surveillance des maladies procurant de l'information sur les pandémies fournissent des indications précoces sur l'éclosion des catastrophes, permettant ainsi aux pouvoirs publics de planifier leur réaction.

Une couverture obligatoire des soins des maladies chroniques peut aider à surmonter la sélection adverse dans l'assurance maladie. L'inscription à des régimes d'assurance maladie volontaire est souvent plus fréquente dans les ménages comptant des membres atteints d'une maladie chronique, ce qui est la preuve d'une sélection adverse (Wagstaff et al., 2009). L'un des moyens peut-être les plus efficaces de lutter contre la sélection adverse sur les marchés de l'assurance maladie est de rendre la couverture de l'assurance obligatoire. Lorsqu'elles sont obligatoires, les primes d'assurance deviennent moins chères à mesure que le caractère risqué de l'assurance de masse diminue. Il peut toutefois être important de subventionner les primes pour aider les ménages à payer pour la couverture obligatoire ou pour assurer à celle-ci un soutien politique. La couverture obligatoire peut également être difficile à mettre en application.

Les soins des maladies chroniques peuvent également aider à lutter contre la sélection adverse. Au Cambodge, par exemple, l'État fournit des soins de santé gratuits à toutes les personnes souffrant d'affections chroniques, telles que la tuberculose, permettant ainsi aux produits d'assurance privés de ne pas devoir couvrir ces maladies et d'être ainsi moins sujets à la sélection adverse (Levine, Polimeni et Ramage, 2016). La fourniture publique d'une assurance pour les maladies chroniques peut devenir de plus en plus importante pour encourager les marchés de l'assurance maladie privée à se développer, dans la mesure où le fardeau des maladies chroniques s'alourdit en Afrique.

Les coûts fixes peuvent diminuer avec une meilleure réglementation et des investissements publics. La mise en place d'un cadre réglementaire clair pour réduire l'incertitude des investissements et la fourniture publique de certains des investissements fixes qui doivent être exécutés peuvent contribuer à encourager le développement du marché. En particulier, un soutien à la conception des polices d'assurance peut être nécessaire lorsque le marché de l'assurance privée dispose d'une capacité limitée d'innovation dans la conception des produits.

Incitations politiques et contraintes entravant l'action préalable des pouvoirs publics

L'engagement des autorités et le financement public ont un rôle important à jouer dans la mise en place de filets sociaux réactifs aux chocs et dans l'accroissement du recours à l'irrigation, aux moustiquaires et à d'autres investissements dans la prévention des risques.

Toutefois, le financement public des programmes visant à réduire la volatilité est limité. Les dépenses publiques dans l'irrigation ont été l'un des principaux moteurs des gains agricoles en Asie, mais l'irrigation représente moins de 10 % de la dépense publique consacrée à l'agriculture dans tous les pays d'Afrique, à l'exception du Mozambique, où elle reçoit environ 15 % (Goyal et Nash, 2017). Le Cambodge, l'Inde et la Thaïlande ont été capables d'augmenter la couverture d'assurance maladie grâce à des régimes d'assurance maladie financés par l'État. Le marché chinois de la microassurance agricole est devenu, en 2008, le deuxième plus grand marché d'assurance agricole au monde grâce à l'appui et aux subventions de l'État. En fait, 63 % des primes des marchés de l'assurance agricole des pays à revenu faible et intermédiaire sont subventionnées. En Afrique, il n'existe aucun programme d'assurance agricole financièrement soutenu par l'État. En ce qui concerne l'assurance maladie, le Ghana et le Rwanda sont les seuls pays à avoir étendu leur couverture d'assurance maladie à l'échelle nationale grâce à un important financement par les recettes publiques et (dans le cas du Rwanda) à un appui financé par des donateurs.

En outre, les programmes de filets sociaux n'ont pas l'envergure suffisante pour desservir les pauvres. En moyenne, la région consacre 1,7 % de son PIB aux filets sociaux de sécurité, mais compte tenu de l'ampleur de la pauvreté, environ un quart des pauvres sont couverts par un filet de sécurité sociale. Dans les pays à faible revenu, seuls 20 % de la population bénéficient de l'assistance d'un quelconque filet de sécurité sociale, contre environ 30 % de la population dans les pays à revenu élevé (Beegle, Honorati et Monsalve, 2018).

Certains pays africains offrent des filets sociaux procurant une certaine protection à leurs citoyens. En pourcentage de la population totale de l'Afrique australe, la couverture du filet de sécurité est d'environ quatre fois supérieure à celle de l'Afrique centrale et de deux fois plus élevée que celle de l'Afrique orientale et occidentale. L'Afrique du Sud consacre 3,3 % de son PIB aux transferts sociaux (les deux programmes les plus importants sont les allocations pour les enfants et l'allocation de vieillesse), réduisant ainsi la pauvreté de 8,8 points de pourcentage (Inchauste et al., 2016). L'Éthiopie dépense 2 % de son PIB dans les programmes de transferts sociaux (Banque mondiale, 2014b). Toutefois, dans de nombreux pays, l'assistance humanitaire reste jusqu'à présent la principale source de financement pour aider les ménages à gérer les risques pour la santé et climatiques.

Quatre contraintes principales s'opposent à une action efficace des pouvoirs publics dans ce domaine. Premièrement, les incitations politiques perverses. Il peut être difficile de justifier l'investissement de ressources dans la réduction des risques et le développement de systèmes permettant de faire face aux catastrophes alors que celles-ci n'ont pas éclaté. L'épargne pour les mauvais jours n'offre aucun avantage visible et ne peut même pas être utilisée comme argument électoral. À l'inverse, de grosses dépenses à la suite de catastrophes donnent l'impression que les pouvoirs publics savent ce qu'ils font (Clarke et Dercon, 2016). Des données issues de l'Inde, du Mexique et des États-Unis montrent que les électeurs récompensent les dépenses publiques dans la gestion des catastrophes, mais pas celles dans la préparation aux catastrophes (Boudreau, 2016 ; Cole, Healy et Werker, 2012 ; Healy et Malhotra, 2009).

Un plaidoyer public peut encourager les électeurs à soutenir davantage la préparation aux catastrophes et moins les dépenses ponctuelles dans la réaction aux catastrophes. Le système financier humanitaire international aggrave encore le phénomène en Afrique, où il a été assimilé à une sébile de mendiant (Clarke et Dercon, 2016) ne recueillant des fonds qu'après l'éclatement des catastrophes, mais jamais pour aider les États à réduire les risques et à développer des moyens de réagir. En outre, à cause du manque

de fiabilité du financement humanitaire, les pouvoirs publics peuvent avoir du mal à investir dans des systèmes s'engageant à soutenir les citoyens en cas de catastrophe lorsque le financement n'est pas certain. Des mesures supplémentaires sont nécessaires pour élaborer des plans d'urgence et des systèmes de filet de sécurité, et pour déterminer comment réunir différentes sources de financement pour appuyer ces plans.

Deuxièmement, de nombreux pays africains n'ont raisonnablement pas de marge de manœuvre budgétaire pour procéder à de tels investissements. Le chapitre 6 « Mobiliser des ressources en faveur des pauvres » examine plus en détail les questions de marge de manœuvre budgétaire limitée pour les dépenses comptant le plus pour les pauvres. Les politiques qui pourraient être adoptées et qui sollicitent moins de ressources publiques peuvent présenter peu d'avantages pour les pauvres. Les régimes d'assurance contributifs (tels que l'assurance maladie liée à l'emploi) ont pour problèmes de rendre la main-d'œuvre plus chère, de ne pas couvrir les chômeurs, et d'encourager les marchés du travail informels (Gill, Revenga et Zeballos, 2016). Le financement accordé par des bailleurs de fonds peut être utilisé pour couvrir durablement les coûts (comme pour l'assurance maladie au Cambodge), et les régimes peuvent être progressivement financés en interne à mesure qu'ils deviennent plus éprouvés (comme dans le cas du filet de sécurité éthiopien ou du système national d'assurance maladie du Ghana, même si ce dernier est actuellement confronté à un déficit important).

Certaines dépenses pourraient sûrement être revues pour réduire plus efficacement les risques. Par exemple, l'irrigation pourrait devenir une priorité plus importante dans les dépenses agricoles afin d'accroître à la fois la croissance agricole et la stabilité des revenus agricoles (Goyal et Nash, 2017). Certaines dépenses mises en place pour protéger les pauvres (par exemple, de vastes subventions des denrées alimentaires ou de certains produits énergétiques) ou d'autres programmes n'arrivant pas à cibler les plus pauvres peuvent également être réorientés vers des programmes de filet de sécurité mieux ciblés, renforçant la résilience et susceptibles d'être étendus à plus grande échelle en cas de catastrophe.

Troisièmement, les pays sont confrontés à des contraintes non seulement budgétaires, mais aussi de capacité. Pour être mises en œuvre, bon nombre des stratégies de réduction et de gestion des risques les plus prometteuses requièrent une expertise technique assez sophistiquée — par exemple, des ingénieurs en hydraulique, des agronomes, des professionnels des soins de santé, des actuaires et autres spécialistes de l'assurance. Cette expertise technique n'est pas toujours facilement disponible dans chaque pays d'Afrique.

Enfin, s'attaquer à certains aspects du risque et de la volatilité nécessite une coordination transfrontalière, car les risques sont trop importants pour être gérés de manière rentable par un seul pays. Le risque de sécheresse peut être mieux géré dans une mutuelle régionale de gestion de risques telle que l'*Africa Risk Capacity* (ARC). Le risque de pandémie peut être mieux géré collectivement par l'ensemble des pays concernés. Cela requiert toutefois un investissement considérable dans la coordination entre les États et un accord préalable sur qui court quel risque et qui fera quoi.

Besoin d'innovation

Bien que de nombreux outils très utiles soient disponibles, des technologies rentables pour gérer les risques font encore défaut dans certains cas. Par exemple, l'irrigation peut être bénéfique dans de nombreux endroits où elle est sous-utilisée, mais elle n'est pas utile partout. Même si le potentiel d'irrigation existant était pleinement exploité en Afrique orientale et occidentale, il ne concernerait tout au plus que 20 % des terres cultivées (Cervigni et Morris, 2015). Des technologies d'irrigation moins coûteuses sont nécessaires, en particulier dans les endroits où les eaux souterraines sont profondes. De plus, il faut de meilleures technologies pour collecter et utiliser les eaux de pluie là où le potentiel de l'irrigation restera limité. De plus, il existe souvent peu d'information sur la nature des ressources en eaux souterraines disponibles, et par conséquent sur le type et le coût de l'irrigation à utiliser, si bien que des investissements dans la base d'informations élémentaires sont également souvent nécessaires. Ces dernières années, des semences résistantes à la sécheresse, ne réduisant pas le rendement moyen et d'un coût abordable, ont fait leur apparition, mais elles ne sont pas disponibles dans beaucoup d'endroits.

L'innovation financière est également une nécessité. Il y a encore trop peu d'outils pour aider les ménages à gérer le risque de perte de revenu en cas de sécheresse. Peu de produits d'assurance fondés sur un indice ont prouvé que celui-ci est d'une qualité suffisante pour qu'ils puissent être

utiles pour de nombreux agriculteurs en Afrique (Morsink, Clarke et Mapfumo, 2016). Bien que de nombreux systèmes pilotes d'assurance fondée sur un indice de cultures aient été testés en Afrique, peu ont été étendus à grande échelle, en partie à cause de la mauvaise qualité des indices, mais aussi parce que les produits sont coûteux et trop complexes pour être compris par les agriculteurs. D'autres innovations sont nécessaires dans l'assurance agricole pour mettre au point de bons indices et des produits pouvant profiter aux pauvres. Il se peut qu'assurer des groupes d'agriculteurs soit plus réaliste (avec des indices reflétant le risque agrégé) que d'assurer des agriculteurs individuellement (Dercon et al., 2014).

Les technologies de l'information et de la communication peuvent également contribuer à renforcer les marchés financiers en Afrique. Les faibles taux d'épargne dans les institutions formelles reflètent les faibles taux de détention des comptes formels. En 2014, 34 % de la population adulte de l'Afrique avait un compte en banque et seuls 25 % des 40 % inférieurs en possédaient un, contre une moyenne mondiale de 62 %. Bien que faible, le nombre de titulaires de comptes officiels a augmenté d'environ 50 % par rapport aux 24 % de 2011, en grande partie parce que l'Afrique occupe maintenant la première place mondiale en ce qui concerne la proportion d'adultes (12 %) disposant d'un compte d'argent mobile. Si tous ceux qui percevaient des salaires du secteur privé en espèces les recevaient sur un compte, 7 % d'Africains supplémentaires auraient accès aux banques, et si tous ceux qui reçoivent un paiement pour la vente de cultures le recevaient sur un compte, 36 % de plus auraient accès aux banques en Afrique (Demirgüç-Kunt et al., 2015a).

Les catastrophes les plus fréquentes en Afrique sont lentes au départ, et une amélioration de l'information sur les chocs à mesure qu'ils se déploient peut accélérer la réaction et empêcher les catastrophes d'avoir autant d'impact sur le bien-être. Il peut être utile d'accroître la rapidité et l'efficacité de la collecte des données dans les systèmes d'alerte précoce. Un bon exemple est le suivi de la vulnérabilité par le Programme alimentaire mondial (PAM), qui recueille chaque mois auprès des ménages des informations sur les questions de sécurité alimentaire à l'aide d'interviews réalisés par téléphonie mobile. Cette opération a été déployée dans plusieurs pays d'Afrique et a amélioré la qualité des informations sur la sécurité alimentaire disponibles après une catastrophe.

Les informations sur la nature du risque et son impact sur le bien-être ne sont pas toujours facilement disponibles. Les données des enquêtes auprès des ménages sont nécessaires pour faire savoir qui est pauvre, qui risque de tomber dans la pauvreté et quels chocs les ménages déclarent avoir subis. Sans ces données, il n'est pas possible de concevoir et mettre en œuvre des programmes d'assistance sociale et d'assurance sociale (Gill, Revenga et Zeballos, 2016).

En plus des enquêtes auprès des ménages, une modélisation des risques est nécessaire pour fournir de l'information sur la fréquence et la gravité des risques qui affectent les moyens de subsistance des ménages. La modélisation des risques est un outil largement utilisé dans la gestion des risques sur les marchés à revenu élevé, mais elle n'est pas souvent appliquée aux risques les plus courants en Afrique. La plupart des modèles prennent en compte l'impact des catastrophes naturelles sur les actifs matériels tels que les bâtiments et les ponts, mais en Afrique, la préoccupation la plus urgente est l'impact des catastrophes naturelles, telles que la sécheresse, sur les moyens de subsistance.

Notes

1. Données sur la mortalité maternelle tirées de la base de données de l'Observatoire mondial de la santé de l'Organisation mondiale de la santé (OMS) : http://www.who.int/gho/maternal_health/mortality/maternal_mortality_text/en/.
2. Données tirées du projet *Armed Conflict Location and Event Data* (ACLED) : https://www.acleddata.com/.
3. L'expression « risque non assuré » fait référence au risque de crises des revenus affectant la consommation des ménages lorsque ceux-ci ne peuvent recourir aux filets de sécurité ou à des actifs et marchés financiers pour les gérer. Ici, « assuré » n'est pas étroitement lié aux contrats d'assurance formels.
4. Les facteurs environnementaux considérés comme des prédicteurs de la résistance (tels que l'assainissement, l'élevage et la pauvreté) et autres composantes structurelles du secteur de la santé ont été intégrés à titre de variables de contrôle, mais n'étaient pas significatifs.
5. Nikoloski, Christiaensen et Hill (2016) ont recours à la même approche que Heltberg, Oviedo et Talukdar (2015), mais se concentrent sur les données relatives aux crises autodéclarées recueillies au cours de l'Enquête permanente sur les conditions de vie — enquête agricole intégrée (EPCV-EAI) réalisée par la Banque mondiale dans six pays d'Afrique subsaharienne. Cette section s'appuie largement sur Nikoloski, Christiaensen et Hill (2016).
6. Les données sur la santé, déclarées par les personnes elles-mêmes, peuvent comporter d'importants biais de déclaration, ou être souvent communiquées avec de tels biais, en particulier quand les ménages sont pauvres (voir, par exemple, Das, Hammer et Sánchez-Paramo, 2012). Toutefois, des niveaux élevés de risques météorologiques et pour la santé sont également observés dans les données objectives.
7. Un ménage se trouve dans une zone touchée par un conflit s'il est situé dans un rayon de 25 km autour de 10 décès liés au conflit au cours de l'année précédente. Cette définition est utilisée parce qu'une grande partie du coût des conflits ne provient pas d'une exposition directe à la violence, mais plutôt de l'insécurité qui leur est associée. Le coût de l'insécurité peut représenter la moitié du coût de l'impact d'un conflit sur la consommation des ménages (Rockmore, 2017).

Références

Ahuja, Amrita, Michael Kremer, and Alix Peterson Zwane. 2010. "Providing Safe Water: Evidence from Randomized Evaluations." *Annual Review of Economics* 2: 237–56.

Aker, Jenny C., Rachid Boumnijel, Amanda McClelland, and Niall Tierney. 2016. "Payment Mechanisms and Antipoverty Programs: Evidence from a Mobile Money Cash Transfer Experiment in Niger." *Economic Development and Cultural Change* 65 (1): 1–37.

Aker, Jenny C., and Marcel Fafchamps. 2015. "Mobile Phone Coverage and Producer Markets: Evidence from West Africa." *World Bank Economic Review* 29 (2): 262–92.

Alsan, Marcella, Lena Schoemaker, Karen Eggleston, Nagamani Kammili, Prasanthi Kolli, and Jay Bhattacharya. 2015. "Out-of-Pocket Health Expenditures and Antimicrobial Resistance in Low-Income and Middle-Income Countries: An Economic Analysis." *The Lancet Infectious Diseases* 15 (10): 1203–10.

Andrews, Colin, Allan Hsiao, and Laura Ralston. 2018. "The Impacts of Safety Nets in Africa: How Can They Contribute to Development Objectives?" In *Realizing the Full Potential of Social Safety Nets in Africa*, edited by Kathleen Beegle, Aline Coudouel, and Emma Monsalve, 87–137. Washington, DC: World Bank.

Asylum Access. 2014. *Global Refugee Work Rights Report 2014: Taking the Movement from Theory to Practice.* Report, Asylum Access, Oakland, CA.

Awulachew, Seleshi Bekele, Teklu Erkossa, and Regassa E. Namara. 2010. "Irrigation Potential in Ethiopia: Constraints and Opportunities for Enhancing the System." Report, International Water Management Institute (IWMI), Colombo, Sri Lanka.

Baez, Javier, and German Caruso. 2017. "Do Weather Shocks Influence Long-Term Household Well-Being in Mozambique?" Regional Quality of Education Study in Africa. Background paper, World Bank, Washington, DC.

Baffes, John, Varun Kshirsagar, and Donald Mitchell. 2015. "What Drives Local Food Prices? Evidence from the Tanzanian Maize Market." Policy Research Working Paper 7338, World Bank, Washington, DC.

Baland, Jean-Marie, Catherine Gurkinger, and Charlotte Mali. 2011. "Pretending to Be Poor: Borrowing to Escape Forced Solidarity in Cameroon." *Economic Development and Cultural Change* 60 (1): 1–16.

Barca, V., S. Brook, J. Holland, M. Otulana, and P. Pozarny. 2015. "Qualitative Research and Analyses of the Economic Impacts of Cash Transfer Programmes in Sub-Saharan Africa." Synthesis Report, Food and Agriculture Organization of the United Nations (FAO), Rome.

Beegle, Kathleen, Maddalena Honorati, and Emma Monsalve. 2018. "The Landscape of Poverty and Social Safety Nets in Africa." In *Realizing the Full Potential of Social Safety Nets in Africa*, edited by Kathleen Beegle, Aline Coudouel, and Emma Monsalve, 49–85. Washington, DC: World Bank.

Bellows, John, and Edward Miguel. 2009. "War and Local Collective Action in Sierra Leone." *Journal of Public Economics* 93 (11–12): 1144–57.

Berhane, Guush, Daniel Clarke, Stefan Dercon, Ruth Hill, and Alemayehu Seyoum Taffesse. 2012. "Financial Innovations for Social and Climate Resilience: Ethiopia Case Study." Unpublished research report, World Bank, Washington, DC.

Bernard, Tanguy, Stefan Dercon, Kate Orkin, and Alemayehu Seyoum Taffesse. 2014. "The Future in Mind: Aspirations and Forward-Looking Behavior in Rural Ethiopia." CSAE Working Paper 2014-16, Center for the Study of African Economies, University of Oxford.

Bhatt, S., D. J. Weiss, and P. W. Gething. 2015. "The Effect of Malaria Control on *Plasmodium falciparum* in Africa between 2000 and 2015." *Nature* 526 (7572): 201–11.

Blattman, Christopher, and Jeannie Annan. 2016. "Can Employment Reduce Lawlessness and Rebellion? A Field Experiment with High-Risk Men in a Fragile State." *American Political Science Review* 110 (1): 1–17.

Blattman, Christopher, and Edward Miguel. 2010. "Civil War." *Journal of Economic Literature* 48 (1): 3–57.

Blattman, Christopher, and Laura Ralston. 2015. "Generating Employment in Poor and Fragile States: Evidence from Labor Market and Entrepreneurship Programs." Unpublished paper, World Bank, Washington, DC.

Boko, Michel, Isabelle Niang, Anthony Nyong, Coleen Vogel, Andrew Githeko, Mahmoud Medany, Balgis Osman-Elasha, Ramadjita Tabo, and P. Z. Yanda. 2007. *Africa. Climate Change 2007: Impacts, Adaptation and Vulnerability.* Contribution of Working Group II to the Fourth Assessment Report of the Intergovernmental Panel on Climate Change (IPCC), edited by M. L. Parry, O. F. Canziani, J. P. Palutikof, P. J. van der Linden, and C. E. Hanson, 433–67. Cambridge, U.K.: Cambridge University Press.

Boudreau, Laura. 2016. "Disasters and Discipline: The Political Economy of Natural Disasters and of Sovereign Disaster Risk Financing and Insurance in Mexico." Background study for Disaster Risk Finance Impact Analytics Project, World Bank, Washington, DC.

Boudreau, Tanya. 2013. "Livelihoods at the Limit: Reducing the Risk of Disasters and Adapting to Climate Change." Report, Food Economy Group and Save the Children, London.

Brück, Tilman. 2016. "A Review of the Impact of Employment Programmes on Peace in Fragile and Conflict-Affected Countries." Unpublished paper, International Security and Development Center (ISDC), Berlin.

Brune, Lasse, Jessica Goldberg, Xavier Giné, and Dean Yang. 2016. "Facilitating Savings for Agriculture: Field Experimental Evidence from Malawi." *Economic Development and Cultural Change* 64 (2): 187–220.

Bryan, David, Philip Matthews, Eunsoo Shim, Spencer Dawkins, and Dean Willis. 2016. "Concepts and Terminology for Peer to Peer SIP." Memo, Internet Engineering Task Force (IETF), Fremont, CA.

Burke, Marshall, Erick Gong, and Kelly Jones. 2015. "Income Shocks and HIV in Africa." *Economic Journal* 125 (585): 1157–89.

Carter, Michael R., Francisco Galarza, and Stephen Boucher. 2007. "Underwriting Area-Based Yield Insurance to Crowd-In Credit Supply and Demand." *Savings and Development* 31 (3): 335–62.

Cassar, Alessandra, Pauline Grosjean, and Sam Whitt. 2013. "Legacies of Violence: Trust and Market Development." *Journal of Economic Growth* 18 (3): 285–318.

Cervigni, Raffaello, and Michael Morris. 2015. *Confronting Drought in Africa's Drylands: Opportunities for Enhancing Resilience.* Africa Development Forum Series. Washington, DC: World Bank.

Chantarat, Sommarat, Christopher B. Barrett, Andrew G. Mude, and Calum G. Turvey. 2007. "Using Weather Index Insurance to Improve Drought Response for Famine Prevention." *American Journal of Agricultural Economics* 89 (5): 1262–68.

Choularton, Richard. 2007. "Contingency Planning and Humanitarian Action: A Review of Practice." Human Practice Network Paper 59, Overseas Development Institute (ODI), London.

Christian, Parul. 2009. "Impact of the Economic Crisis and Increase in Food Prices on Child Mortality: Exploring Nutritional Pathways." *Journal of Nutrition* 140 (1): 177S–181S.

Clarke, Daniel Jonathan, and Stefan Dercon. 2016. *Dull Disasters? How Planning Ahead Will Make a Difference.* Oxford, U.K.: Oxford University Press.

Clarke, Daniel Jonathan, and Ruth Hill. 2013. "Cost-Benefit Analysis of the African Risk Capacity Facility." IFPRI Discussion Paper 1290, International Food Policy Research Institute (IFPRI), Washington, DC.

Clarke, Daniel Jonathan, Olivier Mahul, Richard Andrew Poulter, and Tse-Ling Teh. 2017. "Evaluating Sovereign Disaster Risk Finance Strategies: A Framework." *Geneva Papers on Risk and Insurance: Issues and Practice* 42 (4): 565–84.

Clarke, Daniel Jonathan, and Liam Wren-Lewis. 2016. "Solving Commitment

Problems in Disaster Risk Finance." Policy Research Working Paper 7720, World Bank, Washington, DC.

Cole, Shawn, Andrew Healy, and Eric Werker. 2012. "Do Voters Demand Responsive Governments? Evidence from Indian Disaster Relief." *Journal of Development Economics* 97: 167–81.

Collier, Paul, V. L. Elliott, H. Hegre, Anke Hoeffler, M. Reynal-Querol, and Nicholas Sambanis. 2003. *Breaking the Conflict Trap: Civil War and Development Policy.* Policy Research Report. Washington, DC: World Bank.

Collier, Paul, and Anke Hoeffler. 2002. "Aid, Policy and Peace: Reducing the Risks of Civil Conflict." *Defence and Peace Economics* 13 (6): 435–50.

Collier, Paul, Anke Hoeffler, and Måns Söderbom. 2008. "Post-Conflict Risks." *Journal of Peace Research* 45 (4): 461–78.

Cooper, Elizabeth. 2008. *Inheritance Practices and the Intergenerational Transmission of Poverty in Africa: A Literature Review and Annotated Bibliography.* London: Overseas Development Institute; Manchester: Chronic Poverty Research Centre.

D'Aoust, Olivia, Olivier Sterck, and Philip Verwimp. 2016. "Who Benefited from Burundi's Demobilization Program?" *World Bank Economic Review* 32 (2): 357–82.

Dang, Hai-Anh H., and Andrew L. Dabalen. 2018. "Is Poverty in Africa Mostly Chronic or Transient? Evidence from Synthetic Panel Data." *Journal of Development Studies* 55 (7): 1527–47.

Das, Jishnu, Jeffrey Hammer, and Carolina Sánchez-Paramo. 2012. "The Impact of Recall Periods on Reported Morbidity and Health Seeking Behavior." *Journal of Development Economics* 98 (1): 76–88.

Davis, Benjamin, Stefania Di Giuseppe, and Alberto Zezza. 2017. "Are African Households (Not) Leaving Agriculture? Patterns of Households' Income Sources in Rural Sub-Saharan Africa." *Food Policy* 67: 153–74.

De Ree, Joppe, and Eleonora Nillesen. 2009. "Aiding Violence or Peace? The Impact of Foreign Aid on the Risk of Civil Conflict in Sub-Saharan Africa." *Journal of Development Economics* 88 (2): 301–13.

De Walque, Damien, and Philip Verwimp. 2010. "The Demographic and Socio-Economic

Distribution of Excess Mortality during the 1994 Genocide in Rwanda." *Journal of African Economies* 19 (2): 141–62.

Deininger, Klaus, and John Okidi. 2003. "Growth and Poverty Reduction in Uganda, 1992–2000: Panel Data Evidence." *Development Policy Review* 21 (4): 481–509.

Demirgüç-Kunt, Asli, Leora Klapper, and Dorothe Singer. 2017. "Financial Inclusion and Inclusive Growth: A Review of Recent Empirical Evidence." Policy Research Working Paper 8040, World Bank, Washington, DC.

Demirgüç-Kunt, Asli, Leora Klapper, Dorothe Singer, Peter Van Oudheusden, Saniya Ansar, and Jake Hess. 2015a. "The Global Findex Database 2014: Financial Inclusion in Sub-Saharan Africa." Findex Notes #2014-8, World Bank, Washington, DC.

———. 2015b. "The Global Findex Database 2014: Measuring Financial Inclusion around the World." Policy Research Working Paper 7255, World Bank, Washington, DC.

Dercon, Stephan. 2004. "Growth and Shocks: Evidence from Rural Ethiopia." *Journal of Development Economics* 74 (2): 309–29.

Dercon, Stefan, Ruth Hill, Daniel Jonathan Clarke, Ingo Outes-Leon, and Alemayehu Seyoum Taffesse. 2014. "Offering Rainfall Insurance to Informal Insurance Groups: Evidence from a Field Experiment in Ethiopia." *Journal of Development Economics* 106: 132–43.

Devictor, Xavier. 2016. *Forcibly Displaced: Toward a Development Approach Supporting Refugees, the Internally Displaced, and Their Hosts*. Washington, DC: World Bank.

Dillon, Andrew, Jed Friedman, and Pieter M. Serneels. 2014. "Health Information, Treatment, and Worker Productivity: Experimental Evidence from Malaria Testing and Treatment among Nigerian Sugarcane Cutters." Policy Research Working Paper 7120, World Bank, Washington, DC.

Djuikom, Marie Albertine, and Dominique van de Walle. 2018. "Marital Shocks and Women's Welfare in Africa." Policy Research Working Paper 8306, World Bank, Washington, DC.

Dupas, Pascaline, Dean Karlan, Jonathan Robinson, and Diego Ubfal. 2018. "Banking the Unbanked? Evidence from Three Countries." *American Economic Journal: Applied Economics* 10 (2): 257–97.

Dupas, Pascaline, and Jonathan Robinson. 2013. "Why Don't the Poor Save More? Evidence from Health Savings Experiments." *American Economic Review* 103 (4): 1138–71.

Elabed, Ghada, and Michael R. Carter. 2015. "Ex-Ante Impacts of Agricultural Insurance: Evidence from a Field Experiment in Mali." Unpublished paper, University of California, Davis.

Elbers, Chris, Jan Willem Gunning, and Bill Kinsey. 2007. "Growth and Risk: Methodology and Micro Evidence." *World Bank Economic Review* 21 (1): 1–20.

Eozenou, Patrick Hoang-Vu, and Parendi Mehta. 2016. "Health Risk in Sub-Saharan Africa." Background paper for *Accelerating Poverty Reduction in Africa*, World Bank, Washington, DC.

Etang-Ndip, Alvin, Johannes G. Hoogeveen, and Julia Lendorfer. 2015. "Socioeconomic Impact of the Crisis in North Mali on Displaced People." Policy Research Working Paper 7253, World Bank, Washington, DC.

Evans, David, Brian Holtemeyer, and Katrina Kosec. 2016. "Cash Transfers and Health: Evidence from Tanzania." Policy Research Working Paper 7882, World Bank, Washington, DC.

Fafchamps, Marcel, and Ruth Hill. 2008. "Price Transmission and Trader Entry in Domestic Commodity Markets." *Economic Development and Cultural Change* 56 (4): 729–66.

———. 2015. "Redistribution and Group Participation: Comparative Experimental Evidence from Africa and the UK." NBER Working Paper 21127, National Bureau of Economic Research, Cambridge, MA.

Fafchamps, Marcel, and Bart Minten. 2001. "Property Rights in a Flea Market Economy." *Economic Development and Cultural Change* 49 (2): 229–67.

Fafchamps, Marcel, and John Pender. 1997. "Precautionary Saving, Credit Constraints, and Irreversible Investment: Theory and Evidence from Semiarid India." *Journal of Business and Economic Statistics* 15 (2): 180–94.

Fischer, Tony, Derek Byerlee, and Greg Edmeades. 2014. *Crop Yields and Global Food Security: Will Yield Increase Continue to Feed the World?* Canberra: Australian Centre for International Agricultural Research.

Fisker, Peter, and Ruth Hill. 2018. "Mapping the Nature of Risk in Sub-Saharan Africa."

Background paper for *Accelerating Poverty Reduction in Africa*, World Bank, Washington, DC.

Giardina, Federica, Simon Kasasa, Ali Sié, Jürg Utzinger, Marcel Tanner, and Penelope Vounatsou. 2014. "Effects of Vector-Control Interventions on Changes in Risk of Malaria Parasitaemia in Sub-Saharan Africa: A Spatial and Temporal Analysis." *The Lancet Global Health* 2 (10): e601– e615.

Gill, Indermit, Ana Revenga, and Christian Zeballos. 2016. "Grow, Invest, Insure: A Game Plan to End Extreme Poverty by 2030." Policy Research Working Paper 7892, World Bank, Washington, DC.

Gilligan, Daniel, John Hoddinot, and Alemayehu Seyoum Taffesse. 2009. "The Impact of Ethiopia's Productive Safety Net Programme and Its Linkages." *Journal of Development Studies* 45 (10): 1684–706.

Goyal, Aparajita, and John Nash. 2017. *Reaping Richer Returns: Public Spending Priorities for African Agriculture Productivity Growth*. Washington, DC: World Bank.

Hallegatte, Stephane. 2014. "The Indirect Cost of Natural Disasters and an Economic Definition of Macroeconomic Resilience." Policy Research Working Paper 7357, World Bank, Washington, DC.

Hallegatte, Stephane, Mook Bangalore, Laura Bonzanigo, Marianne Fay, Tamaro Kane, Ulf Narloch, Julie Rozenberg, David Treguer, and Adrien Vogt-Schilb. 2016. *Shock Waves: Managing the Impacts of Climate Change on Poverty*. Climate Change and Development Series. Washington, DC: World Bank.

Harari, Mariaflavia, and Eliana La Ferrara. 2018. "Conflict, Climate and Cells: A Disaggregated Analysis." *Review of Economics and Statistics* 100 (4): 594–608.

HarvestChoice. 2015. "Irrigated Cropland Area (ha, 2005)." International Food Policy Research Institute, Washington, DC, and University of Minnesota, St. Paul.

Haushofer, Johannes, and Ernst Fehr. 2014. "On the Psychology of Poverty." *Science* 344 (6186): 862–67.

Headey, Derek, Fantu Nisrane Bachewe, Ibrahim Worku, Mekdim Dereje, and Alemayehu Seyoum Taffesse. 2012. "Urban Wage Behavior and Food Price Inflation: The Case of Ethiopia." Ethiopia Strategy Support Programme II Working Paper 41,

International Food Policy Research Institute (IFPRI), Washington, DC.

Healy, Andrew, and Neil Malhotra. 2009. "Myopic Voters and Natural Disaster Policy." *American Political Science Review* 103 (3): 387–406.

Heltberg, Rasmus, Ana María Oviedo, and Faiyaz Talukdar. 2015. "What Do Household Surveys Really Tell Us about Risk, Shocks, and Risk Management in the Developing World?" *Journal of Development Studies* 51 (3): 209–25.

Herrero, Mario, Petr Havlik, J. McIntire, Amanda Palazzo, and Hugo Valin. 2014. "African Livestock Futures: Realizing the Potential of Livestock for Food Security, Poverty Reduction and the Environment in Sub-Saharan Africa." Report produced by the Office of the Special Representative of the UN Secretary General for Food Security and Nutrition and the United Nations System Influenza Coordination (UNSIC), Geneva.

Hill, Ruth, and Habtamu Fuje. 2018. "What Is the Impact of Drought on Prices? Evidence from Ethiopia." Draft paper, Poverty and Equity Global Practice, World Bank, Washington, DC.

Hill, Ruth, Gissele Gajate-Garrido, Caroline Phily, and Aparna Dalal. 2014. "Using Subsidies for Inclusive Insurance: Lessons from Agriculture and Health." ILO Microinsurance Paper 29, International Labour Organization, Geneva.

Hill, Ruth, and Catherine Porter. 2016. "Vulnerability to Drought and Food Price Shocks: Evidence from Ethiopia." Policy Research Working Paper 7920, World Bank, Washington, DC.

Hill, Ruth, and Miguel Robles. 2010. "Flexible Insurance for Heterogeneous Farmers: Results from a Small Scale Pilot in Ethiopia." IFPRI Discussion Paper 01092, International Food Policy Research Institute, Washington, DC.

Hillier, Debbie, and Benedict Dempsey. 2012. *A Dangerous Delay: The Cost of Late Response to Early Warnings in the 2011 Drought in the Horn of Africa*. London: Save the Children and Oxfam.

Hirabayashi, Yukiko, Roobavannan Mahendran, Sujan Koirala, Lisako Konoshima, Dai Yamazaki, Satoshi Watanabe, Hyungjun Kim, and Shinjiro Kanae. 2013. "Global Flood Risk under Climate Change." *Nature Climate Change* 3 (9): 816–21.

Hoddinott, John. 2006. "Shocks and Their Consequences across and within Households in Rural Zimbabwe." *Journal of Development Studies* 42 (3): 301–21.

HRW (Human Rights Watch). 2017. "You Will Get Nothing: Violations of Property and Inheritance Rights of Widows in Zimbabwe." Report, HRW, New York.

Hsiang, Solomon M., Marshall Burke, and Edward Miguel. 2013. "Quantifying the Influence of Climate on Human Conflict." *Science Express* 341 (6151): 1235367.

Inchauste, Gabriela, Nora Lustig, Mashekwa Maboshe, Catriona Purfield, and Ingrid Woolard. 2016. "The Distributional Impact of Fiscal Policy in South Africa." In *Distributional Impact of Taxes and Transfers: Evidence from Eight Developing Countries*, edited by Gabriela Inchauste and Nora Lustig, 233–66. Washington, DC: World Bank.

Izumi, Kaori. 2007. "Gender-Based Violence and Property Grabbing in Africa: A Denial of Women's Liberty and Security." *Gender and Development* 15 (1): 11–23.

Jakiela, Pamela, and Owen Ozier. 2015a. "Does Africa Need a Rotten Kin Theorem? Experimental Evidence from Village Economies." *Review of Economic Studies* 83 (1): 1–38.

———. 2015b. "The Impact of Violence on Individual Risk Preferences: Evidence from a Natural Experiment." Policy Research Working Paper 7440, World Bank, Washington, DC.

Jayne, Thomas, John Strauss, Takashi Yamano, and Daniel Molla. 2001. "Giving to the Poor? Targeting of Food Aid in Rural Ethiopia." *World Development* 29 (5): 887–910.

———. 2002. "Targeting of Food Aid in Rural Ethiopia: Chronic Need or Inertia?" *Journal of Development Economics* 68: 247–88.

Jensen, Nathaniel, Munenobu Ikegami, and Andrew Mude. 2017. "Integrating Social Protection Strategies for Improved Impact: A Comparative Evaluation of Cash Transfers and Index Insurance in Kenya." *Geneva Papers on Risk and Insurance: Issues and Practice* 42 (4): 675–707.

Jongman, Brenden, Philip J. Ward, and Jeroen C. J. H. Aerts. 2012. "Global Exposure to River and Coastal Flooding: Long Term Trends and Changes." *Global Environmental Change* 22 (4): 823–35.

Karlan, Dean, Robert Osei, Isaac Osei-Akoto, and Christopher Udry. 2014. "Agricultural Decisions after Relaxing Credit and Risk Constraints." *Quarterly Journal of Economics* 129 (2): 597–652.

Kazianga, Harounan, and Christopher Udry. 2006. "Consumption Smoothing? Livestock, Drought, and Insurance in Rural Burkina Faso." *Journal of Development Economics* 79 (2): 413–46.

Kremer, Michael, Jessica Leino, Edward Miguel, and Alix Peterson Zwane. 2011. "Spring Cleaning: Rural Water Impacts, Valuation, and Property Rights Institutions." *Quarterly Journal of Economics* 126 (1): 145–205.

Lang, Simon, and Malte Reimers. 2015. "Livestock as an Imperfect Buffer Stock in Poorly Integrated Markets." Global Food Discussion Paper 65, Göttingen University.

Lee, Jong-Wha, and Warwick J. McKibbin. 2003. "Globalization and Disease: The Case of SARS." Paper presented to the Asian Economic Panel Meeting, Tokyo, May 11–12.

Levine, David, Rachel Polimeni, and Ian Ramage. 2016. "Insuring Health or Insuring Wealth? An Experimental Evaluation of Health Insurance in Rural Cambodia." *Journal of Development Economics* 119: 1–15.

Little, Peter, M. Priscilla Stone, Tewodaj Mogues, A. Peter Castro, and Workneh Negatu. 2006. "'Moving in Place': Drought and Poverty Dynamics in South Wollo, Ethiopia." *Journal of Development Studies* 42 (2): 200–25.

Liu, Li, Shefali Oza, Dan Hogan, Yue Chu, Jamie Perin, Jun Zhu, Joy E. Lawn, Simon Cousens, Colin Mathers, and Robert E. Black. 2016. "Global, Regional, and National Causes of Under-5 Mortality in 2000–15: An Updated Systematic Analysis with Implications for the Sustainable Development Goals." *The Lancet* 388: 3027–35.

Lybbert, Travis J., Christopher B. Barrett, Solomon Desta, and D. Layne Coppock. 2004. "Stochastic Wealth Dynamics and Risk Management among a Poor Population." *Economic Journal* 114 (498): 750–77.

Mahul, Olivier, Niraj Verma, and Daniel Clarke. 2012. "Improving Farmers' Access to Agricultural Insurance in India." Policy Research Working Paper 5987, World Bank, Washington, DC.

Marquez, Patricio V., and Jill L. Farrington. 2013. "The Challenge of Non-Communicable Diseases and Road Traffic Injuries in

Sub-Saharan Africa: An Overview." Report No. 79293, World Bank, Washington, DC.

Mbakaya, Balwani Chingatichifwe, Paul H. Lee, and Regina L. T. Lee. 2017. "Hand Hygiene Intervention Strategies to Reduce Diarrhoea and Respiratory Infections among School Children in Developing Countries: A Systematic Review." *International Journal of Environmental Resources and Public Health* 14 (4): 371.

McCarthy, Nancy, Josh Brubaker, and Alejandro de la Fuente. 2016. "Vulnerability to Poverty in Rural Malawi." Policy Research Working Paper 7769, World Bank, Washington, DC.

Mercier, Marion, L. Rama Ngenzebuke, and Philip Verwimp. 2016. "The Long-Term Effect of Conflict on Welfare: Evidence from Burundi." Working Paper 198, Households in Conflict Network (HiCN), Institute of Development Studies, University of Sussex, Brighton, U.K.

Miguel, Edward. 2007. "Poverty and Violence: An Overview of Recent Research and Implications for Foreign Aid." In *Too Poor for Peace? Global Poverty, Conflict and Security in the 21st Century*, edited by Lael Brainard and Derek Chollet, 50–59. Washington, DC: Brookings Institution Press.

Minot, Nicholas. 2011. "Transmission of World Food Price Changes to Markets in Sub-Saharan Africa." IFPRI Discussion Paper 1059, International Food Policy Research Institute, Washington, DC.

Mobarak, Ahmed Mushfiq, and Mark R. Rosenzweig. 2013. "Informal Risk Sharing, Index Insurance, and Risk Taking in Developing Countries." *American Economic Review* 103 (3): 375–80.

Monchuk, Victoria. 2014. *Reducing Poverty and Investing in People: New Role of Safety Nets in Africa.* Directions in Development: Human Development Series. Washington, DC: World Bank.

Morsink, Karlijn, Daniel Clarke, and Shadreck Mapfumo. 2016. "How to Measure Whether Index Insurance Provides Reliable Protection." Policy Research Working Paper 7744, World Bank, Washington, DC.

Mullainathan, Sendhil, and Eldar Shafir. 2013. *Scarcity: Why Having Too Little Means So Much.* New York: Times Books.

Nasir, Muhhamad, Marc Rockmore, and Chih Ming Tan. 2016. "It's No Spring Break in Cancun: The Effects of Exposure to Violence on Risk Preferences, Pro-Social Behavior and Mental Health." Working Paper 207, Households in Conflict Network (HiCN), Institute of Development Studies, University of Sussex, Brighton, U.K.

Nikoloski, Zlatko, Luc Christiaensen, and Ruth Hill. 2016. "Coping with Shocks: Evidence from Six African Countries." Background paper for *Accelerating Poverty Reduction in Africa*, World Bank, Washington, DC.

Noor, Abdisalan M., Juliette J. Mutheu, Andrew J. Tatem, Simon I. Hay, and Robert W. Snow. 2009. "Insecticide-Treated Net Coverage in Africa: Mapping Progress in 2000–07." *The Lancet* 373 (9657): 58–67.

Nunn, Nathan, and Leonard Wantchekon. 2011. "The Slave Trade and the Origins of Mistrust in Africa." *American Economic Review* 101 (7): 3221–52.

OPM (Oxford Policy Management). 2017. "Shock-Responsive Social Protection Systems Research: Literature Review. 2nd ed." Project literature review, OPM, Oxford, U.K.

Prudhomme, Christel, Ignazio Giuntoli, Emma L. Robinson, Douglas B. Clark, Nigel W. Arnell, Rutger Dankers, Balázs M. Fekete, et al. 2014. "Hydrological Droughts in the 21st Century, Hotspots and Uncertainties from a Global Multimodel Ensemble Experiment." *Proceedings of the National Association of Sciences* 111 (9): 3262–67.

Prüss-Üstün, Annette, Robert Bos, Fiona Gore, and Jamie Bartram. 2008. *Safer Water, Better Health: Costs, Benefits and Sustainability of Interventions to Protect and Promote Health.* Geneva: World Health Organization.

Rockmore, Marc. 2017. "The Cost of Fear: The Welfare Effect of the Risk of Violence in Northern Uganda." *World Bank Economic Review* 31 (3): 650–69.

Rohner, Dominic, Mathias Thoenig, and Fabrizio Zilibotti. 2013. "Seeds of Distrust: Conflict in Uganda." *Journal of Economic Growth* 18 (3): 217–52.

Rosenzweig, Mark, and Christopher Udry. 2016. "External Validity in a Stochastic World." NBER Working Paper 22449, National Bureau of Economic Research, Cambridge, MA.

Sanghi, Apurva, Harun Onder, and Varalakshmi Vemuru. 2016. "'Yes' in My Backyard? The Economics of Refugees and Their Social Dynamics in Kakuma, Kenya." Report No. AUS14056, World Bank, Washington, DC.

Sarzin, Zara. 2017. "Stocktaking of Global Forced Displacement Data." Policy Research Working Paper 7985, World Bank, Washington, DC.

Skoufias, Emmanuel, and Sushenjit Bandyopadhyay. 2013. "Rainfall Variability, Occupational Choice, and Welfare in Rural Bangladesh." Policy Research Working Paper 6134, World Bank, Washington, DC.

Skoufias, Emmanuel, Sushenjit Bandyopadhyay, and Sergio Olivieri. 2016. "Occupational Diversification as an Adaptation to Rainfall Variability in Rural India." *Agricultural Economics* 48 (1): 77–89.

Smith, Katherine F., Michael Goldberg, Samantha Rosenthal, Lynn Carlson, Jane Chen, Cici Chen, and Sohini Ramachandran. 2014. "Global Rise in Human Infectious Disease Outbreaks." *Journal of the Royal Society Interface* 11 (101): 20140950.

Ssewanyana, Sarah, and Ibrahim Kasirye. 2012. "Poverty and Inequality Dynamics in Uganda: Insights from the Uganda National Panel Surveys 2005/06 and 2009/10." EPRC Research Series 94, Economic Policy Research Centre (EPRC), Kampala.

Talbot, Theodore, Stefan Dercon, and Owen Barder. 2017. "Payouts for Perils: How Insurance Can Radically Improve Emergency Aid." Report, Center for Global Development, Washington, DC.

Thiebaud, Alessia, Theresa Osborne, and Nadia Belhaj Hassine Belghith. 2016. "Isolation, Crisis and Vulnerability: A Decomposition Analysis of Inequality and Deepening Poverty in Madagascar (2005–2010)." In "Shifting Fortunes and Enduring Poverty in Madagascar: Recent Findings," edited by Theresa Osborne and Nadia Belhaj Hassine Belghith, 39–84. Report of the Poverty Global Practice, Africa Region, World Bank, Washington, DC.

UNHCR (United Nations High Commissioner for Refugees). 2010. "Convention and Protocol Relating to the Status of Refugees." Text of the 1951 Convention Relating to the Status of Refugees, text of the 1967 Protocol Relating to the Status of Refugees, and Resolution 2198 (XXI) Adopted by the United Nations General Assembly, UNHCR, Geneva.

UNICEF (United Nations Children's Fund). 2006. *Progress for Children: A Report Card on Water and Sanitation. Number 5, September 2006.* New York: UNICEF.

Verme, Paolo. 2016. "The Economics of Forced Displacement: An Introduction." *Region and Development* 44: 141–63.

———. 2017. "Breaking the Poverty Trap Cycle during Protracted Forced Displacement Crises in Sub-Saharan Africa." Background note for *Accelerating Poverty Reduction in Africa*, World Bank, Washington, DC.

Verwimp, Philip. 2003. "Testing the Double Genocide Thesis for Central and Southern Rwanda." *Journal of Conflict Resolution* 47 (4): 423–42.

Verwimp, Philip, and Jean-Francois Maystadt. 2015. "Forced Displacement and Refugees in Sub-Saharan Africa." Policy Research Working Paper No. 7517, World Bank, Washington, DC.

Wagstaff, Adam, Magnus Lindelow, Jun Gao, Ling Xu, and Juncheng Qian. 2009. "Extending Health Insurance to the Rural Population: An Impact Evaluation of China's New Cooperative Medical Scheme." *Journal of Health Economics* 28 (1): 1–19.

World Bank. 2012. "People, Pathogens and Our Planet, Volume 2: The Economics of One Health." Economic and Sector Work, Report No. 69145-GLB, Agriculture and Rural Development, World Bank, Washington, DC.

———. 2014a. *The Economic Impact of the 2014 Ebola Epidemic: Short- and Medium-Term Estimates for West Africa.* Washington, DC: World Bank.

———. 2014b. *World Development Report 2014: Risk and Opportunity.* Washington, DC: World Bank.

———. 2015a. "Ethiopia Poverty Assessment 2014." Report No. AUS6744, World Bank, Washington, DC.

———. 2015b. *World Development Report 2015: Mind, Society, and Behavior.* Washington, DC: World Bank.

———. 2016a. "The Uganda Poverty Assessment Report 2016. Farms, Cities and Good Fortune: Assessing Poverty Reduction in Uganda from 2006 to 2013." Report No. ACS18391, World Bank, Washington, DC.

———. 2016b. "Why So Idle? Wages and Employment in a Crowded Labor Market. 5th Ethiopia Economic Update." Report No. 110730, World Bank, Washington, DC.

———. 2017a. "Cameroon Forced Displacements Note." Fragility, Conflict, and Violence Crosscutting Solutions Area. Unpublished report, World Bank, Washington, DC.

———. 2017b. "Chad Forced Displacements Note." Fragility, Conflict, and Violence Crosscutting Solutions Area. Unpublished report, World Bank, Washington, DC.

———. 2017c. "Djibouti Forced Displacements Note." Fragility, Conflict, and Violence Crosscutting Solutions Area. Unpublished report, World Bank, Washington, DC.

———. 2017d. "Ethiopia Forced Displacements Note." Fragility, Conflict, and Violence Crosscutting Solutions Area. Unpublished report, World Bank, Washington, DC.

———. 2017e. "Niger Forced Displacements Note." Fragility, Conflict, and Violence Crosscutting Solutions Area. Unpublished report, World Bank, Washington, DC.

———. 2017f. "Republic of Congo Forced Displacements Note." Fragility, Conflict, and Violence Crosscutting Solutions Area. Unpublished report, World Bank, Washington, DC.

Xie, Hua, Weston Anderson, Nikos Perez, Claudia Ringler, Liang You, and Nicola Cenacchi. 2015. "Agricultural Water Management for the African Drylands South of the Sahara." Background report for the Africa Drylands Study, International Food Policy Research Institute (IFPRI), Washington, DC.

POLITIQUE ET MESURES FAVORABLES AUX PAUVRES

Kathleen Beegle

La gouvernance — c'est-à-dire le processus de conception et de mise en œuvre des politiques — sous-tend chaque aspect du développement des pays et du fonctionnement de leurs institutions. Malheureusement, ce processus ne parvient souvent pas à produire des résultats, en particulier pour les pauvres : les pouvoirs publics n'arrivent pas à adopter des politiques favorables aux pauvres ou à envisager des dépenses progressistes. Ou bien, une fois adoptées, ces politiques n'atteignent pas nécessairement les objectifs voulus ou en sont détournées pendant leur mise en œuvre.

Mettre la gouvernance au premier plan et au cœur de l'agenda du développement est essentiel pour promouvoir une croissance économique durable et encourager des sociétés plus équitables et pacifiques. Elle constitue également un aspect critique de l'agenda de lutte contre la pauvreté en Afrique, car elle conditionne la réalisation d'un bon travail technique et de la formulation des politiques. Il existe une quantité d'analyses et de données sur la manière dont la gouvernance, la corruption, les structures du pouvoir, etc. influencent la réduction de la pauvreté. Le but de la présente section n'est pas d'approfondir le sujet complexe de la gouvernance, mais de mettre en évidence la façon dont la politique recoupe l'agenda de lutte contre la pauvreté. Réduire la pauvreté persistante en Afrique est une question de leadership politique, autrement dit de motivations et de volonté des élites tant locales que nationales de poursuivre des politiques favorables aux pauvres, au sens large.

Une politique et des incitations variables produisent des résultats variables

Des incitations politiques défavorables entravent les efforts visant à mener des politiques efficaces en faveur des pauvres. Le problème n'existe pas que dans les pays affichant des niveaux élevés de corruption et de médiocres institutions (Banque mondiale, 2016). Pour certains, les différences non seulement de capacités, mais également de motivations des élites africaines expliquent pourquoi certains pays d'Afrique connaissent une croissance inclusive tandis que, malgré leur croissance, d'autres peinent à accélérer la réduction de la pauvreté (Mosley, 2014).

Une partie du défi peut résider dans le fait que les dirigeants et décideurs faisant partie des pouvoirs publics vivent souvent en dehors des communautés soumises à leurs taxes ou bénéficiant de leurs dépenses, de sorte que leurs raisons de dépenser dans des biens publics peuvent différer de celles de leurs contribuables. Pour ces dirigeants, les principales conséquences du médiocre état des routes ou du manque de sécurité sont la mauvaise opinion que les citoyens peuvent avoir de leur leadership ou, au pire, une sanction administrative. Les coûts potentiels d'un manque d'instruction ou bien d'un crime affectant des vies ou des biens peuvent ne pas être totalement pris en compte dans les décisions d'investissement public, lorsque les dirigeants ne vivent pas dans la communauté ou le quartier concerné et quand il y a peu de risque de poursuites judiciaires pour négligence ou d'autres conséquences lorsqu'un service n'est pas fourni ou maintenu.

Le vote ne résout pas nécessairement le problème. Comme toute autre compétition, la concurrence pour les votes peut généralement produire ce que souhaite le public, avec une torsion lorsque les électeurs peuvent observer les intrants. Les marchés sont toutefois souvent imparfaits, si bien que les décisions de dépenser et de trouver des fonds pour l'infrastructure reviennent à ceux qui rétribuent les autorités en place. En d'autres termes, lorsque les très pauvres ont peu de poids économique ou de voix politique, leur bien-être peut être ignoré. Au lieu de cela, les politiques qui ont des avantages tangibles et qui sont concentrées entre les mains de groupes d'individus plus influents sont plus faciles à mettre en place.

Les investissements publics répondent aux systèmes politiques. Le mécanisme d'allocation des fonds des districts par les pouvoirs publics centraux du Ghana est fortement influencé par la politique, les districts votant de manière versatile bénéficiant de fonds supplémentaires (Fumey et Egwaikhide, 2018). Au Kenya, les districts appartenant au même groupe ethnique que le président ont reçu deux fois plus de fonds pour les routes et construit quatre fois plus de routes pavées (Burgess et al., 2015). La concurrence électorale peut réduire les distorsions politiques liées à l'appartenance ethnique : le favoritisme a été principalement en vigueur pendant les périodes autocratiques, mais pas pendant les périodes de concurrence politique multipartite. Au Kenya également, une expérience durant laquelle 179 conseillers de comté élus dans les zones rurales devaient choisir entre divers projets d'infrastructure d'approvisionnement en eau a mis en évidence un favoritisme notable en faveur de leurs villages d'origine (Hoffmann et al., 2017). En Sierra Leone, dans les chefferies où la concurrence politique est moins forte, les résultats de développement sont nettement moins bons (Acemoglu, Reed et Robinson, 2014). Et en Afrique, l'achat de voix est associé à une moindre fourniture de services publics de santé et d'éducation propauvres (Khemani, 2015).

Voies de changement

Malgré des défis de taille, le leadership politique de certains pays leur a permis d'avoir des règles, des institutions et des processus qui les ont aidés à se rapprocher de leurs objectifs de développement. Comme indiqué dans *Rapport sur le développement dans le monde 2017 : Gouvernance et droit*, un tel changement passe par trois canaux : a) une réorientation des motivations ; b) la prise en compte des intérêts des participants précédemment exclus, augmentant ainsi la capacité de contester ; et c) le remodelage des préférences et des croyances des personnes au pouvoir (Banque mondiale, 2017).

Les motivations sont fondamentales pour un engagement dans le domaine des politiques, y compris de celles profitant aux pauvres. La médiocre qualité des services publics — en particulier des écoles et des services de santé — peut inciter les classes supérieures à utiliser des services privés, ce qui affaiblit leur motivation ou leur volonté de soutenir financièrement les services publics. De solides motivations peuvent stimuler le changement : les premiers programmes de lutte contre la pauvreté, datant du XIXᵉ siècle en Angleterre et au Pays de Galles, ont été lancés par la riche aristocratie terrienne qui, confrontée

à la révolution industrielle qui attirait la main-d'œuvre vers les villes ainsi qu'à la menace de la Révolution française voisine, était soucieuse de maintenir la main-d'œuvre dans les campagnes.

La capacité de contester — concernant celui qui est inclus ou exclu du domaine des politiques — est déterminée par le pouvoir relatif des différents acteurs et les barrières à l'entrée. Lorsque les procédures de sélection et de mise en œuvre des politiques sont plus contestables, ces dernières sont perçues comme équitables et permettent de coopérer plus efficacement ; autrement dit, elles sont considérées comme plus légitimes. La participation et l'appropriation dans la conception des règles peuvent également accroître la conformité volontaire. Les normes sociales bien enracinées peuvent toutefois rendre difficile la participation des groupes pauvres et défavorisés aux discussions et à la formulation des politiques ; les participants aux activités civiques ont tendance à être plus aisés et plus instruits.

Les préférences et les convictions des décideurs comptent pour déterminer si le résultat de la négociation améliorera le bien-être et si le système répondra aux intérêts de ceux ayant moins d'influence. Des changements dans les préférences peuvent encourager la coordination des efforts en vue d'une meilleure situation pour tous. L'accumulation de preuves de l'efficacité des dépenses et des politiques en faveur des pauvres peut faire basculer les convictions des décideurs vers de tels efforts. Le fait de faire évoluer les convictions des dirigeants à l'aide de preuves solides et de mettre fin au mythe soutenant que les bénéficiaires sont paresseux et abusent des avantages offerts a été déterminant pour étendre les filets sociaux en Afrique (voir le chapitre 3 dans Beegle, Coudouel et Monsalve, 2018).

Dans l'espace politique, une autre approche consiste à reconnaître le rôle essentiel de l'engagement politique des citoyens (l'aptitude à sélectionner et sanctionner les dirigeants politiques, à l'aide des institutions électorales ou par d'autres moyens), associé à la transparence (l'accès des citoyens à l'information relative aux actions des pouvoirs publics) (Devarajan et Khemani, 2016 ; Banque mondiale, 2016). Les formes non politiques d'engagement citoyen — contournant le processus politique — peuvent avoir des avantages plus limités. En Afrique, les pays riches en ressources souffrent particulièrement de relations problématiques de redevabilité, qui expliquent en partie leur piètre bilan en matière de développement humain, malgré des revenus nationaux élevés (de la Brière et al., 2017).

Références

Acemoglu, Daron, Tristan Reed, and James A. Robinson. 2014. "Chiefs: Economic Development and Elite Control of Civil Society in Sierra Leone." *Journal of Political Economy* 122 (2): 319–68.

Beegle, Kathleen, Aline Coudouel, and Emma Monsalve, eds. 2018. *Realizing the Full Potential of Social Safety Nets in Sub-Saharan Africa*. Washington, DC: World Bank.

Burgess, Robin, Remi Jedwab, Edward Miguel, Ameet Morjaria, and Gerard Padró i Miquel. 2015. "The Value of Democracy: Evidence from Road Building in Kenya." *American Economic Review* 105 (6): 1817–51.

de la Brière, Bénédicte, Deon Filmer, Dena Ringold, Dominic Rohner, Karelle Samuda, and Anastasiya Denisova. 2017. *From Mines and Wells to Well-Built Minds: Turning Sub-Saharan Africa's Natural Resource Wealth into Human Capital*. Directions in Development Series. Washington, DC: World Bank.

Devarajan, Shantayanan, and Stuti Khemani. 2016. "If Politics Is the Problem, How Can External Actors Be Part of the Solution?" Policy Research Working Paper 7761, World Bank, Washington, DC.

Fumey, Abel, and Festus O. Egwaikhide. 2018. "Redistributive Politics: The Case of Fiscal Transfers in Ghana." *International Journal of Social Economics* 46 (2): 213–25.

Hoffmann, Vivian, Pam Jakiela, Michael Kremer, and Ryan Sheely. 2017. "There Is No Place Like Home: Theory and Evidence on Decentralization and Politician Preferences." Working paper, Harvard University, Cambridge, MA.

Khemani, Stuti. 2015. "Buying Votes versus Supplying Public Services: Political Incentives to Under-Invest in Pro-Poor Policies." *Journal of Development Economics* 117: 84–93.

Mosley, Paul. 2014. "Two Africas? Why Africa's 'Growth Miracle' Is Barely Reducing Poverty." Brooks World Poverty Institute Working Paper No. 191, University of Manchester, U.K.

World Bank. 2016. *Making Politics Work for Development: Harnessing Transparency and Citizen Engagement*. Policy Research Report. Washington, DC: World Bank.

———. 2017. *World Development Report 2017: Governance and the Law*. Washington, DC: World Bank.

Mobiliser des ressources en faveur des pauvres | 6

Kathleen Beegle et Alejandro de la Fuente

L'agenda de la lutte contre la pauvreté en Afrique va au-delà de la réorientation des programmes et politiques. Il requiert un réexamen soigneux d'une série de questions budgétaires. Les niveaux actuels de dépense publique qui atteignent effectivement les pauvres et leur bénéficient sont loin d'être suffisants et sont souvent mal utilisés. Ce chapitre examine comment la réduction de la pauvreté peut être accélérée en mobilisant plus de ressources, aux niveaux national et international, et en dépensant avec plus d'efficacité et de concentration sur les besoins des pauvres en vue d'accroître à la fois leurs revenus actuels et l'investissement dans la prochaine génération.

Quelle voie suivre pour relever ces défis ? Premièrement, en ce qui concerne les recettes, les pays doivent mobiliser davantage de ressources au niveau intérieur. Tout en mobilisant des recettes nationales (avec la taxe sur la valeur ajoutée [TVA] comme véhicule actuellement privilégié), les pays devront veiller à ce que les pauvres soient des bénéficiaires nets. D'autres pistes prometteuses comprennent l'amélioration de la conformité fiscale, avec une plus forte concentration sur les gros contribuables locaux, l'impôt sur les sociétés, et la tarification (incorrecte) des transferts (inscrite dans un agenda mondial), ainsi que la perception des droits d'accises et des impôts fonciers. Toutefois, même en améliorant la mobilisation des ressources nationales, l'aide internationale au développement demeurera essentielle dans les pays les plus pauvres et les plus fragiles, tant pour les dépenses directes que pour la mobilisation de capitaux privés. L'aide représente plus de 8 % du produit intérieur brut (PIB) de la moitié des pays africains à faible revenu, mais ces dernières années, elle a diminué dans la région.

Deuxièmement, les modèles de dépense doivent s'orienter vers des investissements plus favorables aux pauvres, vers une amélioration des niveaux de dépense d'un investissement donné dans les secteurs, instruments ou programmes essentiels, et vers une efficacité de la mise en œuvre. L'historique des résultats est mitigé en ce qui concerne les niveaux de dépense dans les secteurs « favorables aux pauvres », certains pays atteignant généralement les objectifs internationaux (comme dans l'éducation), mais pas d'autres (dans la santé ; l'eau, l'assainissement et l'hygiène [WASH] ; la gestion des risques ; ainsi que l'agriculture et les infrastructures rurales). Les choix de conception d'un programme sont importants pour les dépenses : lorsque les programmes ne sont pas ciblés, une grande partie des dépenses peut aller à des ménages non pauvres. Une attention particulière doit indubitablement être accordée aux dépenses actuellement énormes consacrées aux subventions (énergie et engrais), qui sont souvent régressives et ont peu d'impact sur la pauvreté. D'après les données existantes, les transferts monétaires semblent plus efficaces et efficients que les subventions, mais des données supplémentaires sont nécessaires pour comparer leurs performances à celles de la fourniture de biens publics destinés aux pauvres dans l'agriculture et les infrastructures rurales, la sécurité, la gestion des risques, l'éducation, et la santé. Les dépenses agricoles et rurales devraient s'orienter plus fortement vers l'investissement dans les biens publics.

Enfin, il est impératif de remédier aux manques graves d'efficacité des dépenses. La faiblesse des dépenses n'est pas l'unique raison de la piètre qualité des services de santé et d'éducation.

L'important deficit de financement de la pauvrete en Afrique

Au-delà de la réorientation des priorités et politiques de développement, l'agenda de l'accélération de la réduction de la pauvreté en Afrique requiert davantage de ressources. Le message concernant la nécessité de dépenser plus et mieux pour répondre aux besoins essentiels des pauvres est au cœur du programme d'action d'Addis-Abeba issu de la troisième Conférence internationale sur le financement du développement de 2015[1].

Évaluer le déficit de financement de la pauvreté d'un pays exige d'avoir une idée des besoins des pauvres ainsi que de la capacité du pays à mobiliser les ressources pour y répondre. La question est difficile sur le plan tant conceptuel que des données. Une mesure régulièrement utilisée pour évaluer les besoins est l'écart de pauvreté agrégé (EPA) : la valeur monétaire de l'écart entre le revenu des pauvres et le seuil international de pauvreté, agrégée sur l'ensemble de la population pauvre. Il donne une estimation du montant nécessaire pour sortir mécaniquement tous les pauvres de la pauvreté à l'aide de la redistribution. Il fournit ainsi une première (et imparfaite) référence[2].

Dans 17 des 45 pays disposant de données, regroupant plus d'un tiers des pauvres de l'Afrique, au moins 10 % du PIB (en prix de 2016) seraient nécessaires pour combler l'écart de pauvreté agrégé. Tous ces pays sauf deux (Lesotho et Zambie) sont à faible revenu. Pour le Burundi, Madagascar, le Malawi, le Mozambique, la République centrafricaine, et la République démocratique du Congo, combler l'écart nécessiterait plus de 50 % du PIB national. À titre de comparaison, les recettes fiscales ne représentent que 9 % en moyenne dans les pays africains à faible revenu.

Combler l'écart de revenu des pauvres ne laisserait plus rien pour la fourniture de biens publics, et ne constitue par conséquent pas une option réaliste. Sans surprise, l'EPA était inférieur ou égal à 3 % du PIB (en 2016) dans la majorité des pays d'Afrique à revenu intermédiaire (17 pays sur 20), le Lesotho, le Nigéria, et la Zambie constituant des exceptions. Dans la plupart des pays autres qu'à faible revenu, le défi n'est pas tant le montant des ressources dont les pauvres ont besoin pour franchir le seuil de pauvreté que la décision et les efforts nécessaires pour réorienter les ressources vers les pauvres

afin d'accroître leurs revenus. En utilisant une mesure différente, mais voisine, dans 22 pays (principalement à revenu intermédiaire et riches en ressources) sur les 43 disposant de données, combler le déficit impliquerait moins de 10 % du revenu des non-pauvres au-dessus du seuil de pauvreté (figure 6.1)[3].

Malgré la rapide croissance des revenus tirés des ressources naturelles dans la plupart des pays d'Afrique, ceux-ci ne sont toutefois pas suffisants pour résorber l'écart de pauvreté, même en théorie (figure 6.2). Seuls cinq pays africains (Angola, Botswana, Gabon, Mauritanie et République du Congo) pourraient combler l'écart de pauvreté à l'aide d'un transfert direct de 7 % (ou moins) des recettes provenant de leurs ressources.

Ces chiffres indiquent que les pays d'Afrique, en particulier à faible revenu, sont peu susceptibles de disposer d'une capacité financière suffisante pour surmonter la pauvreté et que l'aide financière internationale demeurera nécessaire. D'autres estimations directes du coût de la fourniture de certains services sociaux essentiels ou du financement de la réalisation des objectifs de développement durable des Nations Unies (ODD) – qui s'accompagnent de leurs propres problèmes conceptuels et de mesure – confirment l'écart important entre les ressources nationales existantes (combinées à l'aide internationale au développement) et le coût de la réalisation des objectifs mondiaux (DFI et Oxfam, 2015 ; Greenhill et al., 2015 ; Schmidt-Traub, 2015).

Systèmes fiscaux en Afrique

Recettes et marge de dépense

Les États perçoivent des recettes fiscales directes (par exemple, issues des impôts sur le revenu des particuliers et des sociétés) et indirectes (par exemple, provenant de la TVA, des droits d'accises, et des droits de douane). Certains États tirent des recettes supplémentaires de dons de bailleurs de fonds et d'organisations internationales, ainsi que des ressources naturelles, quand elles existent. Ces différentes sources de revenus – ainsi que l'aptitude des pouvoirs publics à gérer les arriérés, à emprunter, et à attirer des capitaux privés dans des partenariats public-privé – déterminent la marge de manœuvre budgétaire dont disposent les États africains. Les défis à relever sont considérables, pour accroître à la fois les recettes intérieures ainsi que d'autres sources de revenus, telles que l'aide internationale (en

FIGURE 6.1 **Des niveaux de pauvreté élevés impliquent d'imposer lourdement les non-pauvres pour couvrir les besoins**

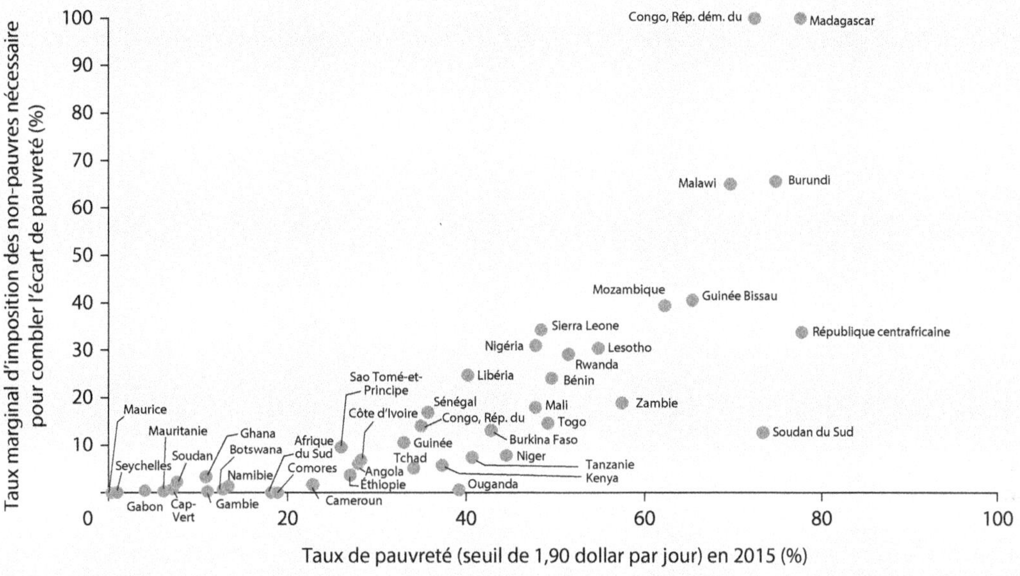

Source : Calculs de la Banque mondiale.
Note : Dans la figure, le taux marginal d'imposition des non-pauvres est plafonné à 100 %.

diminution) ou les marchés financiers internationaux, compte tenu de la hausse des niveaux d'endettement.

Ressources intérieures

Dans la plupart des pays africains à faible revenu, l'impératif de revenu national demeure incontournable. Pour certains, les recettes fiscales (c'est-à-dire les recettes hors dons) atteignent moins de 13 % du PIB, le « point charnière » en dessous duquel il devient problématique d'assurer les fonctions publiques de base et de soutenir le développement (Gaspar, Jaramillo et Wingender, 2016). En 2013, la part des recettes fiscales était en moyenne de 14 % du PIB dans les pays africains à faible revenu. Elle était légèrement supérieure dans les pays à revenu intermédiaire de la tranche inférieure (19 %). La moyenne dans les pays de l'Organisation de coopération et de développement économiques était de 34,3 % en 2015 (OECD, 2017).

Néanmoins, le niveau de développement économique d'un pays ne détermine pas entièrement sa capacité à accroître ses recettes. Les recettes publiques ont dépassé 20 % du PIB au Mozambique et au Zimbabwe, deux pays à faible revenu. Récemment, le recouvrement des recettes s'est amélioré dans l'ensemble de l'Afrique. La région

FIGURE 6.2 **Les recettes tirées des ressources naturelles ne sont pas suffisantes pour éliminer l'écart de pauvreté**

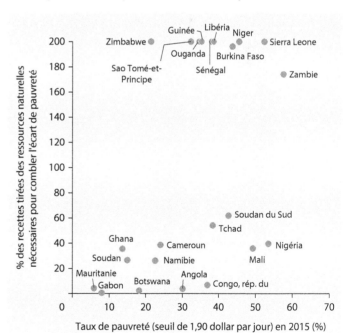

Source : Élaboré par la Banque mondiale.
Note : Dans la figure, la part des recettes tirées des ressources naturelles est plafonnée à 200 %.
Les données proviennent de 23 des 48 pays africains tirant des revenus des ressources naturelles et possédant des données complètes sur le niveau des ressources.

FIGURE 6.3   La plupart des pays africains souffrent d'un déficit de recettes intérieures

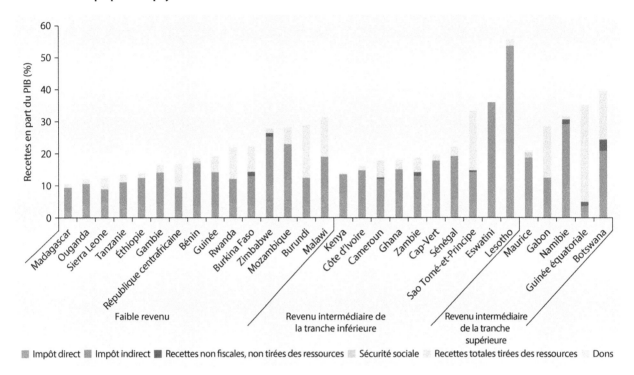

Source : Calculs de la Banque mondiale, fondés sur l'ensemble de données sur les recettes publiques de l'*International Centre for Tax and Development* (ICTD – le centre international pour la fiscalité et le développement) et de l'Institut de l'Université des Nations Unies pour la recherche sur l'économie du développement (UNU-WIDER) : https://www.wider.unu.edu/project/government-revenue-dataset.
Note : Les données des pays portent sur les années 2011 à 2013. Les pays ne disposant pas de données non agrégées sur les impôts directs et indirects sont exclus. Les catégories d'impôts directs et indirects ne comprennent pas les taxes sur les ressources naturelles. Les recettes totales tirées des ressources incluent les recettes fiscales et non fiscales des ressources naturelles (par exemple, les droits de permis et les redevances).

a connu la plus forte progression au monde des recettes fiscales en part du PIB depuis le début du siècle (FMI, 2015). Comme indiqué, la base de départ était étroite, et de manière déconcertante, les pays affichant les plus faibles taux de mobilisation des ressources nationales sont également ceux dont les recettes devraient augmenter le plus lentement, creusant ainsi encore l'écart (DI, 2015).

La plupart des pays africains dépendent fortement des impôts indirects sur la vente de biens et services. Ils comprennent la TVA, les taxes commerciales acquittées dans les ports, et les droits d'accise (notamment sur les carburants). La TVA, en particulier, a ouvert la voie à la collecte des recettes intérieures. Les impôts indirects sont souvent invisibles pour les consommateurs et, lorsqu'ils restent simples, ils sont plus faciles à administrer. Cela en fait un instrument fiscal privilégié dans un bon nombre de pays à plus faible revenu, où la capacité administrative est limitée. En outre, les entreprises informelles sont très répandues dans les pays à faible revenu ; elles

travaillent généralement en espèces et sont difficiles à taxer. C'est pourquoi les pays à plus faible revenu dépendent davantage de la fiscalité indirecte que les pays à revenu intermédiaire, mais cela a des conséquences pernicieuses sur le bien-être, comme le montre la section suivante.

Les impôts directs sont la deuxième grande source de revenus des pays africains. Les recettes totales de l'impôt sur le revenu des particuliers ne représentent toutefois que la moitié des recettes tirées des impôts indirects. Les principaux impôts directs sont l'impôt sur le revenu des particuliers et des sociétés. Leur contribution en part du PIB ne s'est pas améliorée, soit parce que les pouvoirs publics ont découragé les augmentations marginales des impôts sur le revenu des particuliers et des sociétés, soit parce que les contribuables se sont dérobés à leurs obligations fiscales. La contribution des impôts fonciers est faible (0,1 à 0,2 % du PIB, dans les pays où des données fiables existent) (Moore et Prichard, 2017).

Certains pays d'Afrique tirent également de substantielles recettes des ressources naturelles. Sur 37 pays disposant de données, 22 sont considérés comme riches en ressources – depuis des pays riches en pétrole (comme le Tchad et la République du Congo) jusqu'à ceux exploitant des diamants (Botswana) et des minerais (Mauritanie et Niger). Dans ces pays, les recettes issues des ressources naturelles représentent 10 à 20 % du PIB.

Les recettes fiscales des pays à revenu faible ou intermédiaire disposant d'importantes ressources naturelles ont tendance à être plus élevées que celles des pays ayant le même niveau de revenu, mais dépourvus de telles richesses. En principe, les revenus des ressources peuvent donc accroître les dépenses dans les secteurs favorables aux pauvres, tels que les secteurs sociaux (par exemple, la santé et l'éducation) ; le développement agricole et rural ; ainsi que les programmes de protection sociale, y compris les systèmes de transferts monétaires renforçant la capacité des pauvres à gérer les risques. Ces revenus passent souvent directement des entreprises d'extraction aux pouvoirs publics, sans que les citoyens soient impliqués. Cela affaiblit l'aptitude des citoyens à examiner les dépenses publiques (comme exposé au chapitre 1). En conséquence, la réduction de la pauvreté est plus lente et de nombreux indicateurs de développement humain sont pires dans les pays africains riches en ressources que dans d'autres pays ayant le même niveau de revenu (Beegle et al., 2016 ; de la Brière et al., 2017).

Ensemble, la faible assiette fiscale, la capacité limitée à lever plus d'impôts, et l'inaptitude politique à canaliser les recettes nationales des ressources naturelles vers des dépenses favorables aux pauvres entraînent un important déficit de financement de la pauvreté. Les pays à faible revenu sont confrontés aux plus grands besoins, ont la base imposable la plus étroite, et sont les moins efficaces dans la mobilisation des revenus. Les financements provenant de donateurs étrangers ou d'organisations internationales demeureront une source essentielle de fonds pour bon nombre des pays africains les plus pauvres dans un avenir proche.

Aide étrangère
Même si les ressources nationales constituent dans l'ensemble la plus importante ressource disponible dans les pays africains, l'aide représente plus de 8 % du revenu national brut (RNB) dans la moitié des pays à faible revenu de l'Afrique

(figure 6.4)[4]. Elle est souvent tournée vers les secteurs favorables aux pauvres, tels que la santé, l'agriculture, et l'éducation. L'aide finance ainsi trois quarts des dépenses publiques de santé au Rwanda (DI, 2015), et les fonds des donateurs financent 90 % des dépenses publiques agricoles au Burundi (Pernechele, Balié et Ghins, 2018). Les secteurs de l'éducation, de la santé, et du soutien financier aux plus pauvres à l'aide de filets de sécurité représentent environ un tiers de l'aide totale des donateurs.

L'aide publique au développement (APD) mondiale aux pays africains a progressé – atteignant le sommet historique de 140 milliards de dollars en 2016 (en prix actuels) – et a légèrement augmenté en valeur nominale, passant de 45,8 milliards de dollars en 2013 à 46,3 milliards de dollars en 2017 (après un fléchissement à 42,5 milliards de dollars en 2016). Malheureusement, à cause de la croissance démographique de la région, l'APD par habitant, a diminué de 48,30 dollars à 42,60 dollars[5].

L'APD par habitant en faveur des pays africains a diminué, du moins en partie, en raison des dépenses accrues engagées par les pays donateurs sur leur propre territoire en faveur des réfugiés et des demandeurs d'asile. Ces dépenses ont plus que doublé en trois ans, passant de moins de 4 % de la dépense totale des donateurs avant 2013 à 11 % en 2016. L'Allemagne et l'Italie ont plus dépensé sur leur sol que dans l'aide à l'Afrique ; la Norvège et la Suisse ont augmenté leurs dépenses intérieures liées aux réfugiés et diminué le flux de l'aide aux pays à revenu faible ou intermédiaire. En 2016, quatre donateurs du Comité d'aide au développement (CAD) de l'OCDE – l'Autriche, la Grèce, la Hongrie, et l'Italie – ont alloué plus de 50 % de leur aide bilatérale à leurs dépenses intérieures liées aux réfugiés. Lorsque les dépenses liées aux réfugiés au sein des pays donateurs sont exclues, seuls trois pays – le Luxembourg, la Norvège, et la Suède – sur les 29 donateurs du CAD ont atteint l'objectif des Nations Unies en consacrant 0,7 % de leur RNB à l'APD en 2016 (ONE, 2017).

La combinaison des revenus nationaux et de l'APD, à son niveau actuel, n'est pas suffisante pour atteindre les ODD liés à l'éducation universelle, la santé universelle, et l'extension des filets de sécurité dans les pays à revenu faible ou intermédiaire ; des milliards supplémentaires sont nécessaires (Greenhill et al., 2015 ; Manuel et al., 2018). Les coûts nécessaires pour atteindre

FIGURE 6.4   L'APD représente une part importante du RNB dans les pays à faible revenu

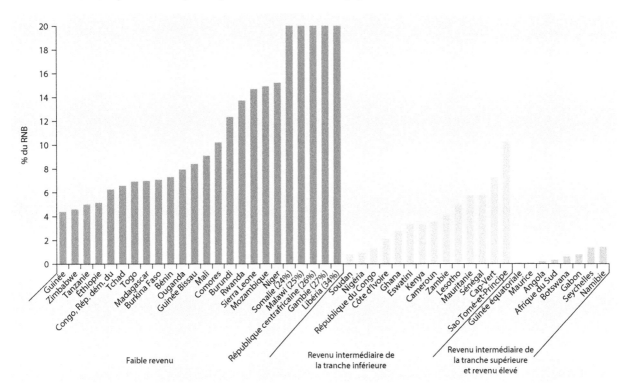

Source : Données 2017 de l'Organisation de coopération et de développement économiques (OCDE), https://data.oecd.org/.
Note : RNB = Revenu national brut ; APD = aide publique au développement. Les données sur l'APD ne comprennent pas les flux d'aide provenant d'organismes caritatifs internationaux, d'organisations non gouvernementales internationales, et de donations privées.

les objectifs mondiaux dans l'éducation et la santé, et le soutien financier nécessaire aux plus pauvres en Afrique subsaharienne s'élèvent à 262 milliards dollars en prix de 2017 (Manuel et al., 2018).

Compte tenu de l'insuffisance des revenus de l'Afrique, l'APD est de plus en plus utilisée pour stimuler l'investissement du secteur privé dans les pays à revenu faible ou intermédiaire, même si les impacts des financements mixtes sur l'emploi et la pauvreté devraient être mieux compris (ONE, 2017). Les pays donateurs devraient renouveler leur engagement en faveur de l'objectif initial de l'ONU de consacrer 0,7 % de leur RNB à l'aide au développement international, et inverser la tendance à la baisse de la part de l'APD allouée à l'Afrique. En 2015, les pays du CAD ont affecté 0,3 % de leur RNB à l'APD au niveau mondial et 0,1 % pour l'Afrique. Si les donateurs respectaient l'objectif d'aide (0,7 % du RNB), le déficit de financement dans les pays à revenu faible et intermédiaire serait couvert (Greenhill et al., 2015).

Dette et autres problèmes budgétaires
Les États peuvent, en principe, emprunter au niveau national et international. Nombre d'entre eux rencontreraient toutefois des difficultés. Les prêteurs peuvent ne pas être habitués aux petits pays qui n'empruntent généralement pas. Les pays qui le font peuvent avoir des dettes existantes importantes et ne pas être à même de lever des montants supplémentaires[6].Depuis le début de 2017, Standard & Poor's a dégradé la notation de quatre pays africains : la République du Congo, le Gabon, la Namibie et l'Afrique du Sud. Et pour ceux qui sont engagés dans un programme du Fonds monétaire international (FMI), des restrictions supplémentaires peuvent être appliquées à l'endettement[7].Quelques pays sont confrontés à des problèmes de remboursement – par exemple, la République du Congo et le Mozambique. Et même ceux peu endettés peuvent avoir des difficultés à emprunter lorsqu'ils en ont le plus besoin, en raison de la normalisation de la politique monétaire dans les

pays à revenu élevé, d'une contraction des autres sources de financement, et de l'accroissement des risques souverains dans la région.

Dans l'ensemble, même si les niveaux d'endettement restent inférieurs à ceux de la fin des années 1990 – où plusieurs initiatives internationales d'allégement de la dette ont été mises en œuvre –, la dette a augmenté plus rapidement en Afrique que dans les autres régions depuis 2009. La dette publique médiane devrait se situer autour de 50 % du PIB en 2017, soit 15 points de pourcentage de plus qu'en 2013.

Au cours de la même période, la marge de manœuvre budgétaire (évaluée à l'aide de l'augmentation du nombre d'exercices fiscaux nécessaires pour rembourser la dette publique) s'est rétrécie dans 36 pays de la région sur 44. Dans ces 36 pays, le nombre médian d'exercices fiscaux requis pour rembourser entièrement la dette a augmenté de 1,1 an ; en République centrafricaine, en République du Congo, en Gambie, et au Mozambique, cet indicateur a grimpé de plus de 2,5 ans (Banque mondiale, 2017). Les inquiétudes concernant les dettes publiques sont de nouveau à l'ordre du jour et, conjuguées à l'insuffisance des recettes décrite plus haut et aux retards dans les engagements de l'APD, elles renforcent le sentiment que les possibilités d'emprunt en vue de résorber le déficit de financement de la pauvreté se réduisent rapidement.

Enfin, l'exposition fréquente de l'Afrique aux catastrophes naturelles (abordée au chapitre 5 « Gérer les risques et les conflits ») pose des problèmes budgétaires spécifiques. Ils méritent une attention particulière dans la mesure où ils pourraient largement être évités grâce à une amélioration de la planification avant les événements, du financement, et de la conception des instruments. Le recouvrement des recettes peut chuter lorsqu'une catastrophe éclate, alors que les besoins de dépense publique explosent[8].

L'aide humanitaire a constitué la source de soutien public la plus courante à la suite d'une catastrophe. Le financement obtenu dans ces conditions est gratuit, alors que les autres sources de fonds ont un coût (chapitre 5). En moyenne, au moins 1,6 milliard de dollars sont alloués chaque année à l'aide humanitaire aux pays africains (Talbot, Dercon et Barder, 2017). Le fait que la collecte des fonds débute après une urgence signifie que l'aide arrive trop tard et est coûteuse à fournir.

L'appui aux groupes de mutualisation des risques, tels que l'*Africa Risk Capacity* (ARC) de l'Union africaine, qui versent des dédommagements aux pays africains membres en cas de sécheresse, peut aider les États à améliorer leur résilience budgétaire aux catastrophes. Comme souligné dans le chapitre 5, cela a déjà été réalisé pour les pandémies dans le cadre du Mécanisme de financement d'urgence en cas de pandémie (PEF – *Pandemic Emergency Fund*). Les économies réalisées grâce à la réduction du besoin d'aide humanitaire postérieure aux catastrophes pourraient être utilisées pour financer ces mécanismes préalables aux événements.

Bilan mitigé des dépenses dans les secteurs favorables aux pauvres

De nombreuses mesures de lutte contre la pauvreté s'inscrivent dans la fourniture des services de base et les transferts directs (par exemple, les écoles, les dispensaires, ou les transferts monétaires qui aident à renforcer le capital humain et à gérer les risques), ainsi que dans l'affectation sectorielle des dépenses publiques aux secteurs les plus susceptibles de bénéficier aux pauvres, tels que l'agriculture. À ce titre, le suivi des dépenses favorables aux pauvres est généralement concentré sur les secteurs, même si, et c'est important, les choix de dépense au sein des secteurs peuvent également avoir des effets passablement différents sur la pauvreté (Owori, 2017), comme examiné dans le chapitre 3 « Gagner davantage dans les exploitations agricoles ».

Cinq points clés se dégagent à cet égard. Premièrement, même si de nombreux pays africains sont sur le point d'atteindre ou de dépasser les objectifs mondiaux de dépenses sectorielles favorables aux pauvres en pourcentage du PIB ou des dépenses publiques, les niveaux absolus de dépense (par habitant) sont très faibles. Ils disposent souvent de possibilités d'accroître les dépenses en faveur des pauvres grâce à des réaffectations, par exemple en réduisant les subventions à l'énergie, comme indiqué plus loin. Deuxièmement, les dépenses au sein des secteurs ciblent souvent mal les besoins des pauvres, et leur mise en œuvre est inefficace. Troisièmement, à cause des deux premiers facteurs, de nombreux pauvres continuent de payer pour avoir accès aux services de base essentiels au développement humain, avec de fortes dépenses restant à leur charge, ou ne disposent pas des biens publics nécessaires pour accroître leurs revenus (par exemple, l'innovation agricole et des infrastructures rurales). Quatrièmement, les pays riches en ressources dépensent moins dans l'éducation et la santé que d'autres pays africains ayant un niveau de revenu similaire, et lorsqu'ils dépensent, ils le font moins efficacement. Et enfin, dans la santé et l'éducation comme dans l'agriculture et la gestion des risques (aide humanitaire), une part importante du financement provient de donateurs dans de nombreux pays, mettant en question l'engagement et l'indépendance des pouvoirs publics ainsi que la soutenabilité des dépenses en faveur des pauvres[9].

Parmi les différents secteurs sociaux, c'est dans l'éducation que les États africains dépensent systématiquement le plus (4,3 % du PIB en moyenne dans l'ensemble des pays africains à revenu faible ou intermédiaire), généralement suivie par la santé (1,8 % du PIB) et les filets de sécurité (1,4 % du PIB) (figure 6.5). En moyenne, les dépenses se situent dans la fourchette cible pour l'éducation (4 à 6 % du PIB par habitant ou au moins 15 à 20 % de la dépense publique) fixée dans le cadre de l'initiative Éducation pour tous (EPT). Les dépenses de santé (environ 4 % du PIB par habitant) se situent, par contre, en deçà de l'objectif international de la déclaration d'Abuja (15 % de la dépense publique).

Parmi tous les secteurs sociaux, la dépense dans les filets de sécurité sociale est la plus faible et est nettement inférieure à la moyenne régionale dans la plupart des pays, étant donné que l'essentiel de cette dépense est concentré en Afrique australe. La moyenne de 1,4 % du PIB dépensé

dans les filets de sécurité sociale est également largement inférieure à la part allouée aux subventions à l'énergie (3,8 % du PIB en moyenne).

La dépense dans l'agriculture est également en moyenne de 1,4 % du PIB. Peu de pays atteignent donc l'objectif de 10 % de la dépense publique fixé dans la déclaration de Maputo en 2003 (Goyal et Nash, 2017). La moyenne est de 3 % (comme indiqué dans le chapitre 3).

Compte tenu des faibles niveaux de PIB par habitant en Afrique, la valeur absolue des dépenses par habitant en faveur des pauvres peut être extrêmement maigre, en particulier dans les pays à faible revenu. Et il existe d'importantes disparités entre les catégories de pays et entre les secteurs. Les pays riches en ressources, par exemple, dépensent moins dans les services sociaux essentiels (éducation, santé, et filets de sécurité) en part de leur PIB (c'est-à-dire, par rapport à leur niveau de revenu) que les pays dépourvus de richesses en ressources.

La manière dont les États devraient augmenter les dépenses consacrées aux secteurs sociaux, WASH, et agricole n'est pas évidente. Les solutions possibles consistent à collecter davantage de recettes et à mettre les fonds supplémentaires de côté pour ces secteurs, à emprunter, ou à obtenir

FIGURE 6.5 **Les dépenses des pays africains varient selon les secteurs, mais l'éducation domine**

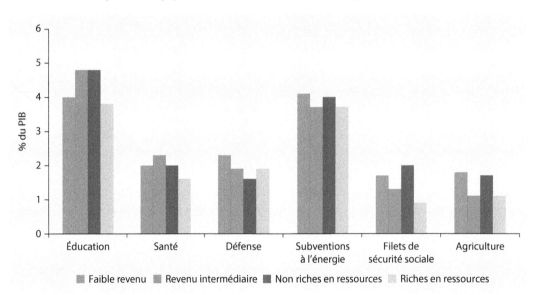

Sources : Base de données des Indicateurs du développement dans le monde pour l'éducation, la santé et la défense ; FMI (2015) pour les subventions à l'énergie ; Beegle, Coudouel et Monsalve (2018) pour les filets de sécurité sociale ; base de données des Statistiques sur les dépenses publiques en faveur du développement économique (SPEED – *Statistics For Public Expenditure For Economic Development*) de l'Institut international de recherche sur les politiques alimentaires (IFPRI) (agriculture).
Note : Les chiffres indiquent les dépenses nationales moyennes en pourcentage du PIB dans les pays africains à revenu faible ou intermédiaire.

des dons afin de disposer de fonds à dépenser. Le choix entre emprunter, obtenir des dons, ou accroître les recettes dépend de la situation du pays.

Comme souligné précédemment, les possibilités de financement par l'emprunt se réduisent rapidement dans la plupart des pays africains. En outre, le service de la dette est un facteur évinçant les dépenses dans les domaines essentiels pour les pauvres (secteurs dits des Objectifs du millénaire pour le développement – OMD). Un faible service de la dette est associé à la réalisation des objectifs de dépense des OMD. Depuis 2012, les dépenses consacrées aux intérêts de la dette recommencent à augmenter.

Une solution neutre sur le plan budgétaire consisterait à réaffecter des ressources à des secteurs favorables aux pauvres au sein de l'enveloppe budgétaire actuelle et à dépenser de manière plus efficace. Les subventions à l'énergie sont un candidat évident à ce transfert de dépenses, un point qui sera détaillé plus loin dans ce chapitre.

Dépenses dans les secteurs favorables aux pauvres

En Afrique, le montant des dépenses dans l'éducation varie substantiellement selon les États. Même s'ils progressent, les pays à faible revenu n'atteignent toujours pas l'objectif de 4 à 6 % du PIB fixé par l'initiative EPT (UN, 2015), comme le montre la figure 6.6. Toutefois, en part des dépenses publiques totales, la dépense dans l'éducation est légèrement supérieure à sa part en pourcentage du PIB – et, lorsque l'on utilise cette mesure, elle est plus importante en Afrique que dans toute autre région à revenu faible ou intermédiaire.

En matière de dépenses de santé, les pays africains restent en deçà de plusieurs objectifs. Par exemple, le coût de la couverture universelle de santé est estimé à 86 dollars par habitant pour les pays à faible revenu et à 5 % du PIB par habitant pour les autres pays (Greenhill et al., 2015). Comme indiqué précédemment, les États africains consacrent en moyenne 1,8 % du PIB, ou environ 4 % du PIB par habitant, aux dépenses de santé.

En part de la dépense publique, l'objectif fixé dans la déclaration d'Abuja pour la dépense dans la santé est de 15 %. La région se rapproche de cet objectif, mais les dépenses publiques de santé par habitant des pays africains sont les plus faibles du monde.

De plus, aucun pays africain n'a atteint ses OMD pour 2015 en matière de dépense de santé,

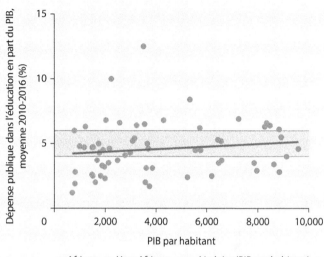

FIGURE 6.6 Tous les pays africains n'atteignent pas les objectifs de dépense dans l'éducation

Source : Organisation des Nations Unies pour l'éducation, la science et la culture (UNESCO), dépenses moyennes 2010-2016.
Note : la section horizontale colorée indique la fourchette cible de 4 à 6 % fixée par l'initiative Éducation pour tous (EPT).

qui a représenté en moyenne environ la moitié de l'objectif (DFI et Oxfam, 2015). Les ménages continuent de financer une bonne partie de leurs frais de santé : environ 40 % du total de ces dépenses restent à leur charge, comme dans d'autres régions. Mais de telles dépenses sont associées à une augmentation de la pauvreté (Eozenou et Mehta, 2016) ; voir également l'analyse des chocs liés à la santé dans le chapitre 5.

Au sein des dépenses de santé de l'Afrique, les fonds consacrés à la contraception moderne sont insuffisants, entraînant d'importants besoins non satisfaits dans certains pays. Les pays ayant les plus faibles revenus se distinguent par leur manque de volonté politique et de ressources financières en faveur des programmes de planning familial. Ces États s'appuient souvent essentiellement sur l'aide des bailleurs de fonds (Speidel, 2018) dont le soutien peut fluctuer suivant la politique du pays donateur. Dans l'ensemble, le déficit de financement destiné à l'actuelle demande de contraception se creuse en Afrique et restreint l'accès au planning familial des femmes les plus pauvres, qui dépendent des services publics (Reproductive Health Supplies Coalition, 2018).

Le financement de services contraceptifs modernes constitue un bon investissement à bien des égards. Entre autres, il réduit le coût des programmes de santé, car le coût de la prévention des grossesses non désirées à l'aide d'une contraception moderne est nettement inférieur à celui des services de santé qui leur sont associés. Chaque dollar supplémentaire dépensé dans la contraception réduirait de 1,79 dollar le coût des soins de santé maternelle et néonatale en Afrique (Guttmacher Institute, 2017).

Les filets de sécurité se sont développés en Afrique, chaque pays disposant d'au moins un programme et souvent de plusieurs. Leur ampleur reste toutefois modeste. Malgré leurs nombreux impacts positifs et la preuve qu'ils ne créent pas de dépendance (Beegle, Coudouel et Monsalve, 2018), les filets de sécurité sociale en Afrique ont une couverture et des prestations limitées comparées aux besoins. Même si tous les filets de sécurité sociale existants ciblaient parfaitement les pauvres, tous les besoins ne seraient pas satisfaits (voir chapitre 5, figure 5.13, volet b).

Les filets de sécurité africains sont trop limités pour extraire les familles de la pauvreté ou pour réduire l'écart de pauvreté de manière significative : les programmes de transfert monétaire destinés aux pauvres leur fournissent en moyenne environ 35 dollars par mois, soit à peu près 10 à 15 % de la consommation d'un ménage dans le pays. Tant la couverture que les montants sont en général plus faibles dans les pays à faible revenu que dans ceux à revenu intermédiaire. Mais lorsqu'ils sont prévisibles, ils constituent une importante forme d'assurance.

Le sous-secteur WASH africain, également crucial pour les pauvres, souffre lui aussi d'un investissement limité tant en financement qu'en ressources humaines. La moyenne mondiale par habitant du budget public WASH s'élève à 19 dollars. Les comparaisons directes entre régions sont limitées en raison du manque de données ; toutefois, pour un échantillon de 57 pays ayant fourni des budgets spécifiques pour le secteur WASH (WHO et UN-Water, 2017), les données suggèrent que la dépense WASH par habitant des États africains (3,88 dollars, en excluant l'Afrique du Sud) est considérablement inférieure à celle d'autres régions, telles que l'Amérique latine et les Caraïbes (33,23 dollars EU) ou l'Asie de l'Est et du Sud-Est (34,25 dollars). Seule l'Asie centrale et du Sud affichent des dépenses inférieures (3,10 dollars) lorsqu'on y inclut l'Inde.[10]

La faiblesse des dépenses WASH est aggravée par les importantes disparités existant entre les catégories de revenu et entre les zones urbaines et rurales en Afrique. Les ménages ruraux et pauvres sont profondément affectés par un accès inadéquat aux services WASH en Afrique. Dans 19 pays, les enfants du quintile le plus riche ont une probabilité d'avoir accès à des services WASH adéquats supérieure de plus de 30 points de pourcentage à celle des enfants du quintile le plus pauvre (Banque mondiale, 2018a).

Enfin, en ce qui concerne les dépenses sectorielles, les dirigeants agricoles africains se sont fixé dans la déclaration de Maputo de 2003 l'objectif d'affecter à l'agriculture 10 % de la dépense nationale totale, et l'ont réaffirmé en 2014 dans la déclaration de Malabo de l'Union africaine sur les pertes après récolte. La plupart des pays de la région n'ont pas atteint cet objectif.

L'Afrique accuse un retard sur les autres régions en ce qui concerne les investissements publics dans l'agriculture, tant en part du budget public qu'en pourcentage du PIB. Les dépenses publiques agricoles par habitant sont d'environ 19 dollars en moyenne, soit un tiers de moins qu'en Asie du Sud, la deuxième région affichant les plus faibles dépenses (Goyal et Nash, 2017).

Disparités et résultats des dépenses dans le secteur social

Les dépenses (globales ou sectorielles) ne sont habituellement pas suivies au niveau infranational, même si elles le devraient dans de nombreux secteurs. Des données indiquent que les endroits les plus pauvres n'obtiennent pas autant, pour ne pas dire plus, que les autres. Des travaux récents utilisant des données sur l'aide et d'autres types de données géolocalisées en tant que variables de remplacement pour la pauvreté (lumières nocturnes, autres mesures de l'isolement, et estimations de résultats en matière de santé) ont montré que l'aide est accordée de façon disproportionnée aux zones les plus riches (Briggs, 2018).

Les études menées au niveau des pays montrent souvent des disparités dans les dépenses publiques allant dans le même sens. En République démocratique du Congo, les dépenses publiques de santé étaient de 1,8 à 3,5 fois plus élevées à Kinshasa que dans les provinces où les taux de pauvreté sont plus élevés. Bien que non ajustée aux différences de niveau des prix, cette disparité se retrouve dans un accès aux services de santé et un état de santé complètement différents (Barroy et al., 2014). Au Ghana, la dépense publique par élève est plus élevée dans les régions où le taux de pauvreté est plus bas (Abdulai et al., 2018).

Même lorsque les données sur les dépenses ne sont pas aisément disponibles, parce que la majeure partie des dépenses de santé et d'éducation est consacrée aux salaires, les différences de dotation en personnel par habitant entre les zones pauvres et moins pauvres (bien documentées dans de nombreuses études) témoignent, dans une large mesure, d'une répartition inégale de la dépense globale. L'inégalité des investissements dans les secteurs sociaux explique en partie pourquoi la géographie est l'un des plus importants prédicteurs de l'inégalité au sein d'un pays (Beegle et al., 2016).

Bien entendu, les dépenses ne sont pas nécessairement synonymes d'une amélioration des résultats de l'apprentissage ou en matière de santé (de la Brière et al., 2017 ; Banque mondiale, 2018c). Il peut néanmoins exister un effet de seuil, où des dépenses inférieures à un certain niveau (dépendant de la situation de revenu du pays) améliorent les résultats de l'apprentissage (Vegas et Coffin, 2015). Le montant des dépenses publiques dans la santé est particulièrement important pour l'état de santé des pauvres (Gupta, Verhoeven et Tiongson, 2003). En particulier, même lorsque les objectifs de dépense sont atteints (en part du PIB), même les plus pauvres familles doivent encore souvent payer pour certains services essentiels, tels que l'école primaire. Ceci est dû en partie au fait qu'elles choisissent d'envoyer leurs enfants dans des écoles privées

(un gage de qualité) et en partie au fait que dans les écoles publiques, elles doivent assumer des coûts autres que les frais de scolarité.

Les systèmes fiscaux de l'Afrique provoquent-ils un appauvrissement ?

Les systèmes fiscaux peuvent avoir un impact sur la pauvreté et les inégalités, à travers à la fois la situation budgétaire globale de l'État et les conséquences pour la répartition de la politique fiscale et de la dépense publique. De nombreuses politiques peuvent améliorer l'équité. Les pouvoirs publics peuvent utiliser les impôts et les transferts pour redistribuer les revenus a posteriori, et la dépense publique (à travers la fourniture de biens et services publics) pour remanier la répartition des « opportunités » et favoriser la mobilité dans et entre les générations (Bastagli, 2016 ; Inchauste et Lustig, 2017 ; Lustig, 2018).

L'analyse de l'incidence fiscale (AIF) (encadré 6.1) est un outil permettant de comprendre quels segments de la population supportent la charge ou bénéficient de divers instruments de mobilisation des ressources nationales et des dépenses publiques. Un résumé et un élargissement de l'outil d'AIF appliqué à 11 pays africains à l'aide d'évaluations CEQ (*Commitment to Equity*) montrent que de nombreux systèmes fiscaux de la région sont, au mieux, neutres en ce qui concerne l'impact sur la pauvreté ou, au pire,

---

ENCADRÉ 6.1 **L'analyse de l'incidence fiscale donne un moyen d'estimer les effets de répartition des impôts et transferts**

L'analyse de l'incidence fiscale (AIF) est un outil de plus en plus utilisé pour déterminer qui supporte la charge et qui bénéficie des différents instruments dont dépendent la mobilisation des ressources nationales et la dépense publique (Lustig, 2018; OECD, 2017). Elle s'appuie sur les travaux précédents, connus sous le nom d'analyse de l'incidence des prestations, qui ne se concentraient que sur l'aspect dépense, en faisant abstraction de la manière dont celle-ci était financée (Demery, 2003). En montrant dans quelle mesure les individus faisant partie de la distribution du revenu sont des payeurs nets ou des bénéficiaires nets d'un système d'impôts et de transferts, l'AIF aide les autorités à comprendre l'impact global de leurs politiques fiscales sur la pauvreté et les inégalités.

La mesure de l'impact des systèmes fiscaux de l'ensemble des pays sur le bien-être requiert une compréhension détaillée des comptes de chaque pays ainsi que beaucoup d'efforts et un grand discernement pour identifier les catégories de recettes et de dépenses. Avec divers partenaires, le *Commitment to Equity Institute*[a] de l'Université de Tulane a tenté d'y parvenir à l'aide d'une méthodologie répandue. L'impact du système fiscal sur la pauvreté peut être analysé en créant des mesures du revenu « avant impôt » et « après impôt ». Le « revenu marchand » est une mesure avant impôt (revenu avant tout transfert ou impôt de quelque nature que ce soit). Le « revenu consommable » est, lui, une mesure du revenu après impôt, indiquant combien les individus consomment réellement,

Suite de l'encadré page suivante

ENCADRÉ 6.1 L'analyse de l'incidence fiscale donne un moyen d'estimer les effets de répartition des impôts et transferts *(suite)*

c'est-à-dire la situation nette de trésorerie des ménages après l'intervention des impôts et transferts monétaires. (Le revenu consommable est calculé en ajoutant au revenu marchand le montant des subventions et transferts directs perçus, et en déduisant le montant des impôts directs et indirects acquittés.)

Une évaluation CEQ (Commitment to Equity) est un outil de diagnostic permettant une analyse économique à un moment donné de la distribution (au sein d'une population nationale) des dépenses publiques programmatiques et de la charge créée par la perception des recettes de l'État (Lustig, 2018). Elle ne cherche donc pas à estimer l'avan-

tage à long terme ou la valeur de l'investissement créés, par exemple, par des dépenses dans la prestation de services de santé et d'éducation ou liées à des infrastructures et à la « connectivité ». De nombreuses dépenses publiques ont une composante intrinsèque d'investissement, dont la prise en compte peut donner lieu à des conclusions différentes sur la dynamique à long terme des inégalités et de la pauvreté. Une évaluation CEQ se borne aux impacts actuels des dépenses publiques et de la perception des recettes sur la pauvreté, les inégalités et le bien-être en général.

a. Pour plus d'information, voir le site web du *Commitment to Equity Institute* (CEQ) : http://www.ceqinstitute.org.

FIGURE 6.7 La politique fiscale accroît fréquemment la pauvreté en Afrique

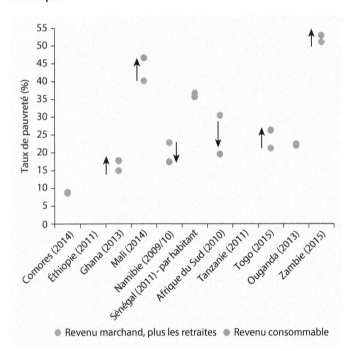

● Revenu marchand, plus les retraites ● Revenu consommable

Source : de la Fuente, Jellema et Lustig, 2018.
Note : La figure montre l'impact des impôts et transferts sur les taux de pauvreté. Le « revenu marchand » comprend les rémunérations avant impôts ; les salaires ; les revenus tirés des immobilisations (loyer, intérêts ou dividendes) ; et les transferts privés. Le « revenu consommable » = revenu marchand + transferts directs en espèces et subventions indirectes – paiement d'impôts directs et indirects (taxes sur la valeur ajoutée et droits d'accises). Les flèches indiquent la variation de l'indice numérique de pauvreté, définissant les pauvres comme vivant en dessous du seuil de pauvreté de 1,90 dollar (en parité de pouvoir d'achat de 2011). L'année entre parenthèses figurant derrière chaque pays est celle des données.

du Sud font exception, car leurs systèmes fiscaux accroissent considérablement le revenu des ménages grâce à des dépenses dans des transferts directs (figure 6.7).

Toutefois, même lorsque le taux de pauvreté est inchangé ou a diminué, comme en Namibie et en Afrique du Sud, les systèmes fiscaux africains peuvent encore représenter une charge pour certains ménages pauvres et vulnérables. Autrement dit, certaines personnes pauvres et vulnérables risquent de payer davantage d'impôts qu'elles ne reçoivent en transferts : un phénomène connu sous le nom d'« appauvrissement fiscal » (AF) (Higgins et Lustig, 2016)[11]. L'indice AF résume le nombre de personnes pauvres qui, selon les estimations, ont subi des pertes nettes à cause de la politique fiscale (c'est-à-dire qu'elles ont payé plus au système fiscal qu'elles n'en ont reçu sous la forme d'avantages)[12].

L'indice AF est exprimé à l'aide d'un taux par rapport à la population totale ou à la population pauvre. Lorsqu'il est rapporté à la population pauvre, il exprime à quel point le système fiscal protège les ménages pauvres et vulnérables des pertes. La proportion des ménages pauvres désavantagés par le système fiscal est très élevée (dépassant même 80 %) dans les pays fournissant peu d'avantages directs en espèces, comme les Comores, le Ghana, le Mali, le Togo, l'Ouganda et la Zambie (figure 6.8). Ces calculs ne prennent toutefois pas en compte la proportion des ménages pauvres qui sont des bénéficiaires nets du système fiscal et échappent ainsi à la pauvreté.

Trois causes ou moteurs directs de cet AF sous-tendent ce schéma en Afrique. Les taxes à la consommation, telles que la TVA, sont

parfois générateurs de pauvreté (de la Fuente, Jellema et Lustig, 2018). La Namibie et l'Afrique essentielles pour la perception des recettes et la compensation des faibles taxes et impôts recueillis à partir d'autres sources, tels que l'impôt sur les sociétés, sur le revenu, et foncier. Les États dépensent également beaucoup en subventions, par exemple à l'énergie, qui n'atteignent pas la plupart des ménages pauvres, et en subventions agricoles, dont les rendements sont faibles par rapport aux autres investissements agricoles. Par ailleurs, les systèmes de protection sociale ne fournissent que des transferts directs limités ciblant les pauvres, parce que peu de ménages sont couverts, ou parce que le montant des transferts est relativement faible, ou encore les deux. Pour toutes ces raisons, les pauvres échappant à la pauvreté grâce à leur statut de bénéficiaires nets du système fiscal devraient être peu nombreux.

Notons également que l'indice AF et la discussion ci-dessous font référence à des diminutions de la situation de trésorerie ou du pouvoir d'achat des individus. Il n'inclut pas les effets des avantages en nature tels que l'éducation, la santé ou les services d'infrastructure, car ceux-ci ne peuvent être « consommés » ; c'est-à-dire qu'ils n'augmentent ni ne diminuent le pouvoir d'achat relatif à d'autres biens et services.

Les impôts directs ne pèsent que très peu sur les 40 % inférieurs, tandis que les impôts indirects représentent souvent 10 % ou plus de leurs revenus avant impôts (figure 6.9). Les subventions – même lorsqu'elles sont importantes – apportent peu d'avantages aux ménages pauvres et vulnérables, qui n'ont pas autant accès aux services subventionnés (tels que l'électricité et le carburant pour le transport) que les riches. Il n'y a qu'en Namibie et en Afrique du Sud que les transferts directs compensent les impôts payés par les 40 % les plus pauvres, voire davantage.

Dans l'ensemble, l'avantage total en espèces transféré aux 40 % les plus pauvres de la population à l'aide de programmes de subventions et de transferts directs est inférieur, en valeur absolue, au fardeau généré (pour la même population) par les instruments d'imposition directs et indirects. En d'autres termes, la plupart des individus des 40 % inférieurs, comprenant la plupart des personnes les plus pauvres, sont probablement des contribuables nets plutôt que des bénéficiaires nets[13].

Même s'il fait d'une partie des pauvres des contribuables nets, le système fiscal pourrait être considéré comme acceptable s'il constituait l'unique moyen de financer d'importantes

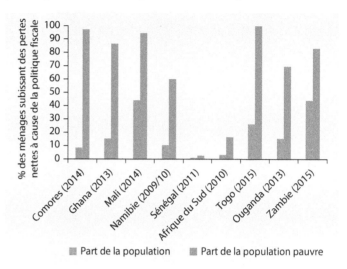

FIGURE 6.8 **Les systèmes fiscaux africains créent des pertes nettes pour les pauvres même lorsque l'incidence de la pauvreté est réduite**

Source : de la Fuente, Jellema et Lustig, 2018.
Note : Les pauvres sont définis comme vivant en dessous du seuil de pauvreté de 1,90 dollar (en parité de pouvoir d'achat de 2011). L'année entre parenthèses figurant derrière chaque pays est celle des données.

dépenses publiques très progressives dans des secteurs bénéficiant aux pauvres, tels que l'éducation et la santé. Mais est-ce le cas en Afrique ? Il n'est pas manifeste que les dépenses publiques dans l'éducation et la santé procurent aux pauvres autant d'avantages qu'elles le pourraient, étant donné la piètre qualité des services fournis, comme précisé plus loin.

Une limitation importante des analyses de l'incidence fiscale est qu'elles ne prennent pas en compte les dépenses d'infrastructure qui, dans certains pays, peuvent améliorer la qualité de la vie ou l'accès au marché des pauvres.

Mobiliser davantage de revenus (avec moins de dommages)

S'attaquer à la forte dépendance vis-à-vis des impôts indirects et au manque de fiabilité des impôts directs

Comme évoqué plus haut, la *manière* dont les impôts sont collectés compte autant pour la pauvreté que *le montant* perçu. En effet, les 40 % inférieurs sont souvent considérablement affectés par les impôts indirects. De nombreux États

FIGURE 6.9   **Les impôts indirects sont supérieurs aux subventions et aux avantages des transferts, pour les 40 % les plus pauvres de la plupart des pays d'Afrique**

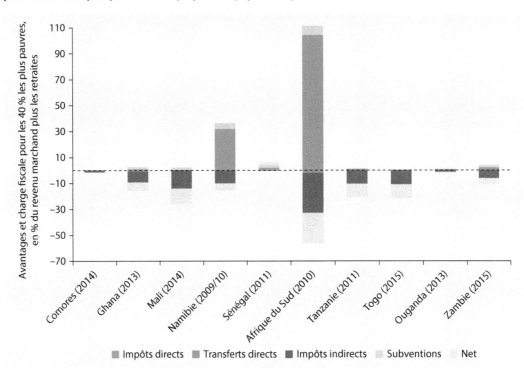

Source : de la Fuente, Jellema et Lustig, 2018.
Note : Les transferts directs et les subventions représentaient respectivement 104 % et 7 % du revenu marchand additionné des retraites, pour les 40 % les plus pauvres des Sud-Africains (en 2010). Le « revenu marchand » comprend les rémunérations avant impôts ; les salaires ; les revenus tirés des immobilisations (loyers, intérêts ou dividendes) ; et les transferts privés. L'année entre parenthèses figurant derrière chaque pays est celle des données.

africains ont recours à des impôts indirects, tels que la TVA, en tant que principal moyen de percevoir des recettes, en particulier dans des contextes où la capacité administrative et le recouvrement des impôts sont faibles.

Le dilemme de la TVA
Pour épargner les pauvres, plusieurs biens et services, tels que les denrées alimentaires et le kérosène, sont souvent taxés à des taux préférentiels, parce que ces dépenses représentent généralement une grande partie du budget des ménages pauvres. Pourtant, même si, en Éthiopie, au Ghana, au Sénégal et en Zambie, des données montrent que les taux de TVA préférentiels aident les pauvres, ils les ciblent souvent mal dans la mesure où de nombreux ménages non pauvres bénéficient, eux aussi, de ces exonérations (Harris et al., 2018). Souvent, les biens et services exonérés de TVA sont également consommés en quantités significatives par les non-pauvres, entraînant ainsi un considérable

manque à gagner fiscal. Les systèmes de transferts monétaires existants dans ces pays sont mieux ciblés, mais à cause de leurs problèmes de couverture, de ciblage et de montants transférés, ils ne constituent généralement pas un moyen de compensation suffisamment approprié pour justifier la suppression des exonérations de TVA.

La TVA représente un important dilemme pour les politiques : elle constitue le meilleur moyen de taxation du point de vue de l'efficacité et de l'efficience, mais peut nuire aux pauvres. L'exonération fiscale de biens et services principalement consommés par les pauvres est un moyen d'atténuer ces effets négatifs. Toutefois, ces biens et services sont loin d'être nombreux, et les exonérations de TVA s'accompagnent donc souvent d'un important manque à gagner fiscal. En outre, les revenus générés par la TVA et d'autres impôts indirects devront être correctement canalisés vers les personnes pauvres ou vulnérables, pour en faire des bénéficiaires nets du système fiscal.

Les transferts monétaires ciblés sont un autre moyen de fournir une compensation aux pauvres. Toutefois, les ressources qui leur sont consacrées sont souvent insuffisantes (en raison à la fois de l'insuffisance de la couverture et de la faiblesse des montants transférés) et doivent être comparées à d'autres besoins de dépense concurrents (dans l'éducation, la santé, les infrastructures, la sécurité, l'eau, l'assainissement et l'hygiène, etc.)

Le potentiel limité de l'imposition directe

De leur côté, les impôts directs ont tendance à être progressifs, car les personnes plus aisées ont plus souvent des emplois formels. Les économistes s'empressent souvent de diagnostiquer que les impôts directs peuvent affecter l'efficacité et la croissance à long terme, en décourageant l'investissement, l'acquisition de capital humain, et l'innovation. Et pourtant, les données prouvent que, dans les pays à faible revenu, l'abandon des taxes à la consommation telles que la TVA au profit de l'impôt sur le revenu semble ne pas avoir d'effet négatif sur la croissance (McNabb et LeMay-Boucher, 2014).

Plus important encore, l'étroitesse du secteur formel dans de nombreux pays africains restreint les possibilités de percevoir davantage de recettes fiscales à travers les impôts directs. L'impôt sur le revenu des personnes est généralement limité dans les économies où le secteur informel est important, car les employeurs formels sont peu nombreux. Néanmoins, il est possible d'imposer directement une base plus large de contribuables, y compris dans le secteur informel. L'encouragement de la conformité fiscale favorise également une bonne gouvernance plus largement répandue, et s'accompagne d'une demande d'institutions étatiques plus réactives, redevables et compétentes.

Le non-respect de leurs obligations par les contribuables est un problème mondial croissant et permanent, mais des études suggèrent que les pays à revenu faible ou intermédiaire, dont beaucoup sont africains, sont les plus touchés (Cobham, 2005 ; Fuest et Riedel, 2009). La raison en est, en partie, que les contribuables ont souvent l'impression qu'il n'est pas rentable de payer des impôts. Lorsqu'ils estiment ne pas recevoir de l'État les avantages correspondant à leurs impôts, la conformité fiscale diminue (Junquera-Varela et al., 2017), comme l'indiquent plusieurs exemples. En Tanzanie et en Ouganda, les personnes plus satisfaites de la fourniture des services de santé et d'éducation de base sont plus

susceptibles de payer leurs impôts. Au Kenya et en Afrique du Sud, les personnes satisfaites de la fourniture des routes et de l'électricité, de l'émission d'une carte d'identité, et de la prestation des services de police sont plus susceptibles d'honorer leurs obligations fiscales (Ali, Fjelstad et Sjursen, 2014). Enfin, en Ouganda, les entreprises subissant des pannes d'électricité plus fréquentes (et donc une baisse de leur rentabilité) sont plus susceptibles de frauder le fisc (Mawejje et Okumu, 2016).

Possibilités d'augmentation des recettes fiscales

Il est donc crucial d'établir de meilleurs liens entre la fiscalité et la performance des dépenses publiques. L'affectation préalable de certains impôts ou autres recettes nationales (impôts réservés à des fins spécifiques) est un moyen de rassurer les citoyens quant au fait que les ressources nationales ne sont pas gaspillées. Certaines réformes fiscales auraient pu s'avérer difficiles sans l'affectation préalable. Par exemple, le Ghana a relevé le taux de TVA standard de 10 % à 15 % au cours des dernières années, en consacrant les recettes supplémentaires au financement du programme national d'assurance maladie (Keen, 2012). Les taxes sur les cigarettes générant des recettes pour les soins de santé sont un autre exemple (encadré 6.2). Malgré ces exemples, les experts fiscaux ne sont généralement pas en faveur de l'affectation préalable, car elle réduit la flexibilité budgétaire (Junquera-Varela et al., 2017).

D'autres moyens ont été envisagés pour accroître les recettes fiscales sans nécessairement forcer davantage l'application des lois. La participation directe au recouvrement des impôts peut également améliorer la conformité. Au Ghana, par exemple, les autorités fiscales ont invité les associations du secteur informel (à commencer par les transports, suivis par 13 autres secteurs) à collecter les impôts auprès de leurs membres. En échange, elles se sont vu offrir 2,5 % des recettes perçues. L'imposition du secteur informel ne représente que 5 % des recettes du service des impôts du Ghana, mais l'élargissement de l'assiette fiscale est essentiel pour renforcer le contrat fiscal social. Une culture de paiement des impôts a été créée au fil du temps et encourage les acteurs du secteur informel à recréer un lien constructif avec l'État (Joshi et Ayee, 2009). Les autorités fiscales du Mozambique et de la Tanzanie ont également intégré les secteurs informels, en accroissant les recettes qu'ils procurent

ENCADRÉ 6.2   Les taxes sur le tabac peuvent constituer une opération où tout le monde gagne, y compris les pauvres

Les pays africains connaissent la plus forte augmentation de la consommation de tabac de l'ensemble des pays à revenu faible ou intermédiaire : le nombre des fumeurs devrait augmenter de 148 % en Afrique d'ici 2030, pour atteindre 208 millions, soit un cinquième de la population totale. En même temps, le tabac reste relativement peu taxé dans la plupart des pays africains.

Une augmentation des taxes sur le tabac peut dynamiser les recettes fiscales de l'État, tout en réduisant le tabagisme. Des simulations pour le Sénégal suggèrent qu'une augmentation de la taxe ad valorem sur le tabac à 60 % (au lieu des 45 % actuels) réduirait la consommation de 17,1 %. Elle ferait également plus que doubler les recettes fiscales de l'État par rapport à celles projetées pour 2018 avec les taux d'imposition actuels (Banque mondiale, 2018b). En Afrique du Sud, la vente des cigarettes a diminué d'un tiers tandis que les recettes de la taxation du tabac passaient de 1 milliard de rands en 1993 à 9 milliards en 2009. Ce résultat peut en grande partie être attribué à la politique de taxation agressive du tabac dans le pays, qui a augmenté les droits d'accises et la TVA sur le tabac, dont le total est passé de 32 % à 50 % du prix de détail (Fuchs, Del Carmen et Kechia Mukong, 2018).

Ces recettes supplémentaires peuvent financer des programmes liés à la santé ou des investissements dans le développement, comme dans les exemples suivants cités dans WHO (2017) :

- En *Côte d'Ivoire*, les produits d'une taxe supplémentaire sur le tabac sont affectés au programme de lutte contre le syndrome d'immunodéficience acquise (SIDA) et au

contrôle du tabagisme ; le produit d'une autre taxe supplémentaire sur le tabac est destiné aux sports.
- À *Maurice*, une partie des recettes de la taxe sur le tabac finance le traitement des problèmes de santé liés à la consommation de cigarettes.
- À *Madagascar*, une partie des recettes fiscales tirées de la cigarette est destinée à financer le Fonds national de promotion et de développement de la jeunesse, des sports et des loisirs.

Les taxes sur le tabac sont certes généralement régressives dans la mesure où les ménages à faible revenu consacrent au tabac une plus grande part de leur budget que les ménages riches. En même temps, bien que les fumeurs soient plus nombreux parmi les pauvres, les ménages plus pauvres sont également plus sensibles à la hausse du prix des cigarettes et sont donc plus susceptibles de réduire leur consommation à la suite d'une augmentation des taxes (Marquez et Farrington, 2013). En outre, lorsque les effets indirects (sur la santé) sont pris en compte, ce sont les pauvres qui profitent le plus des avantages pour la santé et économiques de l'arrêt du tabac à la suite d'une augmentation des taxes (Marquez et Moreno-Dodson, 2017). Les avantages potentiels à long terme de l'arrêt du tabac, sous la forme d'une diminution des dépenses de santé et d'un allongement de la durée de vie en bonne santé, peuvent compenser les taxes sur le tabac pour les groupes à faible revenu et la population en général, comme observé en Afrique du Sud (Fuchs, Del Carmen et Mukong, 2018).

---

grâce à des procédures fiscales simplifiées pour les petites et microentreprises, à l'éducation des contribuables, et à des programmes de sensibilisation en langue locale (Fjeldstad et Heggstad, 2012).

La technologie peut apporter une aide supplémentaire. Dans un environnement à faible revenu, disposant de ressources limitées pour soutenir l'administration fiscale, des méthodes de communication relativement peu coûteuses, telles que les textos, peuvent être efficaces. Au Rwanda, une combinaison de messages positifs soulignant l'importance des impôts pour le financement des biens publics et de messages personnalisés envoyés par textos aux contribuables a incité le public à payer ses impôts (Mascagni, Nell et Monkam, 2017). Ces méthodes et

d'autres incitations simples ont accru le respect des obligations fiscales d'environ 20 %.

Imposer les riches

Dans de nombreux pays africains, le nombre des riches augmente rapidement (McCluskey, 2016), tout comme le prix de l'immobilier, l'un des principaux actifs détenus par les riches. Et pourtant, de nombreux riches paient relativement peu d'impôts sur leurs avoirs, leurs revenus ou leurs entreprises. Au Ghana, les recettes de l'impôt sur le revenu auraient pu être supérieures de 22 % (soit 0,5 % du PIB) si toutes les personnes ayant rempli une déclaration de revenus en 2014 avaient acquitté la totalité de l'impôt exigible (Asiedu et al., 2017). Les personnes fortunées ont souvent d'importants investissements dans des terrains et des propriétés locaux, et sous-déclarent les revenus tirés de ces activités. Sur 71 hauts responsables de l'État ougandais possédant d'importants actifs commerciaux dans le pays (tels que des hôtels et des écoles), un seul avait payé l'impôt sur le revenu des personnes entre 2011 et 2016 (Kangave et al., 2016). Des structures de pouvoir enracinées et la corruption sont de puissantes entraves à la taxation des riches. Ceux ayant des actifs imposables ont généralement des relations dans le milieu politique, ce qui nuit à tout effort de réforme. En Ouganda, bon nombre des nantis possédant de considérables actifs étaient de hauts responsables de l'État.

Certaines pertes fiscales reflètent également les difficultés logistiques du contrôle de la dissimulation des revenus placés à l'étranger (Keen, 2012). Il est difficile de suivre et d'estimer le revenu et la richesse des riches. Les meilleures estimations suggèrent qu'au moins 30 % de la richesse financière de l'Afrique sont détenus à l'étranger (Zucman, 2014), plus que dans toutes les régions du monde autres que la Fédération de Russie et les États du Golfe (Moore et Prichard, 2017). Il pourrait être simple de taxer la richesse détenue à l'étranger si la coopération internationale était plus efficace.

Sur le plan intérieur, l'Ouganda et la Zambie ont, notamment, mis en place des unités spéciales centrées sur les gros contribuables pour accroître leurs recettes fiscales (Kangave et al., 2016 ; Ortiz, Cummins et Karunanethy, 2017). Prémunir les autorités fiscales contre toute ingérence politique (généralement des ministères des Finances) peut également aider à surmonter certains des obstacles politiques à une taxation plus efficace des riches. En 2014, il existait 17 autorités fiscales semi-autonomes (AFSA) en Afrique (Fjeldstad, 2014). En moyenne, les AFSA n'ont pas amélioré la collecte des recettes dans la région (Dom, 2017), mais certaines ont fait des progrès, comme au Malawi et en Afrique du Sud (Sarr, 2016), et dans une certaine mesure au Mozambique et au Rwanda. Au Rwanda, l'État a augmenté ses recettes fiscales d'environ 50 % (en part du PIB) entre 2001 et 2013, malgré la baisse des droits de douane. D'autres administrations fiscales n'ont fait que peu de progrès, comme en Sierra Leone, ou ont fait des progrès suivis d'une stagnation, comme en Zambie (Keen, 2012 ; Sarr, 2016). Par ailleurs, la mise en évidence d'une application équitable et crédible de l'obligation fiscale peut encourager les contribuables

à mieux s'y conformer. Ils se sentiraient rassurés par le fait que le recouvrement de l'impôt est effectué sans parti pris politique ni corruption.

L'obstacle empêchant de percevoir davantage d'impôts fonciers peut être en grande partie politique, mais certaines mesures techniques peuvent élargir l'assiette fiscale correspondante. Des expériences récentes menées en Sierra Leone suggèrent au moins trois possibilités d'amélioration (Jibao et Prichard, 2016) : a) des méthodes de valorisation simplifiées reposant principalement sur les caractéristiques observables des propriétés (au lieu de systèmes informatiques sophistiqués, souvent importés) ; b) un transfert de la responsabilité de la valorisation et de la perception de l'impôt sur la propriété, depuis les administrations fiscales centrales vers un personnel local, en fournissant à celui-ci une formation pratique et continue (au lieu de programmes de formation coûteux et ponctuels) ; et c) un partenariat à long terme au niveau local, soutenant en permanence les dirigeants politiques et les mettant sous pression lorsqu'ils sont inévitablement confrontés à une résistance politique.

Dans le même ordre d'idées, la concentration de la responsabilité de la collecte des impôts sur la propriété entre les mains de ceux ayant le plus intérêt à percevoir ces recettes peut donner d'excellents résultats. À Lagos, au Nigéria, l'administration locale a remanié la gouvernance et l'impôt sur la propriété depuis le début des années 2000, en identifiant les dirigeants de Lagos chargés de réaliser leurs « ambitions de mégapole », en partie pour attirer davantage d'investissements (Goodfellow et Owen, 2018).

Perte de recettes due aux multinationales et à la concurrence internationale

Une manipulation des prix de transfert par les sociétés multinationales

Indépendamment des politiques et des sources de recettes nationales, des recettes supplémentaires pourraient être obtenues des multinationales. Une grande partie de la facture fiscale des multinationales est intérieure (sous la forme de taxes, d'impôts sur les salaires, et de droits de douane). En manipulant les prix de transfert, les sociétés multinationales peuvent toutefois réduire leurs impôts sur les bénéfices. Il leur suffit de prétendre perdre de l'argent – ou ne générer que très peu de bénéfices – dans le pays où elles opèrent, tout en gagnant de l'argent (par l'intermédiaire d'une filiale) dans des juridictions pratiquant

ENCADRÉ 6.3   Trois récits illustrent les pertes d'impôt sur les sociétés encourues par les pays africains

Fraude fiscale perpétrée par une multinationale de Dubaï sur les exportations de fleurs du Kenya

En 2011, la *Kenya Revenue Authority* (KRA – la régie kenyane des recettes) a commencé à enquêter sur le secteur des fleurs en raison de soupçons de manipulation des prix commerciaux, fondés sur la différence entre les prix moyens d'exportation des fleurs à partir du Kenya et d'importation en Europe (3,70 dollars par kilo contre 8,08 dollars). Au Kenya, cet écart pourrait représenter 500 millions de dollars par an pour les exportations de fleurs (Christian Aid, 2014).

En 2012, la KRA a estimé que *Karuturi Global Ltd.*, une multinationale basée en Inde et premier producteur mondial de roses coupées, avait fraudé le fisc. Les propriétaires directs de *Karuturi Kenya* sont *Karuturi Overseas LLC*, Dubaï (une société de portefeuille) et *Flower Express FZE, Dubaï* (une société de commercialisation). Le *Dubai Flower Centre* fonctionne comme une zone franche, où aucun impôt n'est payé sur le revenu et les bénéfices, garantit la confidentialité aux propriétaires d'entreprise, et opère comme un environnement offshore. Le verdict de la KRA établissait que Karuturi avait manipulé les prix de transfert pour éviter de payer à l'État kenyan près de 11 millions de dollars d'impôt sur les sociétés.

Le paradis fiscal d'une entreprise de bière néerlandaise à Maurice

SABMiller, l'une des plus grandes entreprises brassicoles du monde, basée aux Pays-Bas, a privé les États africains d'un montant estimé à près de 20 millions de dollars par an en détournant ses bénéfices, sous la forme de « frais de gestion », vers des sociétés sœurs situées dans des paradis fiscaux et en passant ses marchés à travers une filiale basée à Maurice (ActionAid, 2010). Dans des pays tels que le Ghana, SABMiller ne paie aucun impôt. Elle y parvient parce que, même si elles ont été inventées localement, les marques des bières vendues dans les pays africains sont la propriété de SABMiller aux Pays-Bas. Les brasseries africaines versent donc à l'entreprise néerlandaise des redevances massives, sur lesquelles cette dernière ne paie que très peu d'impôts en raison de la réglementation fiscale en vigueur aux Pays-Bas.

Transfert de profits miniers de la Zambie vers la Suisse

L'entreprise minière de Mopani en Zambie, exploitant l'une des plus grandes mines exportatrices du monde, produit et vend du cuivre et du cobalt sur le marché international. *Glencore PLC* (une société multinationale d'extraction et de commercialisation de produits miniers basée en Suisse) en est le principal propriétaire à travers une série de sociétés de portefeuille situées dans des paradis fiscaux.

Commandé en 2011 par la *Zambian Revenue Authority* (ZRA – la régie zambienne des recettes), un audit pilote a mis le doigt sur une fraude fiscale systématique perpétrée par Mopani. Il accusait celle-ci de vendre du cuivre à Glencore en Suisse à des prix inférieurs à ceux du marché, et de transférer ainsi ses bénéfices de la Zambie vers la Suisse. Le rapport a également mis en évidence une augmentation artificielle des frais d'expédition, avec un doublement inexplicable des coûts d'exploitation de Mopani entre 2005 et 2007. La mine était déficitaire, et Mopani n'avait payé aucun impôt sur les sociétés, car elle l'avait achetée à l'État 10 ans auparavant.

Les calculs d'ActionAid basés sur les chiffres de l'audit suggèrent qu'il en coûte à l'État zambien une perte d'impôt sur les sociétés de 76 millions de livres sterling par an (plus que les 59 millions de livres sterling d'aide annuelle octroyée à la Zambie par l'État britannique). En outre, l'État zambien a également perdu sur le paiement des dividendes des 10 % d'actions qu'il détient dans la société.

Source : Christian Aid 2014.

le secret bancaire où elles n'ont, de fait, aucune activité de production ou de vente véritable et où une imposition remarquablement faible (ou nulle) est appliquée[14]. La vente de marchandises dont les prix sont manipulés pour minimiser l'impôt n'est pas illégale, mais il est généralement admis que les multinationales devraient s'abstenir de ce type de comportement.

Les faits montrent toutefois que les sociétés multinationales cèdent effectivement à cette tentation (encadré 6.3). Une étude récente utilisant des données confidentielles tirées de déclarations des revenus a révélé que les entreprises sud-africaines ayant des relations avec des paradis fiscaux où aucun impôt n'est appliqué aux sociétés déclarent des bénéfices inférieurs de 47 % et sont de 7 % plus susceptibles de déclarer des pertes que les entreprises dépourvues de ce type de connexions (Reynolds et Wier, 2016). Ces comportements sont environ deux fois plus fréquents que dans les pays à revenu élevé. Cette constatation confirme l'opinion généralement admise que les entreprises multinationales opérant dans des pays à revenu faible ou intermédiaire se montrent plus agressives dans leur planification fiscale.

Ailleurs qu'en Afrique du Sud, le manque de données ne permet pas de se faire une idée réelle des pertes de recettes fiscales encourues dans la région. Pour les pays à revenu faible ou intermédiaire, des estimations approximatives indiquent que les pertes de recettes dues à l'érosion de la base d'imposition et au transfert des bénéfices vont de 0,3 % à 2 % du PIB, avec de fortes variations d'un pays à l'autre (Crivelli, de Mooij et Keen, 2016 ; Forstater, 2018 ; Johannesen, Tørsløv et Wier, 2016 ; Johansson et al., 2017 ; UNCTAD, 2015). Des pays comme les Comores, la Guinée, la Namibie, le Tchad et la Zambie sont confrontés à des pertes de 3 à 7 % de leur PIB (Cobham et Janský, 2017).

Même si les recettes intérieures constituent l'essentiel de ce qu'un pays pourrait récupérer de ce manque à gagner, les recettes supplémentaires que pourrait générer une lutte plus efficace contre la manipulation des prix de transfert ne sont pas négligeables. L'appui à la réalisation des audits des prix de transfert en Zambie et en Tanzanie a permis de dégager des rendements de 10 pour 1 et de 100 pour 1 respectivement (Moore et Prichard, 2017). De même, un programme d'assistance technique aux audits des prix, mené conjointement par l'OCDE et le Forum africain sur l'administration fiscale (ATAF – *African Tax Administration Forum*) entre 2015 et 2017, a généré des recettes supplémentaires de plus de 120 millions de dollars. Les impôts sur les sociétés représentent 30 % des recettes fiscales totales en Afrique, soit près de trois fois la moyenne mondiale de 12 % (UNCTAD, 2015). Certains pays africains dépendent presque entièrement de l'imposition des entreprises. En Tanzanie, par exemple, 70 % de l'ensemble des impôts sont perçus auprès des 450 plus grandes entreprises opérant dans le pays.

Un « nivellement par le bas » dû à la concurrence entre États

Un autre écart fiscal important dans les pays africains concerne les incitations fiscales conçues pour attirer les investisseurs étrangers et freiner le transfert des bénéfices. Les mesures de ce type sont de plus en plus répandues malgré les preuves limitées de leur efficacité (OECD, 2014 ; Van Parys et James, 2010). La part des pays offrant des exonérations fiscales temporaires en Afrique (pouvant aller de 5 à 15 ans) est passée de 10 % en 1980 à 80 % en 2005 (Keen et Mansour, 2010). De même, 17 pays disposaient de zones franches en 2005 contre un en 1980. Selon une étude, la valeur des exonérations d'impôts dans six pays africains représente en moyenne un tiers du total des impôts perçus (Moore et Prichard, 2017).

Le transfert des bénéfices des multinationales accentue un « nivellement par le bas » néfaste de la fiscalité des entreprises entre les États, entraînant une baisse des recettes fiscales. Tel a été le cas dans la plupart des régions de l'Afrique (figure 6.10). Ce nivellement par le bas est un phénomène mondial, mais il touche surtout l'Afrique, étant donné sa plus forte dépendance à ces types d'impôts.

Un agenda pour les recettes tirées de l'impôt sur les entreprises en Afrique

En tenant compte de tout – planification fiscale agressive par les multinationales, importante dépendance à l'égard de l'impôt sur les sociétés, taux d'imposition des sociétés de plus en plus bas, plus forte exposition à l'activité multinationale, et complexité accrue des activités des sociétés multinationales –, l'avenir s'annonce catastrophique pour les recettes issues de l'impôt sur les entreprises en Afrique.

Une réforme fondamentale du système peut être nécessaire pour s'attaquer aux prix de transfert. Une proposition commune consiste à employer une « formule de répartition » utilisant une clé de distribution simple pour partager les bénéfices entre les pays. Par exemple, si une multinationale réalise 10 % de ses ventes et a 10 % de ses employés en Afrique du Sud, alors 10 % de ses bénéfices seront alloués à l'Afrique du Sud. Ce type de système devrait accroître les impôts payés sur les sociétés en Afrique tout en garantissant une simplicité durable du système (Cobham et Loretz, 2014).

Une autre tendance croissante consiste à consacrer plus de ressources à la lutte contre la manipulation des prix de transfert. En 2000, seuls deux pays, l'Afrique du Sud et la Zambie, disposaient de lois et réglementations sur les prix de transfert. En 2014, ce nombre est passé à 14. De nombreux pays africains à faible revenu disposent toutefois de peu de connaissances, de personnel (juristes et comptables) et de ressources pour accuser les comptes des multinationales de manipulation des prix de transfert. La capacité

FIGURE 6.10   **Baisse des taux d'imposition des sociétés en Afrique**

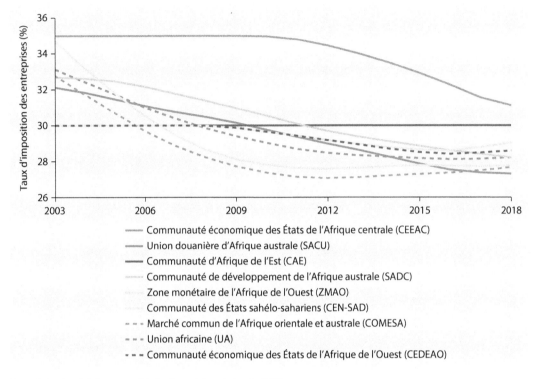

Source : Estimations de la Banque mondiale fondées sur la base de données KPMG.

d'audit, de mise en application et de règlement des litiges doit encore être renforcée.

Le déplacement des bénéfices à l'aide de manipulations abusives des prix de transfert étant pratiqué par des multinationales, un certain nombre de mesures doivent être prises au niveau mondial pour renforcer la transparence au sein de ces entreprises et réformer les règles actuellement applicables à leur imposition, notamment :

- *Un système mondial efficace d'échange automatique d'information* entre les administrations fiscales, tel que le Forum mondial sur la transparence et l'échange de renseignements à des fins fiscales[15] ;
- *La divulgation publique des propriétaires bénéficiaires* des sociétés, fondations et fiducies ;
- *Amélioration de la transparence des pratiques fiscales des sociétés multinationales* à l'aide de rapports fiscaux agrégés au niveau mondial et de déclarations publiques pays par pays ; et
- *Entière participation des pays africains* au projet de l'OCDE en cours sur l'érosion de la base d'imposition et le transfert de bénéfices

(BEPS), visant à réformer les règles d'imposition des entreprises multinationales[16].

Enfin, au lieu de diminuer leurs taux d'imposition des sociétés pour limiter le transfert de bénéfices, les pays pourraient se concentrer sur la réduction d'autres contraintes qui inquiètent davantage les investisseurs que les niveaux d'imposition. Ces mesures comprennent le temps requis pour créer une entreprise, pour enregistrer un titre de propriété, ainsi que l'amélioration de la qualité de l'infrastructure (Fjeldstad, 2014 ; Moore et Prichard, 2017). S'il est mal exécuté, un programme d'audits visant les éventuelles manipulations des prix de transfert peut également accroître l'imprévisibilité du régime fiscal.

Exploitation du revenu minier

Dans certains pays, les recettes générées par les industries extractives constituent une cause importante de perte de recettes. En tant que source majeure de recettes publiques, les ressources naturelles restent essentielles, malgré les récents ralentissements, compte tenu des perspectives de nouvelles découvertes de ressources minérales et de l'éventualité d'un rebond des prix des produits de base (Roe et Dodd, 2017). En même temps, il est désormais admis que les recettes publiques issues des industries extractives sont nettement trop faibles.

Le taux d'imposition réel dans le secteur minier est généralement compris entre 45 et 65 % de la valeur des exportations (FMI, 2012). En 2010-2011, le Ghana, la Sierra Leone et la Zambie n'ont perçu que 2 à 12 % de la valeur de leurs exportations de minéraux à travers l'imposition des ressources naturelles et les redevances (Christian Aid, 2014). La commercialisation de concessions de mines de cuivre et de cobalt en République démocratique du Congo a perdu, au bas mot, 1,36 milliard de dollars en 2010-2012, alors que le budget national de la santé et de l'éducation n'est que de 698 millions de dollars (APP, 2013).

L'échec des pays africains à tirer des recettes du secteur extractif s'explique par une série de facteurs, comprenant des avantages fiscaux exagérément généreux, l'évasion fiscale, la faiblesse des administrations fiscales, et la corruption des élites. Dans certains cas, les États accordent de généreux allègements fiscaux aux entreprises extractives, en oubliant leurs propres codes des recettes, et n'ont ni la capacité, ni la volonté de suivre correctement ce que les industries devraient payer. Voir, par exemple, l'exposé du cas du Libéria dans SDI (2014).

Les entreprises publiques africaines du secteur extractif manquent également de transparence, et le problème est aggravé par le « déficit mondial de gouvernance » de certaines sociétés extractives internationales, qui sont des investisseurs majeurs en Afrique (APP, 2013). Le prélèvement approprié de redevances et d'impôts sur les sociétés auprès d'entreprises privées a récemment aidé des pays comme le Ghana et la Zambie à augmenter leurs recettes[17].

De plus, les pouvoirs publics doivent en faire plus pour veiller à ce que les recettes tirées des ressources naturelles ne soient pas gaspillées. Cela ne nécessite pas toujours des impôts plus nombreux et plus élevés, mais plutôt davantage de transparence et de divulgation. L'Initiative pour la transparence dans les industries extractives (ITIE) permet aux citoyens de suivre la façon dont leurs ressources naturelles sont gérées et combien de recettes elles génèrent (par exemple, le montant des redevances et des impôts payés à l'État). L'ITIE insiste sur le principe « publiez ce que vous payez ». C'est pourquoi de l'information doit être publiée sur chaque élément de la chaîne, notamment les licences, les contrats, la production, les impôts, et les redevances payées, ainsi que sur la manière dont les recettes sont versées au trésor.

L'appui d'une coalition regroupant les pouvoirs publics, des entreprises et la société civile est également crucial pour la mise en œuvre efficace de l'ITIE. La transparence ne peut engendrer la redevabilité que si le public comprend ce que signifient les chiffres et s'il existe un débat public sur la façon de gérer la richesse en ressources du pays. Par conséquent, la norme de l'ITIE requiert que les rapports soient régulièrement publiés, soient compréhensibles, favorisent le débat public et y contribuent activement.

Plusieurs pays africains se conforment à l'ITIE, notamment le Ghana, le Mali et le Nigéria, mais pas d'autres, tels que l'Afrique du Sud, l'Angola, le Botswana, la Namibie et le Zimbabwe. Les objectifs institutionnels de l'ITIE semblent atteints, mais certains objectifs opérationnels ne le sont pas, notamment, l'habilitation relativement faible du public à demander des comptes aux pouvoirs publics et aux entreprises (Rustad, Le Billon et Lujalac, 2017).

Cette étude montre que les politiques fiscales en vigueur sont importantes pour l'effet sur les recettes publiques induit par l'augmentation de l'investissement direct étranger (IDE) due à l'ITIE. Elle constate également que la cause principale de la faiblesse des recettes tirées des ressources naturelles peut être moins la corruption que des conditions contractuelles défavorables en matière d'imposition.

Mieux dépenser en faveur des pauvres

L'agenda budgétaire de réduction de la pauvreté en Afrique ne consiste pas uniquement à augmenter les recettes et les dépenses. Il requiert également d'améliorer l'efficacité et l'équité de ces dépenses pour avoir plus d'impact sur les ménages pauvres et vulnérables. En d'autres termes, il ne suffit pas d'obtenir plus pour chaque dollar dépensé, mais de dépenser davantage dans les secteurs et sous-secteurs ainsi qu'aux endroits où la vie des pauvres peut le plus efficacement être améliorée avec le budget imparti[18].

Dépense exagérée dans les subventions

Les subventions à la consommation sont un moyen de « rembourser » aux consommateurs une partie de leurs impôts. Elles sont presque toujours régressives : ceux ayant des actifs ou utilisant des services susceptibles d'être subventionnés sont généralement plus à l'aise que les segments plus pauvres qui paient souvent des impôts indirects finançant les subventions. Par exemple, dans la région, les 20 % les plus pauvres reçoivent moins de 15 % des subventions totales du kérosène – le type de combustible le plus utilisé par les pauvres. Dans le cas du gaz de pétrole liquéfié et de l'essence, seuls 3 % de la valeur de la subvention vont aux 20 % inférieurs, qui consomment très peu de ces carburants. Dans les pays africains, pour chaque dollar de subvention non ciblée de l'essence attribué aux 40 % les plus pauvres, une moyenne de 23 dollars vont aux 60 % des ménages plus riches (Coady, Flamini et Sears, 2015). En 2012, deux tiers de la pauvreté mondiale (définie sur la base de 2,50 dollars par jour) auraient été couverts par la redistribution aux pauvres des subventions nationales des combustibles fossiles (Sumner, 2016).

Les subventions sont donc un moyen très inefficace d'accroître la consommation des ménages les plus pauvres (encadré 6.4). Remplacer les subventions à l'énergie par un revenu minimum garanti (encadré 6.4) pourrait à la fois économiser de l'argent et avoir des avantages pour la santé et l'environnement (Coady et al., 2017 ; FMI, 2017).

Dans l'agriculture, les subventions aux intrants agricoles ont été pratiquement supprimées dans les années 1990, au cours d'une période d'ajustement structurel en Afrique, mais elles ont fait un retour en force, en partie à cause du soutien dont bénéficient encore les subventions parmi les dirigeants africains et en partie en raison des incertitudes relatives à l'approvisionnement alimentaire durant la période d'instabilité des prix mondiaux des denrées alimentaires et des engrais en 2007-2008. Dix États africains dépensent environ 1,2 milliard de dollars par an rien qu'en subventions d'intrants, principalement des engrais (Goyal et Nash, 2017). En principe, les subventions aux intrants agricoles pourraient faire reculer la pauvreté en mettant des intrants essentiels à la disposition d'une large population d'agriculteurs pauvres, en vue d'accroître leur productivité[19], de renforcer ainsi la sécurité alimentaire des ménages et du pays et d'augmenter

les revenus ruraux. Mais les subventions aux intrants agricoles y sont-elles parvenues ?

Le corpus de recherches existant ne montre qu'un modeste impact des programmes de subvention aux engrais sur les rendements et la production globale, ce qui, à son tour, atténue la contribution des programmes de subvention à la réduction tant des prix de détail des denrées alimentaires que de la pauvreté. En ce qui concerne l'impact des programmes de subventions aux intrants agricoles sur la pauvreté, voir Ricker-Gilbert (2016) pour le Malawi ; Mason et Smale (2013) et Mason et Tembo (2015) pour la Zambie ; ainsi que Jayne et al. (2016) pour l'Afrique en général.

Le manque d'impact des subventions aux intrants sur la productivité et la pauvreté est amplifié par la faible dépense des pays africains dans l'agriculture. Les programmes de subventions aux intrants agricoles ont évincé d'autres investissements publics complémentaires, qui se sont avérés plus efficaces pour la croissance de la productivité agricole (encadré 6.4), comme expliqué dans le chapitre 3. Au Malawi et en Zambie, deux des pays de la région dépensant le plus dans l'agriculture, les allocations budgétaires affectées aux engrais et aux semences en 2014 ont dépassé 40 % du budget total du ministère de l'Agriculture (Goyal et Nash, 2017).

La suppression des subventions et le transfert de ces dépenses vers des biens et services publics pourraient améliorer l'efficacité et éventuellement, l'équité. Une telle réforme engendre des gagnants et des perdants, et exerce donc des pressions politiques sur les pouvoirs publics. Les intérêts établis et les pressions populistes existent dans tous les pays. Les dirigeants des transports, les sociétés minières et les entreprises politiquement reliées souhaiteront, par exemple, maintenir les subventions à l'énergie, pour maintenir le traitement préférentiel de leurs entreprises ou pour créer des barrières à l'entrée pour de nouveaux arrivants.

L'économie politique des subventions agricoles n'est pas moins réelle. Plus il y a de subventions plus l'influence politique est concentrée (figure 6.11). Certains pays ont néanmoins réussi à supprimer les subventions (Inchauste et Victor, 2017). Pour entreprendre des politiques de réforme, il peut être nécessaire de commencer par dédommager les groupes touchés pour prévenir leur opposition (par exemple, en République dominicaine, les transporteurs et les classes moyennes lors de la suppression des subventions

ENCADRÉ 6.4   Les subventions aux intrants agricoles sont moins efficaces que d'autres politiques de réduction de la pauvreté

L'Institut CEQ a développé des indicateurs d'impact et d'efficacité des dépenses pour faciliter les comparaisons entre les dépenses publiques et leurs impacts sur des indicateurs sociaux tels que l'écart de pauvreté ou les inégalités (Enami, 2018). L'indicateur d'efficacité de l'impact exprime à quel point un programme est près d'atteindre son impact maximal potentiel (compte tenu de l'ampleur des dépenses consacrées au programme). Par exemple, un

FIGURE B6.4.1   L'impact sur la pauvreté des transferts directs est supérieur à celui des subventions

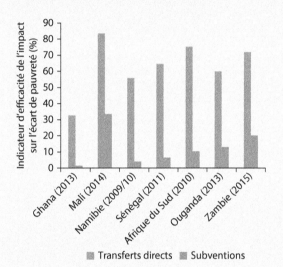

Source : de la Fuente, Jellema, et Lustig, 2018.
Note : L'indicateur d'efficacité de l'impact sur l'écart de pauvreté est (essentiellement) la réduction réelle de l'écart de pauvreté réalisée par le poste en question (au numérateur) par rapport à la réduction maximale de l'écart de pauvreté pouvant théoriquement être obtenue par le même instrument avec le même niveau de dépenses (au dénominateur). En d'autres termes, au Mali par exemple, les transferts directs réalisent plus de 80 % de leur réduction maximale théorique de l'écart de pauvreté, tandis qu'au Ghana, ils n'en réalisent qu'un peu plus de 30 %. L'année entre parenthèses figurant après chaque pays indique l'année des données.

programme offrant aux 10 % de ménages les plus pauvres un transfert égal à 10 % du revenu médian par habitant aura un impact plus important sur la réduction de l'écart de pauvreté qu'un programme fournissant un transfert de même taille aux 5 % de ménages les plus pauvres et aux 5 % de ménages les plus riches. L'indicateur d'efficacité de l'impact accorderait au premier programme un score plus élevé qu'au second.

Les dépenses dans les subventions sont un moyen particulièrement coûteux de protéger les ménages pauvres. Lorsqu'elles sont ciblées, les dépenses dans les transferts directs (filet de sécurité sociale) réalisent 50 % ou plus de leur potentiel maximal de réduction de l'écart de pauvreté, alors que les subventions n'en réalisent souvent que moins de 10 % (figure B6.4.1). En d'autres termes, les deux instruments peuvent réduire la pauvreté, mais les subventions sont nettement moins efficaces et donc plus coûteuses (de la Fuente, Jellema et Lustig, 2018).

L'analyse avantages-coûts est un autre outil utile pour comparer plusieurs propositions concurrentes. Un investissement dont les avantages dépassent les coûts devrait être entrepris, et par conséquent, parmi les propositions concurrentes, celle présentant le rapport avantages-coûts le plus élevé doit être privilégiée.

Pour les programmes de subventions, les estimations coûts-avantages signalent, au mieux, des rendements modestes. Au Kenya, au Malawi et en Zambie, le ratio avantages-coûts estimé pour les engrais subventionnés entre 2005 et 2010 était généralement inférieur à 1, indiquant des coûts supérieurs aux avantages (Goyal et Nash, 2017). Au Malawi, le rapport national avantages-coûts a été estimé à 2,48 pour les semences améliorées (Lunduka et Ricker-Gilbert, 2016), tandis que le coût des engrais subventionnés dépassait de loin les avantages pour les agriculteurs, avec un ratio avantages/coûts de 0,42. Par contre, les dépenses dans des biens publics tels que la recherche et le développement agronomique, l'amélioration de la connectivité des zones rurales, les systèmes de vulgarisation modernes et intelligents, et l'irrigation sont associées à des rendements élevés (Dabalen et al., 2017 ; Fuglie et Rada, 2013).

aux carburants et à l'électricité). De tels dédommagements peuvent ne pas être rentables, mais ne pas les accorder peut empêcher la réforme.

Deuxièmement, pour que le processus puisse se poursuivre, les consommateurs doivent voir ce qu'ils obtiennent en échange d'une hausse des prix. Une solide communication sur la nécessité de libéraliser les prix et la confiance à avoir dans l'aptitude des pouvoirs publics à gérer des

intérêts concurrents est importante pour soutenir les hausses de prix.

Lorsque et si les subventions sont réduites, cette diminution doit être accompagnée d'une extension des systèmes de protection sociale. Il est avéré que la redistribution augmente considérablement les chances de réussite des réformes. Au Moyen-Orient et en Afrique du Nord, toutes les réformes combinées avec des transferts

FIGURE 6.11 **Une plus grande concentration de l'influence politique peut entraîner davantage de subventions**

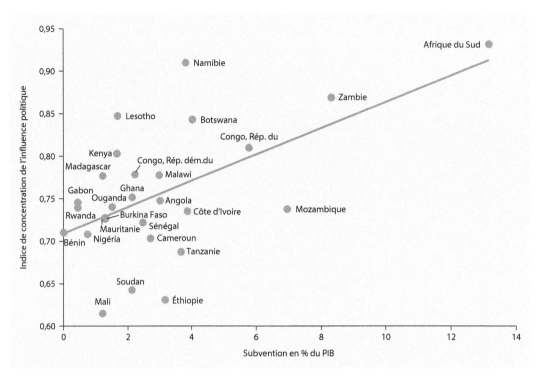

Source : Bolch, Ceriani, et López-Calva, 2017.
Note : L'indice de concentration de l'influence politique est exprimé par le nombre d'individus situés au bas de la distribution des revenus (les gagnants potentiels des politiques plus redistributives, en commençant par les plus pauvres) qui devraient s'unir pour vaincre l'opposition venant du sommet de la distribution des revenus compte tenu de la richesse détenue à ce niveau.

monétaires et en nature ont été jugées réussies, contre seulement 17 % de celles dépourvues de tels transferts (Sdralevich et al., 2014).

Des recettes publiques plus importantes n'entraînent toutefois pas automatiquement une augmentation des montants alloués aux programmes de filet de sécurité, parce que les ministères des finances sont soumis à de nombreuses demandes concurrentes de réaffectation des économies réalisées. Dans le cadre des réformes des subventions, des efforts concertés de la société civile ou des bailleurs de fonds extérieurs sont essentiels pour veiller à ce que les filets de sécurité soient financés de manière adéquate. Au cours des dernières années, le Fonds monétaire international (FMI) a suggéré d'introduire ou d'élargir des programmes de protection sociale pour indemniser les ménages vulnérables en cas de réformes des subventions aux prix (Feltenstein, 2017). Il est également utile que les politiciens affectent une partie de ces économies à des engagements crédibles pour mener la réforme comme prévu.

Comment l'inefficacité des subventions aux engrais entrave-t-elle l'agenda en faveur des pauvres ?

Pourquoi les programmes de subvention aux engrais sont-ils rarement efficaces en Afrique ? Les raisons de leur succès limité malgré leurs coûts élevés sont relativement bien comprises et reflètent des échecs techniques, commerciaux et politiques.

Causes de l'inefficacité des subventions
Pour commencer, l'utilisation d'engrais n'est pas rentable toujours et partout. L'application d'azote sur des sols déficients en carbone (ayant une faible teneur en matières organiques) s'est révélée inefficace et économiquement non rentable (Marenya et Barrett, 2009). Une étude menée en Zambie a mis en évidence la faible amélioration du rendement du maïs à la suite de l'application d'amendements basiques sur des sols très acides (présents dans la plupart des exploitations du pays) (Burke, Jayne et Black, 2012).

D'autres raisons techniques expliquent pourquoi les engrais peuvent ne pas réaliser tout leur potentiel : l'épandage tardif des engrais, un désherbage inadéquat, et une utilisation limitée de la rotation des cultures et des cultures intercalaires. Pour utiliser ces engrais, les petits exploitants ont besoin d'intrants complémentaires, tels que des terres, de la main-d'œuvre, un certain degré de fertilité du sol et de compétences de gestion. Ces intrants complémentaires font souvent défaut aux petits exploitants plus pauvres.

Des carences administratives dans la mise en œuvre du programme aggravent la faiblesse des rendements. Au Malawi, par exemple, une mauvaise formule de répartition des tonnages (trop petites quantités fournies à de nombreux prestataires) augmente les coûts d'achat moyens, et un mécanisme inefficace de distribution des engrais a alourdi les coûts logistiques, déjà compromis ces dernières années par la dépréciation du kwacha malawien.

La corruption et l'accaparement par les élites sont également de fréquents facteurs politiques engendrant de l'inefficacité. L'accaparement par les élites – où les personnes dotées de relations et de ressources obtiennent une part disproportionnée des avantages – existe parfois dans les systèmes communautaires de ciblage utilisés par beaucoup de ces programmes[20]. Le détournement (mesuré par la différence entre ce qui est censé être attribué à la population ciblée et ce qu'elle reçoit effectivement) est estimé à environ 38 % en Zambie (Mason et Jayne, 2013). Les engrais détournés finissent principalement sur les marchés commerciaux. Les groupes ciblés par ces transferts étant les petits agriculteurs, ce niveau de corruption a un impact énorme sur la dépense totale en faveur des pauvres.

Il est communément admis que la diminution des subventions en nature est politiquement préjudiciable, avec pour inconvénient la conviction que l'instauration ou l'accroissement de ces subventions est politiquement bénéfique. Des données issues du Malawi suggèrent que le Programme de subvention aux intrants agricoles a considérablement renforcé le soutien à Bingu wa Mutharika et à son Parti démocrate progressiste (DPP) lors des élections de 2009 (Dionne et Horowitz, 2016). En Zambie, la quantité d'engrais subventionnés reçue par chaque circonscription y a augmenté l'avance électorale du parti au pouvoir dans des proportions similaires (Jayne et al., 2016). Au cours de la dernière élection présidentielle, au Ghana et au Kenya, les programmes de ce type ont toutefois semblé profiter de manière disproportionnée à des zones comptant davantage de partisans de l'opposition (Jayne et al., 2016).

Lorsqu'ils sont conçus pour cibler la productivité, ces programmes peuvent finir par exclure les agriculteurs pauvres. Au Malawi et en Tanzanie, les chefs de village ciblent les ménages ayant obtenu des rendements plus élevés avec les intrants agricoles, ce qui rend la distribution plus efficace du point de vue de la productivité, mais moins favorable aux pauvres (Basurto, Dupas et Robinson, 2017 ; Giné et al., 2017).

Des rapports signalent fréquemment que les pouvoirs publics et les entreprises importatrices d'engrais peuvent s'entendre pour surfacturer la livraison d'engrais aux points d'approvisionnement désignés. Le différentiel entre le prix de détail des engrais et leur prix sur le marché mondial (l'écart entre les prix de détail et à l'importation des engrais) est négativement corrélé avec les mesures de l'efficacité des pouvoirs publics (Shimeles, Gurara et Birhanu Tessema, 2015). Les prix de détail moyens de l'urée (le produit fertilisant le plus fréquent) au Malawi, en Tanzanie et en Zambie révèlent un écart substantiel par rapport au prix franco à bord (encadré 6.5).

Réformes visant à accroître l'efficacité des subventions

Compte tenu des politiques de subvention aux intrants agricoles et des objectifs louables de productivité agricole et de sécurité alimentaire, on peut supposer que les pouvoirs publics africains continueront de mener des programmes de subvention aux intrants pendant encore un certain temps. Ceux-ci peuvent toutefois être rendus plus efficaces grâce à un certain nombre de mesures. Certaines consistent simplement à poursuivre les actions en cours dans les pays, tandis que d'autres impliquent des changements plus importants nécessitant des tests pilotes avant d'être mis en œuvre.

En ce qui concerne les facteurs de marché, le secteur public doit commencer par rendre l'utilisation des engrais plus rentable pour les agriculteurs et ainsi augmenter la demande commerciale effective. Cela impliquerait de déterminer comment rationaliser les coûts et réduire les risques dans les chaînes d'approvisionnement des engrais, afin de réduire les prix à la ferme (comme abordé, par exemple, dans Jayne, Wanzala et Demeke [2003]). Limiter les pratiques anticoncurrentielles des fournisseurs d'engrais mondiaux et régionaux, qui maintiennent les prix élevés, constitue une autre priorité (encadré 6.5). Ces prix nuisent à la production agricole et expliquent en partie ceux des denrées alimentaires dans les villes africaines.

ENCADRÉ 6.5   Les marchés des engrais ne sont souvent pas concurrentiels

Dans plus de la moitié des pays africains, un fournisseur d'engrais unique détient plus de 50 % du marché. L'industrie des engrais est propice à la formation de cartels parce que les principaux intrants miniers – le potassium et le phosphore – ne proviennent que de quelques pays et ne sont fournis que par quelques entreprises (Groupe de la Banque mondiale et ACF, 2016).

Dans les pays de l'Afrique australe et orientale, seules quelques grandes entreprises, dirigées par Yara, dominent l'approvisionnement en engrais dans la région. Des accords de collusion explicites entre ces fournisseurs et des niveaux de concentration plus élevés font monter les prix des engrais. À leur tour, ceux-ci contribuent à rendre les engrais non rentables (Harou et al., 2017) et maintiennent élevés les prix des denrées alimentaires. Près de 50 % de la hausse des prix des produits alimentaires au cours de la crise de 2007-2008 étaient dus au surcoût des engrais sur les marchés, causé par les cartels des engrais (Gnutzmann et Spiewanowski, 2016).

L'impact potentiel des cartels des engrais a été détecté au Malawi, en Tanzanie et en Zambie (les trois plus gros consommateurs d'engrais de la région), où les coûts des engrais dépassent considérablement les prix mondiaux. Bien que les prix mondiaux (franco à bord dans les États arabes du Golfe) aient commencé à chuter en novembre 2011, ils n'ont diminué que plus tard dans ces pays africains (figure B6.5.1).

Du point de vue technique, les subventions aux engrais ont évincé d'autres investissements publics reconnus comme

plus rentables. Il serait intéressant d'envisager une diminution des programmes de subvention pour pouvoir réaffecter davantage de ressources à d'autres interventions agricoles. Les investissements dans l'irrigation et les semences améliorées en vue d'accroître les rendements se sont avérés plus rentables que les subventions visant à améliorer la productivité des cultures des petits exploitants, et ils pourraient augmenter l'efficacité de l'utilisation des engrais. Des programmes de formation et d'éducation des agriculteurs destinés à promouvoir une meilleure gestion et des pratiques d'amélioration de la fertilité des sols pourraient également accroître l'efficacité de l'utilisation des engrais.

En Zambie, par exemple, la Commission de la concurrence et de la protection des consommateurs a découvert un accord de collusion entre deux entreprises avant 2013. Les prix n'ont commencé à baisser qu'en 2014 et 2015, après l'arrivée d'une nouvelle entreprise sur le marché et l'introduction de modifications dans les processus de passation des marchés, qui sapaient jusque-là l'aptitude des nouveaux entrants à faire offre pour le programme public d'aide aux agriculteurs. La lutte contre la collusion en Zambie a déjà permis d'économiser 21 millions de dollars par an. La suppression des restrictions réglementaires empêchant l'entrée sur le marché, la concurrence dans la passation des marchés publics, la connaissance du marché pour détecter les problèmes de concurrence, et la lutte antitrust mondiale dans l'industrie des engrais sont essentielles pour contrer les cartels d'exportation.

FIGURE B6.5.1   **L'écart est important entre les prix de l'urée en Afrique et dans le monde**

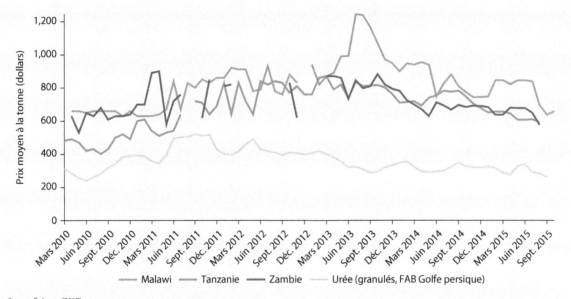

Source : Roberts (2017).
Note : FAB = franco à bord.

Pour être efficaces, les institutions régionales doivent discipliner le pouvoir de marché. Les cartels actifs dans plusieurs pays ne sont pas nécessairement évidents pour chacun des États concernés. Par exemple, des accords de partage du marché pour les ventes dans un groupe de pays n'apparaîtront clairement que si des données sur les stratégies de vente et de commercialisation sont obtenues pour l'ensemble des pays.

Une autre façon de réduire les coûts consiste à accroître la participation du secteur privé dans la vente au détail des engrais. Le transfert du secteur public au secteur privé d'une partie du fardeau administratif de la mise en œuvre de ces programmes (telle que le stockage, l'ensachage, le transport intérieur et la distribution au détail) peut permettre d'importantes économies de coût. La participation du secteur privé peut être encouragée en fournissant des bons flexibles pour des intrants, utilisables dans tous les magasins de vente au détail privés. Par exemple, un programme de bons flexibles pour des intrants pourrait permettre aux bénéficiaires d'utiliser leurs subventions pour obtenir la combinaison d'intrants répondant le mieux à leurs besoins plutôt qu'un ensemble d'intrants prédéfini (Ricker-Gilbert, 2016). Une variante serait un bon électronique, tel que ceux existant déjà au Nigéria ou récemment testés à titre pilote au Malawi et en Zambie. L'utilisation d'un bon électronique flexible pour les intrants agricoles pourrait aider à garantir la redevabilité et un remboursement rapide des produits par l'État aux détaillants du secteur privé.

Les pouvoirs publics doivent également s'attaquer au problème du détournement des engrais des programmes de subvention par les autorités. De nombreux programmes africains de subvention semblent souffrir d'une sous-déclaration ou dissimulation de leurs coûts. Certains États ne publient pas les coûts budgétaires de leurs programmes de subventions agricoles. D'autres publient les coûts budgétés, mais pas les dépenses réelles, qui peuvent s'avérer nettement plus élevées dans certains cas.

La transparence et la réduction de l'accaparement par les élites dépendront de manière critique de la façon dont les bénéficiaires sont sélectionnés. Le ciblage de ceux-ci à l'aide de différents moyens pose de sérieux problèmes dans les programmes de subvention aux engrais (Ricker-Gilbert, 2016). Par exemple, lorsque les comités de village chargés des bons ont sélectionné les bénéficiaires en Tanzanie, la distribution de ces bons n'a pas été meilleure (voire pire à certains égards) que celle qui aurait été obtenue par une attribution uniforme ou aléatoire des bons, malgré les efforts et les coûts substantiels consentis par rapport au ciblage aléatoire (Pan et Christiaensen, 2012).

Le programme de subventions aux intrants du Ghana est passé en 2010 d'un programme de bons ciblés, similaire au FISP (*Farm Input Subsidy Program*) du Malawi, à un programme de subvention universelle aux intrants. Dans le cadre de l'actuel « système de bordereau » (*way-bill system*) du Ghana, tout petit exploitant s'enregistrant auprès d'un fournisseur privé d'intrants a droit à une subvention pour des engrais et semences. Ce système déplace la charge administrative du programme des pouvoirs publics vers le secteur privé. Le rôle des pouvoirs publics dans le programme de subvention du Ghana consiste uniquement à approuver le transfert et à rembourser le secteur privé (Resnick et Mather, 2016). Même s'il subsiste des problèmes de corruption dans le système de bordereau, les coûts administratifs d'un programme de subvention universelle peuvent être inférieurs à ceux d'un programme ciblé, dans la mesure où les coûts de l'identification des bénéficiaires « éligibles » sont éliminés. En même temps, les ménages non pauvres en bénéficient.

En ce qui concerne la forme, il y a de bonnes raisons d'utiliser dans l'agriculture des subventions en nature plutôt qu'en espèces, que l'allocation soit basée sur des bons électroniques ou papier. Dans certains pays, dont les marchés des intrants ne sont pas encore bien développés, un système de bons papier (ou de bons électroniques) pourrait chaque année assurer une demande prévisible aux fournisseurs privés d'intrants. En théorie, les gains de bien-être des populations rurales pauvres du Malawi seraient plus importants si la subvention était distribuée en espèces plutôt qu'en nature (Dabalen et al., 2017). Une autre approche consiste à combiner des programmes d'engrais avec des transferts monétaires pour exploiter les complémentarités potentielles, comme au Malawi (Pace et al., 2018).

Dynamiser les dépenses favorables aux pauvres au sein des secteurs

L'augmentation des dépenses publiques dans des secteurs critiques pour les pauvres (tels que l'agriculture, WASH, l'éducation, la santé et les systèmes de filet de sécurité) fait certainement partie de la solution. En même temps, l'impact des dépenses courantes sur les pauvres doit être renforcé. Les performances des dépenses dans ces secteurs sont insuffisantes pour les pauvres dans deux domaines : l'allocation au sein des secteurs et la productivité des dépenses.

Dépenses au sein des secteurs

Les dépenses au sein des secteurs ne sont pas neutres en ce qui concerne la répartition entre les pauvres et les non pauvres. Dans l'agriculture, le chapitre 3 a souligné l'importance de la productivité des cultures de base, ainsi que le rôle important que la dépense publique dans les biens publics (dans l'agriculture et les infrastructures rurales) peut encore jouer pour l'accroître.

Dans l'éducation, les inégalités sont courantes dans les dépenses du secteur public en Afrique et impliquent que les enfants des ménages plus riches bénéficient davantage des ressources publiques allouées à l'éducation. Deux facteurs y contribuent : premièrement, les enfants des ménages pauvres sont moins susceptibles de fréquenter des établissements post-primaires où les dépenses par élève sont plus élevées (Darvas et al., 2017). Deuxièmement, dans chacun des niveaux scolaires, davantage de ressources publiques vont aux écoles des zones plus riches, souvent urbaines (Bashir et al., 2018). Cela est dû, dans certains cas, à des déséquilibres horizontaux de financement résultant de la décentralisation de la prestation des services. Ils reflètent, en partie, le fait que les salaires des enseignants constituent de loin la plus importante catégorie de dépenses publiques dans l'enseignement. La répartition des enseignants, en particulier ceux formés et expérimentés, favorise les écoles urbaines, laissant les ratios élèves/enseignant plus élevés aux écoles rurales. En outre, les écoles publiques urbaines disposent de meilleures infrastructures et d'un meilleur matériel didactique.

Dans la santé, les dépenses publiques sont biaisées en faveur des services tertiaires. En République démocratique du Congo, 87 % des dépenses de santé de l'État sont consacrées aux hôpitaux, utilisés de manière disproportionnée par les populations aisées (Barroy et al., 2014). Les dépenses sont inéquitables à la fois dans le personnel et les autres coûts. En République démocratique du Congo, le modeste budget de fonctionnement va presque entièrement aux hôpitaux. Même si ceux-ci peuvent vraisemblablement aider les gens à éviter des coûts importants de santé, ainsi que des chocs liés aux revenus, les données disponibles suggèrent que ces dépenses sont très loin de l'objectif fixé en matière de pauvreté.

Les dépenses d'investissement dans les services tant d'éducation que de santé doivent être rééquilibrées en faveur de l'enseignement primaire et des soins, qui sont généralement plus rentables. Les investissements publics dans les soins curatifs sont particulièrement régressifs, en raison de leur plus faible utilisation par les pauvres (Castro-Leal et al., 2000). Celle-ci s'explique par plusieurs facteurs, notamment la façon dont les ménages pauvres perçoivent la maladie, ainsi que leur plus faible accès aux services et la moins bonne qualité de ceux qui leur sont destinés.

Productivité des dépenses

Le fait d'accroître la dépense dans les services dont les pauvres ont besoin et qu'ils utilisent davantage ne signifie pas nécessairement que cette dépense est efficace. L'efficacité des dépenses est aussi importante que leur ampleur, mais la qualité de l'enseignement public, des soins de santé et des autres services fournis est généralement médiocre, même quand elle est ajustée aux niveaux de dépense.

Un signe de l'efficacité des dépenses (au sens large) est l'existence d'un « gonflement » des premières années scolaires. Les inscriptions y sont enflées, en particulier en première année, mais diminuent dans les années supérieures du primaire. Les raisons en sont vraisemblablement l'inscription en première année d'enfants plus âgés et plus jeunes, des taux officiels de redoublement élevés, et des taux d'abandon importants entre les première et deuxième années. Le quadrant inférieur gauche de la figure 6.12 montre les pays affichant actuellement un gonflement important et en détérioration. Au-delà de l'enseignement primaire, la dépense dans l'enseignement secondaire est largement inefficace, surtout dans les pays à faible revenu où les conséquences sont sans doute les plus lourdes pour la réduction de la pauvreté (Grigoli, 2015). Par rapport au reste du monde, l'Afrique a les systèmes de soins de santé les moins efficaces, et elle héberge également les personnes les plus nécessiteuses (Sun et al., 2017).

Dans l'agriculture africaine, de nombreuses données montrent qu'un rééquilibrage de la composition de la dépense publique pourrait générer des gains considérables pour la réduction de la pauvreté et l'augmentation de la productivité agricole. Bien que les études montrent souvent de faibles rendements des dépenses dans le secteur, des types particuliers de dépenses (tels que les investissements dans les biens publics essentiels liés à la R&D, la génération et la diffusion de technologies, et les liaisons de marché) produisent des rendements élevés pour la productivité. La

FIGURE 6.12   L'inefficacité dans les premières années de l'enseignement reste un défi pour de nombreux pays africains

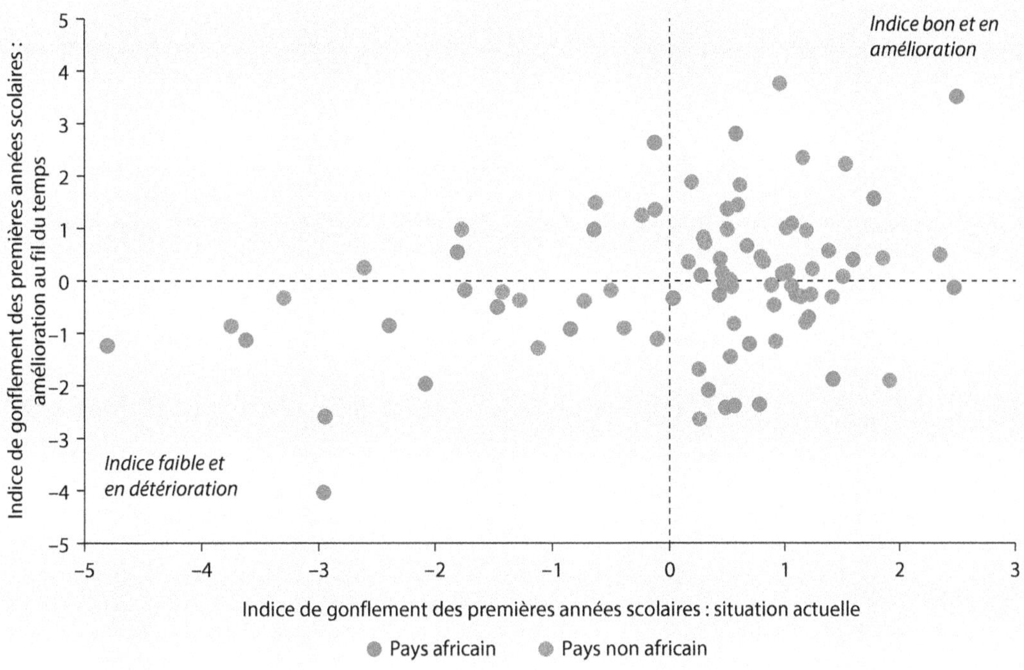

Source : Bashir et al. (2018).
Note : La valeur de l'index est le score normalisé estimé après application de l'analyse factorielle à quatre indicateurs : le taux brut d'admission en première année, le taux de scolarisation en première année, le rapport entre les inscriptions en première et en deuxième années, et le taux de scolarisation brut dans l'enseignement préprimaire. Les valeurs supérieures à zéro indiquent une meilleure progression tandis que celles inférieures à zéro indiquent une progression plus faible au cours des premières années. La figure montre les améliorations sur une période de 35 ans.

conclusion inévitable est que les choix de réparti-tion des dépenses publiques dans l'agriculture ont une importance significative (voir la discussion détaillée dans Goyal et Nash [2017]).

L'inefficacité des dépenses dans les services se manifeste de plusieurs manières. Lorsque les enseignants et les médecins publics manquent à leurs obligations et ne se présentent pas au tra-vail, les enfants apprennent moins et tombent malades plus souvent (Duflo, Dupas et Kremer, 2015). L'absentéisme est endémique parmi les enseignants des écoles primaires publiques en Afrique (nettement moindre dans les écoles pri-vées). Plus de 40 % des enseignants n'étaient pas présents en classe lors de contrôles aléatoires inopinés organisés au Kenya, au Mozambique, en Tanzanie et en Ouganda (tableau 6.1). Des problèmes similaires affectent les services publics de santé. Les cliniciens sénégalais consacrent en moyenne 39 minutes par jour à conseiller les patients, tandis qu'en Tanzanie, ce temps est encore plus faible, avec à peine une demi-heure (Banque mondiale, 2013a, 2013b).

TABLEAU 6.1   Les prestataires de services sont souvent absents dans les écoles et les dispensaires africains
Pourcentage

Pays et année des données	Taux d'absentéisme des enseignants en classe	Taux d'absentéisme du personnel de santé
Kenya (2012)	42	29
Madagascar (2016)	38	27
Mozambique (2014)	56	—
Niger (2015)	27	33
Nigéria (2013)	19	—
Sénégal (2012)	29	20
Tanzanie (2014)	47	14
Togo (2013)	34	—
Ouganda (2013)	52	—

Source : Rapports pays de la Banque mondiale sur les indicateurs de pres-tation des services, http://www.sdindicators.org.
Note : — = non disponible.

Les disparités salariales entre les secteurs public et privé peuvent également suggérer moins de valeur pour un niveau de dépense donné. Les enseignants du secteur public du Kenya gagnent 50 % de plus que leurs homologues du secteur privé ayant le même niveau de compétences et d'expérience (Barton, Bold et Sandefur, 2017). La mauvaise affectation des enseignants et des agents de santé peut accroître l'inefficacité des dépenses. Lorsque les enseignants ou les agents de santé ne sont pas déployés efficacement, des écoles ou dispensaires peuvent être en sureffectif, et d'autres en sous-effectif.

La médiocre qualité des services ne tient pas seulement à l'absentéisme et au déploiement du personnel. Le personnel de santé du secteur public peut soit ne pas avoir les connaissances et les compétences nécessaires pour fournir des services de qualité, soit ne pas les appliquer lorsque nécessaire. En Tanzanie, 28 % des médecins ne procèdent à aucun examen physique du patient moyen, et seule un peu plus de la moitié des agents de santé est en mesure de diagnostiquer correctement le paludisme, bien que celui-ci soit endémique. De même, plus des deux tiers des cliniciens sénégalais et tanzaniens sont incapables de diagnostiquer correctement la diarrhée accompagnée d'une déshydratation grave. Des enquêtes auprès des fonctionnaires en Éthiopie, au Ghana et au Nigéria (entre autres pays) montrent que ceux-ci ont un accès limité à des infrastructures les aidant à effectuer leurs tâches quotidiennes (Rogger, 2017).

Et, bien sûr, ces services requièrent bien plus que des ressources humaines. Dépenser de l'argent pour plus d'intrants ne résout toutefois pas nécessairement le problème. Par exemple, en Sierra Leone, l'achat d'un plus grand nombre de manuels n'a eu aucun impact sur l'apprentissage : de nombreuses écoles stockaient les livres au lieu de les distribuer (Sabarwal, Evans et Marshak, 2014). Les dispensaires ont besoin d'équipements et d'infrastructures de base pour avoir un impact. Dans les zones rurales ougandaises, les enseignants ont indiqué dans des fiches d'évaluation que le manque de logements de fonction était la cause fondamentale de leur absentéisme. La comparaison entre le logement des enseignants (qui à l'époque n'était suivi que dans 17 % des écoles) et l'absentéisme des enseignants a mis en évidence une dynamique de coresponsabilité (Barr et al., 2012).

Approches pour l'amélioration de l'affectation et de la productivité des dépenses
Il n'existe pas de solution unique au mauvais ciblage des ressources et à la médiocre qualité des services, mais plusieurs approches peuvent être identifiées. L'amélioration de la redevabilité financière est une des pistes possibles dans la santé (CMI, 2008) et l'éducation (Hubbard, 2007). Parmi les autres moyens d'améliorer les investissements en faveur des pauvres figurent une meilleure gestion financière, des approches de financement fondées sur les résultats, la prestation privée des services, la décentralisation, plus de moyens et un meilleur soutien aux fonctionnaires, ainsi que la responsabilité sociale et en matière d'information. Bon nombre de ces approches ont été détaillées dans d'autres rapports (voir, par exemple, la discussion dans de la Brière et al. [2017]). La technologie peut également jouer un rôle important – voir la section Fondamentaux 3 « Réaliser des avancées grâce à la technologie (et au commerce) ».

La fourniture d'informations aux pauvres est importante pour améliorer la prestation des services (approche dite d'autonomisation des clients ou de responsabilité sociale)[21]. La façon de diffuser l'information pour améliorer les actions des hommes politiques est moins évidente, mais certains points communs sont d'informer le public des performances des services dans leur communauté par rapport à d'autres, et de permettre aux citoyens de suivre activement les prestataires de services et de les inciter à le faire. En ce qui concerne ce dernier point, les fonctionnaires de niveau supérieur peuvent, par exemple, indiquer que les contributions des citoyens locaux pourraient être sérieusement prises en considération pour tenir les agents de première ligne responsables de la prestation finale des services.

En dépit de l'enthousiasme de certains qui considèrent que des pressions venant de la base peuvent significativement contribuer à résoudre ces problèmes, d'autres sont sceptiques et soulignent la nécessité de solutions venant du sommet (Booth, 2012). Dans certaines circonstances, l'information du public et plus de transparence pourraient même engendrer des systèmes de favoritisme plus marqués et une prestation de services pire qu'avec le partage privé d'informations avec les dirigeants (Hoogeveen, 2013).

Plusieurs expériences et campagnes d'éducation civique et d'information ont donné des résultats intéressants. Dans l'ouest du Kenya, des écoles primaires ont obtenu de manière aléatoire des fonds pour embaucher un enseignant contractuel supplémentaire, et les parents (comités de gestion de l'école) ont été informés de la façon de recruter et surveiller l'enseignant (Duflo, Dupas et Kremer, 2015). Dans les écoles ayant bénéficié à la fois d'un enseignant supplémentaire et d'une formation à la gestion scolaire, les enseignants étaient moins absents et les enfants affichaient des scores aux tests plus élevés.

En Ouganda, des familles ont reçu des carnets d'évaluation contenant des informations de base sur la qualité des services de santé dans leurs communautés. Ils ont été utilisés au cours de réunions ultérieures entre la communauté et les prestataires de soins de santé, afin de concevoir un plan d'action pour surveiller et améliorer la qualité des services (Björkman et Svensson, 2009). Cette combinaison d'informations pertinentes et de surveillance locale a amélioré les performances des agents de santé et a largement réussi à réduire la mortalité infantile.

Au Mali, l'éducation civique relative à la taille du budget et aux responsabilités des fonctionnaires, accompagnée d'informations supplémentaires sur les performances des autorités locales par rapport aux autorités locales voisines ont induit une plus grande participation des citoyens aux réunions communautaires (Gottlieb, 2016).

Les efforts aboutis de responsabilisation de la communauté peuvent être motivés par les sanctions sociales infligées aux fonctionnaires locaux par les membres de la communauté (Bold, Molina et Safir, 2017), mais d'autres mécanismes peuvent intervenir. En Ouganda, une campagne d'information sur les subventions forfaitaires par élève a fait comprendre aux fonctionnaires de rang inférieur qu'ils étaient surveillés par les cadres des ministères et qu'ils seraient tenus pour responsables en cas de détournements.

L'implication locale ou un meilleur accès à l'information ne suffisent pas toujours. En Ouganda, la seule augmentation de la participation communautaire n'aurait pas été suffisante sans les carnets d'évaluation, de même que l'embauche d'un enseignant dans l'expérience menée au Kenya sans la formation à la gestion scolaire. Au Bénin, les écoles des villages ayant un meilleur accès à la radio n'ont bénéficié ni de plus de ressources publiques (enseignants, manuels, etc.), ni de prestataires de services plus réactifs (plus faible taux d'absentéisme), ni d'associations parents-professeurs plus actives (Keefer et Khemani, 2014).

Les intérêts particuliers peuvent contrecarrer les réformes. Au Kenya, dans l'expérience d'embauche d'enseignants, les efforts déployés par les pouvoirs publics pour mettre en œuvre le programme d'enseignants contractuels n'auraient pas pu être efficacement mis en œuvre par le secteur public, en partie à cause du pouvoir politique des syndicats d'enseignants qui ont cherché à empêcher l'exécution du programme. La meilleure manière d'améliorer l'efficacité des dépenses reste une question exigeante nécessitant de nouvelles expérimentations et un apprentissage supplémentaire.

Notes

1. Voir également le document du Comité du développement de la Banque mondiale et du Fonds monétaire international, « From Billions to Trillions : Transforming Development Finance » (Banque mondiale et FMI, 2015).

2. En revanche, l'EPA ne fournit pas une estimation directe du montant des investissements et du soutien publics nécessaires pour renforcer la capacité actuelle des pauvres d'obtenir un revenu et donc celle de leurs enfants dans le futur (grâce à un investissement dans le capital humain aujourd'hui) ni le montant requis pour éviter que ceux qui sont proches du seuil de pauvreté ne tombent en dessous de celui-ci. Elle constitue néanmoins un point de départ fréquent pour examiner les besoins de financement de la pauvreté dans un pays et si celui-ci dispose, en théorie, des moyens intérieurs pour y répondre. Pour des applications de cette méthode, voir, par exemple, Chandy, Noe et Zhang (2016) ; Olinto et al. (2013) ; Ravallion (2009) ; et Sumner (2012).

3. Une autre approche consiste à estimer l'impact de la redistribution aux pauvres du revenu des milliardaires d'un pays, qui s'avère modeste sur le taux de pauvreté dans les pays de la région (Chandy, Noe et Zhang, 2016).

4. Nous manquons d'estimations des flux de l'aide issue des organismes caritatifs internationaux, des organisations non gouvernementales internationales, et des donations privées.

5. Données sur l'APD tirées de la base de données du Comité d'aide au développement (CAD) de l'OCDE.

6. Entre 2010 et 2017, sept pays représentaient plus des trois quarts de la dette obligataire totale africaine émise : l'Afrique du Sud, l'Angola, la Côte d'Ivoire, le Ghana, le Kenya, le Nigéria, et la Zambie (Banque mondiale, 2017).

7. Dix-sept pays bénéficient d'une facilité élargie de crédit et/ou d'un mécanisme élargi de crédit du FMI (Bénin, Burkina Faso, Cameroun, Côte d'Ivoire, Gabon, Ghana, Guinée, Guinée-Bissau, Madagascar, Mali, Mauritanie, Niger, République centrafricaine, Sao Tomé-et-Principe, Sierra Leone, Tchad, et Togo). Deux pays disposent d'un accord de confirmation et/ou d'une facilité de crédit de confirmation du FMI (Kenya et Rwanda).

8. Les États n'augmentent toutefois pas les dépenses autant que nécessaire à la suite d'une catastrophe (voir chapitre 5).
9. Pour une analyse de la manière dont, du moment où et de la raison pour laquelle la pauvreté peut constituer une priorité dans les budgets nationaux, voir Foster et al. (2003), qui résume cinq études de cas pertinentes de pays africains.
10. Les régions sont celles des objectifs de développement durable de l'ONU : https://unstats.un.org/sdgs/indicators/regional-groups/.
11. Notons que le calcul de l'indice d'appauvrissement fiscal (AF) reste pertinent lorsque les chiffres sont cumulés ; ceux qui tirent avantage des impôts et ceux qui les paient peuvent ne pas être les mêmes personnes pauvres ou vulnérables.
12. L'indice AF estime les pertes nettes subies par les pauvres « après impôts », c'est-à-dire ceux qui seraient classés comme pauvres sur la base de leur revenu consommable CEQ. L'indice des « avantages fiscaux pour les pauvres » (AFP) estime, quant à lui, les avantages nets pour les pauvres « avant impôts », c'est-à-dire ceux qui seraient classés comme pauvres en fonction de leur revenu marchand CEQ.
13. Résumons : il s'agit ici de la situation de trésorerie des individus exprimée en pouvoir d'achat, et nous n'incluons pas la valeur des avantages en nature tels que l'éducation, la santé ou les services d'infrastructure.
14. Pour commencer, une société travaillant dans un pays à revenu faible ou intermédiaire crée une filiale dans un paradis fiscal. Ensuite, elle vend ses produits à cette filiale à un prix artificiellement bas, qui lui permet de déclarer des bénéfices minimaux et, donc, de payer très peu d'impôt dans le pays à revenu faible ou intermédiaire. Enfin, la filiale située dans le paradis fiscal vend les produits au prix du marché, en faisant des bénéfices comparativement énormes, combinés à des taux d'imposition faibles (voire nuls). En d'autres termes, ces sociétés manipulent les prix pour payer des impôts minimaux qui, entre autres, amènent les pays à revenu faible ou intermédiaire à perdre chaque année, à cause des paradis fiscaux, trois fois plus de recettes qu'ils ne reçoivent d'aide étrangère (Mosselmans 2014).
15. Voir « Forum mondial sur la transparence et l'échange de renseignements à des fins fiscales », Fiscalité, OCDE : https://www.oecd.org/tax/transparency/.
16. Voir « Érosion de la base d'imposition et transfert des bénéfices », Fiscalité, OCDE : http://www.oecd.org/fr/fiscalite/beps/.
17. Voir NRGI (2014) pour un ensemble de principes et d'options de politiques en matière d'imposition et de perception des recettes tirées de ressources naturelles.
18. De meilleures dépenses en faveur des pauvres impliquent également de rechercher de bonnes sources de financement – notamment en attirant des fonds du secteur privé et des partenariats public-privé (souvent dans les infrastructures) – pour permettre aux États d'affecter davantage de ressources aux investissements favorables aux pauvres.
19. Les subventions aux intrants agricoles, en particulier les engrais inorganiques, ont été justifiées par le fait que les nutriments du sol, notamment l'azote, sont essentiels pour la production de maïs et que la plupart des petits exploitants manquent de liquidités ou d'accès au crédit pour acheter des engrais inorganiques au prix du marché.
20. Les études d'impact de l'accaparement par les élites portent notamment sur des programmes étudiés en Tanzanie par Pan et Christiaensen (2012), au Malawi par Kilic, Whitney et Winters (2015) et au Nigéria par Liverpool-Tasie (2014).
21. Le programme du Partenariat mondial pour la responsabilité sociale (GPSA – *Global Partnership for Social Accountability*) identifie les activités ou approches suivantes comme essentielles pour la responsabilité sociale : campagnes de familiarisation avec les questions budgétaires, chartes citoyennes, carnets d'évaluation par les citoyens, passation des contrats par la communauté, gestion par la communauté, supervision par la communauté, carnet d'évaluation par la communauté, mécanismes de règlement des litiges, analyse budgétaire indépendante, et budgétisation participative, entre autres. Devarajan et Khemani (2018) analysent le rôle de la société civile dans la recherche de solutions aux défaillances des pouvoirs publics telles que celles décrites ici.

Références

Abdulai, Abdul-Gafaru, Imran Aziz, Catherine Blampied, Soumya Chattopadhyay, Christine Ellison, Romilly Greenhill, Adam Salifu, and Rachel Thompson. 2018. "Leaving No One Behind in the Health and Education Sectors: An SDG Stock Take in Ghana." Research report, Overseas Development Institute (ODI), London.

ActionAid. 2010. "Calling Time: Why SABMiller Should Stop Dodging Taxes in Africa." Report, ActionAid UK, London.

Ali, Merima, Odd-Helge Fjeldstad, and Ingrid Hoem Sjursen. 2014. "To Pay or Not to Pay? Citizens' Attitudes toward Taxation in Kenya, Tanzania, Uganda, and South Africa." *World Development* 64: 828–42.

APP (Africa Progress Panel). 2013. *Africa Progress Report 2013. Equity in Extractives: Stewarding Africa's Natural Resources for All.* Geneva: APP.

Asiedu, Edward, Chuqiao Bi, Dan Pavelesku, Ryoko Sato, and Tomomi Tanaka. 2017. "Income Tax Collection and Noncompliance in Ghana." Ghana Policy Brief, World Bank, Washington, DC.

Barr, Abigail, Lawrence Bategeka, Madina Guloba, Ibrahim Kasirye, Frederick Mugisha, Pieter Serneels, and Andrew Zeitlin. 2012. "Management and Motivation in Ugandan Primary Schools: An Impact Evaluation Report." Working Papers PIERI 2012-14, Policy Impact Evaluation Research Initiative, Partnership for Economic Policy, Nairobi, Kenya.

Barroy, Helene, Francoise Andre, Serge Mayaka, and Hadia Samaha. 2014. "Investing in Universal Health Coverage: Opportunities and Challenges for Health Financing in the Democratic Republic of Congo." 2014 Health Expenditure Review, Report No. 103444, World Bank, Washington, DC.

Barton, Nicholas, Tessa Bold, and Justin Sandefur. 2017. "The Public-Private Sector Wage Gap: Evidence from Kenyan Teachers." Paper presented at the Centre for the Study of African Economies (CSAE) Conference 2017, "Economic Development in Africa," University of Oxford, March 19–21.

Bashir, Sajitha, Marlaine Lockheed, Elizabeth Ninan, and Jee-Peng Tan. 2018. *Facing Forward: Schooling for Learning in Africa*. Africa Development Forum Series. Washington, DC: World Bank.

Bastagli, Francesca. 2016. "Bringing Taxation into Social Protection Analysis and Planning." Guidance Note, Overseas Development Institute (ODI), London.

Basurto, Pia M., Pascaline Dupas, and Jonathan Robinson. 2017. "Decentralization and Efficiency of Subsidy Targeting: Evidence from Chiefs in Rural Malawi." NBER Working Paper 23383, National Bureau of Economic Research, Cambridge, MA.

Beegle, Kathleen, Luc Christiaensen, Andrew Dabalen, and Isis Gaddis. 2016. *Poverty in a Rising Africa*. Washington, DC: World Bank.

Beegle, Kathleen, Aline Coudouel, and Emma Monsalve, eds. 2018. *Realizing the Full Potential of Social Safety Nets in Sub-Saharan Africa*. Washington, DC: World Bank.

Björkman, Martina, and Jakob Svensson. 2009. "Power to the People: Evidence from a Randomized Field Experiment on Community-Based Monitoring in Uganda." *Quarterly Journal of Economics* 124 (2): 735–69.

Bolch, Kimberly Blair, Lidia Ceriani, and Luis Felipe López-Calva. 2017. "Arithmetics and Politics of Domestic Resource Mobilization." Policy Research Working Paper 8029, World Bank, Washington, DC.

Bold, Tessa, Ezequiel Molina, and Abla Safir. 2017. "Clientelism in the Public Sector: Why Public Service Reforms May Not Succeed and What to Do About It." Background paper for *World Development Report 2017: Governance and the Law*, World Bank, Washington, DC.

Booth, David. 2012. "Working with the Grain and Swimming against the Tide: Barriers to Uptake of Research Findings on Governance and Public Services in Low-Income Africa." *Public Management Review* 14 (2): 163–80.

Briggs, Ryan C. 2018. "Poor Targeting: A Gridded Spatial Analysis of the Degree to Which Aid Reaches the Poor in Africa." *World Development* 103: 133–48.

Burke, William J., T. S. Jayne, and Roy Black. 2012. "Getting More 'Bang for the Buck': Diversifying Subsidies Beyond Fertilizer and Policy Beyond Subsidies." Food Security Research Project Policy Synthesis No. 52, Michigan State University, East Lansing.

Castro-Leal, Florencia, Julia Dayton, Lionel Demery, and Kalpana Mehra. 2000. "Public Spending on Health Care in Africa: Do the Poor Benefit?" *Bulletin of the World Health Organization* 78 (1): 66–74.

Chandy, Laurence, Lorenz Noe, and Christine Zhang. 2016. "The Global Poverty Gap Is Falling. Billionaires Could Help Close It." *Up Front* (blog), Brookings Institution, January 20. https://www.brookings.edu /blog/up-front/2016/01/20/the-global -poverty-gap-is-falling-billionaires-could -help-close-it/.

Christian Aid. 2014. "Africa Rising? Inequalities and the Essential Role of Fair Taxation." Report, Christian Aid, London; Tax Justice Network Africa, Nairobi.

CMI (Chr. Michelsen Institute). 2008. "Corruption in the Health Sector." U4 Issue 2008:10, U4 Anti-Corruption Resource Centre, CMI, Bergen, Norway.

Coady, David P., Valentina Flamini, and Louis Sears. 2015. "The Unequal Benefits of Fuel Subsidies Revisited: Evidence for Developing Countries." IMF Working Paper 15/20, International Monetary Fund.

Coady, David, I. Parry, Louis Sears, and B. Shang. 2017. "How Large Are Global Fossil Fuel Subsidies?" *World Development* 91: 11–27.

Cobham, Alex. 2005. "Tax Evasion, Tax Avoidance and Development Finance." Queen Elizabeth House Working Papers QEHWPS129, Oxford Department of International Development, University of Oxford.

Cobham, Alex, and Petr Janský. 2017. "Global Distribution of Revenue Loss from Tax Avoidance." United Nations University World Institute for Development Economics Research (UNU-WIDER) Working Paper 2017/55, UNU-WIDER, Helsinki, Finland.

Cobham, Alex, and Simon Loretz. 2014. "International Distribution of the Corporate Tax Base: Implications of Different Apportionment Factors Under Unitary Taxation." ICTD Working Paper 27, International Centre for Tax and Development, Brighton, U.K.

Crivelli, Ernesto, Ruud de Mooij, and Michael Keen. 2016. "Base Erosion, Profit Shifting and Developing Countries." *FinanzArchiv: Public Finance Analysis* 72 (3): 268–301.

Dabalen, Andrew, Alejandro de la Fuente, Aparajita Goyal, Wendy Karamba, Nga Thi Viet Nguyen, and Tomomi Tanaka. 2017. *Pathways to Prosperity in Rural Malawi.* Directions in Development Series. Washington, DC: World Bank.

Darvas, Peter, Shang Gao, Yijun Shen, and Bilal Bawany. 2017. *Sharing Higher Education's Promise beyond the Few in Sub-Saharan Africa.* Directions in Development Series. Washington, DC: World Bank.

de la Brière, Bénédicte, Deon Filmer, Dena Ringold, Dominic Rohner, Karelle Samuda, and Anastasiya Denisova. 2017. *From Mines and Wells to Well-Built Minds: Turning Sub-Saharan Africa's Natural Resource Wealth into Human Capital.* Directions in Development Series. Washington, DC: World Bank.

de la Fuente, Alejandro, Jon Jellema, and Nora Lustig. 2018. "Fiscal Policy in Africa: Welfare Impacts and Policy Effectiveness." Background paper for *Accelerating Poverty Reduction in Africa*, World Bank, Washington, DC.

Demery, Lionel. 2003. "Analyzing the Incidence of Public Spending." In *The Impact of Economic Policies on Poverty and Income Distribution: Evaluation Techniques and Tools*, edited by Bourguignon François and Luis A. Pereira da Silva, 41–68. Washington, DC: World Bank.

Devarajan, Shantayanan, and Stuti Khemani. 2018. "If Politics Is the Problem, How Can External Actors Be Part of the Solution?" In *Institutions, Governance and the Control of Corruption*, edited by Kaushik Basu and Tito Cordella, 209–51. Cham, Switzerland: Palgrave Macmillan.

DFI (Development Finance International) and Oxfam. 2015. "Financing the Sustainable Development Goals: Lessons from Government Spending on the MDGs." Government Spending Watch 2015 Report, DFI and Oxfam, London.

DI (Development Initiatives). 2015. "Investments to End Poverty 2015: Meeting the Challenge: Reducing Poverty to Zero." Report of the Investments to End Poverty program, DFI, Bristol, U.K.

Dionne, Kim Yi, and Jeremy Horowitz. 2016. "The Political Effects of Agricultural Subsidies in Africa: Evidence from Malawi." *World Development* 87: 215–26.

Dom, Roel. 2017. "Semi-Autonomous Revenue Authorities in Sub-Saharan Africa: Silver Bullet or White Elephant?" CREDIT Research Paper 17/01, Centre for Research in Economic Development and International Trade, University of Nottingham, U.K.

Duflo, Esther, Pascaline Dupas, and Michael Kremer. 2015. "School Governance, Teacher Incentives, and Pupil-Teacher Ratios: Experimental Evidence from Kenyan Primary Schools." *Journal of Public Economics* 123: 92–110.

Enami, Ali. 2018. "Measuring the Effectiveness of Taxes and Transfers in Fighting Inequality and Poverty." In *Commitment to Equity Handbook: Estimating the Impact of Fiscal Policy on Inequality and Poverty*, edited by Nora Lustig, 207–18. Washington, DC: Brookings Institution Press and the Commitment to Equity (CEQ) Institute at Tulane University.

Eozenou, Patrick Hoang-Vu, and Parendi Mehta. 2016. "Health Risk in Sub-Saharan Africa." Background paper for *Accelerating Poverty Reduction in Africa*, World Bank, Washington, DC.

Feltenstein, Andrew. 2017. "Subsidy Reforms and Implications for Social Protection: An Analysis of IMF Advice on Food and Fuel Subsidies." Background paper BP/17-01/02, Independent Evaluation Office of the International Monetary Fund, Washington, DC.

Fjeldstad, Odd-Helge. 2014. "Tax and Development: Donor Support to Strengthen

Tax Systems in Developing Countries." *Public Administration and Development* 34 (3): 182–93.

Fjeldstad, Odd-Helge, and Kari Heggstad. 2012. *Building Taxpayer Culture in Mozambique, Tanzania and Zambia: Achievements, Challenges and Policy Recommendations.* CMI Report R 2012:1. Bergen, Norway: Chr. Michelsen Institute.

Forstater, Maya. 2018. "Tax and Development: New Frontiers of Research and Action." CGD Policy Paper 118, Center for Global Development, Washington, DC.

Foster, Mick, Adrian Fozzard, Felix Naschold, and Tim Conway. 2003. "How, When and Why Does Poverty Get Budget Priority: Poverty Reduction Strategy and Public Expenditure in Five African Countries, Synthesis Paper." ODI Working Paper 168, Overseas Development Institute, London.

Fuchs, A., Giselle Del Carmen, and Alfred Kechia Mukong. 2018. "Long-Run Impacts of Increasing Tobacco Taxes: Evidence from South Africa." Policy Research Working Paper 8369, World Bank, Washington, DC.

Fuest, Clemens, and Nadine Riedel. 2009. "Tax Evasion, Tax Avoidance and Tax Expenditures in Developing Countries: A Review of the Literature." Report prepared for the U.K. Department for International Development (DFID), Oxford University Centre for Business and Taxation, Oxford, U.K.

Fuglie, Keith, and Nicholas Rada. 2013. "Resources, Policies, and Agricultural Productivity in Sub-Saharan Africa." Economic Research Report No. 145, Economic Research Service, U.S. Department of Agriculture, Washington, DC.

Gaspar, Vitor, Laura Jaramillo, and Philippe Wingender. 2016. "Tax Capacity and Growth: Is There a Tipping Point?" IMF Working Paper WP/16/234, International Monetary Fund, Washington, DC.

Giné, Xavier, Shreena Patel, Bernardo Ribeiro, and Ildrim Valley. 2017. "Targeting Inputs: Experimental Evidence from Tanzania." Unpublished working paper, World Bank, Washington, DC.

Gnutzmann, Hinnerk, and Piotr Spiewanowski. 2016. "Fertilizer Fuels Food Prices: Identification through the Oil-Gas Spread." Unpublished working paper, Leibniz Universität Hannover, Germany.

Goodfellow, Tom, and Olly Owen. 2018. "Taxation, Property Rights and the Social Contract in Lagos." ICTD working paper, International Centre for Tax and Development, Brighton, U.K.

Gottlieb, Jessica. 2016. "Greater Expectations? A Field Experiment to Improve Accountability in Mali." *American Journal of Political Science* 60 (1): 143–57.

Goyal, Aparajita, and John Nash. 2017. *Reaping Richer Returns: Public Spending for African Agriculture Productivity Growth.* Africa Development Forum Series. Washington, DC: World Bank.

Greenhill, Romilly, Paddy Carter, Chris Hoy, and Marcus Manuel. 2015. "Financing the Future: How International Public Finance Should Fund a Global Social Compact to Eradicate Poverty." Development Progress Report, Centre for Aid and Public Expenditure, Overseas Development Institute (ODI), London.

Grigoli, Francesco. 2015. "A Hybrid Approach to Estimating the Efficiency of Public Spending on Education in Emerging and Developing Economies." *Applied Economics and Finance* 2 (1): 19–32.

Gupta, Sanjeev, Marjin Verhoeven, and Erwin R. Tiongson. 2003. "Public Spending on Health Care and the Poor." *Health Economics* 12 (8): 685–96.

Guttmacher Institute. 2017. "Adding It Up: Investing in Contraception and Maternal and Newborn Health 2017." Fact sheet, Guttmacher Institute, New York.

Harou, Aurélie P., Yanyan Liu, Christopher B. Barrett, and Liangzhi You. 2017. "Variable Returns to Fertiliser Use and the Geography of Poverty: Experimental and Simulation Evidence from Malawi." *Journal of African Economies* 26 (3): 342–71.

Harris, Tom, David Phillips, Ross Warwick, Maya Goldman, Jon Jellema, Karolina Goraus, and Gabriela Inchauste. 2018. "Redistribution via VAT and Cash Transfers: An Assessment in Four Low and Middle-Income Countries." Working Paper W18/11, Institute for Fiscal Studies, London.

Higgins, Sean, and Nora Lustig. 2016. "Can a Poverty-Reducing and Progressive Tax and Transfer System Hurt the Poor?" *Journal of Development Economics* 122 (September): 63–75.

Hoogeveen, Johannes. 2013. "Will Public Access to Information Really Lead to Better Public Services in Developing Countries?"

Unpublished paper, World Bank, Washington, DC.

Hubbard, Paul. 2007. "Putting the Power of Transparency in Context: Information's Role in Reducing Corruption in Uganda's Education Sector." CGD Working Paper 136, Center for Global Development, Washington, DC.

IMF (International Monetary Fund). 2012. "Fiscal Regimes for Extractive Industries: Design and Implementation." Policy paper, IMF, Washington, DC.

———. 2015. *Regional Economic Outlook: Sub-Saharan Africa. Dealing with the Gathering Clouds.* Washington, DC: IMF.

———. 2017. *Fiscal Monitor: Tackling Inequality.* Washington, DC: IMF.

Inchauste, Gabriela, and Nora Lustig, eds. 2017. *The Distributional Impact of Taxes and Transfers: Evidence from Eight Low- and Middle-Income Countries.* Washington, DC: World Bank.

Inchauste, Gabriela, and David G. Victor, eds. 2017. *The Political Economy of Energy Subsidy Reform.* Directions in Development Series. Washington, DC: World Bank.

Jayne, J. GoYereh, M. Wanzala, and M. Demeke. 2003. "Fertilizer Market Development: A Comparative Analysis of Ethiopia, Kenya, and Zambia." *Agricultural, Food, and Resource Economics* 28 (4): 293–316.

Jayne, Thomas S., Nicole M. Mason, William J. Burke, and Joshua Ariga. 2016. "Agricultural Input Subsidy Programs in Africa: An Assessment of Recent Evidence." Feed the Future Innovation Lab for Food Security Policy Research Paper No. 29, Department of Agricultural, Food, and Resource Economics, Michigan State University, East Lansing.

Jibao, Samuel, and Wilson Prichard. 2016. "Rebuilding Local Government Finances After Conflict: Lessons from a Property Tax Reform Programme in Post-Conflict Sierra Leone." *Journal of Development Studies* 52 (12): 1759–75.

Johannesen, Niels, Thomas Tørsløv, and Ludvig Wier. 2016. "Are Less Developed Countries More Exposed to Multinational Tax Avoidance? Method and Evidence from Micro-Data." United Nations University World Institute for Development Economics Research (UNU-WIDER) Working Paper 2016/10, UNU-WIDER, Helsinki, Finland.

Johansson, Åsa, Øystein Bieltvedt Skeie, Stéphane Sorbe, and Carlo Menon. 2017. "Tax Planning by Multinational Firms." Organisation for Economic Co-operation and Development (OECD) Economics Working Paper No. 1355, OECD Publishing, Paris.

Joshi, Anuradha, and Joseph Ayee. 2009. "Autonomy or Organization? Reforms in the Ghanaian Internal Revenue Service." *Public Administration and Development* 29 (4): 289–302.

Junquera-Varela, Raul Felix, Marijn Verhoeven, Gangadhar P. Shukla, Bernard Haven, Rajul Awasthi, and Blanca Moreno-Dodson. 2017. *Strengthening Domestic Resource Mobilization: Moving from Theory to Practice in Low- and Middle-Income Countries.* Directions in Development Series. Washington, DC: World Bank.

Kangave, Jalia, Suzan Nakato, Ronald Waiswa, and Patrick Lumala Zzimbe. 2016. "Boosting Revenue Collection through Taxing High Net Worth Individuals: The Case of Uganda." ICTD Working Paper 45, International Centre for Tax and Development, Brighton, U.K.

Keefer, Philip, and Stuti Khemani. 2014. "Mass Media and Public Education: The Effects of Access to Community Radio in Benin." *Journal of Development Economics* 109: 57–72.

Keen, Michael. 2012. "Taxation and Development—Again." IMF Working Paper WP/12/220, International Monetary Fund, Washington, DC.

Keen, Michael, and Mario Mansour. 2010. "Revenue Mobilisation in Sub-Saharan Africa: Challenges from Globalisation II—Corporate Taxation." *Development Policy Review* 28 (September): 573–96.

Kilic, Talip, Edward Whitney, and Paul Winters. 2015. "Decentralized Beneficiary Targeting in Large-Scale Development Programs: Insights from the Malawi Farm Input Subsidy Program." *Journal of African Economies* 24 (1): 26–56.

Liverpool-Tasie, Lenis Saweda O. 2014. "Farmer Groups and Input Access: When Membership Is Not Enough." *Food Policy* 46: 37–49.

Lunduka, Rodney W., and Jacob Ricker-Gilbert. 2016. "The Contribution of Alternative Investments to the Subsidy Fertilizer to the Value of Agricultural Revenue in Smallholder Rural Farmers in Malawi." Technical report, World Bank, Washington, DC.

Lustig, Nora, ed. 2018. *Commitment to Equity Handbook: Estimating the Impact of Fiscal*

Policy on Inequality and Poverty. Washington, DC: Brookings Institution Press and the Commitment to Equity (CEQ) Institute at Tulane University.

Manuel, Marcus, Harsh Desai, Emma Samman, and Martin Evans. 2018. "Financing the End of Extreme Poverty." Research report, Overseas Development Institute (ODI), London.

Marenya, Paswel P., and Christopher B. Barrett. 2009. "State-Conditional Fertilizer Yield Response on Western Kenyan Farms." *American Journal of Agricultural Economics* 91 (4): 991–1006.

Marquez, Patricio V., and Jill L. Farrington. 2013. "The Challenge of Non-Communicable Diseases and Road Traffic Injuries in Sub-Saharan Africa." Report No. 79293, World Bank, Washington, DC.

Marquez, Patricio V., and Blanca Moreno-Dodson, eds. 2017. "Tobacco Tax Reform at the Crossroads of Health and Development: A Multisectoral Perspective." Report No. 12026, World Bank, Washington, DC.

Mascagni, Giulia, Christopher Nell, and Nara Monkam. 2017. "One Size Does Not Fit All: A Field Experiment on the Drivers of Tax Compliance and Delivery Methods in Rwanda." ICTD Working Paper 58, International Centre for Tax and Development, Brighton, U.K.

Mason, Nicole M., and T. S. Jayne. 2013. "Fertiliser Subsidies and Smallholder Commercial Fertiliser Purchases: Crowding Out, Leakage, and Policy Implications for Zambia." *Agricultural Economics* 64 (3): 558–82.

Mason, Nicole M., and Melinda Smale. 2013. "Impacts of Subsidized Hybrid Seed on Indicators of Economic Well-Being among Smallholder Maize Growers in Zambia." *Agricultural Economics* 44 (6): 659–70.

Mason, Nicole M., and Solomon T. Tembo. 2015. "Do Input Subsidy Programs Raise Incomes and Reduce Poverty among Smallholder Farm Households? Evidence from Zambia." Working Paper 92, Indaba Agricultural Policy Research Institute (IAPRI), Lusaka, Zambia.

Mawejje, Joseph, and Ibrahim Mike Okumu. 2016. "Tax Evasion and the Business Environment in Uganda." *South African Journal of Economics* 84 (3): 440–60.

McCluskey, R. 2016. "African Governments Aren't Taxing the Rich. Why They Should." *The Conversation* (blog), April 3. https://theconversation.com/african-governments-arent-taxing-the-rich-why-they-should-57162.

McNabb, Kyle, and Philippe LeMay-Boucher. 2014. "Tax Structures, Economic Growth and Development." International Centre for Tax and Development (ICTD) Working Paper 22, Institute of Development Studies, Brighton, U.K.

Moore, Mick, and Wilson Prichard. 2017. "How Can Governments of Low-Income Countries Collect More Tax Revenue?" Working Paper 70, International Centre for Tax and Development (ICTD), Brighton, U.K.

Mosselmans, Isabella. 2014. "Tax Evasion: The Main Cause of Global Poverty." *Africa at LSE* (blog), March 7. http://blogs.lse.ac.uk/africaatlse/2014/03/07/tax-evasion-the-main-cause-of-global-poverty/.

NRGI (Natural Resource Governance Institute). 2014. "Natural Resource Charter. 2nd ed." NRGI, New York.

OECD (Organisation for Economic Co-operation and Development). 2014. "Fragile States 2014: Domestic Revenue Mobilisation in Fragile States." Report, OECD, Paris.

———. 2017. *Revenue Statistics in Africa 1990–2015.* Paris: OECD.

Olinto, Pedro, Kathleen Beegle, Carlos Sobrado, and Hiroki Uematsu. 2013. "The State of the Poor: Where Are the Poor, Where Is Extreme Poverty Harder to End, and What Is the Current Profile of the World's Poor?" *Economic Premise* No. 125 (October), World Bank, Washington, DC.

ONE. 2017. *The 2017 DATA Report: Financing for the African Century.* Annual statistical report, The ONE Campaign, Washington, DC.

Ortiz, Isabel, Matthew Cummins, and Kalaivani Karunanethy. 2017. "Fiscal Space for Social Protection and the SDGs: Options to Expand Social Investments in 187 Countries." Extension of Social Security Working Paper 48, International Labour Office, Geneva.

Owori, Moses. 2017. "Pro-Poor Orientation of the 2017/18 Uganda Budget: What Will the 'Industrialisation' Focus Mean for the Poorest and Most Vulnerable People?" Report, Development Initiatives, Bristol, U.K.

Pace, Noemi, Silvio Daidone, Benjamin Davis, Sudhanshu Handa, Marco Knowles, and Robert Pickmans. 2018. "One Plus One Can Be Greater than Two: Evaluating Synergies of

Development Programmes in Malawi." *Journal of Development Studies* 54 (11): 2023–60.

Pan, Lei, and Luc Christiaensen. 2012. "Who Is Vouching for the Input Voucher? Decentralized Targeting and Elite Capture in Tanzania." *World Development* 40 (8): 1619–33.

Pernechele, Valentina, Jean Balié, and Léopold Ghins. 2018. *Agricultural Policy Incentives in Sub-Saharan Africa in the Last Decade (2005–2016)*. Rome: Food and Agriculture Organization of the United Nations (FAO).

Ravallion, Martin. 2009. "Do Poorer Countries Have Less Capacity for Redistribution?" Policy Research Working Paper 5046, World Bank, Washington, DC.

Reproductive Health Supplies Coalition. 2018. "Global Contraceptive Commodity Gap Analysis 2018." Report, Reproductive Health Supplies Coalition, Brussels.

Resnick, Danielle, and David Mather. 2016. "Agricultural Input Policy under Uncertainty: Applying the Kaleidoscope Model to Ghana's Fertilizer Subsidy Program (2008–2015)." IFPRI Discussion Paper 01551, International Food Policy Research Institute, Washington, DC.

Reynolds, Hayley, and Ludvig Wier. 2016. "Estimating Profit Shifting in South Africa Using Firm-Level Tax Returns." United Nations University World Institute for Development Economics Research (UNU-WIDER) Working Paper 128, UNU-WIDER, Helsinki, Finland.

Ricker-Gilbert, Jacob. 2016. "Review of Malawi's Farm Input Subsidy Program in 2016 and Direction for Re-design." Report prepared for the Poverty and Social Impact Analysis of the Malawi Farm Input Subsidy Program, World Bank, Washington, DC.

Roberts, Simon. 2017. "(Re)shaping Markets for Inclusive Economic Activity: Competition and Industrial Policies Relating to Food Production in Southern Africa." CCRED Working Paper 12/2017, Centre for Competition, Regulation and Economic Development, Johannesburg, South Africa.

Roe, Alan, and Samantha Dodd. 2017. "Dependence on Extractive Industries in Lower-Income Countries: The Statistical Tendencies." United Nations University World Institute for Development Economics Research (UNU-WIDER) Working Paper 98, UNU-WIDER, Helsinki, Finland.

Rogger, Daniel. 2017. "Who Serves the Poor? Surveying Civil Servants in the Developing World." Policy Research Working Paper 8051, World Bank, Washington, DC.

Rustad, Siri Aas, Philippe Le Billon, and Päivi Lujalac. 2017. "Has the Extractive Industries Transparency Initiative Been a Success? Identifying and Evaluating EITI Goals." *Resources Policy* 51: 151–62.

Sabarwal, Shwetlena, David K. Evans, and Anastasia Marshak. 2014. "The Permanent Input Hypothesis: The Case of Textbooks and (No) Student Learning in Sierra Leone." Policy Research Working Paper 7021, World Bank, Washington, DC.

Sarr, Babacar. 2016. "Assessing Revenue Authority Performance in Developing Countries: A Synthetic Control Approach." *International Journal of Public Administration* 39 (2): 146–56.

Schmidt-Traub, Guido. 2015. "Investment Needs to Achieve the Sustainable Development Goals: Understanding the Billions and Trillions." SDSN Working Paper, Sustainable Development Solutions Network, United Nations, New York.

SDI (Sustainable Development Institute). 2014. "Liberia: Poverty in the Midst of Plenty—How Post-War Iron Ore Mining Is Failing to Meet Local People's Expectations." Report, SDI, Monrovia, Liberia.

Sdralevich, Carlo, Randa Sab, Younes Zouhar, and Giorgia Albertin. 2014. "Subsidy Reform in the Middle East and North Africa: Recent Progress and Challenges Ahead." Departmental Paper No. 14/08, International Monetary Fund, Washington, DC.

Shimeles, Abebe, Daniel Zerfu Gurara, and Dawit Birhanu Tessema. 2015. "Market Distortions and Political Rent: The Case of Fertilizer Price Divergence in Africa." IZA Discussion Paper 8998, Institute for the Study of Labor (IZA), Bonn.

Speidel, Joseph. 2018. "Africa's Population Challenge." Unpublished report, Bixby Center for Global Reproductive Health, University of California, San Francisco.

Sumner, Andy. 2012. "From Deprivation to Distribution: Is Global Poverty Becoming a Matter of National Inequality?" IDS Working Paper 394, Institute of Development Studies, Brighton, U.K.

———. 2016. *Global Poverty: Deprivation, Distribution, and Development Since the Cold War*. Oxford, U.K.: Oxford University Press.

Sun, Daxin, Haksoon Ahn, Tomas Lievens, and Wu Zeng. 2017. "Evaluation of the Performance of National Health Systems in

2004–2011: An Analysis of 173 Countries." *PLoS One* 12 (3): e0173346.

Talbot, Theodore, Stefan Dercon, and Owen Barder. 2017. "Payouts for Perils: How Insurance Can Radically Improve Emergency Aid." Report, Center for Global Development, Washington, DC.

UN (United Nations). 2015. "Addis Ababa Action Agenda of the Third International Conference on Financing for Development." Resolution (A/Res/69/313) adopted by the General Assembly on July 27, UN.

UNCTAD (United Nations Conference on Trade and Development). 2015. *World Investment Report 2015.* Geneva: UNCTAD.

Van Parys, Stefan, and Sebastian James. 2010. "Why Lower Tax Rates May Be Ineffective to Encourage Investment: The Role of the Investment Climate." Working Paper 10/676, Faculty of Economics and Business Administration, Ghent University, Belgium.

Vegas, Emiliana, and Chelsea Coffin. 2015. "When Education Expenditure Matters: An Empirical Analysis of Recent International Data." *Comparative Education Review* 59 (2): 289–304.

WHO (World Health Organization). 2017. *Global Tobacco Epidemic, 2017: Monitoring Tobacco Use and Prevention Policies.* Geneva: WHO.

WHO and UN-Water (World Health Organization and United Nations Water). 2017. *Financing Universal Water, Sanitation and Hygiene under the Sustainable Development Goals: UN-Water Global Analysis and Assessment of Sanitation and Drinking-Water (GLAAS) 2017 Report.* Geneva: WHO.

World Bank. 2013a. "Service Delivery Indicators: Senegal, April 2012." Report No. 90372, World Bank, Washington, DC.

———. 2013b. "Service Delivery Indicators: Tanzania, April 2012." Report No. 90373, Washington, DC: World Bank.

———. 2017. *Africa's Pulse: An Analysis of Issues Shaping Africa's Economic Future,* vol. 16 (October). Washington, DC: World Bank.

———. 2018a. "All Hands on Deck: Reducing Stunting through a Multisectoral Approach in Sub-Saharan Africa." Report, World Bank, Washington, DC.

———. 2018b. "2014 Tax Increase on Tobacco and Results of Modelling the Impact of Additional Tobacco Tax Policy Adjustments." Report of the Global Tobacco Control Program, World Bank, Washington, DC.

———. 2018c. *World Development Report 2018: Learning to Realize Education's Promise.* Washington, DC: World Bank.

World Bank Group and ACF (African Competition Forum). 2016. "Breaking Down Barriers: Unlocking Africa's Potential through Vigorous Competition Policy." Report No. 106717, World Bank, Nairobi, Kenya.

World Bank and IMF (International Monetary Fund). 2015. "From Billions to Trillions: Transforming Development Finance. Post-2015 Financing for Development: Multilateral Development Finance." Statement by the heads of the African Development Bank, Asian Development Bank, European Bank for Reconstruction and Development, European Investment Bank, Inter-American Development Bank, World Bank Group, and IMF. Document DC2015-0002 of the Development Committee, World Bank and IMF, Washington, DC.

Zucman, G. 2014. "Taxing across Borders: Tracking Personal Wealth and Corporate Profits." *Journal of Economic Perspectives* 28 (4): 121–48.